El color del español en el siglo XVII:
estudio lexicográfico y documental

STUDIA ROMANICA ET LINGUISTICA

condita a Peter Wunderli et Hans-Martin Gauger

curant Daniel Jacob, Elmar Schafroth, Edeltraud Werner,
Araceli López Serena, André Thibault, Manuela Caterina Moroni
et Maria Estellés Arguedas

SRL 75

Alejandro Junquera Martínez

El color del español en el siglo XVII: estudio lexicográfico y documental

PETER LANG

Lausanne - Berlin - Bruxelles - Chennai - New York - Oxford

Catalogación en publicación de la Biblioteca del Congreso
Para este libro ha sido solicitado un registro en el catálogo CIP
de la Biblioteca del Congreso.

Información bibliográfica publicada por la Deutsche Nationalbibliothek
La Deutsche Nationalbibliothek recoge esta publicación en la Deutsche
Nationalbibliografie; los datos bibliográficos detallados están disponibles
en Internet en http://dnb.d-nb.de.

ISSN 0170-9216
ISBN 978-3-631-89482-8 (Print)
E-ISBN 978-3-631-89483-5 (E-PDF)
E-ISBN 978-3-631-89484-2 (EPUB)
DOI 10.3726/b20470

© 2023 Peter Lang Group AG, Lausanne
Publicado por Peter Lang GmbH, Berlín, Alemania

info@peterlang.com - www.peterlang.com

Todos los derechos reservados.

Esta publicación no puede ser reproducida, ni en todo ni en parte,
ni registrada en o transmitida por un sistema de recuperación
de información, en ninguna forma ni por ningún medio, sea mecánico,
fotoquímico, electrónico, magnético, electroóptico, por fotocopia,
o cualquier otro, sin el permiso previo por escrito de la editorial.
Esta publicación ha sido revisada por pares.

A Morala y Jeannick, por tanto.
A mis padres, por todo.
A mi abuelo, por siempre.

ÍNDICE GENERAL

INTRODUCCIÓN 13
  1. Justificación y objetivos 13
  2. Tradición e innovación: lexicografía y documentación notarial 19
    2.1. En el punto de partida: el *Corpus Léxico de Inventarios* 22
  3. Metodología 24
    3.1. Revisión lexicográfica 25
    3.2. Bloque documental 27

ESTUDIO LEXICOGRÁFICO 31
    Acabellado 31
    Acanelado 34
    Aceitunado 39
    Aceituní 44
    Aceitunil 47
    Aconejado 49
    Afoscado 49
    Ala de cuervo 51
    Alazán 56
    Alcoholado 63
    Aleonado 66
    Alimonado 68
    Allozado 71
    Almacigado 75
    Almagre 80
    Almendrado 83
    Amarillo 88

Amusco	94
Anaranjado	97
Anogalado	100
Anteado	102
Añil	107
Apiñonado	111
Aplomado	114
Arenoso	117
Azabachado	120
Azafranado	124
Azúcar y canela	128
Azul	131
Barcino	136
Bardino	142
Barroso	149
Bayo	153
Blanco	160
Blanquinoso	167
Blanquisco	170
Bociblanco	173
Bragado	176
Buro	181
Cabellado	184
Canelado	188
Carne de doncella	190
Castaño	193
Cerojado	203

Cervuno	209
Color de ala de paloma	212
Color de alcaparra	215
Color de ámbar	218
Color de candilero	222
Color de caña	224
Color de jaspe	228
Color de pasa	231
Color de patito	235
Color de peña	238
Color de perla	240
Color de plomo	243
Color de teja	246
Color de tenca	249
Color de violeta	251
Color del Carmen	254
Colorado	257
Columbino	267
Conejo	272
Ebáneo	275
Empajado	277
Encarnado	279
Flor de romero	290
Foscado	294
Fosco	296
Garrofado	302
Gualdo	305

Hoja de olivo	307
Hosco	309
Jabonero	314
Jaro	317
Lacre	323
Lagarteado	326
Lebruno	330
Leonado	333
Limonado	339
Loro	341
Melado	347
Membrillo cocho	352
Molinero	358
Morado[1]	361
Morado[2]	368
Morcillo	372
Moreno	377
Musco	386
Naranja	391
Naranjado	394
Negro	400
Nogalado	407
Noguerado	408
Overo	413
Pajado	418
Pajizo	419
Paniconejo	423

Pardo 424

Paticalzado 431

Pavonado 433

Pelbarroso 437

Pelicastaño 438

Peliosco 440

Pelipardo 440

Pelitostado 442

Pico de perdiz 443

Pigazo 445

Piñonado 446

Plomado 448

Prieto 450

Rabalbo 456

Robellado 460

Rojo 464

Rosa seca 474

Rosado 479

Rosillo 486

Rubio 490

Salmonado 502

Sanguino 506

Sirgado 511

Sirgo 514

Soro 517

Tapetado 520

Tenado 522

Tostado 527

Turquesado 533

Verde 538

Verdegay 541

Verdemar 544

Victoriano 548

Vinagrado 552

Violado 556

Violeta 560

Zaino 562

CONCLUSIONES 567

BIBLIOGRAFÍA 577

Fuentes primarias 577

Diccionarios e inventarios léxicos 578

Atlas lingüísticos 589

Corpus 589

Estudios 590

Otros 610

Páginas web 612

RELACIÓN DE TONALIDADES POR FAMILIA CROMÁTICA 613

ÍNDICE DE TABLAS 621

ÍNDICE DE MAPAS 623

ÍNDICE DE GRÁFICOS 625

INTRODUCCIÓN*

> *En la naturaleza, la luz crea el color; en la pintura, el color crea la luz*
>
> HANS HOFMANN

> *Una mañana, a uno de nosotros se le terminó el negro, y ese fue el nacimiento del Impresionismo*
>
> PIERRE-AUGUSTE RENOIR

> *El color es incontenible. Revela, sin esfuerzo, los límites del lenguaje y evade nuestros mejores intentos de imponerle un orden racional*
>
> DAVID BATCHELOR

1. Justificación y objetivos

Desde el punto de vista del estudio del léxico, los sustantivos —dada su considerable carga semántica y su función de representantes de la realidad, las emociones, etc.— siempre han estado en el punto de mira y, por consiguiente, han concentrado la mayor parte de este tipo de trabajos, quizá acompañados, en todo caso, por compañeros cercanos, como son los verbos (la evolución de su forma, su significado o sus valores). Este hecho habría motivado, entre otros aspectos, que el resto de categorías gramaticales —como los adjetivos— quedase relegado a un segundo plano al no suscitar tanto interés o al no mostrar tanta predisposición a este tipo de análisis.

No obstante, tampoco debe apuntarse a una desatención extrema en el caso concreto del adjetivo, puesto que, en efecto, pueden encontrarse análisis dedicados a esta categoría con, eso sí, un marcado perfil gramatical: sus diversos mecanismos de formación; su relación —o condición— participial y las características de su uso con dicho valor; su carácter transversal (calificativos/determinativos) en aquellos modelos gramaticales que así lo reconocen; su posibilidad

---

* Para la realización de este trabajo se ha contado con la financiación del Ministerio de Economía y Competitividad al proyecto con número de referencia FFI2015-63491-P (MINECO/FEDER) y del Ministerio de Educación, Cultura y Deporte a través de la beca FPU con número de referencia FPU16/00211 (MECD).

de recategorización o transposición; aspectos de tipo combinatorio; propiedades categoriales, etc. Por otro lado, partiendo de la concepción que la NGLE hace de ellos —de los adjetivos *calificativos* (NGLE: § 13.1d)—, como «clase de palabras que modifican al sustantivo o se predican de él aportando muy variados significados», en muchos casos «denota[n] propiedades o cualidades» (*ibid.*: § 13.1a), los adjetivos también se prestan a estudios de tipo semántico, es decir, que atiendan a su significado o al contenido que aportan en su condición de palabra léxica (*ibid.*: § 13.1e). Asimismo, el hecho de que se prediquen de sustantivos expresando cualidades los hace mucho más propensos a agruparse en torno a rasgos semánticos de carácter hiperonímico o, dicho de otro modo, compartidos por todos los miembros del conjunto.

Dentro de las categorías y subcategorías semánticas o de contenido que pueden efectuarse, las posibilidades son prácticamente ilimitadas: solo hay que escoger una propiedad o rasgo semántico y, de este modo, se consiguen subconjuntos léxicos de adjetivos alusivos a los sabores, las formas geométricas, la personalidad, la edad, la disposición de los cuernos de una res, la expresión de la calidad o, por supuesto, de adjetivos que hacen referencia a colores. Este último grupo, el de los adjetivos cromáticos, habría suscitado no pocos análisis desde múltiples perspectivas, lingüísticas y no lingüísticas, centradas en el castellano o en los términos cromáticos de otras lenguas: mecanismos lexicogenéticos, aspectos referenciales, estudios contrastivos, estudios semánticos y de procesamiento, toponimia, lexicografía, terminología, simbología, etnografía, estudios de corte literario, etc.[1]

Abordando con detenimiento los estudios de corte lexicográfico de ítems cromáticos del español, conviene destacar dos[2] —quizá tres, si bien uno de

---

1 Por hacer referencia a algunos: Granada (1920), Fichter (1927), J. André (1949), Roca Garriga (1954), Geli Aguadé (1955), Rogers (1964), Berlin y Kay (1991 [1969]), Bidu-Vrănceanu (1970, 1976), Rosch (1971, 1972), Michelena (1972), González Calvo (1976), Sahlins (1976), Skultéty (1977 [1974], 1982), Kay y McDaniel (1978), Kristol (1978), Obregón (1978), García Arias (1980), Gallardo (1981), Schmitz (1983), Allot (1989), Bloemen y Tasmowski (1982-1983), Martinell (1986), Mora Monroy (1989), Moss (1989), Portal (1989), Espejo Muriel (1990, 1996), García-Page (1990, 2009, 2015), Montero Curiel (1994), Trapero (1995), Baran (1996), Molinier (2001, 2005, 2006), Sanz y Gallego (2001), Pastoureau (2006, 2009), Kleiber (2007), Rello (2008), Stala (2011) u Ordinas Garau y Binimelis Sebastián (2021).

2 Como grandes precedentes podrían citarse el estudio de la nomenclatura cromática medieval de Duncan (1968) —basado fundamentalmente en un corpus de obras medievales entre los siglos XIII y XV— y el trabajo de Martinell (1979), que parte de los resultados de una encuesta realizada a alumnos de filología basada en una carta de colores de esmaltes *Titanlux* de 24 tonalidades.

manera indirecta— en especial: el primero de ellos por la semejanza que presenta con el presente trabajo de investigación en lo que respecta a la metodología y el segundo, por el periodo cronológico que abarca, los siglos XVI y XVII.

En el primer caso se está haciendo referencia a *Los nombres de color en la naturaleza* (1996), obra (y tesis doctoral) de la profesora María del Mar Espejo Muriel. El objetivo que se persigue en dicho estudio —que se concibe como una continuación de la tesina de licenciatura de la autora, a la que se aludirá posteriormente— es la descripción de los nombres de color del mundo de la naturaleza (incluyendo aquellas voces alusivas a la coloración del pelaje animal), los denominados «campos designativos de color» (Espejo Muriel, 1996: 15), atendiendo, principalmente, a su caracterización onomasiológica y documental.

Es decir, se presenta como un estudio de corte semántico que persigue analizar la evolución del significado de los ítems cromáticos, además de contar con un apoyo de carácter lexicográfico y documental basado en obras comprendidas entre la Edad Media y «nuestros días» (*ibid.*: 17) —finales de los años 90— que se incluyen en la bibliografía final y que ascienden a un total de 83 obras literarias y 48 fuentes de tipo lexicográfico.

En lo que respecta a su estructura interna, cada adjetivo tiene dedicado un apartado que puede ser bipartito o tripartito: si el adjetivo es simple, incluirá información referida a su etimología y documentación; si es derivado, la estructura se articulará en torno a su «base remota» (por ejemplo, *atigrado* < *tigre*), su documentación y su «base próxima» (base verbal, como en *atigrado* < *atigrar*) (*ibid.*: 20). La información etimológica se centra en el origen del término, sin entrar en cuestiones de tipo fonético «ya que nos distraería de la orientación [...] léxica que tiene el trabajo» (Espejo Muriel, 1996: *loc. cit.*). Por otro lado, el epígrafe documental concentrará aquellos testimonios documentales que se han considerado más relevantes tanto cronológica como semánticamente.

El corpus de adjetivos con los que trabaja Espejo Muriel ha sido seleccionado a partir de la nomenclatura de cuatro diccionarios: el *Diccionario de autoridades* —por lo que el estudio parte del siglo XVIII—, el *DRAE* (1970)[3], el *DUE* de María Moliner y el *Diccionario Moderno del Español Usual* (*DMEU*) de Alonso Zamora Vicente (1975). Es decir, que la nómina de adjetivos cromáticos parte de testimonios lexicográficos.

Ahora bien, se ha establecido una serie de restricciones (Espejo Muriel, 1996: 16-17): el corpus no incluye adjetivos de origen insular o americano, solo

---

3   Aunque también se consultaron las ediciones de 1984 y 1992, posteriores al inicio del estudio.

adjetivos pertenecientes al ámbito geográfico peninsular; tampoco se analizan tecnicismos cromáticos (*feofíceo*, 'pardo, marrón' aplicado a las algas), sustancias tintóreas, voces que poseen el significado 'mancha de algún color' o términos alusivos al color de la raza humana.

Desde el punto de vista gramatical, no se tienen en cuenta construcciones del tipo N+A (*azúcar moreno*) o lexías en las que interviene el sustantivo *color*. Asimismo, se ha preferido, mayoritariamente, el análisis de adjetivos y de algunos sustantivos, descartando verbos, adverbios y formas diminutivas y aumentativas.

El segundo hito es el trabajo publicado por Ewa Stala en 2011, una síntesis derivada —al igual que en el caso anterior— de su tesis doctoral: *Los nombres de colores en el español de los siglos XVI y XVII*[4]. En esta ocasión, vuelve a adoptarse un enfoque onomasiológico orientado al inventario de las denominaciones cromáticas de los Siglos de Oro.

Precedido por un primer bloque teórico en el que se abordan aspectos como la percepción del color y sus repercusiones en el lenguaje (entre los que destacan el relativismo lingüístico o las teorías de Berlin y Kay sobre la prototipicidad en el ámbito cromático), aspectos lingüísticos —fundamentalmente semánticos— y extralingüísticos (como el simbolismo de los colores) y el estatus que ostenta el campo semántico del color en el registro lexicográfico, se ofrece un glosario de denominaciones cromáticas que se articula en torno a 9 tonalidades «básicas»: 'blanco', 'negro', 'gris', 'rojo', 'marrón', 'amarillo', 'azul', 'verde' y 'violeta'. Estos términos deben interpretarse, en todo caso, como contenidos de tipo semántico, dado que el estudio parte del significado cromático para determinar las distintas denominaciones que pueden localizarse bajo un mismo valor.

En cada uno de los apartados se observa una división cuadripartita: a) un primer apartado en el que se incluye información de carácter general sobre el color, su estatus lingüístico, el término prototípico y varios ejemplos de modelos de definición del color en diversos diccionarios de los Siglos de Oro; b) un estudio de corte diacrónico en el que se indica si el término estaba documentado o no en latín —J. André (1949) se constituye como uno de los principales referentes—, su origen etimológico (*DECH*) y sus formas en el español medieval

---

4   La tesis —que, presumiblemente, llevaría el mismo nombre— se habría defendido en el año 2000. La autora indica que, en el lapso entre la defensa y la publicación de este estudio, habrían surgido dos nuevas fuentes que habrían contribuido a la profundización y revisión del estudio: el CORDE y el *Nuevo Tesoro Lexicográfico* (NTLE) de Nieto y Alvar (2007).

(Duncan, 1968); c) un tercer bloque dedicado al análisis de dicho campo léxico en el contexto lexicográfico del periodo áureo —y, por tanto, sincrónico—; d) un último apartado dedicado a voces derivadas (sustantivos, verbos, participios, adverbios, etc.) y formas idiomáticas (*quedarse en blanco, de noche todos los gatos son pardos, negros amores*) (Stala, *op. cit.*: 61–62).

Respecto a las fuentes empleadas, el corpus está conformado por adjetivos incluidos en la nomenclatura de «diccionarios mono y multilingües de los siglos XVI y XVII» (Stala, 2011: 2), prescindiendo en este caso del componente literario debido a que el significado de los adjetivos «puede variar y adquirir diversos matices semánticos según el contexto, la invención del autor y el tipo de obra» (Stala, 2011: *loc. cit.*). Entre los diccionarios empleados (*ibid.*: 62-64) se localizan el de Pedro de Alcalá (1505), el *Calepino* (1682 [1559]), Bernardo de las Casas (1582), Covarrubias (1611), Franciosini (1638), el *Lexicon tetraglotton* (1660), el diccionario de Minsheu (1617), el de Oudin (1607) o los de Palet (1604) y Percival (1591).

El último ejemplo con el que podría compararse el presente trabajo de investigación se adscribe a la órbita del reseñado en primer lugar, dado que también es obra de la profesora Espejo Muriel: *Los nombres de los colores en español* (1990) —el trabajo elaborado como memoria de licenciatura que *Los nombres de color en la naturaleza* pretendía completar—. En este caso, el estudio cromático se aborda desde la perspectiva de la lexicología estructural, combinando enfoques semasiológicos y onomasiológicos (Espejo Muriel, 1990: 20).

Respecto a la estructuración del análisis, se parte de los colores espectrales (*rojo, anaranjado, amarillo, verde, azul, azul turquí* o *añil* y *violado*) y dos denominaciones que no pertenecen a la esfera cromática, *blanco* y *negro*. En cada familia cromática se diferenciarán, al menos, cuatro tipos de tonalidades: máxima (el prototipo, la palabra básica del color), superior ('color básico + oscuro'), normal ('color básico', 'acción y efecto de mostrar dicho color'), mínima ('color básico + claro o pálido') y, en algunos casos, mezcla de ellas (*ibid.*: 26–29). Asimismo, cada tipo de tonalidad —salvo la máxima— se subdivide en dos zonas: una central o estática y otra dinámica o «marginal», que, a su vez, se subdivide en otras dos zonas, una de acercamiento y otra de alejamiento (*ibid.*: 27).

Las tonalidades estáticas muestran el color básico (+ oscuro / normal / + claro dependiendo del tipo de tonalidad, máxima, normal o mínima), como en el caso de *aleonado* 'amarillo oscuro', *gualdo* 'amarillo' o *aloque* 'rojo claro'; mientras que las dinámicas reflejan un desplazamiento de la tonalidad hacia dicho color si pertenecen a la zona de acercamiento —como *verdescuro* 'color que tira a verde oscuro'— o a otro distinto, como en el caso de *endrino* 'color negro que tira a azulado' (*ibid.*: 27–29).

Al igual que en *Los nombres de color en la naturaleza*, el corpus se configura a partir de referentes lexicográficos (*Autoridades*, *DRAE* 1970, *DUE*, *DMEU*) —nuevamente, por tanto, el arco cronológico abarca el periodo XVIII-XX—, si bien en este caso no se contemplarían testimonios extraídos de obras literarias. Se barajan tanto términos abstractos como concretos aplicados a diversos referentes (animales, minerales, vegetales, etc.) adscritos a categorías gramaticales diversas (adjetivos, sustantivos, verbos, adverbios) y con distinta estructura gramatical (términos básicos, *color* + lexía) y organización semántica (denominaciones abstractas y términos afines, dominio natural al que pertenecen) (Espejo Muriel, 1990: 25). Es decir, es un estudio mucho menos restrictivo desde el punto de vista de la delimitación del corpus, de la inclusión de términos cromáticos, tanto categorial como formalmente.

En conclusión, el estudio de Espejo Muriel sobre nomenclatura cromática ofrece en principio, información tanto lexicográfica como documental; sin embargo, se parte de un corpus fundamentalmente diccionarístico que comienza en el siglo XVIII —omitiendo centurias anteriores, como los siglos XVI y XVII—, además de sustentarse en documentaciones con un registro claramente literario —más orientado a un registro culto—. Asimismo, el corpus estudiado está sujeto a una serie de restricciones de corte diatópico, semántico y formal, ofreciendo, quizá, un panorama mucho más reducido de la nomenclatura cromática.

Para el análisis efectuado por Stala se ha optado por establecer un marco temporal concreto, los siglos XVI y XVII —lo que lo aproxima a este trabajo—; pero el corpus estudiado vuelve a obtenerse a partir de fuentes lexicográficas de dicho periodo y, además, se omite la parte dedicada al estudio documental, aunque se apunta —acertadamente— a que el plano literario «distorsiona» en ocasiones el valor cromático de los adjetivos.

El objetivo que persigue, en conclusión, la presente investigación es ofrecer un caracterización de la nomenclatura cromática atestiguada para el periodo cronológico del siglo XVII en una fuente muy concreta —el *Corpus Léxico de Inventarios* (*CorLexIn*)—, atendiendo a dos perspectivas distintas, si bien complementarias: por un lado, un estudio lexicográfico que persigue a) delimitar la referencia cromática del término a través de las distintas definiciones que proveen los principales referentes diccionarísticos del periodo, *viz.* el *Tesoro de la lengua castellana o española* de Sebastián de Covarrubias (1611), el *Origen y etymología de todos los vocablos originales de la lengua castellana* de Francisco del Rosal (1758 [1601-1611]) y, como referente académico, el *Diccionario de autoridades* (1726-1739; 1770); y b) constatar su presencia, ausencia o tratamiento en el contexto lexicográfico.

Complementario al trabajo lexicográfico se propone un análisis de tipo documental a partir de los datos proporcionados por los corpus académicos: el *Corpus Diacrónico del Español* (CORDE) y el *Corpus del Nuevo Diccionario Histórico* (CDH) para localizar las primeras documentaciones del término, su evolución y su estatus en el contexto del siglo XVII; mientras que la información que puede obtenerse a partir del *Corpus de Referencia del Español Actual* (CREA) y el *Corpus del Español del siglo XXI* (CORPES XXI) se emplearán para reflejar la evolución del término fuera de las fronteras seiscentistas y su vitalidad en el periodo actual.

2. Tradición e innovación: lexicografía y documentación notarial

La base del estudio filológico del periodo áureo se habría cimentado, tradicionalmente, en el análisis de fuentes literarias o que presentaban un marcado carácter técnico. Esta concepción habría ensombrecido los estudios léxicos con una pátina claramente orientada hacia un modelo de lengua caracterizado por su registro culto y que habría dejado a un lado un componente fundamental dentro de la variación como es el aspecto diatópico —centrado, por ende, en un modelo considerado como estándar, la lengua de Castilla—, dos rasgos que podrían constatarse tanto a nivel lexicográfico como documental.

Pese a haberse publicado en el primer tercio de la centuria dieciochesca, el *Diccionario de autoridades* se ha constituido como uno de los grandes referentes lexicográficos, entre otros aspectos, por ser el iniciador de la dinastía académica. Si bien es cierto que entre los principios que perseguía *Autoridades* se localizaba la atención a aquellas voces «peculiares y propias, que se usan freqüentemente en algunas provincias y reinos de España, [...] aunque no son comunes en Castilla»[5] —como reza el prólogo de la primera edición (*Autoridades*, 1726: § 9)—, puede apreciarse claramente cómo el sistema gira en torno a la lengua de Castilla, esa lengua que los más *escogidos* autores habrían tratado «con la mayor propiedad y elegancia: conociéndose por ellos su buen juicio, claridad y proporción» (*ibid.*: § 3).

El *DRAE*, en sus inicios, se habría concebido como un compendio (Seco, 2003: 240-242), una versión reducida «á un solo tomo para su mas [*sic*] fácil

---

[5] Destacándose, por antonomasia, las aportaciones de voces aragonesas de Siesso de Bolea (Gili Gaya, 1950; Aliaga Jiménez, 1996-1997 y 2009; Benítez Marco y Latas Alegre, 2018).

uso» —como figurará en las portadas de las cinco primeras ediciones— del diccionario considerado como principal en aquel momento, el *Diccionario de autoridades*. Una solución transitoria ante la indisponibilidad de juegos completos de sus seis volúmenes y la lentitud en los trabajos de su segunda edición que habría heredado, cual bien inventariado, el modelo de lengua anteriormente expuesto y que, a su vez, habría transmitido al resto de ediciones, a pesar del progresivo aperturismo que habría experimentado la lexicografía académica con el paso del tiempo.

Este perfil caracterizaría, asimismo, a los corpus generales, dado que sus textos, en su gran mayoría, beben del registro culto a través de cauces como la literatura, la prensa, el ámbito científico, etc. Un rasgo que, en el siglo XVII, como es lógico, se vería amplificado por la presencia de la producción textual de las grandes plumas de la literatura castellana. De este modo, la historia de la filología se habría focalizado en la descripción y caracterización de un modelo de lengua quizá equiparable al del latín clásico: ampliamente testimoniado, cauce de la expresión literaria, propio de un registro cuidado o culto… pero alejado del uso lingüístico real, de lo que podría escucharse en boca de un hablante cualquiera. Bajo la *fermosa cobertura* del registro culto se hallaría todo un mundo de formas y matices mucho más cercano a la realidad —sujeto, eso sí, al capricho de la variación, y, por ende, a una metodología de estudio mucho más intrincada—. Y es, precisamente ahí, donde entraría en juego la prosa notarial.

Con relativa frecuencia, la condición de *neologismo* suele concedérsele a una palabra —paradójicamente— cuando esta ha perdido gran parte de ese valor 'neo', esto es, cuando ha perdido parte de su novedad. Lo mismo ocurre al afirmar que los trabajos filológicos de corte léxico habrían encontrado en el ámbito notarial una valiosa fuente documental que habría puesto en jaque a la literatura, punto de partida tradicional para la historia del español.

La abundante bibliografía generada a partir del trabajo con inventarios (Morala, Egido, Pérez Toral, Perdiguero Villarreal, Puche, Bastardín, Calderón, Carriazo, Quirós, etc.)[6] ha demostrado con creces la enorme utilidad de este tipo de testimonios, especialmente en estudios de corte léxico-semántico: el hecho de que la labor de inventariado conlleve la puesta en relación de todos

---

6   A esta serie de autores podrían añadirse varias tesis defendidas en los últimos años que han puesto igualmente de manifiesto el interés y utilidad del uso de inventarios como fuentes documentales para el estudio del léxico: Vivancos Mulero (2013), Gómez Ferrero (2014), Vázquez Balonga (2015) o, más recientemente, Miguel Borge (2020), Sidrach de Cardona López (2021), Montes Fano (2021), Fernández González (2022) o Junquera Martínez (2022).

los bienes del propietario supone, como es lógico, un enorme caudal de ítems léxicos, fundamentalmente sustantivos; pero también el hecho de que el notario o escribano se vea en la obligación de describir de manera minuciosa cada posesión —de cara a su identificación inequívoca— los convierte en filones de ítems adjetivos de muy diversa condición y significado, entre los que se localizan y tienen especial importancia, claro está, los cromáticos.

Pero la documentación notarial, las relaciones de bienes, no solo generan beneficios cuantitativos. El componente diatópico que destilan este tipo de testimonios (Morala, 2012d y 2014a) permite explotar un aspecto minimizado en las fuentes literarias, más cercanas al estándar —excepto aquellas que, por ejemplo, presenten un carácter más «regionalista», quizá «popular» o, en el caso de la lexicografía, obras de corte dialectal diferenciales o integrales (Ahumada Lara, 2009: 235-248)—, como es el fenómeno de la variación ligada al espacio geográfico, ofreciendo así un panorama mucho más amplio. Y no solo en el plano léxico, sino que puede emplearse como testimonio de fenómenos gramaticales como los mecanismos de formación de palabras (Morala, 2015a, 2017a y 2018a), fenómenos de tipo gráfico-fonético (Morala, 2012c; Pérez Toral, 2017c; Morala y Egido, 2010; Morala y Perdiguero Villarreal, 2019), etimológico (Morala, 2016b), etc.

Asimismo, rasgo derivado de sus propios condicionantes jurídicos, las relaciones de bienes están perfectamente datadas y localizadas, lo que hace que los materiales tengan el valor añadido de contar con una ubicación precisa en el tiempo y en el espacio.

Y, por supuesto, este tipo de testimonios supone un reflejo mucho más fidedigno de la realidad lingüística del periodo que las fuentes que manejan un registro más culto o elevado. En el plano léxico, se maneja un vocabulario alusivo a la vida cotidiana, a las realidades más próximas a la cotidianeidad del hablante: el vestido, el ajuar, los animales, las herramientas y aperos, los muebles, los alimentos, etc[7]. Asimismo, el propio acto de inventariado —una labor que Morala (2012a: 201-202) concibe como análoga a la del dialectólogo que desarrolla un estudio de campo mediante encuestas— contribuye a este acercamiento al registro usual, puesto que el escribano o el notario es el encargado de poner por escrito el testimonio de los declarantes —exactamente igual que el dialectólogo hace con sus informantes—, y dado el ceremonial que suele caracterizar a este tipo de actos (Morala, 2015c: 313, nota 5): «cabe por lo tanto

---

7 De ahí, por otro lado, su carácter transversal y sus posibilidades de explotación con fines no lingüísticos: sociología, etnografía, moda, arquitectura, arte, etc.

esperar que haya una considerable presencia de rasgos procedentes del registro popular».

No obstante, y al igual que todas las fuentes, esta tipología textual también presenta sus limitaciones: la primera de ellas, y quizá más evidente, es que, en ocasiones, la labor de transcripción no se presenta excesivamente sencilla (tanto por el tipo de grafía y de caligrafía como por el estado de conservación del legajo o documento). Asimismo, el acceso a este tipo de materiales no siempre resulta fácil —o tan fácil— como acceder a testimonios de otra índole (como los literarios). Y, por otro lado, también deben tenerse en cuenta aspectos como que los testimonios que se registran son representativos de una parte de la sociedad —concretamente, de aquella que poseía los medios suficientes como para poder costearse los servicios de un notario o un escribano— (Miguel Borge, 2020: 26); o que el notario o escribano es plenamente conocedor del registro culto y es consciente del tipo de registro que exige un documento de carácter judicial, por lo que puede efectuar alteraciones con el propósito de adaptar el testimonio a dicho registro, por lo que pueden considerarse representativos de la lengua cotidiana hasta cierto punto.

La idea que se pretende transmitir, en definitiva, es que, dentro del estudio de la lengua, el registro culto o los usos literarios suponen una parte, no el todo —como venía sucediendo—. De ahí que sea necesario completar esa visión holística, total, con las piezas que faltan y que otras tipologías textuales pueden facilitar —a pesar de que estas piezas sean externas a la norma, a lo académico o a lo general—.

2.1. En el punto de partida: el *Corpus Léxico de Inventarios*

Tal y como indica el título del epígrafe, el punto de partida o base de este estudio lo constituye el *Corpus Léxico de Inventarios*[8], proyecto que comenzó su singladura en el año 2008 y que centra sus esfuerzos en la recopilación y transcripción de lo que podrían denominarse de forma genérica «relaciones

---

8   El *Corpus Léxico de Inventarios* (*CorLexIn*) está alojado en el portal web de la Real Academia Española y disponible en <https://apps2.rae.es/CORLEXIN.html>. Más información sobre el proyecto *CorLexIn*, como son los archivos estudiados, trabajos publicados, índice de las voces analizadas hasta el momento, etc., puede verse en <https://corlexin.unileon.es/>. Para el análisis se han extraído ejemplos de materiales tanto publicados como inéditos, tal y como se indica en los párrafos dedicados a las documentaciones del corpus. *Vid.*, asimismo, Morala (2010a, 2012a, 2012e y 2014a); Morala y Egido (2018).

de bienes». Bajo este apelativo se ampararían documentos notariales de muy diversa índole (inventarios, tasaciones, cartas de dote, partijas, almonedas, etc.) que presentan un rasgo en común: todos ellos registran inventarios o relaciones de bienes, documentos en los que se inventarían las posesiones —bienes raíces, bienes muebles, semovientes, etc.— de un fallecido o la tasación de dichos bienes, el reparto entre los hijos, los aportes de los cónyuges al matrimonio, etc.

El compendio de documentos abarca ambos dominios: el del español europeo, conformado a partir de la recopilación de protocolos procedentes de los archivos históricos provinciales (AHP) de todo el territorio peninsular e insular —con la excepción de los AHP de Galicia, Cataluña, Valencia y Mallorca—, y el del español americano, cuyos fondos proceden del Archivo General de Indias (AGI) y de gran parte de los archivos americanos (México, Guatemala, El Salvador, Cuba, República Dominicana, Trinidad y Tobago, Bolivia, Uruguay, Colombia y, recientemente, Chile, Lima y Cuzco). Esta doble cala a ambos lados del Atlántico le conferiría a *CorLexIn* un marcado carácter diatópico que podría equipararse al que presentan obras como los repertorios dialectales o los atlas lingüísticos (Morala y Egido, 2018: 399-400).

Actualmente, el corpus —que continúa en formación— cuenta con un total de 615 documentos que suponen el acceso a casi 1 600 000 ítems léxicos, lo que lo convierte en una fuente ampliamente representativa del periodo cronológico en el que se encuadra. A este respecto, el marco temporal, *CorLexIn* se centra en el estudio de los Siglos de Oro, esto es, de los siglos XVI y XVII, si bien el conjunto nuclear o foco de atención lo constituye la segunda centuria —amén de una pequeña muestra de testimonios fechados en el siglo XVIII, mayoritariamente americanos—. El motivo por el que el proyecto habría escogido dicha horquilla temporal respondería al planteamiento anteriormente expuesto: la falta de fuentes documentales alternativas a las literarias o científico-técnicas, que habrían condicionado tanto el plano lexicográfico como el puramente documental.

El *Corpus Léxico de Inventarios* se concibe, por ende, como una ventana dispuesta para asomarse a la realidad y vida cotidianas del siglo XVII; una ventana que tendría una gemela contigua velada con cortinas. No con cortinas opacas de terciopelo, pero quizá sí de gasa, que enturbiarían y alterarían la percepción de la realidad. De ahí la necesidad de contrastar los datos obtenidos en ambos recursos: con y sin cortinas, los datos de *CorLexIn* y los de los corpus generales de la Academia (especialmente aquellos con un carácter más diacrónico como CORDE y CDH).

Asimismo, puede considerarse como una herramienta fundamental en los estudios léxicos y lexicográficos de corte diacrónico, ya que su carácter diatópico, sumado al tipo de registro que caracteriza a los documentos que la conforman, la convierte no en granero del idioma —epíteto que Neruda dedicaba al diccionario en su *Oda al diccionario*—; pero sí en granero de ítems léxicos infrarrepresentados —o, directamente, ausentes— tanto en el plano lexicográfico (académico y extracadémico) como documental (en corpus generales), de primeras documentaciones o, incluso, de formas que casi alcanzarían la condición de hápax documental —de ahí, nuevamente, la necesidad de contrastar la información de ambos tipos de corpus—.

3. Metodología

El análisis de los 135 adjetivos cromáticos que conforman este estudio se corresponde con el bloque denominado «Estudio lexicográfico», en el que a cada uno de los adjetivos se le ha dedicado una entrada propia articulada en dos bloques: un primer bloque que comprende una revisión lexicográfica y un segundo bloque en el que se procede al análisis de las documentaciones del término obtenidas a partir de los cuatro corpus académicos. Se concibe, por ende, como un estudio de corte semasiológico.

A la hora de delimitar el corpus, se han tenido en cuenta tanto los fondos publicados y accesibles públicamente del *Corpus Léxico de Inventarios* —615 documentos— como aquellos considerados inéditos. Se han escogido aquellos adjetivos que pueden ofrecer un mayor interés desde el punto de vista lexicográfico, documental, formal, diatópico, etimológico, etc.

En ocasiones —cuando el número de documentaciones en uno u otro repertorio supera los 100 ejemplos—, se ha decidido optar por ofrecer una muestra representativa de los ejemplos que pueden suscitar mayor interés, indicándose tal condición mediante la secuencia «documentaciones seleccionadas de *CorLexIn*».

Desde el punto de vista formal y gramatical, el estudio se ha centrado en la categoría adjetiva, incluyendo tanto formas simples (*rojo, amarillo, verde*) como derivadas (*blanquinoso, nogalado*), compuestas (*paniconejo, pelbarroso*) o formadas a partir de mecanismos parasintéticos (*acabellado, aleonado*). Asimismo, se han tenido en cuenta lexías adjetivas formadas a partir de procesos sintagmáticos de coordinación (*azúcar y canela*), secuencias N+A (*rosa seca*) o estructuras en las que interviene la fórmula *color (de)* (*color de pasa, color de peña*), independientemente de su origen en todos los casos (adjetivos cromáticos *per se*, sustantivos que desarrollan valores cromáticos y se emplean como adjetivos, sustancias tintóreas empleadas con valor adjetivo, etc.).

Si entre los ejemplos se localizan variantes formales del adjetivo, existen dos posibilidades: a) si la variante no conlleva mayor alteración que la puramente formal, se constatará entre corchetes, en negrita y precedida de la abreviatura «Tb.»: COLUMBINO [**Tb.** *columbín*]; b) si la variante supone alguna alteración fuera de lo puramente formal —y que repercuta especialmente en el plano lexicográfico—, se le dedicará una entrada propia.

Respecto a la procedencia, se han incluido testimonios de ambos dominios lingüísticos sin distinción: europeo y americano. La localización y datación de los ejemplos se realiza del siguiente modo: a) si el testimonio corresponde al español europeo, se indica la localidad de origen, la abreviatura de la provincia (siguiendo el antiguo sistema de matriculación de vehículos) y el año; b) si el testimonio pertenece al dominio americano, se indica la localidad de origen, el país desarrollado —sin abreviatura— y el año. En el caso de que no se tenga total certeza sobre alguno de los datos (no figura en el original, no se lee con claridad, etc.), se indicará mediante interrogaciones.

Los términos que aparecen resaltados en negrita cursiva hacen referencia a entradas analizadas en la nomenclatura del estudio, es decir, pueden considerarse remisiones a otras entradas del análisis.

3.1. Revisión lexicográfica

Tras el epígrafe en el que figuran los ejemplos de *CorLexIn*, el bloque lexicográfico se inicia con una pequeña entradilla en la que suelen incluirse aspectos generales de la referencia cromática, la sugerencia origen —en el caso de que exista—, su ámbito de aplicación (especialmente en el caso de adjetivos aplicados al color de la piel humana y el pelaje animal) y el mecanismo de lexicogénesis por el que se ha formado en el caso de adjetivos derivados, compuestos o parasintéticos y lexías adjetivas que siguen la estructura *color (de)*.

A continuación, se incluye el comentario sobre la presencia, ausencia, tratamiento, etc., del lema en los testimonios lexicográficos de los siglos XVII y XVIII que se han tomado como referentes: el *Tesoro* de Sebastián de Covarrubias, el *Origen y etymología* de Rosal y el *Diccionario de autoridades*. El análisis lexicográfico puede completarse en ocasiones con testimonios de otras obras diccionarísticas, principalmente las contenidas en el *Nuevo Tesoro Lexicográfico de la Lengua Española* (NTLLE) de la Real Academia Española: el *Diccionario castellano* del padre Esteban de Terreros y Pando, las sucesivas ediciones del diccionario académico —la de 2001 y 2014 con aplicaciones de consulta en línea fuera del NTLLE—, obras monolingües posacadémicas de los siglos XVIII y XIX, preacadémicas bilingües, Nebrija, etc. En ocasiones, también se han consultado el *Nuevo Tesoro Lexicográfico del Español* (NTLE) de Nieto y Alvar —en el que se recogen testimonios lexicográficos hasta 1726—, el *Fichero general* y los dos intentos de diccionario histórico de la Academia: el *DHLE* (1933-1936) y el *DHLE* (1960-1996).

Para los considerados como términos básicos o generales (*rojo, azul, amarillo, verde, blanco, negro*, etc.), el análisis lexicográfico optará por ofrecer una caracterización más sintética —con especial atención a la evolución de sus referentes ostensivos—, dado que las aportaciones que pueden hacerse en el plano lexicográfico sobre estas voces no son demasiado acusadas.

En el caso de que los testimonios lexicográficos resulten insuficientes a la hora de delimitar la referencia cromática del adjetivo —objetivo principal de este primer bloque—, se ha acudido a obras próximas al contexto cronológico del siglo XVII: el *Arte de ballestería y montería* de Martínez de Espinar, los *Apuntamientos para la Historia Natural de los páxaros del Paragüay y Río de la Plata* de Félix de Azara, la *Historia del Nuevo Mundo* de Bernabé Cobo, la *Historia general de las Indias* de fray Bernardino de Sahagún, etc. Han resultado de especial utilidad, como puede apreciarse, aquellas obras dedicadas a la descripción de realidades americanas, con especial mención de aquellas centradas en la caracterización de aves y plantas —si bien no siempre ha sido fácil identificar las especies a las que se alude—.

Asimismo, si la voz analizada cuenta con información geolingüística presente en los atlas lingüísticos peninsulares, se ofrece un pequeño apartado dedicado al análisis de los aspectos más relevantes que se constatan en los distintos mapas y atlas. Complementariamente, si la voz presenta algún tipo de restricción diatópica —constatada en los diccionarios académicos o deducida a partir de las localizaciones de *CorLexIn*— también se ofrece una muestra y análisis del tratamiento de la voz en obras lexicográficas con marca diatópica, incluyendo información de diccionarios del dominio americano (*Diccionario de americanismos* de RAE-ASALE y diccionarios americanos particulares de cada zona o país) si la voz también se documenta en dicho dominio. No obstante, esta última información puede incluirse en este bloque o en el documental —o en ambos—, dependiendo de si los datos sobre su condición dialectal pueden extraerse, o bien a partir del plano lexicográfico o de los testimonios de *CorLexIn*, o bien de alguna de las concordancias extraídas de los corpus académicos.

Dado que la mayor parte de los adjetivos presentes en los atlas se corresponde con voces alusivas al color del pelaje animal (*alazán, bayo, overo*, etc.), también se han consultado y reseñado testimonios provenientes de manuales de albeitería, hipología o veterinaria. Principalmente, se han empleado los estudios de Casas de Mendoza (1866), Santiago de la Villa y Martín (1881), Odriozola (1951) y Torres (1989). Esta información, nuevamente, es susceptible de aparecer en el bloque lexicográfico, en el documental o en ambos.

El bloque lexicográfico también contempla información de tipo etimológico, siendo el principal referente el *Diccionario Crítico Etimológico Castellano e Hispánico* (*DECH*) de Joan Corominas y José Antonio Pascual (1980-1991). En ocasiones también se aportan testimonios de otros diccionarios como el *REW*, el *FEW* o el *TLFi* para el francés; el *TLIO* para el italiano; Nascentes (1955) para el portugués; el *Gaffiot* para el latín; el *DECLC* para el catalán, etc. Debe advertirse, sin embargo, que el propósito de este trabajo no persigue indagar en cuestiones etimológicas, por lo que la información que se provee es, en casi la totalidad de los casos, de tipo testimonial.

Esporádicamente, si resulta pertinente, se han incluido testimonios pertenecientes a las distintas colecciones documentales que conforman el corpus documental medieval del antiguo reino de León: el archivo documental de la catedral de León y de diversos monasterios como el de Sahagún, Otero de las Dueñas, Carrizo, Eslonza, Vega de Espinareda, Gradefes, etc., tanto como complemento etimológico como en calidad de apoyo documental en el segundo bloque del análisis.

En ocasiones, también se aporta información lexicográfica sobre equivalentes del adjetivo o la lexía en otras lenguas, peninsulares o no peninsulares, romances y no romances (principalmente, el inglés), aportando testimonios lexicográficos de las distintas lenguas. Mediante estas referencias se busca ofrecer un panorama un poco más amplio del tratamiento del ítem, especialmente en el ámbito románico.

El último hito dentro del bloque lexicográfico lo constituye el *Diccionario Akal del Color*, obra considerada de referencia en el estudio en lo que atañe a la descripción y caracterización de la tonalidad desde una perspectiva contemporánea, incluyendo así nociones físicas, de percepción, sistematizadas, etc.

El bloque lexicográfico finaliza con un párrafo en el que se expone la propuesta de referencia cromática del adjetivo, deducida a partir del conjunto de datos aportados.

3.2. Bloque documental

El segundo bloque de cada entrada está dedicado al análisis de las concordancias que el color posee en los cuatro corpus académicos: CORDE, CDH, CREA y CORPES.

En el inicio de este segundo apartado se indica la primera documentación del término en CORDE, CDH o ambos —que puede ser anterior o posterior a los ejemplos de *CorLexIn*—, con el objetivo de establecer un pequeño contraste entre la propuesta del *DECH* —y del *DHLE* 1960-1996 en ocasiones— y la documentación real. Si la primera documentación no está incluida en los corpus —porque pertenece, por ejemplo, a alguna colección documental— se incluye solo en aquellos casos en los que es posible aportar el testimonio concreto. En el caso contrario, se constata únicamente la propuesta del *DECH*.

En todos los análisis documentales se especifica el número total de resultados de dicho adjetivo en el corpus, el número de concordancias en las que se atestigua el valor cromático y el número de ejemplos considerados dudosos. Se incluyen reproducciones solamente de aquellos ejemplos que se consideran pertinentes o de cierta importancia.

A la hora de abordar el comentario de los resultados, se establecen dos bloques. El primero de ellos corresponde a los corpus de corte diacrónico, CORDE y CDH, con cuyas documentaciones se persigue localizar el origen del término, analizar su evolución y su presencia y estatus en el siglo XVII. Se aportan, en todo caso, documentaciones de ambos corpus, si bien para CDH se prefiere incluir únicamente aquellas genuinas y propias de dicho corpus —para que no se solapen con los resultados de la búsqueda en CORDE—.

Se dedica un primer apartado exclusivo a las documentaciones que el adjetivo o la lexía posee en el siglo XVII, tanto en un corpus como en el otro. A continuación, se elimina la restricción cronológica y se ofrece un panorama y un análisis general del estatus del color ofrecido desde una perspectiva diacrónica.

Nuevamente, en el caso de los términos de color que pueden considerarse más básicos o generales (*rojo, azul, amarillo, verde, blanco, negro...*) —y que, por tanto, presentan un número considerablemente elevado de documentaciones—, se ofrece únicamente su análisis diacrónico al presuponerse su continuidad documental.

Asimismo, si el término posee una variabilidad formal acusada, se preferirá su caracterización diacrónica a partir de CDH y no de CORDE, por ser el primero un corpus lematizado y que, por consiguiente, puede ofrecer todas las variantes a partir del lema en una única búsqueda.

El segundo bloque corresponde al análisis de las concordancias obtenidas en CREA y CORPES XXI, corpus con un perfil más sincrónico y cuyo cometido en este trabajo de investigación se concentra en constatar su índice de uso y su pervivencia en el contexto actual. En este caso no se aplican restricciones cronológicas iniciales, única diferencia en el tratamiento de ambos corpus.

Además de la información que puede coaparecer en ambos bloques o decantarse por uno u otro, hay algunos aspectos documentales incluidos en este bloque que exceden los límites académicos. Si la lexía posee alguna documentación americana o alguna referencia en diccionarios americanos, se ha creído conveniente que el bloque documental incluya información testimonial americana, acudiendo a dos bases de datos principales: el *Corpus Diacrónico y Diatópico del Español de América* (CORDIAM) y el *Léxico hispanoamericano* de Peter Boyd-Bowman (Bowman o Boyd-Bowman). En el caso de que el ítem sea una voz restringida diatópicamente en el español europeo, se ha acudido también a corpus especializados como el CICA o CTILC en el caso catalán; CORGA o el *Corpus Xelmírez* para el gallego; el *Corpus do português* de Mark Davies, etc.; así como otros corpus especializados como CHARTA, ODE, COSER o CORHEN.

Excepcionalmente, si el adjetivo presenta alguna particularidad reseñable o de interés, especialmente si esta se da en el plano formal, también se realiza un pequeño comentario sobre dicho aspecto.

Por último, como cierre total de la entrada, cada color posee un pequeño éxplicit —con la salvedad de algunos adjetivos derivados— a modo de resumen final en el que se condensan los aspectos más característicos del color, volviendo a indicar, asimismo su referencia cromática.

ESTUDIO LEXICOGRÁFICO

ACABELLADO

Documentaciones en *CorLexIn* y en fondos documentales inéditos de *CorLexIn*:

- Vn armador de damasco *acabellado* y pardo aforrado en tafetán *acabellado*, con mangas de damasco negro (Veracruz, México-1633)
- Otro armador ya traydo de damasco noguerado y negro con mangas de lama ya traydas, aforradas en tafetán *acabellado* (Veracruz, México-1633)
- Vna gauacha de tela *acauellada* con broches de plata (Huelva, H-1673)

Al igual que en múltiples casos que se verán posteriormente, es frecuente la coexistencia de patrones lexicogenéticos derivativos y parasintéticos que parten de una misma base. Así, junto a **cabellado**, la base nominal *cabello* ha generado un adjetivo homólogo empleando el esquema a+N+ado, *acabellado*, que, curiosamente —y al contrario que el resto de ejemplos estudiados— no mantendría la misma referencia cromática 'castaño con visos' que presenta la forma derivada; sino que, en este caso, *acabellado* se emplearía para aludir a tonalidades castañas claras.

El primer testimonio de la presencia de *acabellado* en el plano lexicográfico, al igual que ocurre con la forma *cabellado*, no se documenta hasta el *Diccionario de autoridades*, que, en su tomo primero de 1726, define al adjetivo del siguiente modo:

> **ACABELLADO, DA.** adj. Equivale à castaño claro, que es el colór que comunmente suele tener el cabello, y assi se dice seda acabellada, paño acabelládo, &c. Es formado del nombre Cabello (*Autoridades*, 1726: s.v.).

Al contrario de lo que suele suceder en la mayoría de los casos, la forma parasintética no remite a la derivada empleando la fórmula «lo mismo que», peculiaridad que el término mantiene a lo largo de todo el compendio de ediciones del diccionario académico. Además, y a pesar de que, lógicamente, la redacción del tomo dedicado a las letras A y B fue anterior a la del C, las acepciones —y, por ende, la referencia cromática del adjetivo— no coinciden de manera plena, dado que, como se verá en la entrada correspondiente, *cabellado* abarca tanto tonalidades castañas claras como oscuras que se caracterizan por presentar visos. Podría decirse, en cierto modo, que *acabellado* es un adjetivo que se ha «especializado», ha concretado de una manera más precisa su referencia cromática y se aplica únicamente a aquellas coloraciones castañas similares al cabello humano que presentan un rasgo [+claro], oponiéndose así a *cabellado* que se caracterizaría por poseer el rasgo [+visos] y que abarcaría los rasgos [+claro] y [+oscuro].

Retomando su presencia en la nomenclatura académica, *acabellado* es un lema bastante irregular, dado que fue eliminado en la 6.ª edición de 1822 —quizá motivado por su condición de voz desusada que Salvá pondría de manifiesto en su diccionario de 1846—. No volvería a ocupar un lugar entre las páginas del diccionario hasta la decimoprimera edición de 1869, acompañado, eso sí, por una nota de uso «es de poco uso», reflejando la apreciación del *Nuevo diccionario de la lengua castellana* de Vicente Salvá. En el siglo XIX, por tanto, *acabellado* ya se consideraba como voz desusada, condición que mantiene en la edición actual.

El resto de diccionarios recopilados en el NTLLE no se despega ni contradice el postulado académico —rasgo que suele caracterizar a los diccionarios monolingües posacadémicos que, a partir del siglo XIX, acabaron con el «monopolio» de la producción lexicográfica de la lengua española (García Platero, 2003: 267)—, por lo que *acabellado*, a pesar de su condición de voz en desuso, mantiene estable su referencia 'castaño claro'.

Entre ellos, el *Diccionario castellano* de Terreros, que podría considerarse como un diccionario posacadémico con un estatus «especial», también mantendría una cierta oposición semántica entre *acabellado* y *cabellado*, coincidiendo en que la forma parasintética alude a un color «claro, castaño» y *cabellado* al «castaño con visos» (*vid*., no obstante, las posibilidades que abarcaría *cabellado* en su entrada).

El testimonio más alejado del marco cronológico en el que se encuadra el presente estudio, el *Diccionario Akal del Color*, corrobora la propuesta 'castaño claro' —oponiéndolo mediante este rasgo a *cabellado*, que no presenta dicha precisión—:

> **acabellado**. Adjetivación común de las coloraciones inespecíficas acastañadas y luminosas cuya sugerencia origen corresponde a la pigmentación del cabello castaño claro.
> // Colorido en el que predomina la sugerencia parda clara (*Akal*: s.v.).

Después de haber analizado los testimonios lexicográficos indicados, puede afirmarse que la voz *acabellado* se emplearía para caracterizar a aquellas tonalidades castañas que evocasen dicho color generalmente asociado al del cabello humano y que presentan la particularidad de ser claras, esto es, 'castaño claro'.

En el plano documental, los ejemplos de *CorLexIn*, a pesar de su reducido número, se constituyen como importantes testimonios de la existencia de *acabellado* en el contexto del siglo XVII —más aún si se tiene en cuenta el hecho de que la voz no aparece refrendada por ninguna autoridad, literaria o no literaria, en su entrada del *Diccionario de autoridades*—; importancia que se ve acrecentada al comprobar que ninguno de los corpus académicos, diacrónicos o sincrónicos, ofrecen resultados para la búsqueda de *acabellado*.

Los testimonios de *CorLexIn*, además, permiten corroborar la documentación del adjetivo fuera del ámbito peninsular, esto es, en el dominio del español americano, en una etapa bastante temprana. La fecha de ambos testimonios podría invitar a pensar, de hecho, en un posible origen americano de la forma parasintética. Sin embargo, la consulta de la base de datos del profesor Rojo Vega revela un número considerable de ejemplos de *acabellado* y sus variantes flexivas, varios de ellos fechados con anterioridad al testimonio de Veracruz, lo que descarta claramente esta posibilidad:

> «yten un bestido ropa y basquiña de gurbion *acabellado* la basquiña con catorçe pasamanos de seda *acabellada* blanca y negra y pestaña de tafetan dorado forrada en tafetan berde» (Valladolid, Va-1607).
> «yten ropa y basquina y jubon de perpetuan *acabellado* prensado con guarnicion de pasamano amarillo negro y blanco» (Valladolid, Va-1614).
> «otros dos vaqueros de lama *acavellada* lisa aprensada guarneçidos de galones anchos de plata lisa en treinta ducados» (Valladolid, Va-1615).
> «yten una ropa de gorgueran leonada [encuadernación] con dos ribetes de terciopelo aforrada en tafetan *acavellado*» (Valladolid, Va-1622).

Su presencia en corpus americanos, sin embargo, es inexistente, dado que ni CORDIAM ni Boyd-Bowman ofrecen resultados para la búsqueda del adjetivo (de ahí, nuevamente, la importancia del testimonio de Veracruz que posee *CorLexIn*).

Partiendo del hecho de que las únicas documentaciones de *acabellado* se localizan en el XVII, puede barajarse la posibilidad de considerarlo un adjetivo puramente seiscentista, ya que no se localizan testimonios anteriores ni posteriores a dicho periodo.

Otra peculiaridad que presenta *acabellado*, contradiciendo nuevamente la tendencia general, es que su número de documentaciones en corpus académicos es considerablemente menor al de su homólogo derivado, lo que reflejaría una clara preferencia de *cabellado* frente a *acabellado*, tendencia que suele darse al contrario: a pesar de que ambas formas suelen ser coetáneas, la parasintética acaba imponiéndose a la derivada, si bien los testimonios vallisoletanos de Rojo Vega son relativamente abundantes. Además, dichas documentaciones permiten descartar casi con total seguridad la posibilidad de que *acabellado* fuese un derivado con marca diatópica —Huelva, de donde habría dado el salto a América—, puesto que así puede conferírsele un grado de difusión mayor en el contexto del siglo XVII.

No obstante, el destino de *acabellado* es prácticamente parejo al de *cabellado*, ya que ninguno de los dos superaría la barrera del siglo XVII, de ahí la consideración de «desusado» que ambos presentan; aunque *cabellado* no aparece marcado como tal hasta la edición del *DLE* de 2014, mientras que *acabellado* la posee desde su regreso a las páginas del *DRAE* de 1869.

En conclusión, frente a la forma derivada *cabellado*, *acabellado* se emplearía especialmente para aludir a aquellas tonalidades castañas que evocan la coloración castaña del cabello humano, sugerencia origen del adjetivo, y que presentan un matiz claro. Un adjetivo caracterizado por su escaso número de documentaciones —nulas en los corpus académicos, presentes en corpus más especializados como *CorLexIn*— y cuya vigencia de uso no excedería el siglo XVII.

ACANELADO

Documentaciones en *CorLexIn* y en fondos documentales inéditos de *CorLexIn*:

- Vna capa de paño *acanelado* con su ropilla y calzón bueno (Gradefes, Le-1656)
- Yten doze baras de drogete color *acanelado* de todalana (La Plata, Bolivia-1703)
- Yten, vn pedazo de paño de olanda *acanelado* (Santiago de Chile, Chile-1681)
- Otro calsón y ropilla y ferreruelo de paño *acanelado*, traydo (Veracruz, México-1633)
- Un vaquero andado de paño *acanelado* (Haro, LR-1643)
- Otra [chamberga] de hormesí *acanelado* (Cuzco, Perú-1691)
- Vna ropilla y capa de paño de Londres, con sus calsones color *acanelado*, traydos (Cuzco, Perú-1691)

Aplicando un patrón lexicogenético *a-N-ado* —que se repetirá con especial frecuencia en este estudio— al sustantivo *canela* se obtiene un adjetivo denominal *acanelado* 'semejante a la canela', cuyo uso con valor cromático hace referencia a aquellas tonalidades que evocan color de la corteza interna seca del canelo (*Cinnamomum verum*), es decir, a tonalidades rojizas o rojizo parduzcas, si bien hoy en día parece aproximarse a tonalidades más rojo amarillentas o castaño rojizas.

La primera referencia al valor cromático de *acanelado* dentro del contexto lexicográfico del siglo XVII se localiza en el *Tesoro* de Sebastián de Covarrubias al describir la especia que sirve de base nominal al adjetivo, *canela*:

> **CANELA**, es vn arbusto odorifero, que nace en Arabia; los Latinos le llaman Casia y algunos Cinamomo, […]; tienese de escoger la teñida de vn color rubio y gracioso, la semejante al coral, […] (*Tesoro*: s.v.).

En este caso, no obstante, la entrada no recoge —como sí hace en otros casos— el lema *acanelado* como 'de color de canela' o con el valor de 'similar a la canela'.

Sin embargo, Covarrubias ofrece una primera referencia cromática 'rubio' 'semejante al coral', que esboza una clara pertenencia de *acanelado* a la familia del rojo[9].

Este valor, y, por ende, dicho lema, no figurará en un diccionario monolingüe español hasta la publicación del primer tomo de *Autoridades* en 1726, en la que figuran tanto *acanelado* como *canelado*:

> **ACANELADO, DA.** adj. Lo que tiene canéla, ù en el olór, ò colór se semeja al de la canéla. Es voz compuesta de la particula A, y del nombre Canéla [...] (*Autoridades*, 1726: *s.v.*).

Tal y como puede intuirse a partir del uso de versales en el lema, dicho significado se considera una subacepción del adjetivo, siendo la acepción «principal» su valor como sinónimo de *acanalado*. La subacepción, además, puede considerarse como una remisión a la voz *canela*, lema del que, nuevamente, puede obtenerse información de tipo cromático:

> **CANELA.** s. f. Árbol odorífero, que se cría principalmente en la Isla de Ceilán, a quien tambien llaman Cásia o Cinamomo, [...]. De sus cortezas se saca la canéla de que comunmente usamos. Son muchas las espécies, y entre todas la mas excelente es la que es de color purpúreo, [...] (*Autoridades*, 1729: *s.v.*).

La referencia a la púrpura como color de la canela podría inclinar la balanza hacia una nueva gama más cercana a dicha tonalidad; no obstante, la consulta de la voz *púrpura* en el propio *Diccionario de autoridades* parece descartar esa opción, devolviendo *acanelado* al abanico del rojo:

> **PURPURA.** s. f. Pescado de concha retorcida como la del caracol, dentro de cuya garganta se halla aquel precioso liquor roxo, con que antiguamente se teñian las ropas de los Reyes y Emperadores, siendo el más estimado el de Tyro, que era perfectamente roxo, porque el de otras partes tiraba a violado [...] (*Autoridades*, 1737: *s.v.*).

La primera edición del *DRAE* de 1780 parece corroborar la hipótesis planteada, al describir el cambio de color de la corteza del canelo al exponerla al sol durante el proceso de secado:

> **CANELA.** s. f. La segunda corteza muy olorosa de un árbol que se cria en varias partes de las Indias orientales, y la mejor es la de la isla de Ceilan. Su color en el árbol es ceniciento, y cortada de él y curada al sol tira á roxo. Sirve para varios usos (*DRAE*, 1780: *s.v.*).

---

9 Si bien, como se analizará en la entrada correspondiente, *rubio* presenta una problemática particular en lo que respecta a su referencia cromática.

Todas las ediciones del diccionario académico que fueron publicadas en el siglo XVIII —en 1783 y 1791 respectivamente—, amén de la primera edición del siglo XIX publicada en 1803, sostienen la referencia al rojo. Será la 5.ª edición de 1817 la que introduzca un nuevo matiz: el amarillo que mantendrán el resto de ediciones incluyendo la actual de 2014.

El *Diccionario Akal del Color* se une al corpus de obras que sostienen la presencia de amarillo en la coloración *canela* —y, por consiguiente, en el adjetivo *acanelado*— al considerarla como «naranja rojiza»:

> **canela**. [...] Coloración estándar oscura, naranja rojiza y moderada, cuya sugerencia origen corresponde al condimento homónimo (capa blanca de la corteza del «canelo de Ceilán» que bermejea al secarse) (*Akal*: s.v.).
> **acanelado**. Coloración semejante a la característica de la canela. // [...] (*ibid.*: s.v.).

Por otro lado, el propio diccionario indica que la corteza «bermejea», es decir, se vuelve de color bermejo, color que Covarrubias en el siglo XVII define como «el hombre que tiene el cabello y barba de color roxo, muy subido» (*Tesoro: s.v. bermejo*) y que *Autoridades*, en su tomo primero, caracteriza por ser un tipo de rojo «mui encendido, y subido de color y tintúra» (*Autoridades*, 1726: s.v. *bermejo*).

La problemática de la presencia de amarillo o naranja en la coloración reaparece, precisamente, al entrar *bermejo* en la ecuación: Covarrubias, en dicha entrada, indica que «entre roxo y bermejo hazemos diferencia, porque el roxo es vna color dorada: la bermeja es más encendida, [...]» (*Tesoro: s.v. bermejo*).

El *dorado* (*vid.* **color de ámbar, anteado, rubio**), término que alude a la coloración del oro, no es propia ni totalmente amarillo —incluye matices anaranjados por la posible presencia de rojo—, por lo que la presencia de amarillo o naranja en la coloración sería aceptable; sin embargo el propio Covarrubias define **rojo** como «lo encendido en color» (*s.v. rojo*) y *Autoridades* como «[adjetivo] que se aplica al color encarnado mui encendido: como el de la sangre», si bien también «se toma también por rubio» (*Autoridades*, 1737: s.v. *roxo*). Ambas posibilidades, por tanto, volverían a presentarse como referentes cromáticos de *acanelado*, siendo la rojizo amarillenta o anaranjada, incluso, más adecuada —lo que podría explicar, además, el cambio en la definición a partir de la 5.ª edición del *DRAE*—.

Aun así, *bermejo* en *Autoridades* se equipara al color de la sangre, pudiendo emplearse este matiz ostensivo como prueba de que *acanelado* presentaría un valor más próximo a 'rojo' que a 'rojo amarillento', a pesar de que no sería del todo procedente aplicar la visión del siglo XVIII al siglo XVII —por mucho que una de las grandes fuentes del *Diccionario de autoridades*, sea, precisamente, una obra de principios del XVII como es el *Tesoro* de Sebastián de Covarrubias—.

Sí resulta procedente, por otro lado, la consulta de diccionarios bilingües en los que figura la propia entrada *acanelado*: su equivalente italiano es *cannellato*, voz que no figura hasta la 4.ª edición del *Vocabolario degli Accademici della Crusca* (1729-1738) —la más próxima a *Autoridades*—; pero no hay ningún tipo de información de tipo cromático ni en la propia entrada *cannellato* ni en *cannella*, lema presente en la macroestructura del *Vocabolario* desde la primera edición de 1612.

En el caso del francés, el posible adjetivo **cannellé*, derivado de *cannelle*, no se registra. Sí lo hace, por otro lado, *cannelé*, pero este adjetivo tiene el valor de 'acanalado'. El *DAF* no recoge ningún tipo de información cromática sobre *canelle* hasta la novena edición —que comenzó a redactarse en 1992—; pero solo figura como miembro de la lexía *brun cannelle*, si bien dicha lexía arroja algo de luz sobre el valor de *cannelle* como color y, por ende, sobre *acanelado*: el *DAF* indica que *brun cannelle* hace alusión a un color «brun rouge clair», matiz rojizo que, cabe pensar, le conferiría la referencia a la canela.

El *TLFi*, por su parte, también documenta el uso de *cannelle* con valor de adjetivo cromático con un ejemplo del uso de *couleur cannelle*; sin embargo, no especifica la tonalidad a la que alude dicha construcción tipo «color (de) + sustantivo» e indica que la primera documentación —en teoría— de su valor adjetivo 'de la couleur de la cannelle' no se fecharía hasta el primer tercio del siglo XVIII a partir de una concordancia extraída del *Glossaire des patois de la Suisse romande* (s.v. *cannelle*).

En definitiva, da la impresión de que el uso de *canela* con valor cromático y el desarrollo posterior de adjetivos denominales que expresen dicho valor es tardío en el caso del francés y del italiano si se tienen en cuenta los testimonios de *CorLexIn* y las documentaciones de los corpus académicos que se analizarán posteriormente. No obstante, este hecho tampoco resultaría extraño si se tiene en cuenta la posible condición de lusismo de la voz *canela* (Menéndez Pidal, 2005: 794), por lo que es posible que pasara primero al castellano y, solo más tarde, a otras lenguas europeas.

Tras el análisis presentado, se presume que la coloración a la que haría referencia *acanelado* se ubicaría —según los datos lexicográficos— en la familia de tonalidades rojizas (quizá rojizo anaranjadas), con cierto matiz parduzco. Por tanto, se aboga por un valor, al menos en el siglo XVII, 'rojizo, rojizo parduzco' (*vid*. Espejo Muriel, 1990: s.v. *acanelado*).

En lo que respecta a sus documentaciones en corpus académicos, tanto CORDE como CDH atestiguan la posible condición de voz seiscentista del término, al localizarse la que puede considerarse como su primera documentación como adjetivo con valor cromático a principios del siglo XVII:

> «Un vestido de raxa *acanelado*, valon y rropilla e ferreruelo çiento y çinquenta rreales» [Anónimo (1618). *Inventario de los bienes y deudas de Bartolomé de Pineda y Gamboa, mercader*. Extraído de: CORDE].

En el contexto del siglo XVII, no obstante, puede catalogarse como adjetivo con escasa presencia, ya que solo se localizan 5 ejemplos (6 si tenemos en cuenta 1 caso dudoso) de *acanelado*, modificando prácticamente en todos a referentes textiles. Los testimonios de *CorLexIn*, por ende, resultan de considerable importancia al afianzar la documentación de *acanelado* en el contexto del siglo XVII, amén de atestiguar la presencia del adjetivo en el dominio del español americano, en principio, a partir del primer tercio del XVII.

De hecho, los testimonios de *CorLexIn* localizados en América adelantan las fechas de primera documentación de los ejemplos que pueden obtenerse en CORDIAM y en el *Léxico hispanoamericano* de Boyd-Bowman, que solo registran ejemplos de *acanelado* a partir del siglo XVIII.

Eliminada la restricción temporal en CORDE, el número de casos aumenta exponencialmente, 481 de 532 (484 si se tienen en cuenta 3 casos dudosos), lo que pondría de manifiesto un claro éxito en la generalización del vocablo. Ahora bien, los ejemplos de CORDE a partir del siglo XVII pueden considerarse como poco representativos del índice de uso de *acanelado*, ya que el 94 % de las concordancias —unas 492 según indica la estadística del corpus— se localizan en una misma obra: los *Apuntamientos para la Historia Natural de los páxaros del Paragüay y Río de la Plata* de Félix de Azara. Este hecho, por otro lado, pone de manifiesto la ampliación semántica que la mayor parte de estos adjetivos —ligados en su origen al ámbito textil— experimentan con el paso del tiempo.

Los ejemplos de los siglos XIX y XX evidencian una clara ampliación de la valencia semántica del término, pudiendo coaparecer modificando a referentes animales, vegetales e, incluso, humanos. No obstante, con los datos obtenidos en CORDE no sería preciso afirmar o suponer que el adjetivo goza de una clara generalización a partir del siglo XVII.

El CDH arroja un número casi idéntico de concordancias para *acanelado*, 552. Sin embargo, nuevamente, casi el 93 % de las concordancias se localiza en el periodo 1801–1900, de nuevo en las páginas de los *Apuntamientos* de Azara. De hecho, los 20 ejemplos de diferencia entre CORDE y CDH se corresponden con 10 documentaciones más de dicha obra y las 10 finales, que proceden de la capa sincrónica de CREA, no aportando, en definitiva, el *Corpus del Nuevo*

Diccionario Histórico ningún ejemplo genuino de *acanelado* —y revelando un índice de uso muy bajo desde el punto de vista diacrónico para el adjetivo—.

Tal y como se indicaba en el párrafo anterior, la búsqueda en CREA ofrece un total de 10 ejemplos de *acanelado* localizados en textos fechados entre 1975 y —en principio— el año 2000, rango cronológico que abarca dicho corpus. De los 10 ejemplos, 7 (8 si se tiene en cuenta 1 caso dudoso) atestiguan el uso como adjetivo cromático de *acanelado*. Las documentaciones de CREA, además, revelan una clara preferencia por el uso del término en el dominio del español americano, dado que todos los ejemplos analizados se localizan en Hispanoamérica: México, Costa Rica, Nicaragua y Argentina.

Por último, para cerrar el bloque sincrónico, las documentaciones de *acanelado* en el CORPES XXI se ven ligeramente aumentadas, alcanzando las 22, de las que 17 (19 si se tienen en cuenta 2 casos dudosos) atestiguan el uso de *acanelado* 'rojizo, rojizo parduzco' en el marco temporal del siglo XXI, nuevamente con una clara preeminencia del término en el dominio americano. Las concordancias de CORPES XXI reflejan, además, una continuidad en la relación de *acanelado* y el ámbito animal, ya que sigue aplicándose con frecuencia a la hora de describirlos, especialmente en el caso del plumaje de las aves. Además, queda corroborada la hipótesis de su condición de adjetivo poco generalizado y con un índice de uso considerablemente bajo, tanto desde el punto de vista diacrónico como sincrónico.

En conclusión, el análisis de *acanelado* en lo que a su referencia cromática respecta se presenta como un reto ligeramente dificultoso: mientras que los diccionarios coetáneos al «nacimiento» del adjetivo —siglos XVII-XVIII— parecen optar por otorgarle a *acanelado* un valor 'rojo, rojizo subido' y equipararlo a otros colores como *bermejo*, las documentaciones de la época apuntarían a un valor más próximo a 'rojizo parduzco, castaño rojizo'. Con todo, es un adjetivo poco generalizado en el caudal léxico del castellano, tal y como demuestra su bajo número de documentaciones en corpus.

ACEITUNADO

Documentaciones en *CorLexIn*:

- Quatro almohadas labradas con hilo *açeytunado* en treinta y tres reales (Cartagena, Mu-1640)
- Quatro almoadas, las dos con lana labradas de hilo *[açey]tunado* y las dos labradas con hilo açul, apreçiadas en quarenta ocho reales (Cartagena, Mu-1640)

- XXº *aceitunado* de Albarrazín (Zaragoza, Z-1603)[10]
- XXº *azeitunado* de Albarrazín (Zaragoza, Z-1603)
- Yten vna basquiña de lama de plata, *azeitunada*, sin guarnición (Garachico, Tf-1695)
- Yten otra cuja de cama, de madera torneada, hordinaria, con su colgadura de paño *azeitunado*, apolillado y manchado (Lazcano, SS-1695)

La adjunción del sufijo *-ado* al sustantivo *aceituna* permite crear un adjetivo con el valor semántico de 'similar a la aceituna', radicando dicha similitud en este caso en el color verde —o verde amarillento— oscuro característico del fruto agraz del olivo.

El primer diccionario monolingüe del español que documenta el adjetivo es *Autoridades* en su tomo de 1726, indicando claramente a qué tonalidad hace referencia:

> **AZEITUNADO, DA.** adj. Colór semejante al de la azeitúna, de donde tomó el nombre, que es un verde mui baxo y obscúro (*Autoridades: s.v.*).

Curiosamente, la segunda edición de *Autoridades* de 1770 elimina la alusión cromática directa (*s.v. aceytunado*)[11], no recuperándose dicha información hasta la 16.ª edición publicada en 1936-1939, aunque de manera mucho más escueta:

> **Aceitunado, da.** adj. De color de aceituna verde (*DRAE*, 1936-1939: *s.v.*).

La única definición que parece contradecir esta hipótesis es la que propone el padre Esteban Terreros y Pando en su entrada *aceitunado*, en la que relaciona dicho adjetivo con el color surgido de la mezcla de amarillo y negro:

> **ACEITUNADO**, se dice del color que es, ó se parece al de la aceituna, que es el amarillo mezclado de negro (Terreros, 1786 [1767]: *s.v.*).

Esta definición es bastante similar a la que incluye la cuarta edición —que, cronológicamente, es la más cercana al primer tomo del diccionario de Terreros— del *Dictionnaire de l'Académie française* para la voz *olivastre* (1761): «Qui est de couleur d'olive, jaune & basané», que figura en el *DAF* desde la primera edición (*s.v. olivastre* hasta la tercera edición, momento en que pierde la *-s-* y aparece el acento circunflejo)[12] y que no se vio modificada hasta la sexta de 1835, «qui

---

10 La abreviatura «XXº» hace referencia al tipo de urdimbre del paño: en este caso, un paño *veinteno* tendría una urdimbre de 20 centenares de hilos.
11 La grafía *aceitunado* se escoge como lema a partir de la 5.ª edición de 1817, si bien Terreros ya lo recogía como tal en el primer tomo de su diccionario con bastante anterioridad (1767).
12 La primera edición de 1694 ya indicaba que la *-s-* no se pronunciaba.

est couleur d'olive» (*DAF*, 1835: *s.v. olivâtre*). Por último, la novena y actual edición —en redacción desde 1992— ha precisado la tonalidad al indicar que aludiría a un tono de verde similar al de la aceituna: «D'une couleur proche du vert de l'olive» (*DAF*, 1992-: *s.v. olivâtre*).

Sin embargo, lo cierto es que, desde el punto de vista de la colorimetría, el verde oliva puede obtenerse restándole luminosidad al amarillo —o lo que es lo mismo, añadiendo una mayor cantidad de negro a la coloración—, por lo que la propuesta de Terreros sería aceptable dentro de este contexto.

En el resto de lenguas románicas también pueden localizarse ítems léxicos empleados para hacer alusión a la coloración que evoca la de la aceituna: el italiano, por ejemplo, documenta *olivastro* desde la tercera edición del *Vocabolario degli Accademici della Crusca* (1691), definiéndolo como «di colore d'Olivo, che tende allo scuro» y lo haciéndolo equivalente al latín fŭscus. En este caso, llama la atención que el *Vocabolari* haga referencia a *olivo~ulivo* y no a *oliva*, información que no se verá modificada hasta la 5.ª edición (1863–1923): «Simile al colore dell'oliva quando comincia a maturare; detto comunemente anche di carnagione che abbia tal colore, o di persona rispetto alla carnagione» (*ibíd.; s.v. olivastro e ulivastro*).

Dentro del abanico peninsular, en la franja oriental, el catalán ha optado por el sufijo -aceus para formar *olivaci*, definido como «que tira a verd d'oliva» (*DIEC2: s.v.*). El *DDLC* añade, además, su acepción de adjetivo aplicado a la piel: «[N$_1$ (*és*) ADJ] (N$_1$[humà]) Que té la pell olivàcia» (*DDLC, s.v.*).

Por último, en la franja occidental, el gallego también opta por el mismo sufijo que el catalán con la forma *olivácéo*, cuyo significado registra el *DRAG* (*s.v.*): «[Cor] que tira á oliva verde. [...] 2. De cor próxima á da oliva verde». No obstante, RILG incluye en su base de datos algunos diccionarios —del siglo XX— que atestiguan la existencia de *aceitonado* con el mismo valor, incluido el diccionario gallego-castellano de la Real Academia Gallega publicado a principios del siglo pasado:

> **ACEITONADO, -DA**. adj. Aceitunado. Verde-oscuro; del color de la aceituna (*RAG*, 1913–1928: *s.v.*).

El término más usado, sin embargo, parece ser *oliváceo*, dado que los testimonios de *aceitonado* en *TILG* se limitan a una concordancia de finales del XX.

Por último, el portugués, al igual que el gallego, también documenta dos posibilidades para el color de la aceituna verde que parten de bases nominales distintas: *oliváceo* (que mantiene la raíz latina) y *azeitonado* (que opta por la raíz árabe *azzaytúna*), aunque ambas se definen como «que tem cor de azeitona» o «da cor de azeitona» (*Priberam: ss.vv.*).

Aceitunado también figura en el *Diccionario Akal del Color*, remitiendo la entrada a *oliváceo*, adjetivo que el *DLE* recoge desde la vigesimoprimera edición de 2001 y cuya acepción remite a *aceitunado*. *Oliváceo*, a su vez, reenvía a la entrada *oliva*:

> **aceitunado, aceituní, o aceitunil**. Adjetivación común que reciben también las coloraciones oliváceas (*Akal*: s.v.).
> **oliva**. Coloración estándar semioscura, verde amarillenta y moderada, cuya sugerencia origen corresponde a la pigmentación del fruto inmaduro homónimo del «olivo» (*Akal*: s.v.).

La entrada de *Akal* parece inclinar la balanza hacia la hipótesis que proponían el *DAF* y Terreros; sin embargo, la propia entrada *oliva* incluye una nota informativa que remarca la variabilidad cromática que presenta el pericarpio de la aceituna a medida que avanza su proceso de maduración o en función de la especie:

> El colorido de las olivas o aceitunas varía, en general, con la edad y, en particular, con la especie. En el árbol, […] la coloración [sic] […] es verde amarillenta agrisada; hacia noviembre, […] verde amarillenta oscura; por último, en enero, […] verde negruzca (*Akal*: s.v. *oliva*).

En conclusión, la tonalidad que se postula como más fiable para *aceitunado* en el contexto del siglo XVII es 'verde oscuro'. Si bien podría contemplarse cierta tendencia al amarillo en la coloración como indicaban Terreros y *Akal*, la Academia no lo explicita; pero dada la variedad de tonalidades que puede abarcar la aceituna durante su maduración (y la variedad a la que pertenezca), constituiría una precisión admisible. Lo que sí está totalmente claro es el matiz oscuro que presenta *aceitunado*, aspecto en el que coinciden prácticamente todos los repertorios lexicográficos analizados.

La primera documentación en corpus del término corresponde a un testimonio de finales del XV en el que *aceitunado* aparece referido al color de unas correas de seda:

> «Vile más una espada con la vaina y correas de seda *azeitunada*, con unas letras bordadas que dezían: […]» [Núñez, N. (1496). *Tratado que hizo Nicolás Núñez sobre el que Sant Pedro compuso de Leriano y Laureola llamado Cárcel*… Extraído de: CORDE].

CORDE arroja 104 resultados para la búsqueda de *aceitunado* —teniendo en cuenta el abanico de posibilidades gráficas que abarca el término—, 12 de ellos localizados en el periodo del siglo XVII de los que 11 atestiguan el valor cromático analizado. Respecto a sus posibilidades combinatorias, ya en el siglo XVII presentaba una valencia bastante amplia, ya que, además de referentes textiles, se emplea a la hora de caracterizar el color de piedras y minerales e, incluso, el color de los ojos.

Eliminada la restricción temporal, a los 11 casos del siglo XVII hay que añadirles otros 88 (90 si se tienen en cuenta 2 casos dudosos) en los que se documenta el uso cromático de *aceitunado*, lo que resulta en un total de 99 testimonios de *aceitunado* 'verde oscuro'. Curiosamente, en la mayoría de las concordancias, el referente de *aceitunado* no es precisamente textil —de hecho, los ejemplos de *aceitunado* aplicado a tejidos y prendas de vestir son bastante escasos—, sino que se emplea con mucha frecuencia para caracterizar el color de la piel, acepción que la Academia no recogía hasta la edición actual del diccionario académico[13]:

> **aceitunado, da**. 3. adj. Dicho de una persona o de la raza a la que pertenece: De piel tostada con matices verdosos (*DLE*: *s.v.*).

La escasez de documentaciones de *aceitunado* aplicado a prendas de vestir resalta la importancia de los ejemplos de *CorLexIn* que, a pesar de ser relativamente escasos, constituyen una importante muestra de dicha posibilidad combinatoria en el contexto del siglo XVII.

CDH eleva el número de casos a 139, correspondiéndose casi la totalidad de ejemplos, 130 (132 si se tienen en cuenta 2 casos dudosos), con el valor cromático analizado, de los que 5 pueden considerarse genuinos de dicho corpus, dado que no figuran ni en CORDE ni en CREA. A partir de los ejemplos obtenidos en los corpus diacrónicos puede comprobarse, en definitiva, que el uso de *aceitunado* no se generaliza hasta el siglo XIX, a pesar de que existen documentaciones del término desde finales del siglo XV.

En el plano sincrónico, la búsqueda en CREA arroja 48 ejemplos de *aceitunado*, pudiendo considerar a 46 de ellos (47 si se tiene en cuenta 1 único caso dudoso) como testimonio de su empleo como adjetivo cromático. Las concordancias revelan, además, que, en el contexto actual, *aceitunado* se emplea mayoritariamente para caracterizar el color de la piel, en ocasiones también el de los ojos. Por último, CORPES XXI provee 79 casos de los que, con la excepción de 1

---

13 Esta posibilidad combinatoria ya figuraba, curiosamente, como nota en la definición de *olivâtre* desde la segunda edición del *DAF* de 1718, si bien considerada como término en claro desuso con la excepción de la referencia a la tonalidad de la piel: «Il n'a guère d'usage qu'en parlant de la couleur de la peau» (*DAF,* 1718: *s.v.*). En el caso italiano, el *Vocabolario* también atestigua en sus ejemplos esta posibilidad combinatoria de *olivastro*: «Le genti sono di colore olivastro, portano i capelli lunghi, e sparsi, ec.» (*s.v. olivastro*).

caso dudoso, atestiguan el uso como adjetivo cromático de *aceitunado*, alguno de ellos aplicado a referentes textiles.

Una parte considerable de las concordancias se localiza en el dominio del español americano, donde parece que el término goza de un mayor índice de uso. Al no registrarse en el *Diccionario de americanismos*, se presupone que el ítem no posee un valor diferencial en dicho dominio respecto a la acepción y significado europeos. No obstante, el *DAm* —y el *DLE*— sí que registra la voz *aceituno* aplicado al ganado vacuno que en Cuba se emplea para referirse a las reses de color, precisamente, aceitunado.

El color verde oscuro que presenta el pericarpio inmaduro de la aceituna se constituye como sugerencia origen del adjetivo *aceitunado*, un adjetivo ligado desde su origen al ámbito textil —tal y como atestigua *CorLexIn*, cuyos ejemplos resultan de gran importancia a la hora de documentar dicha posibilidad combinatoria—. A pesar de que sus documentaciones con este tipo de referentes son bastante escasas, habría acabado especializándose y empleándose ya desde el siglo XVII —pero especialmente a partir del XVIII— para caracterizar un tipo determinado de color de piel.

ACEITUNÍ
[Tb. *acituní*]

Documentaciones en *CorLexIn*:

- Yten, vna saya e ropa de raxa *azeituní*, en ocho ducados (Medina Sidonia, Ca-1603)
- Un galán y ropilla de paño *azeituní* viejo y un coletillo de vadana (Potosí, Bolivia-1625)
- Un vestido nuevo de paño de Londres *azeituní* obscuro, ropilla, con dos pares de calsones y mangas de lama amusga (Potosí, Bolivia-1677)
- Yten, vn bestido, calçón, ropilla y ferreruelo de sarga de color *acituní* (Sevilla, Se-1640)

Fruto de la etimología popular, la familia cromática del verde se habría visto enriquecida con el adjetivo *aceituní* 'verde oscuro' a pesar de no presentar relación alguna con el sustantivo *aceituna*.

La primera referencia que puede encontrarse de *aceituní* en el ámbito de la lexicografía monolingüe del español se localiza en el *Tesoro* de Sebastián de Covarrubias:

[…] **azeytuni**, color de azeytuna (*Tesoro*: s.v. *azeytvna*).

El testigo lo recoge el *Diccionario de autoridades*, reflejando en su primer tomo publicado en 1726 la relación sinonímica entre **aceitunado** y *aceituní* y dando a entender, por consiguiente, que ambos compartirían la misma referencia cromática. *Autoridades* —mediante lo que podría denominarse una «protomarca» diacrónica— indica, además, que es una voz anticuada o en desuso:

> AZEITUNI. adj. de una term. Lo mismo que Azeitunádo. Vease. Es voz antiquada (*Autoridades*, 1726: *s.v.*).

La segunda edición de *Autoridades* de 1770 optará por el lema *aceytuní*, variante que se mantendrá hasta la 4.ª edición de 1803:

> ACEYTUNÍ. adj. de una term. antiq. Lo mismo que aceytunado [que tiene color de azeytuna] (*Autoridades*, 1770: *s.v.*).

La quinta edición del diccionario manual —el *DRAE*— publicada en 1817 adoptará como lema el actual, es decir, *aceituní*, manteniendo la remisión y, por ende, la relación sinonímica desde el punto de vista semántico y cromático. La edición de 1869, sin embargo, modificará la definición añadiendo dos acepciones más, amén de la ya existente de índole cromática. La primera adición cobra especial importancia, ya que hace referencia a la existencia de una vestidura de color de aceituna:

> ACEITUNÍ. adj. ant. ACEITUNADO. || m. ant. Vestidura antigua, hecha de terciopelo de color de aceituna. || ant. Labora que usaban los arquitectos árabes en sus edificios (*DRAE*, 1869: *s.v.*).

Curiosamente, la definición cromática desaparece en la siguiente edición de 1884 y, además, la acepción correspondiente a la vestidura se ve modificada, puesto que *aceituní*, ahora, hace referencia a una tela oriental de considerable calidad:

> Aceituní. [...] m. Tela rica traída de Oriente y muy usada en la edad media (*DRAE*, 1884: *s.v.*).

Será en la edición actual de 2014 cuando el valor cromático de *aceituní* regrese a la microestructura del artículo, acompañado, nuevamente, de la acepción alusiva al tipo de tela oriental:

> aceituní. 1. adj. p. us. aceitunado. [...] 2. m. Tela rica traída de Oriente y muy usada en la Edad Media (*DLE*: *s.v.*).

El *Diccionario Akal del Color* refrenda, finalmente, la relación cromática existente entre *aceitunado* y *aceituní*, pudiendo postular, en consecuencia, la misma referencia cromática que se le había adjudicado a *aceitunado*, es decir, 'verde oscuro':

aceitunado, aceituní, o aceitunil. Adjetivación común que reciben también las coloraciones oliváceas (*Akal: s.v.*).

A pesar de su uso como adjetivo cromático, lo cierto es que este valor surge de una falsa relación etimológica que aparece plasmada, precisamente, a partir de la ya mencionada definición de *aceituní* del *DRAE* 1884: tal y como indican Morala (2017a: 271) y Pérez Toral (2017a: 91-93), el término *aceituní* derivaría realmente del gentilicio *zaytūn* —que se corresponde con la ciudad china de Tsö-Thung— a través del árabe *azzaytūnī* (tal y como corrobora el *DECH: s.v. aceituní*) y haría referencia a un tejido de seda originario de China, valor original del vocablo que documentaría el *DRAE* a partir de su 12.ª edición:

> [...] fue un rico tejido de seda que empezó a fabricarse en China, aunque, en el siglo XV, ya era famoso el elaborado en Italia. Se tiñó en todos los colores pero cuando la tela cayó en desuso la voz *aceituní* fue confundida con *aceitunado*, por lo que erróneamente se le atribuyó el color "semejante al de la azeitúna" (Martínez Meléndez, 1989: 242-243).

El abanico de posibilidades cromáticas del *aceituní* 'tejido' se vería plasmado en los ejemplos que acompañan a la entrada y que Martínez Meléndez documenta a lo largo del siglo XV: «aceytuní *cárdeno*», «azeytuni *naranjado*», «azeytuni *negro*», «aceytuni *morado*», etc.

En conclusión, *aceituní*, originariamente, formaría parte del grupo de adjetivos con «denominación de origen» (Morala, 2010c). Posteriormente, debido a la caída en desuso de dicho tejido —y, por ende, la pérdida de la relación *azzaytūnī* > *aceituní*—, la etimología popular habría propiciado la relación *aceituna* > *aceituní* partiendo de la semejanza entre ambas formas, si bien *aceituna*, tal y como indica el *DLE*, procede del árabe *azzaytúna* (ar. clás. *zaytūnah* y este del arameo *zaytūnā*) con el mismo significado que en castellano (*DECH: s.v. aceite*).

Desde el punto de vista documental, CORDE registra casi una treintena de ejemplos para *aceituní* y sus variantes, la más antigua de principios del siglo XV:

> «Otro día, jueues diez días de nouienbre, partió el Infante de Alcalá de Guadaira, ençima de vn cauallo castaño, a la gusa, armado de cota e braçales, e lleuaua vnas sobrevistas de vn *aceituní* blanco villotado con lauores de oro, muy rico» [Anónimo (1406-1411). *Crónica de Juan II*. Extraído de: CORDE].

De los 29 ejemplos, 3 (5 si se tienen en cuenta 2 casos dudosos) se corresponden con el valor analizado, ilustrando claramente todos aquellos documentados en el siglo XV el valor de 'tejido' de *aceituní*, dado que aparecen acompañados por un adjetivo que hace referencia al color de dicho tejido de seda. Los ejemplos en los que *aceituní* se emplea propiamente como adjetivo cromático se documentan a partir del siglo XVII, aunque solo se registran 2 testimonios:

El resto de los ejemplos fuera del marco cronológico seiscentista son, sin embargo, escasos y, en ocasiones, dudosos, por lo que está claro que es un término que en el siglo XVII —momento en el que parece comenzar a emplearse como adjetivo cromático— no se había generalizado (ni se generalizaría), quizá propiciado por la existencia de *aceitunado*.

CDH aumenta el número de concordancias a 59, entre las que destacan numerosos ejemplos de *aceituní* 'tejido' fechados en el siglo XVI, momento en el que podría atestiguarse, además, el cambio semántico 'tejido' > 'color' ya a mediados de dicho periodo:

> «Después vio una cama con cortinas negras, y la Infanta estava echada delante aquella cama vestida de un brial de *azetuní* negro, [...]» [Anónimo (1511). *Traducción de Tirante el Blanco de Joanot Martorell*. Extraído de: CDH].

La escasez de ejemplos del uso cromático del adjetivo en el siglo XVII dota de especial relevancia a aquellos documentados por *CorLexIn*, dado que afianzan la presencia del término en el periodo seiscentista.

En el plano sincrónico, la búsqueda en CREA y CORPES XXI no arroja ningún resultado, lo que, en principio, justificaría la marca «*p. us.*» que acompaña a la acepción cromática de *aceituní* en el *DLE*, acepción que, como ya se había reseñado con anterioridad, remite a la voz *aceitunado*.

En conclusión, la etimología popular habría propiciado que *aceituní*, un término que originariamente hacía referencia a un tipo de tejido, acabase adquiriendo el valor cromático 'verde oscuro' a raíz de su enorme parecido desde el punto de vista gráfico con el sustantivo *aceituna*. Es un término escasamente documentado con este valor —que habría adquirido a mediados del siglo XVI— y cuyos testimonios apenas rebasan el siglo XVII, debido, casi con total seguridad, a la preferencia por el adjetivo *aceitunado*.

ACEITUNIL

Documentaciones en fondos documentales inéditos de *CorLexIn*:

- otro [paño] *azeytunil* con treynta y una varas (Segovia, Sg-1664)

Tal y como indica Morala (2017a: 271), *CorLexIn* documenta una variante de *aceituní* formada a partir de la adjunción del sufijo -*il* —especializado en la formación de adjetivos a partir de sustantivos—: *aceitunil* 'de color de aceituna, verde oscuro'. La base de derivación, no obstante, no sería propiamente *aceituní*, sino *aceituna*, debido al fenómeno paretológico analizado en la entrada **aceituní**.

La voz figura en el repertorio académico desde el suplemento a la primera edición del diccionario usual de 1780 —donde ya se remite a la voz *aceituní*—, pasando a formar parte de la nomenclatura académica en la 2.ª edición de 1783:

> **aceytunil.** Lo mismo que ACEYTUNÍ (*DRAE*, 1780 Suplemento: s.v.).

Este caso, además, llama considerablemente la atención, ya que se efectúa una doble remisión al enviar *aceytuní* al lema **aceitunado**, considerado, por tanto, como término general a la hora de aludir al color verde oscuro de la aceituna.

Los únicos cambios que se observan en la entrada son: a) el reenvío de *aceytunil* a *aceitunado* a partir de la 4.ª edición de 1803; b) la adopción de *aceitunil* como lema a partir de la 5.ª edición de 1817. Desde la quinta edición, el artículo lexicográfico se ha mantenido prácticamente inalterado.

En lo que respecta a su referencia cromática, las remisiones indican que ostenta el mismo valor que *aceituní* y *aceitunado*. De hecho, *Akal* recoge los tres lemas en una misma entrada: *aceitunado, aceituní* y *aceitunil*; por consiguiente, *aceitunil* se emplearía para hacer referencia, una vez más, al color verde oscuro que evoca la tonalidad del fruto del olivo que aún no ha madurado.

Resulta curioso, no obstante, que dicho lema pase a formar parte de la nomenclatura académica cuando los corpus diacrónicos no registran ninguna documentación de dicho término: ni CORDE ni CDH arrojan resultados en la búsqueda de *aceitunil* o sus posibles variantes gráficas (*azeitunil, açeytunil, azitunil*, etc.).

Los corpus sincrónicos, CREA y CORPES XXI, tampoco ofrecen ejemplos de *aceitunil*, por lo que, en conclusión, el ejemplo de *CorLexIn* se erige como el único testimonio que prueba la existencia del término fuera del ámbito lexicográfico, lo que permitiría, además, disipar la posible consideración de «fantasma lexicográfico» del derivado en *-il*.

Imagen 1. Extracto del inventario en el que figura *aceitunil*. En el texto puede verse claramente que la lectura del derivado en *-il* es correcta (Fuente: fondos documentales inéditos de *CorLexIn*)

A partir del sustantivo *aceituna* —y motivado por la confusión entre dicha palabra y *aceituní*— el sufijo *-il* crea un adjetivo con el valor cromático 'verde oscuro' que presenta cierta semejanza con el color del fruto del olivo y que podría considerarse como una variante de *aceituní*: *aceitunil*. Partiendo de sus documentaciones, cabría bautizarlo como hápax, dado que, a pesar de que figura en la macroestructura académica prácticamente desde la primera edición del diccionario usual, solo *CorLexIn* atestigua su uso fuera del contexto lexicográfico.

ACONEJADO

Documentaciones en fondos documentales inéditos de *CorLexIn* y en Gómez Ferrero (2012):

- Un buy [buey] *aconexado* que yo tengo (Villaornate, Le-1643)
- Mas otro par de bueies el uno color negro y el otro *aconejado* (Viñas, Za-1726)

Aconejado se presenta como un adjetivo cromático formado por parasíntesis que respondería a un esquema *a-N-ado*, siendo su base nominal el sustantivo *conejo*, 'similar a un conejo', y residiendo la similitud o semejanza en el color del pelaje del animal con la referencia cromática propuesta para **conejo**.

Si bien podría proponerse igualmente un esquema *a-A-ado, conejo* —tal y como se detalla en la entrada correspondiente— no es propiamente un adjetivo; aunque puede presentar un uso adjetival en construcciones como *color conejo*. No obstante, la preferencia por un esquema *a-N-ado* respondería a la consideración de *conejo* como miembro de un sintagma nominal con núcleo elidido «(*color*) *conejo*», conservando así su valor nominal (*vid. conejo*).

No se documentan casos en ninguno de los corpus académicos ni aparece recogido en la nomenclatura académica. Este hecho, sumado a la distribución de los dos únicos ejemplos aportados por *CorLexIn*, León y Zamora, parece apuntar a un claro sesgo dialectal del término, por lo que podría considerarse una voz leonesa. No figura, sin embargo, en el *Léxico del leonés actual*.

AFOSCADO

Documentaciones en Gómez Ferrero (2012):

- Un vecerro *affoscado* de dos años y ba a tres (Alija del Infantado, Le-1644)

A partir de un patrón de parasíntesis *a-A-ado*, y partiendo de la base adjetiva **fosco**, se obtiene el adjetivo deadjetival *afoscado*, un ejemplo más de la variada terminología existente dentro de las capas animales oscuras próximas a la tonalidad del negro.

Posiblemente debido a su consideración de derivado —y, por ende, la relativa facilidad a la hora de determinar su significado— *afoscado* no figura en ninguna de las obras lexicográficas que incluye el NTLLE ni tampoco en ninguna de las ediciones del diccionario académico.

Tampoco el *Diccionario Akal del Color*, referente cromático empleado en el presente estudio, lo incluye en su macroestructura. Sí documenta, no obstante, *enfoscado* «oscurecido, apagado» (*Akal*: s.v.), lo que aportaría alguna pista más sobre la referencia cromática de *afoscado* (aunque resulta obvio que, al ser *fosco* su base adjetiva, *afoscado* haya heredado el mismo valor cromático).

Los corpus diacrónicos CORDE y CDH recogen el mismo testimonio de *afoscado*, testimonio que figura en una relación anónima del siglo XVI procedente de México; pero en la que el adjetivo no se emplea con valor cromático, sino bajo la acepción 'oscurecido' y, además, de manera metafórica, ya que se aplica a al sustantivo *razón*:

> «Y en muchas cosas acertaran, si se rigieran según el dictamen de la razón; mas como la tienen todos tan *afoscada* con sus idolatrías y vicios, casi por yerro hacían alguna buena obra» [Anónimo (c1541). *Relación de las cerimonias y rictos y población y gobernación de los indios de la provincia de Mechuacán*. Extraído de: CORDE, CDH].

En el caso de CREA y CORPES XXI, representantes de la vertiente sincrónica, ninguno de los dos corpus ofrece resultados para *afoscado*.

Respecto a su condición desde el punto de vista diatópico, podría considerarse un localismo al solo poseer una documentación, si bien este hecho dificulta la posibilidad de postular una hipótesis en lo que respecta al área geolingüística a la que se adscribe —si bien el patrón lexicogenético es recurrente y productivo—. No obstante, y debido a que la documentación de CORDE y CDH se localiza en México, la consulta del *DAm* revela la existencia en Puerto Rico de *ajoscado*, derivado de *josco*, forma que reflejaría la influencia en la grafía de la aspiración de la *f-* latina (*vid. fosco*, **hosco**):

> **ajoscado, -a.** I. 1. adj. *PR. Referido a persona*, de piel morena. rur. ♦ josco; trigueño (*DAm*: s.v.).

CORDIAM, sin embargo, no registra ninguna documentación de *ajoscado* (sí de *josco*); tampoco Boyd-Bowman, que, por otro lado, sí que ofrece resultados para *fosco, hosco* y *josco*. Tampoco el *Corpus del Español* de Mark Davies resulta útil en lo que a la búsqueda de documentaciones de *afoscado* respecta, ya que no posee testimonios del adjetivo.

Teniendo en cuenta la información extraída a partir de los corpus —dado que no existen datos lexicográficos—, el ejemplo extraído del artículo de Gómez Ferrero puede considerase como el único testimonio del uso de *afoscado* empleado como adjetivo con valor cromático, posiblemente debido al uso frecuente de *fosco* para caracterizar el color del ganado bovino en la provincia de León.

En conclusión, *afoscado*, adjetivo formado por parasíntesis a partir del adjetivo *fosco*, se emplearía para hacer referencia a tonalidades oscuras y próximas al negro, valor heredado de su base adjetiva. Diatópicamente, podría considerarse un adjetivo propio de la provincia de León, quizá matizado por la condición de localismo al no documentarse más ejemplos que el proporcionado por Gómez Ferrero.

ALA DE CUERVO

Documentaciones en *CorLexIn* y en fondos documentales inéditos de *CorLexIn*:

- Yten, vna saia de *ala de cuerbo*, mediada, en ocho reales (Montalbanejo, Cu-1646)
- Ytem, otro terno de terciopelo *ala de cuerbo* o morado con raso colorado y de éste no ay sino casulla y almáticas solamente (Panticosa, Hu-1688)
- Yttem, se alló otro pedazo de paño pebrete de Zaragoza, que llaman *ala de cuerbo*, vbo siete baras menos vna sesma (Tudela, Na-1641)
- Un baquero con ribetes de paño de *ala de cuerbo*, nuevo (Haro, LR-1644)

Dentro del abanico de tonalidades con sugerencia de origen animal, *ala de cuervo* se emplea para hacer referencia a la tonalidad negra con cierto viso brillante que se asemeja al color de las alas del cuervo común o cuervo grande (*Corvus corax*).

Aunque la lexía no figura como lema en ninguno de los diccionarios monolingües preacadémicos, sí que puede intuirse la coloración a la que se hace referencia a partir de la definición del animal que se constituye como su sugerencia origen, el cuervo:

CVERVO, aue conocida, y entre todas la mas negra, y tanto que para encarecer este color en otro sujeto, dezimos, Es mas negro que el cuerbo. [...] (*Tesoro: s.v.*).

El color negro del plumaje de este córvido se refleja, asimismo, en la entrada del *Diccionario de autoridades* dedicada a *cuervo*:

CUERVO. s. m. Ave conocida de color negro en todas las partes de su cuerpo, hasta las piernas, uñas y pico: el qual es derecho y fuerte, y las uñas son menores que las de las otras aves de rapiña, aunque en la misma forma y figura. [...] (*Autoridades*, 1729: s.v.).

El *Diccionario Akal del Color*, sin embargo, sí que documenta la lexía *ala de cuervo*, remitiéndola a la entrada *cuervo*:

ala de cuervo. Denominación común tradicional de la coloración específica «cuervo». Se dice también «negro ala de cuervo» (*Akal: s.v.*).

cuervo. Coloración específica negruzca, azul y semineutra, de textura visual brillante metálica, cuya sugerencia origen corresponde a la estructura corporal del córvido homónimo (*Corvus corax*) (Akal: *s.v.*).

Sanz y Gallego, por tanto, incluyen la tonalidad dentro de la familia cromática de ***negro***, pero parecen caracterizarla por presentar cierto viso azulado. Esta posibilidad sería aceptable, ya que el plumaje del cuervo se describe como «toda de color negro lustroso con visos pavonados» a partir de la 5.ª edición del diccionario académico de 1817. No obstante, los diccionarios del periodo seiscentista lo describen únicamente como negro, un negro muy oscuro; además, la referencia a los visos pavonados del plumaje del cuervo no figura hasta el siglo XIX.

Asimismo, la referencia cromática 'negro oscuro, negro brillante' se preferiría a 'negro azulado' partiendo de la descripción que se realiza de un tipo de paño denominado *velarte* que figura definido como «de color ala de cuervo» en el diccionario académico:

> VELARTE. s. m. Paño de capas infurtido, de color de ala de cuerbo [...] (*DRAE*, 1803: *s.v.*).

El paño *velarte* aparece descrito en el *Diccionario histórico de telas y tejidos* como «paño de lana fino, negro, enfurtido, lustroso, cubierto de fina lanilla, que se usó [...] para capas, sayos y otras prendas exteriores de abrigo» (Dávila Corona *et al.*, 2004: *s.v. velarte*). El propio *DRAE*, de hecho, modificó la definición del término en la 13.ª edición de 1899, pasando a definirlo como «paño [...] de color negro», reflejando la relación entre *ala de cuervo* y el color negro. No obstante, el paño velarte también aparece descrito como «[...] de color pardo negruzco —"ala de cuervo"— [...]» (Anes, 1998: 64, nota 18).

El negro *ala de cuervo*, sin embargo, se caracterizaría por ser un negro especialmente oscuro que no habría podido obtenerse hasta mediados del siglo XVI gracias a la introducción en el ámbito del tinte del palo campeche (*Haematoxylum campechianum*):

> En lo que refiere al color negro, no se había conseguido un tono intenso, total, hasta mediados del siglo XVI; los tejidos teñido de este color con anterioridad a este momento enseguida variaban a pardos al exponerlos a la luz, o simplemente por el uso. Será con la llegada del tinte obtenido a partir del palo de campeche, árbol oriundo de la Península [*sic*] de Yucatán (México), regalo que sus descubridores hicieron al rey Felipe II, cuando se conseguirá el negro conocido como "ala de cuervo", un negro intensísimo (Descalzo y Llorente, 2007: 36).

Campeche figura en la nomenclatura académica desde el *Diccionario de autoridades* descrito como «espécie de madéra, que se cría en la Provincia de este nombre en Nueva España, que sirve para teñir de color morado, y si se sube de punto, es negro» (*Autoridades*, 1729: *s.v. campeche*).

Además, la coloración también figura en otras lenguas del abanico románico como el francés y el italiano: el *TLFi* describe al cuervo como «grand oiseau (Passereaux) au plumage noir, au bec fort et légèrement recourbé, réputé charognard»[14] (*TLFi, s.v. corbeau*) y documenta la lexía *noire comme l'aile d'un corbeau* especialmente aplicada al color del pelo a partir de ejemplos de principios y mediados del siglo XIX, amén de testimonios de la lexía *per se*: «De longues mèches de cheveux *noirs comme l'aile d'un corbeau*»; «Le luisant, au-dessus des tempes, de ses bandeaux *aile de corbeau*».

En el caso italiano, las dos primeras ediciones del *Vocabolario degli Accademici della Crusca* (1612 y 1623 respectivamente) no incluyen la lexía. El *Dizionario della lingua italiana* de Tommaseo y Bellini no registra *ala di corvo*; pero sí resulta bastante ilustrativa la acepción que figura en la entrada *corvo* y que derivaría del color prototípicamente asociado a las plumas de dicho animal: «Dalla nerezza delle sue penne tolgonsi imagini a significare il colore nero forte» (*s.v. corvo*). Asimismo, dicho diccionario incluye el adjetivo *corvino*, especializado en la referencia a capas equinas de color negro brillante: «Si dice *morello corvino* il pelame del cavallo formato di peli di color nero lucente» (*Tommaseo: s.v.*)[15].

La referencia cromática que se propone, por consiguiente, para *ala de cuervo* en el contexto cronológico del siglo XVII es 'negro oscuro, negro brillante', dado que las referencias a la irisación azulada o morada de las plumas del *Corvus corax* no figuran hasta el siglo XIX.

En lo que respecta a la primera documentación de la lexía, parece remontarse al último tercio del siglo XVIII, en el que *ala de cuervo* se aplica al color de la piel de Concolorcorvo, pseudónimo que Alonso Carrió de la Vandera adoptó en la obra *Lazarillo de ciegos caminantes*:

«El que vio un indio se puede hacer juicio que los vio todos, y sólo reparé en las pinturas de sus antepasados los Incas, y aun en Vm. y otros que dicen descender de casa real, más deformidad, y que sus rostros se acercan a los de los moros en narices y

---

14   El *Dictionnaire de l'Académie française* incluye, al igual que el *DLE*, el matiz azulado en la definición de *aile de corbeau*: «noir avec des reflets bleu foncé» (*DAF*, 1992-: *s.v. corbeau*). Sin embargo, esta lexía no figura hasta la 9.ª edición del diccionario de la Academia francesa. El *Thresor de la langue françoyse* de Jean Nicot —publicado en 1606— parece ser el primero en documentar la existencia de la lexía «couleur de corbeau».

15   En español se correspondería con aquellos équidos que presentan una capa *negra azabache*. *Giaietto*, de hecho, significa 'azabache'.

boca, aunque aquéllos tienen el color ceniciento y Vms. de *ala de cuervo*. Por esto mismo, acaso, me puso el renombre de CONCOLORCORVO» [Carrió de la Vandera, A. (c1775). *Lazarillo de ciegos caminantes*. Extraído de: CORDE].

El CDH tampoco incluye ninguna documentación anterior a la de Concolorcorvo, por lo que los ejemplos de *CorLexIn* se postulan como las primeras documentaciones —o al menos las más tempranas— de la lexía, que estaría estrechamente ligada al ámbito textil.

La búsqueda en CORDE empleando el comodín «dist/*x*» —poseyendo *x* en este caso el valor de 2 posiciones— arroja un total de 52 concordancias, 5 de ellas (6 si se tiene en cuenta 1 único caso dudoso) de *ala de cuervo* en su uso cromático.

Las concordancias obtenidas se localizan en obras del siglo XX en las que *ala de cuervo* se emplea para caracterizar el color del cabello, un color negro brillante que podría equipararse al negro *azabache* (vid. **azabachado**). No obstante, también son abundantes las construcciones comparativas «negro como (el) ala del cuervo» que, si bien no se consideran testimonios de la lexía, permiten afianzar la referencia cromática propuesta y descartar el posible matiz azulado que las obras lexicográficas consultadas atribuían al plumaje del cuervo.

Nuevamente, los ejemplos de *CorLexIn*, además de adelantar la fecha de primera documentación que aportan los corpus académicos, son los únicos testimonios de la posibilidad de la lexía de emplearse combinada con prendas de vestir para indicar su color.

En lo que respecta a los resultados obtenidos en CDH, de los 35 resultados del corpus, 7 (9 si se tienen en cuenta 2 casos dudosos) atestiguan la lexía, ninguno de ellos anterior a la documentación de Concolorcorvo.

El plano sincrónico, representado por CREA y CORPES, se mantiene el bajo índice de uso que ya acusaban las concordancias de los corpus diacrónicos. CREA solo registra 6 resultados para la búsqueda por proximidad «ala *dist*/2 *dcha* cuervo», pero solo 1 de ellos puede considerarse como testimonio de la lexía. Por su parte, de los 21 casos de CORPES XXI solo 2 ofrecen claros usos de la lexía con valor cromático, 7 si se tienen en cuenta 5 casos dudosos entre los que figura como complemento apositivo del adjetivo *negro*.

Desde el punto de vista diatópico, los ejemplos de *CorLexIn* parecen indicar una condición de orientalismo de la lexía, ya que solo se documentan ejemplos en el área oriental del castellano y en el dominio aragonés:

Mapa 1. Provincias en las que se localiza algún resultado de *ala de cuervo* (Fuente: *CorLexIn*)

No obstante, el término parece gozar de una mayor vitalidad en el dominio americano atendiendo a la localización de los testimonios extraídos de los corpus académicos, si bien el *Diccionario de americanismos* no registra ningún valor diatópicamente marcado para *cuervo* ni tampoco refleja la relación semántica que dicha lexía parece tener con el ámbito capilar.

El *Léxico hispanoamericano* de Boyd-Bowman sí que provee de varios casos de *ala de cuervo*, especialmente en Cuzco; pero están fechados a finales del siglo XVIII, por lo que podría deducirse que la lexía tiene un claro origen peninsular y, posteriormente, habría sido llevada a América —donde habría experimentado un rendimiento funcional ligeramente superior al del español europeo—[16].

---

16 Las documentaciones de Boyd-Bowman —sumadas a alguno de los ejemplos que figuraban en *CorLexIn*— invitan a pensar que *ala de cuervo* podría hacer referencia, asimismo, a un tipo concreto de paño, posiblemente de color negro, motivo por el que recibiría esta denominación; aunque los inventarios de telas y tejidos consultados no incluyen dicho paño en su nomenclatura. Quizá podría hacer referencia propio paño *pebrete* que figura en el ejemplo de Tudela, ya que identifica el pebrete de Zaragoza con *ala de cuervo*: «paño pebrete de Zaragoza, *que llaman ala de cuerbo*».

En conclusión, el color característico de las plumas de las alas del *Corvus corax* o cuervo grande dota a la lexía *ala de cuervo* del valor cromático 'negro oscuro brillante'. Quizá propia del castellano oriental y de la franja aragonesa, es una voz estrechamente ligada desde sus primeras documentaciones —que *CorLexIn* adelanta al siglo XVII—, al ámbito textil, habiendo experimentado con posterioridad una ampliación semántica especialmente productiva en el dominio del español americano, donde se emplearía para aludir al color negro brillante del cabello humano.

ALAZÁN

Documentaciones en *CorLexIn*:

- Vn roçín *alaçán*, en quatrocientos reales (Albalá, CC-1661)
- Más, vna yegua color *alaçana*, bieja, en trecientos y cinquenta (Población de Cerrato, Pa-1659)

En el contexto de las capas equinas, la alazana puede considerarse como la capa roja por excelencia, descrita a menudo como del color de la canela, esto es, de un castaño rojizo.

Será Covarrubias[17] el primero que ofrezca datos sobre el color alazán y su estrecha relación con la terminología de las capas equinas:

> **ALAZAN**, color de cauallo que tira a dorado [...]. Ay tres especies de color alaçan [nótese la variación en la grafía de la predorsodental respecto a la del lema], clara, dorada, y tostada; y se pudo decir de Alazor, que vale color de açafran bastardo (*Tesoro*: *s.v.*).

A priori, es posible que la imagen que proyecta Covarrubias sobre la capa alazana difiera ligeramente de la tonalidad esperada —quizá más propia de un caballo **bayo** que de uno alazán—; sin embargo, no debe dejarse de lado la relación existente entre el color del oro nativo, el dorado, y el **rojo** o rojizo (vid. **rubio**) o entre el dorado y las coloraciones rubias o amarronadas claras (vid. **leonado**), por lo que quizá la propuesta del toledano no esté demasiado alejada de la realidad extralingüística (aunque podría haber optado por una alusión directa al rojo como se verá posteriormente).

Asimismo, la referencia al alazor o azafrán bastardo (*Carthamus tinctorius*) permitiría reconducir la referencia cromática a la familia del rojo partiendo de

---

17   Palencia, no obstante, ya lo habría recogido en su *Universal vocabulario*: «Spadices se dizen cauallos alazanes que son de color quasi bermeia o ruuia: como color de palmito medio verde y medio ruuio» (1490: *s.v.*).

la descripción que ofrecen Covarrubias y, especialmente, *Autoridades*. El primero de ellos indica que la flor del alazor es «semejante a la del açafran [*sic*]» (*s.v.*), mientras que el *Diccionario de autoridades* es mucho más prolijo en la descripción de esta planta herbácea:

> **ALAZOR.** f. m. Planta que arroja un solo tallo, de [i.161] la altúra de los pies, de colór celeste claro, y poblado de ramillas guarnecídas de unos hojas puntiagúdas y ásperas, con algunas espínas por la orilla. En las extremidádes de estos ramítos echa unos botónes de el gruesso de avellánas cubiertos de escámas espinosas, y como plantados en médio de muchas hojas que forman una estrella. Estos botónes se abren por el Estío en una flor compuesta de muchas florecillas de un colór encendido como el azafrán, à cuyas hebras se parece mucho, y secándose dexan una semilla algo mas gruessa que un grano de cebada cubierta de una cáscara blanca, que encierra una medúla blanca, dulce, y azeitósa. En las Botícas la conocen por Cárthamo, y su flor es la que comunmente se llama azafrán romí, ò salváje [...] (*Autoridades*, 1726; *s.v.*).

Autoridades caracteriza a la flor del alazor asemejándola a la del azafrán por su color «encendido» y su similitud con las hebras de las que se extrae dicha especia. *Flora ibérica* describe su forma y color como «acampanado o ciatiforme, amarillo, anaranjado o rojizo, rara vez blanco» (López González, 2014: 307), además de informar de su uso tradicional como tinte para obtener colores amarillos, rojizos o rosados (*ibid.*: 304).

Rosal solo informa del temperamento del caballo alazán, al que se atribuyen rasgos como brioso, arrogante, soberbio, altivo o belicoso —su temperamento colérico siempre aparece relacionado con el fuego, reflejado en su pelaje (Terrado Pablo, 1985: 86)—; pero lo realmente interesante es que opta por lematizarlo bajo la variante *alazano*, surgida según el *DECH* por una posible analogía con *ruano*.

Avanzando hasta el primer tercio del siglo XVIII, el *Diccionario de Autoridades* dará cuenta, esta vez sí, del color rojizo que caracteriza a la capa alazana:

> **ALAZAN.** adj. Dicese con propriedád de los caballos para denotar el colór del pelo en los que le tienen roxo. El alazán es uno de los colóres simples que divíde la Albeitería en alazán boyúno, ò dorado, alazán tostado, alazán claro, y alazán roáno[18]: cuyas diferéncias se refieren à lo mas, ò menos subído del colór del pelo, que en las demás béstias se llama roxo [...] (*Autoridades*, 1726: *s.v.*).

---

18   Estas cuatro variedades ya las reconocía Reina en su *Tratado de albeyteria* (1623 [1546]: cap. XCVI). No se puede indicar la paginación ya que la edición que se maneja no la incluye.

Además de la coloración, el primer diccionario académico ya señala su condición de capa o color simple —en la que no intervienen pelos de otra tonalidad—. Este rasgo, la uniformidad en el color de la capa (que incluiría cabos y extremos), se reviste de especial importancia si se tiene en cuenta que puede considerarse como el rasgo distintivo entre la capa alazana y la castaña, puesto que, en esta última, los cabos y extremos —las cerdas— son de color más oscuro que el general del pelaje[19].

A partir de la segunda edición de *Autoridades* publicada en 1770, la lexicografía académica perfilará una nueva condición del adjetivo:

> **ALAZAN.** adj. de una termin.[20] Lo que es de color roxo. Aplicase [sic] comunmente [sic] al caballo que tiene la piel de ese color, del que hay algunas diferencias, como *alazan* boyuno, tostado, claro, y roano, las quales se refieren á lo mas ó menos subido del color roxo, ó alazan […] (*Autoridades*, 1770: *s.v.*).

La definición de *Autoridades* 1770 dará a entender que *alazán*, en principio, constituiría un ítem más dentro de la nomenclatura cromática de la familia del rojo —y, por tanto, aplicable a cualquier tipo de sustantivo—; si bien, por otro lado, mantendría una estrecha relación con referentes [+equino]. Esta precisión semántica se mantendrá hasta la edición de 1884, en la que solo subsistirá la acepción aplicada a caballos; pero, curiosamente, se retomará en la 15.ª edición de 1925, separando ambos valores en dos acepciones independientes:

> **ALAZÁN, NA.** […] adj. Dícese del color más o menos rojo, o muy parecido al de la canela. Hay variedades de este color, como **alazán** pálido o lavado, claro, dorado o anaranjado, vinoso, tostado, etc. […] || **2.** Dícese especialmente del caballo o yegua que tiene el pelo **alazán** […] (*DRAE*, 1925: *s.v.*).

---

19 La atención a la coloración de las cerdas, y no solo del pelo, —esto es, al color no solo de la capa, sino también de los cabos y los extremos (las patas, las crines y las colas)— habría sido una de las grandes asignaturas pendientes de los tratados equinos de la antigüedad, que se habrían basado en el segundo aspecto, omitiendo el primero, a la hora de establecer las clasificaciones de las distintas capas (con la excepción de los árabes). De ahí que un caballo rojizo con las cerdas de distinto color no pueda —o no debiera— considerarse propiamente un alazán, por muy encendido que sea su pelaje (Odriozola, 1951: 47). Curiosamente, uno de los pocos que habría reflejado esta condición habría sido Terreros en su *Diccionario castellano* (1786 [1767]: *s.v. alazán*): «caballo, á quien dá [sic] el nombre el pelo que tira a rojo, y cuya crin es tambien [sic] roja ó blanca».

20 La moción de género le llegará con la 4.ª edición del *DRAE* de 1803. Vid. *DHLE*, 1960-1996 (*s.v. alazán*).

La semejanza con el color de la canela —que reflejaría su color **castaño** encendido— se incluirá en la edición que suprimió la referencia general a la condición cromática de *alazán*, aunque con un pequeño cambio: en esa edición, la 12.ª, las variedades de *alazán* afectaban o se aplicaban al significado 'caballo de color rojo', mientras que en la de 1925 pasan a considerarse variantes de *alazán* 'color rojo acanelado'. Este cambio —que persistiría hasta la vigesimosegunda edición de 2001— quizá no hubiese sido del todo acertado, ya que ese tipo de matices le corresponderían, propiamente, a la capa equina alazana y no al *alazán* 'rojizo, marrón rojizo'.

Así, Casas de Mendoza (1866: 181) y Villa y Martín (1881: 400–401), además de definirlo como un color de pelaje simple rojo parecido al de la canela y de remarcar que cabos y extremos son del mismo color que el general de la capa, indican que entre las especies de alazán existentes pueden destacarse los de capa pálida o lavada, clara (rojo poco oscuro, ligeramente amarillento)[21], dorada o naranjada (rojo naranjado, de color de oro pulido)[22], el alazán guinda, el alazán vinoso, el tostado o muy tostado.

También resulta pertinente efectuar una pequeña cala alusiva al origen etimológico del adjetivo. El *DECH* indica que *alazán* es una voz de origen hispanoárabe que partiría de un étimo *'azᶜar* 'rubio, rojizo' y que habría trocado la -*r* en -*n*, curiosamente, «debido a influjo de la voz preexistente *ruano* o *ruán*, otro pelaje de caballo» (*DECH*: s.v.). Esta propuesta etimológica será la que la Academia habría mantenido hasta la edición de 1992.

Sin embargo, a partir de la vigesimosegunda edición publicada en 2001, el diccionario académico adoptará una nueva perspectiva etimológica que Corominas y Pascual habrían rechazado en su momento, pero que Corriente (2008: *s.v. alazán*) defendería: el arabista indica que el étimo del que partiría el adjetivo no sería *'azᶜar* —origen, por otro lado, del adjetivo **jaro** 'de pelo rojizo' (ibid.: s.v. *jaro*)—, sino de **alašháb* 'caballo alazán', del árabe clásico *aṣháb*, sin la aglutinación del artículo árabe.

En el plano de la geografía lingüística, es una voz presente en todos los atlas del dominio del español europeo —peninsulares e insulares—. Así, en el *ALEANR* figura como resultado para «caballo alazán» en el mapa 721 en varios puntos de las tres localizaciones (y también en algunos puntos de Soria); pero no constituye el resultado mayoritario, casilla que ocupan *royo* y *rojo*.

---

21 ¿Podrían esta variedad o la anterior ser las que habrían propiciado el solapamiento entre *bayo* y *alazán* en el plano de la geografía lingüística?
22 Una evidencia más de la relación entre el color del oro y el rojo (*vid. rubio*).

Para el área andaluza, el *ALEA* dedica el mapa 582 a los resultados de «caballo alazán» y, nuevamente, hay un ítem de la familia de tonalidades que desbanca a la forma esperable: ***colora(d)o***, especialmente en Andalucía oriental. Asimismo, *colorado* también sería el término mayoritario para *alazán* en Canarias, tal y como demuestra el mapa 392 del *ALEICan*.

El *ALECMAN* no posee ningún mapa dedicado al caballo alazán, pero sí la *Cartografía léxica de Extremadura* (CLEx), en cuyo mapa 313 se documentan varios casos de *lazano* y *alazán* junto a no pocos testimonios de **castaño**, que se constituirían como las denominaciones principales en Extremadura para aludir al caballo de color rojo que tira a color de canela.

Respecto a la situación en las áreas castellana y leonesa, el mapa 544 dibuja una multiplicidad de resultados considerable. En las provincias leonesas, el resultado mayoritario para «caballo alazán» parece ser *rojo* junto a *colorado*, algunos casos del propio *alazán* —especialmente en la franja oriental de Zamora y la centroccidental de Salamanca— y *guindo*. Los resultados en la provincia de León son extremadamente escasos, apenas llegan a las 10 respuestas. Palencia y Valladolid prefieren *rojo*, mientras que Ávila se decanta por un equilibrio *rojo-alazán* con algún *colorado* en la zona centromeridional. En área oriental del territorio, Segovia inclina la balanza hacia *rojo*, si bien la presencia de *colorado* es, asimismo, notoria; el caballo alazán soriano se encontraría repartido entre *rojo*, *colorado* y *alazán* (con variantes como *lazán* o *luzano*), mientras que Burgos se constituiría como una de las provincias con más resultados de *alazán*, seguido de *rojo*. Todo ello salpicado de casos de *rubio*, *castaño* y alguno de *bayo*, especialmente en Soria y Burgos.

Por último, en la franja norte, el *ALECant* afirma en su mapa 541 que *alazán* goza de gran difusión, si bien el mapa parece reflejar una ligera preferencia —quizá como alternativa— por *castaño*, seguido de *rojo* y un pequeño núcleo de *bayo* en la zona suroriental.

Para cerrar este primer bloque de análisis, el *Diccionario Akal del Color* mantiene a *alazán* en la familia de capas rojas con matiz acanelado —castaño encendido, castaño rojizo—, ofreciendo un amplio abanico de posibilidades en las que llega a intervenir el matiz anaranjado:

> **alazán o alazano.** […]Denominación común de las coloraciones canela rojiza, rojo acanelada, canela dorada, naranja dorada, naranja acanelada, naranja rojiza clara y naranja rojiza dorada, en especial cuando se alude al pelaje de algunas caballerías. // Género cromatológico que incluye las coloraciones «alazán claro», «alazán dorado», «alazán lavado», «alazán tostado» y «alazán vinoso» […] (*Akal*: s.v.).

En conclusión, la referencia cromática que se propone para *alazán* es 'rojo acanelado', una modalidad de castaño rojizo que evocaría el color de la corteza de la canela (como **canelado** y **acanelado**) frecuentemente aplicada al pelaje de équidos.

Su primera documentación estaría fechada hacia finales del siglo XIII según el *DECH*, concretamente en la *General Estoria*. Dicho testimonio figura tanto en CORDE como en CDH y pertenecería a la primera parte de dicha obra:

> «E començó doña Doluca día de domingo a la primera ora, [...] e sofumó con el sofumerio del Sol e fizo el sacrificio d'una yegua *alazán* [...]» [Alfonso X (c1275). *General Estoria. Primera parte*. Extraído de: CORDE, CDH].

Puesto que todas las concordancias que posee CORDE de *alazán* están presentes en CDH, se analizará solo este último corpus con el objetivo de dibujar el contexto diacrónico de *alazán*. Para el siglo XVII, el *Corpus del Nuevo Diccionario Histórico* ofrece 63 resultados de *alazán* y sus variantes gráficas, ilustrando todas ellas el valor 'rojizo' aplicado a caballos —amén de varios casos de recategorización debida a la elisión del núcleo del grupo nominal *caballo alazán*—.

Si se elimina la restricción cronológica, el número de documentaciones totales asciende a 721, de las que 714 ilustran el valor 'rojizo, acanelado' aplicado a caballos o, directamente, 'caballo de color acanelado' —es decir, prácticamente todos los resultados del corpus—.

Nuevamente, pueden localizarse concordancias —en su mayoría americanas— en las que el adjetivo se predica de referentes fuera del ámbito equino. A pesar de su condición minoritaria, podrían apuntar a la ampliación semántica de *alazán* especialmente en el dominio del español americano (o a una muestra más de su acepción cromática sin restricción semántica). En alguno de los casos, *alazán* aparece predicándose del cabello humano, ejemplos más difíciles de explicar, dado que no son frecuentes los casos en los que un adjetivo aplicado al colorismo animal se transfiere al plano humano —con la excepción, si cabe, de determinados términos del léxico del mestizaje—.

No obstante, el *Diccionario de americanismos* registra la siguiente acepción aplicada a personas que podría justificar dicho uso, aunque el valor se encuentre restringido a Nicaragua y Puerto Rico:

> **alazán, -na**. I. 1. adj. *Ni, PR*. metáf. *Referido a persona*, albina con el pelo rojizo [...] (*DAm, s.v.*).

Con todo, el porcentaje mayoritario, salvo las excepciones anteriormente citadas, constituyen ejemplos de *alazán* 'caballo de pelaje rojizo', por lo que dicho valor se constituiría como el principal que registrarían los diccionarios y que habría quedado reflejado en la primera documentación que se posee del adjetivo.

Para el plano sincrónico, CREA ya evidencia un cierto descenso desde el punto de vista documental, dado que el número total de documentaciones desciende casi a una séptima parte. No obstante, existiría un equilibrio entre el total, 113 casos, y el número de ejemplos que atestiguarían el valor analizado, 111. Por otro lado, las documentaciones de CREA dibujan una situación a la que ya apuntaba CDH a partir del siglo XVIII, que no es otra que el aumento del número de casos de *alazán* presentes en el dominio del español americano, llegando a superar al dominio europeo desde principios del siglo XX —lo que indicaría, por otro lado, una mayor vitalidad del adjetivo al otro lado del Atlántico—.

Tanto CORDIAM como Boyd-Bowman corroboran la presencia de *alazán* en territorio americano desde el siglo XVI (el segundo de ellos con un mayor número de ejemplos), prolongando sus documentaciones hasta el siglo XX. El referente al que modifican siempre es, en todos los casos, un équido.

En el ámbito de la lexicografía diferencial americana, son varios los diccionarios que incluyen *alazán* en su nomenclatura, definido tanto con el valor peninsular como con algunas variantes y acepciones restringidas diatópicamente, no siempre, eso sí, aplicado a équidos (*vid.* Tobar Donoso, 1961; Ramos y Duarte, 1898; Santamaría, 1942). En Uruguay, jugando con esa fina línea que separa a **rubio** de *rojo* —tampoco debe perderse de vista el valor que *rubio* tiene, por ejemplo, en Puerto Rico (*DAm*: *s.v. rubio*)—, *alazán* haría referencia al caballo «de capa rubia» (López Blanquet, 1992: *s.v.*).

Finalmente, el análisis sincrónico se completa con las documentaciones de CORPES XXI, en el que se produce el caso contrario al de CREA: el número de resultados de *alazán* asciende, pero descienden los ejemplos que atestiguan el valor cromático del adjetivo —aunque también es cierto que siguen suponiendo más de la mitad del total de ejemplos—. Concretamente, de los 268 ejemplos que arroja CORPES XXI para *alazán*, 177 (187 si se tienen en cuenta 10 casos dudosos) son de *alazán* 'caballo de color canela'.

Si los testimonios de CREA apuntaban a una predominancia de la voz en el dominio americano, los de CORPES XXI no harían sino confirmar dicha hipótesis: a pesar de que el número de casos españoles es mayoritario (67/268), la suma de las concordancias de las distintas zonas americanas que establece CORPES XXI supera con creces la frecuencia española —de hecho, la región americana con más casos es la rioplatense con 60, por lo que la distancia respecto a los ejemplos europeos sería mínima—.

Puede afirmarse, por ende, que el índice de uso de *alazán* en el dominio europeo o peninsular se mantendría —si bien con un perfil mucho menor que en centurias pasadas—; pero el adjetivo gozaría de una mayor presencia y vitalidad en el dominio del español americano.

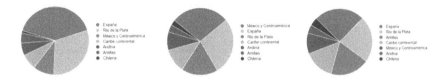

Gráfico 1. De izquierda a derecha: distribución de *alazán* por zonas en CDH (1901-2000), CREA y CORPES XXI

Capa simple roja por excelencia, *alazán* posee una marcada —y casi exclusiva— relación con el ámbito equino, designando un tipo de pelaje de un color castaño encendido o castaño rojizo que partiría del color de la canela como sugerencia origen. Documentada desde finales del siglo XIII, su vitalidad en el dominio del español europeo habría ido perdiendo fuerza en favor del dominio americano, donde se localizaría actualmente el grueso de sus documentaciones.

ALCOHOLADO

Documentaciones en *CorLexIn* y en fondos documentales inéditos de *CorLexIn*:

- La uaca *Alcoholada*, horra, nueue ducados (Navahermosa, To-1638)
- Otro mulo castaño *alcoholado* (Pinto, M-1653)

Alcoholado se presenta como un adjetivo cromático con referencia animal formado por derivación que respondería a un esquema N-*ado*, siendo su base nominal el sustantivo *alcohol*. En este caso, no obstante, la similitud se establece a partir de la acepción que presenta *alcohol* con el valor 'kohl', cosmético empleado para ennegrecer algunos rasgos del rostro. El término hace referencia a un tipo de mancha que pueden presentar determinados animales (bóvidos mayoritariamente) en la zona de los ojos.

La primera aparición de *alcoholado* con la referencia y el valor propuestos en obras lexicográficas se localiza en la segunda edición del *Diccionario de autoridades* de 1770 como una acepción nueva que no incluía la primera edición:

> **ALCOHOLADO.** Usado como adjetivo, se aplica á las reses vacunas, y otras que tienen el pelo ó cuero al rededor de los ojos mas oscuro que lo demas (*Autoridades*, 1770: s.v.).

Tal y como se ha establecido en el párrafo inicial, la base nominal de la que deriva el adjetivo cromático es *alcohol* con el valor de 'kohl', única acepción que figura en el *Tesoro* de Covarrubias y en el diccionario de Rosal:

> **ALCOHOL**, es cierto genero de poluos, que con un palito de hinojo teñido en ellos le passan por los ojos, para aclarar la vista, y poner negras las pestañas, y para hermosearlos [...] (*Tesoro*: s.v.).
> **Alcohol**. es Arab. y quiere decir quemado ò negro, porque quemado el stibio [*estibio*, sinónimo de *alcohol* (*Autoridades*, 1732; s.v. estibio); también *antimonio* (*DLE*, s.v. estibio)] se reduce a aquel uso (Rosal: s.v.).

En la misma entrada, Covarrubias también recoge *alcoholado*, si bien, en este caso, no se realiza ninguna referencia a la posibilidad de aplicarlo a animales en general o a reses vacunas: «Alcoholado, el que tiene las pestañas negras, o por natura o por arte» (*Tesoro*: s.v. *alcohol*).

Para *Autoridades*, el *alcohol* es una «piedra mineral, [...], de color negro, que tira algo a azul, [...]» (*Autoridades*, 1726: s.v.). El verbo derivado de *alcohol*, *alcoholar*, recoge el uso cosmético del mismo: «Pintar o teñir alguna cosa con unguento, ò tintúra compuesta de alcohol: lo que suelen estilar las mugéres para teñirse cejas, pestañas y cabello [...]» (*Autoridades*, 1726: s.v.).

La posibilidad de emplear el término con referentes animales podría considerarse, por tanto, una extensión semántica propiciada por un uso metafórico del adjetivo: las reses bovinas que presentan una mancha oscura alrededor de los ojos se asemejan al efecto cosmético del alcohol o kohl.

El *Léxico español de los toros* también documenta el término, presentándolo además como sinónimo de *ojinegro* —preferido en el ámbito de la tauromaquia—: «Aplícase al animal que tiene el pelo alrededor de los ojos más obscuros que los demás» (Torres, 1989: s.v. *alcoholado*).

El ejemplo extraído de los fondos inéditos de *CorLexIn* permite ampliar nuevamente la valencia semántica del término a otro tipo de animales (en este caso concreto, a équidos). Esta posibilidad —si bien ya se contemplaba en la definición de *Autoridades*— aparece reflejada de un modo más claro y evidente a partir de la 12.ª edición de 1884:

> **Alcoholado**. adj. Se aplica á la res vacuna ó á otro animal que tiene el pelo ó cuero de alrededor de los ojos más oscuro que lo demás (*DRAE*, 1884: s.v.).

Este modelo de definición, ligeramente modificado, es el que recoge la edición actual: «Dicho de un animal, especialmente vacuno: Que tiene una mancha oscura alrededor de los ojos» (*DLE*: s.v.).

El *Diccionario Akal del Color* apunta al uso cosmético y a la posibilidad de aplicar la coloración alrededor de los ojos. Además, remite la voz a la entrada *animal*, por lo que reconoce igualmente la posibilidad de que el término se emplee con diversos referentes animales (que no especifica).

En conclusión, la propuesta cromática —y referencial— que se hace para *alcoholado* es '[res, animal] con una mancha oscura alrededor de los ojos', basada en el cosmético homónimo y la zona facial en la que se aplica.

Tanto CORDE como CDH sitúan la primera documentación de *alcoholado* en el siglo XV (en el caso de CORDE anterior, ya que la registra hacia 1400), pero ofrecen muy pocas concordancias para el término. CORDE registra 19, de las cuales tan solo 2 corresponden a su valor cromático aplicado a animales —fechadas a partir de la primera mitad del siglo XVI—.

El CDH, por su parte, ofrece un total de 41 documentaciones para el término analizado en esta entrada; pero, de nuevo, solo dos de ellas hacen referencia a animales, exactamente las mismas que registraría CORDE aplicadas a los referentes *alcatraz* y *burra*.

Respecto a sus documentaciones en CREA y CORPES XXI, en el primero de ellos *alcoholado* registra 18 concordancias; pero ninguna de ellas se corresponde con el valor cromático esperado. La búsqueda en CORPES XXI, por otro lado, arroja un número muy bajo de ejemplos (6), no presentando ninguno de ellos el significado analizado.

Parece perfilarse, por tanto, como un término con un índice de uso muy bajo, tanto aplicado a personas como a animales, en lo que respecta a su valor cromático, registrándose en este último caso un desuso mucho más acusado. Debe tenerse en cuenta, no obstante, que la voz pertenece a un ámbito léxico bastante restringido o especializado como es el de la ganadería, condición que quizá haya influido en su reducido número de apariciones en corpus.

El uso de *alcoholado* aplicado a animales (especialmente bóvidos, aunque no de manera exclusiva), en conclusión, alude a la presencia de una mancha alrededor de los ojos de un color más oscuro (generalmente negro) que el general de la capa, acepción consolidada a partir de una extensión metafórica del significado original 'pintado o teñido con alcohol/kohl'. A partir de las documentaciones obtenidas de los corpus académicos, se presenta como una lexía en claro desuso ya desde los siglos XV-XVI, quizá motivado por su restringido ámbito de aplicación.

ALEONADO

Documentaciones en fondos documentales inéditos de *CorLexIn*:

- Una rosita[23] de oro con sus piedras *aleonadas* (Segovia, Sg-1633)

Aleonado constituye un ejemplo más de cómo una misma base nominal puede dar lugar a dos adjetivos distintos —en función del proceso lexicogenético que decida adoptar—, forma pareja a **leonado** con la que compartiría la misma referencia cromática.

Lexicográficamente, no se atestigua su presencia hasta la cuarta edición de 1803 del diccionario de la Academia. Podría atribuirse este hecho a su condición de voz parasintética o a la preferencia en siglos anteriores por la forma derivada; sin embargo, en otras ocasiones, ha podido comprobarse que tanto la forma parasintética como la derivada figuraban en la nomenclatura:

ALEONADO, DA. adj. Lo mismo que LEONADO (*DRAE*, 1803: *s.v.*).

Tal y como puede comprobarse, la acepción de *aleonado* sigue el patrón habitual, esto es, la forma parasintética remite a la derivada, considerándose esta como el término estándar o general para aludir a la coloración.

Dado que su definición no se ve alterada a lo largo de las distintas ediciones y del resto de diccionarios que pueden consultarse en el NTLLE —es decir, que *aleonado* continúa remitiendo a *leonado*, remisión que figura, asimismo en el *Diccionario Akal del Color*— es lógico apostar por un valor 'amarillo rojizo apagado' o 'dorado bajo' (dada la presencia de rojo en el color dorado) para *aleonado*, la misma referencia cromática que ostentaría su homólogo derivado.

En lo que respecta a sus documentaciones en los corpus de la Real Academia Española, de corte más general, CORDE sitúa su primer testimonio a principios del siglo XVIII. De hecho, la búsqueda restringida del adjetivo en el periodo cronológico del siglo XVII (1601-1700) no ofrece ningún resultado, convirtiendo al ejemplo de *CorLexIn* en el único testimonio, aparentemente, que documentaría la voz con anterioridad al siglo XVIII.

Asimismo, la escasez de documentaciones en el siglo XVIII podría explicar su ausencia en *Autoridades* y en las primeras ediciones del diccionario usual. A partir del siglo XIX, sus documentaciones habrían experimentado cierto repunte, de ahí su posible inclusión en la nomenclatura académica. No obstante, el recuento total de testimonios que ofrece CORDE refleja un índice de

---

23   Egido, 2016: 108.

uso muy bajo: un total de 15 casos, todos ellos, eso sí, ostentando el valor cromático analizado.

La capa diacrónica de CDH ofrece los mismos 15 resultados, evidenciando una vez más la precariedad de la voz y su escasez documental. El ejemplo de *CorLexIn*, además, provee un valor extra desde el punto de vista semántico para *aleonado*: su posibilidad de combinarse con referentes inanimados y poder emplearse para caracterizar el color de una piedra empleada en joyería. Un caso similar lo constituirían entradas analizadas en el presente estudio como ***apiñonado*** o ***flor de romero***. Respecto a su capa sincrónica, sus resultados se solapan con los de CREA, añadiendo 13 resultados más fechados entre 1974 y el año 2000 —lo que supone un total de 28 documentaciones de *aleonado*—.

En el plano sincrónico, si CORDE y CDH ya apuntaban un claro desuso de *aleonado*, CREA mantiene dicho estatus: 13 documentaciones, aunque, en este caso, todo apunta a que solo 1 atestigua el valor 'amarillo rojizo apagado' de *aleonado*:

> «Era el quinto un impresionante miura de 640 kilos, castaño albardado, *aleonado*, largo, alto de agujas, cornalón, el cual acuchilló, más que corneó, al caballo en la primera vara [...]» [Anónimo (11/07/1980). «Pamplona: quinta corrida de Sanfermines». *El País*. Extraído de: CREA].

En el resto de concordancias, *aleonado* parece emplearse con el valor de 'semejante al león' o, en todo caso, 'semejante a la melena del león'; pero no por su color, sino por la disposición o morfología. A pesar de que la Academia no registra dichas acepciones, son valores totalmente justificados si se tiene en cuenta el contenido que aportan el sufijo *-ado* o el esquema parasintético *a*-N-*ado*, esto es, semejanza o parecido con la base nominal.

Por último, CORPES XXI confirma la condición de voz poco usada y la trayectoria ligeramente errática en el plano documental de *aleonado* ofreciendo 10 resultados. Cabría la posibilidad de afirmar, no obstante, que ninguno de los resultados obtenidos documentaría el valor cromático, ya que aquellos casos en los que *aleonado* se emplea para hacer referencia al cabello —los únicos contextos en los que sería viable que se emplease con dicho valor— no queda claro con qué significado se emplea el adjetivo exactamente. De hecho, en alguno de los ejemplos aparece junto a otro adjetivo cromático «propio»: «*aleonado* cabello rojizo». En el resto, parece claro que se emplea para describir la forma o la disposición del cabello, que presentaría semejanzas con el pelaje del león.

En conclusión, *aleonado* puede considerarse un ejemplo más de las múltiples posibilidades que posee una misma base nominal a la hora de dar origen a un adjetivo de tipo cromático. Al igual que *leonado*, se emplearía para hacer referencia a tonalidades doradas apagadas o semioscuras. Además de la clara preferencia por su homólogo derivado, los corpus académicos no lo atestiguan hasta principios del siglo XVIII, adelantando *CorLexIn* su posible primera documentación al siglo XVII.

ALIMONADO

Documentaciones en fondos documentales inéditos de *CorLexIn*:

- Vna vestidura de cama de paño verde con alamares *alimonados* de seda (Ciudad Real, CR-1651)

Alimonado se presenta como un nuevo ejemplo de adjetivo cromático formado a partir de un esquema parasintético *a*-N-*ado*, siendo su base nominal el sustantivo *limón*: 'similar al limón' y, concretamente, similar al color de la cáscara del fruto, esto es, amarillo.

Es un término poco documentado en obras lexicográficas, quizá debido a la relativa facilidad a la hora de deducir el significado a partir de su patrón lexicogenético. En el NTLLE solo se registra en tres diccionarios del siglo XIX, dos de ellos suplementos del *Diccionario Nacional* de Domínguez:

ALIMONADO, DA. adj. Con cualidades ó color de limon [sic] (Domínguez *Suplemento*, 1853: *s.v.*).
ALIMONADO, DA. adj. Con cualidades ó color de limon [sic] (Domínguez *Suplemento*, 1869: *s.v.*).
ALIMONADO, DA. ADJ. Con cualidades ó color de limón (Zerolo, 1895: *s.v.*).

Ya que la base nominal del adjetivo es el sustantivo *limón* —y dado que la referencia cromática se establece a partir del color de dicho fruto— también resulta pertinente la consulta de los resultados lexicográficos para esta voz que ofrece el NTLLE, mucho más abundantes que los obtenidos para *alimonado* y que permiten el estudio de la referencia cromática dentro del marco temporal en el que se centra el presente análisis.

Limón figura en Covarrubias y Rosal, autores que relacionan el vocablo con la *lima*, cítrico fruto del limero y que se caracteriza por su color verde:

LIMON, fruta casi de la misma especie [que la lima, entrada anterior], sino q difieren en la forma y magnitud. […], y el limon es arbol que està siempre verde, y su fruta. […] (*Tesoro*: *s.v.*).
LIMON, B. Lima (Rosal: *s.v.*).

Rosal, en su entrada dedicada a *lima y limón*, no hace referencia al color que estos frutos presentan. La única referencia en los diccionarios monolingües preacadémicos, por tanto, es la de Covarrubias, que parece caracterizar al limón por su coloración verdosa.

Sin embargo, será la Academia la que fije la referencia cromática característica que suele asociarse con el limón, esto es, el amarillo:

> **LIMON**, s. m. Fruta grande, mas prolongada que redonda, que en el un extremo hace un pezoncillo, el color es amarillo, y la corteza, lisa, debaxo de la qual tiene una carne blanca [...] (*Autoridades*, 1734: s.v.).

Las ediciones del diccionario usual matizarán en ocasiones la tonalidad como amarillo *bajo*, pero la referencia cromática no presentará variaciones y se mantendrá en la gama del amarillo.

El *Diccionario Akal del Color* corrobora la referencia cromática propuesta, ya que, en su entrada dedicada a *alimonado*, define la tonalidad como «sugerencias de color cuyos rasgos cromatológicos se asemejan a los propios de la coloración estándar "limón"». Ahora bien, las entradas *limón* y *amarillo limón* introducen una nueva característica peculiar de esta tonalidad que la diferenciaría del resto de tonalidades que componen la gama del amarillo, su matiz verdoso, por lo que el apunte de Covarrubias en su definición podría estar justificado:

> **limón.** Amarillo verdoso pálido. // Amarillo claro. // Coloración estándar muy clara, amarillo verdosa y fuerte, cuya sugerencia origen corresponde a la pigmentación de la corteza del fruto homónimo del «limonero». Se conoce también como «amarillo limón» (*Akal*: s.v.).
> **amarillo limón.** Denominación común de los colores amarillos de tendencia verdosa. Procede del nombre que designa a la fruta (*Akal*: *s.v. amarillo*).

Además, aunque generalmente el color *lima* se relacione con tonalidades más verdosas (*verde lima*, por ejemplo), *Akal* también lo incluye en la familia del amarillo a la hora de hacer referencia a tonalidades «amarillo verdoso brillante, amarillo verdoso fuerte y verde amarillo brillante» (*Akal, s.v. amarillo lima*). *Amarillo limón*, por tanto, tendría un carácter más genérico al designar a todas las tonalidades amarillas verdosas, mientras que *amarillo lima* tendría un carácter más específico. Quizá habría que establecer una distinción entre, por un lado, la coloración *limón* o *alimonada* y, por otro, la coloración *amarillo limón*.

A pesar de este supuesto matiz verdoso, el *limón* aparece con frecuencia en las definiciones ostensivas empleadas con el color amarillo: «de color semejante al del oro, el limón, la flor de la retama, etc.» (*DRAE*, 1884; *DRAE*, 1925; *DRAE*, 1992). La referencia al limón puede encontrarse, asimismo, en definiciones y ejemplos de **amarillo** en otras lenguas como el francés, el inglés, el gallego o el catalán, por lo que, quizá sea un matiz «moderno».

Alimonado, por tanto, se emplearía con el valor de adjetivo cromático a la hora de aludir a tonalidades dentro de la familia del amarillo, más vivas o más pálidas —al menos en el contexto del siglo XVII—.

En lo que respecta a sus documentaciones en los corpus académicos de carácter diacrónico, CORDE y CDH, *alimonado* parece un término con un índice de uso considerablemente bajo, ya que CORDE y CDH solo registran 20 y 21 ejemplos respectivamente. Los ejemplos, además, son los mismos, con la salvedad de que el CDH incluye una documentación que no figura en CORDE debido a que está fechada en 1998, por lo que excede el periodo temporal que abarca CORDE. No obstante, y como se verá posteriormente, esta documentación está recogida en CREA, por lo que el CDH, en este caso, no aporta nuevas concordancias.

El ejemplo que ilustra la presente entrada y que ha sido extraído de los fondos de *CorLexIn*, permite, además, adelantar la fecha de primera documentación de *alimonado* al siglo XVII, puesto que el primer testimonio que recoge CORDE pertenece al siglo XVIII:

> «[…] Dile á tu ama que si á mí/ la media bata me presta / mañana para una boda, / le prestaré unas chinelas / de baldés *alimonadas*» [Cruz, R. de la (1767). *Las bellas vecinas*. Extraído de: CORDE].

El texto de CORDE continúa la línea marcada por *CorLexIn*, puesto que también emplea como referente para *alimonado* un término relacionado con el ámbito de la vestimenta, el *baldés*, un tipo de piel de oveja «curtida, suave y endeble» (*DLE: s.v.*).

El resto de concordancias se fechan a partir del siglo XX, lo que pone de manifiesto una vez más su bajo índice de uso. Este reducido número de concordancias —así como su escasa presencia en obras lexicográficas— puede responder a su coexistencia con otro derivado de su misma raíz, **limonado**, que se define propiamente como «de color de limón» y figura en un mayor número de repertorios lexicográficos (incluidos los académicos), aunque posee menos documentaciones en corpus que *alimonado*.

Si bien las documentaciones de los siglos XVII-XVIII atestiguaban un posible uso restringido al ámbito textil, a la luz de los testimonios que proporcionan los corpus generales, *alimonado* podría catalogarse como un adjetivo cromático con una posibilidad combinatoria de carácter general, sin restricciones (si bien debe tenerse en cuenta que la escasez de documentaciones anteriores al siglo XX no permite confirmar totalmente esta hipótesis).

Por último, respecto a sus documentaciones en el castellano actual, CREA aporta 3 resultados (2 de ellos con valor cromático), el primero con referencia a la tonalidad de un cava y el segundo aplicado al color de las flores de la onagra (*Oenothera biennis*). CORPES XXI, realizando en este caso una búsqueda por forma y no por lema, arroja 8 resultados para *alimonado*, pero solo en 1 de ellos presenta claramente el valor de adjetivo cromático. En el resto de concordancias, *alimonado* debe interpretarse con el significado de 'que evoca o presenta el sabor u olor del limón', puesto que se habla de fragancias y sabores en varios de ellos.

Alimonado, por tanto, es un adjetivo con valor cromático formado por parasíntesis que se emplea para hacer referencia a tonalidades amarillas, generalmente claras. A partir de sus documentaciones, puede deducirse que es un término especialmente ligado al ámbito literario, hecho que quizá podría explicar su bajo índice de uso, ya que el uso general o común parece haber escogido la opción denominal *limonado* —a pesar de que las formas parasintéticas en este caso suelen gozar de un mayor índice de uso que las derivadas— a la hora de hacer referencia al color considerado como prototípico del limón.

ALLOZADO

Documentaciones en *CorLexIn*:

- Otra ropa de raxa *allozada*, con tafetán colorado y molinillos, quatro ducados y medio (¿Serón?, Al-1659)

Siendo su sugerencia origen el exocarpio de la alloza o almendruco —el fruto aún inmaduro del almendro—, el adjetivo *allozado* (N+*ado*) podría incluirse en la familia de tonalidades verdes, concretamente con el valor 'verde claro'.

Aunque el derivado no aparece recogido en ninguna de las obras lexicográficas que componen el NTLLE, la información que puede extraerse de los diccionarios monolingües preacadémicos de su base derivativa y sugerencia origen, *alloza*, resulta de interés desde el punto de vista cromático:

ALLOZA, el [sic] almendra verde, y allozar el almendral. Dize el padre Guadix, que está corrompido de al leuza, que en Arabigo vale almendra. Tambien llaman en algunas partes a la almendra verde arzolla, entiendo ser el mesmo nombre que alloza, trastocadas las consonantes, y añadir la r. en Castilla la Vieja, llaman almendrucos a las almendras verdes (*Tesoro: s.v.*).

Más interesante, si cabe, resulta el testimonio de Rosal que, a pesar de no recoger *allozado* como lema propio, reseña su condición de adjetivo cromático ya a principios del XVII, siendo, probablemente, la única obra lexicográfica que lo hace: «[...] porque de las plantas y frutos, como primeros, y naturales colores, toman nombre los demás artificiados, como Datilado, Naranjado, Alloçado ò Almendrucado, trigueño y otros» (*s.v. bruno*).

La información que provee *Autoridades* es prácticamente idéntica a la de Covarrubias —de hecho, lo cita para indicar su condición de voz antigua—:

> **ALLOZA**. s. f. La almendra verde. Voz Arabe, porque en su idióma la almendra se llama Al-leuza, y con la corrupción de juntar las dos ll, y quitar la e, y u, poniendo en su lugaro o, se dixo Allóza. En la Mancha se llama Arzolla. Es voz antigua, que trahen Covarr., Guadix, y Alcalá (*Autoridades*, 1726: *s.v.*).

Respecto al origen árabe de la voz, el *DECH* corrobora la afirmación de Covarrubias y la Academia, indicando que proviene de LAU̯ZA 'almendra', y que la *-ll-* castellana se explicaría por «la combinación de la *l-* del artículo arábigo *al-* con la *l-* de **lau̯za*» (*s.v. alloza*).

El derivado, probablemente por su propia condición, no figura en ninguno de los repertorios lexicográficos —con la excepción de Rosal—; pero la concreción de la referencia cromática de *allozado* no debería resultar en exceso dificultosa, ya que las entradas de *alloza* proveen información suficiente, por lo que *allozado*, casi con total seguridad, aludiría a tonalidades 'verde claro'.

La identificación entre la alloza y el almendruco queda patente en la propia entrada *almendruco* de *Autoridades*, donde figura la variante con disimilación y metátesis *arzolla* a la que aludían Covarrubias y el propio diccionario académico:

> **ALMENDRUCO**. s. m. La almendra verde, que está vestida todavía de aquella primera corteza vellósa: y à esta llaman en la Mancha almendrolón, y tambien arzolla (*Autoridades*, 1726: *s.v.*).

A tenor de las notas dialectales que ofrecen el *Tesoro* y el *Diccionario de Autoridades*, la imagen que proporcionan los diccionarios académicos —al menos hasta la 12.ª edición— es la de un ítem dialectal de corte meridional, rasgo que corroborarían tanto el *TLHA* como el *ALEA* (348). Este último localiza resultados de *alloza* 'almendruco, almendra aún verde' en Andalucía oriental, especialmente en las provincias de Granada, Almería (de donde procede el ejemplo de *CorLexIn*) y el sur de Jaén.

Respecto a su presencia en Murcia, figura en el *Vocabulario del noroeste murciano* de Gómez Ortín (1991) como «almendra tierna, todavía a medio cuajar», y cita como fuentes el *DRAE* y el mapa del *ALEA* anteriormente reseñado. Asimismo, Kuhne Brabant (1995: 286, nota 27) afirma que este arabismo «sigue vivo en gran parte del habla de Andalucía oriental [...]» y que, por información oral, puede atestiguarse su uso «también en la provincia de Murcia», en ocasiones, usado como adjetivo calificativo.

En conclusión, dado que ningún testimonio lexicográfico provee información concluyente sobre el valor cromático de *alloza* —Akal no registra ninguna entrada *almendruco* o *alloza*—, la hipótesis que se baraja para *allozado* es 'verde claro', sustentándose esta en la descripción de la capa más externa del pericarpio del almendruco.

En el plano documental, solo CORDE y CDH arrojan resultados para la búsqueda de *allozado* —teniendo en cuenta sus posibles variantes formales—, reforzando así la idea de voz en desuso o localismo que habría partido de la recurrencia y productividad del esquema N+*ado* en la formación de adjetivos cromáticos.

El número de documentaciones, sin embargo, se reduce a un único ejemplo perteneciente a las *Tablas poéticas* de Cascales —de origen murciano— que, si bien se encuadra en el contexto del siglo XVII, no emplea *allozado* en su contexto cromático, sino como ejemplo del «léxico multiplicado» (1972: 203 y ss.) de Seco.

El ejemplo de *CorLexIn* se constituye, por ende, como un testimonio de gran importancia, puesto que, amén de contribuir a la documentación del adjetivo, aporta un contexto en el que, claramente, se está empleando con valor cromático. No obstante, el *Corpus Léxico de Inventarios* no es el único recurso que permite localizar algún ejemplo de *allozado* empleado como adjetivo cromático.

Entre los diversos asuntos que trata la *Primera y segunda parte de las grandezas y cosas notables de España* (1595), Pedro de Medina incluye una relación de los colegios existentes en la Salamanca de finales del XVI. Entre ellos, el autor cita el colegio de Plasencia, indicando que los colegiales visten «beca allozada: sobre manto fraylesco» (Medina, *op. cit.*: 228). Medina no aporta más datos sobre la posible referencia cromática de *allozado*, al contrario que Villar y Macías, al cual cita en su *Historia de Salamanca*, ampliando la información proporcionada por el historiador sevillano:

> Escasas son las noticias referentes al *colegio* denominado *de Plasencia*; sus alumnos eran llamados *Plasentinos*, nombre que conserva la calle donde parece que estuvo situado, yá era denominada así en escrituras del año 1336. El traje de los colegiales consistia, segun el maestro Medina, en manto fraílesco y beca allozada, es decir, de color de almendro, pues allozares llamaban en la Edad Media á los almendrales, si acaso no tenia tambien esta palabra otro significado que no conozcamos (Villar y Macías, 1887: 476).

Los corpus académicos no devuelven resultados para *color (de) almendro*, lexía de la que sí pueden encontrarse testimonios en la red; sin embargo, —con la excepción de la obra de Villar y Macías— ninguno de ellos se fecha antes del siglo XIX. No obstante, el propio autor parece no estar seguro del valor de *allozado*: lo relaciona, lógicamente, con el almendro; pero añade que la voz podría tener otro significado «que no conozcamos», lo que podría dar a entender que su certeza sobre la acepción concreta del adjetivo en este contexto —y por ende su referencia cromática— no sería total[24].

Por último, aunque no sea propiamente un ejemplo de *allozado*, cabe reseñar un caso en el que la base nominal del adjetivo sería una variante con metátesis y disimilación, *arzolla*; esto es, que el adjetivo que se documenta es *arzollado*, que habría seguido el mismo proceso lexicogenético N+*ado*.

Dicho testimonio puede localizarse en una copia de 1699 de un testamento fechado en Cuenca de 1690 —lo que, por otro lado, reforzaría la condición de voz manchega que le conferían Covarrubias y *Autoridades*— y que constituye la relación de bienes de D. Francisco Muñoz Carrillo, regidor de la ciudad de Cuenca: «Diez varas y media de chameloton [sic] *arzollado* en dos pedazos»[25].

Imagen 2. Fragmento del testamento conquense de 1699 [1690]. El «chamelotón arzollado» figura en el ítem 184 del inventario (Fuente: *DIY History*)

A pesar de ser un ejemplo más de la nómina de adjetivos cromáticos que siguen el patrón N+*ado*, *allozado* 'verde claro' presenta diversas particularidades, entre las que puede destacarse su condición de voz diatópicamente marcada —rasgo que, por otro lado, podría justificar el escaso número de testimonios que se documentan de este adjetivo—.

---

24   La propuesta de Villar y Macías parece inclinarse más por una tonalidad amarilla clara o crema, quizá más cercana a lo que hoy se entiende por *color almendra*.
25   El testamento está alojado en la página web del proyecto *DIY History* de la Universidad de Iowa (https://diyhistory.lib.uiowa.edu/), dedicado a la transcripción de documentos históricos por parte de voluntarios: <https://bit.ly/3zPzVsi>.

ALMACIGADO

[Tb. *Almarçigado*, *almastigado*, *amastigado*, *amazigado*, *amarcigado*, *marçigado*, *mazigado*]

Documentaciones seleccionadas en *CorLexIn* y en fondos documentales inéditos de *CorLexIn*:

- Vna toballa labrada con ylo almarçigado de ruan, veinte reales (Guadalajara, Gu-1625)
- Vna almoada de ruan labrada de hilo *almaçigado*, diez y seis reales (Guadalajara, Gu-1625)
- Vn almohada labrada de *almacigado*, poblada, tres reales (Navahermosa, To-1638)
- Vn cestillo con un paño labrado de *almaçigado* (Piedrahita, Av-1651)
- Yten, dos almuadas de lienzo, labradas con ylo *almacigado* (Torrelaguna, M-1658)
- Una almohada de lienço labrada *almazigado* (Villanueva de Bancarrota, Ba-1639)
- Más seis almohadas labradas de *amazigado* (Villanueva de Bancarrota, Ba-1639)
- Dos almoadas, la una labrada de azul y *mazigado*, en once reales (Santa Marta del Cerro, Sg-1644)
- Dos almoadas nuebas labradas de ylo *almastigado*, en veinte y seis reales entranbas (Madroñera, CC-1648)
- Otra almoada nueba labrada de ylo *almastigado*, en doce reales (Madroñera, CC-1648)
- Dos almohadas de lienço, con sus henchimientos de lana, labradas con hilo *almastigado*, tasadas en veinte y quatro reales (Mirandilla, Ba-1655)
- Dos almohadas labradas de açul y otras dos *amastigadas*, con su enchimiento de lana en ocho ducados (Mérida, Ba-1642)
- Dos almohadas, la una labrada de hilo azul y la otra *amastigada*, la una de naval y la otra de lienço, en tres ducados (Mirandilla, Ba-1655)
- Un par de almuadas de ylo *amarcigado* traydas (Atienza, Gu-1641)
- Otra [toalla] en ilo *amarcigado* en dos ducados (Segura de León, Ba-1659)
- Dos paños de ruan labrados con hilo *almaçigado* (La Roda, Ab-1642)
- Un par de almoadas labradas de *almaçigado* (Piedrahíta, Av- 1651)
- Un paño labrado de *almaçigado* (Piedrahíta, Av-1651)
- Dos almoadas labradas de hilo azul y *almarçigado* (Cebreros, Av-1652)
- Un paño de lienço labrado de *almarçigado* con puntas *almarçigadas* y blancas (Cebreros, Av-1652)
- Una toalla labrada de *almarçigado* con puntas en dos ducados (Cebreros, Av-1651)
- Un paño labrado de ylo açul *almarçigado* (Cebreros, Av-1653)
- Vna almada de lienzo labrada de *amacigado*, andada (Santurde, LR-1661)
- Una delantera de cama labrada con ylo *marçigado* (Atienza, Gu-1640)
- Una almohada biexa labrada con hilo *amaçigado* (Soba, S-1616)

El color amarillento claro de la *almáciga* —resina que se extrae de la corteza del lentisco (*Pistacia lentiscus*)— puede considerarse como la sugerencia origen del adjetivo *almacigado*, derivado, precisamente, de dicha base nominal.

La historia lexicográfica de este derivado y sus variantes es interesante, ya que no todas han aparecido recogidas en la nomenclatura académica de manera sistemática, incluyendo a la propia forma considerada como estándar.

Aunque *almáciga* figura en Covarrubias y Rosal, ninguno de los dos diccionarios incluye la voz derivada *almacigado*, por lo que el primer testimonio monolingüe que documenta el adjetivo es el *Diccionario de autoridades*; pero no aparece definido como término cromático:

> **ALMACIGADO, DA.** part. pas. La cosa que está perfumada con el humo de la Almáciga (*Autoridades*, 1726: s.v.).

En la segunda edición de *Autoridades* de 1770, la definición cambia, considerándose *almacigado* como participio del verbo *almacigar*, esto es, «ahumar ò perfumar alguna cosa con almáciga, [...]» (*Autoridades*, 1770; s.v.), definición que mantendrá hasta la 6.ª edición del diccionario usual de 1822. Esta será, de hecho, la última edición del diccionario académico en la que figure *almacigado*, puesto que no regresará a la nomenclatura académica hasta la edición del *DMILE* de 1927, pasando a formar parte, posteriormente, del lemario de la edición de 1992. Será en esta vigesimoprimera edición en la que, por primera vez, *almacigado* presente una acepción de tipo cromático, acompañada, además, de otras dos restringidas diatópicamente de contenido igualmente cromático:

> **almacigado.** [...] 2. adj. De color amarillo o de almáciga. || 3. *Amér.* Dícese del ganado de color cobrizo. || 4. *Perú.* Trigueño. Dícese especialmente del color de la piel (*DRAE*, 1992: s.v.).

En la edición de 2001 se eliminará la definición marcada como «*Amér.*» y la edición actual de 2014 mantendrá solamente la acepción cromática de *almacigado*, eliminando, por tanto, al valor '[piel] trigueña' restringido a Perú. No obstante, el *Diccionario de americanismos* sí que habría conservado la tercera definición de la 22.ª edición, pero acompañada de las marcas diatópicas Panamá y Puerto Rico y de la marca diastrática «rural».

Dentro del abanico de variantes de *almacigado* se encuentra *almastigado*, que, curiosamente, figura en prácticamente todas las ediciones del diccionario académico a pesar de que *almástiga* se considera voz antigua y remite a *almáciga*, tal y como demuestran las siguientes entradas tomadas de las dos primeras ediciones del *Diccionario de autoridades*:

ALMASTIGA. s. f. Lo mismo que Almáciga. Vease. Esta voz yá tiene poco uso, porque modernamente se dice Almáciga (*Autoridades*, 1726: s.v.).
ALMÁSTIGA. s. f. antiq. Lo mismo que *almáciga* (*Autoridades*, 1770: s.v.).

Al contrario que *almacigado*, que se elimina como entrada a partir de la 7.ª edición del *DRAE*, *almastigado* se mantiene en la nomenclatura académica desde el suplemento a la primera edición del diccionario usual y se define como «la confeccion, ó compuesto que tiene almástiga» (*DRAE*, 1780 *Suplemento*: s.v.), definición que se mantiene prácticamente inalterada en la edición actual de 2014 sin efectuar ningún tipo de remisión.

Aunque la búsqueda en el NTLLE no ofrece ningún resultado para las variantes con pérdida de la líquida lateral como *amacigar* o *amáciga*, *amacigado* se incluyó en la 15.ª edición del *DRAE* (de hecho, solo los diccionarios de la Academia lo incluyen en su lemario). Además, llama la atención el hecho de que constituya el único derivado que aparece definido desde su primera aparición como color. La vigesimotercera edición lo ha catalogado como voz poco usada y lo remite a *almacigado*:

AMACIGADO, DA. adj. De color amarillo o de almáciga (*DRAE*, 1925: s.v.).
amacigado. 1. adj. p. us. almacigado (*DLE*: s.v.).

El resto de variantes (formas con líquida vibrante como *amarcigado* o aquellas en las que se ha perdido el formante inicial *al-* correspondiente al aglutinamiento del artículo árabe) no figuran como lemas en ninguno de los diccionarios del NTLLE. De hecho, el *DHLE* (1960-1996) solo ofrece como variantes *amacigado, amazegado* y *almastigado* (s.v. almacigado$_1$)[26], por lo que los ejemplos de *CorLexIn* se presentan como un rico testimonio desde el punto de vista de la variación.

Amarcigado, sin embargo, sí que figura tanto en la edición de 2001 como en la de 2014 y aparece definido como voz propia de Perú y aplicada a personas que tienen la piel algo morena. El *DAm*, además, añade una acepción restringida a Puerto Rico que se aplica a la fruta —especialmente al plátano— que está a medio madurar.

Aunque parece claro, por tanto, que el valor cromático de *almacigado* es 'amarillo pálido, claro', lo cierto es que en la definición de su base nominal,

---

26 El *DHLE* 1960-1996 documenta como variantes de *almáciga* las siguientes formas: *almáziga, almásiga, almásciga, almástica, almástiga, almástega, almárciga, almártiga, almártega, almázaca, [almachka], almasja, almizteca, almasiga, almiézteca [?]* y *almántiga [?]* (s.v. almáciga$_1$).

almástiga, dicha tonalidad no aparece reflejada hasta la edición de 1869, dado que, hasta entonces, se consideraba que la almáciga era blanca y transparente:

> **ALMACIGA**. s. f. Espécie de goma ò resína que sudan los lentiscos [...], y forma unas tortas pequeñitas ò granos, yá mayores, yá menores que los del arróz, blancos, transparentes y quebradizos, [...] (*Autoridades*, 1726: s.v.).
> **ALMÁCIGA**. f. Resina clara, translúcida, amarillenta y algo aromática, en forma de lágrima, que se extrae por incisión del arbusto llamado lentisco (*DRAE*, 1869: s.v.).

Con anterioridad, el *Diccionario Nacional* de Domínguez (1853) había ofrecido una detallada descripción de la almáciga en la que se defendía la existencia de dos tipos de resina extraída del lentisco cuyo color variaba en función de la forma de extraerla:

> **Almáciga**, s. f. Resina obtenida por medio de incisiones hechas en la corteza del *lentiscus* [sic] *pistatia* (vulgo alfónsigo) árbol de la familia de las terebintáceas. Dos variedades de ellas se encuentran en el comercio, llamada una de *lágrimas*, y *común* la otra. La primera tiene un color amarillo pálido, [...] transparencia opalina, [...]. La almáciga común se diferencia por su color oscuro, y por las impurezas que contiene (Domínguez, 1853: s.v.).

La referencia a la almáciga *común*, de color más oscuro, podría explicar el origen de la acepción americana aplicada al color cobrizo del ganado e, incluso, el color trigueño de la piel, acepción restringida, tal y como se había indicado, al dominio del español americano.

Aunque en las ediciones anteriores del diccionario académico —y, por ende, de los posacadémicos— se abogaba por asociar a la almáciga con el color blanco o blanquecino, la traducción del *De materia medica* de Laguna revela en su descripción del lentisco una posible forma de relacionar la tonalidad blanca seiscentista con la amarillenta novecentista:

> Produce también el lentisco resina, la cual unos llaman lentíscina y otros almástiga. [...] Tiénese por mejor la que reluce como luciérnaga, y en su blancura se parece a la cera toscana, siendo grusa, tostada, frágil y de suave olor. De la verde no se hace tanto caudal. Adultéranla con incienso y con la resina de piñas (Dioscórides, 1984 [1555]: 48).

Al hacer referencia al color de la cera, entra en juego una nueva tonalidad, dado que la cera no es totalmente blanca, sino que —a pesar del proceso de blanqueamiento, generalmente al sol, que se emplea para obtener la cera denominada *blanca*— el blanco siempre mantiene algo del amarillo original característico de la cera de abeja, por lo que la referencia cromática 'amarillo pálido' seguiría siendo, en principio, factible.

Por último, *Akal* refrendaría la tonalidad propuesta al adscribirla a la familia de tonalidades amarillas. La entrada de *amacigado*, asimismo, incluye los valores 'trigueño' y 'cobrizo' propios del dominio americano:

> **almacigado**. Amarillento. // Amarillo. // Trigueño. // Cobrizo […] (*Akal*: s.v.).

En conclusión, el valor cromático atribuido a *almacigado* en el contexto del siglo XVII es 'amarillo pálido', muy próximo a 'amarillo blanquecino', color generalmente asociado a la resina del lentisco denominada *almáciga*.

Respecto a su presencia en corpus académicos, tanto CORDE como CDH fijan la primera documentación del término a principios del siglo XVII; sin embargo, el primer testimonio en el que *almacigado* se emplea con valor cromático no se fecha hasta 1618 en un inventario de bienes:

> «Dos almohadas labradas con azericos labrados con hillo *almazigado*, en seis ducados» [Anónimo (1618). *Inventario de bienes de doña Isabel Cabrera*. Extraído de: CORDE, CDH].

Ambos corpus, CORDE y CDH, registran exactamente las mismas concordancias para *almacigado* y sus variantes, con la excepción de que CDH incluye un ejemplo más (19) localizado en su capa sincrónica. De los 18 ejemplos de CORDE, *almacigado* figura como adjetivo con valor cromático en 9 de ellos —incluida su documentación más antigua—, fechándose casi la totalidad de ellos en el siglo XVII (ninguno más allá de mitad de siglo), contexto cronológico en el que siempre coaparecen junto a prendas de vestir o elementos textiles como el hilo.

Los ejemplos de *CorLexIn*, por tanto, permiten atestiguar la presencia de la lexía más allá de la segunda mitad del siglo XVII, amén de sumar un considerable número de documentaciones a las ya existentes en los corpus de la Academia.

Las dos concordancias que restan en CORDE son muy posteriores, dado que están fechadas en el primer tercio del siglo XX; sin embargo, en este caso, no se corresponden con ejemplos de *almacigado*, sino de *amarcigado*. No obstante, resultan especialmente importantes al ratificar el valor que el diccionario académico (22.ª y 23.ª eds.), el *Diccionario de americanismos* y el *Diccionario de peruanismos* de Álvarez Vita le otorgaban en Perú a dicha voz, esto es, 'persona de piel algo morena'.

Por último, los corpus sincrónicos CREA y CORPES XXI revelan una clara situación de desuso de la voz: CREA solo documenta 1 caso, el que se incluía en la capa sincrónica de CDH, mientras que en CORPES XXI el único ejemplo que arroja la búsqueda no se corresponde con el valor cromático analizado. La conclusión es, por tanto, que el índice de uso de *almacigado* con valor cromático —y también no cromático, dado que las primeras documentaciones en los corpus académicos del derivado aparecen fechadas en el mismo periodo— se restringe, prácticamente, al siglo XVII.

En resumen, el color amarillo pálido —posiblemente blanco amarillento— de la almáciga, la resina del lentisco (*Pistacia lentiscus*) se constituye como la sugerencia origen del adjetivo denominal *almacigado*. De nuevo, puede considerarse como un adjetivo estrechamente ligado al ámbito textil, especialmente a las labores de la ropa blanca (toallas, almohadas, delanteras, etc.). En el dominio americano, además, *almacigado* posee dos referencias cromáticas alternativas que se encuentran restringidas diatópica y semánticamente: 'cobrizo' en Panamá y Puerto Rico aplicado al ganado y 'trigueño' en el caso de la piel humana en Perú, si bien en este caso es *amarcigado* la variante que ostenta dicho valor. Es una voz cuyos testimonios —y, por ende, su índice de uso— apenas rebasa el propio siglo XVII.

ALMAGRE

Documentaciones en fondos documentales inéditos de *CorLexIn*:

- Dos compases y un jilo de *almagre* (Teba, Ma-1699)

Almagre puede incluirse entre las múltiples denominaciones existentes dentro de la familia del rojo, siendo su sugerencia de origen un óxido de hierro de carácter arcilloso.

De los dos diccionarios monolingües preacadémicos que sirven de punto de partida para este estudio, es Sebastián de Covarrubias el único que lo incluye en su *Tesoro* de 1611:

> ALMAGRE, es vna tierra colorada con que los asserradores y carpinteros suelen señalar las líneas por donde han de asserrar el madero, o tabla, desatandola en agua, y tiñendo en ella una cuerda, [...]: por la cual se rigen al asserrar [...] (*Tesoro*: s.v.).

Es precisamente este valor —'cuerda teñida con óxido que emplean los carpinteros'— el que se refleja en el ejemplo de *CorLexIn*, puesto que el apartado del inventario en el que figura dicho ejemplo aparece precedido por la siguiente frase: «las maderas y jerramienta *de capintería* siguientes». A pesar de su uso sustantivo en este caso, resulta pertinente su análisis a raíz de su reseñado valor cromático.

También figura la voz en *Autoridades*, cuya definición no varía demasiado respecto a la propuesta de Covarrubias, aunque introduce una nueva variante en el lema que no recogía el *Tesoro*, *almagra*:

ALMAGRA, O ALMAGRE. s. f. ò m. Espécie de tierra coloráda mui semejante al Bol arménico, que sirve para teñir, ò untar diferentes cosas: [...] (*Autoridades*, 1726: *s.v.*).

La definición puramente cromática, es decir, el uso propiamente adjetivo del término no figurará hasta la 21.ª edición de 1992: «Que tiene el color o el tono de almagre» (*DRAE*, 1992: *s.v. almagre*).

En lo que respecta a su tonalidad característica, ha podido observarse cómo Covarrubias y la Academia definían el pigmento como *colorado*, caracterizado este último en ambos diccionarios como «la cosa de color roxo» (*Tesoro: s.v.*) o «todo aquello que por su naturaleza, y sin ayuda del arte, tiene el color roxo: como la sangre, el rubí, el clavel» (*Autoridades*, 1729: *s.v.*), por lo que puede incluirse en la gama de tonalidades del rojo con cierto matiz fuerte, ya que las alusiones a la sangre, el rubí o el clavel que realiza la primera obra académica evocan coloraciones rojizas fuertes y de gran viveza.

Akal concreta su referencia cromática describiéndola como «semioscura, rojiza y fuerte» (*Akal: s.v. almagre*) y la relaciona con tonalidades como el *ocre rojo* (cuya entrada en el *DLE* remite, precisamente, a *almagre*).

Almagre, empleado como adjetivo con valor cromático, haría referencia, por tanto, a tonalidades rojizas fuertes similares a las del color que presenta el óxido de hierro que recibe dicho nombre.

La consulta de la voz en CORDE permite acceder a un total de 133 concordancias, de las cuales tan solo 11 (15 si se tienen en cuenta 4 casos dudosos) ilustran el valor adjetivo y propiamente cromático de *almagre*, localizándose la primera en un texto de principios del siglo XVII, ya que aparece coordinado con el adjetivo *blanco*:

> «Eran muy apersonados, sin barbas ningunas, y pintados todos las caras de *almagre* y blanco: parecían muy ligeros en correr y saltar: no se fiauan mucho en nosotros, porque no se llegauan sino a tomar algo, y luego se desuiauan, en particular los más moços» [García de Nodal, B. y Nodal, G. de (1621). *Relación del viaje al Estrecho nuevo de San Vicente*. Extraído de: CORDE].

En lo que respecta al resto de concordancias, se aplica a diversos referentes, siendo frecuente la aparición de la construcción *color de almagre* en varias de ellas. Desde el punto de vista diacrónico, no son muchos los ejemplos de *almagre* empleado como adjetivo cromático, pero permiten documentarlo ya en el siglo XVII.

El CDH ofrece 171 resultados que incluyen los reseñados en el apartado dedicado al análisis de CORDE, amén de los que podrán verse en el epígrafe de CREA; sin embargo, sí que puede destacarse una concordancia exclusiva de dicho corpus que no figura en el resto y en la que *almagre* se emplea como adjetivo cromático:

«Pasa el rezo del viento por los maizales ya nocturnos, y se están transportando a la clave del morado los caminos que aún son al crepúsculo *almagres* y cadmios» [Valle-Inclán, R.M. del (1923). *Cara de plata*. Extraído de: CDH].

En el caso de los corpus académicos sincrónicos, CREA perfila un claro desuso del término al proporcionar únicamente 24 resultados para la búsqueda de *almagre*, 3 de ellos (4 si se tiene en cuenta 1 caso dudoso) con valor de adjetivo cromático. Por último, CORPES XXI ofrece un número aún más reducido de concordancias para *almagre*: 17 ejemplos, 5 de ellos (7 teniendo en cuenta 2 ejemplos dudosos) con el valor analizado en esta entrada.

Tal y como indica el *DECH*, *s.v. almagre*, el término también se documenta en portugués y catalán. En el caso del portugués, aparece registrado en *Priberam* acompañado de la definición «cor avermelhada dessa argila» (*s.v.*). Para el gallego, aunque el *DRAG* no incluye el valor adjetivo de *almagre*, sí que pueden encontrarse algunos testimonios de dicho uso en el *TILG*.

En catalán se documentan —entre otras variantes— *almangra, aumàngra* (con vocalización de la *l*), *almànguena, almàngara, almànguina* y *mangra*, siendo esta última variante la utilizada como lema preferido o estándar, ya que las entradas de los distintos diccionarios consultados remiten a ella (excepto el *DCVB* que remite *mangra* a *almangra*). El único diccionario que incluye una acepción propiamente cromática para *mangra* es el *DDLC*, definiéndolo como «Color de mangra[1]. *Hom distingia els colors: verd, vermell, negre, mangra*» (*DDLC: s.v. mangra*), si bien la entrada solo reconoce su valor como sustantivo masculino (el femenino hace referencia al óxido de hierro).

El CTILC también ofrece algunas documentaciones del uso cromático del término. Aunque los ejemplos son bastante recientes desde el punto de vista cronológico —si bien condicionados por la horquilla temporal del propio corpus (1833–1988)—, ilustran claramente el uso de *mangre* como adjetivo cromático.

En conclusión, en la presente entrada ha podido comprobarse cómo la metonimia, una vez más, puede conducir al fenómeno de la neología semántica (Álvarez de Miranda, 2009: 135–136; Espinosa Elorza, 2009: 171–174): *almagre* —que originariamente aludía a un tipo de óxido férrico— desarrolla una nueva acepción puramente cromática que puede documentarse ya en el siglo XVII y cuya referencia de origen es, precisamente, la tonalidad rojiza oscura característica de dicho óxido. No obstante, puede considerarse como un adjetivo con un índice de uso muy bajo, siendo relativamente más frecuente su aparición en la construcción *color (de) almagre*.

ALMENDRADO

Documentaciones[27] en *CorLexIn* y en fondos documentales inéditos de *CorLexIn*:

- Dos tavlas de manteles, los unos alimanisco *almendrado* basto y otros alimaniscos finos apreçi[a]dos en quatro ducados (Cádiz, Ca-1639)
- Yten, vna vara de paño *almendrado*, en onse reales (Huelva, H-1634)
- Ytem, otro paño golpeado de Cálcena, *almendrado*, vbo veinte y seis baras y dos tercias (Tudela, Na-1641)
- XXº [paño] *almendrado* de Albarrazín (Zaragoza, Z-1603)
- Una potranca *almendrada* (Alcalá de los Gazules, Ca-1638)
- Una basquiña de paño, *almendrada* (Santo Domingo de la Calzada, LR-1647)
- una salvilla de raxa *almendrada* con terçiopelo pardo y alamares (Alcantarilla, Mu-1603)

Con *almendrado* se alude al color blanco amarillento —o amarillo blanquecino— que presenta la semilla de la almendra cuando se le ha retirado la película de color marrón claro que la recubre. No obstante, esta película de color marrón o, incluso, la cáscara leñosa o endocarpio que protege a la semilla podrían constituirse como una sugerencia origen adicional, generando una segunda posibilidad 'marrón claro, pardo claro'. Es un adjetivo denominal que presenta, una vez más, el esquema N+*ado*.

Las primeras nociones en las que se asienta la hipótesis de *almendrado* pueden localizarse en *Autoridades*, si bien Covarrubias ya incluía *almendra* en su macroestructura; pero la información que aporta no es relevante desde el punto de vista cromático. La descripción se corresponde con la de base nominal y sugerencia origen del adjetivo, el fruto del almendro:

> **ALMENDRA.** s. f. La fruta que dá el arbol llamado Almendro, que en otras partes, y particularmente en Andalucía y Murcia llaman Alloza. La hechúra de esta fruta es como un corazón prolongado con una corteza verde, dentro de la qual tiene una cáscara parda y dura como madéra, y dentro de esta la almendra cubierta de un hollejo obscúro, y su carne mui blanca [...] (*Autoridades*, 1726: *s.v.*).

---

27 En los ejemplos en los que *almendrado* figura acompañando a *paño* —como en el caso de las documentaciones de Huelva y Zaragoza, quizá también en el primero de Cádiz, ya que el adjetivo concuerda en singular con alimanisco y no con manteles—, cabría interpretar *almendrado* no exactamente como color, sino como tipo de paño cuya denominación vendría dada por el color característico del mismo, al igual que ocurre con otros tejidos como la escarlata, el galabrún, etc. (*vid*. nota 51), cuyo color o tintura habitual acaba empleándose para denominar al género a pesar de que, posteriormente, pueden encontrarse teñidos de colores distintos.

La segunda edición de *Autoridades* le otorgará a *almendrado* un lema propio, a diferencia de la primera edición; pero la definición del adjetivo no se corresponderá con el valor cromático, sino con el morfológico —es decir, 'de forma de almendra'—, opción igualmente posible —y quizá más esperable o frecuente— teniendo en cuenta el contenido que añadiría el sufijo *-ado* ('semejanza').

No hay testimonios de una posible acepción como adjetivo de color en el conjunto de diccionarios que componen el NTLLE y su entrada apenas se ve alterada, con la excepción de que a partir de la edición de 1822 se añade la acepción referente al dulce elaborado con almendras, harina y miel o azúcar que recibe el mismo nombre.

Ante un aparente punto muerto, será el *DHLE* (1960-1996) el que arroje algo de luz, tanto desde una perspectiva testimonial como cromática:

> **almendrado**$_1$**, da.** [...] **2.** De color semejante al de la almendra. También *blanco* ~. Se dice del benjuí. [...]. **b)** De color de almendra o adornado con figuras de almendra [?]. Se dice del paño (*DHLE*, 1960-1996: *s.v.*).

La referencia cromática que defiende el *DHLE* 1960, por tanto, es la de 'blanco amarillento, amarillo pálido', si bien la Academia no se basa en la almendra —de forma directa, pero indirectamente podría decirse que sí— para formular esta hipótesis, sino en el benjuí[28], una resina especialmente conocida por su fragancia. El *DHLE* 1960, tal y como se ha indicado, sería el único diccionario dentro de la órbita académica —y exoacadémica— que reconocería y registraría una acepción cromática para *almendrado*, a pesar de que la información sobre la referencia cromática o tonalidad aludida sea inexistente.

A falta de más testimonios (*vid.* Madroñal, 2007: 239), la referencia cromática que se propone para *almendrado* es 'blanco amarillento, amarillo blanquecino', partiendo del color de la semilla del fruto del almendro desprovista del epicarpio, el mesocarpio, el endocarpio o hueso y la película que la protegen.

---

28 El ejemplo del que se vale el *DHLE* 1960-1996 para atestiguar dicha acepción parece apuntar, no obstante, a que el motivo por el que el adjetivo *almendrado* se aplicaría a benjuí no sería propiamente porque su color sea similar al de la almendra, sino por el veteado que presenta dicho fruto seco: «Hállanse diuersos géneros deste Benjuý, entre los quales el que más estiman los mercaderes es el Amendolado, por tener ciertas vñas o vetas blancas semejantes a las Almendras» (*s.v. almendrado*). Cabría postular, por ende, un posible valor 'veteado como la almendra' o 'que posee vetas similares a las de la almendra', que sería la que verdaderamente se estaría empleando en este ejemplo.

Sin embargo, el *Diccionario Akal del Color* plantearía una posibilidad nada desdeñable a pesar de la distancia cronológica entre los testimonios de *CorLexIn* y la concepción cromática de *Akal*. A pesar de no recoger un lema *almendrado*, sí que figura una entrada *almendra*, que basaría su descripción no en la semilla desnuda, sino en el endocarpio —el hueso—:

> **almendra**. [...] Coloración específica semiclara, naranja amarillenta y moderada, cuya sugerencia origen corresponde a la estructura coriácea y leñosa (hueso) que presentan los frutos del mismo nombre después de secarse y caerse la envoltura verde que los protege [la sugerencia origen de **allozado**] [...]. Se dice también «pardo almendra» (*Akal*: s.v.).

Esta posibilidad sería, en principio, aceptable, dado que ningún testimonio lexicográfico de los analizados indica en qué parte de la almendra se sustenta la sugerencia origen del valor cromático. De hecho, alguno de los ejemplos que figuran en el apartado del análisis documental apuntarían más a esta opción que a 'blanco amarillento, amarillo blanquecino' —aquellos alusivos al color de los ojos—.

Es más, en el ejemplo de la potranca almendrada tendría cabida perfectamente una referencia 'marrón claro, pardo claro', quizá, incluso, 'melado'; pero también es cierto que una capa de color amarillo pálido —o blanco amarillento— sería posible, inscrita en la familia de capas amarillas y, concretamente, en la del pelaje *bayo* —diluido del alazán por acción del gen crema (*vid.* nota 71)—.

Llama la atención, no obstante, que el copista hubiese escogido *almendrado* frente a *bayo* para una potranca cuyo pelaje fuese de este color; pero, quizá, la escasa generalización del término en el periodo seiscentista —como se verá posteriormente— habría motivado dicha elección (o quizá respondiese a la máxima de precisión que siguen notarios y escribanos para identificar de manera inequívoca el bien inventariado, sea del tipo que sea, acudiendo así a referentes cromáticos más idóneos).

Por otro lado, *Akal* sí que recoge una lexía cromática basada en el color de la almendra desnuda, sin la película amarronada que la recubre; pero catalogada como una tonalidad perteneciente a la familia del blanco, *blanco almendra*:

> **blanco almendra**. Coloración específica muy clara, amarillo anaranjada y semineutra, cuya sugerencia origen corresponde a la semilla desprovista de la película que la recubre, perteneciente al fruto homónimo. Se dice también «blanco almendrado» (*Akal*: s.v.).

La descripción «amarillo anaranjada» con la que *Akal* caracteriza a la tonalidad puede entenderse como un blanco amarillento —igual que el color prototípico de la capa baya—, por lo que la opción *almendrado* 'amarillento, blanco amarillento' estaría justificada (al menos desde una perspectiva actual y sincrónica, eso sí).

En conclusión, y debido a la falta de testimonios que permitan precisar en mayor grado la referencia cromática del adjetivo, *almendrado* podría emplearse tanto con el significado 'amarillo blanquecino, blanco amarillento' como 'marrón claro, pardo claro', dependiendo de si se considera que la sugerencia origen es la semilla desnuda del fruto del almendro o el endocarpio leñoso que la envuelve[29].

En el plano documental, el análisis de sus concordancias en los corpus generales de la Academia deja entrever que una condición de adjetivo cromático con un índice de uso considerablemente bajo —lo que, por otro lado, acrecentaría el valor de los testimonios de *CorLexIn*—. En la vertiente diacrónica, CORDE proporciona 1 único caso en el que *almendrado* se emplea con valor cromático de entre los 173 ejemplos que posee el corpus. Curiosamente, el testimonio se localiza en un inventario de los bienes de una dote fechado a principios del XVII:

> «Una saia *almendrada* de rraxa fina, en quarenta rreales» [Anónimo (1617). *Inventario de los bienes dotales de Catalina de Villarrubia, mujer de Alonso Vefaltín, torero*. Extraído de: CORDE].

En el caso del *Corpus del Nuevo Diccionario Histórico*, el número de resultados de la búsqueda de *almendrado* alcanza los 253 casos —ya que combina la capa diacrónica de CORDE con la sincrónica de CREA y la nuclear, exclusiva de CDH—; sin embargo, al ejemplo ya comentado de CORDE solo puede añadírsele otro genuino de CHD, fuera, eso sí, de la órbita del siglo XVII:

> «Me observé las manos, pálidas, hermosísimas, las venas azules, las uñas *almendradas*, el anillo de Benvenuto Cellini. ¿Por qué no era todo yo como esas manos, como ese anillo?» [Mujica Láinez, M. (1962). *Bomarzo*. Extraído de: CDH].

A este escaso número de testimonios podrían añadirse los ejemplos que figuran en la subacepción del *DHLE* de 1960, tres ejemplos pertenecientes, nuevamente, a un inventario de bienes y que estarían fechados en 1614. A falta de documentaciones anteriores, podría especularse con el hecho de que el valor cromático —ya que el derivado estaría atestiguado desde, como mínimo, principios

---

[29] Cabría, de hecho, una tercera referencia cromática para *almendrado* que atesora el *Fichero general* de la Academia: 'de color gris y blanco', valor restringido geográficamente al área oriental. *Vid.*, asimismo, *ALEANR* (703).

del XV— no se documentaría antes del siglo XVII (si no se tienen en cuenta los ejemplos del benjuí, de finales del XVI).

Con todo, a pesar de su reducido número, los ejemplos del *Corpus Léxico de Inventarios* contribuirían a la documentación del adjetivo en el periodo del siglo XVII, por lo que parece, punto de génesis de su significado cromático.

Para el análisis de la pervivencia y continuidad de la voz, CREA reitera la condición de voz con escasa generalización del adjetivo, puesto que solo 2 ejemplos del total de 76 pueden aducirse como testimonios de *almendrado* 'amarillento':

> «[...] a la muchachita pensativa que años atrás nos observaba con sus ojos de un azul jaspeado o *almendrado*, que variaban de tono con la luz y ni siquiera reían ante las bromas de su hermana» [Cano Gaviria, R. (1991). *Una lección de abismo*. Extraído de: CREA].
>
> «Odiaba también a su abuela y su casa llena de flores; [...]. Odiaba todo eso aunque le regalasen un caballo *almendrado* al que llamó "Whisky Cholo"» [Souza, P. de (1998). *La mentira de un fauno*. Extraído de: CREA].

La combinatoria que *almendrado* posee con el sustantivo *ojos* genera no pocas dudas sobre el valor que el adjetivo adquiere en dicha predicación. Los ejemplos son bastante abundantes, pudiendo considerarse, de hecho, uno de los contextos más frecuentes de aparición de *almendrado* a partir del siglo XIX. Por lo general, *almendrado* se emplea para aludir a una forma concreta de los ojos en la que el lagrimal y la esquina externa se encuentran a la misma altura —evocando la forma del fruto del almendro—.

No obstante, tal y como ha podido comprobarse en el primer ejemplo, el adjetivo también podría emplearse para caracterizar no la forma, sino el color de los ojos, inclinando la balanza en este caso hacia la posibilidad *almendrado* 'marrón claro' que evocaría el color del endocarpio leñoso que recubre la semilla. Como es lógico, la opción 'amarillento, blanco amarillento' en el caso de los ojos resulta poco posible.

La dificultad reside, sin embargo, en que no siempre es posible establecer con precisión —con la excepción de determinados casos— en qué contextos se está aludiendo a la forma y en cuáles al color, si bien la referencia mayoritaria suele ser a la forma almendrada del ojo.

Por último, el *Corpus del Español del Siglo XXI* eleva tanto el número de casos como de concordancias de *almendrado* 'color', puesto que la revisión y análisis de las 185 documentaciones totales que ofrece la búsqueda en CORPES XXI permite localizar 6 casos (8 si se tienen en cuenta 2 casos dudosos) que atestiguan dicho valor —y, además, su presencia y continuidad en la centuria actual—. A la luz de las documentaciones, puede afirmarse que el índice de uso sigue siendo considerablemente bajo y que, por otro lado, el adjetivo se encuentra especialmente ligado al dominio del español americano, si bien el *DAm* no registra el lema en su nomenclatura (ni tampoco corpus americanos con un perfil más diacrónico como CORDIAM o el *Léxico hispanoamericano* de Boyd-Bowman)[30].

Algunas de las concordancias del CORPES XXI, sin embargo, sí que resultan de especial interés e importancia, puesto que proveen de dos nuevos referentes con los que el adjetivo podría combinarse: el pelo y la piel.

Partiendo de dos elementos distintos de un mismo fruto —la semilla desnuda o su endocarpio leñoso—, puede afirmarse que *almendrado* se emplearía para hacer referencia tanto a una tonalidad amarillenta o blanco amarillenta como a una marrón clara o parda clara. A pesar de su patrón lexicogenético regular y recurrente, es un adjetivo de uso cromático escasamente documentado en el siglo XVII y que apenas rebasa dicha centuria, contribuyendo *CorLexIn* a atestiguar su presencia en dicho siglo.

AMARILLO

Documentaciones seleccionadas en *CorLexIn* y en fondos documentales inéditos de *CorLexIn*:

- Yten, una saia açul de sayal, demediada, con ruedo *amarillo* (Aguilafuente, Sg-1623)
- Un caço pequeño *amarillo*, en seys reales (Alange, Ba-1652)
- Otro quadro de San Antonio Abad, con marco negro y *amarillo*, en treynta reales (Albacete, Ab-1642)
- Más, diez reales de bedriado blanco y *amarillo* en ollas y cántaros (Albacete, Ab-1650)
- Vna hacha entera de cera *amarilla* de tres pabilos (Almería, Al-1659)
- Vn lebrillo *amarillo*, siete reales (Arucas, GC-1682)
- Quatro carpetas listadas de lana, andadas, las dos verdes y las dos con listas de *amarillo* (Briones, LR-1650)
- Yten unas medias de seda y ligas de tafetán *amarillas*, nuebas (Cacicedo, S-1635)
- Aya [más], la baca *mariella* que es del ganado de cassa, preciose en [... duca]dos y medio (Sebreño, O-1640)

---

30 El *Diccionario de peruanismos* de Álvarez Vita (2009) sí que poseería un valor diferencial para *almendrado* en Perú: aplicado a caballos, *almendrado* se emplearía con el significado 'ruano', esto es, un tipo de pelaje equino «en el cual se combinan pelos blancos, alazanes y negros» (*s.v.*).

- Vna baca de seis años con vna xata tenral y vna bezerra de tres años color bermeja y más, otra baca *amariella* con otra jata (Villanueva, O-1623)
- Vna baca color *amarilla* con un xato de leche al pie, de hedad de tres años (Saldaña, Pa-1644)
- Yten, dos camas de almoadas *amarillas* (Ciudad Rodrigo, Sa-1633)
- Yten, declaró el dicho Domingo de Hario tener dos bacas, la vna *amarilla* y otra bermexa (Cuerres, O-1622)
- Primeramente, vn puñete *amarillo* (Cuzco, Perú-1691)
- Yten dos baras y media de roncalés *amarillo* (Durango, Bi-1643)
- Media acha de çera *amarilla* (Illescas, To-1626)
- Más, otra grana *amarilla*, vuena, en quarenta y ocho rales (La Alberca, Sa-1600)
- Yten un caparaçón[31] de primavera *amarillo* bordado de oro y plata del usso de la persona (La Plata, Bolivia-1703)
- Otra almilla de seda *amarilla*, digo pagisa y plata (Madrid, M-1649)
- Yten, vn paño de rostro, de lino labrado con paxaritos deseda verde y *amarilla*, en vn ducado (Medina Sidonia, Ca-1603)
- Yten, vn çagalexo de vaqueta *amarilla*, con un encaxe vordado negro al canto, tassado en cien reales (Méntrida, To-1679)
- Ytem más, dos bueyes, uno *amarillo* y el otro negro, tassados en doze mill maravedís (Santas Martas, Le-1625)
- Ytem, vn bobo de soles *amarillos* en çien reales (Sevilla, Se-1679)
- Yten zinco pedaços de zera *amarilla* en panal (Solanilla, Le-1662)
- Yten, dos toballas, la huna pequeña, de punto real, blanca, y la otra tanbién de lienço con su enrejado de ylo *amarillo* y blanco, muy buenas (Tafalla, Na-1640)
- Quatro bueyes de labor, los dos color bermejos de a seis añosy a siete y el otro color *amarillo* de edad de seis años y el otro de la misma edad (Valderrábano de Valdivia, Pa-1642)
- Yten, un razel traydo de colorado, y *amarillo* y negro, tasado en diez y seys reales (Zárabes, So-1638)
- Yten, una lichera[32] nueba, con bías coloradas, *amarillas* y negras, tasada en treynta y tres reales (Zárabes, So-1638)
- Dos herreñas[33], la una *amarilla*, en quatro reales (Serrejón, CC-1735)
- Vna jata *amarilla* (Tanos, Torrelavega, S-1672)
- Una baca *amarilla* de siete años (Becilla de Valderaduey, Va- 1651)

Color primario y término básico de color, *amarillo* hace referencia a aquellas tonalidades que evocan el color del limón o de la flor de la retama. No obstante, su relación con el color del oro o con otros referentes como la yema del huevo

---

31   Perdiguero Villarreal, 2014: 304.
32   Morala, 2012d: 319.
33   Morala, 2012e: 432.

permitirían ampliar su significado cromático hacia coloraciones que presentarían un cierto matiz rojizo, esto es, amarillo anaranjado.

El referente del que se vale Covarrubias para definir *amarillo* en el *Tesoro de la lengua castellana* es el oro, si bien el toledano advierte de que es una coloración «amortiguada», esto es, oscura:

> AMARILLO, [...] es el color que quiere imitar al oro amortiguado: [...] (*Tesoro*: s.v.).

En el caso de Rosal, aunque su aportación sea únicamente etimológica, cabe reseñar el dato que aporta relacionado con la segunda propuesta etimológica que hace para el adjetivo: como primera hipótesis, Rosal deriva *amarillo* de AMĀRUS 'amargo' «porque todas las cosas amargas por la mayor parte tienen este color, [...]», opción que confirma el *DECH*, indicando que, en todo caso, procedería de la forma bajolatina hispánica diminutiva AMARĔLLUS 'amarillento, pálido'[34]. El verdadero interés reside, desde el punto de vista cromático, en la segunda propuesta etimológica, en la que se partiría del árabe *Hama* «que es rojo en Arab. y Hebr. porque lo amarillo es como principio de rojo o colorado».

Dejando a un lado la precisión o veracidad de la etimología, lo cierto es que Francisco del Rosal parece dibujar un claro acercamiento del amarillo hacia tonalidades más rojizas —opción que ya habría sido presentada por Covarrubias al optar por el referente áureo— y, por ende, su relación con voces como *dorado* o **rubio**.

La dualidad de valores cromáticos de *amarillo* se vería reflejada nuevamente en la definición del *Diccionario de autoridades*, que distingue entre amarillo «subído» y amarillo «baxo y amortiguádo»:

> AMARILLO. adj. Colór que imita al de el oro quando es subído, y à la flor de la retáma quando es baxo y amortiguádo (*Autoridades*, 1726: s.v.).

Al contrario de como lo presentaba el *Tesoro*, la Academia indica que el color amarillo que presenta el oro es el «subido», el más vivo. Establece, por ende, una

---

34 Tal y como indica el *DECH*, la relación entre *amaro* y *amarillo* estaría motivada por un uso de AMĀRUS o AMARĔLLUS con el valor de 'ictérico, bilioso'. En palabras de Corominas y Pascual: «Con este diminutivo, que el pueblo empleó al principio para dar salida a la compasión que inspiraban estos enfermos, quedaba cortado el vínculo con AMARUS 'amargo', y la separación se ahondó al cambiarse en iberorromance *amaro* por *amargo*; desde entonces la conciencia popular, olvidada la idea de amargor, ya no recordó más que el carácter más visible del *amarellus* o ictérico, su palidez amarillenta, y el vocablo quedó en disposición de aplicarse a cualquier objeto de este color» (*DECH*: s.v. *amarillo*).

doble posibilidad para el adjetivo establecida en términos de viveza, de intensidad del color.

En lo que respecta a su evolución referencial, esto es, a los diversos referentes empleados en su definición ostensiva, conviene destacar su estabilidad a lo largo de la historia del diccionario académico, dado que ha sufrido muy pocas modificaciones: en la 2.ª edición de *Autoridades* se eliminan las referencias a «subido» y «amortiguado» y se añade la caña (la caña común o *Arundo donax*, vid. *color de caña*), que se verá sustituida por la corteza del limón a partir de la edición de 1869 —si bien la alusión a la corteza se suprime en la siguiente edición de 1884, amén de añadirse la posición que ocupa en el espectro—. El *DMILE* de 1927 suprime la retama; pero no así el diccionario usual, que solo modificará nuevamente la definición en la 23.ª edición de 2014, que acudirá al color del oro y al de la yema del huevo: «Dicho de un color: Semejante al del oro o al de la yema de huevo, [...]» (*DLE: s.v.*).

La definición de 2014, sin embargo, plantea un nuevo dilema al respecto: ¿puede considerarse acertada la alusión a la yema del huevo como referente del color amarillo? A pesar de que el color de la yema del huevo pueda variar en función de la alimentación del ave —o de la adición de determinados colorantes—, este se asocia de manera prototípica no exactamente con el amarillo, sino con el amarillo anaranjado:

> **yema de huevo**. Coloración específica clara, naranja amarillenta y fuerte, cuya sugerencia origen corresponde a la pigmentación predominante de la sustantica homónima del huevo de gallina (*Akal: s.v.*).

Dado que el testimonio de *Akal* puede resultar demasiado moderno por adoptar una óptica del siglo XXI, la definición que *Autoridades* ofrece para *yema* tampoco dista demasiado de la percepción actual:

> **HIEMA**. Se llama tambien la porción que está contenida dentro del huevo de qualquiera ave, rodeada de la cáscara y la clar, la qual es de color dorado: y por Antonomasia se dice del huevo de la gallina (*Autoridades*, 1734: *s.v.*)[35].

Covarrubias la caracteriza, en un principio, como amarilla; sin embargo, si se continúa con la lectura de la definición, también la relaciona con el color del oro, evidenciando claramente su matiz rojizo: «[...] y por otro nombre luteum oui, por la color que tiene encendida y roxa, q tira al oro: [...]» (*s.v. iema*).

---

35 El color de la yema del huevo también se emplea en la definición de *mejillón*, indicando que es el color que adquiere la carne del molusco —originalmente amarilla— al cocerlo (*Autoridades*, 1734: *s.v. musculo*).

A pesar de que es cierto que el sustantivo *oro* en el *Diccionario de autoridades* aparece asociado al color amarillo de forma explícita — «metal el más precioso de todos, más pesado que el plomo, de color amarillo» (1737, *s.v.*)—, lo cierto es que *amarillo* entraría en conflicto con otros adjetivos empleados igualmente para referirse a la coloración de dicho metal precioso: **rubio** y *dorado*. *Dorado* solo aparece definido como el participio de *dorar*; pero *rubio* sí que posee una definición cromática en la que, además, interviene el oro como referente: «Lo que tiene el color roxo claro, o de color de oro» (*Autoridades*, 1737: *s.v.*).

Respecto a su presencia en la macroestructura del primer diccionario de la Real Academia Española, *amarillo* figura en 122 lemas, entre los que se encuentran la flor del tanaceto o atanasia (*Tanacetum vulgare*), la flor de la berza, la flor de la cerraja común (*Sonchus oleraceus*), el azufre, el limón o la manzana. Sin embargo, el amarillo también se emplea para caracterizar el color del pico del cisne (cisne común o *Cygnus olor*) que, en todo caso, puede considerarse anaranjado o amarillo anaranjado. Covarrubias, de hecho, lo identifica como «colorado»: «[…] ella es vn aue blanca de candidissimas plumas, sin mezclarsele otra ninguna color, solo el pico y los pies tiene colorados» (*Tesoro: s.v. cisne*).

Por otro lado, el hecho de que *amarillo* hubiese desarrollado un valor cromático parejo a su consideración clásica 'amarillo, amarillo pálido' (*DECH: s.v. amarillo*) permitiría explicar el valor que dicho adjetivo posee en el ámbito del cromatismo animal —al menos en el contexto lingüístico del antiguo dominio asturleonés—.

En el ámbito de las capas bovinas, el amarillo se constituye como uno de los cuatro colores básicos de pelaje: blanco, amarillo, rojo y negro. Bavera (2009: 2) la considera, de hecho, «la capa más clara de las variantes de colorado, siendo el color amarillento del bovino europeo primitivo». Esta relación —o progresión— entre amarillo y rojizo permitiría postular un esquema cromático de las capas bovinas como el siguiente, cuyos extremos estarían representados por las capas blancas o blanco amarillentas y las negras:

Gráfico 2. Progresión cromática de capas bovinas (Adaptado de Junquera Martínez, 2019: 29)

La posibilidad del matiz amarillo rojizo para *amarillo* explicaría el valor que los diccionarios del asturiano proponen y documentan para *mariellu* o *amariellu* (Junquera Martínez, 2019: 30–31):

mariellu, -a, -o: ax. Del color del llimón maduru, del oru. 2 Pálidu, con una color apagao na cara [una persona] [...]. 4 Que tien el color más claro de lo normal [una vaca roxa] (*DALLA: s.v.*).
amariellu, a, o 1. Amarillo [...] 2. De color amarillento (la vaca) [...] 3. De color rubio (la vaca) [...] (*DGLA: s.v.*)[36].

No obstante, dado el dominio lingüístico al que se adscriben los testimonios lexicográficos citados, la procedencia de los ejemplos de *CorLexIn* en los que figuran referentes vacunos y el propio referente del que se predica el adjetivo, el valor *amarillo* 'amarillo anaranjado, rubio' podría considerarse una acepción restringida semántica y diatópicamente; aunque también cabe reseñar, una vez más, el hecho de que *rubio* también se emplea como adjetivo para aludir al color del oro y que, además, la edición actual del *DLE* define *rubio* en su primera acepción como «amarillento, parecido al oro».

La relación entre *amarillo* y *rubio*, por ende, sería mucho más estrecha de lo que a primera vista pudiese resultar, lo que podría apuntar a una consideración más general, y no tan restringida, del significado 'amarillo anaranjado, amarillo rojizo'.

Por último, volviendo a testimonios generales y contemporáneos, el *Diccionario Akal del Color* solo reconoce el valor primario u original de amarillo, esto es, el color similar al de la corteza del limón; pero no alude en ningún momento a la posibilidad 'amarillo rojizo': «Color semejante al característico de la piel del limón amarillo, la flor del diente de león o el oro [...]» (*Akal: s.v.*).

En conclusión, la hipótesis cromática que se defiende para *amarillo* es 'del color de la cáscara del limón o la flor de la retama', dado que la yema del huevo o el oro podrían suscitar dudas sobre la tonalidad —nótese, por otro lado, la evolución que habría sufrido el término, dado que su valor original era 'amarillo pálido', siendo la retama o el limón de un amarillo claramente más intenso—. Por otro lado, en el presente estudio se postula un valor secundario 'amarillo rojizo, rubio' que podría estar restringido, en principio, a referentes bovinos.

Al igual que en el resto de tonalidades «básicas» —*azul, blanco, negro, rojo* y *verde*—, la búsqueda y análisis de documentaciones en los corpus académicos, dado el cómputo total de testimonios, se centrará solamente en el periodo seiscentista. El total de documentaciones que *amarillo* y sus variantes alcanza en el plano diacrónico es de 13824 casos en CORDE y 20963 en CDH. Acotando la búsqueda entre los años 1601 y 1700, el primero ofrece 1264 ejemplos de *amarillo*, a los que habría que sumar los 1180 del segundo.

---

36   Sobre las diferencias entre *mariellu* y *rubiu*, *vid.* Fernández Lorences, 2001.

La variabilidad de sustantivos de los que se predica el adjetivo refleja una valencia semántica amplia: entre sus referentes pueden localizarse tejidos y prendas de vestir —ámbito estrechamente ligado a la terminología cromática—; seres humanos (como tonalidad de la piel); varias alusiones al color de la cera; múltiples minerales, aves y plantas (frecuente en este caso su coaparición con *verde* o la lexía *verde amarillento*); o referencias al oro («metal amarillo», sintagma parejo a «metal blanco» en alusión a la plata) y a su valor simbólico como color asociado al miedo o la muerte.

Asimismo, si bien en menor cantidad, pueden localizarse algún testimonio en el que *amarillo* parece ostentar el valor 'amarillo anaranjado' que se proponía anteriormente; no obstante, dado el escaso número de ejemplos, podría tildarse de valor claramente secundario —o restringido semántica y diatópicamente—, quizá motivado por la presencia en esa misma casilla del adjetivo *rubio*, el «verdadero» poseedor de ese significado 'amarillo rojizo, rojo amarillento'. Dado el escaso número de documentaciones, es evidente que el valor cromático general o mayoritario del adjetivo *amarillo* en el contexto del siglo XVII es el de 'color similar al de la flor de la retama o la corteza del limón'. Un valor que, por otro lado, se habría alejado o habría evolucionado ligeramente con respecto a su significado original o etimológico, 'amarillo pálido'.

En lo que respecta a la presencia del adjetivo en la actualidad, los 7884 ejemplos de CREA y los casi 18000 de CORPES XXI (17664 exactamente) permiten atestiguar en modo suficiente la pervivencia de la voz y su presencia en el caudal léxico del español.

Si bien en sus orígenes el adjetivo se empleaba para caracterizar a tonalidades con un claro matiz pálido, en el contexto del siglo XVII puede comprobarse perfectamente cómo *amarillo* hace referencia a coloraciones mucho más intensas; tal y como ejemplifican los referentes empleados a la hora de definirlo: la corteza del limón, la flor de la retama o —a pesar de la posible controversia que pueden suscitar— el oro o la yema del huevo. Parejo a este valor, no obstante, podría aducirse una segunda referencia cromática —minoritaria o más restringida— 'amarillo rojizo, rubio' que habría experimentado un mayor desarrollo en el dominio lingüístico asturleonés y, más concretamente, en el contexto del cromatismo animal.

AMUSCO
[Tb. *amusgo*]

Documentaciones en *CorLexIn* y en fondos documentales inéditos de *CorLexIn*:

- Yten tres casullas con sus estolas y manípulos, de damasco blanco, *amusco* y encarnado, con sus guarniziones (Lazcano, SS-1695)

AMUSCO

- Vn vestido de rasilla *amusgo* de muxer (Argamasilla de Calatrava, CR-1662)
- Yten, otro vestido de raso de flores, de color *amusco* y negro, forrado en tafetán oxa de oliuo (Méntrida, To-1679)
- Pollera y jubón mono de hormesí *amusgo* con puntas negras de humo (Bailén, J-1672)
- Yten, otro vestido de gorgorán, *amusco* y negro, aforrado la vasquiña en olandilla (Méntrida, To-1679)
- Vna angorina de rasilla *amusga*, veynte reales (Bailén, J-1673)
- Yten, vna vasquiña de raso de flores, *amusca* (Méntrida, To-1679)
- Dies y seis baras de tela rica, *amusga*, passada, a dies y seis pessos, hasen dossientosy çinquenta y seis pessos (Lima, Perú-1677)
- Yten, otro vestido de rasilla *amusca* nueuo (Méntrida, To-1679)
- Basquiña al jubón de seda de chamalote de *amusco*, guarmezido con puntilla de vmo (Santander, S-1676)
- Un vestido nuevo de paño de Londres azeituní obscuro, ropilla, con dos pares de calsones y mangas de lama *amusga* (Potosí, Bolivia-1677)
- Vn cubertor de cordellate de Aragón *amusco*, nuevo (Sax, A-1666)
- vna saia de sempiterna de color [a]-*musco* oscuro (Alzaga, SS-1693)
- una chupa de camelete *amusca* (Herrera de Valdecañas, Pa-1750)
- Otro armador de tela *amusga* con guarnizión de plata y mangas de raso negro con botones de plata se apreçió, en doze ducados (Málaga, Ma-1668)
- otro armador de tela *amusga* (Málaga, Ma-1668)
- una basquiña y jubones de picotillo de lana *amusco* (Soria, So-1633)
- una golilla de camino de raso *amusco* (Soria, So-1633)
- Vn jubón con su pollera *amusgo* (Cuzco, Perú-1691)

Desde el punto de vista lexicogenético, *amusco* —y *amusgo*[37]— sería el resultado de la adición de una vocal protética *a*- al adjetivo **musco**, de ahí que ambos compartan la misma referencia cromática.

La primera referencia dentro del contexto lexicográfico del que parte el presente estudio se localiza en el primer tomo de *Autoridades*:

> **AMUSCO, CA.** adj. Espécie de colór pardo como el de almizcle (*Autoridades*, 1726: s.v.).

Curiosamente, *amusco* parece ser la forma preferida en el ámbito diccionarístico hasta la segunda edición del *Diccionario de autoridades*, puesto que *Autoridades* 1726 remite *musco* a *amusco* y *Autoridades* 1770 lo hace al contrario. Testigo que recoge la primera edición del diccionario usual de 1780 y, por extensión, el resto de ediciones y de diccionarios posacadémicos.

---

37 Sobre la alternancia *amusco~amusgo*, vid. *musco*.

La referencia cromática que se propone, en conclusión, para *amusco* y *amusgo* es la misma que para *musco* y *musgo*, es decir, 'pardo oscuro' como el color del almizcle.

Respecto a sus documentaciones en corpus, CORDE ofrece un abanico de testimonios bastante reducido, puesto que de los 30 resultados para *amusco* y *amusgo*, solo 9 (10 si se tiene en cuenta 1 caso dudoso) se corresponden con su uso de adjetivo cromático, fechándose el primero de ellos en 1660, lo que permitiría considerar a *amusco*, en principio, como un término genuinamente seiscentista:

> «Lleva el sombrero desaforrándose, desaforrada la golilla, la valona de color *amusco*, algunos botones vacíos, algunos ojales yermos, las mangas de estameña, [...]» [Zabaleta, J. de (1660). *El día de fiesta por la tarde*. Extraído de: CORDE].

CorLexIn adelanta ligeramente la fecha de primera documentación de *amusco* al primer tercio del siglo XVII, dado que varios de sus ejemplos de aparecen fechados con anterioridad. No obstante, las fechas de las documentaciones son bastante cercanas, por lo que ambos términos pueden considerarse prácticamente como coetáneos (más aún si se tiene en cuenta que dejan de utilizarse en ambos casos a partir del siglo XVIII).

Respecto al resto de ejemplos, todos ellos son de *amusco*, casi en su totalidad referidos a prendas de vestir o tejidos —en algunas ocasiones, quizá como licencia poética, al color de la piel— y su vigencia cronológica parece no rebasar la mitad del siglo XVIII.

CDH eleva el número de concordancias a 121, de las que solo 13 (14 si se tiene en cuenta 1 caso dudoso) se corresponden con *amusco* 'pardo oscuro'. Los ejemplos de CDH son prácticamente los mismos que figuraban en CORDE.

La escasez de documentaciones del adjetivo en el siglo XVII otorga a *CorLexIn* un papel importante en su documentación, pues revela un índice de uso ligeramente mayor del que podría deducirse a partir de los corpus. Asimismo, debe resaltarse el hecho de que solo este corpus atestigua el uso de *amusgo* con el valor de 'pardo oscuro', concretamente en la zona meridional de la península y con especial presencia en Andalucía (Jaén, Málaga), desde donde podría haber dado el salto a América.

Este hecho podría indicar, por otro lado, que el adjetivo *amusgo* podría haberse formado por analogía con *musco* y *amusco*: si de *musco* se crea *amusco* añadiéndole una *a-* protética, cabría considerar que *amusgo* se habría creado a partir de *musgo* por la existencia de *amusco*, cupiendo la posibilidad, además, de que *amusgo* fuese un meridionalismo dada su distribución.

En el plano sincrónico, solo 1 de los 40 resultados de CREA atestigua el uso de *amusco* más allá del siglo XVIII:

«Aída, sorda, gira. Eleva, sorprendida, la cabeza. Mira el cielo opaco, *amusco*. Se escucha el sordo rumor de los autos, la bocina de una sirena descompuesta» [Pieri Rossi, C. (1988). *Solitario de amor*. Extraído de: CDH].

Por último, el corpus de la Academia que posee los datos más recientes sobre el español, CORPES XXI, permite catalogar a *amusco* y *amusgo* como adjetivos en claro desuso, puesto que ninguno de los 9 resultados que arroja su búsqueda concuerda con el valor analizado, esto es, el de adjetivo cromático.

La adición de una vocal protética al adjetivo *musco* —y a su variante *musgo*, probablemente por analogía— habría originado una nueva posibilidad a la hora de hacer referencia al color pardo oscuro propio del almizcle: *amusco* y *amusgo*. De origen seiscentista al igual que las formas de las que proceden, no poseen un índice de uso especialmente elevado y pueden considerarse como adjetivos en desuso a partir del siglo XVIII. La distribución de *amusgo* en *CorLexIn* permite, además, barajar la condición de meridionalismo.

ANARANJADO

Documentaciones en *CorLexIn*:

- Un saya de paño pardo con aldar *anaranjado* en diez y ocho reales (Ólvega, So-1638)

Ejemplo, una vez más, de la posibilidad de que una misma base derivativa nominal dé lugar a dos adjetivos de igual significado empleando dos procesos lexicogenéticos distintos (derivación y parasíntesis), *anaranjado* comparte la misma referencia cromática que su homólogo **naranjado**, esto es, 'del color de la naranja'.

El primer registro lexicográfico del adjetivo se remonta a la segunda edición del *Diccionario de autoridades*, ya que los diccionarios bilingües, Covarrubias y *Autoridades* (1726-1739) muestran una clara preferencia por la forma derivada *naranjado*:

ANARANJADO, DA. adj. Lo que tira á color de naranja (*Autoridades*, 1770: s.v.).

Llama la atención, no obstante, que el diccionario no haya optado por remitir *anaranjado* a *naranjado* (*i.e.*, «lo mismo que NARANJADO»), lo que, por otro lado, resulta un acierto, dado que las definiciones sinonímicas generan remisiones que, a menudo, pueden desembocar en farragosas sucesiones de lemas encadenados. Podría observarse, sin embargo, cierto matiz diferenciador entre ambas definiciones: mientras que *naranjado* es todo aquello «de color de naranja», *anaranjado* es «lo que *tira* a color de naranja»; esto es, el adjetivo pleno, el que presenta el valor en su grado máximo, el verdadero heredero de la expresión de la tonalidad sería *naranjado*.

La preferencia por la forma derivada se mantendrá hasta el siglo XIX, al menos tomando como referente las definiciones académicas, que remitirán, ahora sí, *naranjado* a *anaranjado* a partir de la edición de 1884 —demostrando la tendencia general que prefiere la forma parasintética a la derivada—. No obstante, Terreros ya había puesto de manifiesto este ligero cambio de tendencia a mediados-finales del XVIII en su diccionario.

En conclusión —y teniendo en cuenta que *Akal* vuelve a remitir *naranjado* a *anaranjado* manteniendo la propuesta cromática que se ha hecho en dicha entrada—, el adjetivo *anaranjado* poseería la misma referencia cromática que su homólogo derivado en -*ado*, esto es, 'del color de la naranja, naranja'.

Respecto a la primera documentación del término en corpus académicos, CORDE y CDH ofrecen solo un documento fechado a finales del siglo XV[38], ligeramente posterior a la primera documentación de *naranjado*:

> «[…] e dos varas e media de azeytuny [en este ejemplo ostentando su valor etimológico] *anaranjado* de labores para otro jubon, a 1.000 mrs. la vara, que monta con todo 19.505 mrs» [Anónimo (1477-1491). *Cuentas de Gonzalo de Baeza, tesorero de Isabel la Católica*. Extraído de: CORDE, CDH].

En el contexto del siglo XVII, las documentaciones de *anaranjado* son muy escasas, dado que CORDE solo localiza 2 concordancias que se fechen propiamente en dicho siglo. Puesto que *CorLexIn* solo aporta un ejemplo de *anaranjado*, cabe suponer que el adjetivo no gozaba de demasiada generalización en el siglo XVII, intuyéndose que sería *naranjado* la denominación más usual a la hora de referirse a la coloración similar a la del epicarpio de la naranja.

No obstante, y a pesar de que la documentación de *CorLexIn* es peninsular y de que CORDIAM no aporta ningún resultado de *anaranjado*, Boyd-Bowman sí que registra cuatro casos, siendo especialmente importantes dos de ellos fechados en el primer tercio del siglo XVI —hecho que, nuevamente, atestiguaría

---

38   Corominas y Pascual (*DECH*: s.v. *naranja*) indican que en un inventario aragonés de mediados del XIV (1362) se registra la forma *aranjado*, que parece emplearse con el sentido de 'de color de naranja', por lo que la forma parasintética podría ser más antigua.

la presencia casi coetánea de la forma derivada y la parasintética y, además, el rápido salto de esta última al continente americano[39]—.

Eliminando la restricción temporal en la búsqueda, CORDE arroja un total de 694 documentaciones, de las que 690 (694 si se tienen en cuenta 4 casos dudosos) se corresponderían con el valor analizado —el único que, en teoría, se le atribuye al adjetivo—. Tal y como puede verse, prácticamente la totalidad de ejemplos atestigua el valor de *anaranjado* como color, evidenciando un claro y acusado aumento del término a partir del siglo XIX.

Sin embargo, debe tenerse en cuenta que, en no pocos casos, varios conjuntos de ejemplos —considerablemente amplios en su cardinalidad— se localizan en una misma obra, elevando así el número de documentaciones y ofreciendo una muestra poco fidedigna del uso real del término. Si se computa únicamente como 1 caso cada grupo de documentaciones repetidas, *anaranjado* poseería un total de 314 documentaciones aproximadamente (318 si se tienen en cuenta los 4 casos dudosos anteriores), una cifra ligeramente inferior; pero que, de nuevo, muestra un claro aumento del uso del adjetivo a partir del siglo XIX.

En CDH, dejando a un lado las concordancias que pueden solaparse con CORDE y CREA, se localizan 41 casos en los que, nuevamente, *anaranjado* se emplea como adjetivo cromático. Las documentaciones anteriores a 1975, no obstante, solo se documentan a partir del siglo XIX.

En el plano sincrónico, CREA refleja una vez más la preeminencia de *anaranjado* como denominación de las coloraciones similares a las de la cáscara de la naranja a partir del siglo XIX: de los 666 ejemplos, casi la totalidad, 661 (666 si se tienen en cuenta 5 casos dudosos) ilustra el uso y valor de *anaranjado* con el sentido de 'de color de naranja'. No obstante, debe tenerse en cuenta, una vez más, que varias de las documentaciones se localizan en la misma obra, lo que arroja una imagen distorsionada del uso real del adjetivo.

Finalmente, CORPES XXI refleja una clara preeminencia o preferencia de *anaranjado* sobre *naranjado* empleado como adjetivo con valor cromático: 1171 casos de los que 1164 (1168 si se tienen en cuenta 4 casos dudosos), siendo mayoritarios los ejemplos localizados en el dominio americano.

A pesar de que puede considerarse como adjetivo coetáneo de *naranjado* —puesto que ambos se documentan ya en el siglo XV—, no será hasta

---

39 Sin embargo, el escaso número de documentaciones de *anaranjado* frente a las 20 que posee *naranjado* en el mismo corpus —casi la totalidad de ellas localizadas en los siglos XVI y XVII— refleja una clara preferencia por la forma derivada y un nivel de generalización de *anaranjado* muy bajo durante dicho periodo.

el siglo XVIII cuando *anaranjado* 'similar al color de la naranja' experimente un aumento en su índice de uso, constituyéndose como la denominación más usual de dicha tonalidad y desbancando, por ende, a su homólogo derivado.

ANOGALADO

Documentaciones en *CorLexIn*:

- Más, una saya de mezcla *anogalada*, en quatro ducados (Jaraíz de la Vera?, CC-1663)

Como ejemplo de adjetivo parasintético *a*-N-*ado*, la raíz nominal *nogal* confiere el color pardo oscuro que caracteriza su madera a *anogalado*, adjetivo parejo a la forma derivada **nogalado**.

Aunque acotar la acepción cromática de *anogalado* no parece, en principio, una tarea excesivamente complicada —teniendo en cuenta la existencia de voces como *nogalado* y **noguerado**—, lo cierto es que la lexicografía académica y la lexicografía general parecen no registrar la voz (tal y como ocurrirá con la forma derivada *nogalado*), con una excepción: el *DHLE* 1960-1996. El *DHLE* (1960-1996) sí incluye *anogalado* en su nomenclatura, definiéndolo como «que tiene color de nogal» e indicando su condición de voz propia de Canarias y su restricción semántica al aplicarse a reses.

El *Fichero general* de la Real Academia Española no contiene ninguna cédula de *anogalado*, pero sí que posee una de *anogalada* proveniente del *ALEICan*, en cuyo mapa 358 —correspondiente a los resultados para «(vaca o cabra) pintada»— puede localizarse un caso de *anogalada* en la isla de El Hierro con el significado de 'res de color de nogal'. El ejemplo revelaría, además, una posibilidad combinatoria más allá de la que documenta *CorLexIn* —ligado una vez más al ámbito textil—: el de las capas bovinas.

A falta de más testimonios lexicográficos que corroboren la acepción cromática de *anogalado*, la hipótesis que se baraja para el adjetivo es 'pardo oscuro' partiendo de su sugerencia origen —la madera del nogal— y de la referencia cromática propuesta para voces sinónimas como *nogalado* y *noguerado*.

En lo que respecta a su presencia en corpus de corte más general, solo el grupo de corpus diacrónicos de la Academia ofrecen resultados para la búsqueda de *anogalado*:

«Padezcan los boquirrubios / que agora los ojos abren; / anden los alfeñicados sin entenderse en el aire / que yo soy *anogalado* / y he dado en no congoxarme» [Lobo Lasso de la Vega, G. (1601). *Manojuelo de Romances*. Extraído de: CORDE, CDH].

Por otro lado, fuera de los corpus académicos, la edición del *Romancero General* de Pedro Flores (1614: 476)[40] también incluye un testimonio de *anogalado*, empleado en una construcción bastante similar a la del ejemplo de Lobo Lasso de la Vega: «Y entienda vuessa merced, / que si la traviessa es pata (?)[41], / que soy algo *anogalado*, / si vuessa merced no es blanca».

Teniendo en cuenta el contexto que rodea al adjetivo, podría especularse con la posibilidad de que ambos ejemplos pudiesen considerarse primeras documentaciones de la acepción cromática del término. Sin embargo, no está del todo claro: en el fragmento del *Romancero General* cabría la posibilidad al poder establecer cierta oposición entre *anogalado* y *blanco*, quizá referente al color de la piel; en el segundo caso, la relación es un poco más compleja de establecer, dado que el significado de *boquirrubio* —pese a su forma— no tiene ninguna dimensión de tipo cromático (*vid.* **bociblanco**), si bien se podría estar jugando con esta posibilidad motivada por la forma del adjetivo.

En todo caso, y al igual que ocurre con *nogalado*, las escasas documentaciones del término ligan al adjetivo a la órbita del siglo XVII, contribuyendo *CorLexIn* a afianzar su presencia en dicha centuria.

Los corpus sincrónicos CREA y CORPES XXI no poseen ejemplos de *anogalado*. Sin embargo, la búsqueda del término en otras fuentes contemporáneas desvela testimonios —si bien escasos— en obras de siglos posteriores, en las que conserva su matiz cromático aplicado a distintos referentes, no solo textiles (*vid.* Jiménez Lozano, 2001: 184). La escasez de documentaciones de *anogalado* podría responder a una preferencia por otros términos que poseerían un carácter y distribución más generales, como **pardo, (a)musco**; construcciones como *color de nogal*; o, dentro de su propia familia léxica, *noguerado*.

En lo que respecta a la distribución de la voz, el ejemplo del *Corpus Léxico de Inventarios* corresponde a un inventario de la provincia de Cáceres, lo que quizá podría explicar la presencia de la voz en Canarias como ejemplo de un posible leonesismo u occidentalismo. No obstante, el término no se documenta en el resto de zonas pertenecientes al antiguo reino de León —tampoco en el *LLA*— ni presenta un posible correlato en gallego o portugués. Por otro lado, el patrón lexicogenético que ha dado origen al adjetivo es bastante frecuente en el ámbito cromático, por lo que la presencia de *nogalado* en ambos territorios podría haberse visto motivada por la pura analogía con otras formas similares.

---

40   Baras Escolá, 2010.
41   La lectura de la edición parece indicar que hay un espacio de separación entre *es* y *pata*.

Podría barajarse, en conclusión, la condición de término general, si bien con un número de documentaciones bastante reducido por su «competencia» con otras formas más populares como las anteriormente citadas.

El color pardo oscuro de la madera del nogal se constituye como la sugerencia origen tanto del adjetivo parasintético *anogalado* como de su correlato derivado *nogalado*. A pesar de sus escasas documentaciones y su reducida presencia lexicográfica, *anogalado* se presenta como un adjetivo ligado estrechamente al siglo XVII, quizá como creación analógica a partir del esquema *a-N-ado* que presentan otros adjetivos cromáticos. Su distribución podría apuntar a un posible caso de occidentalismo, si bien el escaso número de testimonios y su ausencia en determinadas zonas parece desdibujar y desestimar dicha posibilidad.

ANTEADO

Documentaciones seleccionadas en *CorLexIn* y en fondos documentales inéditos de *CorLexIn*:

- Yten, una colcha de raso de seda açul rosada y blanca con rodapiés, aforrada en tafetán *anteado* (Cádiz, Ca-1654)
- Yten, vn bestido de raso labrado negro y *anteado*, jubón y basquiña, apreçiado en ochoçientos reales (Cádiz, Ca-1654)
- Yten, dos tapapieses, vno de tafetán *anteado* con puntas negras y otro de sarga con franxa de oro en veinte y sinco pesos (Cádiz, Ca-1654)
- Yten otro pedaço de raço azul, cauellado y *anteado*, con doze baras (Garachico, Tf-1695)
- Yten dos pañitos, vno azul, otro *anteado* (Garachico, Tf-1695)
- Ytem, el almilla de tela *anteada* con galón de oro, en quatro ducados (Málaga, Ma-1651)
- Vn manto de tela *anteada*, ricamente guarneçido de vn encaje de oro grande (Santiago de Chile, Chile-1687)
- Vn listón *anteado*, dorado, sobre el qual está dicha xoia (Santiago de Chile, Chile-1687)
- Vnas fundas de rasillo *anteado* (Sevilla, Se-1650)
- Ytem, vna sobremessa de terçiopelo con zenefa *anteada* (Sevilla, Se-1669)
- Vna pollera de raso de Jénoba, berde y *anteado*, con tres andanas de puntas de Milán (Cádiz, Ca-1656)
- Otro tapapiés de tauí *anteado* (Cádiz, Ca-1661)

La tonalidad característica naranja amarillenta o dorada oscura del *ante*, la piel curtida de ciertos animales como el alce o el búfalo se constituye como sugerencia origen —y base nominal— del adjetivo *anteado*.

En su *Tesoro*, Covarrubias recoge una referencia al *ante* 'piel curtida', pero no incluye ningún tipo de alusión a su coloración:

> **Cuera de ante**, es la piel del Bufalo adereçada, en forma que el hierro no la puede passar y llamaronse de ante, porque se ponen delante del pecho, que es lo que principalmente se guarda [...] (*Tesoro*: s.v.).

No obstante, en la entrada *bvjulo* ya indica que la piel de dicho bovido es «de color negra, o bermeja», por lo que ya ofrece alguna pista sobre la tonalidad del material.

Es el *Diccionario de autoridades*, no obstante, la primera obra lexicográfica que recoge el adjetivo denominal derivado de *ante*, *anteado*, informando de manera bastante precisa de la coloración característica del ante y, por ende, de la referencia cromática del propio adjetivo:

> **ANTEADO, DA**. adj. Espécie de colór dorádo baxo, como el que tiene la piel de ante adobada, de donde se forma (*Autoridades*, 1726: s.v.).

La alusión a la coloración del *ante* en *anteado* se suprime en la segunda edición de *Autoridades*, no volviendo a aparecer hasta la edición actual de 2014 —matizado, además, por una marca diacrónica «*p. us.*» que indica su condición de voz en desuso—: «Dicho de un color: Amarillo anaranjado semejante al del ante» (*DLE*: s.v.).

El resto de diccionarios recogidos en el NTLLE se adhiere al patrón marcado por *Autoridades* 1770, por lo que no indican a qué color o tonalidad se hace referencia exactamente mediante el adjetivo *anteado*.

El *DUE* de María Moliner lo caracteriza como «color pardo claro y rojizo» (*s.v. ante*), pero no incluye *anteado* en su nomenclatura. El color parduzco podría responder al matiz «bajo» al que apuntaba *Autoridades*, voz que el propio diccionario define como «lo que no es subído, ni tiene en sí viveza, ni sobresale, ni campéa» (*Autoridades*, 1726: s.v. *baxo*), por lo que la posibilidad de un dorado parduzco no resulta del todo despreciable. De hecho, el propio color *dorado* posee tonalidades más pardas, ocres y amarronadas (*pardo dorado*, *ocre dorado*, *castaño dorado*, *ante dorado*, etc.; *vid. dorado* en *Akal*).

Por último, la consulta de *Akal* refuerza la hipótesis del matiz parduzco, si bien la entrada dedicada a *ante* —de necesaria consulta al remitir *anteado* a dicha entrada— incluye una posibilidad cromática que recoge casi a la perfección el testigo cromático propuesto por *Autoridades* y, por extensión, por el diccionario académico:

> **ante**. [...] Coloración estándar semioscura, naranja amarillenta y moderada, cuya sugerencia origen corresponde a la piel homónima, adobada y curtida, del alce, del búfalo o de otros animales (*Akal*: s.v.).

A partir de los datos analizados, puede establecerse, por tanto, una referencia cromática 'naranja amarillento oscuro' —*dorado bajo* o **pardo** si se prefiere— que recuerda al de su sugerencia origen: la piel curtida de determinados animales como el alce o el búfalo.

En lo que respecta a su presencia en corpus académicos, de carácter más general, CORDE ofrece un número relativamente reducido de resultados (25), pudiendo considerar como su primera documentación un texto de 1657:

> «[…] está colocada la capilla de ricos tafetanes de Castilla listados de color carmesí y *anteado* con flecadura de seda» [Torres, B. de (1657). *Crónica Agustina*. Extraído de: CORDE].

Dentro del contexto cronológico del siglo XVII se localizan 2 ejemplos más que atestiguan el valor cromático del vocablo, a los que habría que sumar otros 16 (24 si se tienen en cuenta 8 casos dudosos) si se elimina la restricción cronológica.

CDH ofrece 26 resultados para la búsqueda de *anteado*, localizándose 2 de ellos en la capa nuclear de dicho corpus y 1 en la capa sincrónica de CREA, por lo que los 23 restantes se corresponden con concordancias que ya figuraban en CORDE.

En último lugar, el análisis desde el punto de vista sincrónico permite justificar la marca diacrónica «*p. us.*» 'poco usado' que acompaña a la definición en la última edición del diccionario académico: CREA solo posee una única concordancia para *anteado*, concordancia que ya había sido reseñada en el apartado dedicado al análisis de los resultados del CDH; CORPES XXI, por otro lado, ofrece 6 testimonios del adjetivo, todos ellos con valor cromático y pertenecientes al área americana (mayoritariamente Colombia con 5 de las 6 documentaciones).

Desde el punto de vista diatópico, *anteado* guarda una curiosa relación con la base nominal de la que deriva, *ante*: en *CorLexIn* y en sus fondos documentales inéditos pueden encontrarse algunos ejemplos de *ante* que reflejan una distribución y uso del término que podría considerarse como «general», tanto en el dominio peninsular como en el americano:

ANTEADO

Yten se puso por ynbentario un coleto de *ante* con sus cintas, bueno (Cacicedo, S-1635)	Vn coleto de *ante* con su atacador (Potosí, Bolivia-1656)
Un coleto de *ante* aforrado (Cartagena de Indias, Colombia-1689)	Ytem, vn coleto de *ante* doblado, guarnesçido con passamanos de oro y plata (Santiago de los Caballeros, Guatemala-1623)
Vn coleto de *ante*, en veinte y zinco pesos (Cartagena de Indias, Colombia-1689)	Vn coleto de *ante*, en çiento y çinquenta reales (Villacarrillo, J-1651)
Yten o[t]ra cuera de *ante*, andada (Cañedo, S-1608)	Yten, un coleto biejo de *ante*, tres ducados, 1.122 maravedís (Vitoria, Vi-1638)
Yten vn colecto de *ante*, largo (Garachico, Tf-1695)	Vn coleto de *ante* sençillo, número 212 (Zaragoza, Z-1647)
Más, vn coleto de *ante* biexo, en beinte reales, digo deziseis (Población de Cerrato, Pa-1659)	Dos coletos de *ante*, el uno grande cortado a la moda y el otro a la española (Málaga, Ma-1671)

Sin embargo, *anteado* parece presentar una clara condición de derivado marcado diatópicamente, puesto que en el siglo XVII —periodo cronológico en el que se localizarían las primeras documentaciones de *anteado*— la voz se documenta únicamente en el área meridional de la Península y en algunas zonas de América, siendo en el dominio lingüístico americano donde la voz habría experimentado un mayor índice de uso.

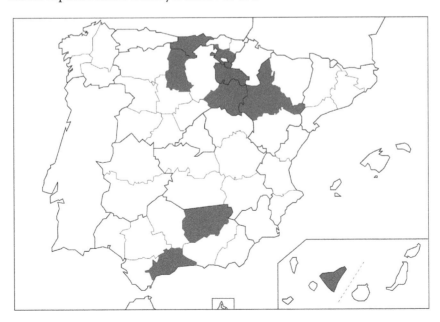

Mapa 2. Provincias españolas en las que se documenta *ante* (Fuente: *CorLexIn*)

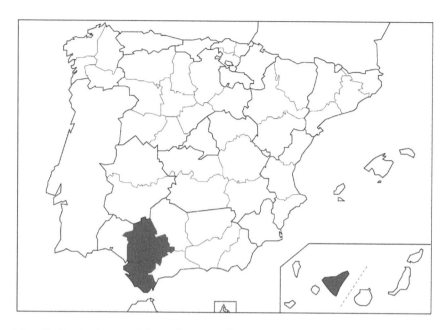

Mapa 3. Provincias españolas en las que se documenta *anteado* (Fuente: *CorLexIn*)

Este hecho, además, se vería corroborado a partir del análisis de las documentaciones de los corpus académicos partiendo de su localización, pudiendo concluir que, a pesar de que *anteado*, en origen, puede considerarse como un término propiamente peninsular (tal y como demostraría la primera documentación del término), el derivado denominal de *ante* habría dado «el salto» al dominio americano —posiblemente favorecido por su condición de voz meridional— en el que ostentaría un índice de uso mayor que en el caso del español europeo que ya se dejaría entrever a partir del siglo XVIII:

Tabla 1. Documentaciones de anteado en España y América (Fuentes: CORDE, CDH, CREA, CORPES XXI)

CORDE		CDH		CREA		CORPES XXI	
España	América	España	América	España	América	España	América
6 (7)	12	7 (6)	12	1	0	0	6

La voz figura, además, en el *Diccionario de americanismos* con un valor diferencial restringido a Honduras, donde está considerado como un cultismo y se aplica especialmente al plumaje de las aves tal y como indica su contorno semántico: «*Referido a color, en especial al del plumaje de las aves*, café amarillento claro. cult.» (*DAm*: s.v.).

Este valor no aparece atestiguado, sin embargo, por ninguna de las concordancias obtenidas en los corpus académicos, que no documentan ningún caso para Honduras. La búsqueda en corpus especializados en el español americano como CORDIAM o Boyd-Bowman solo devuelven resultados para México y Argentina en el caso del primero y Colombia, México y Venezuela en el caso del corpus de Boyd-Bowman.

No obstante, debe tenerse en cuenta que el caso hondureño constituye un valor diferencial del término, por lo que no sería de extrañar que la referencia cromática se viese modificada. Puede pensarse, sin embargo, en un castaño amarillento, quizá marrón dorado, que supondría una tonalidad de dorado ligeramente más parduzca o amarronada y que se aproximaría de algún modo a la referencia cromática «estándar» propuesta para *anteado*.

En conclusión, *anteado* es un derivado denominal con una referencia cromática 'dorado bajo', 'naranja amarillento oscuro', referencia basada en la sugerencia origen y base de derivación del término: el ante, es decir, la piel curtida de ciertos animales. A partir de los ejemplos extraídas de *CorLexIn* y sus fondos documentales inéditos y los datos de los corpus académicos, puede deducirse que es un adjetivo documentado por primera vez en el siglo XVII y propio, en sus orígenes, del castellano meridional, variedad a partir de la cual habría pasado a formar parte del caudal léxico del español americano donde habría alcanzado una mayor frecuencia de uso.

AÑIL

Documentaciones en *CorLexIn*:

- Con más un paño de rost[r]o labrado de *añil* (San Cristóbal de La Laguna, Tf-1646)

Mediante el adjetivo *añil* se hace referencia a las tonalidades azules oscuras similares a las de la pasta que se extrae, originariamente, de la *Indigofera suffruticosa* con fines tintóreos.

Son los diccionarios de Covarrubias y Rosal —aunque la información más relevante la provee el toledano— los primeros monolingües en ofrecer datos cromáticos sobre este adjetivo, si bien el primero escoge como lema la variante con líquida vibrante que también documenta *CorLexIn*[42]:

> **AÑIR**, declara Antonio [Nebrija]: color açul o pastel, [...] (*Tesoro: s.v.*).
> **Añil**, dice el Dr. Acosta [José de Acosta] Medico que en Arab. se llama Añil, y los Mercaderes de la India le llaman Nil aunque los Naturales le llaman Gali [...] (Rosal: *s.v.*).

En el siglo XVIII, la Academia seleccionará *añil* como forma estándar y tildará *añir* de voz anticuada, remitiendo, por tanto, el segundo al primero a pesar de incluir ambos en su macroestructura:

> **AÑIR**. s. m. Lo mismo que Añil. Vease. Es voz antiquada, que trahe Nebrixa en su Vocabulario (*Autoridades*, 1726: *s.v.*).
> **AÑIL**. s. m. El colór azúl, ò pastel. Diego de Urréa dize que es nombre Arábigo, y que vale tanto como azul (*ibid.: s.v.*).

Las entradas dedicadas a los lemas *glasto* y *pastel* informan sobre las propiedades de la *Isatis tinctoria* para producir tinte azul, pero no revelan información sobre el matiz exacto que presentaría el *añil* frente a lo que podría denominarse azul «estándar»[43].

La madeja cromática del añil —el tono concreto de azul al que hace referencia— puede empezar a desentrañarse a partir de la subacepción presente en la propia entrada *añil*, referida al uso del añil en el ámbito de la pintura: «En la Pintúra es lo mismo que Indico [...]» (*Autoridades*, 1726: *s.v. añil*). La consulta de dicha entrada presenta *índigo* (*s.v. indico*) como sinónimo de *añil* y es el ejemplo del Dioscórides que acompaña a la entrada el que aporta la pincelada definitiva:

> **INDICO**. s. m. Lo mismo que Añil. LAG. Diosc. lib. 2. cap. 176. Hácese del glasto el índico, que es como flor de pastel, del qual usan los Pintores para dar el azúl escúro (*Autoridades*, 1734: *s.v.*).

Partiendo entonces de la referencia de *Autoridades*, el añil se caracterizaría por ser una tonalidad oscura de azul, quizá no tanto como el *turquí*, «azúl mui

---

42 La variante *añir*, documentada en la lexicografía hispánica desde Nebrija, solo se atestigua en *CorLexIn* en El Salvador y en Guatemala en 5 documentos, pero no estrictamente con el valor de 'color', sino con el de 'planta'.

43 No obstante, la consulta de las entradas *añil*, *glasto* e *índigo* en el *Diccionario Akal del Color* revela cierta confusión entre las respectivas plantas de las que se obtiene u obtenían dichos tintes azules —y, por ende, una aparente indistinción entre dichos tonos de azul—: el añil se obtiene de la *Indigofera suffruticosa*; el *glasto*, de la *Isatis tinctoria*, y el índigo, de la *Indigofera tinctoria* (Akal: *ss.vv. añil, glasto, índigo*).

subido, tirante à negro» (*Autoridades*, 1739); si bien Akal informa de que, antiguamente, *turquí* se empleaba a la hora de denominar a coloraciones azules «muy oscuras, intensas y muy profundas» (*Akal*: s.v. *turquí*) como el añil, el azul de Prusia —o azul de Berlín, *Berliner Blau*, sintetizado a principios del XVIII (Ball, 2001: 307)— el glasto, el índigo o el **violeta**.

No obstante, cabría la posibilidad de considerar al añil como un tono de azul más neutro si se tiene en cuenta la definición de **azul** que ofrece *Autoridades*: «el colór simple, que seméja al de los Cielos, y al del Zaphíro» (*Autoridades*, 1726: s.v.). El zafiro aparece caracterizado por su color cerúleo (*vid*. **cerojado**), por lo que quizá *añil* aluda a una tonalidad de azul no tan oscura. Sin embargo, el siguiente testimonio extraído de *Tractado de las drogas* de Cristóbal Acosta de finales del XVI deja constancia de que la pasta obtenida a través del majado de la planta del añil, cuando se deja secar el tiempo necesario al sol, adquiere un tono de azul oscuro, indicando además que, cuanto más oscuro, mejor:

> [...] y des que es muy bien majada, la ajuntan y la ponen a enxugar por dias al Sol, y quando se va secando paresce de color verde, y mas seca se muestra de color azul claro y despues de bien seca se buelue el color azul obscuro: y asi la dexan secar, hasta se boluer del mas fino azul obscuro, que pueda ser: y quanto este es mas limpio de la tierra, y mas puro es mejor (1578: 406–407).

Los dos intentos de diccionario histórico refrendan asimismo dicha teoría, figurando en el *DHLE* (1933–1936) como «pasta de color azul obscuro» y «color de esta pasta» y «azul oscuro, cercano al violeta» en el caso del *DHLE* (1960–1996).

Finalmente, el *Diccionario Akal del Color* vendría a corroborar la referencia propuesta 'azul oscuro' para *añil*, tal y como revela la entrada dedicada a dicho color:

> **añil**. Denominación tradicional de los colores azules muy oscuros y profundos [...] (*Akal*: s.v.).

En suma, la propuesta cromática para *añil* en el contexto del siglo XVII es 'azul oscuro', quizá no tan oscuro como el *turquí* —si bien ambas tonalidades podrán emplearse indistintamente para aludir a la misma realidad cromática—, pero sí más oscuro e intenso que lo que podría denominarse «azul estándar».

Desde el punto de vista documental, el *DECH* fija su primera aparición en el siglo XIII bajo la variante *anil*; *añir*, hacia principios del XIV, y *añil* a mediados del XVI en la traducción del Dioscórides de Laguna.

La concordancia del siglo XIII —que figura en CORDE—, sin embargo, parece atestiguar el valor de 'materia colorante' más que el uso de *añil* como adjetivo cromático dado el contexto en el que se localiza, rodeado de materias colorantes y no propiamente de colores[44]:

> «Encienso nin laca nin brasil nin glaça nin orpiment nin blanc nin bermellon nin *anil* nin azur nin uerdet nin reialgar nin oro nin piedra sanguina nin piedra suffre non dan peaie» [Anónimo (c1259). *Aranceles de aduanas en Cantabria*. Extraído de: CORDE].

A finales del XV y principios del XVI pueden encontrarse dos documentaciones en las que *añil* sí que parece ostentar plenamente el valor de 'color', un valor que parece estar estrechamente ligado a ***turquesado***:

> «"¿Saya no le diste / para andar precïada?" / "Una que se viste / *añir* torquesada, / de manga trançada, / nuestramo, / ya soy desposado."» [Encina, J. del (1481-1496). *Poesías*. Extraído de: CORDE, CDH].
>
> «Otrosí, que los fustanes que se hubiesen de hacer en estos reinos no pudiesen ser negros, sino que primero les fuese dado un turquesado a lo menos de *añil* o açul, porque fuesen perfectamente teñidos» [Santa Cruz, A. de (1491-1516). *Crónica de los Reyes Católicos*. Extraído de: CORDE, CDH][45].

Limitando la búsqueda al siglo XVII, CORDE ofrece 82 resultados de *annil/anil/añir/añil*, aunque solo 1 de ellos (7 si se tienen en cuenta 6 casos dudosos) atestigua, sin lugar a duda, el uso cromático del mismo:

> «[…] entre los colores muy preciosos [de los antiguos] era uno el índico, que acerca de nosotros se llama *añil*: […]» [Céspedes, P. de (1608). *Carta sobre pintura a Francisco Pacheco*. Extraído de: CORDE].

En el resto de los casos considerados como dudosos parecen reflejar el uso de *añil* con el significado de 'pasta' o 'colorante, pigmento, tinte' más que con el significado de 'color'. El ejemplo de *CorLexIn*, por ende —y pese a contar con un único caso—, contribuye a atestiguar el uso de *añil* como adjetivo cromático en el contexto del siglo XVII, si bien ya puede documentarse en periodos anteriores; aunque puede deducirse que en el siglo XVII no es un color o denominación cromática totalmente afianzada.

Si se elimina la restricción cronológica, CORDE ofrece 533 resultados para la búsqueda anteriormente planteada, de los cuales 114 (144 si se tienen en

---

44 *Bermellón* se puede emplear también como sinónimo de *cinabrio*; *brasil* hace referencia al *palo brasil*, empleado para teñir de rojo; el *orpiment* que figura en la relación es el *oropimente*, mineral empleado para teñir de amarillo; el *verdete* o *verdet* es otro nombre por el que se conoce al *cardenillo*, acetato de cobre de color verdoso; el *rejalgar* es un mineral de color rojo, etc.

45 A pesar de no indicar la fecha exacta del fragmento, esta documentación sería anterior a la propuesta por el *DECH* como primer testimonio de la forma *añil*.

cuenta 30 casos dudosos) documentarían el valor analizado. Determinar si se está haciendo referencia al color o al tinte no resulta sencillo, de ahí el elevado número de casos dudosos. Lo que sí puede afirmarse es que el uso y valor de *añil* como color parece no afianzarse hasta el siglo XIX, quizá motivado por la introducción de dicha tonalidad en el espectro de luz visible a partir de los postulados de Newton recogidos en *Opticks* (1704) —si bien el físico británico lo incluye bajo la denominación *indigo*, nombre que recibe el *añil* en la lengua inglesa—. A partir del siglo XX, asimismo, se hace frecuente el empleo de *añil* a la hora de caracterizar el color del cielo o del mar, tanto diurno como nocturno.

CDH permite el análisis de 810 casos, siendo 8 de ellos (9 si se tiene en cuenta 1 caso dudoso) genuinos de dicho corpus y testimonios del uso de *añil* con valor cromático. Las documentaciones son, sin embargo, tardías —siglo XX en adelante—, ya que las anteriores pueden localizarse en CORDE.

En el contexto sincrónico, el número de resultados que ofrece CREA es bastante menor que el de los dos anteriores: 211 casos de los que 117 (127 si se tienen en cuenta 10 casos dudosos) documentan el valor analizado de adjetivo cromático de *añil*. Son frecuentes las concordancias en las que *añil* aparece complementando a *azul*, identificándose así como un matiz dentro de dicha coloración —como *azul marino, azul Klein* o *azul electrico*—.

Finalmente, CORPES XXI registra 324 casos para *añil*, de los cuales 167 (175 si se tienen en cuenta 8 casos dudosos) se corresponden con el valor analizado, muestra de su pervivencia en la actualidad.

En conclusión, dentro del espectro de tonalidades azules, el *añil* se situaría entre aquellas coloraciones caracterizadas por el matiz oscuro, si bien habría otras —como el *turquí*— que poseerían dicho matiz en un grado mayor. No obstante, el valor cromático propuesto para añil es 'azul oscuro'. Es una denominación que no obtiene el rango de denominación cromática hasta el siglo XIX —tal y como demuestran los corpus analizados—, lo que permitiría al ejemplo de *CorLexIn* atestiguar dicho valor casi dos siglos antes que las fuentes generales.

APIÑONADO

Documentaciones en fondos documentales inéditos de *CorLexIn*:

- Una sortija de siete piedras *apiñonadas*, treynta y nueue reales (Segovia, Sg-1664)

Apiñonado[46] se presenta como un nuevo ejemplo de adjetivo formado por parasíntesis *a-N-ado*, siendo en este caso su sugerencia origen de tipo vegetal: el

---

46 Corominas y Pascual remiten *apiñonado* a *piña* en el *DECH*, pero en el apartado dedicado a *piña* (*s.v. pino*) no figura dicho derivado.

color ***tostado*** o ***moreno*** de la cáscara del fruto del género *Pinus*, género que en Europa estaría representado por el pino piñonero (*Pinus pinea*).

Su presencia en repertorios lexicográficos es tardía, ya que no se incluye en la macroestructura académica hasta la 12.ª edición de 1884:

> **Apiñonado, da.** adj. *Méj*. De color de piñón. Dícese por lo común de las personas algo morenas (*DRAE*, 1884: *s.v.*).

La voz aparece marcada dialectalmente como propia de México y restringida semánticamente a referentes humanos. El *Diccionario de americanismos* corrobora la propuesta del *DLE* tanto desde el punto de vista semántico como diatópico, si bien incluye, curiosamente, no una acepción, sino dos:

> **apiñonado, -a.** I. 1. adj. *Mx*. *Referido al color de la piel*, ligeramente bronceado. 2. *Mx*. *Referido a persona*, que posee la piel de un color levemente matizado, sin llegar a lo moreno (*DAm*: *s.v.*).

El *Diccionario del Español de México* no documenta *apiñonado* en su lemario; pero sí el *Diccionario de mexicanismos* de la Academia Mexicana de la Lengua Española, que lo incluye definiéndolo de manera prácticamente idéntica a la del *DAm*.

Dado que los repertorios lexicográficos consultados consideran al adjetivo como propio del dominio del español americano, resulta pertinente la consulta de corpus especializados en dicho dominio. CORDIAM no registra ningún resultado para *apiñonado*, mientras que Boyd-Bowman y Davies sí, localizándose la más antigua de ellas a finales del siglo XIX en un contexto referido al color de un pie:

> «pie gordo *apiñonado*» [PBR 170 (México, c1880). Extraído de: Boyd-Bowman].

El resto de documentaciones de Bowman están datadas a lo largo del siglo XX; en el caso de los ejemplos de Davies, el más antiguo corresponde a una cita de *La muerte de Artemio Cruz* de Carlos Fuentes (1962).

Asimismo, desde el punto de vista semántico y combinatorio, todos los ejemplos de *apiñonado* localizados en ambos corpus hacen referencia únicamente a la tonalidad de la piel, por lo que solo el testimonio extraído de los fondos inéditos de *CorLexIn* atestiguaría la posibilidad combinatoria de *apiñonado* con otros referentes.

En lo que respecta a la delimitación de la referencia cromática, la información que ofrecen los diccionarios sobre la cáscara exterior del piñón —la sugerencia origen del término— apunta hacia una primera hipótesis *apiñonado* 'amarronado', dado su aspecto leñoso.

APIÑONADO

El adjetivo figura en el *Diccionario Akal del Color*, remitiendo su definición a la entrada *piñón*. La ilustración que acompaña a *apiñonado* sugiere una referencia cromática pardo rojiza o pardo anaranjada similar a la que podría aplicarse, tal y como indicaban las obras diccionarísticas anteriormente reseñadas, al color de la piel morena:

> **apiñonado.** Coloración semejante a la del piñón. // [...] Suele aplicarse a la coloración de la tez ligeramente morena (*Akal*: s.v.).
> **piñón.** Coloración estándar semiclara, naranja rojiza y moderada, cuya sugerencia origen corresponde a la predominante de la cáscara de la semilla homónima de la piña del «pino piñonero». Se dice también «pardo piñón» (*Akal*: s.v.).

No debe extrañar la referencia «naranja rojiza» propuesta para *piñón*, puesto que *moreno* también se define, entre otras opciones, como «rojo o anaranjado oscuro» (*Akal*: s.v. *moreno*). De hecho, la propia entrada *piñón* ofrece la posibilidad *pardo piñón* para designar a la tonalidad, por lo que esta podría definirse como una tonalidad parduzca —esto es, amarronada— tirando a clara, lo que le conferiría un aspecto más anaranjado o rojizo. La propuesta cromática para *apiñonado*, por tanto, es 'pardo anaranjado/pardo rojizo claro'.

Dentro de los corpus propios del dominio del español peninsular, CORDE no ofrece ningún resultado para *apiñonado*, mientras que CDH sí: 12 casos, 10 de ellos localizados en México, el más antiguo fechado en 1871 —mediados del siglo XIX—, aplicándose 11 a la tonalidad de la piel y, por ende, atestiguando el uso cromático del adjetivo:

> «Eran las tales, dos *apiñonadas*, de ojos negros como el ala del cuervo, de largas trenzas, flexibles de cintura, vivarachas y listas, zandungueras, y capaces de decir una claridad al más pintado» [Cuéllar, J.T. de (1871). *Historia de Chucho el Ninfo*. Extraído de: CDH].

En el plano sincrónico, 8 de las 12 documentaciones de CDH se correspondían con la capa de CREA, por lo que las concordancias que figuran en CREA son las mismas que figuraban en CDH, 7 de ellas empleados con valor cromático.

Por último, CORPES XXI eleva el número de resultados de la búsqueda al ofrecer 22 casos para *apiñonado* localizados en México de los que 20 atestiguan el uso y valor cromático del vocablo aplicado, en todos los casos, al color de la piel.

Por tanto —y tal y como indica Morala[47]—, el ejemplo de *apiñonado* extraído de los fondos inéditos de *CorLexIn* puede considerarse como un importante

---

47 Conferencia «Fuentes documentales y lexicografía histórica», pronunciada en el Seminario Internacional de Lexicología y Lexicología Históricas (Sevilla, Universidad de Sevilla, 9–11 de mayo de 2016).

hallazgo por tres motivos: a) cronológico, ya que adelanta la fecha de primera documentación del término en dos siglos; b) diatópico, dado que permite documentar un caso en la península anterior a los ejemplos americanos (lo que, además, indicaría que la marca que acompaña a la definición no es del todo precisa, si bien el uso mayoritario del término coincide con dicha restricción diatópica)[48]; c) combinatoria, puesto que el *DLE* y los diccionarios americanos consultados restringen su referencia —y, por tanto, su predicación— al color de la piel, mientras que el ejemplo de *CorLexIn* introduce una nueva posibilidad combinatoria y, por ende, un nuevo contexto de uso: la coloración de una piedra preciosa engastada en un anillo.

En conclusión, el adjetivo parasintético *apiñonado* se emplearía para hacer referencia a tonalidades pardo anaranjadas claras que presentan cierta similitud con la cáscara exterior del fruto del pino piñonero, sugerencia origen del término. Las obras lexicográficas académicas y posacadémicas y los corpus la catalogan como voz diatópicamente marcada y propia del español de México, tardía desde el punto de vista documental y restringida desde el punto de vista semántico a la caracterización del color de la piel. El ejemplo de *CorLexIn*, sin embargo, permite adelantar la fecha de primera documentación del adjetivo del siglo XIX al siglo XVII; certificar la presencia de la voz no solo en América, sino también en la península, y, además, atestiguar su posibilidad combinatoria con referentes alternativos al color de la piel, lo que le confiere un estatus de especial importancia desde el punto de vista documental.

APLOMADO

Documentaciones en *CorLexIn*:

- Otro vestido de paño de Olanda *aplomado*, ropilla y calsones dos pares, sin capa (Potosí, Bolivia-1677)
- Otro vestido de paño de Olanda *aplomado*, una ropilla y tres pares de calsones y mangas y tahalí de lama larga plateada (Potosí, Bolivia-1677)
- Yten, vna pieza de paño de Quito *aplomado* con cinquenta y tres baras y media (Santiago de Chile, Chile-1681)

---

48   No obstante, y tal y como indicó Morala (*vid. supra*), es posible que el término derivado de *piñón* surgiese de forma independiente en ambas zonas, ya que su esquema lexicogenético es relativamente simple y muy productivo a la hora de generar nuevas voces a partir de otras preexistentes con el significado de 'semejanza'.

Como posibilidad para expresar la tonalidad grisácea característica del plomo, y frente a denominaciones alternativas como su homólogo derivado **plomado** y la construcción **color de plomo**, se encuentra el adjetivo parasintético *aplomado*, un ejemplo más del patrón *a*+N+*ado*[49] que frecuentemente se emplea en la formación de nomenclatura cromática.

A diferencia de la forma derivada *plomado* y la lexía *color de plomo*, el adjetivo *aplomado* parece ostentar un claro valor cromático desde su primera documentación en un diccionario monolingüe, el primer tomo del *Diccionario de autoridades*:

> **APLOMADO**. Se llaman tambien lo que tiene parte de plomo, ò colór de plomo: como el paño teñido y dado de colór de plomo (*Autoridades*, 1726: s.v.).

Su historia lexicográfica ha sido relativamente estable; no obstante, cabe reseñar el hecho de que a) la (sub)acepción cromática se convierte en acepción principal desde la edición de 1803; b) a partir de la edición de 1925 la preferencia cambia, remitiendo *aplomado* a *plomizo*, opción que se mantiene en la edición actual de 2014.

El *Diccionario Akal del Color*, de hecho, remite *aplomado* a *plomizo* e indica que este último término —y, por consiguiente, *aplomado*— posee la misma referencia cromática que la voz *plomo*, como puede verse en la entrada correspondiente a la lexía *color de plomo*.

El valor que se propone para *aplomado* es, en conclusión, 'gris, gris azulado', valor que compartiría con *plomado* y con *color de plomo*.

En lo que respecta al ámbito documental, CORDE y CDH proporcionan la que puede considerarse como primera documentación de la forma parasintética, fechada a finales del siglo XVI —la más tardía de las 3 denominaciones—:

> «Anoche uimos una cometta sobre este lugar [...], declina la punta al sudueste, su color es *aplomado*. Esta gente de mar y Pilotos nos cruçifican con amenazas» [Fernández de Andrada, A. (1596). *Una carta familiar y noticiera*. Extraído de: CORDE, CDH].

El número de documentaciones que CORDE proporciona para el siglo XVII es reducido, hecho que podría achacarse al escaso margen temporal existente entre la primera documentación y los testimonios del siglo XVII: al documentarse por primera vez a finales del siglo XVI, la generalización se habría llevado a cabo de forma progresiva, no habiendo alcanzado un nivel demasiado

---

49   Quizá debería pensarse en un valor primario participial *aplomar* > *aplomado* y no propiamente en una forma *a*-N-*ado* —al igual que ocurriría con *plomar* > *plomado*— que habría adquirido con posterioridad el valor cromático, de ahí la subacepción que figura en *Autoridades*.

acusado en la centuria siguiente. En concreto, CORDE ofrece 13 resultados para *aplomado* y sus variantes flexivas, 7 de ellos (9 si se tienen en cuenta 2 casos dudosos) de *aplomado* 'de color gris'.

Si se realiza una búsqueda general sin restricción cronológica, el número de casos de *aplomado* asciende a 416, de los que 275 (281 si se tienen en cuenta 6 casos dudosos) pueden considerarse testimonio de su valor cromático. Aunque se observa un considerable incremento, y generalización, del índice de uso, debe tenerse en cuenta que 243 de las documentaciones corresponden a una misma obra, los *Apuntamientos para la Historia Natural de los páxaros del Paragüay y Río de la Plata* de Félix de Azara. El número «real» de documentaciones sería, por tanto, 32.

El análisis de CDH permite sumar 2 documentaciones genuinas (3 si se tiene en cuenta 1 caso dudoso) de las 477 que posee el corpus. Las alusiones al color del cielo nublando o el color del granito de los ejemplos no hacen sino confirmar la hipótesis cromática propuesta.

Respecto a la distribución de la voz, los corpus diacrónicos no fechan ejemplos americanos de *aplomado* hasta el siglo XVIII, permitiendo a *CorLexIn* atestiguar la presencia de la forma parasintética en el dominio del español americano ya en el siglo XVII. No obstante, la mayoría de los testimonios se documenta en España.

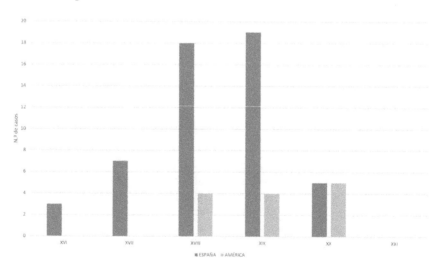

Gráfico 3. Documentaciones de *aplomado* en España y América. Los ejemplos de Félix de Azara se han computado como un único resultado (Fuentes: CORDE, CDH, CREA, CORPES XXI).

El *Léxico hispanoamericano* de Boyd-Bowman tampoco la documenta hasta principios del XVIII, pero CORDIAM sí que posee 1 ejemplo anterior fechado en el siglo XVII:

> «[…] Las Uñas hinchadas. de los pies E manos y auer Le bisto. El Color apLomado y algunos cardeNales Y en El Coraçon aberle hallado cantidad de Sangre esponxada [...]» [Varios (1608). *Primera parte de un caso de muerte por hierbas. Declaraciones de tres médicos y el barbero luego de la autopsia de Clemente Salguero*. Extraído de: CORDIAM].

En lo que respecta al análisis de las documentaciones sincrónicas, se observa un acusado descenso en el número de testimonios de *aplomado* 'gris, color de plomo', quizá por el cambio de preferencia frente a *plomizo*. De los 53 ejemplos de CREA solo 6 (7 si se tiene en cuenta 1 caso dudoso) atestiguan dicho valor. Por último, CORPES XXI aumenta el número de concordancias (101), pero tan solo puede hablarse de 1 caso —dudoso— en el que *aplomado* podría emplearse con la acepción cromática.

Junto a *color de plomo* y *plomado*, se localiza una alternativa que también tiene como sugerencia origen el color gris o gris azulado del plomo: *aplomado*. A pesar de poder considerarse como la denominación más frecuente de las tres en el contexto del siglo XVII, en la actualidad es un adjetivo claramente en desuso. Si bien los corpus generales lo documentan tanto en el dominio del español europeo como del español americano, los ejemplos de *CorLexIn* permiten adelantar su presencia en América a finales del XVII.

ARENOSO

Documentaciones en *CorLexIn*:

- Yten dos pares de calçones de paño de las Nabas, *arenoso* (Solanilla, Le-1662)
- Yten, vna basquiña de paño *arenoso*, con su ribete de terciopelo azul (Torrelaguna, Ma-1658)
- Yttem, otro paño veinteno de Albarracín, *arenoso*, vbo veinte baras y vna quarta (Tudela, Na-1641)
- Yttem, otro paño de Albarracín, veintino, *arenosso*, vbo veinte baras y media (Tudela, Na-1641)

Empleando una construcción N+*oso*, el adjetivo *arenoso* se emplearía para aludir a aquellas coloraciones amarillo-anaranjadas —que podrían incluirse en la familia del *beige*— que evocan o se asemejan a las de la sugerencia origen y base derivativa del vocablo, la arena, especialmente cuando es silícea.

Tal y como indica el NTLLE, la presencia de la voz en el ámbito lexicográfico se remonta a Nebrija, pasando por los diccionarios bilingües preacadémicos, testimonios en los que no se hace referencia a la posibilidad cromática del adjetivo. Covarrubias no lo incluye como lema, por lo que el siguiente testimonio monolingüe es el de la Academia, que tampoco aporta demasiada información al respecto:

> **ARENOSO, SA**. adj. Cosa que está llena de aréna: como campo arenóso, suelo arenóso, [...] (*Autoridades*, 1726: *s.v.*).

La definición no se modificará ni alterará hasta la 4.ª edición de 1803, en la que se añadirá una segunda acepción relativa a la similitud con las propiedades o características de la arena: «Lo que consta de la naturaleza, y cualidades de la arena» (*DRAE*, 1803: *s.v.*).

Esta acepción remite, necesariamente, a la entrada *arena*, presente en el *Tesoro* de Sebastián de Covarrubias, el diccionario de Rosal y el *Diccionario de autoridades*; sin embargo, ninguno de ellos incluye información relevante desde la perspectiva cromática:

> **ARENA**, la tierra menuda, seca, y desatada, que se cria en las orillas del mar, o rios (*Tesoro*: *s.v.*).
> **Arena**. es Lat. de Areo, q significa estar seco, porque Arena se llamo la tierra a diferencia del agua como consta de aquella division [...] (Rosal: *s.v.*).
> **ARENA**. s. f. Tierra menúda como de naturaleza de piedra (*Autoridades*, 1726: *s.v.*).

Dado que el resto de diccionarios apenas se separa de la propuesta académica, la vía lexicográfica parece alcanzar un ligero «punto muerto» como fuente de información cromática. El color de la arena parece ser una realidad conocida en el siglo XVII y, por ello, no hay necesidad de indicarlo, si bien el hecho de que se la compare con la tierra ya podría dibujar un abanico de tonalidades interesante: marrones, ocres, terrosos, etc.

Será, una vez más, el ámbito de la zoología el que permita disipar ligeramente las dudas y facilite esbozar una hipótesis cromática para *arenoso*. En la *Historia general de aves y animales* de Funes y Mendoça aparece la siguiente descripción de la víbora conocida como *ceraste* o *cerastes* (*Cerastes cerastes*): «La Cerastes, llamada ansi por quatro cuernezillos que tiene en la cabeça, es semejante a la Biuora, de vn codo de largo, su color es arenoso, con muchas escamas» (1621: 440).

La descripción de la ceraste o cerastes concuerda, en efecto, con las definiciones de carácter enciclopédico que incluyen *Autoridades* y el diccionario de Terreros, solo que, en este caso, optan por caracterizarla por su «de color de arena» en lugar de *arenoso*:

> CERASTE, o CERASTES. s. f. Serpiente semejante a la víbora, de la qual se diferencia en tener dos cuernecillos. Es larga de un codo, y de color de arena. Por la cola levanta en alto las escamas, [...] (*Autoridades*, 1729: *s.v.*).
> CERaSTA, CERáSTES, ó VIBORA AFRICANA, de quien dicen que tiene dos cuernos, [...]: el color es de arena, y hacia la cola escamoso y duro el pellejo: [...] (Terreros, 1786 [1767]: *s.v.*).

Esta especie de víbora cornuda aparece descrita como «a whitish, greyish, yellow or brown snake with a dorsal series of paired or confluent darkish blobs and three dark spots on the cheeks» (WHO, 2010: 13), esto es, la tonalidad de sus escamas ofrece tonalidades blanquecinas, agrisadas, amarillas o marrones —el *DLE* incluye la noción «pardo rojizo» (*DLE*: *s.v. ceraste*)—, coloraciones propias del medio en el que habita, la arena.

En el *Diccionario Akal del Color*, el color arena aparece caracterizado como «amarillo anaranjada y muy débil» (*Akal*: *s.v.*), que respondería al color del sedimento homónimo. Este juego de tonalidades arrojaría una referencia cromática para *arenoso* del tipo 'amarillo anaranjado claro', quizá con algún matiz parduzco, una coloración semejante a lo que hoy podría considerarse como *beige* o beis.

En el plano documental, es un término relativamente escaso en el periodo del siglo XVII, dado que la búsqueda en CORDE y CDH desde los primeros testimonios hasta el año 1700 —441 documentos, 123 fechados entre 1601 y 1700— solo revela 2 ejemplos de *arenoso* pertenecientes al mismo autor:

> «[...] su Capitan el Marques de Rentin, de la Alemana, con penacho, adereços y gentil librea de *arenoso* escuro, guarnicion leonada, y don Fernando Verdugo, [...]» [Almansa y Mendoza, A. de (1623). *Relaciones de las fiestas reales de toros y cañas*. Extraído de: CORDE, CDH].
> «[...] conde de Oñate: de noguerado cuajado de caracolillos de plata, librea de paño *arenoso* muy bien guarnecido de leonado; [...]» [Almansa y Mendoza, A. (1623). *Relaciones de 1623*. Extraído de: CDH].

Las documentaciones de *CorLexIn*, una vez más —y a pesar de que son bastante posteriores a los que podrían considerarse como primeros testimonios[50] de *arenoso* 'color de arena'—, contribuyen a afianzar la presencia del valor y uso cromáticos del adjetivo en el contexto del siglo XVII.

---

50 Habría, no obstante, una posibilidad de adelantar la fecha de primera documentación a finales del XVI gracias a este ejemplo proporcionado por Anastasio Rojo Vega: «veinte y çinco baras y tres quartas de beinte y doseno *arenosa* de las nabas» (Valencia, V-1577).

Eliminada la restricción temporal, el número de testimonios se eleva en CORDE hasta alcanzar los 1085, 732 a partir de 1701 —dado que el bloque anterior se ha analizado a la hora de localizar la primera documentación de *arenoso*—. De los 732 casos, solo 3 (7 si se tienen en cuenta 4 casos dudosos) pueden considerarse como ejemplos en los que el adjetivo —o la construcción *color arenoso*— figura con el valor analizado.

En el caso de CDH, a partir de 1701 el corpus ofrece casi 1200 documentaciones para *arenoso* (1185), de las que no puede destacarse ninguna concordancia genuina de dicho corpus debido al hecho de que los ejemplos de *arenoso* 'color' son los mismos que registran CORDE y CREA (amén, eso sí, de 2 casos dudosos que solo se localizan en CDH).

La primera incursión en el ámbito puramente sincrónico la representa CREA, de cuyos 541 casos para la búsqueda de *arenoso* solo 4 (10 si se tienen en cuenta 6 casos dudosos) constituirían ejemplos del valor analizado. No obstante, en 3 de los 4 casos es *color arenoso* la secuencia que se documenta. Por último, CORPES XXI proporciona 909 resultados de *arenoso*; sin embargo, solo 6 (11 si se tienen en cuenta 5 casos dudosos).

La escasez de documentaciones de *arenoso*, por otro lado, podría explicarse a partir de la preferencia por expresiones sintéticas en lugar de analíticas, quizá motivada por el hecho de que *arenoso* tuviese ya el significado de 'abundante en arena', 'que participa de las características de la arena' —siendo, esta acepción, no obstante, propensa a generar un valor cromático del adjetivo—. CORDE ofrece 21 resultados para «color (de) arena» y 1 para «color arenoso», 21 y 3 respectivamente en el caso de CREA, lo que refleja un índice de uso relativamente escaso, cierto; pero, asimismo, una clara preeminencia de la construcción sintáctica frente al derivado en -*oso* —de ahí la importancia de testimonios como los de *CorLexIn*—.

A pesar de que, mayoritariamente, puede postularse una clara preferencia por estructuras del tipo *color (de) arena* o *color arenoso* a la hora de aludir al color 'amarillo anaranjado claro', '*beige*' de la arena, *CorLexIn* contribuye a aumentar el número de testimonios en los que el derivado —*per se*, sin formar parte de dichas construcciones— se emplea con dicho valor cromático. Además, los ejemplos del *Corpus Léxico de Inventarios* pueden considerarse como los primeros en documentar dicho uso y valor de *arenoso*, que apenas excede los límites del siglo XVII.

AZABACHADO

Documentaciones en *CorLexIn* y fondos documentales inéditos de *CorLexIn*:

- Otro bestido de hombre de camino de paño de Castilla, con su jubón *asabachado* (Ciudad de México, México-1622)
- Otro bestido de muger de *asabachado* negro (Ciudad de México, México-1622)
- Otro bestido negro de muger de *azauachado*, con botones de bronce sobredorados (Ciudad de México, México-1622)
- Ottro bestido negro de muger *asabachado* de Castilla (Ciudad de México, México-1622)
- Vna sotanilla y vn ferreruelo de capichola con sus bueltas de *azauachado*, vnas mangas de risillo, vnos calçones de *azauachado* y ligas con puntas (México DF, México-1622)
- Vna turca de *azauachado* negro, guarneçida, nueua (México DF, México-1622)
- Dos doçeles de *azauachado* de seda de China, naranjado y carmesí (México DF, México-1622)
- Seis doçeles de *azauachado* de seda de China, colorados y naranjados, vsados (México DF, México-1622)[51]
- Yten un aforro de tafetán *azauachado* (Potosí, Bolivia-1609)
- Dos cuerpos de rasso, vnos de amarillo y otros de tafetán *açavachado* (Toro, Za-1607)

El adjetivo *azabachado*, y sus variantes gráficas, es el encargado de ocupar el hueco léxico correspondiente al color negro oscuro que caracteriza al azabache —variedad de lignito—, un ejemplo más del uso del sufijo *-ado* a la hora de formar adjetivos que presentan algún tipo de parecido o similitud con su base derivativa.

Aunque Covarrubias no incluye en la nomenclatura de su *Tesoro* el adjetivo, sí que puede extraerse cierta información cromática a partir de la entrada de su base derivativa, *azabache*:

> **AZAVACHE**, es vna piedra negra lustrosa, y no muy dura: [...]. La cosa muy negra comparamos a el, y dezimos ser negra como un açauache (*Tesoro: s.v.*).

Será la Academia en el primer tomo de *Autoridades* la que registre por primera vez el derivado *azabachado*, manteniendo *azabache*, asimismo, la posibilidad de emplearse como sinónimo de 'negro' en construcciones de tipo comparativo o metafórico:

---

51   Da la impresión de que, en estos casos, *azabachado* alude a un tipo de tela más que a un color. El «Glosario de términos de Arte y Legislación de los siglos XVII y XVIII» de Curiel (1991: 300) incluye el lema *Telas azabachadas de China*, definiéndolo como un tipo de tela de seda «proveniente de los mercaderes orientales», amén de indicar su condición de tela, como resultaría lógico, «del color del azabache», pero que puede teñirse posteriormente con colores distintos (*vid*. Alfau de Solalinde, *op. cit.: ss.vv. galabrún, çafrín*).

> **AZABACHE**. Metaphoricamente se le dá este nombre à qualquier cosa en sumo grado negra: y assi para ponderarla de tal se dice que es como un azabáche (*Autoridades*, 1726: *s.v.*).
> **AZABACHADO, DA**. adj. La cosa semejante al azabáche en el colór, y en lo terso (*op. cit.*: *s.v.*).

La presencia del adjetivo *terso* en la definición —«limpio, claro, bruñido, y resplandeciente» (*Autoridades*, 1739: *s.v.*)— podría invitar a pensar, además, que uno de los rasgos que diferenciaría a *azabachado* del resto de tonalidades negras pudiese ser el rasgo [+brillante] (Bartolomé, Azor *et al.*, 2008: 6); opción que se sustentaría asimismo, a pesar de no ser demasiado fiable, en la equivalencia que propone *Autoridades* para *azabache* en su acepción de color: NIGER 'negro brillante' y no ĀTER, 'negro mate'. El matiz brillante, no obstante, también vendría condicionado en el ámbito textil por el tipo de tejido en concreto: los tafetanes, la capichola y los rasos, por ejemplo, —al ser tejidos de seda— son más proclives a presentar un acabado o aspecto más brillante.

Por otro lado, el rasgo «brillante» que le aportaba el adjetivo *terso* desaparece al eliminarse dicho adjetivo en la segunda edición de *Autoridades*, por lo que, nuevamente, la posibilidad de un 'negro brillante' podría estar más ligada al material que al propio color: «Lo semejante al azabache en el color» (*Autoridades*, 1770: *s.v.*). Tal y como indica la definición, *azabachado* se refiere al color del azabache, no a su brillo ni al resto de sus características, por lo que, en principio, la referencia cromática propuesta para *azabachado* es 'negro oscuro'. De hecho, el valor de 'semejante al azabache por su brillo' no volverá a la definición hasta la edición de 1936-1939, a mediados del siglo XX.

Terreros (1786 [1767]) solo ofrece «noir» como equivalente francés para *azabachado*, sin indicar ningún matiz relacionado con el brillo del color, rasgo que tampoco contemplan el resto de diccionarios monolingües que integran el NTLLE (que, por otro lado, son grandes deudores de las definiciones del *DRAE*, por lo que tampoco es de extrañar que no desdigan los postulados académicos).

Por último, el *Diccionario Akal del Color* presenta una posibilidad cromática en la línea de los ejemplos anteriores:

> **azabachado**. Coloración semejante a la característica del azabache (*Akal*: *s.v.*).

En conclusión, la referencia cromática que se propone para *azabachado* es 'negro oscuro', aplicándose a aquellas tonalidades similares a las del azabache, base derivativa y sugerencia origen del adjetivo y la coloración.

Desde el punto de vista documental, puede considerarse un término con un número de concordancias en corpus considerablemente bajo. La búsqueda en CORDE —empleando comodines para abarcar todas las posibilidades gráficas— arroja 10 ejemplos de *azabachado*, fechándose el más antiguo a principios del siglo XVII en un texto del toledano José de Valdivielso:

> «[...] Cuando su *azabachado* negro coche, / De estrellas con vistosa muchedumbre / A lo último llegó de la alta sierra, / Que en sueño y en silencio al mundo entierra; [...]» [Valdivielso, J. de (1604). *Vida, excelencias y muerte del gloriosísimo patriarca San José*. Extraído de: CORDE].

En este contexto, no obstante, *azabachado* aparece complementando a *negro*, quizá como recurso poético. Su uso como adjetivo de «pleno derecho» se documenta unos años más tarde, eso sí, aún dentro del siglo XVII:

> «Una basquiña de gorgoran *azabachado* con doce pasamanos, ocho ducados» [Anónimo (1620). *Carta de dote entre Juan Rodríguez de la Huerta y María Magdalena*. Extraído de: CORDE].

De los 10 ejemplos totales, 8 pueden considerarse testimonios de *azabachado* con el valor propuesto 'negro oscuro' (10 si se tienen en cuenta 2 casos dudosos). Las tres concordancias más actuales, localizadas en la primera mitad del siglo XX, responden, no obstante, a un valor similar pero ligeramente distinto al propuesto, dado que es una acepción especial aplicada al color de la piel. Será Terreros en su *Diccionario castellano* quien recoja este valor o acepción de *azabachado*, ampliación semántica que, por otro lado, no es extraña y que suele darse con bastante frecuencia:

> **AZABACHADO**, se dice tambien del hombre que es mui negro, y duro (Terreros, 1786 [1767]: *s.v.*).

Cerrando el análisis de documentaciones diacrónicas, el CDH no aporta un número muy elevado de ejemplos (12). Sin embargo, los ejemplos no suponen más que la confluencia entre los 10 testimonios de CORDE —ergo 8 que atestiguan el valor analizado— y 2 pertenecientes a la capa sincrónica de CREA que, en principio, sí podrían considerarse ejemplos de *azabachado* 'negro oscuro', ambos aplicados a animales.

Como ya se adelantaba en el párrafo anterior, CREA registra 3 casos de *azabachado* —la búsqueda en la versión anotada solo arroja 2 concordancias, las mismas que figuran en CDH—, siendo la más reciente de ellas una referida al color de los ojos y fechada a principios del siglo XXI. Por último, CORPES XXI ofrece solo 2 concordancias de *azabachado*, siendo una de ellas la anteriormente citada que incluía CREA.

En conclusión, el análisis de las documentaciones presentes en los corpus académicos revela que *azabachado*, ya desde su origen en el siglo XVII, adolece de una frecuencia de uso considerablemente baja —de ahí la importancia de los testimonios de *CorLexIn*— que ha ido descendiendo con el devenir de los siglos, quizá desplazado por la preferencia por otras posibilidades a la hora de expresar el color al que se alude —por ejemplo, su propia base derivativa, *azabache*, como en «ojos azabache»—. Puede considerarse, por tanto, un término en claro desuso, rasgo que, por cierto, no figura en la definición lexicográfica del mismo.

Por otro lado, da la impresión de que el término gozaría de un mayor índice de uso en el contexto y dominio del español americano, ya que casi todas las documentaciones más recientes se localizan en textos de América. Las primeras documentaciones de *azabachado*, no obstante, inclinan la balanza hacia la adscripción del término al español peninsular en su origen, si bien Boyd-Bowman aporta algunos ejemplos prácticamente coetáneos a los primeros testimonios del español de España —lo que, por otro lado, no es de extrañar si se tiene en cuenta que N+*ado* es un patrón lexicogenético muy abundante a la hora de crear adjetivos, por lo que, o bien se crearon prácticamente a la vez a ambos lados del Atlántico, o bien el cruce a la otra orilla se produjo en una época muy temprana—.

Eso sí, en el caso del español americano, el valor de *azabachado* 'tela' parece gozar de una clara preminencia frente al valor 'negro oscuro', acepción que acabará imponiéndose progresivamente y que es la que ostenta el término en la actualidad en ambos dominios. A pesar del «repunte» en el ámbito americano, sigue siendo un ítem con un índice de uso muy bajo que podría, perfectamente, considerarse como desusado, dado que sus ejemplos apenas rebasan el siglo XVII.

Muestra, una vez más, de la enorme productividad del sufijo -*ado* en el ámbito lexicogenético y cromático, *azabachado* puede considerarse un adjetivo seiscentista especializado en la referencia al color negro oscuro, siendo su sugerencia origen el color de la variedad de lignito que le sirve de base derivativa, el azabache. No obstante, puede considerarse un adjetivo con un acusado índice de desuso ya desde sus orígenes, ostentando una vigencia de uso ligeramente mayor en el dominio del español americano. En dicho dominio, además, se documenta con un valor alternativo 'tipo de tela oriental de seda', acepción motivada por el color prototípico asociado a dicho tejido.

AZAFRANADO
[Tb. *açefranado*]

Documentaciones en *CorLexIn* y en fondos documentales inéditos de *CorLexIn*:

- Vn xubón de lienzo uiexo, *açafranado* (Villamuñío, Le-1633)
- Dos tocados de beatilla *açefranados* (San Felices, Soba, S-1616)

- Tres tocacillas cosidas, todas *azafranadas* (Ribadesella, O-1531)
- Siete tranzados *asafranados* (Pendes, Liébana, S-1661)

Azafranado puede incluirse como un ejemplo más de derivados en *-ado* cuyo significado está ligado a la semejanza que presenta con su base nominal y sugerencia de origen. En este caso, *azafranado* alude a la tonalidad amarilla, amarillo anaranjado o rojizo que caracteriza a la especia y tinte que se obtienen a partir de los estigmas de la flor del azafrán (*Crocus sativus*), también denominados *azafrán*.

Las primeras referencias lexicográficas dentro del marco del siglo XVII se localizan en el *Tesoro* de Sebastián de Covarrubias, que incluye un lema para el adjetivo:

> **AÇAFRANADO**, lo teñido con açafran, y açafranal, la tierra dónde se cria (*Tesoro: s.v.*).

La entrada correspondiente a *azafrán*, a la que remite indirectamente *azafranado*, no hace referencia explícita a la tonalidad a la que su adjetivo derivado puede hacer referencia; pero sí pueden encontrarse algunas alusiones de carácter cromático en el cuerpo de la definición:

> **AÇAFRAN**, [...] Fue tan excesiva su pasión que derretido en su amor, se convirtió en vna flor amarilla. Epiteto es comun de los enamorados, traer el color amarillo y mortal [...]: porque el açafran tiene color de oro [...], y por esto se ha vsado y se vsa dar con el color a las tocas [...] (*Tesoro: s.v.*).

El siguiente hito lexicográfico será el *Diccionario de autoridades*, que incluye *azafranado* en su lemario acompañado de las siguientes definiciones:

> **AZAFRANADO, DA**. part. pas. Lo teñido, ù dado de color de azafrán (*Autoridades*, 1726: *s.v.*).

De nuevo, es necesario consultar la entrada correspondiente a *azafrán* para intentar obtener información sobre la tonalidad a la que alude su adjetivo derivado, prestando especial atención a la definición aplicada en el ámbito de la pintura:

> **AZAFRÁN**. En la pintúra es el colór amarillo encendido para iluminar, el qual se saca de la flor del azafrán desleída en água. Lat. *Croceus color*. PALOMIN. Museo Pict. tom. 1. en el Indice. *Azafrán* colór amarillo naranjado, para iluminar, sacado de la flor del azafrán desleído con agua (*ibid.: s.v.*).

En la segunda edición de *Autoridades*, la definición restringida al ámbito pictórico añade un matiz cromático nuevo y define *azafrán* como 'amarillo naranjado': «Color amarillo naranjado para iluminar, sacado de la flor del azafran desleido con agua» (*Autoridades*, 1770: *s.v.*).

La 11.ª edición de 1869 recoge la posibilidad de emplear el estigma del azafrán para teñir, indicando, además, que el azafrán se emplea particularmente para teñir de color amarillo (dato que no figuraba en las definiciones anteriores a dicha edición).

Por último, en lo que respecta al ámbito lexicográfico académico, la última edición de 2014 modifica por primera vez la definición de *azafranado* —que hasta entonces había figurado solamente como «de color de azafrán»— al añadir una referencia cromática ligeramente diferente a la que figuraba en ediciones anteriores, ya que confiere un mayor peso y presencia al rojo en dicha coloración:

> **azafranado.** 1. adj. Dicho de un color: Rojo anaranjado semejante al del azafrán (*DLE*: s.v.).

Lo mismo ocurre con *azafrán*, entrada en la que —además de optar por una referencia cromática 'rojo anaranjado'— se elimina el campo de especialidad *Pint.* y se sustituye por un contorno semántico «dicho de un color».

En el *Diccionario Akal del Color*, *azafranado* remite a *azafrán*, lema bajo el que pueden encontrarse referencias cromáticas diversas, si bien todas presentan rasgos comunes relacionados con las tonalidades amarillentas, anaranjadas y rojizas, que siguen, por otro lado, una gradación natural:

> **azafrán.** Denominación común del colorante amarillo anaranjado que se obtiene disolviendo en agua los pistilos del azafrán. // Coloración estándar semioscura, naranja e intensa, cuya sugerencia origen corresponde a la producida por el colorante que se obtiene de los pistilos de la planta iridácea homónima (*Crocus sativus*), conocido desde la Prehistoria [...]. // [...] Nombre que se da a los colorantes pictóricos amarillo anaranjados [...] (*Akal*: s.v.).

La referencia cromática propuesta, por tanto, para *azafranado* abarcaría un espectro de tonalidades anaranjadas que pueden presentar matices más tendentes hacia el amarillo (amarillo anaranjado, naranja amarillento) o hacia el rojo (rojo anaranjado, naranja rojizo), como resultado de la variedad de tinturas con distintos matices que pueden extraerse de los estigmas del azafrán (Espejo Muriel, 1990: 107–108; *DEA*: s.v. *azafranado*).

Su primera documentación, según CORDE, se remonta a mediados del siglo XIII, en el *Lapidario* de Alfonso X, donde ya figura con valor plenamente cromático:

> «Esta piedra [denominada *Leylerizech*] falla en fondo de la laguna que dizen del pez; que es a la part occidental de la tierra de promission. & el agua desta laguna es muy sabrosa; & en la color semeia *açafranada*» [Alfonso X (c1250). *Lapidario*. Extraído de: CORDE].

Continuando con la búsqueda en el *Corpus Diacrónico del Español*, de los 133 casos que en él se registran, 16 se localizan en el siglo XVII, correspondiéndose 12 con el uso cromático establecido. La combinatoria que presenta el adjetivo es variada: mientras que en *CorLexIn* solo figura calificando a textiles y prendas de ropa, CORDE ofrece, además, posibilidades diversas como la tonalidad de la piel, el color del cabello o el vello facial, plumaje de aves, color de los pétalos de flores, etc.

Eliminada la restricción diacrónica, a los 12 resultados del siglo XVII pueden sumarse otros 99 (113 si se tienen en cuenta 12 casos dudosos) que, nuevamente, presentan una multiplicidad de referentes con los que el adjetivo *azafranado* puede combinarse. El considerable número de concordancias que presentan el valor analizado (113 de 133) demuestra un evidente y mayoritario uso cromático del adjetivo —la única acepción que, por otro lado, registran la mayoría de los diccionarios consultados— destacando especialmente su coaparición con referentes textiles y a la hora de hacer referencia al color del cabello y del vello facial.

El contraste desde el punto de vista diacrónico entre *CorLexIn* y corpus de carácter más amplio o general se completa con la consulta al CDH, que ofrece un número ligeramente mayor que CORDE de documentaciones (162); aunque ha de tenerse en cuenta el hecho de que este corpus posee una capa sincrónica compuesta por documentos de CREA. De las 162 documentaciones, 4 pueden considerarse genuinas de CDH con valor cromático. El resto se solapa con las de CORDE y CREA.

En lo que respecta al ámbito sincrónico, el número de documentaciones de CREA muestra un claro descenso en el índice de uso de la voz, ya que solo registra 26 casos de *azafranado*. No obstante, 22 de ellos (23 si se tiene en cuenta 1 caso dudoso) presentan el valor analizado, ofreciendo una multiplicidad de referentes, tanto ya conocidos como novedosos.

Por último, la búsqueda en CORPES XXI arroja un número ligeramente mayor de resultados: 35, de los que 28 (35 si se tienen en cuenta 7 casos dudosos) pueden considerarse como ejemplos en los que *azafranado* y sus variantes hacen referencia al significado cromático del vocablo.

Puede establecerse, por consiguiente, que a pesar de que el término goza en la actualidad de un índice de uso considerablemente bajo, prácticamente en la totalidad de los casos documentados se emplea con el valor analizado, por lo que este sigue vigente.

Por último, atendiendo a los ejemplos de *CorLexIn* desde el punto de vista formal, puede observarse un posible caso de disimilación (Morala, 2012c: 558-559) en el *açefranado* que documenta el ejemplo de San Felices. CORDE no registra ningún caso de *açefranado* o *azefranado* o de alguna de sus variantes flexivas; pero sí cuatro casos de *açefran* en una traducción de 1494 de *El Libro de Propietatibus Rerum* de Bartolomé Anglicus, lo que corroboraría la posibilidad de la disimilación al estar presente este fenómeno en la base nominal que da origen al adjetivo y teniendo en cuenta, además, la proximidad de ambas zonas.

El ejemplo santanderino de *asafranados* —que parece documentar un posible caso de confusión de sibilantes (seseo)— podría explicarse como resultado de una disimilación motivada por el contexto fónico, muy similar al caso de *çufrir/sufrir* que analiza Pascual (1991). La confusión, de todos modos, es ocasional, ya que en el resto del documento se mantiene la distinción: *cerradura*, *çestos*, *aceuache* (ejemplo que, por cierto, también ilustra la alternancia *a/e* anteriormente reseñada), *adereço*, *recillo*, etc.

Azafranado, en conclusión, se caracteriza por poder aludir a un abanico de tonalidades principalmente anaranjandas, que pueden tender más a amarillo o a rojo y que poseen como sugerencia origen la coloración de la especia y del tinte que se extraen a partir de los estigmas de la flor del azafrán, base nominal de la que deriva el adjetivo.

AZÚCAR Y CANELA

Documentaciones en *CorLexIn*:

- Vn corte de vestido de olán de olanda de seda de *asúcar y canela* con su tafetán para forro (Niebla, H-1660)
- Yten, vna basquiña de olán de olanda, *asúcar y canela*, en siete ducados (Rociana del Condado, H-1600)

Mediante la lexía *azúcar y canela* se alude a un tipo de coloración rojiza o rojo parduzca suave —muy parecido, posiblemente, a la tonalidad conocida como *rosa palo*— fruto de la mezcla de colores blanco y rojo o rojo parduzco, colores característicamente asociados al azúcar y la canela.

La primera referencia que puede encontrarse en el contexto lexicográfico monolingüe se localiza en el *Tesoro* de Sebastián de Covarrubias en la entrada correspondiente a *canela*, y se aplica a un tipo de paño, si bien no se especifica el porqué de dicha denominación:

CANELA [...] Cierta mezclilla de paño, llaman açucar y canela (*Tesoro: s.v.*).

Dejando a un lado, por el momento, el *Diccionario de autoridades*, será Terreros quien considere *azúcar y canela* como una lexía con valor cromático propio, desligándola del ámbito textil indicado por Covarrubias:

COLOR DE AZUCAR, Y CANELA, cierto color blanco, y rojo [...] (Terreros, 1786 [1767]: *s.v. azúcar*).

Es decir, la lexía se habría empleado originariamente para denominar a un paño concreto caracterizado por presentar un color entre blanco y rojo; pero, posteriormente habría obtenido un estatus cromático *per se*, pudiendo aplicarse a todos aquellos referentes que presentasen una tonalidad similar a la del paño *azúcar y canela*. Este hecho —la lexicalización del término— se vería corroborado por las documentaciones de *CorLexIn*, dado que figura caracterizando a tejidos distintos como son la seda o el *holán* u *holanda*, lo que, además, reflejaría su estrecha relación con el ámbito textil.

Terreros, además, ofrece como equivalencia o traducción francesa del término *roussâtre*, «(d'une couleur) tirant sur le roux» y «dont la chevelure ou le poil est d'un roux terne» (*TLFi*: *s.v.*) —rojizo apagado, suave—.

Partiendo del hecho de que el rosa (*vid.* **rosado**) se encuadra dentro de las tonalidades rojizas y se caracteriza por su matiz suave o poco subido, es bastante probable que *azúcar y canela* haga referencia a una tonalidad cercana al rosa «estándar» (*Akal*: *ss.vv. rosa, rosado*). Por otro lado, dado que la canela también presenta matices parduzcos o amarronados además de los propiamente rojizos (*vid.* **canelado, acanelado**), sería posible incluir la coloración actualmente conocida como *rosa palo* entre el abanico cromático de tonalidades a las que podría aludir *azúcar y canela*.

Sin embargo, tal y como indican Llorente y Gutiérrez (2019: 9), el *rosa palo* no aparecería propiamente hasta mediados del siglo XIX —concretamente a partir de 1856, año en el que William Henry Perkin conseguiría obtener el primer tinte químico para el violeta—, por lo que quizá sería más apropiado pensar en un valor cromático 'rojizo terroso' más que en un 'rosado parduzco'.

La referencia cromática propuesta para *azúcar y canela*, en conclusión, abarcaría un espectro de tonalidades rojizo clara, rosada o rosada parduzca, asemejándose a la coloración que se obtendría a partir de la mezcla de las sustancias que componen la lexía: blanco por el color prototípico del azúcar y rojizo por el color parduzco rojizo que presenta la canela.

Respecto a sus documentaciones en corpus académicos, dada la variabilidad que ofrece la voz *azúcar* desde el punto de vista gráfico, serán las concordancias obtenidas a través de CDH las que se empleen como principal punto de referencia.

La búsqueda «azúcar *dist/2 dcha* canela» arroja un total de 259 resultados; sin embargo, ninguno de ellos parece hacer referencia al valor cromático de la lexía, dado que la gran mayoría pertenece a obras relacionadas con la cocina y la repostería y, por ende, se está aludiendo al uso como condimento o endulzante.

No obstante, a partir del siglo XIX pueden encontrarse algunos ejemplos en los que *azúcar y canela* parece emplearse como coloración de cierto tipo de équidos, generalmente caballos *roanos* o *tordos*, siendo la obra de Villa y Martín (1881) la primera en emplear dicha combinación:

> «El ruano *azúcar y canela*, en que el rojo ó alazan es más que el blanco y el negro» [Villa y Martín, S. de la (1881). *Exterior de los principales animales domésticos y particularmente el caballo*. Extraído de: CDH].

Resulta llamativo que los ejemplos de dicha posibilidad combinatoria no se documenten hasta el siglo XIX, puesto que el uso de *azúcar y canela* aplicado a équidos aparece atestiguado desde el *Diccionario de autoridades* como única acepción consignada:

> **AZUCAR Y CANELA**. Por comparación se dice de cierto colór que suelen tener algunos caballos, cuyo pelo es blanco y roxo mezclado, como el azúcar y canéla revuelto (*Autoridades*, 1726: s.v. *azucar*).

Puede proponerse, por tanto, una ampliación progresiva de la valencia combinatoria del término: en un primer momento, *azúcar y canela* estaría restringido al ámbito textil al emplearse como denominación de un tipo de paño concreto caracterizado por dicho color; progresivamente, se habría constituido como lexía cromática *per se*, pudiendo aplicarse a otros referentes dentro del ámbito textil, esto es, otros géneros de tejido que presentasen dicha coloración. Por último, a raíz de la semejanza entre la tonalidad a la que alude la lexía y el pelaje que pueden presentar algunas variedades de caballos tordos[52] y roanos, *azúcar y canela* se habría «reconvertido» en un término técnico propio del ámbito equino que aludiría a un tipo de capa de color rojizo claro, único valor que aparece documentado en los corpus académicos.

Las documentaciones de *CorLexIn*, por consiguiente, se constituirían como los únicos testimonios peninsulares del uso de *azúcar y canela* aplicado a tejidos y, por ende, más cercanos al valor original de la lexía.

Es interesante apreciar, asimismo, que algunas documentaciones de CDH se localizan en América, concretamente en México y Perú; sin embargo, no aparece consignado en la nomenclatura de ningún diccionario americano de carácter diferencial.

Teniendo en cuenta las fechas de documentación de las concordancias obtenidas en CDH, los ejemplos de *CorLexIn* son cronológicamente anteriores, lo que le conferiría a la lexía un aparente origen peninsular. No obstante, la

---

52 «[...] el azúcar y canela tiene alguna mezcla de pelos alazanes, é imita el color del azúcar mezclado con canela; [...]» (*DRAE*, 1803: s.v. *tordo*).

búsqueda en Boyd-Bowman de *azúcar* revela un documento localizado en Guadalajara (México) de finales del siglo XVI que pondría en duda dicha hipótesis:

> «rrajeta de color *açúcar y canela*» [AJB 645v (Guadalajara, México, 1590). Extraído de: Boyd-Bowman].

Dado que la lexía no figura en los diccionarios bilingües preacadémicos y que el primer diccionario que la registra es el *Tesoro* de Sebastián de Covarrubias[53] en la primera década del siglo XVII, podría postularse que el origen de *azúcar y canela* no es atlántico, sino americano y que, por ende, la lexía habría sido importada al español europeo con posterioridad. No obstante, la diferencia cronológica entre los testimonios de uno y otro corpus tampoco resulta demasiado acusada.

Por otro lado, dado que el *Corpus Léxico de Inventarios* solo localiza ejemplos en Huelva, podría considerarse un meridionalismo —quizá incluso un regionalismo onubense— que se habría generalizado con posterioridad, si bien no habría gozado de demasiado éxito (con la excepción del contexto equino).

En el plano sincrónico, CREA ofrece 30 resultados para *azúcar y canela*; pero solo 1 de ellos presenta el valor analizado. La búsqueda en CORPES XXI arroja un total de 59 resultados, si bien ninguno de ellos se corresponde con el valor cromático de la lexía, por lo que sería conveniente incluir una marca diacrónica en la edición actual del diccionario académico que indicase su condición de desuso o poco uso.

En resumen, la lexía *azúcar y canela* —de posible origen americano dada la localización de su documentación más antigua— abarcaría un abanico de tonalidades situadas entre el rojizo claro, el rosado y el rosa parduzco, referencia cromática derivada de su sugerencia origen: la mezcla de las sustancias que componen la propia lexía. Desde el punto de vista semántico, se encuentra estrechamente ligada al ámbito textil, aunque es en el ámbito equino donde posee un mayor índice de uso al emplearse para denominar un tipo de capa propia de caballos ruanos o tordillos que presenta una tonalidad similar a la referencia cromática de la lexía.

AZUL

Documentaciones seleccionadas en *CorLexIn* y en fondos documentales inéditos de *CorLexIn*:

---

53 Para el valor de *azúcar y canela* 'paño' en América, *vid.* Martínez de Sánchez (2011: 169) y Kordić Riquelme (2005: 184).

- Otro pabellón y rodapiés detafetán *asul* seleste, y colcha de lo mesmo (Adeje, Tf-1695)
- Una manta de sayal con sus caueçeras açules, andada (Aguilafuente, Sg-1623)
- Vn cobertol de paño *azul* con flecos de ylo *açul*, nuevo (Alaejos, Va-1630)
- Cinco baras de frisa *azul* en treinta reales (Alange, Ba-1639)
- Vn cobertor de cordelate *açul* con flueco destanbre naranxado, en beintiçinco reales (Albacete, Ab-1642)
- Vna camisa con tira *azul* y amarilla, en dos ducados (Albalá, CC-1661)
- Otra almohada de hilo *azul*, ocho reales (Alcalá la Real, J-1648)
- Yten, ocho platos medianos de loça *azules* y blancos, maltratados (Almería, Al-1659)
- Veinte y nueue botes *azules* y de otras colores (Almudévar, Hu-1630)
- Dos pares de medias de seda andadas las vnas pa-das y las otras *azules* (Alzaga, SS-1693)
- Vnas enaguas de marauilla *asul*, treinta y seis reales (Arucas, GC-1682)
- Una cama de granadillo con estremos de bronze, con sus paños de tamenete *azul* y fluecos, en mill y quatro çientos reales (Badajoz, Ba-1653)
- Vna ymaxen de pinçel de Nuestra Señora con su marco dorado y *açul* (Burgo de Osma, So-1612)
- Vn manteo de paño *açul*, bueno, con *açul* claro el ruedo (Carrión de los Condes, Pa-1652)
- Más, vn bobillo[54] *açul*, en vn real (Cebreros, Av-1651)
- Más, vna sortixa de oro, con piedra *açul*, en veintiquatro reales (Cebreros, Av-1651)
- Más una líquida[55] de algodón uieja con listas *açules* (Choconta, Colombia-1633)
- Vnos sarcillos de oro con piedras *azules*, seis pessos (Ciudad de México, México-1622)
- Vn ahogador[56] de perlas de quentas *asules* (Lima, Perú-1670)
- Más, vn debantal de escarlata *açul*, andado (Eslava, Na-1631)
- Vn jabonador[57] pintado de color *açul* con vnos ramos, quatro reales (Guadalajara, Gu-1625)
- Yten dos fuentes sobredoradas, con sus esmaltes *azules*, y en medio tienen en blanco el escudo, que pesan ciento y cinquenta y seis onzas (Lazcano, SS-1695)
- Yten, una gotera de paño *açul* con flueco de ilo *açul*, en catorce reales (Lillo, To-1627)
- Otra joya de filigrana de plata con perendengues *azules* (Lumbreras, LR-1688)
- Ytem, una colcha de damiçela *açul* y pajissa, con galón de oro, en quatro ducados (Málaga, Ma-1651)
- Vnas zarafueles de paño *azul* (Sahagún, Le-1608)

---

54 Morala, 2012d: 305.
55 *Lliclla* (Egido, 2013: 33).
56 Egido (2016: 119); Morala (2015a: 1505).
57 Morala, 2015a: 1515.

- […] y la otra [basquiña] de hun paño *açul* que llaman ynperial con su delantera de roncal muy andado (Tafalla, Na-1640)
- Tres libras de *açul*[58] (Teruel, Te-1625)
- Vn bancal de ojo de ganso, *açul* e pajiço (Villamayor, Cu-1635)
- unos poyales de *azul* y colorado (Almansa, Ab-1639)
- una corezuela de raja *azul* guarnezida con passamanos de color de Santa Ysabel (Santurdu, LR 1662)
- un cajón y en él un bolsillo y unas higoteras *açules*, todo bordado de plata (Soria, So-1633)
- un razel de bías coloradas, blancas y *açules*, mediado (Noviercas, So-1653)

Azul puede considerarse como uno de los términos cromáticos básicos del español, el color del lapislázuli, el cielo despejado sin nubes, el mar en un día soleado o el zafiro —algunos de los referentes empleados en su definición de corte ostensiva a lo largo de la historia académica—.

Dado que el modelo prototípico a la hora de definir los colores es la definición ostensiva, resultará asimismo interesante constatar el referente empleado en cada obra lexicográfica. En el caso de Covarrubias, el *Tesoro* lo equipara al color del cielo, distinguiendo entre tonalidades más claras y más oscuras:

> **AZVL**, es la color que llamamos de cielo: esta es vna clara y otra escura, y la q media entre estos dos estremos: […] (*Tesoro*: s.v.).

Por su parte, el *Diccionario de autoridades* mantiene la propuesta de Covarrubias, si bien añade un segundo referente, el zafiro:

> **AZUL**. adj. El colór simple, que seméja al de los Cielos, y al del Zaphíro. Artificialmente hecho y mezclado con el negro prodúce el azúl obscúro, que comunmente se llama turquí, y mezclado con otros colóres se hace mas obscúro, y mas claro segun la cantidád que se le aplíca (*Autoridades*, 1726: s.v.).

La idea que parece transmitir el primer diccionario académico es la misma a la que apuntaba Covarrubias con su *continuum* de azul, que podría estar comprendido entre el color del cielo y el del zafiro, dado que la variedad azul del corindón se caracteriza, precisamente, por su azul intenso y generalmente oscuro. No obstante, el extremo 'azul oscuro', tal y como indica la propia definición, lo ocuparía propiamente el *turquí* (*vid.* **turquesa**), voz que *Autoridades* caracteriza como «azúl mui subido, tirante à negro».

Por otro lado, llama la atención que, siendo el zafiro uno de los referentes escogidos por la Academia para acotar el significado de *azul*, no emplee esta

---

58   «En el dialecto de Aragón se toma por la droga para teñir de azúl» (*Autoridades*, 1726: s.v. azul).

voz en la definición de la piedra preciosa, sino que prefiera definir su color como *cerúleo*:

> **ZAPHYR, ò ZAPHYRO.** s. m. Piedra preciosa de color cerúleo, que algunas veces tiene varios puntillos dorados, y otras se inclina algo al purpúreo (*Autoridades*, 1739: *s.v.*).

A pesar de que *cerúleo* y *azul* pueden considerarse sinónimos, quizá podría matizarse una ligera restricción semántica —al menos en el contexto del siglo XVII— que destinaría *cerúleo* al color azul claro, propiamente el del cielo despejado sin nubes, dada su propia etimología, rasgo que podría justificarse si se tienen en cuenta otros ítems como *celeste*. De hecho, la propia entrada *cerúleo* informa de este matiz, aunque da a entender que puede emplearse de manera general para aludir al color azul «estándar»:

> **CERULEO, LEA.** adj. Cosa perteneciente al color azúl: y con mas propriedad al que imíta al del Cielo, quando está despejado de nubes: que tambien se extiende al de las ondas que hacen las aguas en estanques, rios, o mar (*Autoridades*, 1729: *s.v.*).

El zafiro desaparece a partir de la 2.ª edición de *Autoridades*, reduciendo el referente ostensivo al color del cielo, del color del cielo sereno a partir de la 5.ª edición de 1817 y del color del cielo sin nubes desde 1884 —amén de su posición en el espectro luminoso, el quinto—. En la edición de 2014, el *DLE* recuperará la dualidad de referentes, apostando en este caso no por el zafiro, sino por «el mar en un día soleado» (*DLE*: *s.v.*).

La única excepción la constituye Terreros, que no se vale de una definición ostensiva, sino de una bastante imprecisa que justifica en cierto modo apelando a la diversidad de tonalidades y matices que presenta la coloración: «color de que hai muchas especies» (1786 [1767]: *s.v.*). Así, Terreros incluye en varias subacepciones lexías como *azul celeste*, *azul ultramarino*, *azul de Persia*, *azul verde mar* o *de costras* y el *azul turquí* o *turquesado*. En este último, además, incluye el *azul de Berlín* o *de Prusia*, el *azul claro*, el *azul fino*[59], el *obscuro* y el *subido*.

Por último, acudiendo a fuentes más modernas, Akal se vale del color del lapislázuli —el referente del origen etimológico de *azul* (*DECH*: *s.v. azul*)— para definirlo, esto es, empleando la propia sugerencia origen del adjetivo cromático: «color semejante al característico del lapislázuli» (*Akal*: *s.v. azul*). Llama la atención que, curiosamente, constituyendo dicho mineral el origen etimológico del término, nunca se haya empleado el lapislázuli como referente

---

59 Según *Autoridades*, «en la Pintúra es el color azúl hermoso, especialmente para iluminaciones, miniaturas, y pintar al temple» (1729: *s.v. ceniza*).

en la definición de *azul*, más aún si se tiene en cuenta la definición de la voz en *Autoridades* y la consideración que se hace de la tonalidad de azul del mineral, «azul perfectíssimo».

En conclusión, el color *azul* presenta —al menos desde el punto de vista lexicográfico—una referencia bastante estable, por lo que acotar su referencia cromática general o básica (la tonalidad «estándar») no resulta en apariencia complicado: aquellas tonalidades que evoquen el color del lapislázuli, el zafiro o el cielo sereno, si bien la balanza se inclinaría ligeramente hacia un matiz estándar tirante a oscuro.

Teniendo en cuenta el hecho de que constituye una tonalidad más «general» y concreta —junto a otras como *amarillo, rojo, negro, blanco*, etc.—, solo se analizará, en principio, su presencia en el contexto del siglo XVII. Dicha restricción cronológica, dado que puede atestiguarse de manera suficiente la continuidad del término hasta el momento presente, se lleva a cabo, entre otros aspectos para solventar el problema de su amplia representatividad en los corpus académicos (16272 documentaciones en CORDE y 28504 en CDH).

La búsqueda en el CORDE entre 1601 y 1700 ofrece 1872 casos para *azul* y sus posibles variantes gráficas y flexivas, a las que habría que añadir las 1790 del CDH, lo que pondría de manifiesto una clara presencia y generalización del adjetivo en el siglo XVII.

El principal referente con el que coaparece el adjetivo es el textil: *azul* aparece modificando a diversas prendas de vestir en casi la totalidad de ejemplos, demostrando, una vez más, la estrecha relación existente entre dichos ámbitos. Asimismo, pueden encontrarse testimonios alusivos al color del mar, del cielo, del zafiro o del lirio. En este último caso, el del lirio, cabría pensar en una tonalidad prototípica más cercana al *morado* (vid. **color de pasa, morado**[1]); no obstante, son dos coloraciones estrechamente relacionadas y, de hecho, *Autoridades* indica que el azul *obscuro* «es el que tira à morado, por tener en la mixtura más proporción del azúl» (1726, *s.v. azul*)[60].

En el plano sincrónico, el elevado número de documentaciones de CREA (8657) y de CORPES XXI (29075) certificarían la pervivencia de *azul* en la actualidad y, por ende, de su valor cromático.

Identificado como término cromático básico —al menos desde el punto de vista lingüístico, amén de su condición de color primario—, *azul* es un adjetivo cuya tonalidad se asocia tradicionalmente con el color del cielo, el mar, de gemas como el zafiro o minerales como el lapislázuli —que puede considerarse

---

60   Sobre el caballo roano *azul* que figura en varios ejemplos de CORDE y CDH, *vid.* Díez (1518–1524: 9), Fernández de Andrada (1599: 58) y Arcos y Moreno (1757: 218).

como su sugerencia origen principal al proceder etimológicamente de dicho término—. A partir de sus documentaciones en los corpus académicos, amén de las documentaciones de *CorLexIn*, puede considerarse un ítem plenamente asentado —y general— en el contexto del siglo XVII.

BARCINO
[Tb. *barçeno*]

Documentaciones en *CorLexIn*:

- Más, vna marrana *barçena* de asta tres arrobas tasada en cinquentta reales (Población de Cerrato, Pa-1659)

El color *barcino*, generalmente aplicado al ámbito del pelaje animal, puede catalogarse como un tipo de *capa compuesta*, esto es, un tipo de capa que no presenta un único color uniforme: se parte de un color «general», básico o predominante en la capa, que se encuentra salpicado por una serie de manchas de un color distinto a este (más claro u oscuro) y de formas variadas.

Covarrubias y Rosal no recogen el término en su macroestructura, siendo *Autoridades* la primera obra lexicográfica en hacerlo:

BARCINO. adj. Color mezclado de blanco, pardo, y algunas veces, roxo, como el que suelen tener los perros, toros y vacas, como lo prueba el refrán que dice: El Galgo barcino, ò malo ò mui fino (*Autoridades*, 1726: s.v.).

Al contrario que **bardino**, como se verá más adelante, *barcino* presenta una referencia cromática estable que ha quedado reflejada en las distintas ediciones del diccionario académico:

Tabla 2. Evolución de la definición de bardino en el DLE (Fuente: NTLLET)

1780	1817	1884	1925	1992	2001
Que se aplica á lo que es de color blanco y pardo y algunas veces roxo como le suelen tener los perros, vacas y toros […].	Que se aplica á lo que es de color blanco y pardo, y algunas veces rojo, como le suelen tener los perros, vacas y toros […].	De color blanco y pardo, y algunas veces rojo, como el que suelen tener los perros, toros y vacas.	Dícese de los animales de pelo blanco y pardo, y a veces rojizo; como ciertos perros, toros y vacas.	Dícese de los animales de pelo blanco y pardo, y a veces rojizo; como ciertos perros, toros y vacas.	Dicho de ciertos animales, especialmente de perros, toros y vacas: De pelo blanco y pardo, y a veces rojizo.

La variante *barçeno* (*barceno*) que documenta *CorLexIn* también aparece recogida por la Academia, si bien de manera más tardía (en la segunda edición de *Autoridades*) y con una curiosa variación acentual, ya que, en las ediciones de 1770, 1780, 1791, 1803, 1822 y 1832, la voz aparece como esdrújula (*bárceno*) y no como llana, patrón acentual más habitual en el resto de ediciones del diccionario académico y que mantiene la edición actual de 2014. Respecto a la variación del timbre de la vocal tónica, Corominas y Pascual, *s.v. bardino*, apuntan a una posible influencia de **moreno**.

La alternancia *i/e* podría explicarse, no obstante, a partir de la variante esdrújula que posee *barceno*: a partir de un patrón acentual llano, esto es, si *i/e* fuese la sílaba tónica, la alternancia del timbre vocálico resultaría más difícil de justificar dada la estabilidad vocálica en sílaba tónica; sin embargo, con el desplazamiento del acento a la antepenúltima sílaba, *bárceno*, *i/e* quedaría en posición átona, posición en la que la alternancia vocálica resulta más habitual (*vid*. Morala, 2012c y 2016a).

Dentro de la tradición lexicográfica española, el único que parece apartarse de la referencia cromática propuesta es Terreros, al afirmar que *barcino* es «vario en colores, blanquecino, y negro, ó negro, y rubio [...]» (Terreros, 1786 [1767]: *s.v.*); aunque **rubio**, en este caso, puede estar haciendo referencia a un tono más próximo al rojizo. Terreros añade, no obstante, la referencia al negro que no figuraba en otras acepciones, dato que puede explicar la sinonimia entre los términos *bardino* y *berrendo* o *blanquinegro* como se verá más adelante.

Akal, de hecho, defiende dos tipos de referencia cromática para *barcino*: una primera —en la que alternan como lemas *barcino* y *barceno*— en la que se aplica el adjetivo a «coloraciones mezcladas, blanca y parda, cuyas sugerencias origen corresponden a las características del pelaje de algunos animales» (*s.v.*) y una segunda (*s.v. barcino rojizo*) en la que se sustituiría **pardo** por **rojo**.

El abanico cromático que presenta *barcino*, por consiguiente, es amplio, pero las referencias parecen claras: hace referencia a un tipo de capa compuesta (capa base con manchas) en la que se mezclan pelos de tonalidades pardas (que pueden presentar, a su vez, matices amarronados o rojizos), blancas, rojizas o negras. De ahí que términos como *blanquinegro* o *berrendo* puedan presentarse como sinónimos de *barcino*. No se incluye, sin embargo, ninguna referencia a la tipología de las manchas, por lo que, en principio, pueden presentar formas y tamaños variados[61].

---

61 La edición de 2014 del *DLE* incluye una acepción de *bardino* restringida diatópicamente a Uruguay que apunta a un tipo de pelaje *atigrado*, esto es, con rayas verticales como las del tigre. El *Diccionario de americanismos* (*DAm*), por su parte, indica que

En lo que respecta a sus documentaciones en CORDE (67, de las que 43 corresponden a *barcino/barceno* con una clara referencia al significado 'color'), la más antigua se fecha en 1250 para *bárzeno* y 1535-1557 para *barcino* (Corominas y Pascual proponen 1425 como fecha de primera documentación de *barcino* y 1644 para *barceno*):

> «E la escogencia de los que son buenos pora auer fijos d'ellos [cadillos, perro de poco tiempo] non se escoge segund las colores, e las colores d'ellos son amariellos y uermejos, e negros e blancos e picaraçados, e *bárzenos* e manchados […]» [Toledo, A. de (1250). *Moamín. Libro de los animales que cazan*. Extraído de: CORDE].
>
> «Y eran estos perros de todas aquellas colores que hay perros en España: algunos de una sola color, e otros manchados de blanco e prieto o bermejo o *barcino*, o de las colores e pelo que suelen tener en Castilla […]» [Fernández de Oviedo, G. (1535-1557). *Historia general y natural de las Indias*. Extraído de: CORDE].

Resulta curioso, por tanto, que *barcino* se recogiese en las obras académicas antes que *barceno*, ya que este último presenta la primera documentación más antigua.

En el CDH, *barcino/barceno/bárceno* posee un total de 225, correspondiendo 61 a su significado de 'color' (4 de ellas dudosas).

Si bien en *CorLexIn* solo se localizaba un único ejemplo aplicado a ganado porcino, atendiendo a las concordancias obtenidas en CORDE y el CDH, puede observarse que *barcino/barceno* también podía combinarse con otra serie de referentes en el siglo XVII, tanto animales (perros, liebres, peces) como objetos.

Eliminando la restricción temporal, pueden obtenerse aún más documentaciones de referentes con los que *barcino/barceno* puede coaparecer, un mayor número de animales, objetos e, incluso, referentes humanos. En este último caso, *barcino* hace referencia a la persona nacida de razas distintas, especialmente «de albarazado y coyota, o de coyote y albarazada» (*DLE: s.v. barcino*). El término puede haberse aplicado a partir de la tonalidad de la piel, práctica

---

esta acepción no solo se restringe a Uruguay, sino que también se documenta en México, Guatemala, Honduras, El Salvador, Nicaragua, Costa Rica, Venezuela, Bolivia, Paraguay y Argentina (*DAm: s.v. bardino*). Esta acepción se vería respaldada por documentaciones como la siguiente, localizada en el CDH en Guatemala: «Dicen que doña Minina es una buena mamá. Ha criado a sus gatitos con mucha educación […]. El segundo es Tote, *de piel amarilla barcina, como la de un tigrito*» [Armas, D. (1965). *Lectura elemental y corriente, segundo grado*]. Teniendo en cuenta la relación existente entre *barcino* y *bardino*, es muy probable que el tipo de mancha también sea mayoritariamente atigrado.

frecuente (Alvar, 1987) a la hora de denominar a los distintos mestizajes (o castas) del Nuevo Mundo.

La consulta en el *ALCYL* (ya que la documentación de *CorLexIn* corresponde a Palencia) de los mapas correspondientes a *vaca berrenda* (484), *vaca blanquinegra* (485) y *vaca mosqueada* (486) no arroja ningún tipo de resultado para *bardino*; así como tampoco en los mapas alusivos al pelaje de los caballos (*tordo*, 545). Lo mismo ocurre con otros atlas lingüísticos como el *ALEA*, el *ALEICan*, el *ALECant* o el *ALECMAN*.

El *ALEANR* sí que lo documenta en Aragón (454), pero lo presenta como sinónimo de *vencejo* (*Apus apus*)[62] en diversos puntos. Quizá la relación sinonímica venga motivada por la combinación de colores que presenta el vencejo: blanco en la garganta y negro en el resto del cuerpo (*DLE, s.v. vencejo*[2]). Por último, la *CLEx* registra una documentación de la voz en Badajoz (Ba-101) de *barcino* como sinónimo de *vaca blanquinegra* (264).

Los datos obtenidos a partir del estudio de los atlas lingüísticos demuestran, por tanto, una distribución escasa e irregular de la voz *barcino*. La pérdida progresiva de vitalidad de la voz dentro del ámbito peninsular puede observarse a través de las documentaciones de los distintos bancos de datos académicos: si CORDE registraba 26/28 casos para *barcino/barceno* al realizar una búsqueda restringida diatópicamente a España, CREA (1975–2004) solo incluye dos documentaciones de la voz; pero ninguna con el significado de 'color'. Por último, CORPES XXI, aplicando en la búsqueda la misma restricción diatópica que en los casos anteriores, registra un total de 252 documentaciones para *barcino/barceno*, si bien una única documentación podría considerarse con el valor de 'color' y no de manera segura.

El hecho de que la voz no figure en el diccionario de la Academia como *poco usada* («*p. us.*», escasa aparición a partir de 1900) puede deberse a que, en América, *barcino* ha gozado de una mayor vitalidad. La mayoría de los ejemplos presentados en apartados anteriores corresponde a documentaciones en CORDE y CDH que se localizan en América:

---

62 Andolz (*s.v. vencejo*) recoge *barzino, barciño, bauzino y bauziño*. *Baucino* también figura en el mapa citado (Z-101, Z-300, Z-301, Z-304). No recoge, sin embargo, *barcino* (con grafía *-c-*) en su macroestructura, por lo que, probablemente, las documentaciones en Aragón del *ALEANR* que presentan el fonema /θ/ empleen la grafía *-z-*.

Tabla 3. Documentaciones de *barcino* en España y América (Fuentes: CORDE, CDH, CREA, CORPES XXI)[63]

CORDE		CDH		CREA		CORPES XXI	
España	América	España	América	España	América	España	América
26 (2)	17 (2)	21 (1)	35 (2)	0	19 (3)	0 (1)	4

Respecto a la distribución y frecuencia del término desde el punto de vista cronológico, el siguiente gráfico muestra un índice de uso bastante irregular desde el punto de vista de la documentación y de la localización espacial:

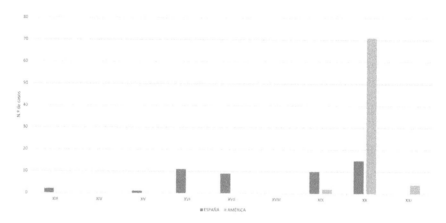

Gráfico 4. Documentaciones de *barcino* por periodos temporales (Fuentes: CORDE, CDH, CREA, CORPES XXI)

Tal y como puede observarse, *barcino* es un término escasamente documentado en el ámbito peninsular hasta los siglos XVI-XVII y XIX-XX, periodos en los que alcanza su mayor índice de uso. En el caso americano, la voz parece totalmente inexistente hasta el siglo XIX y alcanza su máximo índice de uso durante el siglo XX con una frecuencia claramente superior al uso documentado en el dominio del español europeo.

Las documentaciones de *barcino* en CORDE y CDH en España son relativamente frecuentes hasta principios de los años 50 del siglo pasado (la última

---

[63] Solo se han tenido en cuenta las documentaciones en las que la referencia a *barcino* como 'color' es clara. Entre paréntesis se indican los casos dudosos.

documentación en ambos corpus es de 1953), una pérdida de vitalidad que podría achacarse a la marcada adscripción de la voz al ámbito ganadero. En América, sin embargo:

> [...] *barcino* designaba en español a ciertas manifestaciones del pelo de los animales. De la zoología pasó en América a nombrar cinco cruces [se refiere a castas del mestizaje] [...], pero la vitalidad de la voz duró en multitud de connotaciones referidas a cualquier animal o a perros, gatos y vacas, y, donde un salto en la escala de la naturaleza, a peces y plantas en los que se vio cierto parecido con el color del ganado barcino (Alvar, *op. cit.*: 77).

Muestra de ello serían los múltiples referentes con los que puede combinarse *barcino*: seres humanos, perros, gatos, insectos, aves, tejidos, etc. Sin embargo, en el contexto americano, *barcino* tendría una referencia mucho más restringida en cuanto a la disposición de los colores que conforman la capa: si bien pueden combinarse varias tonalidades, el dibujo de las manchas formaría un patrón similar al de las rayas del tigre. Así lo atestiguarían la acepción cuarta de *barcino* en el *DLE* y la entrada que dicha voz posee en el *DAm*:

> **barcino.** 4. adj. Ur. Dicho del pelaje de perros, gatos y vacunos: atigrado (‖ manchado como la piel del tigre) (*DLE: s.v.*).
> **barcino.** I. 1. adj/sust. *Mx, Gu, Ho, ES, Ni, CR, Ve, Bo, Py, Ar, Ur. Referido a un animal, que posee pelaje en el que se combinan dos colores, generalmente blanco y pardo*, dibujando rayas atigradas. (**baicino**; **barsino**) (*DAm: s.v.*).

Las variantes que aporta el *DAm* están escasamente documentadas: *baicino* solo posee una documentación en CORDE (República Dominicana) y se refiere a 'color de gato blanco y gris', documentación que también registra el CDH; *barsino* tiene 4 en CORDE localizadas en Uruguay, todas en la misma obra, y complementa a *buey* y a *perro*.

Por último, respecto a la vigencia actual de *barcino*, como ya se ha indicado, figura en la última edición del *DLE* de 2014 y sus apariciones en CORPES XXI son escasas, lo que indica un índice de uso considerablemente bajo. Las documentaciones más «recientes» que posee la voz son las registradas por CREA entre 1976 y, sorprendentemente, 2002; pero las documentaciones en CREA solo corresponden al dominio del español americano, poniendo una vez más de manifiesto la vitalidad que este ítem léxico (aún) conserva en América.

En conclusión, *barcino* sería un adjetivo cromático que haría referencia a un tipo de capa compuesta en la que pueden encontrarse tonalidades pardas (que pueden presentar, a su vez matices amarronados o rojizos), blancas, rojizas o negras y que se emplearía, especialmente, a la hora de aludir a capas bovinas, si bien puede aparecer combinado con otros referentes animales. En el dominio del español americano —dominio en el que la voz posee un índice de uso mayor en la actualidad—, no obstante, la mezcla de coloraciones se caracterizaría por formar un patrón de rayas verticales o atigrado.

BARDINO

Documentaciones en fondos documentales inéditos de *CorLexIn* y en Gómez Ferrero (2012):

- Dos bueyes domados que llaman *bardinos* (Logrosán, CC-1672)
- Una baca *bardina* con una becerra (Logrosán, CC-1672)
- Dos bueies rubios llamados *bardinos* (Logrosán, CC-1672)
- Una baca *bardina* con una becerra (Logrosán, CC-1672)
- Un jatto *bardino* (Palacios de la Valduerna, Le-1727)
- Una vaca *vardina* preñada de hedad de sseis años (Huerga de Garaballes, Le-1720)
- Un vecerro *vardino* de hedad de dos años (Huerga de Garaballes, Le-1720)

El término *bardino* aplicado al pelaje animal resulta particularmente complejo en lo que respecta a la identificación exacta del matiz cromático y al animal o animales a los que puede aplicarse, ya que, como se verá posteriormente, las referencias varían en función del área geográfica en la que se emplea la voz.

No existen registros lexicográficos en Covarrubias, Rosal o en *Autoridades*. Sí que aparece registrado, no obstante, en el *Diccionario enciclopédico Gaspar y Roig* (1853, suplemento 2 [A-F]) y en el *DHLE* (1933–1936).

En el primer caso, *bardino* se califica como voz provincial (*prov.*) y aparece definido como «dícese del perro u otro animal cuyo pelo es de un color dudoso, medio plomizo y medio gris: también se denomina BARDENO» (Gaspar y Roig, 1853: s.v. *bardino*); pero no figura ningún tipo de marca que indique la restricción diatópica concreta[64]. *Bardeno*, por su parte, no aparece recogido en la nomenclatura de Gaspar y Roig[65] ni en ninguna obra académica o preacadémica.

La propuesta del *DHLE* (1933–1936) se aparta de la referencia cromática que ofrece Gaspar y Roig y define *bardino* como «de color leonado con manchas obscuras» e indica que la significación, esto es, la referencia al color, «varía en

---

64 El prólogo de la obra general (el suplemento no incluye ningún tipo de prólogo) no aporta ningún tipo de información sobre el tratamiento de las voces dialectales. Tampoco se recoge ningún tipo de abreviatura que haga referencia a marcas diatópicas.
65 Pese a aparecer resaltada en versalita, lo que indicaría una remisión (Gaspar y Roig, 1853: V).

algunos lugares» (*DHLE*, 1933–1936: *s.v. bardino*). La Academia, por tanto, se separa de la propuesta inicial de Gaspar y Roig e incluye *bardino* no entre la gama de tonalidades grises, sino en la del amarillo al relacionarlo con **leonado**.

Resultan especialmente interesantes las documentaciones que aporta la entrada, ya que pertenecen a obras lexicográficas de corte dialectal: el *Dialecto vulgar salmantino* de José Lamano de Beneite (que remite la voz al término *barcino*), un posible vocabulario charro (no identificado) de Delicado —que lo presenta como un sinónimo de *chorreado*— y la *Colección de voces aragonesas* de Jorge Jordana y Mompeón.

Chorreado no incluye ninguna referencia a pelaje de animal hasta la edición de 1899 del diccionario académico: «Dícese de la res vacuna que tiene el pelo con rayas verticales, de color más obscuro que el general de la capa» (*DRAE*, 1899: *s.v. chorreado*), definición que no tiene por qué modificar la propuesta por la Academia, ya que esta no indica de manera precisa la tipología de manchas que presenta la capa del animal. Además, tampoco especifica cuál es el color concreto de la capa del animal, solamente destaca el hecho de que las rayas verticales son más oscuras que el color general del pelaje del animal.

La definición recogida en la obra de Jordana combina las acepciones propuestas por Delicado (a partir de su remisión), Gaspar y Roig (ya que incluye la referencia al perro) y el *DHLE* 1933–1936: «Animal, perro más frecuentemente, que tiene la capa con fondo leonado obscuro y rayas verticales atigradas sin llegar al negro» (Jordana, 1916: *s.v. bardino*). De nuevo, al igual que el *DHLE* 1933–1936, la referencia del color vuelve a adscribirse a la gama de tonalidades amarillas o rojo amarillentas, quizá cercano a la gama de tonos ocre.

El *LLA* —ya que varias de las documentaciones aportadas por *CorLexIn* se localizan en la provincia de León y en zonas de influencia del leonés (Cáceres)— recupera la idea defendida por Gaspar y Roig e incluye *bardino* en la gama de tonalidades del gris: «dícese del ganado vacuno que tiene el pelo pardo, ceniciento» (*s.v. bardino*).

La información referente a la frecuencia de uso en León y otras provincias (*LLA*: 28) que cierra el artículo es especialmente significativa desde tres puntos de vista: a) cromático, ya que reitera la pertenencia de *bardino* al abanico cromático de la tonalidad gris o grisácea (al menos en la provincia de León), si bien también se indica que los matices del color pueden variar según la zona; b) referencial, puesto que la voz puede aplicarse a diversos animales; c) dialectal, dado que aporta documentaciones de la voz en otras zonas geográficas y, por tanto, su difusión/distribución:

> *Bardino, na* es de uso frecuente en León para hacer referencia a los animales de color gris, especialmente a la vaca. Alterna en esta acep. con *ratino/-na*. *Bardino/-na* se

documenta, por otra parte, en Sal. (Lamano, 1915, 276; Fernández de Gatta, 1903, 74; Iglesias, 1990, 63; Gómez Blázquez, 1989, 33; Cortés, 1952, 569; Sánchez Sevilla, 1928, 279); Extr. (Viudas, 1980, 19); And. (Alvar Ezquerra, 2000); Can. (*DDEC*, 1996); Vall. [Medina del Campo] (Sánchez López, 1966, 253); Nav. (Iribarren, 1984, 79); Ar. (Andolz, 1984, 33) si bien con otros matices en cuanto al color y al animal designado (*LLA*: *s.v. bardino*).

Esta variedad en lo que respecta al matiz cromático, que ya se había puesto de manifiesto en las referencias lexicográficas anteriores, vuelve a reflejarse en las definiciones que aportan algunas de las obras dialectales a las que hace referencia el *LLA*:

> **bardinu.** Barcino, animal entreverado de dos colores, generalmente negro y rojizo (Iglesias Ovejero, 1990: *s.v.*).
> **bardino.** Barcino, de color blanquecino y pardo. Se llama así al toro o la vaca que posee estos colores (Gómez Blázquez, 1989: *s.v.*).
> **bardino.** (Albalá). Barcino. Se dice del ganado vacuno con manchas rojas y amarillas (Viudas Camarasa, 1980: *s.v.*).
> **bardino.** <res> blanquinegra (Alvar Ezquerra, 2000: *s.v.*).
> **bardino.** [...] De color marrón oscuro. Dicho de los *perros* (*DDEC*: *s.v.*)[66].
> **bardino.** Dícese del novillo o toro retinto [castaño muy oscuro] (Iribarren, 1984: *s.v. bardino*).
> **bardino.** Dícese de la res con manchas en las patas y en la cara. [Zona de Eslava] (Iribarren, 1984: *s.v. bardino, na*).
> **bardino.** [...] Dícese de la res con manchas en las patas y en la cara. 2. [...] Dícese del perro de color entre rojizo y gris (Andolz, 1984: *s.v.*).

La relación sinonímica que establece Alvar entre *bardino* y (*vaca*) *blanquinegra* (*ALEA*, 485) afianza la referencia de *bardino* a 'capa compuesta', ya que *blanquinegra* no deja de ser una combinación de dos colores: blanco y negro. Lo mismo ocurre con las documentaciones que dicha voz presenta en el *ALEANR* (579, 580) y el *ALCYL* (484) como sinónimo de (*vaca*) *berrenda*, término que se define como «manchado de dos colores por naturaleza o por arte» y, más concretamente y aplicado a los toros, «con manchas de color distinto al de la capa» (*DLE*: *s.v. berrendo*). De hecho, la vaca *blanquinegra* puede considerarse como

---

66 El *DDEC* califica la voz como propia del «occidente peninsular». Por su parte, el *DHECan* indica que *bardino* no es un adjetivo exclusivo de Canarias (también lo documenta en Extremadura, Andalucía y en Salamanca), pero sí considera característico del español canario utilizarlo acompañando a *perro* (o sustantivado) para referirse al *perro bardino* (*DHECan*: *s.v. perro*).

un tipo concreto de vaca *berrenda*, aquella que presenta específicamente una capa con manchas blancas y negras.

En el *ALEANR*, además, también pueden encontrarse documentaciones de *bardino* en los mapas 581 (correspondiente a *mosqueada*) y 582 (que corresponde a *calzada*, pero también recoge resultados de *jabonera* 'res de color café con leche').

A partir de las referencias cromáticas presentadas puede establecerse, por tanto, que *bardino* hace referencia a un tipo de capa compuesta o mixta que puede abarcar tonalidades diversas: predominarían los colores pardos (que ya incluirían referencias a matices amarronados o rojizos), grisáceos y castaños/amarronados, pudiendo presentar estos últimos matices más claros u oscuros (*retinto*, *bardino* en *DDEC*) o más o menos rojizos o amarillentos (*leonado*, segunda acepción de *bardino* en Andolz, «dos bueies *rubios* llamados bardinos»).

La tipología de manchas que puede presentar la capa es variable, pudiendo presentar una mayor o menor definición y extensión (*blanquinegro, berrendo*) u otorgar al pelaje del animal un patrón atigrado, partiendo de las alusiones al pelaje del tigre que incluyen algunas de las definiciones citadas anteriormente. Esto es, un color de pelaje o capa base con líneas verticales y paralelas entre sí que presentan un tono más claro u oscuro que el básico de la capa.

Por último, en lo concerniente al tipo de animales con los que puede o suele coaparecer, resulta obvio que la mayor parte de sus concordancias se establecen con animales pertenecientes a la familia de los bóvidos: vacas, jatos, becerros, toros, novillos, etc. Así lo atestiguan las concordancias obtenidas en *CorLexIn* y la mayoría de las definiciones aportadas. Asimismo, aunque de forma menos frecuente, también puede aparecer referido a perros, especialmente cuando hace referencia a un tipo concreto de raza canina (*perro bardino*) que se verá posteriormente.

Respecto a sus documentaciones en CORDE (18), destacan varias concordancias —casi la totalidad de ellas (17)— alusivas al uso de *bardino*, bien como adjetivo, bien como adjetivo sustantivado para referirse al denominado *perro bardino* (tb. *vardino, verdino*[67] o *majorero*): «Perro [...] de tamaño mediano, hocico afilado, cola larga, peluda y algo erizada, y color, en general, pardo verdoso» (*DHECan: s.v. perro*).

---

67   Esta variante responde a los matices verdes (oscuros) que presenta la capa del animal (*DHECan: s.v. bardino*).

Sin embargo, ninguna de las documentaciones de la voz con valor cromático se localiza antes del siglo XX:

> «Acuérdese del *bardino*, compadre, que es de presa. Y del sueño de don Victoriano, que duerme con un ojo abierto y la metrallaora como, una guitarra...» [Guerra Navarro, F. (1941–a1961). *Los cuentos famosos de Pepe Monagas*. Extraído de: CORDE].

Si bien es cierto que la obra en la que figuran las documentaciones es bastante posterior al contexto del siglo XVII, *bardino* sigue refiriéndose a un tipo de pelaje de tonos variados: pardo (que ya presenta una variedad cromática considerable) sumado a cierto tono verdoso.

Respecto a las concordancias que ofrece CDH, a pesar de que el número de resultados se eleva considerablemente hasta los 57 ejemplos, tan solo 17 de ellas —las que CORDE atestiguaba en la obra anteriormente reseñada— pueden considerarse documentaciones del adjetivo con valor cromático (lo que dibuja un claro panorama de desuso de la voz y una valencia combinatoria muy restringida).

Uno de los rasgos distintivos del término, rasgo que ha podido apreciarse en varias de las definiciones citadas, es su relación con *barcino*. El *DECH* expone en la entrada dedicada a *barcino* que, a pesar de que su origen es desconocido, antiguamente la voz presentaba el fonema predorsodental sonoro /ẑ/ (y, por tanto, la grafía [z]), tal y como atestiguarían las siguientes documentaciones extraídas de CORDE:

> «Galgo *barzino*, o muy vellaco o muy fino» [Núñez, H. (c1549). *Refranes o proverbios en romance*].
> «Galgo *barzino*, o mui malo o mui fino» [Correas, G. (1627). *Vocabulario de refranes y frases proverbiales*].
> «Pues mirad, qué huir lleva la liebrecilla y la galga *barzina* que se tuerce por la atajar, [...]» [Pineda, J. de (1589). *Diálogos familiares de la agricultura cristiana*].
> «[...] cuerpo de rancio tocino, / cara de lobo hambriento, / desarrapado, mugriento, / descolorido, cetrino, / cara de mastín *barzino*» [Anónimo (1539). *Tragicomedia alegórica del parayso y del infierno*].

La explicación que proponen Corominas y Pascual para la voz *bardino* a partir de *barzino* (*s.v. bardino*) se basa en la distinción sorda/sonora que aún pervive (o pervivía) en ciertas zonas del sur de Salamanca y el norte de la provincia de Cáceres para las antiguas predorsodentales, fenómeno que ya había reseñado Menéndez Pidal en *El dialecto leonés* (2018 [1906]: 41–42) y que han estudiado (o al que han aludido), entre otros, Ariza (1999), Catalán Menéndez-Pidal (1989), Viudas Camarasa (1976, 1987), Zamora Vicente (1974), Espinosa (1935), Onís (1930), Fink (1929), Sánchez Sevilla (1928) o Krüger (1925). Esta pervivencia se habría mantenido a través de dos fonemas interdentales que se opondrían al igual que lo hicieran ŝ/ẑ en el castellano medieval: /d/ (para la antigua sonora) y /θ/ (para la antigua sorda).

Si bien Menéndez Pidal (1906: 41) apuntaba a una realización no fricativa de la *d* en este contexto: «[...] pero esta no es una *d* como la de 'todo' [esto es, fricativa], sino que escriben *d* por no saber cómo escribir una *z* sonora, para diferenciarla de la sorda actual», el resto de estudios abogan por la realización fricativa (Sánchez Sevilla, 1928: 150; Onís en Espinosa, 1935: 150, nota 3). Estudios posteriores (Catalán Menéndez-Pidal, 1989; Ariza, 1999) aún atestiguarían el mantenimiento de esta distinción —desafiando así a Espinosa, que no le confería al fenómeno una vitalidad superior a las tres próximas décadas—, si bien la consideran como un fenómeno en clara regresión que solo mantiene (o mantenía) cierta vitalidad en Serradilla. En el resto de las localidades (González Salgado, 2003), lo más frecuente es encontrar el fenómeno restringido a formas de *decir* (*idil*) y *hacer* (*jacel*) y en personas de una edad relativamente avanzada (50 años en adelante).

La conservación de las sonoras en el norte de Cáceres y el sur de Salamanca puede explicar la presencia de *bardino* en el área de influencia del leonés, tal y como atestiguan las tres documentaciones leonesas del término que pueden encontrarse en el *ALCYL* —si bien no se localizan casos en la zona más esperable para ello, esto es, el sur de Salamanca—. Respecto a su posible documentación en el norte de la provincia de Cáceres, el mapa 264 de la *CLEx* (correspondiente a *vaca blanquinegra*) tampoco recoge ninguna aparición del término, prevaleciendo claramente la voz *galana* (junto a otras como *pinta, pía* o *suiza*) a la hora de aludir a la res que presenta una capa bicolor blanca y negra.

El *ALEANR* (579, 580, 581) también localiza *bardino* en el ámbito del dominio navarro-aragonés como sinónimo de *berrenda, blanquinegra* y *mosqueada*. La explicación ofrecida para *bardino* en el caso de las documentaciones leonesas no sirve, sin embargo, en este caso, ya que no existen testimonios de la conservación de la predorsodental sonora (y por tanto de la oposición medieval de sibilantes) en la zona aragonesa (*DECH: s.v. barcino*).

Este hecho, sumado a la presencia de *bardino* en Andalucía y Canarias[68], permite suponer una solución de carácter más general para *bardino*, ya que la propuesta del mantenimiento de la distinción sorda/sonora justificaría su

---

68   El *ALEA* (485) registra *bardino* como término empleado para hacer referencia a «(vaca) blanquinegra» en Gr-300. No se documentan, sin embargo, usos de *bardino* en el *ALEICan* para «(vaca o cabra) *blanca y negra*» (357), mapa en el que se esperaría algún resultado del término.

presencia en las documentaciones que *CorLexIn* aporta para León (así como las que registra el *ALCYL*); pero no explicaría las documentaciones en Aragón y la Andalucía oriental. En el caso canario, no obstante, sí que cobraría cierta relevancia el factor leonés, ya que el *DDEC* indica que puede considerarse una voz propia del «occidente peninsular», esto es, un posible occidentalismo que, en principio, no posee un correlato en gallego o portugués[69].

Puede optarse, por tanto, por una explicación más general para el binomio *bardino~barcino*. Quizá una posible confusión entre los fonemas /ẑ/ y /d/ debido a su cercanía desde el punto de vista fonético-articulatorio.

Por último, respecto a la vigencia actual de *bardino*, el adjetivo no presenta ninguna concordancia en CORPES XXI que se corresponda con el valor cromático del adjetivo. Las documentaciones más «recientes» que posee la voz son las registradas por CORDE y CDH, aunque ninguna hace referencia a *bardino* con el significado directo de 'color' —sí de manera indirecta, ya que hace referencia en varias concordancias a *perro bardino*—, y una única documentación en CREA de *bardino* 'color' aplicado al sustantivo *cabello*, ampliando así —mínimamente— sus posibilidades combinatorias.

La referencia cromática de *bardino* no es fácil de acotar. Puede afirmarse, no obstante, que el adjetivo se emplearía para aludir a un tipo de capa compuesta —originariamente— bovina en la que confluirían colores pardos, grisáceos y amarronados, además de tratarse de un pelaje caracterizado por la presencia de manchas de distinto patrón y tipología. Por otro lado, a pesar de tratarse de uno de los ejemplos tradicionales que ilustran el mantenimiento de la distinción entre el rasgo sordo/sonoro de las predorsodentales, la distribución de la voz daría pie a interpretar dicha confusión como un fenómeno más general.

---

69 No se han encontrado referencias a *bardino* o *barcino* en diccionarios actuales de portugués. El *Diccionario español-portugués portugués-español* de Ortega Cavero (1977) no incluye *bardino*; pero sí *barcino*, aunque no aporta ningún término específico portugués para dicha voz: «pardo, cinzento, pouco ruivo» (*s.v. barcino*). Vidal-Luengo y Cáceres-Lorenzo (2016: 174), no obstante, lo consideran un portuguesismo de origen árabe andalusí con un posible origen etimológico fruto del cruce entre «un reflejo rom[ance]. del lt. *pardus*, cuyo significado es dominante, con el and[alusí] *bardí* < [árabe] cl[ásico]. *bardi* 'papiro, junco' […], puesto que las hojas secas y preparadas de dicha planta adquieren una tonalidad ligeramente tostada» (Corriente, 1999 y 2008: *s.v. barcino*). Corriente también recoge *bardino*, pero remite la voz a la entrada *barcino*. Sobre su presencia y distribución geográfica en América, *vid.* Vidal-Luengo, 2017.

BARROSO

Documentaciones en *CorLexIn* y en fondos documentales inéditos de *CorLexIn*:

- Más, vn beçerro *barroso*, que tiene dos años y ba a tres, en doçientos reales. (Revenga, Sg-1655)
- Un buey cornialto *barroso* (Alange, Ba-1653)
- Un beçerro *barroso* que tiene dos años (Revenga, Sg-1659)
- Una baca *barrosa* (Valdegeña, So-1646)

Los ejemplos que *CorLexIn* presenta para *barroso* (N+*oso*) permiten establecer que se emplearía para hacer referencia a una tonalidad de capa de animal que, en este caso, parece estar restringida al ámbito del ganado bovino.

No hay ningún testimonio lexicográfico de *barroso* en los diccionarios monolingües preacadémicos, pero sí en *Autoridades*:

BARROSO, SA. adj. Cosa perteneciente à barro, yá sea en lo materiál: como terreno barroso, yá sea en lo colorido, como sucede en algunos animáles, en especial en los bueyes, que por esso se llaman Barrósos [...] (*Autoridades*, 1726: s.v.).

Ya que la entrada no proporciona una referencia clara o exacta sobre la tonalidad, se hace necesario consultar la correspondiente a *barro*, base nominal de la que deriva el adjetivo cromático y a la que se hace referencia en la propia definición de *barroso*:

BARRO. s. m. La tierra mezclada con el agua hecha lodo, yá sea en el campo causado de las llúvias, ò mezclada expressamente para diferentes usos: como son hacer tápias, ladrillos, tejas, ollas, adóbes y otras cosas [...] (*Autoridades*, 1726: s.v.).

La entrada *barro* tampoco resulta demasiado esclarecedora; no obstante, una segunda acepción del término, que también aparece recogida en *Autoridades*, parece incluir *barroso* entre la gama de tonalidades del rojo: «usado en plurál. [...] ciertas señáles coloradas como ronchas que salen al rostro, particularmente à los que empiezan à tener barbas [...]» (*Autoridades*, 1726: s.v. barro). No sería de extrañar que esta última acepción hubiese surgido a partir de una extensión semántica de carácter metonímico, fenómeno que se produce con relativa frecuencia en el léxico de los colores.

La segunda edición de *Autoridades* confirma la hipótesis planteada a partir de la información que ofrecía *barros*, ya que incluye una acepción específica referida al *buey barroso*: «Se aplica al buey de color tierra ó barro que tira a roxo» (*Autoridades*, 1770: s.v.).

La edición de 1884 elimina la referencia al buey y limita la acepción únicamente al color «de color de barro; que tira á rojo» (*DRAE*, 1884: s.v.), definición que se mantendrá hasta la 22.ª edición de 2001. La vigesimotercera y actual ha introducido un nuevo matiz cromático, incluyendo *barroso* entre la gama de tonalidades del marrón, si bien conserva matices propios de la gama rojiza o anaranjada. Además, añade una nota de uso indicando que se emplea con mayor frecuencia en América que no incluían las ediciones anteriores:

> **barroso, a**¹. 2. adj. Dicho de un color: Marrón rojizo o anaranjado, como el del barro. U. m. en Am. (*DLE: s.v.*).

El único que parece diferir en lo que respecta a la tonalidad de *barroso* es Terreros, que propone un abanico cromático muy similar a la de *jabonero* (voz que, por cierto, Terreros no incluye en su macroestructura):

> **BARROSO**, se llama el buei entre blanco, y rubio, ó de un blanco obscuro; y en algunos parajes le [*sic*] dan este nombre a los bueyes blancos (Terreros, 1786 [1767]: *s.v. barroso*).

Varias publicaciones y manuales relativos al mundo de la tauromaquia apuntan, de hecho, que el *barroso* es un tipo de *jabonero*, radicando la diferencia tipológica en que el barroso presentaría manchas (marrones o amarronadas) más oscuras que el jabonero.

Este cambio en la tonalidad podría venir motivado, no obstante, por la distinta composición de materiales que puede presentar el propio barro: en caso de tratarse de una tierra rica en arcillas, presentaría un color más próximo a la gama del marrón rojizo; pero un suelo de carácter arenoso o gredoso se caracterizaría por tonalidades que podrían oscilar entre el gris y el blanco azulado.

Respecto a su presencia en atlas lingüísticos, *barroso* figura en el *ALEA* (485) como denominación para la *res colorada* y aparece definido como 'vaca colorada con ojos de perdiz'[70].

Por último, la información que incluye el *Diccionario Akal del Color* sobre el adjetivo no resulta de especial ayuda, ya que aparece definida como «coloración que se asemeja a la característica del barro» (*s.v.*). Respecto a la voz *barro*, *Akal* la caracteriza como un tipo de coloración «estándar semioscura, naranja rojiza y débil», partiendo del color de la sustancia homónima «mezcla de tierra y agua». Esta caracterización responde a lo que podría denominarse «barro estándar», puesto que, como se ha mencionado anteriormente, la composición de la tierra alteraría la tonalidad del barro. Por otro lado, *Akal* no alude a la opción 'blanco', 'rubio' o 'blanco oscuro' que defendía Terreros.

---

[70] «Toro que tiene alrededor de los ojos un cerco encarnado» (*DEA: s.v. ojo*); «El toro que semejantemente a esa ave tiene alrededor de los ojos un cerco encarnado encendido» (Torres, 1989: *s.v. ojo de perdiz*).

En conclusión, la referencia cromática que se defiende para *barroso* es 'marrón rojizo', hipótesis que partiría del color prototípicamente asociado a su base de derivación, el barro.

La primera documentación del término en corpus puede fecharse hacia el siglo XIII en la *Estoria de Espanna* de Alfonso X, aunque en este caso se aplica a una persona y no a un animal:

> «[…] Et denostauanle las fechuras del cuerpo ca era mucho enatio [enatiosa, des compostura, deformidad] de cara & auiela uermeia & espantosa. & toda *barrosa* del mucho uino que beuie» [Alfonso X (c1270). *Estoria de Espanna que fizo el muy noble rey don Alfonsso…* Extraído de: CORDE].

Sin embargo, es muy posible que esta documentación esté haciendo referencia a 'rostro con barros', dado que el color de la cara ya viene matizado por el adjetivo *uermeia* (*bermeja, rojiza*). En este caso, la primera documentación de *barroso* con el valor de 'color' estaría fechada en los siglos XVI-XVII (entre 1580 y 1627), si bien no aparecería acompañando a *buey*, sino a *toro*:

> «[…] se pongan en cobro, / que es brauo el toro, / toro *barroso*» [Góngora y Argote, L. de (1580-a1627). *Romances*. Extraído de: CORDE].

Respecto a sus documentaciones en el contexto del siglo XVII, CORDE recoge 19 casos, por lo que la voz parece presentar un bajo índice de uso, si bien su combinatoria aparece claramente restringida a referentes bovinos.

Eliminando la restricción diacrónica, se obtienen un total de 115 documentaciones para el término, mostrando 62 (3 de ellas casos dudosos) un uso de *barroso* con el valor de 'color'. A partir de las concordancias obtenidas puede corroborarse la estrecha relación entre el ámbito bovino y el término, ya que en 42 de ellas coaparece con animales pertenecientes a este grupo de rumiantes (bueyes y toros mayoritariamente).

No obstante, y especialmente en contextos americanos, pueden encontrarse casos de *barroso* empleado con el valor de 'color' complementando a otros referentes tales como aves, perros, seres humanos, peces, caballos, etc.

CDH documenta 89 casos para *barroso* en su capa nuclear, 13 de ellos con valor de 'color' (aunque pertenecientes casi en su totalidad a dos obras). La mayoría de las documentaciones se localizan en América (hecho que corroboraría nuevamente la nota de uso incluida por la Academia en la última edición del *DLE*) y, además, prácticamente todas hacen referencia a bóvidos. No obstante, cabría la posibilidad de que algunos casos dudosos para *barroso* recogidos en el CDH estuviesen siendo empleados como color al aparecer coordinado con otros ítems léxicos pertenecientes al ámbito cromático, si bien es probable que hagan referencia a 'rostro con granos' a partir de su relación con *barros*.

Las documentaciones de *barroso* en los corpus académicos afianzarían, además, el origen peninsular de la voz y el progresivo aumento del índice de uso de *barroso* en contextos americanos, parejo al declive en el dominio del español europeo. La tabla inferior muestra con claridad cómo *barroso* ve aumentado su índice de uso en América en detrimento del uso en España. Sin embargo, y tal y como demuestran los datos obtenidos, no es una unidad léxica que se emplee con frecuencia en la actualidad, por lo que, quizá, debiera ir acompañada de alguna marca diacrónica que evidenciase dicha condición:

Tabla 4. Documentaciones de *barroso* en España y América (Fuentes: CORDE, CDH, CREA, CORPES XXI)

CORDE		CDH		CREA		CORPES XXI	
España	América	España	América	España	América	España	América
39 (3)	20	1 (1)	11	0	1	6	8 (1)

Si bien ha quedado demostrado que la adición de la nota de uso es pertinente y está justificada, existe una diferencia considerable entre la referencia cromática de *barroso* para el español peninsular y el americano, diferencia que se ve reflejada en la definición que el *DAm* ofrece para *barroso* con el sentido de 'color':

barroso, -a. I. 1. adj. *Ni, Cu, Ec. Referido al ganado*, de color ceniciento. rur. (*DAm: s.v.*).

Existe, por otro lado, una relación bastante estrecha entre *barroso* y **cervuno**, término aplicado a capas equinas. Es posible que dicha relación haya influido en la referencia cromática que presenta *barroso*, ya que *cervuno* (o *cebruno* en el caso americano) añade un matiz grisáceo a la tonalidad: «referido a un caballo o a su pelaje, de color ceniciento» (*DAm: s.v. cebruno*). No obstante, también abarcaría el color castaño oscuro (acepción restringida, eso sí, a Venezuela). También pueden encontrarse posibilidades cromáticas del tipo «gris pizarra *arratonado* [de color entre gris y marrón]», «café con leche», «jabonero» o «barro seco» (Bavera, 2009: 27-39), por lo que las tonalidades marrones estarían presentes, aunque no de manera (pre)dominante.

En definitiva, la similitud con el color del barro estaría presente en ambos lados del Atlántico, si bien en el caso del español europeo se habría optado por tonalidades más amarronadas, rojizas o anaranjadas («barro fresco, húmedo» por denominarlo de algún modo), mientras que el español americano habría seleccionado tonalidades más próximas al marrón grisáceo o el gris amarronado (en contraposición, «barro seco») —y que, quizá, se aproximarían más a la idea que defendía Terreros—.

A pesar de que el término aparece recogido en la última edición del diccionario académico sin ningún tipo de restricción diacrónica, ha quedado demostrado que *barroso* es una unidad léxica en claro desuso, por lo que debiera ir marcada como tal. Este hecho vendría refrendado, asimismo, por la escasa representatividad del ítem en los corpus sincrónicos: solo 1 ejemplo de los 91 que arroja la búsqueda en CREA de *barroso* se corresponde con el valor cromático del adjetivo, al que habría que sumar los 14 (de 471) que atestigua CORPES XXI.

Barroso se constituye como un interesante ejemplo de variación cromática ligada a la diatopía. Documentado desde mediados del Siglo de Oro, es un adjetivo estrechamente ligado al contexto bovino, cuya referencia cromática —que parte del sustantivo *barro*, su base de derivación—, presenta una curiosa dualidad en función del lado del Atlántico en el que se encuentre el hablante: mientras que el español europeo lo considera el marrón como tonalidad dominante —frecuentemente mezclada con tonos rojizos o anaranjados—, el español americano, por su parte, opta por tonalidades en las que priman los colores grisáceos, proporcionando una paleta más cenicienta.

BAYO

Documentaciones en *CorLexIn*:

- Ytem, yo dicho Domingo Mayral hos vendo vna mula de pelo *bayo* cerrada (Loscertales, Hu-1653)
- Vn macho *bayo*, de hedad çerrado, con su basto, e salma e çincha (Navarrete, LR-1545)

Mediante el adjetivo *bayo* se hace referencia a un tipo de capa equina simple diluida[71] que se caracteriza por su color blanquecino tirante a amarillo pálido. Puede equipararse al término **amarillo** que se emplea en el ámbito bovino para aludir a pelajes que presentan esta tonalidad y que también se incluirían en la familia de las capas simples amarillas.

---

71 Con *diluido* se alude a la presencia del denominado *gen crema* (Mariat, Taourit y Guerin, 2003) que provoca un cambio en la pigmentación del pelaje haciéndola más clara. En el caso concreto del bayo, habría que partir, generalmente, de una variante diluida de la capa alazana.

La voz figura ya en Covarrubias, pero este no aporta ningún dato lo suficientemente claro como para poder establecer una tonalidad precisa, si bien realiza referencias de tipo ostensivo —uno de los tipos de definición más empleados a la hora de definir colores— al relacionarlo con el color de la palma *curada*:

> **BAYO.** Color, no embargante que comúnmente se escribe y se pronuncia con *v*, según su origen ha de ser con *b*, [...] llamose bayo por tener la color de la palma ya curada, [...]. Esto es lo más cierto, no embargante que algunos quieren sea nombre arábigo [...], color que tira a blanco, cual es la del bayo claro (*Tesoro: s.v.*).

Rosal continúa aludiendo a elementos vegetales, pues compara la tonalidad de *bayo* con la de los dátiles:

> **Bayo** Color. El Lat. y Gr. llama Baio o Badio [...] del ramo de datiles, [...] y así del color del datil le llamamos datilado [...] (Rosal: *s.v.*).

Rosal no incluye *dátil* en su macroestructura; Covarrubias lo incluye, pero no informa sobre el color de dicho fruto, solo lo cataloga como fruto de la palmera[72]. Las referencias al color del dátil o de la palma curada ya figuraban en las *Etimologías* de san Isidoro (Pascual Barea, 2015: 88) y se empleaban para caracterizar al *spadix*, aplicado por Virgilio al caballo alazán y que san Isidoro presenta como sinónimo de *badius* (Pascual Barea, *op. cit.*: 87).

El primer diccionario que ofrece una referencia cromática clara para *bayo* y, además, alude a su aplicación a équidos es *Autoridades* 1726:

> **BAYO, YA.** adj. Colór dorado baxo, que tira à blanco, y es mui ordinário en los caballos (*Autoridades*, 1726: *s.v.*).

Es decir, *bayo* sería un color perteneciente a la tipología de capas simples amarillas caracterizado por su tonalidad amarillo claro que tiende al blanco.

La edición de 1884 modifica la referencia cromática dándole un mayor peso al color blanco (ya no se hablará de «amarillo blanquecino», sino de «blanco amarillento») y añadiendo un matiz rojizo que se eliminará de la definición en la siguiente edición del diccionario académico de 1899:

> **Bayo, ya.** adj. De color blanco amarillento con viso rojizo. Se aplica más comunmente [*sic*] á los caballos y su pelo (*DRAE*, 1884 *s.v.*).

El resto de ediciones, incluida la actual, mantienen la referencia al color blanco amarillento y su aplicación al ganado equino: «Dicho especialmente de un caballo y de su pelo: De color blanco amarillento» (*DLE: s.v.*). Moyano (1918: 196), no

---

72 Sin embargo, el *Diccionario de autoridades* sí que incluye un lema *datilado*, definido como «cosa parecida al dátil, o de su color» (1732: *s.v.*) y cuya equivalencia latina es *spadiceus*, derivado de *spadix* 'caballo bayo castaño' (*Gaffiot: s.v.*).

obstante, precisa la coloración del bayo y lo describe como «color rojizo bajo, tirando a amarillo claro, semejante al de la paja de trigo o de cebada, y los extremos y los cabos son negros».

En lo tocante a su presencia en atlas lingüísticos, es frecuente su aparición como término léxico complementario en los mapas dedicados a «caballo alazán» (vid. **alazán**); pero, como se verá más adelante, no es el único tipo de capa equina con la que se relaciona *bayo*.

El *ALEA* (582) posee un subapartado «(caballo) *alazán*» en el que se recogen los resultados de «(caballo) *bayo*». Aunque se señala el hecho de que no se obtuvieron respuestas convincentes (no se indica la pregunta concreta que se realizó), de entre los múltiples términos empleados para hacer referencia a esta capa equina (*alazano*, **castaño**, **pardo**, *romero*, *sabino*, *perlino*, **mela(d)o**, etc.) es *bayo* el término mayoritario con un total de 73 resultados distribuidos por toda la geografía andaluza, destacando las provincias de Málaga y Granada. Sin embargo —y ya que el vocablo no figura en el *TLHA*— puede suponerse que, en el caso andaluz, no presenta ningún valor diferencial, por lo que se mantendría el color propuesto para la capa 'blanco amarillento'.

El *ALEANR* también incluye un apartado dedicado a «caballo alazán» en el mapa 721. En este caso, las referencias cromáticas se solapan, puesto que hay un total de 10 puntos que registran el empleo de *bayo* para hacer referencia a la tonalidad *alazán*, especialmente en la provincia de Zaragoza. Por otro lado, los términos mayoritarios para hacer referencia a esta tonalidad en el área de dominio aragonés —tal y como se menciona en la entrada correspondiente— son **rojo** y, con especial recurrencia, *royo* (vid. **rubio**).

También figura *bayo*, aunque con escasos resultados, en el *ALCYL* en los mapas 544 «alazán» y, curiosamente, en el mapa 545 «tordo», documentándose una variante con sufijo aumentativo *bayón* en este último mapa. El apéndice del tomo III aporta algunos resultados de *bayo* en el mapa 547 «almohaza» con el significado de 'caballo cuyo pelo es entre blanco y rojo' y 'bayo (caballo de color blanco amarillento)'.

El *ALECant* ofrece un mapa dedicado a «(caballo) *bayo*» (541) en el que relaciona *bayo* con *avinagrado*. Aunque es cierto que el diccionario académico no recoge ningún tipo de valor cromático para *avinagrado*, no es extraño suponer que, en este caso, *avinagrado* está indicando que el animal presenta un color similar al del vinagre, esto es, 'amarillento'[73].

---

73   Aunque cabría la posibilidad de considerar un *avinagrado* 'rojo, rojo oscuro', lo que concordaría con el resto de resultados para *bayo* que contempla el citado mapa, ya que también se localizan como soluciones *rojo*, *rubio* o *castaño* (vid. *vinagrado*).

En Extremadura, la *CLEx* localiza resultados para *bayo* en los mapas 313 «(caballo) *alazán*» y 314 «(caballo) *tordo*», pero son minoritarios y solo se localizan en la provincia de Badajoz: un único resultado para *bayo* 'caballo alazán' (alternante con *castaño*) y dos para *bayo* 'caballo tordo'.

Por último, el *ALEICan* solo documenta un único caso para *bayo* en el dominio canario, pero de manera dudosa: en el mapa 394 «pío (caballo de pelo blanco con manchas de otro color)» se localiza [bái̯yo] en LP-10 acompañado de una interrogación, por lo que parece que el encuestador no está seguro de la respuesta.

El *DDECan*, por otro lado, incluye *bayo* en su nomenclatura y aporta algunos significados diferenciales propios del español de Canarias que modifican tanto la referencia cromática como el referente animal, ganado caprino. No obstante, incluye, tal y como puede observarse, la referencia cromática propuesta inicialmente para *bayo* en su segunda acepción:

> **bayo, ya.** adj. LP. Que tiene los cuartos delanteros negros y el resto del cuerpo amarillento. Dicho de las cabras. 2. GC. Que tiene un color intermedio entre el blanco y el amarillo claro. Dicho de las cabras. […] 3. Fv y GC. Que tiene un color canelo claro. Dicho de las cabras. […] (*DDECan*: *s.v.*).

El *Diccionario Akal del Color* —además de indicar que el término estudiado hace referencia a coloraciones blanquecino-amarillentas o amarillo claro— aporta la siguiente opción cromática para *bayo* que podría explicar la confluencia de *alazán* y *bayo* en los mapas analizados:

> **bayo.** Blanquecino amarillo. // Coloración específica, clara, amarilla y semineutra […]. // Combinación inespecífica de coloraciones negra y alazana, cuya sugerencia de origen corresponde al pelaje de algunas caballerías (a la crin, cola y puntas de las extremidades, la primera, y al resto de la capa, la segunda) (*Akal*: *s.v.*).

Esta posibilidad que plantea el diccionario *Akal* se vería refrendada por la propia etimología del vocablo y, además, por las distintas acepciones que presenta en lenguas romances afines al castellano.

Desde el punto de vista etimológico, *bayo* procede del latín BADIUS, cuyo significado en castellano Corominas y Pascual (*s.v. bayo*) presentan como idéntico al latino 'color dorado blanco que tira a bajo' (De Miguel, 2000: *s.v.*). Sin embargo, el *DLE* atribuye a BADIUS el valor de 'rojizo' (*s.v. bazo*), valor que también reconoce el *DECH* (*s.v. bazo*); aunque, en la entrada correspondiente a *bazo*, el propio Corominas reconoce que «el significado exacto del lat. *badius* no es fácil de precisar. Consta que se aplicaba a caballos. Forcellini define 'rojizo brillante'. El cast. *bayo* significa 'blanco amarillento', pero el fr. *bai* es más bien 'rojo tirando a moreno'».

En el caso del catalán, el *DIEC2* reconoce ambos valores, tanto el de *bayo* 'alazán, castaño rojizo' como el de *bayo* 'amarillo'; pero, en este último caso, caracteriza a la tonalidad amarillenta como «groc lleugerament rogenc» (*s.v. bai*), esto es, ligeramente rojiza. El *DDLC* aporta un nuevo valor para *bayo* que puede concordar con su relación con *alazán*: 'vermell fosc' o 'rojo oscuro', entendiéndose como 'rojo' un tono *acanelado*, rojizo, considerado como típico del caballo alazán.

Para el francés —lengua en la que BADIUS 'brun rouge' ha dado como resultado, asimismo, *bai*—, el *TLFi* aporta como primera acepción «alezane, généralement foncée, les crins et les extrémités des membres étant noirs» referido a un caballo. Es decir, opta, de nuevo, por una referencia cromática más cercana a tonalidades castañas, achocolatadas o rojizas; pero marcando la diferencia con el *alazán* en que en caballo *bayo* presenta las extremidades de color negro (mientas que el alazán no presentaría esta característica). No obstante, el francés reconoce la existencia de varios tipos de caballo *bayo* que presentan una gama cromática en su pelaje que abarcaría tonalidades más oscuras de castaño (el *bai* propiamente o el *bai brun*) y otras más claras y cercanas a la referencia cromática propuesta (*bai clair*).

En la franja occidental se localiza *baio* para el gallego y el portugués. En el caso gallego, la Real Academia Galega lo define como adjetivo aplicado a caballos o yeguas «de cor branca amarelada ou acastañada» (*DRAG: s.v.*).

Priberam registra para *baio* en portugués el valor de «da cor de ouro desmaiado; que tem um tom de castanho amarelado» y lo presenta como sinónimo de *melado* 'da cor do mel', es decir, 'amarillo pálido' con posibles matices acastañados —coincidiendo con la definición del *DRAG*—. Por otro lado, el portugués también reconoce un segundo valor cromático para *baio* que se correspondería con el que posee *bazo* en castellano: 'moreno tirando a amarillo', sinónimo en portugués de *trigueiro* 'moreno, da cor do trigo maduro' (*vid.* **loro**).

Bazo también procede de BADIUS, indicando el *DECH* (*s.v. bazo*) que no existe explicación para el hecho de que «un solo vocablo latino pudo tener dos resultados de forma y significados distintos en ambos». Se documenta en *CorLexIn* especialmente aplicados a cedazos:

> Tres zedazos, dos de blanco y uno de *bazo* (Ciudad Rodrigo, Sa-1633)
> Quatro çedados, dos de blanco, dos i dos de *baço* (¿Ciudad Rodrigo?, Sa-1611)

La diferencia entre un tipo de cedazo y otro —y, por ende, la presencia del adjetivo *blanco* o *bazo*— vendría motivada por el tipo de harina que ambos ciernen: haría para pan blanco o pan moreno o bazo (con salvado, *vid. Autoridades*, 1726: *s.v. bazo*).

En resumen, desde el punto de vista etimológico, *bayo* no posee un significado estable, hecho que ha condicionado la existencia de un amplio abanico de tonalidades a las que puede hacerse referencia mediante el mismo adjetivo cromático. La alusión directa o indirecta a la tonalidad 'blanco amarillento', sin embargo, está presente en todos los testimonios lingüísticos comparados, por lo que puede considerarse como la más prototípica (al menos en el caso del castellano, lengua en cuyos significados se centra el presente estudio y que solo reconoce dicho valor cromático para *bayo*).

La referencia cromática propuesta para *bayo*, por tanto, es la de amarillo claro o blanco amarillento, si bien el animal presenta, además, extremos y cabos de color negro. La tipología de capa sigue siendo, en todo caso, simple, ya que, a menudo, las capas simples no son totalmente uniformes debido a que también se contempla la posibilidad de que el color varíe en las patas o la crin (Bavera, *op. cit.*: 27).

En lo que respecta a su primera documentación, Corominas y Pascual, *s.v. bayo*, la localizan en un documento del monasterio de San Salvador de Oña fechado en el año 944:

> Vendimus vobis ipsa eclesia cum omnibus aditibus suis, tam ingressum quam et regresum, per hanc firmitate scripture in aderato et diffinito p<recio>, quantum inter nos pacifice conv<en>it arbitrio que accepimus de vos precio, id est: duos caballos, uno per colore bario et alio *bayo* [...] (CHARTA-CORHEN, 0003).

Pueden encontrarse, asimismo, testimonios de *bayo* en documentos leoneses muy cercanos desde el punto de vista cronológico al documento de Oña:

> [...] vendimus vobis de ipsa devesa medietate sicut obtinuit ea pater noster Gendo per suas cartas. Et accepimus de vos in precio una equa *baia* in IIII^{or} solidos et IIII^{or} solidos de civaria et vino, quantum nobis bene complacuit (Sh-111, 949).

CORDE, sorprendentemente, no lo documenta hasta el siglo XI, y en el caso de CDH se retrasa aún más la primera documentación, pues la primera concordancia que posee está fechada en el siglo XIII:

> «[...] et ad confirmandam cartula ista accepimus de vobis Gomessano episcopo una cum nepotibus tuis Symeoni et Gomessano uno kavallo *vaio* et uno mulo amarello, [...]» [Anónimo (1042). *De Villa Iriezo* (Becerro gótico de Cardeña). Extraído de: CORDE].
>
> «En aquesta tan grand priesa commo auedes oydo, andaua don Hector, el fiio del rrey Priamo, en un cavallo *bayo* que fuera de España, e traya el escudo de oro e los leones bermejos, [...]» [Anónimo (c1270). *Historia troyana en prosa y verso*. Extraído de: CDH].

Respecto a su presencia en corpus académicos, CORDE arroja un total de 1415 resultados para la forma con *b* (*bayo/baio* y variantes flexivas) y 18977 para la forma con *v* (*vayo/vaio* y variantes flexivas), es decir, un total de 20390 concordancias (si bien debe tenerse en cuenta la confluencia con las formas del verbo *ir*).

Restringida la búsqueda al siglo XVII, *bayo* posee un total de 260 documentaciones de las que 76 (79 si se consideran 3 casos dudosos) corresponden a su valor como adjetivo cromático. *Vayo* —dentro de este marco cronológico— alcanza las 3639, 14 (18 si se tienen en cuenta los casos dudosos) de ellas con referencia cromática. La comparación del número de documentaciones, además, permite observar cómo en el siglo XVII la forma con *b-* se postula como la preferida (*vid. supra* la definición de *bayo* en Covarrubias).

Dentro del marco cronológico del siglo XVII puede comprobarse que casi la totalidad de referentes a los que este adjetivo cromático se aplica son, en efecto, équidos. Sin embargo, pueden localizarse asimismo documentaciones que permitirían ampliar la valencia semántica de *bayo* y que atestiguarían la posibilidad de que el adjetivo pueda combinarse con otros referentes animales, pero también con objetos e, incluso, aparecer haciendo referencia a seres humanos. No obstante, en el caso de seres humanos y otros animales, los textos responden —en la mayor parte de los casos— a un uso poético del lenguaje, por lo que podrían considerarse meras licencias del autor.

Si se elimina la restricción diacrónica, se obtiene una cantidad considerable de concordancias, si bien no todas corresponden al valor de adjetivo cromático propuesto para *bayo*:

Al ampliar el marco cronológico, asimismo, pueden localizarse más ejemplos en los que el adjetivo *bayo~vayo* aparece complementando a otros referentes que no presentan el rasgo [+equino]; aunque la mayor parte de las coapariciones de *bayo* + N [+animal] se corresponde con sustantivos que aluden a animales pertenecientes a la familia de los équidos.

En CDH, el número de concordancias es elevado: 3553; sin embargo, solo en 542 (556 si se computan los 17 casos considerados como dudosos) de ellas el uso de *bayo* es propiamente de adjetivo cromático. Al siglo XVII le corresponden un total de 88 (91 si se tienen en cuenta 3 casos considerados como dudosos), siendo la referencia a équidos mayoritaria al corresponderle un 84 % de las concordancias (un total de 74); sin embargo, pueden encontrarse algunos referentes novedosos, especialmente en el ámbito animal, posibilidades que se amplían a medida que avanzan las centurias.

Tabla 5. Documentaciones de *bayo/vayo* y número de concordancias que presentan valor cromático (Fuente: CORDE)

Bayo				Vayo			
Primera aparición – s. XV	Con valor cromático	s. XVIII – 1975	Con valor cromático	Primera aparición – s. XV	Con valor cromático	s. XVIII – 1975	Con valor cromático
442	**137 (1)**	713	**217 (2)**	7168	**67 (2)**	9067	**6 (2)**

Desde el punto de vista sincrónico, representado por las concordancias registradas en CREA y, especialmente, CORPES XXI, los resultados disminuyen, por lo que parece un término poco usado en la actualidad. CREA registra un total de 324 casos, si bien solo 52 (54 si se tienen en cuenta 2 casos dudosos) se corresponden con el valor cromático del adjetivo. Casi la mitad de esas 52 documentaciones —22 concretamente— hace referencia a équidos (caballos y yeguas principalmente), por lo que, tal y como puede observarse, *bayo* presenta en la actualidad un uso ligeramente más diverso y amplio desde el punto de vista de su combinatoria semántica.

Por último, en CORPES XXI pueden localizarse un total de 345 concordancias; pero son solamente 45 (47 si se tienen en cuenta 2 casos dudosos) las que se corresponden con el valor propuesto para *bayo* dentro del contexto cromático. De nuevo puede apreciarse un uso poco frecuente del adjetivo. Respecto a sus posibilidades combinatorias, la referencia a équidos sigue siendo mayoritaria (26 casos). También pueden encontrarse alusiones, nuevamente, a vegetales (y otros animales que ya habían sido comentados anteriormente); no obstante, las concordancias ofrecidas por CORPES XXI introducen algunos referentes novedosos, especialmente en el ámbito animal y de los alimentos.

Bayo, por tanto, pertenece claramente al grupo de adjetivos cromáticos que pueden emplearse a la hora de designar la tonalidad de las distintas capas equinas, caracterizándose dentro de este grupo por aludir a pelajes de color 'blanco amarillento'. No obstante, y quizá por su marcada relación con la capa alazana, en determinadas zonas también se emplea como sinónimo de *alazán,* por lo que —de manera secundaria o, incluso, dialectal— también abarcaría tonalidades rojizas o acaneladas.

BLANCO
[Tb. **branco**]

Documentaciones seleccionadas en *CorLexIn* y en fondos documentales inéditos de *CorLexIn*:

- Dos colchas de algodón, *blancas* (Adeje, Tf-1695)
- Yten un caxón de pino, con tresientas y ochenta y una libra de asúcar *blanco*, en pedasos, que hasí mesmo se pesó en dichas balansas, por diesma (Adeje, Tf-1695)
- Otra dozena de platos *blancos* y media dozena descudillas *blancas*, vna almofía *blanca* y otra pintada y dos xarras pintadas, tasado todo en ocho reales (Alange, Ba-1652)
- Dos libras y media de çera *blanca* en estadal, en beynte y dos seis reales (Albacete, Ab-1642)
- Quatro sortixas de oro, cada una de una piedra *blanca*, en siete ducados (Albacete, Ab-1650)
- Vna almofía[74] *blanca*, en un real (Albalá, CC-1661)
- Un hazerico *blanco* (Albuquerque, Ba-1645)
- Un monillo de calimanco y otro *blanco*, en ochenta reales de uellón (Alcalá de Guadaíra, S-1718)
- Vn tablanco, digo tabaque[75] *blanco* (Alcalá de los Gazules, Ca-1642)
- Ytem, vna odrina[76] llena de vino *blanco* y tendrá hasta quarenta cántaras (Alfaro, LR-1646)
- Dos colchones, uno *blanco* y otro birado, el uno poblado y otro baçío (Almansa, Ab-1653)
- Un abanico *blanco* en seis reales (Almansa, Ab-1653)
- Vnas enaguas biejas de tocón *blanco* (Almería, Al-1659)
- Una almilla de motilla *blanca*, en catorçe reales (Andújar, J-1665)
- Seis baras de corredores[77] de junco *blanco* y negro, en ueinte y quatro reales (Arcos de la Frontera, Ca-1666)
- Tres tendidos *blancos* y pardos, veinte y quatro reales (Argamasilla de Calatrava, CR-1659)
- Vna yegua *blanca*, zerrada de hedad (Autillo de Campos, Pa-1654)
- Vna colcha *blanca*, confitada[78], en çient reales (Baza, Gr-1662)
- Dos jumentos, el vno rucio y el otro *blanco*, el vno viejo y el otro de seis años (Brozas, CC-1664)
- Vn caballo *blanco* capón, en ducientos y zinquenta reales (Cabra, Co-1687)
- Yten dos cabretillas *blancas* para un jubón (Cacicedo, S-1635)
- Un covanillo *blanco*, un real (Candeleda, Av-1648)
- Otra manta *blanca* de estascones buena (Carrión de los Condes, Pa-1652)
- Yten un par de bueis color bermejo y *blanco* (Castroañe, Le-1637)
- Duçientos botones esmaltados de rojo y *blanco*, que pesan y balen treçientos pesos (Ciudad de México, México-1622)

---

74 Morala, 2012b: 85; Morala, 2017b: 370.
75 Morala, 2012b: 86.
76 Junquera Martínez y Álvarez García, 2020: 97–99.
77 Morala, 2015a: 1509–1510.
78 Junquera Martínez, 2020a: 53.

- Otra yegua de pelo *blanco* cerrada con vna potra de pelo royo (Cuarte, Hu-1653)
- Dos salpimenteros *blancos* (Cuevas de Almanzora, Al-1649)
- Vn adereço de espada bruñido en *blanco* (Cuzco, Perú-1633)
- Yten, dies y siete varas y media de corredores, fino *blanco* y negros (Cádiz, Ca-1635)
- Más, vna yegua de pelo *blanco* de diez años más que menos (Eslava, Na-1631)
- Un rozario de güeço *blanco* (Garachico, Tf-1695)
- Vn alcuçón *blanco* de tener aceyte (Hellín, Ab-1644)
- Yten, cada resma de papel *blanco* a quinze reales de uellón que hazen (Huelva, H-1691)
- Yten, un fajero *blanco* de grana, endos ducados (La Alberca, Sa-1600)
- Yten dos ursas de corporales, el uno de damasco *blanco* y el otro colorado, y otra ursa de damasco encarnado (Lazcano, SS-1695)
- Yten, un pellón *blanco*, en ocho reales (Lillo, To-1627)
- Yten, una gotera angosta con fluecode ilo <*blanco*> en un ducado (Lillo, To-1627)
- Ytem, yo, dicho Orencio de Escario hos vendo dos jumentos, el vno de pelo *blanco* y el otro de pelo negro, con sus albardas (Loscertales, Hu-1653)
- Yten una libra de anzuela *blanca*, ylada (Mahíde, Za-1664)
- Vn par de bueyes, vno *blanco* y otro vermejo (Matueca de Torío, Le-1643)
- Nueue doçenas y tres pieças de tranzaderas de belduque *blancas*, a treinta y dos reales la docena (Medina de Rioseco, Va-1645)
- Vn roquete *blanco* de tiradiço, en çinquenta reales (Montefrío, Gr-1661)
- Dos conquetas *blancas* (Moratalla, Mu-1632)
- Dos leones, y seis perros, y seis conejos, todo de barro bedriado; vn salero e vn león y vna garça de loça de China *blanca* (México DF, México-1622)
- Tres menestericos[79] *blancos*, en tres reales (Sahagún, Le-1601)
- Más vna arroba de lana negro y *blanco*[80] (Saldaña, Pa-1644)
- Y una saya y hubón de peñasco, de seda, *blanco* y negro, usada, con su ropilla de lo mismo (San Cristobal de la Laguna, Tf-1652)
- Item, otra yegua de pelo *blanco*, cerrada, consu potranca de pelo canoso, lechal (Sobradiel, Zg-1614)
- Yten catorce pellejos de ganado obejuno *blancos* y negros (Solanilla, Le-1662)
- Yten otra baca color *blanca* que tiene a medias Joan Morán, veçino de Solanilla (Solanilla, Le-1662)
- Yten vn buey color *blanco* (Solanilla, Le-1662)
- Yten, vn jarro *branco* de la Puente, en tres reales (Tamajón, Gu-1643)
- Yten, se tassó vna cariñaña blanca con sus puntas *blancas*, y otra de tela amarilla con guarnición negra y *blanca* en quatro ducados (Villalpando, Za-1652)
- Vna marrana *vlanca* (Tábara, Za-1692)

---

79 Miguel Borge, 2020: 72–73.
80 En este ejemplo puede apreciarse el denominado «neutro de materia» (Morala, 2015c: 317–319).

- Vna perra *blanca* de ganado [...] vn perro biejo, *blanco*, de ganado (Losacio, Za-1670)
- un quartago *blanco* en duzientos reales (Órgiva, Gr-1632)
- Vna yegua *blanca*, zerrada de hedad (Autillo de Campos, Pa-1654)
- Una lechona *blanca* mediana (Cea, Le-1637)
- un razel grande de colores, de colorado y *blanco* (Noviercas, So-1653)
- Otro lío de cayal atado con una cuerda de cayal con pequeños[81] *blancos* para señal (San Leonardo de Yagüe, So-1648)
- Unas alforjas de márregas *blancas* (La Puebla de Valverde, Te-1612)
- Vna colcha *blanca* de bollos[82] (Segura de León, Ba-1659)

Constituido por la superposición de los siete colores del espectro luminoso —que pueden obtenerse, por ejemplo, empleando un prisma óptico— y concebido como uno de los dos extremos cromáticos, *blanco* es un claro ejemplo de la variación en el paradigma de la nomenclatura cromática provocada por la irrupción de un nuevo elemento —y, por ende, un cambio de preferencia por parte de los hablantes—.

En el contexto lexicográfico monolingüe del siglo XVII, tanto Covarrubias como Rosal optarán por definir el adjetivo empleando como lema o palabra guía la forma femenina *blanca*, hecho quizá condicionado por la consideración de *color* como sustantivo femenino —en el caso de Covarrubias— o por predicarse dicho adjetivo del sustantivo *cosa* en el diccionario de Francisco del Rosal.

Mientras que Rosal, como es lógico dado el perfil de su diccionario, aporta su hipótesis etimológica para *blanco* —emparentándolo, acertadamente, con el francés *blanc* y el italiano *bianco*; si bien la filiación originaria la atribuye al hebreo o al griego (relacionando, por otro lado, *blanco* y *blao* 'azul')[83], aunque también cita el *blanch* «godo»—, lo cierto es que Covarrubias apenas ofrece información de tipo cromático sobre el adjetivo (ni siquiera referentes extralingüísticos que posean dicho color), centrándose en su valor simbólico:

---

81 Junquera Martínez, 2020a: 44–46.
82 Junquera Martínez, 2020a: 51–52.
83 Sí que podría postularse cierta relación entre *blanco* y *blao* o, en otros términos, entre 'blanco' y 'azul' —incluso 'amarillo'— si se tiene en cuenta que voces germánicas antiguas como *blaewaz* o *blao* (y, por ende, *bleu*, *blue* y *blau*), el propio étimo germánico de *blanco*, *blank* o el adjetivo latino *flavus* 'amarillo, dorado' provendrían de una misma raíz (proto)indoeuropea *bhel-1* 'brillar' (Pokorny, 1959: s.v. *bhel-1*; *American Heritage Dictionary*, 2000: s.v. *bhel-1*). De ahí, quizá, las confusiones y solapamientos que pueden localizarse en varias lenguas indoeuropeas (vid. nota 97 en *cerojado*).

> BLANCA, color, sinifica castidad, limpieza, alegria. Ay muchos lugares en la Escritura sagrada, de donde se colige que por no cansar no los refiero. La vestidura blanca sinifica regozijo y fiesta, y en las bodas, combites, y sacrificios, vsauan della [...] (*Tesoro: s.v.*).

Un siglo después, la Academia define *blanco* siguiendo el modelo habitual de definición, si bien la fórmula inicial responde a una clara oposición entre los dos extremos del eje cromático, blanco y negro:

> BLANCO, CA. adj. Aquel colór que recibe mas de la luz: como la nieve, la leche y otras cosas [...] (*Autoridades*, 1726: *s.v.*).

Asimismo, la propuesta de referentes del *Diccionario de autoridades* es una de las más estables desde el punto de vista lexicográfico: frente a *verde*, *azul* o ***rojo***, los referentes ostensivos de *blanco* —a lo largo de las distintas ediciones del diccionario académico— siempre han sido la nieve y la leche. No obstante, sí que pueden señalarse varios hitos desde el punto de vista microestructural, dado que no siempre se ha optado por el mismo modelo de definición o se ha hecho figurar el mismo tipo de información.

El primer cambio ya puede observarse en la segunda edición de *Autoridades*, en la que la oposición *blanco*/***negro*** se hace más patente si cabe —eliminando cualquier referencia a la nieve y la leche—, definición que se mantendrá hasta la 5.ª edición del diccionario usual:

> BLANCO, CA. adj. que se aplica á uno de los colores de los cuerpos naturales y es el mas opuesto al color negro [...] (*Autoridades*, 1770: *s.v.*).

Por su parte, la edición de 1817 mantiene esa condición del blanco como extremo cromático más claro y devuelve uno de los referentes, la nieve. La leche no regresará hasta la edición de 1869, perdurando hasta la edición actual:

> BLANCO, CA. adj. que se aplica al color más claro de todos, como el de la nieve y otros semejantes [...] (*DRAE*, 1817: *s.v.*).

Finalmente, en la edición de 1869 se adoptará el modelo de definición ostensiva esperado, que se mantendrá, con ligeras variaciones, hasta la edición de 2014. La información relativa a su condición de color de la luz solar no descompuesta se añadirá en 1925.

Desde el punto de vista etimológico, la expresión del blanco en latín se la repartían dos voces, cuyo rasgo distintivo era el brillo: mientras que ALBUS se empleaba para aludir al blanco mate, CANDĬDUS hacía lo propio con el blanco brillante —al igual que ocurre en el caso de *negro*—. Tal y como indica el *DECH* (*ss.vv. albo, blanco*) la voz que el castellano habría preferido como ítem general «en el periodo arcaico» —que abarcaría desde los orígenes hasta el siglo

XIV, siguiendo la concepción de Lapesa (1981 [1942]: § 49-62)— habría sido *albo*. Sirva como ejemplo el siguiente compendio de testimonios extraídos de la documentación medieval leonesa fechado entre los siglos X y XII:

> lanias factas per colorem uarius uermiculas et cardinus et amarellas et *albas* (CL-999, 1042)
> pork[a], per color[e] *alba* (OD-54, 1100)
> uaca sirca *alba* (CL-88, 930)

Sin embargo, Corominas y Pascual advierten que *blanco* ya figura en el *Cid*. La búsqueda en CDH corrobora este hecho, si bien se debe tener en cuenta que son ejemplos cuyo testimonio base data del siglo XIV. En todo caso, los primeros textos —que no testimonios— en los que figura *blanco* datan de principios del siglo XIII. De hecho, los primeros ejemplos de *blanco* y sus variantes flexivas que pueden localizarse en las distintas colecciones de documentación medieval leonesa se fechan a partir del primer tercio de dicho siglo.

El germanismo *blanco* (*blank) se habría introducido en el paradigma cromático del castellano a través del francés (*DECH*: *s.v.*; Lapesa, 1981 [1942]: § 27.5) y habría desbancado a *albo* como término preferente o general a la hora de aludir al color que evoca el de la leche o la nieve. Curiosamente, *albo*, en su momento, también habría desbancado a otro ítem léxico con el mismo valor: su propia forma patrimonial *obo* (albo > aubo > oubo > obo); no obstante, por lo que puede deducirse de la información que proporciona el *DECH*, debió de ser una sustitución bastante temprana, ya que *obo* «quedó pronto confinado a la toponimia (*Torroba, Montovo*)» (*DECH, s.v. albo*). Menéndez Pidal atribuye este destierro a:

> La influencia de una moda o corriente erudita [durante el siglo XI] que, según fué [*sic*] vigorosa o débil, mantuvo ciertos cultismos con *alt, alb*, [...]. Insistimos en que la única razón [...], no es sino el éxito de la presión culta o de la tendencia popular [en el caso del mantenimiento de formas *ot, ob*] (1976 [1926]: § 21₃).

La sustitución de la voz latina por el germanismo —bautizado por el *DECH* (*ibid.*) como «contendiente afortunado»— podría haber venido motivada por su uso en contextos literarios o poéticos, con un carácter, por ende, más elevado — caso análogo al de *cándido*, que también posee ese matiz más literario—, posibilidad que también contemplan Corominas y Pascual, amén de constatar el triunfo de sus derivados frente a la base derivativa: «Fuera de algunos textos muy arcaicos, castellanos o mozárabes [...], sólo [*sic*] se ha usado como latinismo o palabra poética; sus derivados conservaron mayor vitalidad [...]».

A este respecto, el de la vitalidad de *albo*, los autores se plantean la duda de cuándo se habría producido el fin de esa contienda *blanco* vs. *albo* y, por ende, la caída en desuso de la voz latina. Por otro lado, también se apunta al hecho de que la preferencia por un adjetivo u otro no habría tenido la misma incidencia desde el punto de vista dialectal, citando el caso de *alvo* en portugués —que gozaría de un índice de uso mayor que el *albo* castellano—.

Podría añadirse, asimismo, el ejemplo leonés *albar*, voz que el LLA define como «hervir o quemar [un líquido o un hierro]»; en el caso concreto del hierro, Le Men documenta el gerundio *albando* —de uso mayoritario— con el valor de 'al rojo vivo, ardiendo, hierro candente' en varias zonas de León y en Tierra de Campos y cuya relación con *albo* partiría del hecho de que el hierro candente acaba adquiriendo una cierta coloración blanca o blanca amarillenta.

Respecto a la combinatoria del adjetivo con referentes animales, *CorLexIn* aporta diversos ejemplos en los que *blanco* se aplica tanto a équidos —mayoritariamente— como a bóvidos para caracterizar el color de su pelaje. En el caso equino, es una capa básica y uniforme —en la que todo el pelaje presenta prácticamente la misma coloración, sin variaciones acusadas— que Villa y Martín, entre otros, (*op. cit.*: 396-398 y 419-420) reconoce tanto para caballos como para asnos y mulas. No obstante, hay una apreciación que resulta interesante sobre la capa blanca que apunta dicho autor, y es la supuesta inexistencia de caballos blancos de nacimiento (*ibid.*: 397) —y aún más: el hecho de que las capas blancas «puras» son bastante escasas—. Lo cierto es que un caballo puramente blanco sería un caballo albino, esto es, un caballo que presenta el denominado «gen blanco» (W por el inglés *white*). En realidad, los caballos considerados o denominados «blancos» suelen ser caballos tordos cuya capa —condicionada por el «gen gris» o *Grey* (G)— se va aclarando con la edad, alcanzando una tonalidad blanco-grisácea (de ahí, quizá, la afirmación de Villa y Martín).

Para los bóvidos, el blanco es una de las cuatro capas básicas o simples que puede presentar el ganado vacuno, tal y como se ilustró en la entrada **amarillo**. Dicha posibilidad figura asimismo en la obra del veterinario segoviano denominándolo —eso sí— *sopa de leche* o *albahío*, voz que no entraría a formar parte de la nomenclatura académica hasta la edición de 1956; aunque ya aparecía recogida en Alemany y Bolufer desde 1917.

Asimismo, Villa y Martín reconoce la posibilidad de que las cerdas de los suidos sean blancas, tal y como ilustra el ejemplo de Tábara de finales del XVII: «Presenta también [el ganado de cerda] escasa variedad de capas ó pelos. [...] Están casi reducidos al *negro*; al *blanco amarillento ó jaro*; al *blanco* propiamente tal ó *albino*, porque hasta los ojos son blanquinosos» (*ibid.*: 429).

Por último, el *Diccionario Akal del Color* no se separa de los testimonios lexicográficos consultados anteriormente, ofreciendo como referente cromático la nieve e indicando —entre otras muchas informaciones— su condición de color resultante de la conjunción de todas las longitudes de onda.

En el plano documental, el número de testimonios de *blanco* que poseen los corpus académicos es considerablemente alto: los corpus diacrónicos CORDE y CDH poseen, respectivamente, 49202 y 108666 casos. Acotando la búsqueda al siglo XVII, la cantidad de documentaciones se reduce, como es lógico, pero las cifras no dejan lugar a duda: los 10056 testimonios de CORDE y los 108666 de CDH ponen claramente de manifiesto que, en el contexto del siglo XVII, *blanco* es un adjetivo cromático plenamente asentado y funcional, con un elevado índice de uso.

Para el eje sincrónico, CREA ofrece 29436 resultados para la búsqueda lematizada de *blanco*, cifra que CORPES XXI prácticamente triplica con sus 81 137 ejemplos; lo que, por otro lado, certifica la presencia de *blanco* en el caudal léxico del español general en la actualidad, su pervivencia en el uso y su consolidación como ítem básico dentro de la nomenclatura cromática de la lengua española.

Vencedor en su contienda contra *albo*, forma preferida durante el medievo, el germanismo *blanco* acabaría constituyéndose como término general a la hora de aludir al color que evoca el de la nieve o la leche, color que surge de la conjunción de todas las longitudes de onda de los colores pertenecientes al espectro luminoso. Desde el punto de vista lexicográfico, puede caracterizarse por presentar una de las estructuras definitorias más estables, dado que sus referentes ostensivos apenas varían a lo largo de la tradición diccionarística del español.

BLANQUINOSO

Documentaciones en *CorLexIn*:

- Item, otra yegua *blanquinossa*, vieja, con vna potranca de pelo negro, lechal (Sobradiel, Z-1614)

Dentro de la familia léxica de **blanco** se localiza *blanquinoso*, un ejemplo de adjetivo geográficamente marcado que el *DECH* considera préstamo del catalán atendiendo a su patrón derivativo.

Su historia lexicográfica comienza en la segunda edición del *Diccionario de autoridades*, en la que se indica su condición de adjetivo antiguo con el mismo significado que *blanquecino* o *blanquizco*, términos que podrían considerarse como más generales. La autoridad que refrenda la voz es un fragmento de Martínez de Toledo (el Arcipreste de Talavera), que cobrará especial relevancia para el *DECH* tal y como se verá posteriormente. Su inclusión en el lemario académico perdura hasta la edición actual, presentándose siempre como sinónimo de *blanquecino*.

El resto de diccionarios del NTLLE no se desdicen del postulado académico, por lo que mantienen la remisión a *blanquecino* y, por tanto, el significado 'que tira a blanco' de *blanquinoso*. Tampoco el *Diccionario Akal del Color* ofrece una opción distinta a las propuestas académicas y extracadémicas, si bien reúne en una misma entrada las voces *blanquinoso* y **blanquisco**, ambas con el mismo significado: 'blanquecino'.

Su proceso de lexicogénesis es aparentemente sencillo: a la base adjetiva *blanco* se le habría adjuntado el sufijo *-oso*^{2}, que aportaría un valor 'semejanza' que puede apreciarse en otros derivados cromáticos como *verdoso*, **barroso**, *vinoso* o *herrumbroso* (Rello, 2008: 124); un valor que Pharies documenta ya en algún caso propiamente latino como *aurosus* 'de color de oro' (2002: 452). Asimismo, Pharies indica que habría que considerarla una forma con interfijo *-in-* (Malkiel, 1958: 148), fenómeno que se produciría con cierta frecuencia con este sufijo. Sin embargo, el verdadero interés que suscita este derivado recaería en el origen que se postula para el adjetivo —amén del hecho de que supone un ejemplo que ilustra la multiplicidad de sufijos que pueden adjuntarse a una misma base léxica, *blanco* en este caso concreto—.

La consulta en el *DECH* de la entrada *blanco* revela que *blanquinoso*, incluido en la nómina de derivados analizados o citados en el apartado correspondiente de la voz, poseería una condición de «forma catalanizante», condición que se justificaría por la existencia de formas análogas documentadas en valenciano: «Que *blanquinoso* 'blanquecino' es forma catalanizante lo confirma el hecho de que en Valencia se dice también *groguinós* 'amarillento', *blavinós* 'azulado'» (*DECH*: s.v. *blanco*). En el *DECLC*, Corominas considera, de hecho, que la voz catalana *blanquinós* habría sido «manllevat [pedir prestado, tomar] pel castellà Arcipreste de Talavera [...] i per Azorín» (*DECLC*: s.v. *blanc*); es decir, que habría sido un préstamo del catalán que habrían introducido en castellano autores como Martínez de Toledo, Azorín o Gabriel Miró y Pérez de Ayala (*DECH*: s.v.).

En el caso del ejemplo de *CorLexIn*, cabría contemplar ambas opciones: o bien que el *blanquinossa* sea la forma femenina del catalán *blanquinós*, o bien que sea la forma castellana que, en principio, se habría tomado del catalán. No obstante, la opción catalana se postularía como la más probable dada la localización del testimonio.

A propósito del ejemplo que proporciona el *Corpus Léxico de Inventarios*, tanto localización (general, zona aragonesa) como referente —el sustantivo del que se predica el adjetivo— se verían refrendados o corroborados gracias al mapa 580 del *ALEANR*, que registra un caso de *blanquinosa* '(res) blanca' en el noroeste de Huesca.

Por otro lado, la procedencia catalana del adjetivo castellano podría ponerse ligeramente en duda si se tienen en cuenta las fechas de los testimonios que pueden aportarse para *blanquinoso* y *blanquinós*: en el *DECLC*, Corominas afirma que *blanquinós* se documenta en siglo XV; el *DCVB* (*s.v.*) aporta un testimonio fechado en 1466, «[drap] *blanquinós*» y algunos del primer tercio del siglo XVI. Por último, la consulta del CICA devuelve solo 3 resultados, el más antiguo de ellos fechado en el siglo XVI.

En el caso de *blanquinoso*, la búsqueda del adjetivo en CDH proporciona como primera aparición del término, precisamente, una concordancia del Arcipreste de Talavera, casi con total seguridad la misma que cita Corominas en el *DECLC* —si bien la fecha en 1439 en lugar de 1438, fecha propuesta por CDH—:

> «Son de color *blanquinosa* en la cara. E son de sus preduminaçiones estos tres sygnos: Aries, Leo e Sagitarius, ardientes como fuego. Reynan estos tres sygnos en levante» [Martínez de Toledo, A. (1438). *Arcipreste de Talavera* (*Corbacho*). Extraído de: CDH].

La primera documentación de *blanquinoso* en castellano estaría fechada en 1438, mientras que el testimonio más antiguo de *blanquinós* no se localiza, en teoría, hasta 1466. Cabría indicar, por tanto, que, quizá, la lengua fuente no sería el catalán, sino el castellano y, por ende, se entendería que *blanquinós* sería el préstamo tomado a partir del *blanquinoso* castellano y no a la inversa.

No obstante, la solución más factible podría radicar en el hecho de la elevada productividad que Pharies (*op. cit.*: 451) atribuye al sufijo -*oso*. Cabría proponer, por ende, que en ambas lenguas se hubiese generado un mismo adjetivo de manera independiente a partir de un patrón lexicogenético recurrente a la hora de derivar adjetivos que sugieren semejanza con respecto a su base de derivación —como sucedería con **apiñonado** (*vid*. nota 48)—, sin necesidad de acudir a una explicación basada en préstamos de una lengua a otra.

Préstamo o no, en conclusión, la referencia cromática propuesta para *blanquinoso* sería la misma que para sus homólogos *blanquisco*, *blanquizco*, *blanquecino*, etc., es decir, 'que tira a blanco'.

La búsqueda en CORDE de testimonios de *blanquinoso* revela un índice de uso del adjetivo considerablemente bajo en el periodo seiscentista, solo 5 testimonios del derivado de *blanco*, si bien los 5 atestiguan el valor cromático.

Eliminada la restricción temporal, CORDE evidencia un índice de desuso bastante acusado, dado que el total de documentaciones de *blanquinoso* es de 16 casos; condición que podría explicarse perfectamente si se tiene en cuenta la variedad de adjetivos que posee —o poseía— el español para expresar el significado 'que tira a blanco' y, por ende, la preferencia por una forma concreta o un grupo reducido de ellas —no formando parte de dicho grupo la opción *blanquinoso*—.

El CDH eleva el número de testimonios a 25, pero el grueso de documentaciones «novedosas» se sitúa —con excepción de una fechada a principios del XX— en la franja posterior a 1975 y, por ende, fuera de la capa diacrónica de CDH.

A partir del análisis de CORDE y CDH podría afirmarse que *blanquinoso* acumula casi toda su vigencia de uso en el siglo XX —con un índice muy bajo, pero aún así superaría a *blanquisco*, que no rebasa el siglo XVII—. Respecto al dominio al que se adscribe el derivado, a pesar de que dos de las concordancias se localizan en el área americana (Uruguay y El Salvador), ni CORDIAM ni Boyd-Bowman aportan casos de *blanquinoso*.

En la vertiente sincrónica, CREA registra las 8 documentaciones que se mencionaban anteriormente para la capa 1975–2000 de CDH (la capa sincrónica). Finalmente, CORPES XXI, a pesar de la multiplicidad de derivados de *blanco*, sorprendentemente, atesora 4 ejemplos de *blanquinoso* que permitirían documentar la presencia —y persistencia— del adjetivo en el caudal léxico del español actual, si bien de forma claramente minoritaria.

No obstante, si se compara con el uso que documenta el CTILC —cuyo arco cronológico abarca el periodo 1833–2013— de *blanquinós* y sus variantes flexivas, los 648 ejemplos evidencian un nivel de generalización muchísimo mayor que en el caso de *blanquinoso* (que habría tenido que competir con un mayor número de variantes). De hecho, solamente en el siglo XXI se localizan 63 concordancias de *blanquinós*, superando los ejemplos de *blanquinoso* que aportaba CORPES XXI.

Fruto o no de la influencia del catalán *blanquinós*, el adjetivo *blanquinoso* se presenta como una alternativa a la hora de expresar la noción cromática 'que tira a blanco', optando en este caso por la adjunción del sufijo -*oso* y su valor de semejanza. Documentado desde el primer tercio del siglo XV, aún hoy se registran testimonios del adjetivo, si bien puede afirmarse su condición de forma con un índice de uso considerablemente bajo, rasgo derivado casi con seguridad de la preferencia por formas como *blanquecino*.

BLANQUISCO

Documentaciones en *CorLexIn*:

- Yten beinte y nuebe baras de carilla *blanquisca* (Adeje, Tf-1695)
- Vnos calsones de paño de olanda *blanquisca* (Cuzco, Perú-1691)

- Más vna vasquiña de sarga *blanquisca* aforrada en olandilla açul, apreçiada en quatro ducados (Cádiz, Ca-1639)
- Vna basquiña de chamelote *blanquisca* (Huelva, H-1673)
- Vna basquiña de estameña *blanquisca* en diez y ocho reales (Mora, To-1637)
- Yten, es mi voluntad que a mi hijo Juan se le dé un bestido de perpetuán *blanquisco* con trensilla (Purificación, Colombia-1708)

El adjetivo *blanquisco* 'que tira a blanco, blanquecino' es un perfecto ejemplo de la variedad y variabilidad de sufijos que pueden adjuntarse a un mismo ítem léxico primario o básico a la hora de generar nomenclatura cromática nueva, generalmente con el objetivo de expresar o precisar tonalidades concretas.

Al disponer de varias posibilidades lexicogenéticas para expresar un mismo contenido, lo lógico es que ciertas formas prevalezcan sobre otras —lo que, por otro lado, puede desembocar en la desaparición de ciertos vocablos o la adopción progresiva de restricciones de tipo diatópico—. Este hecho podría explicar la escasez de testimonios lexicográficos de *blanquisco*: la búsqueda en el NTLLE revela que el adjetivo solo se localiza en los diccionarios bilingües preacadémicos y en el *DHLE* de 1933-1936.

La fórmula definitoria empleada siempre es 'que tira a blanco', valor que introduciría el sufijo *-isco* como se verá posteriormente. En el caso del *DHLE* 1933-1936, se opta por una definición de tipo sinonímico, dado que presenta como sinónimo de *blanquizco*. Curiosamente, debe efectuarse una doble remisión, puesto que *blanquizco* remite, a su vez, a *blanquecino*, que podría considerarse como el verdadero ítem general (al menos en la actualidad).

En lo que respecta a su proceso de formación, parece existir cierta disparidad: el *DLE* apunta a la existencia de un sufijo *-sco* 'relación, pertenencia' que tendría diversos alomorfos (viz. *-asco*, *-esco*, *-isco*, *-izco*, *-usco*, *-uzco*). La *NGLE*, sin embargo, solo aporta datos sobre *-esco* (§ 7.12b, c), no reconociendo ninguno de los alomorfos propuestos por el diccionario ni el propio sufijo general *-sco* —quizá por su baja productividad— (*vid.* Pharies, *op. cit.*: 110-111, 236, 352-353 y 539-540; Varela, 2005: 52).

En definitiva, el significado que aporta el afijo a la base es el de 'aproximación' o 'semejanza', esto es, con *blanquisco* no se está haciendo referencia a un color blanco «pleno», sino a uno que se aproxima o se asemeja al mismo, pero que no llega a poder considerarse como puramente blanco.

El *Diccionario Akal del Color* no recoge *blanquisco* como lema, pero sí la forma con la variante alomórfica *blanquizco*, que comparte dicha condición junto a **blanquinoso**, remitiendo ambos a *blanquecino* —que, en este caso, se define basándose enteramente en la luminosidad—: «Adjetivación común de las coloraciones cuya luminosidad se aproxima al blanco absoluto» (*Akal: s.v.*), un color que se asemeja al blanco, que comparte la gran mayoría de sus características y que, visualmente, evoca dicha tonalidad; pero que no llega a alcanzarla en su totalidad, no puede hablarse de un blanco total, absoluto o pleno, de un «blanco estándar».

Tal y como establecen sus documentaciones, es una voz escasamente atestiguada en el contexto del siglo XVII, lo que demostraría que la preferencia de los hablantes no se habría inclinado por la posibilidad en -isco. CORDE ofrece 6 casos para *blanquisco*, todos ellos ejemplos de su valor cromático, estrechamente ligadas al área meridional:

> «Lobag [...] Es arbolillo *blanquisco* que por nacer torcido acia abajo llamado labag» [Anónimo (1611-p1650). *El libro de las medicinas caseras, de fray Blas de la Madre de Dios*. Extraído de: CORDE].

Sumando a este hecho la localización de los ejemplos de *CorLexIn*, prácticamente meridionales o americanos en su totalidad, podría postularse una condición de voz meridional para el adjetivo, que habría cruzado de manera temprana el Atlántico, implantándose en el español americano tal y como atestiguan CORDIAM y el *Léxico Hispanoamericano* de Boyd-Bowman desde mediados del XVI.

A los 6 ejemplos correspondientes al siglo XVII habría que añadir aquellos resultantes de la supresión de la restricción cronológica, que eleva el número de resultados de CORDE a 16; aunque prácticamente ninguno rebasa el siglo XVII (su primera documentación como adjetivo, de hecho, se fecha en la primera mitad del XVI).

La consulta de CDH revela una estrecha relación del adjetivo con el dominio del español americano: de los 22 ejemplos que posee el CDH del adjetivo, 11 corresponden a testimonios peninsulares (español europeo) y los otros 11, al dominio americano, un balance perfecto.

La vertiente sincrónica de la Academia, resalta la condición de voz en claro desuso, ya que solo CREA posee testimonios de *blanquisco*, si bien extremadamente escasos (2).

La caída en desgracia de *blanquisco* podría explicarse por la variedad de cauces expresivos del contenido 'que tira a blanco' (*blanquecino, blanquizco, blanquisco, blancuzco, blanquinoso*), lo que, por otro lado, podría haber relegado a *blanquisco* a un uso claramente restringido —potencialmente dialectal y ligado al dominio americano— y propiciando su (pronta) desaparición.

El adjetivo *blanquisco* se presenta como un claro ejemplo de la diversidad de mecanismos que pueden emplearse para precisar matices o tonalidades concretas a partir de una misma base léxica; en este caso concreto, la adjunción del sufijo *-isco* al adjetivo *blanco*. Asimismo, ilustra las consecuencias que acarrea la multiplicidad de expresiones para un mismo significado, ya que es un término cuyo ciclo vital podría fijarse prácticamente entre los siglos XVI y XVII, fugacidad que respondería a la preferencia por otros derivados con sufijos más productivos (*blanquecino, blancuzco*) y a su posible condición de ítem dialectal (voz meridional o, incluso, americanismo).

BOCIBLANCO

Documentaciones en fondos documentales inéditos de *CorLexIn*:

- Dos mulas, vna de dos años, negra *bociblanca*, y la otra color rojo, de ocho años (Zamora, Za-1643)
- Quatro mulos de carga, uno roxo castaño y otro castaño *bociblanco* y otro negro y otro ruçio, con sus aparexos de sobrecarga, todos cerrados (Pinto, M-1653)

Mediante el adjetivo *bociblanco* se alude a una particularidad de ciertos animales cuya boca u hocico presenta una coloración blanca distinta a la del color general del pelaje de la cara. Desde el punto de vista lexicogenético, es un ejemplo de palabra formada por composición a partir de un esquema N-*i*-A.

En lo que respecta a su documentación y presencia en repertorios lexicográficos, el término *bociblanco* no figura en ninguna de las obras preacadémicas empleadas como punto de referencia del presente estudio, esto es, los diccionarios monolingües preacadémicos de Covarrubias y Rosal.

Tampoco figura en *Autoridades* ni en ninguna de las ediciones del diccionario académico. Curiosamente, el que podría considerarse su «antónimo», *bocinegro*, sí que se incluye —si bien de manera tardía— a partir de la edición de 1983 del *DMILE* y, posteriormente, se incorpora ya en la 20.ª edición del *DRAE* de 1984.

Bocinegro, a su vez, remite a la entrada *boquinegro*, definido como adjetivo que «se aplica á los animales que tienen la boca ú hocico negro siendo de otro color lo restante de la cabeza ó de la cara» (*DRAE*, 1817: *s.v.*). La existencia de *bocinegro~boquinegro* permitiría plantear la hipótesis de la existencia de una forma *boquiblanco* pareja a *bociblanco*. *Boquiblanco* solo figura en el *DHLE* 1933-1936 presentándose como sinónimo de *boquirrubio*, entre cuyas acepciones no se encuentra ninguna que presente valor cromático.

Sin embargo, *Akal* sí que incluye ambos lemas en su diccionario, tanto *bociblanco* como *boquiblanco* y los define aportando el significado esperado que podía deducirse fácilmente a partir de las propias bases léxicas del compuesto:

> **boquiblanco o bociblanco**. Adjetivación común de los animales que presentan la boca de coloración blanca, distinta a la del resto de la cara (*Akal*: *s.v.*).

Si se tiene en cuenta, asimismo, el hecho de que los ejemplos de los fondos documentales inéditos de *CorLexIn* se aplican a équidos, la consulta de tratados y manuales de hipología permite corroborar la referencia cromática propuesta por el *Diccionario Akal del Color*, obras que, además, revelan que el término *bociblanco* es más propio de bóvidos que de équidos:

> En vacas se dan también áreas claras en algunos pelajes; [...]. En el toro de lidia se da en algunas ocasiones, llamándose entonces al animal "bociblanco" o "rebarbo", así como cuando el toro tiene el hocico negro —no siéndolo el resto del pelaje— se le llama "bocinegro o "bocinero". La denominación de "bociblanco" o "rebarbo" pudiera admitirse para el asno, pero no para el caballo, donde las áreas claras son amarillentas o rojizas" (Odriozola, 1951: 18-19).

Las documentaciones de *CorLexIn* ilustrarían, precisamente, la posibilidad que figura en la cita de Odriozola de que el término se aplique a équidos, ya que en estos se hace referencia a un «mulo bociblanco» y a una «mula bociblanca».

Por otro lado, posibilidad de la relación entre *bociblanco* y la referencia a bóvidos ya se había reflejado en Villa y Martín (*op. cit.*: 423): «Rebarbo.—Es la res que tiene blanco el estremo de la cola. También se aplica al hecho de tener blanco el hocico, pero para esto es más propia la expresión de *boci-blanco*». Aplicado al ganado bovino, Torres también lo recoge en su *Léxico español de los toros* aplicado al toro «que tiene el hocico blanco» (Torres, *op. cit.*: s.v.).

Bociblanco, por consiguiente, se constituiría como un adjetivo cromático aplicado a bóvidos y ciertos équidos cuyo hocico presenta la característica de ser blanco en contraposición a la coloración general del pelaje de la cara.

Respecto a su presencia en corpus académicos, es un término escasamente documentado que no figura en CORDE hasta el siglo XIX, lo que permitiría a *CorLexIn* adelantar su fecha de primera documentación en dos siglos. La búsqueda empleando diferentes comodines solo arroja 3 concordancias, la más antigua de principios del XIX:

> «5. El Cayetano, negro, bragado, *vociblanco*, con un remiendo en una nalga... 4 años» [Anónimo (1803). *Lista de toros*. Extraído de: CORDE].

Los ejemplos de *CorLexIn*, además, son los únicos que parecen demostrar, por otro lado, la posibilidad combinatoria de *bociblanco* con referentes no bovinos.

Tal y como se había reseñado anteriormente, también existe la forma *boquiblanco*, de la que CORDE solo ofrece una documentación fechada hacia 1650 en la que el adjetivo no presenta el valor cromático analizado, sino que se emplea como sinónimo de *boquirrubio* 'candoroso, inexperto' (*vid.* **rubio**).

En el caso de CDH, la búsqueda de las distintas variantes arroja un total de 5 casos en los que el adjetivo se presenta con valor cromático. Dos de ellas ya figuraban en CORDE y las 3 restantes se localizan en la capa sincrónica.

Estas tres últimas concordancias son las que ofrece CREA. El otro corpus sincrónico que posee la academia, CORPES XXI, solo ofrece 2 ejemplos para *bociblanco*, nuevamente aplicado a toros:

> «[...] que por ahí queda la que firmó en la mexicana plaza de El Toreo el 17 de febrero de 1946, ante el astifino, castaño *bociblanco*, Platino, del pial de Coaxamalucan [...]» [Ortiz Trixac, S. (2001). *Lances que cambiaron la Fiesta*. Extraído de: CORPES XXI].
> «Miguel.-(Como toro, resoplando.) ¡Qué coño dices! Si soy negro zaino, *bociblanco* y astifino» [Boadella, A. (2011). *Controversia del toro y el torero*. Extraído de: CORPES XXI].

La aparente alomorfia *boqui-/boci-* que parecen presentar los términos sinónimos *boquiblanco* y *bociblanco* podría explicarse a través de orígenes etimológicos distintos que habrían seguido un mismo esquema compositivo N-*i*-A: *boquiblanco* partiría de la base nominal *boca*, mientras que *bociblanco* habría optado por *bozo* 'parte del rostro próxima a la boca' (*DECH*: s.v. *bozo*)[84]. Esta explicación podría apoyarse o corroborarse gracias a la existencia de términos alternativos con el mismo significado que *boquiblanco* y *bociblanco* que habrían escogido, asimismo, bases nominales distintas a la hora de hacer referencia a la peculiaridad cromática descrita, como por ejemplo, *hocico*: Torres (1989: *s.v.*) documenta *hociblanco* y Zamora Vicente (1980) incluye *jociblanco* en el *Gran Sopena*.

Bociblanco, en conclusión, es un adjetivo compuesto que alude a la particularidad que presentan ciertos bóvidos y équidos de tener el pelaje que rodea el hocico de color blanco, color que no se corresponde con el general de la cara del animal. Los ejemplos de *CorLexIn*, amén de atestiguar su posibilidad de referencia a équidos, documentan la presencia del término ya en el siglo XVII. Su reducido número de documentaciones en corpus le confiere un claro estatus de palabra en desuso.

---

84   *Bozo* también posee el significado de 'cabestro' (*DLE*: s.v.) y 'bozal' (*LLA*: s.v.), rasgo que podría haber motivado la elección de dicha base nominal partiendo de la similitud entre la decoloración de la zona del hocico y la res con bozal. El *DGLA* (*s.v. bozu*) añade el valor de 'hocico de la res vacuna' en Cabrales.

BRAGADO

Documentaciones en *CorLexIn* y en fondos documentales inéditos de *CorLexIn*:

- Tres mulas de a quinze meses, la una *bragada*, la otra morena y la otra castaño claro (Autillo de Campos, Pa-1654)
- Vn rozín de quinze meses roxo *bragado* (Autillo de Campos, Pa-1654)
- Yten, un nobillo de dos años, que ba a tres, negro, *bragado* (Bercial de Zapardiel, Av-1650)
- Vn heral *bragado*, Pelicer, bueno, siete ducados (Navahermosa, To-1638)
- Otra baca llamada *Bragada*, en dusientos y sinquenta y quatro reales (Puebla de Peñarrubia, Ma-1699)
- Vna mula color *bragada* (Álora, Ma-1661)
- Otra nobilla color negra y *bragada* (Losacio, Za-1670)
- Un heral *bragado* castaño, que se dize Halcón, en seis ducados (Navahermosa, To-1638)
- Una añoxa yja suya tostada y *bragada* (El Espinar, Sg-1657)
- una baca negra *bragada* rabona (El Espinar, Sg-1657)
- Yten, un nobillo de dos años, que ba a tres, negro, *bragado* (Bercial de Zapardiel, Av-1650)

Mediante el adjetivo denominal[85] *bragado* se hace referencia, por lo general, a aquellos animales que tienen la bragada o bragadura —cara interna del muslo— de distinto color al general de la capa, especialmente cuando esta es blanca.

A pesar de que varios términos aplicados a bóvidos y équidos se registran tardíamente en el plano lexicográfico, Covarrubias ya lo incluye en su nomenclatura en la entrada correspondiente a *bragadura*:

> BRAGADVRA, las entrepiernas, que por otro nombre se llaman horcaxadura, porque desde allí se divide el cuerpo en horca, con las dos piernas. Bragado, el buei, u otro animal que tiene la bragadura, de color diferente, que el demas pelo […] (*Tesoro: s.v.*).

La entrada de Covarrubias constituye un testimonio importante por tres motivos: en primer lugar, ayuda a identificar la zona del animal en la que se localiza la peculiaridad de la capa, la bragadura o entrepierna del animal; asimismo, el toledano aporta el sustantivo del que generalmente se predica la cualidad, «el buei, u otro animal». Por último, se especifica la peculiaridad concreta que afecta a la morfología del pelaje del animal: en principio, un buey —o un

---

85 Hasta la edición de 1992 del *DRAE*, se indicaba que la etimología de *bragado* era el latín BRACĀTUS. En la edición de 2001, la información etimológica desaparece, retornando en la actual de 2014 con una propuesta nueva: *braga*[1] + *-ado*, de ahí la consideración de adjetivo denominal que se indica.

animal— *bragado* tendría la cara interior de los muslos de un color distinto al general de la capa.

El siguiente hito lexicográfico lo constituye el *Diccionario de autoridades* —aunque el lema ya estaba presente en varios bilingües preacadémicos—, que modifica de un modo significativo el significado del adjetivo respecto a la propuesta de Covarrubias:

> BRAGADO, DA. adj. Lo mismo que Manchado, ò salpicado de diversos colóres. Dícese propriamente de los caballos, bueyes, y animáles que tienen la piel manchada de diferentes colóres, por la parte del vientre y bragádas (*Autoridades*, 1726; s.v.).

Además de ampliar la valencia combinatoria del adjetivo al concretar un nuevo referente animal, *Autoridades* presenta una zona mayor en la que se localizaría el cambio de coloración del pelaje —de solo la bragadura a la bragadura y el vientre—, y, además, presupone claramente la confluencia de más de dos tonalidades.

Sin embargo, la segunda edición de *Autoridades* rectifica y adopta el modelo de definición que perdura actualmente en el diccionario usual, devolviendo la idea de una combinación bicromática y limitando la localización del cambio en el patrón de color del pelaje al área de la bragadura:

> BRAGADO, DA. adj. que se aplica al buey que tiene la bragadura de diferente color que lo demás del cuerpo. Dícese también de otros quadrúpedos (*Autoridades*, 1770: s.v.).

Asimismo, se elimina la referencia explícita al caballo que se había incluido en la primera edición, indicando, eso sí, nuevamente, la posibilidad de que el adjetivo modifique a otros animales.

El único que parece desdecirse de este nuevo modelo de definición es Terreros, cuya definición de *bragado* posee un mayor parecido con la propuesta de la primera edición del *Diccionario de autoridades*; aunque no indica que sea un adjetivo que se predique de referentes animales: «manchado de colores [...]» (Terreros, 1786 [1767]: s.v.).

A pesar de que el color de la bragadura no se ha especificado en ningún caso, solo se indica que el color debe ser diferente al general de la capa, los diccionarios bilingües preacadémicos apuntaban especialmente a **blanco**. Esta posibilidad, la diferencia *blanco* vs. color general de la capa, ya se habría constatado en una de las —aparentemente— primeras documentaciones de la voz: «E color bragado es a saber que aya vn quarto o dos o tres negros o bermejos o soros. E vn quarto o dos o tres blancos» (Sayol, 2004 [1380–1385]: 124v).

Puesto que es un ejemplo de término cromático estrechamente ligado al ámbito animal —en especial al ganado bovino—, resulta pertinente la consulta de fuentes de información enfocadas a dicho contexto. Así, Casas de Mendoza y Villa y Martín lo describen como un tipo de particularidad que modifica la capa vacuna (Villa y Martín, *op. cit*.: 422); no obstante, a pesar de las coincidencias existentes, cada uno expone ciertas particularidades que el otro no incluye:

> Con cualesquiera de los pelos negro, castaño, colorado, cárdeno, sardo ó jabonero, puede ser el animal *bragado*, que es tener más o menos blanco por el vientre y bragadas ó bragadura (Casas de Mendoza, *op. cit*.: 195).
> BRAGADO.— Cuando tiene más claro ó blanco el pelo de las bragadas (Villa y Martín, *op. cit*.: 423).

Mientras que Villa y Martín limita *bragado* al pelo de la bragadura, Casas de Mendoza, unos años antes, habría contemplado también la posibilidad de que un animal *bragado* no solo tuviese la bragadura de color distinto al general de la capa, sino también el vientre. En lo que sí coinciden ambos autores es en el animal al que se aplica dicho adjetivo, en principio un toro —y, por extensión, una res— y en la tonalidad característica de la bragadura: un color más o menos blanco o un color claro, pero siempre una tonalidad distinta y generalmente más clara que la del resto de la capa.

En lo que respecta a su posible localización en el ámbito de la geografía lingüística, *bragado* figura como resultado del mapa 738 del *ALEANR* para 'pío, caballo de dos colores', constatando así la posibilidad combinatoria de *bragado* con otros referentes animales con un rasgo [+equino] (posibilidad que ya ilustraba *CorLexIn* en hasta tres ocasiones, alternando entre caballos y mulas).

El ámbito geográfico de la voz se ampliaría al área canaria con el testimonio del *ALEICan*, en cuyo mapa 357 se presenta *bragado* como sinónimo de *berrendo* «(res) a manchas negra y blanca» y con el significado de «(res) con manchas en el braguero». A estos dos testimonios cabría añadir la información que proveen Navarro y Calero Carreño y Guerra Navarro, que atestiguaría su uso —en Fuerteventura y Gran Canaria, respectivamente— aplicado a animales fuera de la órbita de bóvidos y équidos:

> *Bragado, da*.— (Pr. *bragao, a*). Adj. Dícese de la cabra, principalmente, que tiene la parte central de la barriga y del lomo blancos, y el resto del cuerpo de cualquier otro color.— Reg. en DRAE [*sic*], con acep. similar (Navarro y Calero Carreño, 1965: 260).
> BRAGADO.— Se aplica al gallo de pelea de plumaje colorado o melado con manchas redondas blancas, mayores que las del *colorado-pinto* [...] (Guerra Navarro, 1965: *s.v.*).

Finalmente, el *Diccionario Akal del Color* no se desdice en exceso de los postulados lexicográficos anteriores:

> **bragado** (bicromática, de una coloración en la bragadura distinta a la del resto), correspondiente, sobre todo, a la característica del pelaje de algunos bueyes (*Akal: s.v. ganadería, colorismo de la*).

Así, remitiendo desde *bragado* al bloque dedicado al colorismo de la ganadería, *Akal* indica que el adjetivo alude a una capa bicromática en la que la bragadura del animal ostenta un color distinto al resto —sin especificar, sin embargo, que el color de la bragadura debe ser, bien blanco, bien de un color más claro que el general de la capa—, amén de ligar el término al campo de la adjetivación alusivo al colorismo de la ganadería bovina; aunque puede traslucirse que el abanico de referentes sería mayor a partir de ese «sobre todo» que precede a la especificación del referente.

La propuesta cromática que se aduce para *bragado*, en conclusión, es 'animal con el pelo de color oscuro y la bragadura blanca o más clara', aplicándose, por lo general, a ejemplares bovinos y pudiendo extenderse dicho pelaje blanco por la zona del vientre.

En el plano documental, tanto CORDE como CDH coinciden en la propuesta de primer testimonio del adjetivo con valor cromático, fechado a finales del siglo XIV:

> «E color *bragado*. es a saber que aya vn quarto o dos o tres negros o bermejos o soros [capas oscuras como puede apreciarse]. E vn quarto o dos o tres blancos» [Sayol, F. (1380-1385). *Libro de Palladio*. Extraído de: CORDE, CDH].

A pesar de que hay algún ejemplo más en la obra, el resto parece referirse más al valor 'manchado' que al puramente 'con un cambio de pelaje en la bragadura'.

No obstante, el siguiente testimonio perteneciente a la colección documental del monasterio de Sahagún fecharía la primera aparición de *bragado* a mediados del siglo X:

> Et vobis dedistis mici in precium bobe *bracato* in VII modios quanto nobis vene complacuit et aput vobis non remansit nulus devitus ut ex odierno die vel tempore de nostro iure sit extersa [...] (Sh-136, 951)[86].

Al documento facundino podría añadírsele, incluso, otro testimonio perteneciente al tumbo del monasterio de san Salvador de Celanova, fechado en el año 961 y que figura en el *Léxico hispánico primitivo*: «uaka colore brakata» (Lapesa, 2003: *s.v. bracato, brakato*).

La búsqueda en CORDE del adjetivo en el periodo cronológico del siglo XVII permite poner en valor los ejemplos de *CorLexIn*, puesto que tan solo 6 (8 si se tienen en cuenta 2 casos dudosos) de las documentaciones del total de 14 se corresponden con el uso cromático del adjetivo —lo que dibujaría una

---

86   En el *Fichero general*, esta cédula figura marcada con un punto rojo, lo que indica su condición de primera documentación localizada en el propio fichero.

condición de voz en desuso ya en dicho periodo, quizá por lo restrictivo de su valencia combinatoria—. Las mismas que ofrecería CDH, a pesar de elevar el número de concordancias a 24.

Si se elimina la restricción diacrónica, puede apreciarse cómo el adjetivo no goza de un índice de uso especialmente elevado. En el caso de CORDE, el número total de documentaciones alcanza los 103 casos; pero solo 33 (35 si se tienen en cuenta 2 casos dudosos) —incluidos los ejemplos seiscentistas— sirven para atestiguar su valor de adjetivo cromático.

El CDH vuelve a aumentar el número de casos; pero del total de 209 resultados, solo 51 (52 si se tiene en cuenta un caso dudoso) ilustran el valor analizado de *bragado*.

Además de ilustrar las posibilidades combinatorias con équidos —en principio no se localizan ejemplos aplicados a otros animales fuera de équidos o bóvidos, siendo estos últimos los mayoritarios—, las documentaciones permiten constatar la presencia de *bragado* en el dominio del español americano. Mientras que la búsqueda en CORDIAM no permite obtener resultados, el *Léxico hispanoamericano* de Boyd-Bowman sí que proporciona algunos—si bien escasos— desde finales del XVI.

Sin embargo, el significado de *bragado* en la otra orilla del Atlántico no se correspondería exactamente con el que posee el adjetivo en el español europeo: a pesar de que hay diccionarios[87] que concuerdan y atestiguan dicho valor, algunos diccionarios de corte diferencial apuestan por un tipo de patrón cromático ligeramente distinto (franjas, listas, en la cara, en zonas más amplias del pelaje, solo a bóvidos, solo a équidos, etc.). No constituye, eso sí, un hecho infrecuente; es más, suele producirse con especial frecuencia en el caso de adjetivos alusivos al color de los animales e, incluso, es un fenómeno que no requiere que los términos se encuentren a ambos lados del Atlántico: dentro del propio dominio peninsular pueden documentarse tanto cambios de referente animal como de referencia cromática (*vid.* **buro**, **rojo**, **jabonero**, **loro**, etc.).

Para cerrar el apartado dedicado al análisis de las documentaciones de la voz en los corpus académicos, el bloque sincrónico representado por CREA y CORPES XXI arrojan un estatus de voz en claro desuso para *bragado*, muy posiblemente motivado por su restringido ámbito de aplicación.

CREA posee 51 ejemplos del adjetivo, pero solo 3 pueden considerarse ejemplo de *bragado* 'color', mientras que, sorprendentemente, CORPES XXI eleva el número de casos de *bragado* a 241, correspondiéndose 48 de ellas con *bragado*

---

87 *Vid.*, entre otros, Armas Chitty (1961-1962), Terrera (1948), Morínigo y Morínigo Vázquez-Prego (1998), Malaret (1931), Granada (1920), Segovia (1911) o el *DEM*.

'animal con la bragadura blanca o clara'. No obstante, los ejemplos vuelven a hacer gala del contexto restringido de la voz, ya que todos ellos pertenecen a textos alusivos a corridas o espectáculos taurinos, por lo que todos los referentes de los que se predica *bragado* son toros.

Podría afirmarse, en conclusión, que el ámbito geográfico de la voz en lo que respecta a su uso se habría limitado al dominio del español americano —donde *bragado* gozaría de un relativo índice de frecuencia, especialmente en México—, pero con un ámbito de aplicación muy reducido[88]. Un rasgo que, quizá, ya podría haberse deducido del irregular patrón de distribución geográfica que ya reflejaban los ejemplos de *CorLexIn*.

Quizá heredado del latín BRACĀTUS 'que lleva calzones' o nacido de la adjunción del sufijo *-ado* a *braga*, el adjetivo *bragado* se emplea para aludir a aquellos animales —especialmente bóvidos, pero también équidos o, incluso, aves de corral o cabras— cuya bragadura o cara interior de los muslos es de un color más claro que el del resto de la capa, especialmente cuando la bragadura es blanca. Es una voz escasamente documentada, con una distribución geográfica irregular y claramente en desuso —aunque posee una vitalidad ligeramente mayor en el dominio americano, con ligeras variaciones combinatorias y referenciales—, rasgos quizá motivados por el ámbito de aplicación del adjetivo.

BURO

Documentaciones en *CorLexIn* y en fondos documentales inéditos de *CorLexIn*:

- Un becerro de quatro años, su color *buro* (Arroyuelos, Campoo, S-1658)
- Una baca con su jata *bura* (Castroañe, Le-1628)
- Un buey *buro* de edad de cinco años (Castroañe, Le-1628)
- Dos bueyes de labranza, el uno color bermejo y el otro *buro* (Gradefes, Le-1649)

Al igual que en entradas anteriores, el término *buro* se presenta como un adjetivo de color especializado en la referencia a animales. Suele aplicarse a animales de las familias ovina y bovina, si bien también puede encontrarse algún ejemplo aplicado a équidos.

Buro no figura en ningún repertorio lexicográfico hasta la 9.ª edición de 1843 del diccionario académico y se presenta como un provincialismo aragonés que remite al sustantivo *greda*:

BURO. m. *pr.* Ar. Greda (*DRAE*, 1843: *s.v.*).

---

88 Podría, incluso, hablarse de una voz con marca tecnolectal, es decir, de un tecnicismo propio de la ganadería o la tauromaquia.

Aunque en este caso *buro* se presenta como un sustantivo, su referencia a *greda* puede tener cierto interés desde el punto de vista cromático, ya que la greda es un tipo concreto de arcilla que presenta una tonalidad particular; figura en el *Tesoro* de Covarrubias y en Rosal, pero no será hasta *Autoridades* cuando aparezca una referencia más o menos clara sobre su tonalidad:

> **GREDA.** s.f. Especie de tierra blanca y pegajosa, que comunmente sirve para batanar y lavar los paños y texidos de lana, para sacar las manchas de las ropas, aclarar el vino y otros usos (*Autoridades*, 1734: *s.v.*).

La edición actual mantiene prácticamente la misma definición que propuso la 13.ª de 1899, en la que se añadió un matiz azulado al color blanco original:

> **greda.** f. Arcilla arenosa, por lo común de color blanco azulado, que se usa principalmente para desengrasar los paños, quitar manchas y otras cosas (*DRAE*, 1899: *s.v.*).
> **greda.** 1. f. Arcilla arenosa, por lo común de color blanco azulado, usada principalmente para absorber grasa y en la fabricación de cerámica (*DLE*: *s.v.*).

Aunque en todos los casos *greda*, y, por ende, *buro*, estaría empleada como sustantivo y no como adjetivo, pudiese darse el caso de que esta funcionase como adjetivo con valor de 'color'. El *Diccionario Akal del Color* corroboraría esta posibilidad tanto para *greda* como para *buro*:

> **greda.** Coloración específica blanquecina, azul y semineutra [...]. Se dice también «color buro» y «color tierra de Segovia» (*Akal*: *s.v.*).

Por tanto, podría establecerse una primera referencia cromática en la que *buro* esaría ligado a un color blanco que presenta matices azulados.

No obstante, y ya que tres de las documentaciones obtenidas de los fondos inéditos de *CorLexIn* se localizan en León, la consulta del *LLA* ofrece una referencia cromática totalmente opuesta a la deducida a partir del color de la arcilla:

> **buro, ra.** 'se dice del ganado bovino y ovino que tiene todo el hocico negro' (*LLA*: *s.v.*).

Le Men documenta este valor de *buro* también en Asturias y Cantabria —opción que contemplaba asimismo *CorLexIn*—, tal y como demostrarían los repertorios lexicográficos y diccionarios con los que justifica dicha presencia:

> **buru ~ -o, -a:** [...] Or: *bura* (M. B.), oveja con morro negro (Neira, 1989: *s.v. buriel*).
> **bura.** Res oscura de cara. Se dice casi siempre de las ovejas (García Lomas, 1949: *s.v.*).
> (la oveja) de cara negra: /búra/ (Penny, 1978: § 347).

Sin embargo, como ya advierte Le Men, pueden encontrarse referencias cromáticas distintas para *buro* tanto en diccionarios asturianos como cántabros, situación que suele producirse con frecuencia en los términos referidos a colores aplicados a capas animales:

buriel. adj. C: *buru ~ -o, -a*: 1- se aplica al ganado vacuno de color acaramelado (Vig.), 2- pelirrojo (Sobrs.), 3- res vacuna que tiene el hocico rubio y el resto de la piel de otro color (Sobrs.), […] (Neira, *op. cit.*: *s.v.*).
buru, a, o De color acanelado (el ganado) [Cg.]. Pelirrojo [Pa.]. Que tiene los ojos rodeados de cierta rubicundez especial, o, como si dijéramos, albinos (el ganado vacuno) [LV. R. DA.]. De cara pecosa y pelirrojo [Ay.]. Con el morro negro (la oveja) [Lln.]. De cara algo pinta (la oveja) y, por analogía, la persona que tiene el pelo entre negro y cano [Lln.]. Que tiene el hocico negro (el ganado bovino y ovino) [VCid.] (*DGLA*: *s.v.*).
buru, -a, -o: *ax*. Que ye roxa azafranada y pinta la rama [una persona]. **2** De pelo negro y cano [una persona]. **3** Que tien pelo roxo alredor de los güeyos y el focicu escuru [una vaca, un xatu]. **4** De color roxo [una vaca, una yegua] […] (*DALLA*: *s.v.*).
buro. Color rojo-oscuro de las reses bovinas principalmente (Cabuérniga y Potes) (García Lomas, *op. cit.*: *s.v.*).

Los datos arrojados por los repertorios lexicográficos permiten establecer diversas conclusiones: a) la referencia cromática para *buro* aplicado a animales varía en función de la zona, si bien la propuesta del *LLA* 'cara/hocico negro' se documenta en todas ellas; b) en Asturias, el término también puede aplicarse a personas, seguramente por la similitud entre el rasgo animal y el humano (*vid*. **barcino**, **loro**); c) según el *DGLA*, el adjetivo puede aplicarse también a équidos con el significado de 'rojo', aunque la combinatoria se da casi en su totalidad con ganado ovino y bovino; d) en Cantabria, según García Lomas, *bura* y *buro* presentarían rasgos de contenido y referentes distintos: *bura* se emplearía mayoritariamente con ovejas y con el significado propuesto por el *LLA*, mientras que *buro* parece aplicarse a bóvidos y con un valor de 'rojo oscuro' (al menos en localidades de la zona occidental cántabra).

La referencia cromática, por tanto, se presenta como variable, aunque puede considerarse como principal la que hace referencia a 'cara/hocico negro' al estar documentada en todas las zonas en las que se localizan ejemplos (si bien nada se indica sobre la tonalidad del resto del cuerpo, que, lógicamente, no sería negra, sino de cualquier otro color). El resto de posibilidades semánticas y referenciales ('acaramelado', 'rojo', 'hocico rubio', etc.), corresponderían a rasgos de carácter diatópico.

Respecto a las documentaciones de *buro* en los corpus académicos, CORDE registra solo 2 casos para *buro* y sus variantes; pero ninguno de ellos con el significado esperado. El CDH, en cambio, sí que posee documentaciones de *buro* con el valor de 'color', si bien muy escasas en comparación con el total de casos (4 documentaciones de un total de 479), todas ellas pertenecientes a un texto de fray Bernardino de Sahagún del siglo XVI —que, por otro lado, constituirían su primera documentación—:

«Tienen [las ardillas] el pelo blanco, pequeñitas orejas delgadas, la cola espagañada, el pelo *buró* y en las puntas negro» [Sahagún, B. de (1576–1577). *Historia general de las cosas de Nueva España*. Extraído de: CDH].

No pasa desapercibido que se emplee el término *buro* si se tiene en cuenta el origen de fray Bernardino (en el caso leonés, Le Men documenta la voz en el este de la provincia).

CREA posee un total de 334 para *buro* y sus variantes flexivas, pero ninguna se corresponde con el significado 'color', al igual que en caso de CORPES XXI, en el que ninguna de las 750 documentaciones que ofrece para el adjetivo se corresponde con el valor analizado, por lo que puede considerarse como un ítem léxico en desuso —quizá motivado por su marcada restricción diatópica y combinatoria—.

Dentro del área leonesa, *buro* se presenta como un adjetivo escasamente documentado que se aplicaría al ganado ovino o bovino con el hocico de color negro, alejándose del 'blanco, blanco azulado' que se esperaría de *buro* 'greda'. No obstante, es un término —como la mayoría de voces cromáticas animales— con una curiosa variabilidad sujeta a factores geográficos, especialmente en lo que respecta a sus posibilidades cromáticas —pudiendo abarcar tonalidades más rojizas o rubias—, a su empleo en otras partes del animal o, incluso, a su posibilidad combinatoria —pudiendo predicarse de referentes humanos—.

CABELLADO

Documentaciones seleccionadas en *CorLexIn* y en fondos documentales inéditos:

- Vna pollera de sarga *cabellada* viexa (Alcalá la Real, J-1648)
- Vn par de chapines de terçiopelo *cabellado* (Almería, Al-1659)
- Un bestido de rasilla *cauellada* con dos vueltas de puntas, en veinte y ocho reales (Andújar, J-1665)
- Una saya de raja y una mantilla je<d>reçada y un coletilo de sarga *cavellada* (Mirandilla, Ba-1655)
- Más, dos paños acauados catorcenos, *cauellados* (El Barco de Ávila, Av-1653)
- Yten otro pedaço de raço azul, *cauellado* y anteado, con doze baras (Garachico, Tf-1695)
- Vn monillo de tela, *cauellado* (Huelva, H-1673)
- Otro vestido de tela *cauellada*, sin mangas (La Orotava, Tf-1663)
- Yten, más sesenta y dos varas de tafetán *cauellado* sençillo en dos pedaços (Medina de Rioseco, Va-1645)

- Vna basquiña y jubón de sempiterna color *cauellado*, en diez ducados (Mora, To-1637)
- Primeramente una basquiña *cauellada*, de paño, con dos passadas de rassilla (Valverde, Te-1668)
- Vna basquiña y jubón de anafaya, *cabellado*, guarneçida y andada (Tudela, Na-1654)
- La pollera de christal *cauellado*, en treinta reales (Málaga, Ma-1651)
- vn jubón de parragón negro aforrado en tafetán *cabellado*, vssado, de muger (Bollullos Par del Condado, H-1650)
- un jubón de raso, de flores, *cavellado* (Soria, So-1633)

El cuerpo humano también puede constituirse como sugerencia origen de un adjetivo cromático, tal y como evidencia *cabellado*, cuya base nominal es el sustantivo *cabello*, radicando el valor cromático en el color castaño, más claro u oscuro, que este puede presentar.

Covarrubias no recoge el lema ni de manera independiente ni como sublema en la entrada *cabello*, por lo que el primer testimonio al que se debe acudir —en el contexto monolingüe, ya que Vittori recoge el valor de *cabellado* 'color de cabello' en su diccionario de 1609— es el *Diccionario de autoridades*:

> **CABELLADO, DA.** adj. Colorído castaño con algunos visos que semejan al cabello de esta color, que por ser mas regular en el cabello, pudo venir de allí el adjetívo. Distínguese en claro y obscúro como el color castaño (*Autoridades*, 1729: s.v.).

Revisando el historial lexicográfico académico de este lema, resulta curioso cómo en la primera edición del diccionario manual de la Academia de 1780 la acepción cromática se elimina y *cabellado* pasa a considerarse sinónimo de *cabelludo* —que no posee dicho valor—. El valor analizado en la presente entrada no regresa al diccionario de la Academia hasta la 15.ª edición de 1925, habiendo pervivido, por el contrario, en la nomenclatura de prácticamente todas las obras lexicográficas extracadémicas incluidas en el NTLLE.

Por otro lado, la definición «actualizada» ya no distingue entre claro y oscuro, sino que indica que el *cabellado* es un tono de marrón «con visos», esto es, brillante y que cambiaría en función de la incidencia de la luz.

La elección del castaño claro/oscuro como referencia cromática de *cabellado* puede venir motivada, por otra parte, por el hecho de que la coloración marrón o castaña del cabello es la más común entre los pueblos nativos del sureste de Europa, tal y como ilustra el siguiente mapa sobre la distribución del cabello claro en el continente europeo:

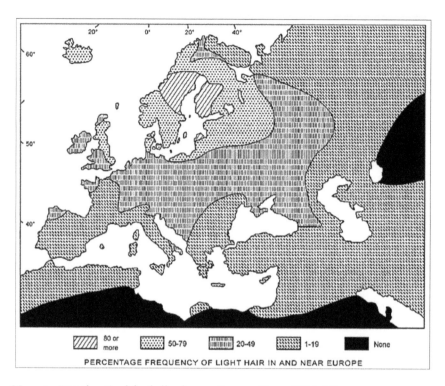

Mapa 4. Distribución del cabello claro en Europa (Frost, 2006: 86)

Dado que, en principio, ningún testimonio lexicográfico consultado rebate la referencia cromática propuesta por *Autoridades* —la fuente más cercana a los ejemplos que figuran en *CorLexIn*—, la tonalidad que se propone para *cabellado* es 'castaño con visos', un castaño que evoca al de la tonalidad del cabello de dicho color y que puede oscilar entre tonalidades más claras u oscuras. De hecho, el *Diccionario Akal del Color* corrobora dicha hipótesis en las entradas *cabellado* y **acabellado**:

> **cabellado**. Denominación común de las coloraciones inespecíficas acastañadas que sugieren visos (*Akal: s.v.*).
> **acabellado**. Adjetivación común de las coloraciones inespecíficas acastañadas y luminosas cuya sugerencia origen corresponde a la pigmentación del cabello castaño claro.
> // Colorido en el que predomina la sugerencia parda clara (*ibid.: s.v.*).

Da la impresión de que los testimonios «modernos» se inclinan hacia coloraciones más claras; sin embargo, en este caso concreto, sería preferible mantener la distinción claro/oscuro a la que apunta *Autoridades* (si bien la incidencia de la luz es la que genera el viso y, por ende, la oscilación entre el claroscuro de la tonalidad).

En el ámbito documental, el *DECH* lo documenta ya en Nebrija; sin embargo, el valor con el que lo documenta el lebrijano no es cromático. La revisión de CORDE y CDH revela que la primera documentación del valor cromático de *cabellado* se remontaría a finales del siglo XVI:

> «[...] los quales son por razon de onze baras de raxa *cabellada*, a precio cada bara de veinte reales, que de uos compré e rescebi yo el dicho Miguel de Ceruantes» [Anónimo (1598). *Obligación de Miguel de Cervantes de pagar a Jerónimo Luís de Molina 220 reales por 11 varas de raja…* Extraído de: CORDE, CDH].

Tal y como puede observarse, el término aparece ligado al ámbito textil desde su propio origen. De hecho, los textos compilados por Anastasio Rojo Vega revelan un ejemplo anterior que adelantaría la fecha de primera documentación propuesta a 1580: «yten otro papel con quatro madexas de seda *cabellada* y un obillo de seda de beteria y una madexa de seda berde y dos madexas de seda berde» (Valladolid, Va-1580).

La restricción cronológica previa que analiza las concordancias en los corpus académicos diacrónicos localizadas en el periodo 1601-1700 no es necesaria en este caso, puesto que el grueso de documentaciones de *cabellado* empleado como adjetivo cromático se localiza, precisamente, en el siglo XVII. De hecho, de las 117 concordancias de *cabellado* que ofrece CORDE, 41 (42 si se tiene en cuenta 1 único caso dudoso) se corresponden con dicho valor, fechándose 38 en el siglo XVII. CDH, por su parte, permite analizar un total de 65 casos de los que pueden añadirse a los anteriores de CORDE 9 documentaciones más de *cabellado* fechadas igualmente en el siglo XVII.

Teniendo en cuenta este hecho, la desaparición del valor cromático de la macroestructura académica a partir de la primera edición del diccionario manual sería comprensible y estaría justificada, al poder considerarlo como una acepción ya en desuso en el contexto dieciochesco. Además, quizá pueda conferírsele el estatus de ítem cromático puramente seiscentista, dado que su «periodo vital» como palabra comienza y termina, nace y muere, con el propio siglo.

El análisis de las concordancias de los corpus sincrónicos no puede llevarse a cabo en este caso dado que ni CREA ni CORPES XXI ofrecen resultados para la búsqueda de *cabellado*, lo que indica un claro estatus de desuso del adjetivo, quizá motivado por la existencia y preeminencia de **castaño** a la hora de aludir o caracterizar al color del pelo —que, posteriormente, se vería desbancado en la segunda mitad del XIX por el galicismo *marrón* (Cotelo, 2011)—.

Los ejemplos de *CorLexIn*, no obstante, permiten postular que, al menos en el contexto cronológico del siglo XVII, *cabellado* gozó de un índice de uso moderadamente elevado que permitió, por otro lado, su generalización —atendiendo a la distribución de los ejemplos del *Corpus Léxico de Inventarios*—, si bien los testimonios parecen ligar su uso al ámbito textil. Podría tratarse de un intento de verbalización de un supuesto matiz dentro de la gama de tonalidades castañas o marrones que, posteriormente, y tal y como parece, acabaría perdiendo la batalla frente al término que podría considerarse como general en la época para hacer referencia a este tipo de tonalidades, *castaño*[89].

Asimismo, *CorLexIn* atestigua la presencia del adjetivo en el dominio del español americano, por lo que el término habría cruzado el Atlántico:

> «[…] lama *cauellada* con punta negra, pollera y […]» (Cuzco, Perú-1680)
> «Otro bestido de damasco, *cauellado* y pardo, guarneçido con ribetillos de lama *cauellada*» (Potosí, Bolivia-1643)
> «Yten, treinta y dos baras de tafetán de Granada en tres pedazos, el vno de musgo y el otro *cauellado* y el otro tornasolado» (Santiago de Chile, Chile-1681)

Presencia que, por otro lado, también atestiguan CORDIAM y Boyd-Bowman, nuevamente solo en el siglo XVII, si bien con la excepción del *Léxico hispanoamericano*, que localiza un testimonio en el primer tercio del siglo XVIII en Nueva Vizcaya.

En conclusión, *cabellado* puede considerarse como un adjetivo caracterizado por hacer referencia a tonalidades castañas que presentan visos, tanto claras como oscuras, y cuya sugerencia origen radicaría en el color castaño o marrón del cabello humano, predominante en el sur de Europa —uno de los pocos ejemplos documentados en el presente estudio en el que la sugerencia origen es humana y no animal, vegetal o mineral—. Es un adjetivo práctica y exclusivamente ligado al ámbito textil y que presenta una vigencia cronológica muy restringida, ya que la totalidad de sus testimonios se concentran en el siglo XVII, quizá desbancado por el propio *castaño*.

CANELADO

Documentaciones en *CorLexIn* y en fondos documentales inéditos de *CorLexIn*:

- Más, una saya de raxa *canelada* y una ropa de bayeta, en sesenta reales (Almansa, Ab-1640)

---

89   Cabe plantearse si realmente resultaría económico desde el punto de vista lingüístico mantener una oposición *castaño~cabellado* si se tiene en cuenta que el ámbito de uso del segundo es considerablemente restringido —fuera del textil solo

- Primeramente, vn bestido de paño mezcla *canelado*, ferreruelo, ropilla y calçón y jubón de damasco biejo (Almería, Al-1659)
- Vn faldellín de carisea *canelado*, seis ducados (Bilbao, Bi-1645)
- Otra almilla de picote, *canelada*, nueba, aforrada en tafetán nacarado, en ochenta y ocho reales (Córdoba, Co-1658)
- Una basquiña de sarga *canelada* con galón negro en cien reales (Mérida, Ba-1642)
- Una saya canelada de rasa traída (Plasencia, CC 1620)
- Vn bestido *canelado* de ropilla, calsones y ferreruelo (Órgiva, Gr-1632)

No es infrecuente que una misma base léxica dé lugar a dos adjetivos empleando procedimientos lexicogenéticos distintos. En el ámbito cromático es habitual encontrar adjetivos originados por esquemas parasintéticos que poseen un homólogo formado por derivación.

En el caso particular de *canela*, además de **acanelado** —la variante parasintética—, también pueden localizarse en el corpus base ejemplos de *canelado*, adjetivo denominal que sigue el esquema N-*ado*, esquema que goza de especial recurrencia a la hora de crear nuevos adjetivos cromáticos basados en la semejanza con el color de la base derivativa. Se presume, por ende, que tanto *acanelado* como *canelado* comparten la misma referencia cromática, es decir, 'rojizo, rojizo parduzco'.

En el contexto lexicográfico, el primer registro de *canelado* se localiza en el segundo tomo del *Diccionario de autoridades*:

CANELADO, DA. adj. Lo mismo que Acanelado [...] (*Autoridades*, 1729: s.v.).

El hecho de que se haya optado por una definición con remisión evidencia la preferencia por la forma parasintética, dato que aparece claramente reflejado en la definición de *acanelado* en la 1.ª edición del *DRAE* de 1780: «Lo mismo que ACANELADO, que es como mas comunmente se dice» (*DRAE*, 1780: s.v.).

La preferencia por el uso de *acanelado* se habría hecho aún más notoria en la última edición del diccionario académico al figurar la marca «*desus.*» en la definición. No obstante, llama la atención que fuese la forma derivada la que cayese en desuso —hecho bastante frecuente en el caso de la coexistencia de ambas formas— o presentase un menor índice de uso, dado que, desde el punto de vista cronológico, el primer testimonio de *canelado* se remonta a mediados del siglo XVI:

---

se documenta algún caso aplicado a animales— y partiendo del hecho de que dicha noción puede expresarse mediante la construcción «x + con visos + (y)» —siendo *x* el nombre del color predominante e *y* el del viso, componente opcional si se quiere especificar—.

> «Tras estos venían veinte y cuatro hombres vestidos de terciopelo *canelado* sobre hermosas hacaneas» [Hernández de Villaumbrales, P. (1552). *Peregrinación de la vida del hombre*. Extraído de: CORDE, CDH].

Sin embargo, el número de documentaciones del término es relativamente escaso: la búsqueda en CORDE solo arroja 22 concordancias para *canelado*; ahora bien, la diferencia entre las documentaciones de *acanelado* y las de *canelado* en dicho corpus tampoco resultaría tan acusada si se tiene en cuenta el dato de que casi la totalidad de concordancias se localizaba en una misma obra, reduciendo el número real de ejemplos a unos 21. De los 21 ejemplos, solo 11 (14 si se tienen en cuenta 3 casos dudosos) atestiguarían el uso de *canelado* con el valor cromático 'rojizo, rojizo parduzco'.

Los ejemplos de *CorLexIn*, además, afianzan la presencia de *canelado* en el marco temporal del siglo XVII, puesto que CORDE solo registra 5 casos (4 de ellos fiables) en dicho periodo.

CDH, por su parte, reduce el número de concordancias a 11, 10 de ellas con valor cromático (con 1 único caso dudoso). Sin embargo, los ejemplos que ofrece el CDH son exactamente los mismos que registraba CORDE, con la excepción de una documentación que puede considerarse como genuina de dicho corpus:

> «Seguían dieciséis del príncipe de Conca, de paño *canelado* guarnecido de plata y oro, cabos blancos y jubones de tela» [Almansa y Mendoza, A. (1627). *Relación de 1627*. Extraído de: CDH].

En el plano sincrónico, ni CREA ni CORPES XXI ofrecen resultados para la búsqueda de *canelado*. Este dato, y el hecho de que los testimonios apenas rebasen la línea temporal de los siglos XVII-XVIII, corroboran la pertinencia de la marca «*desus.*», marca que, por otro lado, debería haber acompañado a la acepción con anterioridad.

CARNE DE DONCELLA

Documentaciones en *CorLexIn*:

- Yten, dos baras y media de tafetán *carne de donzella*, nuevo (Almería, Al-1659)
- Vnas [med]ias de seda de *carne de donzella* de ter-[...] reales (Argamasilla de Calatrava, CR-1662)
- Diez baras y tres quartas de raso color *carne de doncella*, en dos pedaços [...] (Medina de Rioseco, Va-1645)
- Ytem, un tapaipés de lama de França *carne de donçella* con puntas de humo en quatrocientos reales (Sevilla, Se-1679)

La denominación cromática *carne de doncella* es una lexía genuina del siglo XVII que hace referencia a tonalidades rosadas que presentaban algunos géneros finos de tela.

Respecto a su primera documentación en los diccionarios empleados como punto de referencia en el presente estudio, es *Autoridades* el que registra la construcción por primera vez:

> COLÓR DE CARNE DE DONCELLA. Se llama el colór encarnado baxo, con mezcla de blanco, que por ser de ordinario assi el de las doncellas, se le dió este distintivo (*Autoridades*, 1729: s.v. *carne*).

La lexía, curiosamente, se elimina de la macroestructura del diccionario usual desde su primera edición y no se reincorpora hasta la 15.ª de 1925, manteniendo la referencia cromática que establecía *Autoridades* y que se ha mantenido hasta la edición actual de 2014:

> **carne** [...] || **de doncella**. Nombre que en el siglo XVII se daba al color rosado de algunas telas finas (*DRAE*, 1925: s.v. *carne*).
> **carne de doncella**. 1. f. En el siglo XVII, color rosado de algunas telas finas (*DLE*: s.v. *carne*).

El *Diccionario Akal del Color* también corrobora la referencia cromática propuesta por la Academia, incluyendo *carne de doncella* entre las tonalidades de la familia del rosa:

> **carne de doncella**. Coloración específica muy clara, roja y débil, cuya sugerencia origen corresponde al aspecto de la piel joven del ser humano. Se aplicaba en el siglo XVII, en particular, a la coloración rosácea de ciertas telas finas. Se dice también «rosa carne de doncella» (*Akal*: s.v.).

Carne de doncella, por tanto, haría referencia a tonalidades rosáceas claras similares al tono de la piel joven —esto es, rojizo claro— y que hoy podría asimilarse a tonalidades del tipo *rosa empolvado* o *rosa palo*, quizá *nude, visón* o (*color*) *maquillaje*, si bien estos pertenecen a tonalidades más cercanas al *beige* o *beis*.

Respecto a sus documentaciones en corpus, los resultados de la búsqueda en CORDE no son demasiado numerosos, por lo que puede considerarse como un cierto índice de desuso ya en el siglo XVII. De los 12 resultados, solo en la mitad de ellos (8 si se tienen en cuenta 2 casos dudosos) puede atestiguarse el valor cromático de *carne de doncella*, fechándose el primero de ellos entre el final del siglo XVI y principios del XVII:

> «Lo cortez nos acredite / lo viuo de su chinela, / que la pinta que permite / la brúxula de sus medias, / a pezar de todo el mundo, / son de *carne de donzella*» [Góngora y Argote, L. de (1580-c1627). *Romances*. Extraído de: CORDE].

Los ejemplos demuestran, además, su uso aplicado a diversos géneros de tejido, cuya condición de tejidos finos o de calidad se vería justificada por emplearse en vestiduras propias de la nobleza guarnecidas de canutillos. También parece ser una tonalidad frecuente a la hora de elaborar medias, probablemente de seda como ya indicaban las documentaciones de *CorLexIn*.

Sin embargo, una de las documentaciones que incluye CORDE en la que la lexía se emplea con el valor analizado modifica la referencia cromática que se ha determinado a partir de los testimonios lexicográficos:

«[…]- "Y yo, prosiguió Niseida, de color de malva, que es un morado claro, que llaman por otro nombre *carne de doncella*, […]"» [Vega y Carpio, L. de (1612). *Pastores de Belén, prosas y versos divinos*. Extraído de: CORDE].

Esta documentación es importante pues, si bien se ha dejado claro que los testimonios lexicográficos apuntan a una referencia cromática 'rosa claro', Terreros la emplea como testimonio para justificar su definición de *carne de doncella*:

COLOR DE CARNE DE DONCELLA, Ó DE ROSA, entre los Floristas, &c. se dice del color que representa la carne. […] En Castellano se dice lo mismo de cualquier color que es semejante á éste de las flores; pero la erudición, inteligencia y exactitud de Lope de Vega Carpio, *Pastores de Belén*, lib. 3. dice, *que el color de carne de doncella es el color de malva: y yo, dice* (prosiguió Niseida) *de color de malva, que es un morado claro, que llaman por otro nombre carne de doncella* (Terreros, 1786 [1767]: *s.v. carne*).

No obstante, la referencia cromática, en principio, tampoco variaría demasiado, puesto que *malva* es un ejemplo más de sustantivo que acaba empleándose como adjetivo con valor cromático, caracterizándose por hacer referencia a tonalidades «morado pálido, tirando a rosáceo» (*DRAE*, 1984: *s.v. malva*), coloración que *Akal* corroboraría, ya que incluye «morado pálido» y «violeta rosado pálido» entre las posibilidades cromáticas que abarcaría la tonalidad *malva* (*Akal*: *s.v. malva*).

En efecto, la tonalidad que presentan las flores de la malva común (*Malva sylvestris*) suele tender más hacia tonalidades moradas; pero también puede presentar una coloración más rosácea, por lo que puede mantenerse 'rosa pálido, rosado' como referencia cromática para *carne de doncella*. Por otro lado, la documentación de Lope de Vega y la entrada de Terreros —basada en dicha documentación— son los únicos testimonios que contradicen lo establecido por la Academia y, además, los posibles matices entre el rosa pálido o **rosado**, el malva y el lila pueden llegar a desdibujarse, amén del hecho de que Terreros reconoce la acepción 'color carne, rosado' de *carne de doncella*, si bien lo atribuye a un uso propio de floristas y del uso «general», ambos enfrentados a la «erudición, inteligencia y exactitud» de Lope de Vega.

La búsqueda en CDH ofrece 14 casos para la lexía analizada, incluyéndose entre ellos los mismos que proporcionaba CORDE con valor cromático.

Los corpus sincrónicos de la Academia, CREA y CORPES XXI, demuestran que —tal y como indicaba el contorno de ámbito de tipo temporal que acompañaba a la definición de la lexía— *carne de doncella* es un término prácticamente restringido al siglo XVII (solo se registra una documentación fuera del siglo XVII tal y como ha podido comprobarse): CREA solo posee un caso para la construcción y no se corresponde con el valor analizado; CORPES XXI, por su parte, no registra ninguna documentación.

Si bien es cierto que la voz, en la actual edición del diccionario académico, no aparece acompañada de una marca diacrónica del tipo *desus.*, sí que es cierto que el «contorno temporal» anteriormente mencionado ya restringe la voz al siglo XVII y evidencia su índice de (des)uso.

Carne de doncella, en resumen, es un término cromático genuino del siglo XVII ligado al ámbito textil y que haría referencia a tonalidades similares a la coloración de la piel «joven», esto es 'rosa claro, rojizo claro'.

CASTAÑO

Documentaciones seleccionadas en *CorLexIn* y en fondos documentales inéditos de *CorLexIn*:

- Más un caballo *castaño* claro (Albuquerque, Ba-1683)
- De tres rocines, el vno ruvio, y el otro *castaño* y el otro negro, en sesenta ducados, con sus aparexos (Atienza, Gu-1640)
- Rematose en Antón de Cendexal, el Moço, vezino desta uilla de Attienza, vn nobillo *castaño* de tres años en docientos reales, a luego pagar (Atienza, Gu-1640)
- Dos mulas de labra, la una color parda y la otra *castaño* claro, zerradas de hedad (Autillo de Campos, Pa-1654)
- Yten, seis bueies de labor, los çinco de color *castaño* y otro negro (Bercial de Zapardiel, Av-1650)
- Yten una yegua *castaña* de edad de zinco años (Castroañe, Le-1637)
- Un cauallo de pelo *castaño* escuro de seis años en quatroçientos reales (Cieza, Mu-1661)
- Yten, vn caballo *castaño* de camino que me costó dies pesos (Ciudad de México, México-1622)
- Vn macho de pelo *castaño* cerrado (Cuarte, Hu-1653)
- Vna muleta de dos años, pelo *castaño* (Cuevas de Almanzora, Al-1649)
- Primeramente, una yegua *castaña* con una estrella en la frente con su cría, en treçientos y cinquenta reales (El Espinar, Sg-1657)
- Una mula de yeguas *castaña* cerrada (El Toboso, To-1645)

- Yten vn cauallo *castaño* y vn potro jouero[90], con sus sillas ynglezas, que dixeron ser del maestro de campo, don Nicolozo de Ponte (Garachico, Tf-1695)
- Vn macho, pelo *castaño* claro, de edad de seis años, en veinte e quatro ducados (Hellín, Ab-1647)
- Vna mula *castaña* vieja (Logrosán, CC-1668)
- Vna yegua *castaña* de seis años (Matueca de Torío, Le-1643)
- Un rocín color *castaño* claro, en quatroçientos reales (Medina de Rioseco, Va-1649)
- Una mula de pelo *castaña* bieja (Murcia, Mu-1657)
- La uaca *castaña* Domada, honce ducados (Navahermosa, To-1638)
- Yten una jumenta color *castaña* de tres años (Puentedura, Bu-1655)
- Yten, vn caballo *castaño* de plasa con su jaes de carmesí (San Cristóbal de la Laguna, Tf-1642)
- Vn potro *castaño* oscuro, en tresientos reales (Sevilla, Se-1700)
- Item, otra potranca de pelo *castaño*, tuerta, de hasta dos años (Sobradiel, Z-1614)
- Cuatro yeguas, las tres *castañas* y una tordilla, con dos criancas, en dosçientos ducados (Torre Cardela, Gr-1661)
- Yten, una burra *castaña* hoscura que ba a quatro años, tassada en quinçe ducados (Villalpando, Za-1652)
- Vn macho *castaño* de carga, valdrá treinta y cinco escudos (Zaragoza, Z-1647)
- una mula domada *castaña*, zerrada en tienpo (La Perera, So-1705)
- otro macho *castaño* que está mordido en las dos ancas (Alcantarilla, Mu-1649)
- un xato de un año, *castaño* (Becilla de Valderaduey, Va-1650)
- una yegua color *castaño* ocuro, zerrada, calzada de los pies de atrás, preñada (Cifuentes de Rueda, Le-1648)
- otro buei *castaño*, brueco[91], en quinientos reales (Losacio, Za-1670)
- una esclaua nombrada Uitoria, blanca, de buen cuerpo, que será de edad de treinta años poco más o menos, con vn hijo suyo, nombrado Juan, de edad de quatro años, blanco, cauello *castaño* (Cádiz, Ca-1654)
- otro roçín de dos años, color *castaño* escuro y vn pie calzado, que es el yzquierdo (Santo Domingo de la Calzada, LR-1626)
- una yegua color *castaño* que llaman la güerfanita (El Espinar, Sg-1657)

El color amarronado oscuro del pericarpio de la castaña —fruto del castaño— se presenta como la sugerencia origen del adjetivo *castaño*, especializado en la referencia a la coloración del cabello humano o el pelaje animal.

La primera referencia lexicográfica monolingüe del adjetivo se localiza en el *Tesoro* de Sebastián de Covarrubias:

> **CASTAñO**, color en los cauallos y mulas, y diuidese en castaño escuro y castaño claro, por tener la color de la cascara de la castaña (*Tesoro: s.v.*).

---

90 *Vid. overo.*
91 Morala, 2017b: 366.

A pesar de que no aporta información propiamente cromática de manera directa, Covarrubias proporciona varios datos de interés: en primer lugar, pone de manifiesto la relación existente entre *castaño* y la descripción de los pelajes animales, en concreto, los del ámbito equino; en segundo lugar, confirma la sugerencia origen del término, la cáscara de la castaña; por último, la existencia de dos matices bien diferenciados dentro de la coloración: una tonalidad clara y otra oscura.

La alusión a la sugerencia origen del adjetivo podría resultar de gran ayuda si el *Tesoro* incluyese bajo dicho lema algún tipo de información referente al color de la cáscara del fruto del castaño; sin embargo, Covarrubias solo la define de manera sucinta como «fruta conocida, y el castaño arbol».

Será *Autoridades* quien descubra la referencia cromática del adjetivo de manera precisa, si bien será necesario acudir al lema *castaña* para poder obtenerla:

> **CASTAÑO, ÑA**. adj. El color que semeja a la cáscara de la castáña quitada del herízo. Dividese en castaño claro y castáño obscúro. Latín. Castaneus, a, um. ESPIN. Escud. fol. 5. Tenía ojos negros y grandes, pestáña larga, cabello castáño. ESPIN. Art. Ballest. lib. 1. cap. 17. A los caballos castáños, que no tienen ninguna señal blanca, llaman záinos (*Autoridades*, 1729: s.v.).
>
> **CASTAÑA**. s. f. Fruta, que casi tiene la figura de corazón, con dos cáscaras, una delgadita pegada a la carne, y otra exterior y mas gruessa de color amúsco [...] (*ibid.: s.v.*).

Por si sola, la entrada *castaño* refleja prácticamente la misma información que aportaba Covarrubias, esto es, su condición de color que evoca el de la cáscara de la castaña —sacada del erizo, eso sí, dato que no figuraba en el *Tesoro*— y, nuevamente, la dualidad claro/oscuro. De manera genuina, y en apariencia, *Autoridades* habría eliminado los referentes equinos que sí incluía Covarrubias; no obstante, el análisis de las autoridades que refrendan la voz no solo permite mantener la predicación de un sustantivo [+animal], sino que también la posibilidad del adjetivo de combinarse con referentes humanos, dato que, quizá, habría propiciado la supresión de la información relativa a las restricciones semánticas de *castaño*.

En la entrada *castaña*, a la que obligatoriamente debe remitirse el usuario para acceder de manera completa a la información sobre *castaño*, la Academia habría tenido a bien especificar el color de su pericarpio, indicando que la cáscara exterior es «mas [sic] gruessa y de color amúsco». Tal y como se especifica en su entrada correspondiente, el color **amusco** (**musco**, **amusgo** o **musgo**) se emplearía para caracterizar un color pardo oscuro, similar al color del almizcle. A pesar de que **pardo** en el contexto del siglo XVII podía utilizarse para aludir tanto a tonalidades marrones o marrones oscuras como a grisáceas o de matiz ceniciento, la referencia clara a la cáscara de la castaña permite descartar la segunda opción, confirmando —en principio— la hipótesis *castaño* 'marrón claro/oscuro'.

En lo que respecta al tratamiento lexicográfico de ambas voces por parte de la Academia, cabe reseñar algunas de las modificaciones que *castaña* o la acepción cromática de *castaño* han sufrido a lo largo de las sucesivas ediciones. Probablemente motivado por el cambio de preferencia entre *musco* y *amusco* que se produce en *Autoridades* 1770, la cáscara de la castaña ya no será «amúsca», sino «musca».

Este cambio, no obstante, no durará demasiado, puesto que la 7.ª edición del *DRAE* publicada en 1832 preferirá describir el pericarpio de la castaña como «de color de caoba», propuesta que se mantendrá hasta la edición de 1925, en la que la castaña adquirirá un color «pardo oscuro».

Por su parte, las ediciones de 2001 y 2014 habrían introducido cambios en *castaño* y *castaña* respectivamente: en la 22.ª edición de 2001 se habría añadido una nueva acepción cromática restringida diatópicamente a Venezuela —que el *DAm* certifica— con la que *castaño* se emplearía para caracterizar a caballos de color rojizo, un valor esperable para el adjetivo si se tiene en cuenta la relación que *castaño* y **rojo** poseen en el ámbito del pelaje equino y bovino (*vid. rojo*, **rubio**).

Respecto al cambio efectuado en la edición actual de 2014 del *DLE*, el color del pericarpio de la castaña se habría visto modificado nuevamente, prefiriéndose en este caso «marrón oscuro», quizá por considerar *pardo* como poco preciso dado el abanico cromático que representa.

A propósito de su uso como adjetivo para caracterizar el color del pelaje animal, *castaño* se encuentra estrechamente ligado a esta posibilidad combinatoria. De hecho, tal y como indica el *DECH* (*s.v. castaña*), en la considerada como su primera documentación —fechada hacia los siglos X-XI[92]— aparece caracterizando el color de un caballo bajo la forma *castango*.

La capa castaña estaría considerada como un estadio intermedio entre las capas rojizas y las negras: el aumento de pelaje negro en una capa rojiza —*castaña encendida*— la iría oscureciendo, convirtiéndola progresivamente en

---

92 El *DECH* se refiere al *Glosario latino-arábigo* que recoge el *Códice Leidensi*, en el que figura un vocabulario final de colores del caballo. Tal y como indica Pidal (1976 [1926]: § 82$_1$), ha sido fechado por Seybold en el siglo XI, pero Bertoni —referencia que citan Corominas y Pascual— lo habría adelantado al siglo IX y Villada, al X —basándose en la indistinción de *ti* y *tj* (*ibid.*: nota 1)—.

una capa castaña y, finalmente, en una negra (*vid.* gráfico 2 en **amarillo**). Este estadio intermedio entre el pelaje rojizo y el negro puede apreciarse en Terrado Pablo, en cuyo estudio sobre colores de équidos en un manuscrito aragonés del siglo XV se recoge la siguiente descripción del caballo *castanyo*: «adjetivo aplicado al pelaje de color pardo rojizo, semejante al de la cáscara de castaña madura» (*op. cit.*: 88).

Quizá con matices ligeramente distintos a los que podría ofrecer la visión del siglo XVII, el tratado de Santiago de la Villa y Martín al que se ha aludido en otras ocasiones también dedica, como es lógico, varias líneas a la descripción de la capa castaña:

> Es el pelo cuyo color se parece al de la cáscara de la castaña madura; pero en el que los cabos y extremos son negros como en el bayo é isabela. Se ven tambien [*sic*] caballos castaños en que los cabos son rojizos ó iguales á la capa, en tanto que las extremidades son negras, y viceversa, de todo lo cual debe hacerse mérito en la reseña (*op. cit.*: 399).

Como puede comprobarse, Villa y Martín no se separa demasiado de los postulados académicos, si bien efectúa alguna precisión sobre las características del équido que presenta este tipo de capa, como el color de los cabos; no obstante, la referencia cromática se mantiene. Para el resto de casos —referentes [-animal]— se preferiría, en principio, la tonalidad marrón oscura representada por el adjetivo (*a*)*musco* que figura en la definición de *Autoridades* —si bien es cierto, una vez más, que no puede negarse un cierto matiz rojizo cuando la luz hiere la cáscara del fruto—.

En un plano mucho más actual, Odriozola presenta la capa castaña como un pelaje equino con una clara presencia mayoritaria del pelaje negro:

> Se considera como castaña toda capa cuyas cerdas —los pelos largos y bastos que forman las crines, cola, cernejas, etc.— sean en gran mayoría negras, y cuyos pelos propiamente dichos presenten una mezcla de rojo y de negro en cualesquiera proporciones, sin que aparezcan pelos blancos más que aisladamente […] (*op. cit.*: 31).

La relación existente entre *castaño* y *rojo* en el plano animal se constataría con el solapamiento entre las denominaciones de las capas que se registran en algunas localizaciones de los atlas lingüísticos. Así, tanto el mapa 392 del *ALEICan* como el 721 del *ALEANR* registran algunos ejemplos de *castaño* para referirse al caballo alazán[93] —la capa roja por excelencia—, así como en el mapa 718 del *ALEANR*, «caballo **morcillo**», quizá por el viso rojizo que posee dicha capa.

---

93 Según Villa y Martín (*op. cit.*: 400), la diferencia entre un caballo castaño y uno alazán radicaría en el color de los cabos y los extremos: mientras que el caballo

Respecto a su combinatoria con referentes bovinos, los tratadistas clásicos anteriormente citados no se prodigan demasiado[94] en la descripción de las características de las reses bovinas castañas: al ser frecuente el trasvase entre terminología equina y bovina —y al no presentar apenas diferencias— tanto Casas de Mendoza como Villa y Martín se limitan a indicar que es «idéntico al del caballo» (Casas de Mendoza, *op. cit.*: 193) o «lo mismo que en el caballo» (Villa y Martín, *op. cit.*: 421). Lo que sí incluyen es una pequeña relación sobre matices dentro de la capa castaña que caracterizarían solo a las capas bovinas: castaño, castaño encendido o **colorado** y retinto si el castaño es muy oscuro.

Posiblemente, este «castaño encendido o colorado» —la relación, una vez más, entre *rojo* y *castaño* en el contexto animal— permitiría explicar el valor diferencial que *castaño* posee en América, 'colorado, rojizo', parejo al restringido diatópicamente a Venezuela según dicta el *DLE*, pero aplicado a reses bovinas y restringido en este caso a Argentina: «Dícese del ganado vacuno, cuyo color es colorado tirando á rojizo [...]» (Segovia, *op. cit.*: s.v.).

En el plano puramente bovino, Cossío (en Torres, *op. cit.*: s.v. *castaño*) se refiere a la capa castaña como «la capa del toro en que se mezclan los rojos y negros, aproximándose el color resultante al de la cáscara de la castaña» —tal y como indicaba Odriozola para la capa equina—. La mayor presencia de cerdas rojizas supondría una mayor predominancia del rojo —y, por ende, un color más claro y encendido— y, en el caso contrario, un oscurecimiento progresivo de la capa —pasando por la retinta— hasta llegar al negro.

Por último, tanto asnos como mulas contemplan el castaño entre sus posibilidades cromáticas, siendo especialmente frecuente en el caso de las mulas según Villa y Martín (*op. cit.*: 419).

El otro contexto en el que *CorLexIn* atestigua el uso de *castaño* es en la referencia al color del cabello humano, una posibilidad que la Academia solo ha registrado en la última edición del *DLE* —si bien podía presuponerse dicho significado a partir de la acepción «de color castaño», presente en la microestructura académica desde la edición de 1899—: «Dicho de una persona: que tiene el pelo castaño» (*DLE*: s.v.).

---

    castaño los tiene negros —y, por ende, distintos al color de la capa—, el caballo alazán los tiene del mismo color que el general del pelaje.

94 Sobre la desatención en los tratados clásicos a la coloración de las capas bovinas frente a las equinas, *vid.* Casas de Mendoza, *op. cit.*: 192-193.

Tal y como se indicaba en *cabellado*, la coloración marrón o castaña del cabello es la más común entre los pueblos nativos del sureste de Europa (*vid.* mapa 4), mientras que en la región oriental del Báltico las posibilidades en la coloración del cabello y los ojos se multiplican exponencialmente.

En la perspectiva actual, el *Diccionario Akal del Color* incluye tanto *castaño* como *castaña*, remitiendo el adjetivo al sustantivo; no obstante, la información incluida en el primer lema resulta interesante de cara a la combinatoria del adjetivo:

> **castaño**. [...] Denominación común de la coloración estándar «castaña», en particular, cuando se aplica a la coloración de los cabellos, del pelaje de los animales y de las tierras. // [...] Adjetivación común que se aplica a la res cuya capa presenta pelos rojos y negros entremezclados, de manera homogénea, sugiriendo un color acastañado (*Akal*: s.v.).
>
> **castaña**. [...] Coloración estándar muy oscura, rojo purpúrea e intensa, cuya sugerencia origen corresponde a la pigmentación que presenta la cáscara del fruto homónimo del «castaño». Suele nombrarse muy a menudo con el galicismo «marrón», salvo cuando se aplica a la coloración de los cabellos. Se dice, generalmente, «color castaño» (*ibid.*: s.v.).

En resumen, la tonalidad que se propone para el adjetivo *castaño* es 'marrón', una tonalidad estrechamente ligada al rojo, especialmente notoria o reseñable en el contexto del pelaje animal.

El *DECH* aportaba como primer testimonio la forma *castango* documentada entre los siglos IX y XI en el *Códice Leidensi*, ejemplo al que podían sumarse otros enmarcados en dicho arco temporal y que pertenecen a varias de las colecciones de la documentación medieval leonesa —refrendado la presencia y difusión de la voz desde los orígenes del idioma—:

«cavallo *castaneo* apreciato in LX^a solidos» (Sh-76, 941)

«kaballo colore *castaneo* et VI solidos arientum» (Sh-179, 960)

«accepimus de vos in precio equa *castanea*» (Sh-247, 967)

«dedisti nobis uno cavallo *castanio* valente CCC^{os} solidos» (Sh-318, 984)

«I^a mula rosella, et I^o mulo *castanno*» (OD-345, ¿1050?)

«et puletrum colore *castaneum*, quod nobis bene conplacuit» (CL-195, 947)

«uno mulo *kastanio*, et uno boue rubio» (CL-376, 964)

«uobe per colore *castanio* in V solidos» (CL-478, 980)

En los corpus generales de la Academia, la búsqueda en CDH de *castaño* para el siglo XVII arroja un total de 402 resultados, 85 de los cuales (86 si se tiene en cuenta 1 caso dudoso) son ejemplo de su uso como adjetivo cromático.

Los ejemplos de CDH revelan un índice de uso relativamente bajo para un adjetivo con una presencia más que atestiguada desde los orígenes del idioma. No obstante, este reducido número de testimonios podría explicarse desde dos puntos de vista: a) la existencia de otros adjetivos pertenecientes a la misma familia cromática como *pardo* o *cabellado*, especialmente este último en el contexto del siglo XVII; b) la restricción semántica/combinatoria del adjetivo, presente desde las primeras documentaciones del adjetivo y patente en los ejemplos de CDH y de *CorLexIn*, solo alusivos a animales o el cabello humano —mientras que *pardo* y *(a)cabellado* se predicarían de un abanico de referentes mucho más amplio—.

Es decir, podría considerarse un adjetivo claramente generalizado, pero restringido desde el punto de vista semántico a la combinatoria con sustantivos que hagan referencia al pelo humano —vello y cabello—, el color de los ojos o el pelaje animal (principalmente bóvidos y équidos).

La búsqueda general eleva el número de ejemplos de *castaño* a 3390 casos, de los que algo más de una cuarta parte, 907 casos (910 si se tienen en cuenta 3 casos dudosos), documentan el uso de *castaño* como adjetivo cromático. En el análisis de las documentaciones demuestra que *castaño* siempre ha mantenido una estrecha relación con el contexto capilar; de hecho, el término solo experimenta una progresiva ampliación semántica, modificando a un mayor número de sustantivos, a partir de los siglos XVIII y XIX.

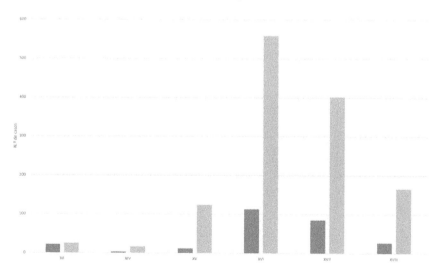

Gráfico 5. Documentaciones de *castaño*: en gris claro, n.º de casos totales; en gris oscuro, casos de *castaño* 'marrón' (Fuente: CDH)

Respecto al plano sincrónico, CREA posee 940 testimonios de *castaño*, de los que casi la mitad (450 ejemplos) se corresponden con el valor 'marrón'. A pesar de la progresiva y evidente ampliación combinatoria del adjetivo, el referente mayoritario del que se predica sigue siendo el cabello, con una considerable presencia en los ejemplos del cabello humano (si bien también gana progresivo peso la alusión al color de los ojos).

Atendiendo a sus primeras manifestaciones, *castaño* habría nacido ya restringido a un ámbito muy concreto, un hecho al que habría que sumarle la competencia con otros adjetivos como, quizá, *pardo* y —especialmente en el contexto del XVII— *cabellado* y *acabellado*. La caída —y casi desaparición— de estos dos últimos términos a partir del siglo XVII podría haber motivado la ampliación semántica de *castaño*, algo que ocurre con muchos de los adjetivos del presente estudio; sin embargo, a mediados del XIX, *castaño* tendrá que hacer frente a un poderoso enemigo: el galicismo *marrón*. En palabras de Lapesa:

> Cuando toda Europa tenía a gala seguir las modas de la corte de Versalles, era imposible frenar el auge del galicismo, considerado como rasgo de buen tono; y otro tanto siguió ocurriendo luego, como consecuencia del influjo francés en los más diversos órdenes de la vida (1981 [1942]: 454).

El uso cromático de *marrón* (Cotelo, *op. cit.*: 8) hace su aparición en el torrente léxico del castellano a mediados del siglo XIX, documentándose principalmente en textos periodísticos —y más concretamente en revistas de moda—. El primer diccionario que lo registre con este valor será el de Alemany en 1917, indicando además su condición de galicismo. Un año más tarde, Rodríguez Navas (1918) la adscribirá al ámbito comercial y la tildará de impropia al definirla como «en el comercio se llama impropiamente color marrón al de castaña: pero eso es un galicismo».

Su entrada en la nomenclatura académica no se producirá hasta el primer tercio del siglo XX en el *DMILE* de 1927 como «galicismo por castaño de color de castaña», pero habrá que esperar a la edición del *DRAE* de 1970 para ver a *marrón* incluido entre las páginas del diccionario académico:

> **marrón**[2]. adj. Dicho de las telas y prendas de vestir, de color castaño. No se aplica al cabello de las personas ni al pelo de los animales (*DRAE*, 1970: *s.v.*).

La información relativa a la combinatoria del término desaparecería en la edición de 2001, si bien esta supresión resultaría de considerable interés: estaría reflejando de manera indirecta que, a pesar de que *marrón* habría desbancado —o estaría desbancando— a *castaño* como término principal como expresión de 'color de la cáscara de la castaña, marrón', la voz patrimonial habría soportado el asedio en su plaza primigenia, el color del pelo y el cabello. Tal y como indica Cotelo (*op. cit.*: 10):

> Si bien *castaño* era el término tradicional para designar este color, desde la introducción de *marrón* en los textos de prensa, ambas formas conviven durante la segunda mitad del siglo XIX, hasta que la primera de ellas tenderá a especializarse en una determinada distribución léxica: [...] La voz *castaño* se especializa pues para la descripción del cabello y el pelo, mientras que *marrón* pasa a ser el término generalizado para designar todo lo demás.

Quizá el hecho de que *castaño* no estuviese totalmente asentado en la caracterización de referentes fuera del ámbito del color del pelo o el cabello —casilla que habrían ocupado otros ítems a lo largo de la historia del castellano— habría favorecido su sustitución[95] por el galicismo *marrón* (lo que también podría explicar el porqué de su mantenimiento en el contexto capilar). Una hipótesis a la que podría sumarse el caldo de cultivo en el que se habría gestado *marrón*: el ámbito comercial, el mundo de la moda y la prensa femenina que «tiende a priorizar lo sugestivo sobre lo preciso» (Cotelo, *op. cit.*: 12).

Por último, CORPES XXI ofrece 1203 casos de *marrón* como adjetivo —de un total de 2321—, de los que 1190 atestiguarían el uso de *castaño* en su papel de adjetivo cromático (confirmando así la continuidad en el uso del término).

---

95 No obstante, cabría preguntarse si el desplazamiento de *castaño* a un segundo plano frente a la creciente preferencia por *marrón* se habría producido realmente: las documentaciones de *castaño* fuera de la referencia al color del cabello o del pelaje (o de los ojos) son escasas. No se pone en duda su consideración de ítem léxico general —el número total de documentaciones lo corrobora, si bien en algunos casos es ligeramente menor de lo esperado—; sin embargo, está claro que el adjetivo aparece en castellano con un perfil combinatorio muy claro (y, por ende, restringido). A pesar de la idoneidad de *castaño* de ocupar la casilla de 'de color de castaña' —de hecho, sería el pretendiente legítimo desde el punto de vista etimológico, no habría sido necesario acudir a un préstamo de otra lengua—, podría especularse con que quizá la marcada restricción de la que adolecería el adjetivo habría ocasionado cierta reticencia a su uso como ítem general. Prueba de ello serían los escasos contextos anteriores a la aparición de *marrón* en los que *castaño* se predica de sustantivos fuera de su órbita combinatoria «clásica». Podría afirmarse que, en realidad, castaño «se lo habría puesto fácil» a *marrón* a la hora de desbancarlo como expresión preferida (amén del valor del extranjerismo dentro de un contexto como de las revistas de moda y el ámbito comercial), más aún si se tiene en cuenta que *castaño* ya estaría «condicionado» por haber tenido que convivir con otros adjetivos próximos a su referencia cromática como *pardo*, *cabellado* o *acabellado*, con un perfil combinatorio mucho más amplio.

Por otro lado, a pesar de que en casi la totalidad de las documentaciones *castaño* se predica de *ojos, pelo, cabello* o algún sustantivo perteneciente al mismo ámbito (*melena, flequillo, trenza, barba, bigote*, etc.) —dominio exclusivo de *castaño*—, aún pueden encontrarse ejemplos de *castaño* en los que lo esperable sería que figurase el adjetivo *marrón* —confirmando así la ampliación semántica del término y su posibilidad hoy en día de combinarse con un mayor número de referentes—.

Heredero del color marrón oscuro de la cáscara de la castaña, su sugerencia origen, el adjetivo *castaño* ha estado vinculado a la descripción del cabello humano y el pelaje animal desde sus orígenes. En el ámbito del colorismo animal, además, posee una estrecha relación con el color rojo, cuya presencia, sumada a la de pelaje negro, origina dicha tonalidad en las capas equinas y bovinas. Acostumbrado a convivir con tonalidades cercanas como *pardo* o *(a)cabellado*, habría tenido que enfrentarse al galicismo *marrón* a partir del siglo XIX, convirtiéndose este último en vencedor y pasando a ostentar prácticamente en exclusiva el significado 'del color de la cáscara de la castaña'.

CEROJADO

Documentaciones en *CorLexIn*:

- Dos cobertores, vno *zerojado* y otro naranjado, buenos, en siete ducados, nuebos (Albalá, CC-1661)

Quizá motivado por un cruce entre las voces latinas CĒRA y el adjetivo CAERULEUS 'azul', *cerojado* (de **cerojo*) se presenta como un posible resultado patrimonial de este último étimo cuya sugerencia origen, en principio, residiría en el color ambarino (*vid.* **color de ámbar**) de la resina que producen ciertos frutales como el cerezo —si bien su referencia cromática resulta difícil de precisar con exactitud—.

La lexicografía general, localizada en gran parte en el NTLLE, no documenta dicha lexía en su nomenclatura. La búsqueda en obras de corte dialectal —al tratarse de un ejemplo localizado en Cáceres— (Viudas Camarasa, *op. cit.*; Santos Coco, 1940–1952; Murga Bohigas, 1979) tampoco resulta fructífera, lo que permitiría, en principio, descartar *cerojado* como un posible dialectalismo.

Gramaticalmente, el adjetivo presenta un patrón lexicogenético regular que seguiría el modelo N+*ado*, lo que dibujaría un escenario en el que el sufijo -*ado* se habría adjuntado a una raíz **cerojo*, voz que, nuevamente, ningún diccionario castellano parece incluir en su nomenclatura. Da la impresión de que se trata de una única documentación escrita de una voz patrimonial no documentada, como se verá, por otras vías.

Partiendo de un punto de vista etimológico, la solución *cerojo* podría considerarse como un resultado patrimonial del latín CAERULEUS; sin embargo, el significado que el resultado patrimonial habría heredado sería el de 'azul, azul oscuro, garzo', hipótesis que no parece posible en este caso concreto. La ecuación parece complicarse un grado más si se introduce un aparente «tercero en discordia»: el sustantivo latino CĒRA.

Corominas y Pascual (*s.v. ciruela*) indican que CEREŎLA 'ciruela' es una forma diminutiva de CEREUS; pero la información que resulta especialmente interesante es una glosa de corte histórico-(¿pseudo?)etimológico sobre la denominación que recibía, en teoría, el *ciruelo* a mediados del siglo X: «Además, un monje de San Millán de la Cogolla, en 954, nos trasmitió la noticia de que, en su tiempo, los "vándalos, godos, suebos y celtiberos", llamaban *ceruleus* al ciruelo».

A continuación, el *DECH* indica que el *ceruleus* al que apunta el monje debería leerse como una falsa latinización del romance *cerolo* o *ceruelo*, cuando la forma más esperable hubiese sido CEREOLUS (*ciruelo*, en latín, es PRUNUS) —que sí se documenta en latín; pero con el significado de 'candela, vela'—. Asimismo, Corominas y Pascual documentan una forma *ceroja* «quizá relacionada con el *ceruleum* del glosador» (*DECH*: *loc. cit.*), voz que solo figura en el *DHLE* 1933-1936 restringida a Santander con el valor de 'ciruela'.

La existencia de la forma falsolatina *ceruleus* y la presencia de una solución LJ > /χ/ hacen bastante aceptable la hipótesis de que, en un momento determinado, CAERULEUS —posiblemente bajo la forma monoptongada del diptongo, *ceruleus*— y CEREUS tuvieron que confundirse o, en caso de no haberse confundido, la influencia del primero sobre el segundo resultaría, cuando menos, posible. Esta opción estaría, asimismo, respaldada si se tiene en cuenta que en asturleonés se documenta la forma *ceruyo* (con solución LJ > /ŷ/):

> **ceruyu, el:** *sust.* Sustancia [que segreguen dalgunes glándules y que s'acumula nel oyíu]. 2 Sustancia [segregao por dalgunes plantes que cubre les fueyes, les flores]. 3 Cerote, cagayón. 4 Cosiatu, cosíu [mal fechu] (*DALLA: s.v.*).
>
> **ceruyu, el.** 1. Cerumen [...] Cerumen, cera del oído. [...] 2. Resina del cerezo [...] Resina del cerezo y de otros árboles [...] 3. Excremento duro [...] Excremento de forma cilíndrica [...] Materia excrementicia endurecida por su permanencia en la ampolla rectal (*DGLA: s.v.*).

Cobran especial importancia las segundas acepciones de ambas voces, a las que se hará referencia posteriormente.

Más interesante resulta la búsqueda de dicha voz en el *DELLA*, especialmente si se tiene en cuenta que dicho diccionario reconoce la posible influencia antes comentada de CAERULEUS sobre CEREUS en la entrada dedicada a *ceruyu*:

Quiciabes de la formación analóxica de cera → *ceru (cfr. cera) d'u siguió'l diminutivu ceruyu. Nun ha refugase'l posible encontu del llat. CAERULEUS, -A, -UM 'azuláu', 'escuru' (EM; ABF) qu'anque faiga referencia a lo azul, a vegaes, a xulgar pelos datos semánticos que se conseñen, fuerza a almitir dalgún tipu d 'encruz col diminutivu (DELLA: s.v.).

García Arias, por tanto, estaría reconociendo la posible influencia del CAERULEUS latino sobre CEREUS, puesto que la existencia de una -y- invita a pensar en la presencia o influencia de la secuencia LJ[96].

La primera propuesta cromática para *cerojo*, por tanto, tendría como sugerencia origen el color ambarino, anaranjado oscuro —quizá tendente al pardo—, de la resina que secretan algunos árboles —valor que, por cierto, también posee la voz *ceroyo* en Salamanca, tal y como indica el LLA (s.v. cerote), lo que permitiría documentar la voz en la franja occidental y justificar su posible continuación hasta Extremadura— como el cerezo o el ciruelo. Aunque Akal solo hace referencia al uso en el ámbito de la pintura de las resinas sin especificar sus colores, la *gomosis* —enfermedad provocada por un patógeno que favorece la exudación de resina a través de «heridas» en la corteza (Barrio Anta et al., 2008: 172-173)— revela, en el caso del cerezo, un color anaranjado amarillento, similar al del ámbar, que parece oscurecerse a medida que se concentra la segregación de goma.

Sin embargo, dado que el color se emplea para caracterizar a un cobertor, también cabría ofrecer una segunda posibilidad o hipótesis cromática para *cerojado*, en este caso con el valor 'azul', siendo la base de derivación a la que se adjuntaría el sufijo -ado el resultado patrimonial anteriormente reseñado de CAERULEUS, *cerojo*.

A pesar de que ningún diccionario —ni ningún corpus académico— registra dicho resultado en su nomenclatura, puede considerarse como una situación esperable en castellano: un mismo étimo habría dado lugar a una forma culta, *cerúleo*, y una patrimonial, *cerojo*, esto es, un doblete. El valor de *cerúleo* 'azul, azul cielo', por otro lado, sí que puede atestiguarse a través de testimonios lexicográficos a partir del siglo XVIII, entre los que se encontraría el *Diccionario de autoridades*:

---

96 Podría tratarse, por otro lado, de un diminutivo en -CŬLU del tipo *CERUCŬLU o, quizá (partiendo de la analogía propuesta por García Arias cera > *ceru), de una formación analógica basada en *ceruya* 'ciruela' que el DGLA documenta en Las Regueres. Sin embargo, la presencia nuevamente de un resultado -y- vuelve a plantear la posibilidad de la interferencia, dado que dicho resultado no es posible si se parte únicamente del étimo CEREŎLA.

> **CERULEO, LEA.** adj. Cosa perteneciente al color azúl: y con mas propriedad al que imíta al del Cielo, quando está despejado de nubes: que tambien se extiende al de las ondas que hacen las aguas en estanques, rios, o mar (*Autoridades*, 1729: *s.v.*).

La tonalidad concreta de azul a la que haría referencia *cerúleo* habría oscilado —según se observa en su historia lexicográfica— entre matices más claros u oscuros (zafiro, color del cielo, etc.), abarcando ambas posibilidades a partir del siglo XIX (al menos en el plano lexicográfico, *vid. DRAE*, 1884: *s.v. cerúleo*).

El *Diccionario Akal del Color* incluye, lógicamente, una entrada dedicada a *cerúleo*, aunque también pueden encontrarse referencias a dicha tonalidad en el lema *celeste*:

> **cerúleo.** Nombre que se da al color que se percibe cuando se contempla la superficie del agua en alta mar, o en los grandes lagos, bajo el cielo despejado. // Celeste. // [...] (*Akal: s.v.*).
> **celeste.** Coloración específica semiclara, azul y fuerte, de textura visual semitranslúcida, correspondiente al aspecto del cielo diurno despejado en la dirección Norte. Se dice también «azul celeste», «cerúleo», «azul cerúleo», «azul bebé» y «cian claro» (*ibid.: s.v.*).

Partiendo por tanto de la hipótesis de *cerojo* como resultado patrimonial de CAERULEUS al que se le habría adjuntado el sufijo *-ado* —quizá por analogía con otros nombres de color—, *cerojado* podría haberse empleado en este ejemplo, asimismo, con el valor de 'azul, azul claro', siendo aceptable dicha tonalidad en la prenda textil a la que acompaña el adjetivo.

Cabría, no obstante, una tercera hipótesis que, por otro lado, podría descartarse empleando, entre otros, el criterio cronológico. La búsqueda de *cerúleo* en *Akal* permite localizar dos términos relacionados con dicha voz, *cerulus* y *ceruleus*:

> **cerulus.** Nombre que se le daba al amarillo en la Edad Media (*Akal: s.v.*).
> **ceruleus.** [...] Denominación común latina con la que se designaban ambiguamente los colores azul y amarillo en la Baja Edad Media. // Denominación latina renacentista de la coloración amarilla (*Akal: s.v.*).

Podría postularse, por tanto, una posible confusión entre las alusiones a **azul** y a **amarillo** que comenzaría —aparentemente— en la Edad Media. A propósito de este conflicto, Ball (2001: 33) indica que «la voz latina *caeruleum* supone una ambigüedad similar entre el amarillo y el azul [...]». La posible explicación que ofrece Ball para esta confusión entre *azul* y *amarillo* radicaría en «el acto de nombrar los colores según el material del que se obtienen» (Ball, *op. cit.*: 33) — aunque también baraja la posibilidad de considerarla una confusión puramente lingüística—:

El testimonio de Plinio en su *Historia Natural* sobre la paleta de cuatro colores [...] no menciona matices, sino pigmentos. Entre éstos [sic] figura el "amarillo ático" [...]. Pero para decir amarillo Plinio emplea el nombre de un mineral: *sil*, en vez de *crocum* o *glaucus*, [...]. *Sil* es una especie de ocre amarillo. Pero cuando, en el siglo XVI, el azul fue contado entre los colores "básicos", algunos autores consideraron que seguramente debía aparecer en la lista de Plinio. El italiano Cesare Cesarino formuló [...] la improbable afirmación de que el *sil* era el ultramar (Ball, op. cit. 200-209).

Es decir, que una de las posibles razones que habría motivado la confusión sería una mala interpretación por parte de autores renacentistas, que trataban de adaptar la visión o percepción clásica de los colores a la de su época, en la que el azul ya se consideraba un color básico que se empleaba para obtener todos los demás.

Ball cita, además, el caso del francés antiguo *bloi* —del que derivan tanto el *bleu* francés como el *blue* inglés—, que también mantenía la ambigüedad azul/amarillo:

[...] semble être, soit «pâle, blanchâtre», soit «livide, bleuâtre», sens avec lequel *bleu* qualifie surtout le teint du visage et l'état d'une peau contusionnée, à mettre en parallèle avec la nuance de l'ancien espagnol *blavo*[97] "gris-jaunâtre" (Rey, 2000 [1992]: s.v. *bleu*).

En el caso del castellano, el hecho de que el *DECH* indique que el origen de *azul* responde, probablemente, a la forma árabe vulgar de la voz *lāzawárd* 'lapislázuli', podría explicar la ausencia de confusión entre los valores de 'azul' y 'amarillo'.

Por otro lado, sí que resultaría razonable un solapamiento o confusión en el caso de *ceruleus* al confluir la forma con monoptongación de CAERULEUS con el derivado de la voz *cera*, esto es, *ceruleus* 'azul' vs. *ceruleus* 'del color de la cera, amarillo (pálido)'. Esta hipótesis propiciaría una tercera posibilidad cromática para *cerojo*: 'amarillo, amarillo pálido'. No obstante, en el siglo XVII parece que *cerúleo* tiene, clara y exclusivamente, el valor de 'azul', tal y como demostrarían numerosos ejemplos de *cerúleo* en CORDE en los que el adjetivo se emplea con

---

97 *Blavo* figura en la primera edición del diccionario usual con el significado de «el color que se compone del blanco y pardo, ó algo bermejo» (*DRAE*, 1780: s.v.). El *Dictionnaire Historique* relaciona *bleu* con el latín medieval *blavus*, el fráncico **blao* y la forma germánica **blaewaz*, indicando que, en el caso germánico, estaría emparentada con formas latinas como *flavus* 'rubio, roijzo' y *florus* 'rubio', de ahí, quizá, la confluencia de valores pálido amarillento/azulado (dado que la palidez puede asociarse, asimismo, al amarillo muy claro, como demostraría la expresión popular «estar pálido como la cera»).

su valor etimológico (lo que invita a pensar que, en el periodo seiscentista, el único significado que se atribuye a dicho adjetivo es, únicamente, el de 'azul')[98]:

> «Enladrillar de su cristal quisiera / Las olas canas el *ceruleo* rio, / Y esparcir de su rubia cabellera / Del alba roja el cándido rocio; [...]» [Valdivieso, J. de (1604). *Vida, excelencias y muerte del gloriosísimo patriarca San José*. Extraído de: CORDE].

A partir de los ejemplos, asimismo, puede deducirse que *cerúleo* tiene un claro matiz y uso poéticos, ya que la mayor parte de las documentaciones en las que se localiza son composiciones líricas.

Desde el punto de vista documental, el ejemplo de *CorLexIn* resulta de gran importancia, puesto que puede considerarse, muy posiblemente, como el único testimonio de un posible resultado patrimonial de CAERULEUS, sea con el valor de 'azul', 'amarillo pálido' o 'color de ámbar'. Ninguno de los corpus académicos —diacrónicos y sincrónicos— registra casos de *cerojado*, lo que, podría reflejar un estatus de localismo, puesto que el uso de *ceruyu* en la franja occidental, aunque fragmentario, daría pie para entender un derivado en -*ado* similar a varios de los ejemplos analizados en este estudio, radicando la «novedad» en este caso concreto en que la base de derivación es un resultado patrimonial no atestiguado.

En conclusión, determinar la referencia cromática de *cerojado* resulta complicado, dada la posible interferencia que podría haber existido entre el adjetivo latino CAERULEUS y el sustantivo CERA, de ahí que puedan barajarse hasta tres hipótesis distintas: a) 'color de ámbar' por su relación con la resina producida por determinados árboles; b) 'amarillo pálido' por la confusión o solapamiento entre *ceruleus* 'azul' y *ceruleus* 'céreo, de color de cera'; c) 'azul', teniendo en cuenta el valor original de su étimo. En este último aspecto, el etimológico, resulta asimismo interesante, ya que podría tratarse, en principio, del único testimonio de un resultado patrimonial de CAERULEUS.

---

98 Aún sería posible encontrar algún testimonio en el que no puede afirmarse con rotundidad si cerúleo se emplea exactamente con el valor propuesto o cabría postular un cerúleo 'céreo, pálido, semejante al color de la cera': «En dos eternidades ya esculpido / a soberana luz tu nombre veo, / y en *cerúleo* papel impreso aun leo / tu incesable anhelar nunca perdido» [Tassis y Peralta, J. de (1599-1622). *Poesías*. Extraído de: CORDE] (la idea de un pergamino azul no resulta demasiado lógica). Sobre la pervivencia del solapamiento en la actualidad, *vid*. García de Diego y Menéndez Pidal (1926: 41) y Lázaro Carreter (1997: 81-82).

CERVUNO

Documentaciones en *CorLexIn*:

- Vn nouillo de tres años, *Cerbunillo*, capado, en otro tanto (Navahermosa, To-1638)

Cervuno es un adjetivo con valor cromático aplicado a capas equinas. Es un ejemplo más adjetivo denominal, derivado en este caso de la voz *ciervo* a través de un patrón N+*uno*. El sufijo -*uno* aportaría el valor 'semejante a N', radicando la semejanza en este caso en el color del pelaje del ciervo.

El término como tal aparece definido en *Autoridades*, si bien no se recoge exactamente el valor cromático, sino que la definición se ciñe al valor de relación o pertenencia que aporta el sufijo -*uno*. La propia entrada indica, además, la base nominal de la que deriva el adjetivo:

> **CERVUNO, NA**. adj. Cosa que pertenece al ciervo, ò se le parece. Viene del nombre Ciervo [...] (*Autoridades*, 1729: s.v.).

Covarrubias y Rosal no incluyen referencias al color del pelaje del ciervo en sus entradas dedicadas a dicho animal y tampoco la Academia en el volumen anteriormente citado de *Autoridades*, por lo que, en principio, no puede establecerse una referencia cromática precisa. No obstante, la primera edición del diccionario usual de 1780, introduce una subacepción en la entrada *cervuno* que presenta una restricción de tipo semántico ligada al ámbito equino:

> **CERVUNO**. Se dice del caballo que tiene la piel del color semejante al del ciervo (*DRAE*, 1780: s.v.).

La entrada de la edición de 1780 supone un avance, puesto que ya se establece una acepción restringida al ámbito cromático de las capas equinas; pero, de nuevo, no existe ninguna indicación precisa acerca de la tonalidad de la piel del ciervo, tampoco en la entrada dedicada al animal.

No será hasta la 15.ª edición de 1925 cuando se haga explícita la referencia cromática a la que se alude con el adjetivo *cervuno*:

> **CERVUNO, NA**. adj. 3. Dícese del color del caballo o yegua que es intermedio entre el obscuro y el zaino, o que tiene los ojos parecidos a los del ciervo o la cabra (*DRAE*, 1925: s.v.).

La definición propuesta por la decimoquinta edición es la que se mantiene en la actualidad, por lo que la capa sigue definiéndose como una tonalidad intermedia entre la oscura y la zaina o zaína.

Teniendo en cuenta la definición de ***zaino*** —que mantiene la propuesta de Covarrubias prácticamente inalterada— «dicese del cauallo castaño escuro, que no tiene otra señal de ninguna color» (*Tesoro: s.v. çayno*) y la de *oscuro* aplicado a colores «se llama el colór que casi llega à ser negro» (*Autoridades*, 1737: *s.v. obscuro*), se estaría perfilando una referencia cromática del tipo 'castaño negruzco', es decir, un castaño muy oscuro que, eso sí, no llegaría a negro —la capa más oscura dentro de las coloraciones equinas—.

El *Diccionario Akal del Color* incluye varias referencias cromáticas para *cervuno*, relacionándola en primer lugar con la tonalidad *ciervo* —semiclara, rojo anaranjada y moderada que «corresponde al pelaje de verano del cérvido "ciervo rojo" o "ciervo común" (*Cervus elaphus*)» (*Akal: s.v.*)—. Sin embargo, la entrada *cervuno* también documenta el valor de 'zaino oscuro', si bien la caracteriza como «muy oscura, rojo purpúrea e intensa» (*Akal: s.v. caballo, colorismo del*), quizá debido a la relación entre *castaño* y *rojizo* y la presencia del color rojo en las tonalidades amarronadas (*vid.* **morado²**).

La referencia cromática propuesta para *cervuno*, por tanto, es 'castaño negruzco', es decir, una tonalidad de castaño considerablemente oscura y muy próxima al negro.

Respecto a sus documentaciones en corpus académicos, CORDE arroja un total de 72 casos para *cervuno* y sus variantes (*çervuno, cerbuno, zeruuno*, etc.), correspondiéndose 17 de ellas al contexto del siglo XVII. De los 17 resultados restringidos al siglo XVII, 6 se corresponden con el valor cromático que presenta el adjetivo, poseyendo 3 de ellos un referente equino, 1 al ganado caprino y 2 al color de cérvidos.

Eliminando el filtro cronológico, 18 de los anteriormente mencionados 72 casos (22 si se tienen en cuenta 4 casos dudosos) se corresponden con *cervuno* empleado como adjetivo cromático, siendo su documentación más antigua una fechada en el último tercio del siglo XIII:

«Titulo .xvii°. del cavallo çervuno por o corre mejor» [Anónimo (c1275). *Libro de los caballos*. Extraído de: CORDE].

Los referentes mayoritarios del adjetivo siguen siendo los equinos, por lo que se mantiene la restricción semántica que reflejaban los repertorios lexicográficos consultados.

En CDH, *cervuno* alcanza las 65 documentaciones, correspondiéndose 18, nuevamente, con el valor analizado. Dado que los resultados de CORDE y CDH suelen solaparse por presentar este último una capa diacrónica de documentos extraídos de CORDE, los 18 ejemplos son los mismos que registraba CORDE.

En el plano sincrónico, CREA solo registra una concordancia para *cervuno* que no se corresponde con el valor cromático esperado. CORPES XXI, por su parte, arroja 8 resultados; pero, de nuevo, en ninguno de ellos *cervuno* se emplea como adjetivo con significado cromático.

Volviendo a las documentaciones que podían encontrarse para el término analizado, puede encontrarse una perteneciente a Camilo José Cela que llama particularmente la atención:

> «*Cervuno*, para las autoridades oficiales, es lo que pertenece o se parece al ciervo, como vacuno de vaca, chotuno de choto y montuno de monte. La misma palabra, para algunas autoridades que van por libre, nada de más atrás, y de más vetusto cuño, y la hacen venir del color de la cebra o asno salvaje» [Cela, C.J. (1956), *Judíos, moros y cristianos*. Extraído de: CORDE].

En esta línea, el *DECH* (*s.v. cebra* y nota 8) ya apuntaba que, originariamente, la denominación cromática de la capa equina era *cebruno*, derivado de *cebro* 'onagro, asno salvaje' y que, por tanto, la relación cromática se establecía partiendo del pelaje del onagro y no del ciervo. Corominas y Pascual postulan, por tanto, una confusión antigua entre *cebruno* 'del color del pelaje del onagro' y *cervuno* 'perteneciente al ciervo'.

Una de las razones que también podrían argüirse a favor de esta hipótesis es la inexistencia de *cervuno* en el domino americano; pero sí que se documenta *cebruno* con la referencia cromática que se había atribuido a *zaino* y, por ende, a *cervuno* (si bien la acepción se encuentra restringida diatópicamente a Venezuela):

> **cebruno, na.** I. 1. adj. *Ve:C, Ar, Ur. Referido a un caballo o a su pelaje*, de color ceniciento. rur. 2. *Ve. Referido a un caballo o a su pelaje*, de color castaño oscuro (*DAm: s.v.*).

De hecho, la búsqueda en los corpus académicos de *cebruno* refleja un claro predominio de los resultados americanos frente a los peninsulares, amén de un bajo índice de uso general y en la actualidad (al igual que en el caso de *cervuno*):

Tabla 6. Documentaciones de *cebruno* en España y América (Fuente: CORDE, CDH, CREA, CORPES XXI)

CORDE		CDH		CREA		CORPES XXI	
España	América	España	América	España	América	España	América
5	21	4	38	0	1	0	0

Sin embargo, uno de los argumentos que aduce el *DECH* (*s.v. cebra*) a este respecto es la fecha de primera documentación: *cebruno* '(caballería) de color entre oscuro y zaino' figura en un inventario aragonés de 1379, mientras que *cervuno* no se documentaría hasta 1729 (esto es, la entrada de *Autoridades*). Sin embargo, tal y como se ha visto en el análisis de las documentaciones de

CORDE y CDH, *cervuno* ya se documenta en el último tercio del siglo XIII, anterior, por tanto, a la primera aparición de *cebruno*.

Dejando a un lado el origen etimológico del término —*ciervo* o *cebro*—, lo cierto es que la referencia cromática permanecería inalterada: el propio *Akal*, que posee una entrada *onagro*, caracteriza a dicha tonalidad como «pardo negruzca» (*Akal*: *s.v. animal, colorismo*), por lo que se seguiría haciendo alusión a tonalidades marrones oscuras cercanas al negro.

No obstante, Espejo Muriel (1996: *s.v. cervuno*) — retomando, asimismo, la entrada de *Akal* y las posibilidades cromáticas que contemplaba para *cervuno* y *ciervo*— defiende la idea del cambio de pelaje en las distintas estaciones del año como justificación de las múltiples referencias cromáticas que pueden encontrarse para *cervuno*: 'rojo oscuro', 'capa cenicienta que amarillea y aún parece rojo oscuro', 'capa compuesta de tres colores: rojo, negro o pardo', 'castaño muy umbrío', etc., (amén de una posible metátesis de la líquida vibrante *-rv-* > *-br-* que podría haber propiciado la confusión entre ambos términos). Opción por la que también abogaría Villa y Martín (*op. cit.*: 401–402), ya que caracteriza el pelaje *cervuno* como «rojo-oscuro análogo al del ciervo [...]. Es el alazán cervuno de algunos».

Mediante el adjetivo *cervuno* (o *cebruno*), en conclusión, se alude a un tipo de capa equina caracterizada por una tonalidad marrón oscura muy cercana al negro. Es un término con un índice de uso relativamente bajo ya en el siglo XVII y que, en la actualidad, podría considerarse como desusado.

COLOR DE ALA DE PALOMA

Documentaciones en fondos documentales inéditos de *CorLexIn*:

- Tasaron otro bestido de seda de tramoya, *color de ala de paloma* (Astorga, Le-1647)

La lexía *color de ala de paloma* —uno de los múltiples ejemplos de la productividad de la estructura *color (de)*— se emplearía para hacer referencia a tonalidades gríseas claras u oscuras, basándose en el color de las alas de la paloma bravía (*Columba livia*) o la bravía doméstica (*Columba livia domestica*).

Pese a que, en ciertas ocasiones, las lexías cromáticas que se valen de la secuencia *color (de)* figuran en los repertorios lexicográficos lematizadas *s.v. color* o en la entrada correspondiente al sustantivo que constituye la sugerencia origen, *ala de paloma* o *color de ala de paloma* no figura en ninguno de los diccionarios que constituyen la nómina del NTLLE.

Las descripciones de la paloma en el contexto lexicográfico monolingüe del siglo XVII tampoco resultan demasiado esclarecedoras, dado que no incluyen referencia alguna a las particularidades de color que puede presentar el ala de las palomas. Covarrubias (*s.v. paloma*) solo alude a la coloración del plumaje de la paloma en el caso de la paloma torcaz (*Columba palumbus*) a raíz de su rasgo distintivo —las marcas blancas que presenta en el plumaje del cuello—.

El *Diccionario de autoridades* ofrece una descripción más rica que Covarrubias de la morfología de la paloma; empero, es demasiado escueta y general dada la multiplicidad de especies de paloma existentes, por lo que se ciñe a aspectos cromáticos muy sucintos y poco específicos —que, por supuesto, no incluyen referencias al color de las alas—:

> **PALOMA**. s. f. Ave conocida, menor que gallína, de hermosas y vistosas plumas de varios colores. Las hai de diferentes especies, unas llaman caseras o domésticas, porque se crían en las casas, otras zurítas, que crían en los campos, en los huecos de árboles y peñas [...] (*Autoridades*, 1737: *s.v.*).

La entrada sufrirá ligeras modificaciones, pero la información que puede extraerse en las distintas ediciones del diccionario académico será siempre más o menos la misma, con una salvedad, la 5.ª edición de 1817, que cambia el modelo de definición a uno de carácter mucho más enciclopédico:

> **PALOMA**. s. f. Ave indígena de España. Es de un pie de largo, de color ceniciento, con la rabadilla blanca, una mancha negra en medio de cada remera, y otra en la extremidad de cada timonera. Es ave domesticada que ha provenido de la paloma silvestre [...] (*DRAE*, 1817: *s.v.*).

La quinta edición se prodiga en las particularidades cromáticas que presenta la morfología del plumaje de la paloma —que desaparecerán poco después, ya que la edición de 1837 volverá a un nuevo modelo reducido—. No se localiza información explícita sobre las alas, pero sí que podría partirse de la premisa de que, si no se refleja ningún rasgo específico, las alas pertenecerían al color general, descrito como «ceniciento».

Además, la sugerencia origen podría precisarse aún más, puesto que la entrada traza el perfil de la paloma doméstica (*Columba livia domestica*). No obstante, el plumaje de ambas es prácticamente idéntico, por lo que la paloma bravía (*Columba livia*) también podría erigirse como sugerencia origen de *color de ala de paloma*.

A este respecto, la delimitación de la referencia cromática de *color de ala de paloma*, podría aducirse el valor 'gris, ceniciento' que posee el adjetivo **columbino** —amén de la principal 'rojo amoratado, púrpura'—, posibilidad basada, asimismo, en el color general del plumaje de ambas especies.

En lo que respecta a la descripción de las alas, suelen caracterizarse, al igual que el resto del plumaje, por su color grisáceo más o menos oscuro, si bien las infracoberteras o coberteras inferiores son de un tono más blanquecino, por lo que la referencia cromática podría oscilar entre el gris oscuro y blanco grisáceo en función de la paloma (Sánchez, 2012: 63).

La lexía tampoco aparece documentada *per se* en el *Diccionario Akal del Color*, aunque sí que pueden localizarse algunas entradas cercanas que corroborarían la propuesta cromática 'gris, ceniciento', entre ellas *gris paloma, gris paloma silvestre* o la propia entrada *paloma*:

> **gris paloma**. Gris pálido. // Gris purpúreo oscuro (*Akal: s.v. gris*).
> **gris paloma silvestre**. Coloración gris pardusca (*Akal: loc. cit.*).
> **paloma**. [...] Esquema cromático de coloraciones gris azulada media (predominante), gris cenicienta oscura, gris semioscura, tornasolada de verde y púrpura, negra, blanca y rojo purpúrea, correspondiente a la estructura corporal de la colúmbida «paloma bravía» o «paloma silvestre» (*Columba livia*) [...] (*Akal: s.v.*).

Tal y como puede apreciarse, la tonalidad dominante en la estructura corporal de la paloma es el gris —matizado de diversos modos como *ceniciento, claro, oscuro*, etc., pero gris en todo caso—. Por ende, la hipótesis cromática que se propone para la lexía *color de ala de paloma* es 'gris, ceniciento', pudiendo oscilar dicha coloración entre matices más claros u oscuros, todos ellos basados en el color de las plumas del ala tanto de la paloma bravía como de la paloma duenda o doméstica.

En el plano documental, las búsquedas se tornan infructíferas en todos los corpus académicos, dado que ninguno de ellos arroja testimonios de *color de ala de paloma, color ala de paloma* o *ala de paloma*, empleado este último con valor cromático.

Este hecho podría apuntar a una condición de creación idiolectal surgida, probablemente, del criterio de exhaustividad que rige la descripción de los bienes en los distintos tipos de documentos notariales: el notario o escribano de turno habría considerado que *pardo* o *ceniciento* no expresarían con exactitud la tonalidad del ítem inventariado —un vestido de seda en este caso— y se habría visto en la necesidad de crear una nueva expresión cromática valiéndose, en este caso concreto, de un referente extralingüístico cuyo color, más o menos prototípico, satisficiese dicha carencia.

Imagen 3. Fragmento de la tasación en el que se documenta el vestido color de ala de paloma (Fuente: *CorLexIn*)

Sin embargo, fuera del dominio de los corpus académicos sí que pueden localizarse algunos casos de *color (de) ala de paloma* en el contexto literario, aunque ninguno de ellos anterior al siglo XX (Camus, 1996 [1978]: 25; Mosches, 1997: 332; Aveleyra-Sadowska 1981: 167; Rubertino, 1961: 70; Sánchez Sorondo, 1995: 19): «vestía una blusa *color ala de paloma*», «una cinta *color ala de paloma*», «[…] vestido amplio como un deshabillé *color ala de paloma*», etc. Podría tratarse, por ende, de una muestra —única— de una denominación escasa y más propia del registro oral, del que emergería en la escritura en un inventario del XVII y, posteriormente, en textos literarios.

Partiendo del color de las alas de la paloma duenda o la paloma bravía, de un gris ceniciento —más claro u oscuro—, *CorLexIn* atesora el que podría ser el único caso de la lexía *color (de) ala de paloma* documentado antes del siglo XX. Una lexía que, posiblemente, un notario o escribano falto de adjetivos cromáticos habría rescatado del registro oral para expresar con precisión su percepción concreta del color del vestido que debía figurar en su inventario.

COLOR DE ALCAPARRA

Documentaciones en fondos documentales inéditos de *CorLexIn*:

- Otra pollera de ormesí *color de alcaparra* (Cuzco, Perú-1677)

El color verde oscuro similar al de la aceituna que presentan el botón y el fruto de la alcaparra (*Capparis spinosa*) constituirían la sugerencia origen de la construcción *color de alcaparra*, lexía estrechamente ligada al dominio del español americano.

Las referencias al color de la alcaparra en los diccionarios seiscentistas y dieciochescos no son muy precisas; sin embargo, resulta de gran ayuda el hecho de que este fruto se equiparare al del olivo a la hora de describirlo, recurso del que se valen tanto el *Tesoro* de Covarrubias como el *Diccionario de autoridades*:

ALCAPARRA, [...] su fruto se parece a una azeytuna, el qual abriendose descubre una blanca flor, despues de la cual cayda se muestra cierta cosa luenga, en forma de vna bellota [el *alcaparrón*, en todo caso], que si la abrimos tiene dentro de si ciertos granos pequeños, y roxos, como los de las granadas, [...] (*Tesoro: s.v.*).
ALCAPARRA. s. f. [...], y al pié se cria el fruto, que es del tamaño y forma de una bellóta, el colór parecido al de la azeitúna. Tiene el interior como una pulpa blanquecína llena de granillos roxos, que son la simiente (*Autoridades*, 1726: *s.v.*).
Alcaparra. El fruto que prodúce la mata llamada tambien assi: el qual cogido antes de abrirse para salir la flor se conserva en sal, y sirve para ensaladas, escabeches, y otros guisados (*Autoridades*, 1726: *s.v. alcaparra*).

A tenor de las siguientes definiciones, debe establecerse una diferencia entre los dos tipos de frutos a los que hace alusión el *Diccionario de autoridades*: lo que conocemos como *alcaparra* es, en realidad, el botón de la flor de dicha planta antes de que florezca, botón que ha sido sometido a un proceso de encurtido y que se emplea «como condimento y como entremés» (*DLE: s.v. alcaparra*); el fruto propiamente dicho de la alcaparra —glandiforme y de color verde oscuro, «similar a la aceituna»— se denomina *alcaparrón*, que, inmaduro y encurtido, también puede consumirse. No obstante, es cierto que el color de ambos es bastante similar.

La voz *alcaparra* no se documenta en ninguna obra diccionarística ostentando acepciones cromáticas. Ni siquiera su derivado *alcaparrado* —presente también en *Autoridades*— registra dicha acepción, empleándose para hacer referencia al alimento «aderezado o condimentado con alcaparras» (*DLE: s.v.*).

En el ámbito lexicográfico especializado, *alcaparra* figura como entrada en el *Diccionario Akal del Color* (*s.v. vegetal, colorismo*); sin embargo, la definición cromática que figura en dicho diccionario alude a la pigmentación floral[99] de la alcaparra y no al fruto.

La referencia cromática que se propone, en conclusión, para *color de alcaparra* es 'verde oliva oscuro', esto es, un color similar al de la aceituna, siendo su sugerencia origen el color característico del botón de la flor de la alcaparra y del exterior del fruto de dicho arbusto, el *alcaparrón*. La lexía, además, estaría restringida diatópicamente al dominio americano, muy posiblemente —aunque

---

99 Resulta ligeramente extraño que la flor de la alcaparra se describa como «muy clara, verde azulada y débil» (*Akal: s.v. vegetal, colorismo; alcaparra*), dado que la flor de la alcaparra es blanca con cierto matiz sonrosado. Quizá se trate de una errata y, en realidad, se esté haciendo referencia a la pigmentación *foliar* y no *floral* de la alcaparra.

resulte atrevido al contar solo con una única documentación— a Perú, localización del ejemplo de *CorLexIn*.

En el plano documental, la búsqueda en CORDE no arroja ningún resultado para *color (de) alcaparra*, al igual que la búsqueda en CDH. En el caso de *alcaparrado* —por si el derivado en *-ado* presentase alguna concordancia con valor cromático que registrasen los corpus y no el diccionario académico—, CORDE registra 1 único caso en el que *alcaparrado*, sin embargo, se emplea con el valor esperado de 'aderezado con alcaparras'.

Los corpus sincrónicos de la Academia tampoco ofrecen resultados para la búsqueda de *color de alcaparra* ni tampoco para *alcaparrado*, poniendo de manifiesto la condición de voz desusada de este último término.

Atendiendo a la localización de la voz, la consulta de corpus especializados en el español americano como CORDIAM o el *Léxico hispanoamericano* de Boyd-Bowman tampoco ofrece ningún testimonio del uso de la lexía. El hecho de que, en el contexto de los *corpora*, solo *CorLexIn* documente un único caso de *color de alcaparra* podría indicar que la lexía responde a un uso idiolectal del notario o escribano que redactó el documento.

No obstante, fuera del ámbito de los corpus, pueden encontrarse algunos testimonios de *color de alcaparra* que, además de afianzar el estatus de *color de alcaparra* como lexía de pleno derecho, permitirían ampliar su contexto geográfico de uso a Chile: «un vestido de lama llana, usado, *color de alcaparra*» (Kórdic Riquelme, 2005: 289). La cita corresponde a un testamento chileno fechado en 1684, datación ligeramente posterior a la del ejemplo de *CorLexIn*, pero que, pese a ello, contribuye a atestiguar la presencia de la lexía en el contexto cronológico del siglo XVII. Asimismo, Silva Silva (1981: 223) también lo documenta en una carta de dote santiaguina fechada entre 1671 y 1672 en la que figura «una pollera de ormezi *color de alcaparra* con tres guarniciones de puntas de plata grande en cien pesos».

Por otro lado, cabría otra posibilidad cromática para *color de alcaparra*: 'rojizo, sonrosado'. Adanaqué indica que Tomás Chayhuac —primer cacique católico de San Salvador de Mansiche (Trujillo)— «[...] gustaba estar a la moda de los españoles. Contaba, entre ellos, un vestido carmesí *color alcaparrado* (sonrosado), calzón, ropilla y capa; [...]» (1999: 60).

A pesar de ser el único testimonio localizado de *alcaparrado* con valor cromático —si se omite el hecho de que dicho valor estaría condicionado por la estructura *color (de)*—, la relación que establece Adanaqué entre *alcaparrado* y 'sonrosado' podría considerarse una confusión si se tiene en cuenta el término *carmesí* que también figura como adyacente de *vestido*: si bien es cierto que *carmesí* puede emplearse como adjetivo de color con el significado de 'rojo intenso', Martínez Meléndez (*op. cit.*: 278-279) indica que podía emplearse, asimismo, como sustantivo, aludiendo en este caso a un tejido de seda generalmente rojo, en efecto, pero que también podía encontrarse en otros colores («carmesí *blanco*», «carmesí *verde*», «carmesí velludo *morado*», etc.).

La hipótesis *color de alcaparra~alcaparrado* 'rojizo, rosado' podría contemplarse, no obstante, si se tiene en cuenta el dato mencionado en las definiciones de Covarrubias y *Autoridades* que aludían al color rojizo de la simiente de la alcaparra que, propiamente, no es el color de la simiente, sino de la pulpa del propio *alcaparrón* —o del epicarpio maduro del fruto—.

En conclusión, *color de alcaparra* puede considerarse como una hápax documental propio del español americano que se adscribiría a las áreas peruana y chilena y que ostentaría dos posibles referencias cromáticas: por un lado, 'verde (oliva) oscuro', coloración que respondería al color tanto del fruto como del botón de la flor de la alcaparra (*Capparis spinosa*), tonalidad bastante similar a la del epicarpio de la aceituna; en segundo lugar —y basándose en el matiz rojizo que adquiere el *alcaparrón*, el fruto de la alcaparra, cuando madura, o bien en el color rojizo de su pulpa—, *color de alcaparra* podría emplearse, asimismo con el valor de 'rojizo, rosado'. Puede considerarse como un término propio del siglo XVII, ya que *CorLexIn* —el único corpus que atestigua la existencia de la lexía— y el resto de fuentes consultadas no lo documentan más allá del último tercio de dicho siglo.

COLOR DE ÁMBAR

Documentaciones en *CorLexIn*:

- Yten, cada uara de dicha vayeta *color de ámbar* a doze reales de uellón que hacen (Huelva, H-1691)
- Más, vn bestido de felpa labrada *color ámbar* (Méntrida, Talavera, To-1679)
- Ytem, vna basquiña de lamparilla *color de ámbar* en sessenta reales (Sevilla, Se-1979)
- Vn monillo de tafetán *color de ámbar* con punta de plata falsa, veinte y quatro reales (Sevilla, Se-1745)

La lexía *color de ambar*, tal y como puede deducirse fácilmente, se emplea para hacer referencia a las tonalidades amarillentas o amarillo anaranjadas más o menos oscuras que presentan cierta similitud con el color prototípico de la resina fósil conocida bajo la denominación de *ámbar*.

Las primeras referencias cromáticas para el término analizado han de buscarse en el *Tesoro* de Sebastián de Covarrubias de 1611 bajo la entrada *ámbar* y después de las referencias incluidas en dicha entrada que aluden, muy posiblemente, al ámbar gris:

COLOR DE ÁMBAR

> AMBAR, [...] Llamamos también Ambar, cierta goma que se distila de vnos arboles transparente, y de color encendido, como el oro, y los Griegos lo llamaron por ello χρισοφοριομ, chrysophorium: y por otro nombre electrum, ηλέκτρομ, a causa de tener el color del sol, [...] (*Tesoro: s.v.*).

Rosal también incluye *ambar* en su macroestructura, pero presenta una referencia cromática que se aleja ligeramente de la propuesta por Covarrubias, ya que lo caracteriza por su color rojo; no obstante, debe tenerse en cuenta que el oro, en ocasiones, se asocia con tonalidades rojizas (*vid.* ***amarillo***, ***rubio***):

> Ambar. assí le llama el Arab. de Hambra, que quiere decir rojo, porque tal color debe tener el buen Ámbar (Rosal: *s.v.*).

El *Diccionario de autoridades* parece zanjar la pequeña disputa entre el rojo y el amarillo al decantarse por esta última tonalidad tras una serie de consideraciones acerca del origen de dicha resina, si bien deja traslucir cierta relación con el rojo y el naranja al hacerse referencia a la similitud del ámbar y el fuego en una de las autoridades que acompañan a la entrada:

> AMBAR. [...]: su colór es amarillo transparente. [...] COMEND. sob. las 300. fol. 83. Tiene esta piedra colór de fuego, y aun piensan algunos que es el *ámbar* (*Autoridades*, 1726: *s.v.*).

La segunda edición de *Autoridades* eliminará la descripción anteriormente omitida, ofreciendo una definición más sencilla, amén de presentar dicha definición como la principal:

> ÁMBAR. s. m. Especie de betún amarillo ó pálido, congelado y transparente, que se encuentra principalmente á orillas del mar Báltico (*Autoridades*, 1770: *s.v.*).

El resto de obras lexicográficas no contradicen dicha referencia, ya que todas caracterizan al ámbar por su color prototípicamente amarillo, si bien algunos diccionarios (*Tesoro*, *Autoridades*, Terreros) indican, de manera muy acertada, que el ámbar puede presentar múltiples tonalidades aparte del amarillo: rojo, blanco o pardo-grisáceo (el ámbar gris); pero también pueden encontrarse ámbares naranjas o color cognac e, incluso, verdes y azules.

El *Diccionario Akal del Color* caracteriza a la tonalidad *ámbar* como «naranja amarillenta» (*s.v.*); no obstante, —dada la variabilidad en la percepción— es posible que *ambar*, en el contexto del siglo XVII haga referencia a tonalidades amarillentas más o menos oscuras que podrían presentar cierto matiz rojizo (esto es, amarillo anaranjado) al habérselo relacionado con los colores prototípicos del oro o el fuego.

La posibilidad cromática 'gris' que caracterizaría al ámbar gris quedaría en un principio descartada: a pesar de que el *DECH* (*s.v. amarillo*) indique que el ámbar que se introdujo en España desde Oriente fue el gris y no el amarillo, el término coexiste en *CorLexIn* junto a referencias de collares y piedras de ámbar, por lo que se tiene que estar haciendo referencia, necesariamente, al ámbar amarillo —dado que el gris no se empleaba en joyería (sino en perfumería)—:

Un cuello de *ánbares* con un Anus Dei de plata (Aguilafuente, Sg-1623)
Otro cuello de *ánbares* más pequeñas con otra caja de plata (Aguilafuente, Sg-1623)
Otro par de pulseras de granates de Castilla engastadas en oro fino y vna poma de *ámbar*, en quarenta y cinco pesos (Ciudad de México, México-1622)

Vn diez de rosario de *ámbar* guarneçido (Madrid, M-1649)
Dos onças de corales con unas *ánbares*, en catorçe reales (Socovos, Ab-1622)
Una bolsa de nácar y *ámbar* guarneçida de oro (Vergara, SS-1632)
Vn rosario de quentas de *ánbares* con extremos de lo mismo (Zaragoza, Z-1647)

La referencia cromática que se propone para *color de ámbar*, por consiguiente, es 'amarillo', muy posiblemente 'amarillo anaranjado', por ser estas tonalidades las consideradas como prototípicas de la resina de origen vegetal.

La búsqueda de la lexía en CORDE permite la consulta de un número bastante significativo de concordancias (32), que, además, permiten perfilar en algunos casos la referencia cromática propuesta para *color de ámbar*. La primera de ellas, fechada en el primer tercio del siglo XVI:

«Como Pompeya tenía de *color de ámbar* los cabellos y el Emperador Nero estava enamorado dellos, todas las damas de Roma y de Ytalia trabajavan mucho no sólo de enruviar los cabellos, mas aun de traer de aquel color los vestidos, de manera que hombres y mugeres tenían los collares de ámbar, las medallas de ámbar, los anillos de ámbar y los joyeles de ámbar; [...]» [Guevara, A. de (1529–1531). *Reloj de príncipes*. Extraído de: CORDE].

Tal y como puede comprobarse, fray Antonio de Guevara propone una tonalidad más rojiza para el ámbar, por lo que podría defenderse, asimismo una posibilidad cromática más anaranjada, esto es, más amarillo-rojiza, para *ámbar*.

De los 5 casos fechados en el siglo XVII, 3 se corresponden con la lexía *color de ámbar* con valor, lógicamente, cromático:

«Cerites, vna piedra de *color de ámbar* quajado, descolorido» [Alonso y de los Ruyzes de Fontecha, J. (1606). *Diez privilegios para mujeres preñadas*. Extraído de: CORDE].
«No es siempre igual, en vnas partes es rico, y en otras, pobre, rompen las peñas, o caxas para sacarlo, el qual por algunas partes es pedernal durissimo, al metal rico

llaman Tacana, es casi de *color de ámbar*, otro ay rojo, otro ceniziento y de otros colores» [Vázquez de Espinosa, A. (1629). *Compendio y descripción de las Indias Occidentales*. Extraído de: CORDE].

«Por ser del Cielo Reina soberana, / los que le van sirviendo de incensarios, / el *color de ámbar* suyo es la fragancia; / su asistencia en la Gloria, lo morado» [Cruz, J.I. de la (1676-1692). *Villancicos*. Extraído de: CORDE].

Eliminada la restricción diacrónica, 29 de las 32 concordancias totales (30 si se tiene en cuenta 1 caso dudoso) documentan la forma y valor esperados, amén de algún ejemplo en el que se ha omitido la preposición (*color ámbar*). A partir de las concordancias obtenidas, puede deducirse una cierta progresión en lo que respecta a la referencia cromática de *color de ámbar* desde la alusión a tonalidades más amarillas a más rojizas o anaranjadas (el jugo de la naranja, la referencia al rojo de Guevara, una referencia a la tonalidad de la orina amarillo-ámbar, etc.).

También debe tenerse en cuenta, por otro lado, la doble posibilidad que ilustraba *Autoridades* para *amarillo* —el oro y la retama, el «amarillo subido» y el «bajo»—, demostrando la propia definición ostensiva el hecho de que la referencia cromática del amarillo también varía. Todo ello conduce a interpretar, por tanto, que la referencia cromática de *color de ámbar* podría abarcar, asimismo, tonalidades más rojizas, esto es, anaranjadas, además de las puramente amarillas o amarillas pálidas, tal y como ilustraban las obras lexicográficas consultadas.

El analisis diacronico se completa con la busqueda en CDH, obteniendo un total de 56 casos. La primera concordancia que figura en el CDH esta extraida del *Lapidario* de Alfonso X el Sabio y fechada a mediados del siglo XIII, lo que adelantaria —aparentemente— la fecha de primera documentacion de la lexía:

«Et dellas y a que fallan de forma de columnas que son todas de muchas colores. Assi commo negra, amariella, uerde, uermeia, parda. Esta pardura es de *color de ambra*» [Alfonso X (c1250). *Lapidario*. Extraído de: CDH].

Ambra figura como primera documentación de *ámbar* en el *DECH* en *El conde Lucanor* (1328-1335), pero Corominas y Pascual solo incluyen el valor de 'ámbar gris' en esta entrada, por lo que puede considerarse como primera aparición del vocablo *ámbar*, pero no del valor cromático 'amarillo anaranjado'. De hecho, aunque el *DHLE* 1933-1936 —el único diccionario académico que lo recoge en su nomenclatura—lo define únicamente como 'ámbar', en las «autoridades» que lo acompañan aparece el sintagma nominal *ámbar gris*, por lo que el valor sinonímico sería discutible.

Retomando el análisis de las documentaciones de CDH, 53 de las 56 concordancias obtenidas (54 si se tiene en cuenta 1 caso dudoso) se corresponden con la lexía *color (de) ámbar* en su uso cromático, algunas de ellas genuinas del propio corpus. A través de esta consulta en CDH puede observarse, asimismo, cómo a partir de mediados del siglo XX solo figuran concordancias en las que se ha omitido la preposición, esto es, que la construcción se reduce a *color ámbar*, revelando un grado mayor de lexicalización o consolidación del valor cromático de *ámbar*.

En el plano sincrónico, CREA registra 18 casos para *color ámbar*, de los que 17 (1 caso puede considerarse como dudoso) ejemplifican el valor analizado. Por último, CORPES XXI ofrece un número bastante superior de concordancias que CREA, indicando así un índice de uso relativamente alto para, en este caso, *color (de/del) ámbar*: 93, de las cuales 92 muestran la lexía analizada con sus posibles variantes y su eminente valor cromático.

En conclusión, la lexía *color (de) ámbar* poseería una referencia cromática 'amarillo anaranjado', 'amarillo rojizo' al ser su sugerencia origen el color más característico de la resina fósil conocida como *ámbar*. Aunque es cierto que en los diccionarios consultados solo se alude a tonalidades amarillentas, las concordancias obtenidas apuntan a una clara presencia de matices rojizos en la coloración.

COLOR DE CANDILERO

Documentaciones en fondos documentales inéditos de *CorLexIn*:

- Una chafeta de *color de candilero* (Santander, 1658)

La lexía *color de candilero* —que podría considerarse con gran probabilidad como un ejemplo de creación idiolectal— se emplearía para aludir a tonalidades semejantes a la del latón, azófar o fruslera, esto es, dorado rojizo. La hipótesis cromática proviene, en este caso, de la sugerencia origen del término, referente cromático o nombre referencial (García-Page, 2009: 52–60): el *candilero* o *candelero*.

La forma *candilero* no aparece registrada en la nomenclatura académica hasta la edición de 1925, donde se define como una voz propia de Murcia —marca dialectal que habría perdido en la edición de 2001—: «percha de madera con agujeros para colgar los candiles» (*DRAE*, 1925: s.v.). En el ejemplo de *CorLexIn*, no obstante, *candilero* posee casi con total seguridad el significado de *candelero*, esto es, 'cilindro hueco unido a un pie por una barreta o columnilla que mantiene derecha la vela' (*DLE*: s.v.).

Podría considerarse un ejemplo de variación del vocalismo átono en posición pretónica o de una confusión o solapamiento entre ambos términos, dado que ambos poseen un origen etimológico muy próximo —prácticamente el mismo, si bien indirecto—: mientras que *candelero* deriva directamente de la voz *candela*, *candilero* lo hace de *candil*, que, a su vez, deriva de *candela* (lat. CANDĒLA).

Partiendo, por tanto, de *candelero*, la entrada del *Tesoro* de Covarrubias no aporta información cromática de manera directa; pero sí de los materiales con los que se fabrica dicho objeto:

> **CANDELERO**, el assiento en que se pone la candela. [...] Los candeleros pueden ser de oro, plata, o de açofar, o otro metal. Los pobres suelen hazerlos de barro: los de madera son peligrosos [...]: *Esse vides lignum; servas nisi lumina, fiet de candelabro magna lucerna tibit* [100], [...] (*Tesoro: s.v.*).

Aunque en *CorLexIn* se documentan candeleros de otros materiales, la mayoría de los ejemplos hace referencia a candeleros de azófar, latón o fruslera, o lo que es lo mismo, de latón, dado que los otros dos términos pueden considerarse voces sinónimas. De hecho, en todos los ejemplos de *candilero* localizados en Cantabria en los que figura su material, siempre es el latón:

> quatro candileros de *fruslera* (Santander, S-1659)
> dos candileros de *açofar* (Soba, S-1616)

La hipótesis cromática que se propone para *color de candilero*, partiría, por tanto, del color del latón. La aleación de cobre y cinc figura tanto en el *Tesoro* como en *Autoridades*, testimonios de gran valor a la hora de sustentar la teoría *color de candilero* 'amarillo rojizo, dorado':

> **ALATÓN**, el metal roxo de que se hazen candeleros, lamparas, morillos, y otras muchas cosas hundidas, y despues reparadas, o recorridas en el torno (*Tesoro: s.v.*).
> **ALATON**. s. m. El metál roxo, ù de colór de oro, que resulta de la mezcla ò composición artificiál del cobre con la calamína, ò piedra calaminár. Es voz de poco uso, porque yá comunmente se dice Latón y Azófar (*Autoridades*, 1726: *s.v.*)[101].

Además de un nuevo argumento a favor de la relación entre *candelero* y *latón*, las entradas de ambos diccionarios apuntan a una tonalidad muy clara: dorado

---

100 «Estás viendo que soy madera, por tanto, si no vigilas la llama, en vez de candelabro tendrás una gran antorcha». Esperemos que el «candelero de palo» almeriense que *CorLexIn* atesora en sus fondos documentales inéditos no corriese la misma suerte.

101 El lema responde a la forma aglutinada del artículo árabe. *Autoridades* también la registra, pero la considera anticuada.

o amarillo rojizo, el color del oro —como se había reseñado en entradas como **anteado** o **color de ámbar**—. De hecho, Covarrubias incluye un fragmento en latín en la que lo describe como «ad colorem auri», reforzando la teoría de latón 'dorado, amarillo rojizo' y, por ende, también para *color de candilero*.

A pesar de que *Akal* (*s.v. latón*) apunta a tonalidades más amarillas y de matiz claro, el valor que se propone para *color de candilero* en el contexto del siglo XVII es el de 'amarillo rojizo, dorado' dadas las alusiones a *roxo* y al color del oro en los testimonios lexicográficos consultados.

Las búsquedas en los corpus diacrónicos de la Academia no ofrecen resultados, tanto en el caso de *color de candilero* como de *color de candelero*, situación pareja a la de los corpus sincrónicos, que tampoco devuelven ninguna concordancia para la lexía. Este hecho, sumado a la localización del ejemplo y la condición de testimonio último, podría apuntar a un caso de voz idiolectal, esto es, una creación léxica propia del escribano de turno motivada por la semejanza entre el color de la chafeta y el del latón. La documentación de *CorLexIn*, por ende, sería la única que atestiguase la existencia de dicha lexía.

Con *color de candilero*, en conclusión, se estaría haciendo referencia al color dorado o amarillo rojizo del latón, uno de los metales más usuales y atestiguados en la fabricación de candeleros o *candileros*. La condición de lexía única en *CorLexIn* y su ausencia en los corpus académicos podría indicar un estatus de voz idiolectal, esto es, una creación lingüística propia del escribano que redactó el inventario.

COLOR DE CAÑA

Documentaciones en *CorLexIn* y en fondos documentales inéditos de *CorLexIn*:

- Una basquiña de chamelote falço *color de caña* (Albuquerque, Ba-1683)
- Yten, vn guardapiés de raso de Toledo *color de cana* y negro, a medio traer, tassado en ciento y cinquenta reales (Méntrida, To-1679)
- Vn abanico de Yndias *color de caña*, dos reales (Sevilla, Se-1745)
- Un par de medias de pelo de *color de caña*, andadas todas (Soria, So-1663)
- Otras medias de pelo de *color de caña* (Soria, So-1663)

Mediante *color de caña* se hace referencia a la tonalidad amarillo clara que adquieren los tallos secos de la *Arundo donax*, conocida como *caña común*.

Si bien es cierto que *caña* ya figura en el *Tesoro* de Covarrubias y en el diccionario de Rosal, en ninguna de las dos obras lexicográficas se hace referencia al color de la misma. El *Diccionario de autoridades* también incluye la voz en su macroestructura, pero la definición solo ofrece una alusión al color de las hojas de dicha gramínea sin hacer ningún tipo de referencia al color del tallo:

CAÑA. s. f. Planta bien conocida, que se cría en lugares húmedos. Echa muchas varas huecas, derechas desde la raíz, vestídas de hojas mui verdes y largas. [...] (*Autoridades*, 1729: *s.v.*).

El resto de obras contenidas en el NTLLE tampoco posee ningún tipo de información cromática sobre la referencia de *color de caña*, amén de no recoger dicha lexía en su nomenclatura. El único repertorio lexicográfico que arroja algo de luz sobre la tonalidad a la que podría aludir *color de caña* es el *Diccionario Akal del Color*, en cuya entrada *caña* puede encontrarse la siguiente información:

caña. Coloración estándar clara, amarillo anaranjada y moderada, cuya sugerencia origen corresponde a la pigmentación predominante del tallo seco de la gramínea homónima (*Arundo donax*) [...] (*Akal*: *s.v.*).

Es decir, que el espectro cromático que contemplaría la lexía *color de caña* abarcaría tonalidades amarillo claras con cierta tendencia al naranja, referencia cromática derivada del tallo seco de la gramínea que le da nombre a la coloración —si bien esta consideración podría tildarse de más actual, un matiz propio de la perspectiva contemporánea de la tonalidad—.

A pesar de que no pueden aportarse testimonios lexicográficos que corroboren la propuesta de *Akal*, es posible encontrar ciertas referencias —especialmente en el ámbito vegetal— que sustentarían dicha hipótesis cromática: Gómez de Ortega (1774: 248) describe de este modo a la tonalidad característica de la madera de roble: «En Provenza se estima la madera de Roble quando es de color amarillo claro, esto es, de *color de caña*: [...]».

Por otro lado, Cavanilles (1801: 522) caracteriza a la flor del algodón, entre otros aspectos morfológicos, por el color de caña de su corola: «[...] la corola es de color de caña con una mancha purpúrea en la parte interior de cada lacinia». La consulta en *Flora ibérica* de la entrada dedicada a las distintas especies de algodón permite corroborar la relación entre *color de caña* y la familia de tonalidades que se incluyen en el amarillo, puesto que las flores de dichas especies se describen como «rojas, purpúreas o amarillas», «flores amarillas con una mancha purpúrea en el centro», «cremoso-blanquecinas o de un amarillo pálido con una mancha purpúrea en el centro» o «amarillo vivo con una mancha purpúrea en el centro» (Rodrígues Paiva y Nogueira, 2005: 193).

Por último, Botelou y Botelou también caracterizan la tonalidad de varias flores empleando la lexía *color de caña*. Entre ellas cabe destacar la descripción del lirio español (*Iris xiphium*), «[...] de un hermoso color azul obscuro [...], con una lista de color de caña» (1804: 118). Dicha lista o banda en el limbo de la flor aparece caracterizada —con una terminología cromática más contemporánea— como «amarilla o anaranjada que alcanza poco más de la mitad del limbo, [...]» (Crespo Villalba y Martínez Rodríguez, 2013: 433).

Por otra parte —ahora en el ámbito animal—, en la obra de Félix de Azara dedicada al estudio de las aves de Paraguay y el Río de la Plata pueden encontrarse varias referencias de *color de caña* aplicadas a diversas aves:

> «Yapú significa mentira, y los Güaranís dan este nombre á la primera especie, aunque algunos la cuentan entre las Urracas, y á las restantes con los Tordos: [...]. Creo es el primero mas largo y delgado, la fisonomía mas espiritual, la cara mas estrecha, y la cabeza mas pequeña y con pluma mas larga y sentada que en las Urracas. Su pico es de hueso *color de caña*, y no de cuerno, mucho mas comprimido por los costados, [...]» (Azara, 1802: 263).

El ave que Azara denomina *yapú* se corresponde con la oropéndola crestada (*Psarocolius decumanus*), cuyo pico se caracteriza por abarcar una gama de tonalidades que van desde el amarillo limón al amarillo pálido y al marfil.

Tras el análisis realizado, puede establecerse que la lexía *color de caña* haría referencia a un espectro de tonalidades de amarillo que abarcaría tanto el amarillo pálido (flor del algodón, pico de la oropéndola crestada, madera de roble) como amarillo subido o anaranjado (banda central del lirio común) —y que evocarían, en todo caso el color que adquiere el tallo de la caña común al secarse, sugerencia origen de la lexía—.

En lo que respecta a sus documentaciones en los corpus académicos, CORDE proporciona 43 concordancias para el término, la más antigua a mediados del siglo XVII, por lo que podría considerarse una lexía genuina de dicho siglo:

> «Una pollera de chamelote de seda celestre [sic] aforrada en tafetan de *color de caña* con tres esterillas» [Anónimo (1663). *Inventario de los bienes de don José Apestegui, ministril.* Extraído de: CORDE].

Los ejemplos extraídos de *CorLexIn*, permiten, además, aumentar el número de documentaciones de la lexía en el siglo XVII, puesto que el CORDE solo registra la concordancia citada anteriormente para dicha horquilla temporal.

Ampliando la perspectiva cronológica, de los 43 testimonios totales de *color de caña*, 41 se corresponden con la lexía *color de caña*, si bien 3 muestran un mayor grado de lexicalización al haber eliminado la preposición (*color caña*) y 1 de las documentaciones se corresponde con la lexía *color caña patito* (vid. **color de patito**). No obstante, 31 de ellas se localizan en la obra anteriormente citada de Félix de Azara.

Complementariamente, la búsqueda en CDH arroja, de nuevo, 43 testimonios para la lexía *color (de) caña*, ilustrando todas ellas el valor analizado. 41 de las 43 concordancias se ubican en la capa diacrónica—las mismas analizadas en el apartado anterior—, 1 pertenece a la capa sincrónica y la última de ellas, fechada en el siglo XVIII, puede considerarse como genuina de dicho corpus:

> «[...] el tocomosí, su color morado bajo; el mora [morera (*Morus alba*)], de *color de caña*; el curupau, negro y colorado; cedros de dos calidades; tagibo de tres, una amarillo, otra colorado, y otra de color de canela, con listas de morado y caña; [ ]» [Viedma Narváez, F. de (1788). *Descripción geográfica y estadística de la provincia de Santa Cruz de la Sierra*. Extraído de: CDH].

El descenso en el índice de uso de la lexía puede deducirse a partir de las concordancias obtenidas en los corpus académicos de corte sincrónico: CREA solo documenta 2 casos aplicando la búsqueda por distancia; pero solo 1 de ellos se corresponde con *color de caña* (el ejemplo que se incluía en la capa sincrónica de CDH). Por último, CORPES XXI proporciona un número ligeramente mayor de concordancias al ofrecer 4 concordancias, 3 de ellas de *color de caña* y, además, localizadas en España. La primera de ellas, además, resultaría de especial interés, ya que se describe el conjunto mortuorio de los reyes de España:

> «Una de las más representativas es la colgadura *color caña*, con flores, figuras blancas y perfiles morados mandada fabricar para la pieza de corte de la reina María Luisa de Parma, en El Escorial» [García Benito, P. (2003). «La seda en Europa meridional desde el Renacimiento hasta la aparición del mecanismo Jacquard», *Textil e indumentaria: materias, técnicas y evolución*. Extraído de: CORPES XXI].

Benito García (2015: 99) describe el conjunto mortuorio (cama y dosel) de Carlos III como «[u]na magnífica cama imperial... la cama estaba con dosel doble y su cubierta, faldones, remates y toda su colgadura era de estofa de seda color de caña, el fondo con flores de matices y otras de plata, galones y fleco también de este metal y demás adornos correspondientes [...]», pudiendo verse en la fotografía que acompaña a la descripción que el color de dicha seda es, efectivamente, amarillo claro.

Con la lexía *color de caña* —cuyo origen parece claramente ligado al contexto del siglo XVII— se hace referencia, en conclusión, a tonalidades amarillo-pálidas (quizá, posiblemente, también a tonalidades amarillas con cierto matiz anaranjado) que se asemejan a la sugerencia origen de la coloración: el tallo seco de la *caña común*. Es un término estrechamente ligado al ámbito textil como demuestran los ejemplos documentados por *CorLexIn*, si bien puede afirmarse que posee una valencia combinatoria más amplia, pudiendo aplicarse a otros referentes como vegetales o animales.

COLOR DE JASPE

Documentaciones en *CorLexIn*:

- Una basquiña de paño fino *color de jaspe* con ribete de raso açul (Bercial de Zapardiel, Av-1650)

Dentro de la nomenclatura de tonalidades de la familia del verde se encuentra la construcción *color de jaspe*, siendo su sugerencia origen la piedra silícea —variedad del cuarzo— homónima; aunque también podría emplearse para aludir a coloraciones rojizas o abigarradas, en las que intervienen varios colores.

La información que puede obtenerse a partir de los testimonios lexicográficos monolingües del XVII es interesante; pero poco clara, ya que en ningún momento se precisa el abanico cromático concreto que abarcaría el color del jaspe —aunque Covarrubias parece destacar una variedad sobre el resto—:

> IASPE, [...] Pone diuersas especies della. La mas estimada parece ser de color verde: y assi da principio al capitulo: [...] El nombre iaspis es genérico, y contiene debaxo de si tantas especies quantas son las colores varias, que desta piedra se hallan: y assi tengo para mi q aquel marmol que oy llamamos jaspe, se dixo assi por las muchas colores que tiene tan varias y, tan perfetas que parece, quando ha recibido el pulimento, ser una pasta de piedras preciosas: y aun este mismo jaspe tiene diversas especies, muy diferentes vnas de otras, que todas se contienen debaxo del nombre de jaspe (*Tesoro*: s.v.).

Partiendo de las palabras que Covarrubias le dedica al jaspe, se abrirían dos posibilidades: o bien suponer que *color de jaspe* posee una referencia 'verde' —dado que es su color más apreciado según el lexicógrafo toledano—, o bien que la lexía haga referencia a una coloración abigarrada en la que intervendrían diversos colores dada la morfología del jaspe.

El *Diccionario de autoridades* corroboraría esta segunda propuesta, aunque parece defender la existencia de una coloración base o predominante en el jaspe:

> JASPE. s. m. Piedra manchada de varios colores, especie de marmol, capaz de pulimento, que se distingue por el color principal, y que es como campo de los otros (*Autoridades*, 1734: s.v.).

Al tratarse de una roca sedimentaria, el abanico de tonalidades que puede ostentar cada ejemplar depende de los minerales que compongan el conglomerado de sedimentos. A este respecto, Terreros ofrece una descripción bastante detallada de las posibilidades cromáticas del jaspe, amén de alguna referencia a la disposición o patrón que pueden adoptar los colores de esta piedra silícea:

> JASPE, [...] Las especies que hai de jaspe son muchas, y la mejor de todas es la de cólor purpúreo, luego la encarnada, ó de color de rosa, y la verde, con matices encarnados. En los Pirineos se halla un jaspe á que llaman *florido* por sus muchos colores (Terreros, 1787: s.v.).

Si Covarrubias destacaba la variedad verde, Terreros prefiere destacar las tonalidades rojizas, coloración que parece ser de las más apreciadas dentro de las variedades cromáticas del jaspe. Retomando la hipótesis anteriormente esgrimida, podría pensarse en un *color de jaspe* con una referencia cromática simple como 'rojo, rojo oscuro' o 'verde', por ser las variedades de jaspe más reseñadas.

Respecto a la segunda posibilidad, la de la coloración abigarrada, el testimonio de Terreros también aportaría datos relevantes, puesto que establece cierta semejanza con el ágata, variedad de cuarzo caracterizada por la alternancia de capas silíceas de distintos colores.

Los testimonios lexicográficos extracadémicos no se separan demasiado de los postulados de la Academia, ofreciendo una mayor o menor información sobre los tipos de jaspe en función de su coloración y disposición cromática; pero manteniendo la idea de una coloración compuesta y con un patrón variado (manchas, vetas, pintas, etc.). El *Diccionario Akal del Color* secundaría esta posibilidad, si bien añade un matiz que inclinaría la balanza hacia una predominancia del rojo en la tonalidad, tal y como ya había apuntado Terreros:

> **jaspe**. [...] Combinación inespecífica de una o varias coloraciones veteadas, rayadas, manchadas o salpicadas con otra diferente, por lo general de tonalidad roja o rojo anaranjada, cuya sugerencia origen corresponde a la estructura de la variedad homónima de «calcedonia» (piedras silíceas opacas, de colorido variable en función de las cantidades que contengan de alúmina y carbono, y veteadas por óxido de hierro) (*Akal*: s.v.).

Todo parece apuntar, por ende, a un *color de jaspe* 'abigarrado + rojo', o bien un *color de jaspe* 'rojo, rojo oscuro'. No obstante, la hipótesis cromática que se propone para este ejemplo de la estructura *color (de)* es la que defendía el primer testimonio consultado, esto es, el *Tesoro* de Sebastián de Covarrubias —esto es, 'verde', quizá 'verde claro'—[102] prefiriendo la opción 'de diversos colores' para

---

102 La opción 'de varios colores' quedaría reservada para *jaspeado*, que parece responder más a la morfología del jaspe, a su aspecto, que a sus posibilidades cromáticas. Es decir, que *jaspeado* no sería propiamente un adjetivo de color, sino un adjetivo que indica una disposición cromática o patrón concretos como lo son *veteado*, *rayado*, *listado*, etc., como reflejarían, entre otros *Autoridades* (1734: ss.vv. *jaspear*, *jaspeado*). *Jaspeado* se emplearía para caracterizar un patrón manchado o veteado que implicaría la presencia de varios colores y que evocaría la morfología de la superficie del jaspe, pero no aludiría al factor cromático de manera aislada, sino por la combinación de ambas características. Para su uso como denominación de tejido —ejemplos que también documenta *CorLexIn*—, vid. Dávila Corona *et al.* (*op. cit.*: s.v. *jaspeado*).

el adjetivo denominal *jaspeado*, tal y como se defenderá en el apartado correspondiente.

Los argumentos que pueden aportarse a este respecto parten de las propias documentaciones que pueden localizarse en los corpus generales de *color de jaspe*, y que son relativamente cercanos al periodo cronológico en el que se encuadra el presente estudio. Dichos testimonios estarían fechados entre finales del siglo XV y principios del XVI y relacionarían, de manera directa o indirecta, al jaspe con el color verde:

> «Y es el iaspe *de color verde* & simpre permaneçe en aquel verdor natural. Et la piedra que se llama çafir tiene color de ayre muy claro & luziente» [Palencia, A. de (1490). *Universal vocabulario en latín y en romance*. Extraído de: CORDE].
>
> «[...] e, como el jaspe tiene *verde la color*, de jaspe hizo sus defensas, ca contra los enemigos de su santissima iglesia puso por defensores a las altezas vuestras, pues teniendo sienpre verdes en el serviçio y amor suyo sus deseos muy reales nunca vendra en ellos sequedad alguna; [...]» [Villalpando, A. de (c1474-1500). *Razonamiento de las Reales Armas de los Católicos Reyes don Fernando y doña Isabel*. Extraído de: CORDE].

Además, *Akal* también posee una entrada *verde jaspe*, que define como «coloración verde moderada», lo que podría considerarse como un testimonio de la presencia de dicha opción en la actualidad.

En conclusión, y a pesar de que el jaspe puede presentarse en una amplia diversidad de colores —documentados—, la referencia cromática que se propone para *color de jaspe* es 'verde, verde claro', partiendo de la posibilidad que tiene dicha roca silícea de presentar esta coloración y que figura en testimonios documentales y lexicográficos de la época.

Respecto a los ejemplos que pueden localizarse de dicha construcción en los corpus académicos, jugando con las formas *jaspe/iaspe* tan solo se obtienen 6 concordancias en CORDE, aunque solo 1 de ellas corresponde, propiamente, a *color de jaspe* —fechado, además a principios del siglo XVII—:

> «Y quando a los cielos cubren / nubes grandes, a quien haze / el sol con su resistencia / boluer de *color de jaspe*. / Con este pardo capote / viste los tristes follages / de vn nublado de tristeza, haziendo eternos sus males» [Anónimo (1605). *Segunda parte del Romancero general y Flor de diversa poesía recopilados por Miguel de Madrigal*. Extraído de: CORDE].

El ejemplo de CORDE, sin embargo, parece dibujar una realidad cromática totalmente alejada de la propuesta 'verde, verde claro'. La composición apunta a un posible color grisáceo o, quizá, a una mezcla de gris y blanco, imagen que evocaría, posiblemente, la disposición de los colores del jaspe —lo que devolvería al paradigma la posibilidad de 'tonalidad abigarrada, multicolor'—.

CDH, por otro lado, vendría a corroborar en parte esta posibilidad, ya que la búsqueda lematizada ofrece 5 concordancias —todas en la capa diacrónica—. Amén de la anteriormente citada, las otras 4 se corresponden no con *color de jaspe*, sino con *colores de jaspe*, evidenciando el abanico cromático de esta variedad de calcedonia.

Además, el *DECH*, indica (s.v. *jaspe*) que *jaspe* se emplea en la *Gran conquista de ultramar* con la acepción de 'tela de seda de varios colores' —posibilidad que recogen, asimismo, Alfau de Solalinde y Martínez Meléndez en sus respectivas nomenclaturas sobre tejidos—, concretamente aplicado a la guarnición de un caballo:

> Después de que así fué armado Gudu're, trajiéronle un caballo baizan grande, é muy fermoso é muy bueno á maravilla, cobierto de un *jaspe* blanco, obrado á águilas é á leones de oro muy ricamente; […] (Anónimo, 1858 [1293]: 95).

Los corpus sincrónicos de la Academia no registran casos de *color de jaspe*, hecho que, sumado a la escasez de ejemplos en el plano diacrónico, podría dibujar una condición de creación idiolectal generada, eso sí, a partir de una estructura recurrente como *color de*.

Ante el abanico de posibles tonalidades derivado de la composición de la sugerencia origen mineral, la referencia cromática que se defiende para *color de jaspe* es 'verde, verde claro', una de las opciones con las que más se relaciona a esta variedad de calcedonia en los testimonios consultados. No obstante, también podrían barajarse otras posibilidades como 'rojo, rojo oscuro' —otra de las variedades de jaspe más apreciadas— o 'abigarrado, variocolor', propuesta derivada de la propia morfología del jaspe.

COLOR DE PASA

Documentaciones en *CorLexIn* y en fondos documentales inéditos de *CorLexIn*:

- Yten, otro ferreruelo de paño biejo, *color de pasa* (Bercial de Zapardiel, Av-1650)
- Vn bestido de raxa de *color de passa* con guarnición (Montefrío, Gr-1661)
- Vna basquiña traída, de estameña de *color de passa* (Pinto, M-1653)
- Vn ferreruelo de paño *color de passa*, traído (Ávila, Av-1653)
- Vna basquiña nueba de paño de *color de passa* con ruedo berde (Ávila, Av-1653)
- Un mantillo de *color de pasa* (Palacios Rubios, Av-1649)
- Un bestido de chamelote de lana *color de pasa* (Málaga, Ma-1671)
- Dos sayas, una de *color de pasa* y otra almendrucada (Fuentesaúco, Za-1671)
- Una ropilla balón *color de pasa* (Fuentesaúco, Za-1671)
- Una saya de paño de *color de passa* nueva (Arévalo, Av-1651)

Con *color de pasa* se alude, principalmente, a dos coloraciones que tendrían como sugerencia origen la tonalidad de la uva desecada o *uva pasa*: parduzca amarronada y, por otro lado, amoratada o purpúrea.

La información que figura en los distintos lemas de *pasa* que incluyen los diccionarios monolingües preacadémicos no resulta especialmente ilustrativa desde el punto de vista cromático:

> **PASSARSE**, por enxugarse ['secar'], como passar higos, o vbas, que despues de passarse, se llaman passas. Lat. vuæ passæ, de donde tomò el nombre (*Tesoro*: *s.v.*).
> **PASA**. Asi la llama el Latino [...] (Rosal: *s.v.*).

La Academia también incluye el lema en la nomenclatura del *Diccionario de autoridades*, aunque tampoco incluye información sobre la tonalidad de la uva pasa:

> **PASSA**. s. f. La uva seca o enxuta al sol, o cocida con lexía[103]. Segun los parages de donde son, les da diversos nombres que las distinguen en su calidad: como de Corintho, de Ciezar, Almería, &c (*Autoridades*, 1737; *s.v.*).

Sin embargo, *Autoridades* incluye un dato que el resto de diccionarios no reflejaban: la existencia de diversas variedades de uva y, por ende, de uva pasa. Este hecho condiciona especialmente la posibilidad cromática que puede asociarse a *color de pasa*, ya que las distintas variedades de uva se caracterizan y distinguen, entre otros aspectos, por su color, lo que invita a contemplar diversas tonalidades para la misma lexía.

Ya que los diccionarios posacadémicos se adhieren al postulado del *DRAE*, los testimonios lexicográficos de la época no son suficientes para poder determinar la referencia cromática a la que aludiría *color de pasa*. Sin embargo, las documentaciones de la lexía en los corpus de la Academia sí que resultan reveladoras y concluyentes.

Realizando una búsqueda en CORDE que contemple tanto los resultados de *color de pasa* como de *color de passa*, se obtiene un total de 33 resultados, destacando entre ellos uno de mediados del siglo XV —la primera documentación de la lexía— y otro de mediados del siglo XVII:

---

103   Tal y como indican Hidalgo Togores e Hidalgo Fernández-Cano (2011: 1359), «el lejiado de la uva consiste en tratarla con soluciones alcalinas que disuelven la pruina y atacan más o menos enérgicamente el hollejo, al mismo tiempo que la pulpa, dilatada por el calor, cuando el tratamiento es en caliente, tiende a fisurar la piel, con lo que se consigue una mayor rapidez en el secado».

«Otrosy, de tynta de una vara de panno asul sobido, *color de pasa*, veynte e dos maravedís e medyo» [Anónimo (1462). *Arancel de precios y salarios de Cuenca*. Extraído de: CORDE].

«Un tudesco llamado Enque, / tenía un laurel en casa, / que le trajo del Esquenque, / y un lirio *color de pasa*, / con una letra unumquemque» [Quirós, F.B. de (1656). *Aventuras de don Fruela*. Extraído de: CORDE].

Este par de concordancias darían a entender que *color de pasa* aludiría a tonalidades situadas entre el violeta o azul púrpura y el púrpura azulado —morado— con un marcado carácter oscuro, dado que, en la primera, el paño se describe como «azul subido» y, en la segunda, se alude al color del lirio, caracterizado por su color violáceo (*vid.* **color de caña**, **morado**[1]). La posibilidad cromática *color de pasa* 'púrpura azulado' estaría, además, atestiguada en el *Diccionario Akal del Color*:

> **pasa española.** Coloración específica muy oscura, púrpura azulada y semineutra, cuya sugerencia origen corresponde a la pigmentación predominante de la uva homónima. Se dice también «púrpura pasa española» (*Akal: s.v.*).
> **pasa.** Coloración específica muy oscura, púrpura rojiza y débil, cuya sugerencia origen corresponde a la pigmentación predominante de la uva homónima (uva seca, desecada al sol o por otros medios). Se dice también «púrpura pasa» (*Akal: s.v.*).

Ambas entradas dibujan un abanico cromático incluido dentro de las tonalidades purpúreas que pueden oscilar más hacia tonalidades rojizas o azuladas, pero siempre cercanas al púrpura o al morado. El morado, de hecho, se considera una tonalidad dentro de la gama del púrpura tendente al rojo que se situaría entre el púrpura estándar y el magenta

Partiendo de la información obtenida a partir de la pareja de documentaciones de CORDE analizadas, *color de pasa* haría referencia a tonalidades purpúreas más tendentes al rojo o al morado que recordarían al color amoratado o azulado que caracteriza a ciertas variedades de pasa en función del tipo de uva empleada.

Sin embargo, también pueden localizarse en CORDE algunas concordancias que invitan a pensar en una segunda posibilidad para la lexía *color de pasa* que, en este caso, aludiría a tonalidades parduzcas al emplearse para describir el color del pelaje de la vicuña (*Vicugna vicugna*):

> «[…] ay tanbien mucha abundancia de vicuñas, que es otra especie de aquellos animales, son mas senseños, [y agalgados], la varriga blanca, la lana mas fina y amorosa que seda su color parda clara que tira a *color de pasa* de lexia […]» [Vázquez de Espinosa, A. (1629). *Compendio y descripción de las Indias Occidentales*. Extraído de: CORDE].

La opción *color de pasa* 'parduzco rojizo, amarronado' no resulta desdeñable, ya que dicha tonalidad también se asocia al color de las uvas secas y, de hecho, podría establecerse que lo hace con mayor frecuencia que la opción 'púrpura, morado oscuro'. Esta segunda posibilidad cromática también figura en *Akal* descrita como «pardo rojiza (grísea)» (*ss.vv. pasa, pasa española*). *Akal*, de hecho, incluye una entrada *vicuña* en la que caracteriza a la coloración como «pardo rojiza».

No obstante, la tonalidad parduzca o amarronada con mayor o menor viso rojizo podría estar condicionada por el hecho de tratarse de pasas «de lejía», tal y como indica el propio ejemplo «parda clara que tira a color de *pasa de lejía*», información que no figuraba en los ejemplos empleados anteriormente para justificar la opción 'morado oscuro, púrpura'.

Hidalgo Togores e Hidalgo Fernández Cano (2011: 1359-1360) hacen referencia a las tonalidades que las pasas suelen adquirir durante el lejiado (*vid.* nota 103): en el caso del lejiado *en frío* «se obtenían pasas de buena calidad, con color claro»; en el caso del lejiado *en caliente*, «las pasas terminadas son un poco translúcidas y de un color característico marrón-rojizo». Por lo tanto, es posible que el valor cromático 'pardo rojizo' hiciese alusión al *color de pasa de lejía*, si bien este podría incluirse como una variedad del propio *color de pasa*.

Por otro lado, cabría la posibilidad de que la referencia cromática principal de *color de pasa* fuese, precisamente 'pardo, amarronado', dado que Tejeda Fernández (2006: 180) indica que el color **musco** haría referencia al color *pasa*, esto es, 'pardo, pardo oscuro', tonalidad que, por cierto, encajaría con la siguiente concordancia extraída de CORDE en la que *color pasa* se aplica al color de la piel (lo que, además, ilustra una ampliación de la valencia combinatoria de la lexía):

«[…], para encontrarse las arracadas de la imagen en apetitosa china, ama de la Casa rectoral, cuyas orejitas *color pasa* las lucían en el último bautismal del rancho tras la iglesia» [Obligado, P.S. (1903). *Tradiciones argentinas*. Extraído de: CORDE].

A partir de las documentaciones que la voz posee en CORDE —33, de las cuales 20 atestiguan el uso de la lexía—, se deduce que su uso no es excesivamente frecuente y, además, presenta una distribución muy irregular: 1 fechada en el siglo XV, 4 en el XVII, 9 en el XIX y 6 en el XX. De hecho, sus documentaciones en el siglo XVII, tal y como puede verse, son escasas, por lo que los ejemplos de *CorLexIn* se constituyen como un testimonio importante de la presencia de la voz en dicho periodo y que, además, permiten conferirle un estatus de lexía propia del español «general» dada su relativamente amplia distribución geográfica.

A finales del siglo XIX, la vitalidad de la voz parece acrecentarse, siempre ligada, no obstante, al ámbito textil, ámbito con el que mantiene una estrecha relación y que se ha revelado como su contexto de origen, hecho que no debería resultar extraño debido a la necesidad de búsqueda de denominaciones para hacer referencia a nuevas tonalidades.

En lo que respecta a CDH, se obtienen un total de 30 testimonios, 22 de ellos correspondientes a *color (de) pasa* y que, en su mayoría, ya figuraban en CORDE.

En el plano sincrónico, CREA arroja 4 resultados para *color de pasa*, si bien ninguno de ellos se corresponde con la lexía analizada en la presente entrada; situación pareja a la de CORPES XXI, que, directamente, no documenta la lexía —pudiendo considerarla, así, como un ítem en claro desuso, si bien la irregularidad observada en los corpus diacrónicos ya vaticinaba dicha condición—.

En conclusión, *color de pasa* se caracteriza por poseer una doble referencia cromática cuya sugerencia origen se localizaría en las diversas tonalidades que puede presentar la uva seca o *pasa*: por un lado —y tal y como atestigua la primera documentación de la lexía— se emplearía para hacer referencia a tonalidades purpúreas de carácter oscuro y tendentes tanto al rojo como al azul, esto es, al morado. Por otro, atendiendo al resto de contextos proporcionados por los corpus académicos, *color de pasa* también podría aludir a tonalidades amarronadas o parduzcas, siendo esta última la que podría considerarse como más general[104]. Es una tonalidad estrechamente ligada al ámbito textil y que presenta un índice de uso muy bajo, pudiendo considerarse actualmente un término en desuso.

COLOR DE PATITO

Documentaciones en *CorLexIn*:

- Vn pañuelo de seda *color de patito*, cinco reales (Sevilla, Se-1745)

Con *color de patito* se hace referencia a tonalidades amarillo-pálidas, coloración que evoca el color prototípico del plumón del polluelo del ánade real (*Anas platyrhynchos*) o del pato doméstico (*Anas platyrhynchos domesticus*), aunque

---

104 Cabría, de hecho, una tercera posibilidad para *color de pasa* que dependería, una vez más, de la variedad de uva. En este caso en particular podría hablarse de un *color pasa de corinto* o *color corinto*, variedad de pasa caracterizada por su color rojo oscuro subido tirante a violáceo, tal y como corroboran el *DLE* «rojo oscuro, cercano a violáceo, semejante al de las pasas de Corinto» (s.v. corinto²) y *Akal* «coloración específica, rojo purpúrea y moderada» (s.v. corinto). No obstante, esta referencia cromática no estaría propiamente ligada a la lexía *color de pasa*, sino a *color de pasa corinto*, *pasa de Corinto* o, simplemente, *(color) corinto*.

también es posible que se parta del polluelo del ganso común (*Anas anas domesticus*), cuyo plumón también se caracteriza por la tonalidad amarilla.

Constituye, por tanto, un ejemplo más de color cuya sugerencia origen radica en el color generalmente asociado a un determinado animal (*vid.*, entre otros ejemplos, **cervuno, columbino, conejo, lagarteado** o **lebruno**). En este caso, no obstante, en lugar de emplearse prefijos que transmiten contenido de semejanza (*-ado, -ino, -uno*, etc.), se ha optado por una construcción analítica compuesta por el sustantivo *color* acompañado de un complemento nominal introducido por preposición que restringe su extensión o clase designativa.

La lexía no figura en ninguno de los diccionarios contenidos en el NTLLE. Las ediciones del *DRAE* de 1832 a 1869, es decir, desde la 7.ª hasta la 11.ª, sí incluyen *patito* en su macroestructura; pero definiéndolo únicamente como diminutivo de *pato* y acompañado de otras posibilidades con sufijos apreciativos como *patico* o *patillo*. También lo registrarían como lema Salvá (1846) o Domínguez (1853), pero partiendo de la misma concepción que el diccionario académico.

Tampoco resultan concluyentes las entradas correspondientes a *pato*, *ganso*, *ánsar* o *ansarón* de los diccionarios monolingües preacadémicos, ya que en ellas no se hace referencia al posible color del plumaje del polluelo de dicha ave.

El *Diccionario de autoridades* tampoco arroja demasiada luz sobre la posible referencia cromática del término, ya que ninguna de las entradas anteriormente comentadas incluye información sobre las crías de dichas aves, por lo que resulta imposible conocer a través de esta fuente de información el color del plumón de los polluelos de los citados anátidos.

El *Diccionario Akal del Color* sí que dedica varias entradas a la coloración de varias especies de anátidos como el *ganso*, el *ánsar*, el *ánade* y diversas entradas alusivas a las diferentes especies existentes de pato (*pato aguja, pato colorado, pato cuchara* y *pato mandarín*). Es precisamente bajo la entrada *ánsar* donde puede encontrarse una primera referencia cromática que podría concordar con la tonalidad esperada de *color de patito*, 'amarillo anaranjada':

> **ánsar**. Esquema cromático de coloraciones gris cenicienta, gris azulada, blanca, negra, amarillo anaranjada y rosa, cuya sugerencia origen corresponde a la estructura corporal del anátido «ánsar común» o «ganso común» (*Anser anser*) (*Akal: s.v.*).

La referencia cromática definitiva, no obstante, puede extraerse a partir de una de las pocas obras que recogen *color (de) patito* en su macroestructura, que, en este caso no es un diccionario propiamente dicho, sino una enciclopedia:

> **COLOR PATITO**. amer. *Arg.* Dícese del color amarillo claro, como el de los patos recién nacidos. Se aplica á guantes, telas, sombreros y otras cosas (*Espasa: s.v. color*).

La enciclopedia Espasa, por tanto, caracteriza la lexía como propia de dominio americano, concretamente del español de Argentina. El *DAm*, sin embargo, no reconoce ningún valor diferencial para *patito* con valor cromático, amén de no incluir dicha lexía en su macroestrcutura; pero el *Diccionario del Español de Argentina* de Haensch *et al.* indica que *patito* se emplea como adjetivo con el valor de 'color amarillo intenso' (2000; *s.v.*).

La documentación de *CorLexIn* permitiría, por tanto, atestiguar la presencia de la lexía en el dominio del español peninsular o español europeo.

A pesar de la escasez de testimonios lexicográficos, los datos obtenidos parecen concordar con la referencia cromática esperada para un color cuya referencia origen se basa en el plumaje del polluelo del pato o el ganso —muy posiblemente de este último—, por lo que puede establecerse que *color (de) patito* se emplea para hacer referencia a tonalidades amarillas pálidas similares al plumón de la cría de dichos anátidos.

En lo que respecta a sus documentaciones en corpus, CORDE no documenta ningún caso de *color (de) patito*. La búsqueda por proximidad de CDH, sin embargo, sí que arroja 4 resultados, 2 de ellos para *color patito* y otras dos concordancias que —aun no correspondiéndose exactamente con la forma propuesta— resultan ilustrativas y pertinentes desde el punto de vista de la referencia cromática.

Todas las concordancias de la lexía se localizan cronológicamente entre los siglos XIX y XX, por lo que el ejemplo de *CorLexIn*, amén de atestiguar la presencia de *color de patito* en el español peninsular, también adelanta la fecha de primera documentación del término. Entre los ejemplos obtenidos puede destacarse el siguiente, peruano y de finales del XIX:

> «Modo de conocer cuándo un año será abundante en agua. —Se observa el aspecto que presenta el cielo el 1.º de enero en la tarde, y si éste es *color caña patito* será un buen año de agua» [Palma, R. (1883). *Tradiciones peruanas, sexta serie*. Extraído de: CDH].

Si bien la lexía que figura en la concordancia difiere de la propuesta analizada, el color *caña patito* se presenta como equivalente en español del término francés *jaune serin*, esto es, 'amarillo canario' (Spencer, 1848: 433): «8 [ballots] composés de 40 pièces. [...] 5 [pièces] jaune serin, [dit en espagnol] caña patito»[105].

---

105 En dicha obra, además, puede encontrarse otra referencia cromática que también se traduce como *caña patito*: «canne à sucre» 'caña de azúcar' (*op. cit.*: 436). *Caña de azúcar* figura en *Akal* (*s.v.*) definida como tonalidad «amarillo naranja pálida y pardo amarillenta clara».

Los corpus sincrónicos de la Academia, CREA y CORPES XXI, también registran casos para *color (de) patito*: CREA solo ofrece 2 que ya figuraban en la capa sincrónica de CDH. CORPES XXI solo documenta 1 ejemplo al arrojar una búsqueda por proximidad de los términos *color* y *patito* con un intervalo de 2 posiciones por la derecha, si bien no se corresponde con *color (de) patito*, sino con *color amarillo patito* (lo que consolida, por otro lado, la adscripción de la lexía analizada a la familia cromática del amarillo).

Su índice de uso, por tanto, se revela como muy escaso y localizado, principalmente en el dominio americano, lo que, en principio, justificaría la presencia y pertinencia de la marca *amer.* 'americanismo' que acompañaba a la definición en *Espasa* (si bien podría establecerse que la denominación parece propia del español peninsular al no haberse encontrado documentaciones anteriores al siglo XVII fuera de dicho dominio).

La lexía *color de patito*, en conclusión, se emplea para hacer referencia a tonalidades amarillo-pálidas, si bien parece aludir, asimismo, a tonalidades amarillo-anaranjadas. Su referencia origen, en todo caso, se basaría en el color del plumón del polluelo de diversos individuos de la familia de los anátidos como son el pato común o, muy posiblemente, el ganso común. El ejemplo extraído de *CorLexIn* permite atestiguar la presencia de dicha lexía en el dominio del español europeo —ya que las pocas referencias lexicográficas encontradas y las concordancias en corpus solo lo documentan en América—, amén de adelantar su fecha de primera documentación en casi tres siglos.

COLOR DE PEÑA

Documentaciones en *CorLexIn*:

- La colgadura de esta cama que es de raxa de *color de peña* en çiento y ochenta reales (Mora, To-1637)

La lexía *color de peña* se emplearía en el siglo XVII para aludir a coloraciones grisáceas, constituyendo su sugerencia origen el color prototípicamente asociado a las peñas o rocas: el gris, gris parduzco.

Ninguno de los diccionarios monolingües preacadémicos contienen en su macroestructura la lexía *color de peña*, por lo que la única información que puede extraerse es la relativa a la entrada *peña*, que no aporta demasiada información desde el punto de vista de la tonalidad:

PEÑA, piedra grande viua y leuantada en forma aguda [...] (*Tesoro: s.v.*).
Peña de Pinna Latino, cosa aguda a modo de Almenilla [...] (Rosal: *s.v.*).

Rosal y Covarrubias se limitan a la identificación del referente, opción por la que se decanta, asimismo, el *Diccionario de autoridades*:

> **PEÑA**. s. f. La piedra grande o roca viva, que nace de la tierra. Covarr. dice que se dixo del Latino *Pinna*, porque regularmente crece en forma pyramidal (*Autoridades*, 1737: *s.v.*).

En el resto de diccionarios, académicos y extracadémicos, la información que figura para *peña* es prácticamente la misma, por lo que las posibles referencias o alusiones al ámbito del color que podrían figurar son inexistentes.

Sin embargo, la pista que permite comenzar a dibujar la hipótesis sobre la referencia cromática de *color de peña* no se halla en las páginas de un diccionario, sino en el libro segundo de las *Genealogías del Nuevo Reino de Granada* de Flórez de Ocariz, donde se emplea la lexía analizada en este apartado para describir las características de uno de los cuarteles de un escudo de armas:

> [...] las armas de los Cāberos son escudo à quarteles, el primero en campo verde vn castillo de color de peña cō tres altos, y dos lebreles a los lados de la puerta, y en ella embebido sobre cāpo blanco vn hombre entero, armado de la cintura arriba con rodela ernbrazada, y espada desnuda en la mano derecha: [...] (1676: 167).

Concretamente, se estaría haciendo referencia al escudo de armas de los Camberos —tal y como indica el autor en el margen derecho de la página—, escudo que aparece descrito como «[...] en campo de sinople, un castillo de su color y dos lebreles blancos a la puerta, [...]» (Mogrobejo *et al.*, 1995: 391).

En heráldica, los elementos pueden aparecer esmaltados —color o metal— o, en el caso de los denominados *muebles*, al natural, esto es, su color o colores por naturaleza. En este último caso, dicha noción también puede expresarse mediante la expresión «en su color» o «de su color». La gran mayoría de los castillos «en su color» suele figurar en los escudos de colores grises y ocráceo-anaranjados. Si aparece esmaltado, los esmaltes heráldicos más frecuentes a la hora de representar castillos son el oro y la plata: cuando el castillo aparece con esmalte plata y mamposteado de sable, se suele denominar «castillo de piedra» (Valero de Bernabé y Martín de Eugenio, 2007: 512), siendo el castillo del escudo de los Camberos, tal y como reflejan las representaciones que pueden encontrarse, de color grisáceo.

Ante la falta de testimonios o referencias que puedan invalidar esta hipótesis —dado que, además, el *Diccionario Akal del Color* no registra ninguna entrada para *peña* como color—, el valor cromático que se le otorga a la lexía *color de peña* es el de 'gris', quizá 'gris parduzco' si se tiene en cuenta que *Autoridades* (1734: *s.v. gris*) lo considera un color «obscúro entre azúl y pardo» y Covarrubias (*s.v. gris*) como «color escura entre pardo y negro» (*vid.*, no obstante, la entrada **pardo**).

Cabría la posibilidad, no obstante, de que la sugerencia origen de la lexía fuese la acepción antigua de *peña* 'piel para forro o guarnición', si bien, tal y como indica el *DECH* (*s.v. peña*), esta acepción se documenta en los siglos XIII-XIV, además de algún ejemplo de *peña vera* en CORDE del XV.

En lo que respecta a su presencia en los corpus de la Academia, el plano diacrónico revela 1 concordancia para la búsqueda por distancia de «*color* dist/2 *peña*» en CORDE —que no se corresponde con *color de peña*, sino con «peña color de rosa»— y ninguna en el caso de CDH[106]. Este hecho convertiría a la documentación de *CorLexIn* en uno de los pocos testimonios de la existencia de dicha lexía en el contexto del siglo XVII[107].

En el plano sincrónico, representado por CREA y CORPES XXI, la búsqueda en ambos corpus resulta poco fructífera, ya que no devuelven ningún resultado de la lexía.

En conclusión, el color gris o gris parduzco de las peñas, piedras grandes sin labrar, puede considerarse como sugerencia origen o tonalidad propuesta para la lexía *color de peña*, ausente en los corpus académicos, escasamente documentada y cuyo primer testimonio correspondería al ejemplo citado del *Corpus Léxico de Inventarios*.

COLOR DE PERLA

Documentaciones en *CorLexIn*:

- Ytem, un bestido de ormessí de *color de perla* (Sevilla, Se-1679)

La sugerencia origen de esta lexía no es otra que la tonalidad gris blanquecina o blanco grisácea de la esfera de nácar que suele formarse en el interior de las conchas de diversos bivalvos —especialmente madreperlas— cuando una partícula extraña entra en contacto con su cuerpo.

---

106 Si la búsqueda se efectúa con ambos elementos en el cajetín *Lema*, CDH sí devuelve 2 resultados, pero del sintagma «capa de color sin penna» fechados en el siglo XIII, por lo que, seguramente, sean ejemplos del valor de *peña* 'forro', 'piel'.

107 No obstante, la búsqueda en el portal de la Real Biblioteca dedicado a los estudios de Anastasio Rojo Vega revela ejemplos con fechas anteriores para la lexía: «una vestido para caça de garruvilla de *color de peña*» (Medina de Rioseco, Va-1605); «un bestido entero de xergueta de *color de peña* con muchas guarniciones» (Valladolid, Va-1632); «un vestido mio de mezcla de *color de peña* ques calçon ropilla y gaban» (Valladolid, Va-1649). El ejemplo de *CorLexIn*, a pesar de no poder considerarse como primera documentación de la lexía, puede considerarse como uno de sus primeros —y escasos— testimonios.

A pesar de que la voz se documenta en los tres diccionarios tomados como punto de referencia de este estudio, en ninguna de las entradas dedicadas a *perla* se incluyen referencias precisas sobre su tonalidad:

> PERLA, la margarita, o vnion preciosa, que a fin de adornar con ellas los cuellos, y las orejas de las mugeres, entran los hombres en lo profundo del mar a pescarlas, y no sin gran peligro [...] (*Tesoro: s.v.*).
> Perla, Vocablo fue Godo y es diminutivo de Piedra como Petrula ò Piedrecita (Rosal: s.v.).
> PERLA. s. f. Substancia dura, clara y lúcida, que se cría en las conchas de las ostras, y regularmente se forma en figura redonda, o de una perilla [...] (*Autoridades*, 1737: s.v.).

Parece que, de hecho, solo *Autoridades* alude a alguna de las características externas de la perla, si bien solo indica que es 'clara y lúcida', por lo que *color de perla* debe emplearse para hacer referencia a una tonalidad como mínimo 'clara'.

A partir de la 5.ª edición, no obstante, el *DRAE* modifica ligeramente la definición de *perla*, incluyendo una referencia a los colores generalmente asociados con ella:

> PERLA. Concreción que se forma en lo interior de la concha conocida como madreperla. Es por lo común orbicular ú ovalada, y á veces parecida á una calabaza vinatera [...]; blanca, brillante ó gris, con reflejos plateados de varios colores (*DRAE*, 1817: s.v.).

Será Terreros, sin embargo, quien dedique una subentrada específica para la lexía *color de perla*: «Color de perla. Fr. *Gris de perle*. [...]» (Terreros, 1788: s.v. *perla*). Terreros solo incluye la equivalencia en francés, lo que puede indicar, por otro lado, que la lexía castellana es un calco de la locución gala; sin embargo —y a pesar de que solo reseñe dicha información—, la entrada resulta bastante reveladora al adscribir *gris de perle* y, por ende, (*color de*) *perla* a la familia de tonalidades agrisadas.

El *TLFi* define *perle* como «[...] petite concrétion, généralement sphérique, d'un blanc argentin à reflets irisés», esto es, blanco argénteo o blanco agrisado con reflejos irisados. En la entrada *perle*, asimismo, se incluye la locución *gris (de) perle* como «couleur de la nacre» (*ibid.*) y *nacre* 'nácar' aparece definido en el *Trésor de la Langue Française informatisé* como «matière calcaire (mélange de conchyoline et de carbonate de calcium), blanche, dure, à reflets irisés» (*ibid.*).

Kristol (1978) incluye *nacre* y *perle* entre las «matières blanches»; sin embargo, también reconoce ciertos matices cromáticos que pueden presentar este tipo de coloraciones:

> Les fluctuations de couleur vont du «gris» au «blanc éclatant», avec des nuances «argentées» qui peuvent s'y ajouter. Dans quelques contextes, il semble aussi exister

une petite tendance vers le «rose». Cependant, une vue d'ensemble indique clairement que tous ces emplois se trouvent à l'intérieur du cadre des fluctuations courantes admises dans le *blanc* (Kristol, 1978: 89-90).

Perla y *nácar*, por tanto, abarcarían matices grisáceos, blancos brillantes e, incluso, rosados, que podrían incluirse en la gama cromática de **blanco**, idea que concordaría con varias de las posibilidades que se recogen para *perla* y *nácar* en *Akal*:

> **blanco perla.** Coloración gris clara (*Akal*: s.v.).
> **nácar.** Combinación estándar de coloraciones blanca con reflejos irisados, de textura visual brillante y semitransparente, cuya sugerencia origen corresponde a la sustancia homónima [...] (*ibid.*: s.v.).
> **perla rosa.** Coloración rosa moderada (*ibid.*: s.v.).
> **perla.** Coloración estándar blanquecina, amarilla [Kristol, *op. cit.*: 90] y semineutra, de textura visual brillante nacarada, cuya sugerencia origen corresponde a la pigmentación predominante de la estructura que presenta la concreción homónima [...]. Se dice también «blanco perla». // Denominación común de las coloraciones gris clara y blanco amarillenta (*ibid.*: s.v.).

La referencia cromática propuesta, por tanto, para la lexía *color de perla* es blanco agrisado o grisáceo, tomando como base las tonalidades a las que se ha hecho referencia en los testimonios lexicográficos consultados y que se atribuyen prototípicamente a la perla.

Respecto a la primera documentación de la construcción, CDH la fecha en el primer tercio del siglo XV:

> «E la magna en sy era asy como symiente de culantro, e su color, *color de perlas*» [Guadalfajara, M.A. de (c1422-1433). *Traducción y glosas de la Biblia de Alba*. Extraído de: CDH].

Continuando con el ámbito documental, CORDE arroja un total de 56 casos para la secuencia, empleando 41 de ellos *color (de) perla* con valor cromático (42 si se tiene en cuenta 1 caso dudoso). El referente mayoritario con el que aparece combinado *color (de) perla* se adscribe al ámbito textil, tanto telas y tejidos como prendas de vestir, si bien puede apreciarse cierta ampliación semántica del término que le permite hacer referencia a la coloración de las plumas de ciertas aves —tal y como demuestran las concordancias de la obra de Azara—, el color del cielo o, incluso, el color de la piel humana[108].

---

108   En este caso, la referencia cromática para *color de perla* sería 'tostado', tal y como refleja la siguiente concordancia: «De alta estatura y color medianamente tostado, lo que se llama en el país *color perla* [...]» [Matto de Turner, C. (1889). *Aves sin nido*. Extraído de: CDH]. Sobre la variabilidad de las coloraciones de la perla, *vid.* Schumann (1978: 222).

El CDH eleva ligeramente el número de concordancias hasta las 66, figurando en 59 de ellas (60 si se tiene en cuenta 1 caso dudoso) la lexía analizada (empleada con su correspondiente valor cromático).

Las documentaciones en el plano diacrónico, no obstante, son escasas en el contexto del siglo XVII. El ejemplo de *CorLexIn*, por un lado, constituye un testimonio más de la lexía *color de perla* y de su estrecha relación con el ámbito textil; por otro lado, teniendo en cuenta el hecho de que las documentaciones de CORDE y CDH están fechadas en la segunda mitad del siglo XVII, *CorLexIn* permite atestiguar la presencia del término en el primer tercio del siglo, periodo en el que los corpus de la Academia no registran ningún resultado.

En el plano sincrónico, la búsqueda en CREA revela un número menor de concordancias, 17, de las cuales 15 se corresponden con la lexía *color perla* y, por ende, con el valor cromático de la misma. El hecho de que solo se registren casos de *color perla* y no de *color de perla* podría responder a un grado mayor de lexicalización de la construcción, lo que justificaría la elisión de preposición.

Por último, CORPES XXI refleja un ligero repunte en el índice de uso de la lexía al documentar 42 casos de *color perla*, 26 de ellos correspondientes a la forma y valor analizados. El bajo índice de uso podría achacarse, en todo caso, a la existencia en la actualidad de otros adjetivos con un mayor índice de generalización —como, por ejemplo, *gris*—.

En conclusión, la lexía *color de perla* surge a raíz de la existencia de coloraciones blanco agrisadas o blanco grisáceas irisadas o brillantes que evocan a la tonalidad prototípicamente atribuida a la perla, un ejemplo más de denominaciones cromáticas surgidas a partir de recursos sintácticos. Escasamente documentada antes del siglo XVIII —pese a ser una construcción ya atestiguada en el siglo XVI— se encuentra especialmente en el contexto de la vestimenta y los tejidos.

COLOR DE PLOMO

Documentaciones en *CorLexIn*:

- Un ferreruelo de paño *color de plomo*, algo traído (Bercial de Zapardiel, Av-1650)

En este estudio ha podido comprobarse cómo una misma tonalidad puede encontrar expresiones distintas a la hora de manifestarse lingüísticamente. *CorLexIn* documenta una triple posibilidad en el caso del color del plomo: el adjetivo derivado **plomado**, el parasintético **aplomado** y la lexía *color de plomo*. Una tríada de denominaciones que tienen como referencia cromática una tonalidad 'blanco apagado', 'gris' en el contexto del siglo XVII.

Las descripciones que se hacen del plomo en el *Tesoro* de Covarrubias y el diccionario de Francisco del Rosal no son muy ilustrativas desde el punto de vista cromático, dado que no hacen referencia al posible color del metal. El segundo, de hecho, solo constata su origen latino:

> **PLOMO**, metal conocido, baxo y ponderoso, pero de mucha vtilidad y vso, [...] (*Tesoro*: s.v.).

El *Diccionario de autoridades*, a pesar de no incluir en su nomenclatura la lexía, sí que aporta una primera posibilidad para *color de plomo*, ya que en la entrada correspondiente a *plomo* informa de su color 'blanco apagado':

> **PLOMO**. s. m. Metal blando, flexible y correoso, que se cría en las entrañas de la tierra, y regularmente en las minas de la plata. Es de un color blanco apagado, y se derrite con grandíssima facilidad. Sale del Latino *Plumbum*, que vale lo mismo (*Autoridades*, 1737: s.v.).

Aunque podría especularse con una posible referencia del diccionario al carbonato de plomo o albayalde —que sí que poseen una coloración blanquecina—, es probable que la referencia cromática que está dibujando *Autoridades* permita incluir al *color de plomo* en la órbita de las coloraciones grises, basándose esta hipótesis en el adjetivo *apagado* que acompaña al adjetivo *blanco*.

Aunque la primera edición de *Autoridades* no recogía una acepción aplicada a colores, la segunda edición y las posteriores ediciones del diccionario usual sí que incluirán una acepción precedida por una marca de especialidad «Pint.» en la entrada correspondiente a *apagar*:

> **APAGAR**. (Pint.) Baxar el color que está muy subido, ó demasiado vivo. Templar la luz del quadro que está muy fuerte (*Autoridades*, 1770: s.v.).

Es decir, no se consideraría un blanco puro, sino un blanco apagado, un blanco bajo o, en términos actuales, un blanco «roto» o blanco «sucio», una tonalidad que Akal define como «"blanco agrisado", "blanco grisáceo"» (s.v. *blanco*). Además, la búsqueda del propio *apagado* en Akal revela una clara tendencia de la coloración a la que se aplica hacia matices grisáceos: «[...] Agrisado. // [...] Adjetivo que se aplica al color agrisado de cromacidad débil. [...]» (*Akal*: s.v.).

Debe tenerse en cuenta, además, que hasta el siglo XVI, el concepto de *gris* 'color' no estaba demasiado generalizado. Tal y como se indica en la entrada correspondiente a **pardo**, *gris* es un término que, en su acepción cromática, no se generaliza hasta los siglos XVI-XVII, acudiéndose normalmente a *pardo* para aludir a dicha tonalidad. Este hecho podría justificar el porqué del «blanco apagado» de *Autoridades*.

En conclusión, la propuesta cromática que se ofrece para *color de plomo* es 'blanco apagado, gris', basándonos en los testimonios lexicográficos más cercanos al siglo XVII[109].

En lo que respecta a su documentación en los corpus de la Academia, el testimonio más antiguo que atestigua la existencia de la lexía al último tercio del siglo XIV es un texto de Juan de Heredia:

«[...] otrosi de la color. quando la color, muestra humor senyoriant, es a saber, color uermello o cardeno o *color de plomo* o color fosco; [...]» [Heredia, J. de (1376–1396). *De secreto secretorum*. Extraído de: CORDE, CDH].

Sus documentaciones en el marco temporal del siglo XVII son extremadamente escasas, puesto que la búsqueda restringida en CORDE arroja tan solo 5 concordancias; no obstante, 4 de 5 emplean —como es lógico dada la estructura *color (de)*— la lexía con el valor cromático propuesto.

Eliminada la restricción cronológica, pueden localizarse 52 concordancias (54 si se tienen en cuenta 2 casos dudosos) en las que *color de plomo* se emplea como lexía con valor cromático del total de 59 que ofrece CORDE, la mayoría pertenecientes a la horquilla temporal de los siglos XVII y XIX. A pesar de ser ejemplos posteriores, las documentaciones contribuyen a corroborar la referencia cromática propuesta, esto es, la consideración de *color de plomo* dentro de la familia de tonalidades grisáceas: el color prototípicamente asociado al humo o a las nubes de tormenta es el gris, además de la comparación que se establece entre la lexía y el adjetivo *ceniciento*.

Las referencias a prendas de vestir, además, son relativamente escasas, siendo más frecuentes aquellas alusivas al color del cielo nublado, especialmente cuando las nubes son nubes de tormenta y adquieren el tono grisáceo característico.

En el otro polo diacrónico, el CDH —con su doble vertiente diacrónica y sincrónica— ofrece 77 documentaciones para el término, la mayoría de ellas ya presentes en CORDE.

Pasando al análisis sincrónico, CREA evidencia un claro descenso en el índice de uso de la lexía, dado que el número de concordancias es mucho menor

---

109 Cabría, no obstante, una opción 'gris azulado' a partir de la relación que *color de plomo* posee con el adjetivo *lívido* en su sentido etimológico (*vid*. Nebrija, 1532 [1492]: s.v. *liuor, oris*; Howell, 1660: 523; *DECH*: s.v. *lívido*; *DRAE*, 1817: s.v. *plomo*). No obstante, *cárdeno* 'amoratado' también posee el significado de 'de pelo negro y blanco' referido a toros desde la edición del *DRAE* de 1899. El *LLA*, asimismo, documenta *cardino* 'de pelaje ceniciento, canoso' aplicado al ámbito equino.

que el que ofrecían los corpus sincrónicos: 16 casos, 10 de ellos útiles desde el punto de vista de la documentación de *color de plomo*. Por otro lado, aunque no han sido incluidas en el cómputo de casos, CREA también incluye algunos ejemplos de *color gris plomo*, reforzando nuevamente la hipótesis cromática propuesta, si bien con una considerable distancia desde el punto de vista cronológico.

Además de la tendencia a la pérdida de la preposición —algo que supondría un mayor grado de lexicalización—, se observa un claro predominio de ejemplos de origen americano. En CORDE, los ejemplos mayoritarios eran europeos, no documentándose casos americanos hasta finales del XIX. La búsqueda en corpus especializados como CORDIAM o el *Léxico hispanoamericano* de Bowman, especialmente este último, aporta algunos casos más para *color (de) plomo*; pero ninguno de ellos anterior al siglo XIX.

Por último, CORPES XXI refleja un ligero repunte en el número de concordancias al arrojar 36 resultados para *color de plomo*, 28 de ellos (29 si se tiene en cuenta 1 único caso dudoso) con el valor analizado. Los datos indican que, si bien con un índice de uso moderado-bajo, la lexía pervive en la actualidad, presentando una mayor frecuencia en el dominio del español americano, ya que solo 2 de los ejemplos se localizan en España —a los que podría sumarse algún caso de *color gris plomo*—.

Con la lexía *color de plomo* se haría referencia al color grisáceo o blanco apagado que caracteriza a su sugerencia origen, el metal pesado homónimo. A pesar de poseer un índice de uso moderado, este se ha visto acrecentado con el paso de los siglos. En el siglo XVII, no obstante, podría considerarse una lexía escasamente documentada, hecho posiblemente motivado por la existencia —y quizá la posible preferencia— de formas como *aplomado*, *plomado* o, incluso, *pardo*. Sin embargo, es la denominación que ostenta el mayor grado de vitalidad léxica en la actualidad.

COLOR DE TEJA

Documentaciones en *CorLexIn*:

- Yten se ynbentarió otro bestido nuebo, calçón y ropilla y ferreruelo de *color de teja*, con sus magas de tirela negras, todo nuevo (Cacicedo, S-1635)

El color rojo anaranjado puede considerarse como la tonalidad a la que aludiría la lexía *color de teja*, coloración cuya sugerencia origen es, tal y como indica la propia lexía, el color prototípicamente asociado a las tejas de barro cocido.

La información que figura en los diccionarios monolingües preacadémicos no resulta demasiado ilustrativa, ya que no aportan información relativa al color de la pieza de barro cocido empleada para cubrir tejados (Rosal, como en el caso anterior, se limita a ofrecer la etimología de la voz):

> **TEJA**, lat. tegula, porque con las texas cubrimos las casas (*Tesoro*: s.v.).

El *Diccionario de autoridades* tampoco aporta información sobre la tonalidad a la que podría hacer referencia la lexía *color de teja* de manera directa, aunque sí incluye en la definición de *teja* el material con el que dicho objeto se fabrica, lo que permite esbozar una primera referencia cromática basada en dicha materia prima:

> **TEJA**. s. f. Pieza de barro cocido hecha en forma de canal, para cubrir por fuera los techos, recibir, y vaciar las aguas de las lluvias (*Autoridades*, 1739: s.v.).

Aunque el barro puede presentar tonalidades distintas en función de la composición de la tierra que le da origen (*vid.* **barroso**), es el barro rojizo anaranjado, arcilloso, el que prototípicamente suele relacionarse con las tejas, que adquiere un matiz ocráceo, terroso o parduzco tras la cocción.

Si bien los diccionarios monolingües del español parecen no aportar datos significativos sobre la referencia cromática de *color de teja*, la lexicografía bilingüe —en este caso concreto, el diccionario de Oudin— se presenta como una fuente de información relevante al incluir un lema dedicado a la lexía *couleur de thuile*:

> **couleur de thuile**, Color de teja (Oudin, 1607: s.v.).

Mientras que el *DAF* no registra ningún tipo de valor cromático para *tuile* en ninguna de sus nueve ediciones, el *TLFi* sí que documenta una ampliación semántica del término de carácter metonímico por la que *tuile* puede emplearse con el significado de color, tal y como ocurre con la entrada *teja* a partir de la vigesimosegunda edición del *DLE*:

> [P. réf. aux diverses teintes de la tuile, *en partic. à la couleur rouge orangée* de la tuile neuve] [...] (*TLFi* : s.v. tuile).
> **teja**. 9. m. Color *marrón rojizo*, como el de las tejas de barro cocido (*DRAE*, 2001: s.v.).

Además, y acudiendo nuevamente al uso de tonalidades presentes en ciertas especies animales, Sanz y Chanas describe varias aves del orden de los paseriformes, entre ellas al «abejaruco roxo de cabeza azul» —cuya descripción responde a la del abejaruco carmesí norteño (*Merops nubicus*)—: «[...] la parte posterior del cuello, y la superior del cuerpo de *color de teja*, y la inferior carmesí: [...]» (1788: 151).

Tal y como puede deducirse a partir del propio nombre del animal, su plumaje suele aparecer caracterizado por su tonalidad mayoritariamente carmesí (Hutchins, 2003: 48); pero el color de sus alas no es exactamente idéntico al carmesí del resto del cuerpo, sino que tiende más a un rojo anaranjado ligeramente ocráceo —quizá, incluso, el «marrón rojizo» que indica el *DLE*— que respondería a la referencia cromática que se propone para *color de teja*.

El *Diccionario Akal del Color* también incluye una entrada dedicada a *teja*, aunque identifica la tonalidad estándar como mayoritariamente rojiza:

> **teja**. Coloración específica oscura, roja e intensa, cuya sugerencia origen corresponde a la pigmentación predominante de la estructura de barro cocido homónima [...] (*Akal: s.v.*).

Dada la variabilidad de tonalidades derivada de los factores que intervienen a la hora de elaborar una teja —tipo de arcilla, temperatura y tiempo de cocción—, la referencia cromática 'rojo anaranjado parduzco', 'marrón rojizo' (dependiendo del matiz escogido como predominante) para la lexía *color de teja* resulta aceptable, dado que dicha opción se contemplaría dentro del abanico de coloraciones que pueden presentar dichas piezas acanaladas empleadas para cubrir tejados —y vendría refrendada, además, por algunas de las obras lexicográficas anteriormente reseñadas—.

En lo que respecta a sus documentaciones en corpus, CORDE no ofrece ningún resultado para la búsqueda por proximidad de *color de texa* y los únicos 3 resultados de *color de teja* no se documentan hasta el siglo XX. Solo en 2 de los 3 resultados se emplea propiamente la lexía con valor cromático:

> «Sí, hay que amar a las vacas. [...] Hasta me persiguen en sueño. He visto una, *color teja* ralada, [...]» [Alberti, R. (1924-1942). *Prosas encontradas*. Extraído de: CORDE].
> «En cuanto al señor ciclista, en España resultaría grotesco. Vestía de chaquet y se tocaba con un hongo de *color de teja* ya caduco» [López de Haro, R. (1930). *Yo he sido casada*. Extraído de: CORDE].

Esta situación vuelve a repetirse al realizar la búsqueda en CDH: si bien el número de documentaciones aumenta a un total de 9 concordancias —todas ellas atestiguan el uso cromático de la lexía—, la más antigua de ellas está fechada en 1924 y ya figuraba en CORDE, por lo que el ejemplo cántabro de *CorLexIn* se constituye como primera documentación de la lexía y permite atestiguar su existencia tres siglos antes que los corpus académicos.

En el plano sincrónico, los 6 testimonios que provee CREA son los mismos que incluía CDH en su capa sincrónica para *color de teja*. Por último, CORPES XXI atestigua un cierto repunte en el índice de uso de la voz al arrojar 13 resultados de *color teja*, empleándose en todos ellos la lexía con significado cromatico.

A pesar del aumento de concordancias que atestigua CORPES XXI, puede considerarse como un ítem léxico en claro desuso o con un índice de uso muy bajo. Su empleo en el siglo XVII es prácticamente inexistente, hecho que pudiera estar motivado por una posible condición de voz dialectal o, incluso, de localismo, si bien el término, posteriormente, se habría generalizado.

En conclusión, la lexía *color de teja* se emplearía con el valor de 'rojo anaranjado parduzco', 'marrón rojizo' —siempre resaltando la presencia del rojo/rojo anaranjado en la coloración— referencia cromática motivada por el color característico que suelen presentar las tejas de barro cocido. Es un término escasamente documentado en el siglo XVII, siendo *CorLexIn* el único que aportaría una documentación de la lexía anterior a las de los corpus académicos, que no la fechan hasta el primer tercio del siglo XX.

COLOR DE TENCA

Documentaciones en *CorLexIn*:

- Vna basquiña de tafetán de color de *ten[ca]* forrada en lienço amarillo (Cuevas de Almanzora, Al-1694)

Además de constituir un reflejo más de la productividad de la estructura *color (de)*, *color de tenca* también se puede considerar como un nuevo ejemplo de denominación en la que se emplea un nombre referencial (García-Page, 2009: 52, 53–60), motivado por la inexistencia de denominaciones básicas o primarias para expresar determinados matices (Junquera Martínez, 2020b). En este caso, la sugerencia origen es la tenca (*Tinca tinca*) y la referencia cromática, 'verdoso, verde amarillento'.

La información que ofrecen los testimonios lexicográficos del siglo XVII es escueta y aporta pocos datos sobre la morfología de la tenca: Covarrubias la considera «pez conocido que se cria en los estanques y lagunas» (*s.v.*) y Rosal se limita a indicar su condición de «pescado».

El siglo XVIII y la llegada de la Academia tampoco suponen una ampliación en la descripción de la tenca; aunque sí se introduce un elemento de comparación, la carpa común:

TENCA. s. f. Pez semejante à la carpa; aunque mas pequeño, y delicado. Criase regularmente en los estanques, y lagunas (*Autoridades*, 1739: *s.v.*).

La definición de *Autoridades* es prácticamente idéntica a la del *Tesoro* de Sebastián de Covarrubias —solo se añaden algunos adjetivos alusivos a su tamaño y constitución—; pero la Academia decide relacionar a la tenca con la carpa (*Cyprinus carpio*), cuya entrada tampoco resulta de utilidad de cara a la identificación cromática, dado que la alusión a la coloración de la carpa es mínima —amén de remitirse la una a la otra, prácticamente—: «Pez bien conocido que se cría en los rios y estanques, parecido a la tenca; pero algo mas claro de color» (*Autoridades*, 1729: *s.v.*).

La información —de corte enciclopédico— sobre la tenca no llegará a las páginas del diccionario de la Academia hasta la última edición del siglo XIX, publicada en 1899:

> **Tenca.** f. Pez de agua dulce, del orden de los malacopterigios abdominales, de unos tres decímetros de largo; cuerpo fusiforme, verdoso por encima y blanquecino por debajo; [...] (*DRAE*, 1899: *s.v.*).

En efecto, tal y como indican Velasco Marcos *et al.* (1997: 87), «el cuerpo [...] habitualmente es de tonos verdosos», posibilidad cromática que encaja perfectamente con las opciones que ofrece *Akal* en su entrada dedicada a la coloración de la tenca:

> **tenca** (verde amarillenta oscura, verde amarillenta clara, amarillo verdosa, naranja amarillenta, gris verdosa y roja), correspondiente a la estructura corporal del ciprínido dulceacuícola homónimo (*Tinca tinca*) (*Akal*: *s.v. peces, colorismo de los*).

La referencia cromática propuesta 'verdoso, verde amarillento' se vería corroborada, además, por la presencia de la construcción de *color tenca* en un romance de mediados del XVII: «De *color tenca* encendida / advertencias al mirar, / llamas del amor que avivan / lazos de su habilidad» (Lambea, 2000: 38). La nota que acompaña al verso 14 —el verso de inicio de la estrofa citada— incluye la referencia a la entrada de la voz en *Autoridades*, además de la siguiente información: «[...] de color verdoso. De este color son los ojos de la dama» —opción posible dentro del tópico de la *descriptio puellae*—.

En conclusión, la hipótesis que se contempla para *color (de) tenca* desde el punto de vista cromático es 'verdoso, verde amarillento', partiendo de la sugerencia origen del color mayoritario de las escamas de la tenca.

En el plano documental, la inexistencia de documentaciones en los corpus generales, tanto diacrónicos como sincrónicos, y a la aparente exclusividad —casi digna de un hápax— de *CorLexIn* (salvando el ejemplo del romance citado) podría dibujar una condición de ítem idiolectal: ante la inexistencia aparente de una denominación que encaje de manera precisa con la idea o sensación que la tonalidad le sugiere al hablante, se acude a una realidad extralingüística que posee —o a la que se asocia— una coloración prototípica (el morado de la berenjena, el anaranjado del salmón, el rojo o rojo anaranjado del coral, etc.).

Imagen 4. Fragmento del documento en el que figura *color de tenca* (Fuente: *CorLexIn*)

Como ejemplo de denominación cromática secundaria, aquellas que acuden a referentes extralingüísticos para expresar matices concretos, *color de tenca* se presenta como una creación idiolectal que ostentaría el valor 'verdoso, verde amarillento'. Su valor cromático estaría basado, en este caso, en un referente ictícola: las escamas de la tenca, pez de agua dulce similar a la carpa.

COLOR DE VIOLETA

Documentaciones en *CorLexIn*:

- Yten, otro guardapiés de chamelote, *color de violeta*, con su encaje pequeño de oro y su forro (Lumbreras, LR-1685)

Con *color de violeta* se asiste a la coaparición en un mismo corpus de una expresión analítica y de un uso adjetivo de un sustantivo (*NGLE*, 2009: § 13.7l) que apuntan a una misma referencia cromática: el color azul purpúreo que caracteriza a los pétalos de las especies pertenecientes al género *Viola*, siendo la más conocida la violeta común o *Viola odorata*.

La información que puede obtenerse del diccionario de Rosal es meramente etimológica, siendo Covarrubias quien provee un primer acercamiento a la referencia cromática de la lexía, aunque no de manera directa:

VIOLETA, flor comun y conocida, es de las primeras que nos anuncian el Verano, [...] (*Tesoro*: s.v.).

Ese acercamiento indirecto reside no en *violeta*, sino en el adjetivo que Sebastián de Covarrubias propone como expresión del color de la violeta, **violado**.

La definición, no obstante, no es demasiado informativa: «color de violeta» (*Tesoro*: *s.v.*).

El *Diccionario de autoridades* dibujará de manera precisa la tonalidad a la que aludiría *color de violeta* al ofrecer una descripción de la flor de la violeta:

> VIOLETA. s. f. Flor pequeña, compuesta por lo regular de cinco hojas de un color azul, que tira à roxo obscuro, ù casi morado, de un olor suavissimo: y es de las primeras flores, que anuncian la Primavera (*Autoridades*, 1739: *s.v.*)[110].

El color que perfila la definición del primer diccionario académico puede equipararse perfectamente a lo que se entiende por 'violeta' en la actualidad, es decir, un color azul tirante a púrpura—esto es, tendente al rojo—y que puede asimilarse o asociarse a lo que se entiende por 'morado'.

Covarrubias, de hecho, describe la amatista —variedad de cuarzo— como «piedra preciosa del color claro de la violeta» (*Tesoro Suplemento*: *s.v. amethista*), patrón que sigue *Autoridades* 1726 (*s.v. amethyste*) al caracterizarla por su color «purpúreo, ò violádo».

Volviendo a la sugerencia origen del término, la *Viola odorata* presenta «pétalos anchos, anchamente obovados, de margen redondeado, de ordinario intensamente violetas, con solo una pequeña mancha basal blanquecina» (Muñoz Garmendia *et al.*, 2005: 281).

La referencia cromática no ha variado prácticamente en la relación de obras lexicográficas que componen el *Nuevo Tesoro Lexicográfico de la Lengua Española*, opción esperable si se tiene en cuenta que la sugerencia origen de la lexía es bastante estable. De hecho, en algunos de los diccionarios bilingües preacadémicos como Oudin y Vittori ya se recogían lemas como *violado de color de violetas* y Nicot (1606: *s.v.*) definía *violet* a principios del XVII como «amethystinus color», trayendo de nuevo a colación a la amatista a través de un modelo de definición de tipo ostensivo.

Por último, a pesar de centrarse en la visión o percepción actual de los colores, el *Diccionario Akal del Color* recoge, obviamente, la coloración *violeta*, adscribiéndose al patrón que ya había dibujado el resto de obras lexicográficas consultadas y analizadas:

---

110 Aunque da la impresión de que la definición de *Autoridades* contradice a Covarrubias en el periodo del año en el que florecen las violetas, lo cierto es que Covarrubias mantiene la distinción *verano-estío* (Alonso-Cortés, 1978: 217–218). Tal y como indica el *DECH* (*s.v. verano*) «normalmente, en la Edad Media y aún en el Siglo de Oro, *verano* significa 'primavera'».

violeta. Color semejante al característico de los pétalos de la violeta. // Denominación común de los colores, coloraciones, sugerencias de color, matices o tonos «azul púrpura» y «púrpura azulado». [...]. // Coloración estándar semiclara, púrpura azulada y moderada, cuya sugerencia origen corresponde a la pigmentación predominante de los pétalos de la planta violácea «violeta común» (*Viola odorata*) (*Akal: s.v.*).

En conclusión, la referencia cromática que se propone para *color de violeta* parte de la tonalidad característica de los pétalos de la flor que constituye su sugerencia origen, un azul purpúreo o azul oscuro tirante a rojo que podría encuadrarse en la familia de tonalidades conocidas como «moradas». Además, la presencia de esta tonalidad en la descripción de la amatista resulta considerablemente ilustrativa y afianza la hipótesis cromática postulada para la lexía.

En el ámbito documental, es una lexía que ya se localiza en el *Lapidario* de Alfonso X, por lo que puede atestiguarse su presencia desde mediados del siglo XIII:

«Piedra es mineral. & ligera de quebrantar. & de *color de uioleta*, pero ya quanto mas oscura. Et quando la queman; fazese liuiana & porosa» [Alfonso X (c1250). *Lapidario*. Extraído de: CORDE, CDH].

«Piedra es pesada. & ligera de quebrantar. Clara es & luzia. & a *color de uioleta*. Et quando la quebrantan; fallanla de dentro foias unas sobrotras» [Alfonso X (c1250). Lapidario. Extraído de: CORDE, CDH].

El ejemplo de *CorLexIn* parece, una vez más, contribuir al afianzamiento de la documentación de *color de violeta* en el marco del siglo XVII, dado que, curiosamente, es una lexía con una escasa presencia en CORDE con tan solo un caso:

«[...] ya sea porque se cree que detiene la embriaguez, o (como quiere Plinio) porque su brillo se acerca al color del vino, pero antes de catarlo acaba en el *color violeta* [...]» [Covarrubias, S. de (c1611). *Suplemento al Tesoro de la lengua española castellana*. Extraído de: CORDE].

Este hecho —la escasez de documentaciones—, podría tener una explicación aceptable si se tiene en cuenta la existencia —y posible preferencia—por *violado*, **violeta** o *violáceo* a la hora de expresar la noción 'de color (de) violeta', lema que registraba el *Diccionario de autoridades*.

Eliminando la restricción cronológica, CORDE ofrece 110 casos para *color (de) violeta*, de los que 98 (100 si se tienen en cuenta 2 casos dudosos) se corresponden con la lexía y valor analizados, esto es, casi la totalidad de ejemplos.

Separando las concordancias que se repiten al solaparse las documentaciones de CREA y CORDE, de los 220 resultados que ofrece la búsqueda en CDH para *color de violeta*, 11 (12 si se tiene en cuenta 1 caso dudoso) pueden considerarse como genuinos de dicho corpus.

En el ámbito sincrónico, CREA refleja una clara pervivencia de la lexía en los últimos 25 años del siglo XX al ofrecer 121 ejemplos para *color de violeta*, 109 de los cuales (111 si se tienen en cuenta 2 casos dudosos) atestiguan la presencia de la lexía entre 1975 y el año 2000. La mayor parte de las concordancias, no obstante, ha elidido la preposición, lo que puede indicar un grado mayor de lexicalización de la construcción.

Finalmente, la búsqueda en CORPES permite ofrecer casi 200 ejemplos de *color (de) violeta*, 180 casos de los que 167 (170 si se tienen en cuenta 3 casos dudosos) permiten postular la vigencia de uso de la lexía analizada —reflejando un índice de uso de claro perfil medio-bajo—.

En conclusión, el color morado o azul púrpura de los pétalos de la flor de la violeta común se constituye como la sugerencia origen de la lexía *color (de) violeta*, escasamente documentada en el siglo XVII —debido, con bastante probabilidad, a la existencia y posible preferencia por las voces *violado*, *violeta* o *violáceo*— y cuya estructura, actualmente, tiende a la supresión de la preposición, afianzando de este modo el estatuto de adjetivo cromático de *violeta*.

COLOR DEL CARMEN

Documentaciones en *CorLexIn*:

- Y, abajo de dicho bestido, tiene otro bestido de chamelote nueuo, de *color del Carmen* (Santiago de Chile, Chile-1687)
- Yten, asimesmo, está bestido el Niño Jesús, que tiene en los brazos la dicha santa ymagen, de tela de xoia *color del Carmen* (Santiago de Chile, Chile-1687)
- y dicha Santa, bestida toda manto y escapulario y túnica de tela rica de xoia *color del Carmen* (Santiago de Chile, Chile-1687)
- Yten, tres casullas, la vna de felpa berde y, en medio, vn franjón de tela de xoia de *color del Carmen*, guarneçida de puntas de oro (Santiago de Chile, Chile-1687)

La denominación cromática *color del Carmen* surge de una asociación metonímica basada en la tonalidad parda o castaña característica del hábito de la Orden de Nuestra Señora del Monte Carmelo u Orden de los Carmelitas.

La primera referencia al color al que alude esta lexía desde el punto de vista lexicográfico se localiza en *Autoridades* en una subacepción de la entrada dedicada a la Orden de Nuestra Señora del Monte Carmelo:

CARMEN. Orden regular de Religiosos que toma el nombre del Monte Carmélo. Haile de calzados y descalzos. El hábito y escapulario son de colór pardo, y la capa o manto es blanco (*Autoridades*, 1729: s.v. *Carmen*).

La 7.ª edición de 1832 añadirá un nuevo matiz al describir el hábito carmelita como negro además de pardo, adición que se mantendrá hasta la 21.ª edición de 1992:

> CÁRMEN. [...] || Órden regular de religiosos que toma el nombre del monte Carmelo. Los hay calzados y descalzos. El hábito y escapulario son de color negro ó pardo, y la capa ó manto blanco (DRAE 1832: s.v.)

Por tanto, atendiendo a la información proporcionada por los registros lexicográficos académicos, cabría esperar que la lexía *color del Carmen* haga referencia a tonalidades pardas o negruzcas partiendo del color característico del hábito de la orden.

No obstante, Alemany y Bolufer (1917) incluye una nueva acepción para la voz *carmelita* —que hasta entonces solo figuraba con los signficados de 'religioso de la orden del Carmen' y 'flor de la capuchina'— que, además, aparece restringida diatópicamente:

> CARMELITA. (Por alusión al color del sayal de los religiosos de la orden del Carmen). adj. *Amér.* En Chile y Cuba[111], dícese del color pardo, castaño claro o acanelado (Alemany y Bolufer, 1917: s.v.).

Podría considerarse, por tanto, como una ampliación semántica del término *carmelita* motivada por una relación metonímica bastante frecuente en el ámbito cromático.

La 15.ª edición de 1925 del diccionario académico, la inmediatamente posterior a la publicación del diccionario de Alemany y Bolufer, también la incluye, manteniéndose dicha acepción hasta la edición actual con la marcación diatópica propuesta.

Si bien es cierto que *CorLexIn* no documenta casos de *carmelita*, su equivalencia con la lexía *color del Carmen* es obvia, por lo que la referencia cromática sería la misma (amén del hecho de que los ejemplos de *CorLexIn* se localizan en Chile, coincidiendo con una de las restricciones geográficas propuestas para el término).

Teniendo en cuenta, por tanto, que puede considerarse un término adscrito al dominio del español americano, resulta pertinente la consulta de diccionarios especializados en dicho dominio, como el *DAm*, que también incluye la voz en su macroestructura y amplía la restricción diatópica del mismo:

---

111 El *DECH* (s.v. *carmel*) también la localiza en Colombia, México y Andalucía. Esta última posibilidad la corrobora el *TLHA*: «color pardo, castaño claro o acanelado» (s.v. *carmelita*).

> **carmelita. I. 1.** adj/sust. *Bo, Ch. Referido a un color,* marrón claro. **2.** adj/sust. *Bo. Referido a cosa,* de color café claro (*DAm*: s.v.).
> **carmelito, -a. I. 1.** adj/sust. *Co:C,O. Referido a un color,* similar al del grano de café tostado. **2.** adj. *Co:C.* De color café. **3.** adj/sust. *Cu. Referido a un color,* que comprende desde la tonalidad caramelo[112] hasta el café. **4.** adj. *Cu.* De la gama de colores que comprende desde la tonalidad caramelo hasta el café (*DAm*: s.v.).

El *Diccionario Akal del Color*, por último, no registra *color del Carmen*, pero sí *carmelita*, caracterizando su tonalidad por los siguientes rasgos:

> **carmelita**. (coloración clara, acanelada, pardo bermejiza o pardusca), correspondiente al hábito homónimo carmelitano (*Akal*: *s.v. textil*).

La referencia cromática propuesta para *color del Carmen*, en conclusión, sería la misma que posee el adjetivo *carmelita*, esto es, 'pardo oscuro, castaño, acanelado', tonalidades amarronadas o pardas con una mayor o menor presencia de matices rojizos o negros (más claros u oscuros).

En el plano documental, CORDE arroja un total de 2 resultados para *color del Carmen*, el primero de ellos —su «primera documentación»— muy ilustrativo en lo que respecta a la equivalencia propuesta entre la lexía y el adjetivo *carmelita* y la restricción diatópica del término (ya que se localiza en Cuba):

> «Por otra parte, los hábitos de nazareno (color morado), de la Virgen de los Dolores (color negro), franciscano (color azul), *de la Virgen del Carmen* (color por esto llamado carmelita) etc., son usados con más frecuencia por las blancas. No es aventurado, pues, ver en estos vestidos-promesas, por lo menos en su uso actual, si no en su origen, una supervivencia de los vestidos de las cofradías brujas» [Ortiz, F. (1906). *Los negros brujos. Apuntes para un estudio de etnología criminal*. Extraído de: CORDE].
> «Apagó el humo de pronto la caída de un ciento de coscorrones de pan bazo, que empezaron a freírse, y al freírse, morenos como eran, se pusieron primero rubios [...], y luego de *color del hábito del Carmen*, porque ya estaban fritos» [Pardo Bazán, E. (1913). *La cocina española antigua y moderna*. Extraído de: CORDE].

Las concordancias de CORDE no documentarían el uso cromático de la lexía hasta el siglo XX, lo que permite a *CorLexIn* adelantar la fecha de primera documentación de dicho uso en 3 siglos. De hecho, la primera documentación de *carmelita* con valor cromático según CORDE se remonta al siglo XIX, por lo que el uso de *color del Carmen* seguiría siendo anterior.

La búsqueda en CDH por proximidad de las secuencias *color (de la Virgen) del Carmen* o *color del hábito del Carmen* arrojan los mismos 2 resultados que

---

112 «Dorado rojizo» (*DLE*: *s.v. acaramelado*); «naranja rojiza intensa, [...] marrón caramelo, [...] pardo caramelo» (*Akal*: *s.v. caramelo*).

documentaba CORDE, por lo que puede establecerse que ya desde el punto de vista diacrónico no parece ser una lexía con un índice de uso muy elevado.

En el caso de los corpus sincrónicos de la Academia, CREA no posee ningún ejemplo con valor cromático para *color del Carmen*, aunque sí pueden encontrarse algunos ejemplos de *hábito (de la Virgen) del Carmen* que dejan entrever dicho valor cromático. Por último, CORPES XXI documenta 1 caso que, a pesar de presentar parcialmente la lexía analizada, permite identificar la referencia cromática establecida:

> «Perpetua es vieja, tan vieja como la injusticia. Tiene los ojos apagados y las manos y la cara transparentes. Va vestida con un hábito pardo, *del Carmen*» [Ripoll, L. (2010). *Santa Perpetua*. Extraído de: CORPES XXI].

Con *color del Carmen, color de la Virgen del Carmen* o *color del hábito (de la Virgen) del Carmen*, en conclusión, se hace referencia a la tonalidad o tonalidades características que suele presentar el hábito de dicha orden religiosa (de ahí que se presente como sinónimo de *carmelita*): pardo oscuro, amarronado o acanelado. Es una lexía adscrita diatópicamente al dominio del español americano, si bien se documenta, asimismo, en el español peninsular, presentando en ambos casos un índice de uso muy escaso.

COLORADO

Documentaciones seleccionadas en *CorLexIn* y en fondos documentales inéditos de *CorLexIn*:

- Una colcha de damasco *colorado*, nueba, con encaxe de oro, aforrada en tafetán de Granada (Adeje, Tf-1695)
- Unas calças de cordellate buenas, *coloradas* (Aguilafuente, Sg-1623)
- Vna olla de manteca, grande, nueba, *colorada*, comenzada (Alaejos, Va-1630)
- Vna alfonbra grande de seys baras de largo, berde, *colorado* y paxiço, en doçientos y beynte reales (Albacete, Ab-1642)
- Vna saya uerde con hirma *colorada*, en diez y ocho reales (Albalá, CC-1661)
- Dos cobertores, uno *colorado* y otro castreado (Albuquerque, Ba-1685)
- Yten, se aprecio dos almohadas de gante, labradas de seda *colorada*, llenas de lana (Alcalá de los Gazules, Ca-1642)
- Dos almohadas con lana labradas con hilo azijado y *colorado* (Alcalá la Real, J-1648)
- Unas enaguas *coloradas* de pañete y un guardapié en setenta reales (Almansa, Ab-1653)
- Dos cobertores de paño de cama, uno berde y el otro *colorado*, andados (Arnedo, LR-1639)
- Vn cobertor de bis[ua]rte, *colorado*, treinta y seis reales (Arucas, GC-1682)
- Vn manteo de paño entrapado, *colorado*, bordado, doçe ducados (Atienza, Gu-1641)

- Vna almoada labrada con seda *colorado*, buena (Autillo de Campos, Pa-1654)
- Una alfamar[113] *colorado* y amarillo (Bercial de Zapardiel, Av-1650)
- Otra [mantelina] *colorada*, de cordelata de Franzia, guarnecida de galón de hillo (Berástegui, SS-1676)
- Vna jaqueta *colorada* diez y ocho reales (Bilbao, Bi-1645)
- Vn anillo de oro con vna piedra *colorada* en veinte reales (Caravaca de la Cruz, Mu-1654)
- Yten vna cama de cortinaje, de siete pieças, de tiritayna, aforrada en vocací, *colorada* (Cañedo, S-1608)
- Vn rebociño de gorgorán atirelado aforrado en bayeta *colorado*, en sesenta reales (Cebreros, Av-1652)
- Más una manta *colorada* (Choconta, Colombia-1633)
- Otra [almohada] de canicud con vna tira *colorada* en seis reales (Cieza, Mu-1624)
- Nueve doçeles de tafetán *colorado* y amarillo de China, con dos antepuertas de lo mismo (Ciudad de México, México-1622)
- Más un tocado con sus caberas de seda, *colorado* (Cosío, S-1671)
- Yten, dos almoadas con sus açiruelas labradas con seda *colorada*, diez y seis reales (Cuenca, Cu-1631)
- Vn acso y ñañaca de cumbe[114] ancallo y vna lliquilla de cumbe *colorada* y, en medio, azul con pajaritos, en quarenta pesos (Cuzco, Perú-1633)
- Quatro sartas de quentas *coloradas*, a cinco reales (Cuzco, Perú-1655)
- Otros sarsillos de piedra doblete[115] *colorado*, con oro, en quarenta pesos (Cuzco, Perú-1677)
- Yten más, vna boquingana[116] con sus perlas y, en medio, vna piedra media *colorada*, empeñada en seis pesos y dos reales (Cuzco, Perú-1691)
- Yten dos pares de medias de zeda, de muger, vnas açules, otras *coloradas* (Garachico, Tf-1695)
- Yten un guarda bufete de felpa larga amarilla y *colorada* (La Plata, Bolivia-1700)
- Item, vn arrimo y estera de junquillo blanco y *colorado*, en quatrocientos reales (Las Palmas, GC-1685)
- Sinco cortinas *coloradas* de frisa para puertas y ventanas (Madrid, M-1649)
- Yten, treinta y quatro gruesas de agugetas de morte *coloradas* y moradas (Medina de Rioseco, Va-1645)
- Seis doçeles de azauachado[117] de seda de China, *colorados* y naranjados, vsados (México DF, México-1622)
- Yten, vnas goteras de damasco azul y *colorado*, con sus rodapiés (Oñate, SS-1617)

---

113 Perdiguero (2016: 140); Morala (2017b: 370).
114 Egido, 2013: 31–32.
115 Egido, 2016: 117.
116 *Ibid.*: 122–124.
117 *Vid.* nota 51 en *azabachado*.

- Ytem, otro terno *colorado* de damasco carmesí con galón de oro, capa, casulla, frontal, almáticas y atril (Panticosa, Hu-1688)
- Vna çinta de terçiopelo *colorado* bieja (Ribadesella, O-1599)
- Vn manteo *colorado* (Sahagún, Le-1608)
- Yten una saya de tamenete *colorado* (San Cristóbal, Venezuela-1609)
- Unos çapatos *colorados*, diez reales (Santa Marta del Cerro, Sg-1644)
- Yten, vn Anuz en vna bolsita *colorada* sin rétulo (Santiago de Chile, Chile-1681)
- Ytem dos cubrimesas de morado y blanco, con franxa *colorada* y blanca (Teruel, Te-1686)
- Vna pelotilla negra dibujada, agujereada de banda a banda, con vna cintilla de seda *colorada* (Tolosa, SS-1633)
- Vn rosario *colorado* (Tortajada, Te-1641)
- Yten vna capa negra de mujer y una mantilla verde y vna faga *colorada* (Treceño, S-1631)
- Yten, vnas mangas de telilla *coloradas* con vna trenzilla de oro tasadas en seis reales (Ventosa de la Cuesta, Va-1610)
- Dos baras y media de bocaçín, encarnado la mitad dello, y la otra mitad *colorado*, para guardapolvo de los cordones de las almáticas la mitad dello, y la otra mitad para poner a raíz de la pared para la defensa de la humedad, para que no se perdieran los dichos cordones (Vicuña, Vi-1640)
- Una volsa de punto *colorada* y blanca (Villalobos, Za-1654)
- 9 pares de calças *coloradas*, de mujeres, comunes (Zaragoza, Z-1603)
- Una almadraqueta[118] listada, de lienço, con un forro colorado y enchimiento (Logrosán, CC-1677)
- Un pauellón de yeruesuela de China plateado, azul y *colorado* con la campana de tersiopelo encarnado, vordada de ramos de oro (Cádiz, Ca-1661)
- Una saya de lila *colorada* (Laredo, S-1617)
- Una jata *colorada* (Tanos, Torrelavega, S-1672)
- Una manta sayaliega *colorada* (Ruerrero, S-1660)
- Otro macho, pelo *colorado*, con cabos negros (Alcantarilla, Mu-1649)
- Dos vacas labradoras, la una color amarilla preñada de hedad de ocho años y la otra color *colorada* de hedad de ocho años, con xato de leche al pie (¿Rabanera?, Pa-1657)
- Una botija de barro *colorado* (Tábara, Za-1687)
- Otro manteo de palmilla azul con su ribete, y malbete[119] y cortapisa *colorada* (Berrocal, Sa-1684)

No es extraño que un mismo significado cromático encuentre distintos cauces de expresión. Junto a **rojo**, considerado hoy como ítem general, se encontraría el adjetivo *colorado*, derivado diacrónico del latín COLORĀTUS que se habría

---

118   Morala, 2012b: 87–89.
119   Junquera Martínez, 2020a: 47.

constituido como una de las denominaciones preferidas —si no la principal— para aludir al color de la sangre, el rubí o la flor del clavel en el siglo XVII.

La relación existente entre *rojo* y *colorado* se refleja claramente en la definición que el *Tesoro* de Sebastián de Covarrubias ofrece para el adjetivo participial derivado de COLORĀRE:

> **COLORADO**, la cosa de color roxo. [...] Descolorido, el que ha perdido la color sana en su rostro de blanco y roxo: o qualquier otra cosa que ha perdido la natiua color. Colorear, empeçar a tomar color como la guinda, o otra fruta que en su sazon es colorada (*Tesoro*: s.v.).

Además de poner de manifiesto la relación sinonímica que se establecería entre *colorado* y *rojo*, Covarrubias aporta algunos datos importantes especialmente relacionados con el ámbito etimológico que se tratarán posteriormente: el hecho de que la cara esté descolorida cuando no presenta sus colores «prototípicos» blanco y rojo o la clara identificación entre el rojo y el punto óptimo de maduración de ciertas frutas como la guinda.

Por otro lado, si se tiene en cuenta que Covarrubias remite *rojo* a **encarnado**, se estaría introduciendo un tercer ítem en la relación semántica: *colorado*, *rojo* y *encarnado* podrían considerarse términos sinónimos; aunque, dado el carácter que imprimen las remisiones desde el punto de vista de la consideración de la voz, Covarrubias estaría indicando que, en todo caso, el adjetivo general para aludir al color de la sangre —o las guindas maduras— sería *encarnado*.

Relacionado con el aspecto etimológico al que se había aludido con anterioridad, Rosal propone una explicación para la relación existente entre *colorado* —cuyo valor original sería 'que tiene color', heredado de su condición de participio— y *rojo*:

> **Colorado**. lo que tiene color; pero tomase por el Bermejo por aver sido el color mas estimado, por ser color de Fuego que fue sagrado, como insignia y hieroglífico de Dios[...] (Rosal: *s.v.*).

Respecto al tratamiento del lema por parte de la Academia, la entrada correspondiente a *colorado* presenta una doble peculiaridad: en primer lugar, emplea el modelo de definición ostensiva que se esperaría para el término general o preferido y que presentan el resto de colores básicos como *amarillo*, *azul* o *verde* o *blanco*; pero, por otro lado, da la impresión de que no posee dicha condición de término general al remitir, al igual que hiciera Covarrubias, a *roxo* —que, a su vez, vuelve a remitir a *encarnado*—:

> **COLORADO, DA**. adj. Todo aquello que por su naturaleza, y sin ayuda del arte, tiene el color roxo: como la sangre, el rubí, el clavel (*Autoridades*, 1729: *s.v.*).

Es decir, *Autoridades* plantearía el mismo escenario que Covarrubias había presentado en la centuria anterior: *colorado*, *rojo* y *encarnado* son términos sinónimos —o cuasisinónimos (vid. *rojo*)—; pero la consideración de ítem general la ostentaría *encarnado* (a pesar de no emplear el modelo de definición esperado).

El *DECH* (s.v. *color*) indica que *colorado* se habría superpuesto a *bermejo* —término preferido durante el periodo medieval— entre los siglos XV y XVII, indicando además su preferencia en América frente al español europeo, que habría optado por *encarnado* (amén de *rojo*). Sin embargo, a la luz de la relación previamente establecida, *rojo* no sería un ítem tan accesorio como parece señalar el *DECH*, ya que se emplearía para caracterizar tanto a *colorado* como a *bermejo*. Su grado de generalización, no obstante, sería relativo, ya que existiría una desigualdad entre el registro culto y el cotidiano o popular (vid. *rojo*).

Podría aducirse, sin embargo, una pequeña diferencia que dejaría por un lado a *rojo* y *colorado* y, por otro, a *encarnado*: partiendo de su definición en el *Diccionario de autoridades*, *roxo* es el 'encarnado muy encendido', *colorado* es 'lo que tiene el color rojo' y *encarnado*, 'lo que tiene el color de la carne'. La confrontación de las tres definiciones dejaría entrever que *rojo* y *colorado* serían sinónimos y, por ende, ostentarían la misma referencia cromática —un rojo vivo, encendido—; pero *encarnado*, a pesar de estar inscrito en la órbita del rojo, no haría referencia exactamente a la misma tonalidad que *rojo* y *colorado*, sino a una no tan intensa (puesto que *rojo* es 'encarnado encendido')[120].

Este hecho permitiría explicar, además, por qué en los siguientes ejemplos de *CorLexIn* se usan *colorado* y *encarnado* y no uno de los dos, porque harían referencia a matices distintos:

> Dos baras y media de bocaçín, *encarnado* la mitad dello, y la otra mitad *colorado*, para guardapolvo de los cordones de las almáticas la mitad dello, y la otra mitad para poner a raíz de la pared para la defensa de la humedad, para que no se perdieran los dichos cordones (Vicuña, Vi-1640).

---

120 Sin embargo, en el *Vocabulario sayambriego* de Díaz-Caneja y Díaz y Díaz-Caneja (2001 [c1941–1959]) cambiaría las tornas: *colorado* sería *encarnado*, pero no *rojo*. Para el caso asturiano, el *DALLA* considera *coloráu* y *encarnáu* como sinónimos 'del color del sangre' (*DALLA*: ss.vv.), se emplearían en los mismos contextos y podrían sustituirse sin problema (Fernández Lorences, *op. cit.*: 14–15) —si bien el índice de uso de *coloráu* sería ligeramente mayor que el de *encarnáu*—. No obstante, debe tenerse en cuenta que, en el caso del asturiano, *roxu* no posee el mismo valor que el *rojo* castellano, de ahí que algunos hablantes apunten diferencias entre *coloráu* y *roxo* por interferencias con el castellano (*ibid.*: 17 y nota 27).

Un pauellón de yeruesuela de China plateado, azul y *colorado* con la campana de tersiopelo *encarnado*, vordada de ramos de oro (Cádiz, Ca-1661).

Podría establecerse, por ende, que *colorado* y *encarnado* serían tonalidades próximas[121], si bien no idénticas, radicando la diferencia en que *encarnado* aludiría a un color más tenue, más **rosado** que rojizo.

En lo que respecta a la estructura y evolución de la definición, la primera edición del *DRAE* mantendrá —con mínimas modificaciones— la propuesta de *Autoridades*, si bien sustituirá los referentes del rubí y el clavel por la «grana en el paño»:

COLORADO, DA. adj. Lo que por naturaleza, ó arte tiene color roxo: como la sangre, la grana en el paño, &c (*DRAE*, 1780: *s.v.*).

La edición de 1869 incluirá un nuevo matiz, puesto que, en este caso, *colorado* no será lo que por naturaleza o arte tenga color rojo, sino «más o menos rojo». Dada la precisión, quizá cabría constatar cierta diferencia entre *rojo* y *colorado*, que poseería un valor más próximo al de 'rojizo' —si bien esta nueva propuesta se habría formulado a mediados del XIX—. Este modelo de definición se mantendrá hasta la edición de 1992, en la que se prescindirá de los referentes ostensivos.

Finalmente, la edición de 2014 reducirá la definición a una remisión directa al lema *rojo*, constatando una vez más su relación sinonímica y, en todo caso, la preferencia en la actualidad por dicho término a la hora de expresar el significado cromático 'del color de la sangre'.

Los fondos documentales del *Corpus Léxico de Inventarios* permiten constatar una posibilidad combinatoria además de la textil —mayoritaria en el corpus—: la predicación de referentes animales, abarcando, en principio, tanto a bóvidos como a équidos[122]. En el primero de los casos, tanto Casas de Mendoza como Villa y Martín reconocen la capa colorada en el pelaje bovino, caracterizándola como un tipo de capa castaña (*vid. rojo* y **castaño**) caracterizada por su tonalidad roja encendida: «*Castaño*, es idéntico al del caballo. Puede ser mas [*sic*] ó menos encendido [...]» (Casas de Mendoza, *op. cit.*: 193); «Es lo mismo que en el caballo. Al castaño encendido, se le dice *colorado*, y al más oscuro, *retinto*» (Villa y Martín, *op. cit.*: 421).

---

121   Sobre el valor 'moreno' que etimológicamente habría ostentado COLŌRĀTUS en latín, *vid.* Espejo Muriel (1996: *s.v. colorado*) y J. André (1949: 125-126).
122   Espejo Muriel (1966: 389, nota 568) lo documenta también para suidos: «capa simple del cerdo, colorada».

Cossío lo define como «el toro de color más o menos rojo» (1942: *s.v.*); pero unos años después (1960: 158) precisará dicho matiz, caracterizando el pelaje colorado como una «capa simple bermeja de color castaño rojizo»[123].

Para el color *colorado* en el ganado equino, pueden encontrarse múltiples referencias en varios de los atlas lingüísticos, puesto que podría equipararse perfectamente a la denominación del caballo *alazán*: tanto en el *ALFANR* como en el *ALEA* y en el *ALEICan* —mapas 721, 582 y 392 respectivamente— se localizan casos de *colorado* 'caballo alazán'. En Canarias, de hecho, es el término mayoritario que se emplea para referirse al caballo de dicha capa.

El adjetivo, asimismo, se emplearía en varias zonas de América con el valor de 'caballo de pelaje rojizo', también como sustantivo: «que tiene el pelo de color rojizo» tratándose de caballos (*DEM*: *s.v.*); «caballo de color rojizo» (Haensch y Werner, 1993: *s.v.*); «caballo de color más o menos rojo» (Neves, 1973: *s.v.*); «pelaje de caballo de color uniforme que se acerca al colorado» (Guarnieri, 1957–1968, *s.v.*), o «caballo de color rojizo» (Haensch, Werner y Chuchuy, 2000: *s.v.*).

La distribución de los ejemplos de *CorLexIn* permite, además, constatar una condición de voz general o generalizada, dado que se documenta en todo el territorio peninsular, amén de varios ejemplos localizados en América, constatando su presencia en el dominio lingüístico transatlántico[124].

Las documentaciones de *colorado* en los corpus de perfil americano como CORDIAM y el *Léxico hispanoamericano* de Bowman confirman la presencia del adjetivo desde principios del XVI, con una considerable afluencia de casos, especialmente en el primero de ellos, que alcanza casi los 1000 ejemplos (en el caso de Boyd-Bowman, 46).

---

123 A título anecdótico, Cossío también indica que «lo colorado» se emplea con valor metonímico en el ámbito de la tauromaquia para aludir a «la guarnición roja de la empuñadura del estoque» (1942: *s.v.*).

124 Esta generalización habría propiciado una considerable diversificación de significados en el dominio americano, en muchos casos motivados por el mecanismo de la metonimia. En el *Diccionario de americanismos* se recogen algunas acepciones interesantes, como el hecho de que en América se conserve el valor original de *colorado* 'indecente, obsceno, impúdico' que asumiría *verde* en el español peninsular a partir del siglo XIX (Lázaro Carreter, 2003: 207-209) o su uso para referirse a los seguidores del Partido Colorado uruguayo o del Partido Liberal de Honduras en el caso hondureño. Algunos significados curiosos pueden encontrarse, asimismo, en el *Fichero general*: así, *colorado* es sinónimo de *rubeola* en Cuba; 'nota menor de cuatro' en Argentina (porque se consigna en tinta roja y constituye un «aplazo» o suspenso), o 'menstruación' en Colombia.

Por último, la consulta de fuentes lexicográficas más actuales vendría a confirmar la propuesta cromática que se aduce para *colorado*. El *Diccionario Akal del Color* caracteriza la tonalidad como fuerte, saturada «de tonalidad roja o rojo anaranjada» e incluye como sinónimos *bermejo, rojizo* y *rojo*. Asimismo, Akal hace referencia al valor de 'ruborizado' que figuraba en *Autoridades* (*ponerse colorado*) y al de 'fruto maduro'.

En conclusión, *colorado* puede considerarse sinónimo de *rojo* 'del color de la sangre', al menos en el contexto del siglo XVII. Respecto a su relación con *encarnado*, se mantiene la hipótesis de que este último haría referencia a una tonalidad más clara, más cercana al color de la piel.

En el plano documental, Corominas y Pascual indican que *colorado* habría desbancado al adjetivo que habría ocupado holgadamente la casilla de 'rojo' durante el periodo medieval —*bermejo*— entre los siglos XV y XVII. A pesar de que pueden localizarse ejemplos de *colorado* ya en el siglo XIII, la búsqueda en CDH revela que, hasta el siglo XV, *colorado* posee 789 documentaciones, mientras que *bermejo* alcanza casi las 2800 (en el periodo 1501-1700 pueden localizarse 1617 casos de *bermejo* y 4200 de *colorado*):

> «Et a la tercera cobrenna; porque es *colorada* como ello. Et de cadauna destas fabla este libro en el logar do conuiene; mas primeramiente diremos de la que semeia en color al horo & en al» [Alfonso X (c1250). *Lapidario*. Extraído de: CORDE, CDH][125].

En el periodo comprendido entre 1601 y 1700, CDH proporciona 1310 casos de *colorado* (1359 en CORDE), lo que dibujaría un grado relativamente alto de generalización y, asimismo, un claro triunfo frente a *bermejo* —la forma clásica—, que solo alcanzaría las 497 concordancias. El porcentaje de concordancias de *colorado* 'rojo' es elevado, pudiendo localizar 1275 (1290 si se tienen en cuenta 15 casos dudosos)[126] que atestiguan dicho valor.

El abanico de referentes que pueden combinarse con el adjetivo y que figuran en CDH es considerablemente amplio: textiles, minerales, seres humanos, animales —si bien no bóvidos o équidos—, etc., lo que, una vez más, pondría de manifiesto el grado de generalización de *colorado*.

---

125 Habría un ejemplo anterior de la *Vida de santa María Egipciaca*, pero es un testimonio del siglo XIV, no de principios del XIII.

126 La gran mayoría de casos dudosos se deben a lo que podría considerarse un segundo valor cromático de *colorado*: el valor participial derivado del verbo *colorar* 'dar color, teñir', especialmente en contextos en los que intervienen materiales coriáceos o relacionados con el ámbito de la peletería.

Eliminada la restricción temporal, puede apreciarse un incremento progresivo del número de documentaciones desde sus primeros testimonios en el siglo XIII, superando holgadamente a *bermejo* a partir del siglo XVI y alcanzando un total de 10220 ejemplos en CDH y 7284 en CORDE.

En el plano sincrónico, los corpus académicos muestran una continuidad en el uso del adjetivo, si bien, quizá, con un perfil ligeramente moderado. En el caso de CREA, la búsqueda lematizada proporciona casi 2000 concordancias de *colorado*: 1899 casos. Si se realiza la misma consulta en la pestaña de «Estadística», los gráficos sectoriales revelan una clara predominancia del uso del adjetivo en el área rioplatense, seguida de la española, México y Centroamérica, el área chilena y el Caribe continental. Los datos de CREA dibujarían, por ende, una clara predominancia del dominio americano en lo que respecta al uso de *colorado*, lo que contrastaría con las estadísticas que pueden extraerse de CDH, en las que el adjetivo gozaba de un mayor índice de uso en el español europeo hasta los siglos XIX y, especialmente, el XX —momento en el que, según los datos académicos, se produciría el relevo—.

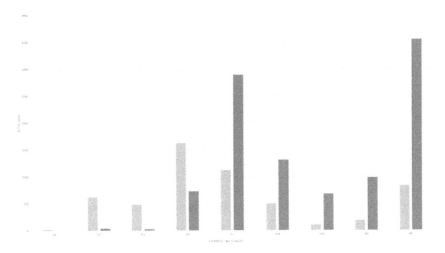

Gráfico 6. Número total de documentaciones de *bermejo* (en gris claro) *y colorado* (en gris oscuro) por periodos (Fuente: CDH)

La predominancia en el uso en el dominio americano[127] se acentúa con la consulta de las estadísticas de CORPES XXI: de un total de 5368 concordancias, el 42.2% (2266) se localiza en Argentina, desplazando el número de documentaciones españolas al 4.º puesto con un 10.6% respecto al total de ejemplos (572). El área rioplatense —que aúna Argentina, Paraguay y Uruguay—, por ende, se constituye como el principal baluarte de *colorado* en el dominio americano, tal y como había podido comprobarse en el plano lexicográfico —si bien la presencia del adjetivo estaría atestiguada en todo el ámbito hispanoamericano—.

Llama la atención, no obstante, que en la actualidad —y en el dominio del español europeo— goce de un número tan reducido de concordancias teniendo en cuenta su considerable presencia en periodos anteriores, especialmente el periodo áureo. El primer motivo que podría aducirse —como es lógico, por otra parte— es el triunfo de *rojo* como expresión de la tonalidad que evoca a la de la sangre, el rubí, la amapola o ciertos frutos maduros, etc. El otro motivo podría achacarse, quizá, a un cambio a nivel connotativo motivado por el valor extralingüístico que *rojo* adquirió durante la época del franquismo:

> De esto saben poco nuestros nuevos héroes y sus contemporáneos, los miembros de una generación que ya no entienden de colores políticos pasados y saben mucho más de nuevos tonos. Rozas, uno de los fundadores de las Comisiones de Cataluña, me indicaba que el término «rojo» en el franquismo abarcaba desde aquél que estuviera contra el Régimen, por uno u otro motivo, sin necesidad de ser ni siquiera político, hasta vagos, maleantes, violetas o vecinos molestos para los falangistas de turno. Hasta tal punto llegó a ser peligroso que te tildaran de rojo, que durante un tiempo la gente se cuidaba mucho de usar la palabra en vano, tipo mandamiento del catecismo del padre Ripalda o Astete. José Antonio Labordeta me comentaba que la paranoia con lo rojo llegó a ser tal, que en la Zaragoza de posguerra se decía que a una niña le habían descerrajado dos tiros por ir con dos lazos rojos en las coletas. No es de extrañar que los comerciantes, escritores de dudosa filiación política en la República, periodistas y similares reservaran la palabra «rojo» para sus conversaciones privadas, y optaran por —no faltaron eufemismos, ni sinónimos desteñidos— tonos bermellones, carmines o colorados para los asuntos de lo público (Elguero, 29/06/2008).

Esta restricción «impuesta» habría favorecido y potenciado su uso entre aquellos hablantes conocedores de las circunstancias extralingüísticas que motivarían la

---

127 Y no solo el americano: el mapa 1196 del *ALEA* indica que *colorado* se emplea para referirse a 'pelirrojo' en toda Andalucía, al igual que en varios puntos de Canarias según el *ALEICan* (483). Tal y como indica Pons (2020: 24): «Otro nombre para el rojo, el *colorado*, es preferido en América (junto con *encarnado*) y en buena parte de Andalucía para denominar a este color».

elección de alternativas desde el punto de vista léxico; una serie de circunstancias ausentes y desconocidas, como es lógico, en generaciones posteriores, que se valdrían del término considerado como general al no asociarle el sesgo ideológico 'comunista, republicano'.

Asimismo, en la línea de lo extralingüístico, también podrían añadirse algunos argumentos como una posible diferencia de registro —*colorado* poseería un carácter más cercano al registro coloquial que *rojo*, término que podría considerarse estándar o neutro desde el punto de vista discursivo—; o quizá de carácter diastrático al considerarlo un término con un perfil más rural frente a un pseudoestatus urbano de *rojo*. A este respecto, COSER recoge varios casos de *colorado* —especialmente de su variante con pérdida de la sonora intervocálica— en los que sería perfectamente conmutable por su homólogo *rojo*.

Por último, el triunfo de *rojo* como forma preferida también podría haber condicionado a *colorado* de tal modo que este último hubiese (re)restringido su combinatoria y vuelto a sus orígenes —caso análogo al de *castaño* y *marrón*—: casi la totalidad de concordancias que *colorado* posee en CORPES XXI hace referencia al color del rostro o de la piel (con especial protagonismo de la locución «ponerse colorado») —excepto algún caso de referente textil o animal—, sustantivos de los que se predicaba el adjetivo originariamente en latín.

En conclusión, *colorado* será uno de los términos que gane la batalla a *bermejo* en la referencia al color de la sangre a partir del siglo XVI y hasta el triunfo de *rojo* en el esquema léxico-cromático del castellano. No obstante, el adjetivo mantendrá su hegemonía en el dominio americano, especialmente en el área rioplatense; en el español europeo, por otro lado, se mantendrá, si bien con un índice de uso moderado y condicionado —posiblemente— por diversos factores extralingüísticos.

COLUMBINO
[Tb. *colunbín*]

Documentaciones en *CorLexIn* y en fondos documentales inéditos de *CorLexIn*:

- Yten, otro bestido entero de la Virgen de ormessí *columbino*, todo bordado de plata y guarneçido de puntas de plata finas (Santiago de Chile, Chile-1687)
- Unas contra mangas de tafetán *colunbín* (Soria, So-1633)
- Unas contramangas de tafetán *colunbino*, en quatro reales (Soria, So-1633)
- Una pollera de brocado *columbino* (La Paz, Bolivia-¿1720?)

Con *columbino*, derivado —desde un punto de vista diacrónico— de COLUMBA 'paloma', se hace referencia al color rojo con tendencia al **morado**, esto es, un rojo amoratado, que presentan ciertos granates, minerales caracterizados, precisamente, por su tonalidad.

El primer diccionario que refleja el valor cromático de esta voz no es, curiosamente, *Autoridades*, sino el diccionario Terreros, puesto que *Autoridades* la define únicamente como «cosa perteneciente a la paloma, o que se le parece o assimila» (*s.v.*) —que Terreros también recoge, pero como subacepción—:

> COLUMBINO, adj. color entre encarnado, y violado, ó violado, lucido y terso (Terreros, 1786 [1767]: *s.v.*).

No obstante, la definición de *Autoridades* aparece refrendada por una cita del *Viaje del Parnaso* de Cervantes en la que se hace referencia al *color columbina*; pero no se especifica la tonalidad a la que se está aludiendo:

> COLUMBINO, NA. adj. [...] CERV. Viag. cap. 8. De la color que llaman columbína, / De raso en una funda trahe la cola, / Que suelta, con el suelo se avecína (*Autoridades*, 1729: *s.v.*).

La Academia no incluirá la acepción cromática hasta la 15.ª edición de 1925, a pesar de que esta ya figuraba en diccionarios monolingües anteriores como el de Salvá (1846: *s.v. color*), Gaspar y Roig (1853: *s.v. color*) o el de Martínez López (1854: *s.v. color*): «Color amoratado de algunos granates» (*DRAE*, 1925: *s.v.*).

Amoratado es el color que tira a morado, color que puede ubicarse entre el **rojo** y el **azul** y que, en función del peso de una u otra tonalidad puede ser, respectivamente, más claro o más oscuro, por lo que la referencia cromática de *columbino* parece situarse en la gama de tonalidades moradas.

La edición actual del diccionario académico, sin embargo, modifica la acepción correspondiente al valor cromático del término y lo presenta como una tonalidad de rojo que tira a morado:

> columbino, na. 3. adj. Dicho de un color: Semejante al rojo amoratado de algunos granates (*DLE*: *s.v.*).

El *Diccionario Akal del Color* incluye *columbino* en la gama de tonalidades púrpuras y purpúreas, es decir, tonalidades en las que intervienen tanto el rojo como el azul, siendo más oscuras cuanto más presente esté el azul en la tonalidad:

> columbino. Púrpura. // Púrpura azulado. // Coloración específica oscura, púrpura azul e intensa, cuya sugerencia origen corresponde a la variedad homónima de «granate» (*Akal*: *s.v.*).

Columbino, en conclusión, es un adjetivo cuya referencia cromática puede definirse como 'rojo amoratado, púrpura', pudiendo presentar, por lo general, tonalidades específicas más azuladas y, por ende, más oscuras.

Es posible que la relación entre *columbino* y el color púrpura venga motivada por la iridiscencia violácea que presentan en el pecho algunas especies de palomas como la paloma bravía (*Columba livia*) o la paloma duenda o doméstica (*Columba livia domestica*), variedad de la primera. Esta hipótesis se vería corroborada con la definición que aporta el *TLFi* para *colombin*: «Qui a la couleur de la gorge du pigeon, qui est d'une couleur changeante et qui varie entre le rouge et le violet».

El *DECH* indica que *columbino* procede de COLŬMBĪNUS con idéntico significado —por lo que abarcaría el valor de 'de color de paloma' que Raimundo de Miguel (2000: *s.v.*) documenta en Plinio—, aportando como primera documentación una obra de Guevara fechada en 1528, el *Libro áureo de Marco Aurelio*. En dicha obra figura, efectivamente, *columbino*; pero no con el valor cromático esperado, sino con el de 'semejante a la paloma, candoroso', tal y como puede verse en el siguiente fragmento que, además, refrenda la propia voz en *Autoridades*:

> **COLUMBINO, NA**. adj. [...] GUEV. M. A. lib. 3. cap. 37. En la qual eran los hombres tan *columbinos*, y eran los amígos tan verdaderos, que olvidando sus trabajos, lloraban los trabajos ajenos (*Autoridades*, 1729: *s.v.*).

La que podría considerarse como primera documentación del término con valor cromático, en todo caso, figuraría en un texto anónimo de principios del siglo XVII recogido en CORDE:

> «¡Oh qué galan que salió! / Que de raso *columbino* / Llevaba un rico jubon, / Calza colorada y justa, [...]» [Anónimo (1600-1604). *Romances* (*Romancero general*). Extraído de: CORDE].

Para el siglo XVII, CORDE ofrece un total de 19 casos de *columbino*, pudiendo corresponderse 4 de ellos con el valor analizado. Eliminada la restricción cronológica, de los 54 ejemplos indicados, ninguno —aparte de los 4 localizados en el siglo XVII— mantendría el valor cromático.

Atendiendo a los referentes a los que se aplica, puede considerarse un término enormemente ligado al ámbito textil, pues prácticamente en la totalidad de las concordancias reseñadas coaparece junto a telas o prendas de vestir.

CREA solo arroja dos resultados para la búsqueda *columbino*, 1 de ellos con valor cromático; pero dicha concordancia no mantiene la referencia propuesta, sino que, por lo que parece, emplea *columbino* para aludir a una nueva tonalidad que, a pesar de no concordar con la gama cromática barajada hasta el momento, posee una explicación bastante razonable:

> «[...], había rebozos «salomónicos», de la Sierra, poblanos, de Sandía, de coapastle, rebozos sultepequeños, mexicanos, de faro, *columbinos* —los grises de paloma—,

cuatrapeados o enterciados —según el tejido de la tela—, dorados, etcétera» [Mompradré, E.L. y Gutiérrez, T. (1981). *Indumentaria tradicional indígena (Tomo I)*. Extraído de: CREA].

En este caso, *columbino* se atendría al patrón semántico que presentan varios derivados en *-ino*, esto es, el valor de semejanza formal que aporta dicho sufijo con respecto al sustantivo empleado como base de derivación. Dicha semejanza, radicaría, en este caso, en el color del plumaje que prototípicamente se asocia con la paloma, esto es, el gris: «ave indígena de España. Es de un pie de largo, de color ceniciento, [...]» (*DRAE*, 1817: *s.v.*).

La posibilidad de que *columbino* haga referencia a tonalidades grisáceas también la sostiene y documenta Tejeda Fernández (2006: 180, *s.v. color*), ya que, entre los múltiples colores y denominaciones que pueden encontrarse entre los siglos XVII y XVIII aplicados a la vestimenta, incluye *palomado* con la descripción «gris paloma».

Aunque el número de ejemplos se reduzca a una única concordancia, esta segunda posibilidad cromática *columbino* 'gris, grisáceo' sería totalmente esperable para un derivado en *-ino*. Además, en ninguno de los casos anteriores extraídos tanto de *CorLexIn* como de los corpus académicos se explicita la referencia cromática exacta del adjetivo —a excepción de la concordancia de CREA—, por lo que podría ser igualmente válida[128].

Por otro lado, la concordancia de CREA se localiza en México, por lo que podría suponerse un posible valor diferencial para *columbino* en el español americano o en el español de México. A pesar de su ausencia en diccionarios de carácter diferencial —tampoco chilenos, localización de la concordancia de *CorLexIn*—, Boyd-Bowman y CORDIAM atestiguan la presencia del término en México con varios ejemplos desde principios del siglo XVIII.

CORPES XXI, por último, ofrece 12 resultados para *columbino*; pero ninguno se corresponde con el valor cromático esperado.

Desde el punto de vista formal, la conservación del grupo *-mb-* y de la *ŭ* apuntarían a un resultado no patrimonial del castellano (que habría escogido formas como *colomino* o, en todo caso, *palomino*, ya que no existen resultados

---

128 Cabría, de hecho, una tercera posibilidad cromática para *columbino*: 'blanco', aunque restringida, en principio, al italiano. La consulta del adjetivo en el *TLIO* revela que *colombino* podría emplearse para hacer referencia al «colore (bianco) della colomba», al menos entre los siglos XIII y XIV, tal y como atestiguan las documentaciones que refrendan la voz (todas ellas referidas al ámbito textil).

de COLŬMBA en dicha lengua). Dada su fecha de primera documentación y el tipo de contextos en los que aparece (textos de carácter poético y relativos al ámbito textil), es muy posible que sea un cultismo tomado a partir de la forma etimológica latina —quizá influenciado por el *colombin* del francés, cuya presencia ya atestiguan el *FEW* en el siglo XV y el *TLFi* con un ejemplo de finales del XVI—. El hecho de que *columbino* también se documente en portugués (Nascentes, 1955: *s.v.*; *Priberam*: *s.v.*) reforzaría esta hipótesis al mantener dicha forma tanto la -*l*- como la -*n*-, amén de que el portugués también habría optado por el étimo latino vulgar PALŬMBA (lat. clás. PALŬMBES, port. *pomba*) —si bien los diccionarios portugueses no registran ningún tipo de valor cromático para el adjetivo—.

Partiendo de la falta de referencias contextuales en las concordancias presentadas —con la excepción de la concordancia mexicana de CREA que sí que explicita el valor cromático del adjetivo—, *columbino* puede estar haciendo referencia tanto a tonalidades grisáceas como a tonalidades purpúreas —o blancas (*vid.* nota 128)—, ya que dichos valores han sido constatados y justificados tanto desde el punto de vista lexicográfico como documental.

La variabilidad en la referencia cromática podría justificarse, asimismo, si se parte del hecho de que el referente de la tonalidad es un ave cuyo plumaje varía de manera considerable en función de la especie en concreto.

Por último, respecto a la variante *columbín* que se registra en uno de los ejemplos pertenecientes a los fondos documentales inéditos de *CorLexIn*, puede corresponderse con una forma en la que el sufijo -*ino* habría adoptado la forma apocopada -*ín*. Tal y como indica Pharies (*op. cit.*: 331–332), esta variante apocopada posee las mismas características gramaticales y semánticas que la forma plena y es frecuente la existencia de dobletes del tipo *paladín/paladino*, *verdín/verdino*, etc.

En el caso concreto de *columbín*, parece tratarse de una forma únicamente documentada en *CorLexIn*, ya que los corpus académicos no arrojan ningún resultado en la búsqueda de dicho término.

Columbino, en conclusión, es un adjetivo denominal con una doble posibilidad de referencia cromática: puede aludir, en primer lugar, a tonalidades rojizas amoratadas o purpúreas; no obstante, y atendiendo a su esquema de derivación, es posible una segunda referencia cromática 'grisáceo' que se relacionaría con la coloración del plumaje prototípico de la paloma silvestre o bravía. Es un término cromático con un índice de uso muy reducido que prácticamente no rebasaría la marca temporal del siglo XVII.

CONEJO

Documentaciones en *CorLexIn*, en fondos documentales inéditos de *CorLexIn* y en Gómez Ferrero (2012):

- Yten dos bueyes mansos, uno negro y otro *conejo* (Mahíde, Za-1664)
- Más, de vn nobillo *conexo* de dos años, diez y seis ducados (Revenga, Sg-1655)
- La baca *conexa* (El Espinar, Sg- 1657)
- El nobillo que se llamaba *conexo*, por aberse desgraçiado (El Espinar, Sg- 1657)
- Otra baca de tres años color *conexa* (Coomonte de la Vega, Za-1650)

El término *conejo* con valor de adjetivo cromático parece aludir —a partir de los ejemplos extraídos de las distintas fuentes consultadas— a una de las múltiples posibilidades de coloración de pelaje que puede presentar el ganado bovino (*vid. **aconejado**, **paniconejo***).

Desde el punto de vista lexicográfico, no existe ningún registro que atestigüe este valor cromático para la voz *conejo/conexo*, ni siquiera algún posible uso adjetivo. Sin embargo, dado que se ha establecido una relación de semejanza entre el pelaje del conejo y de este tipo de capa bovina, quizá sea posible determinar la referencia cromática para *conejo* 'color' a partir de las definiciones que los distintos diccionarios recogen para *conejo* 'mamífero lagomorfo':

> CONEJO, animal semejante a la liebre, aunque menor, el qual acostumbra hazer su morada debaxo de la tierra. [...] (*Tesoro*: *s.v.*).
> CONEJO. s. m. Animál semejante à la liebre, aunque menór y de colór mas blanquizco: el qual vive y mora en los vivares ò subterraneos que hace en la tierra. [...] (*Autoridades*, 1729: *s.v.*).

Aunque el *Tesoro* no aporta ninguna referencia directa, ambos diccionarios destacan la similitud existente entre el conejo y la liebre. *Autoridades*, además, establece que el pelaje del conejo es más blanquecino que el de la liebre, lema que también aparece definido —con mayor o menor precisión—en ambos testimonios lexicográficos:

> LIEBRE, animal quadrupede conocido de todos: [...] (*Tesoro*: *s.v.*).
> LIEBRE. s. f. Animal mui semejante al conéjo; aunque mayor de cuerpo y más encendida de color. [...] (*Autoridades*, 1734: *s.v.*).

La lexía «encendido de color», que figura en *Autoridades* 1732, parece poder perfilar una tonalidad de color cercana al rojo o rojizo (si bien se aplica, según lo establecen los distintos contornos semánticos) o bien presenta una tonalidad *subida*:

ENCENDIDO DE COLÓR. Se dice del que tiene las facciones del rostro sanguinolentas, mui coloradas y ardientes; y en los paños, sedas y otros géneros el que es mui subido de color [...] (*Autoridades*, 1732: *s.v. encendido*).

La referencia cromática, no obstante, sigue sin poder acotarse de manera clara, ya que solo se ha podido precisar que el pelaje de la liebre se caracteriza por ser de un color vivo (quizá rojizo) o encendido, mientras que el del conejo presenta tonalidades más suaves y apagadas.

Avanzando en la historia lexicográfica, la edición del *DRAE* de 1780 será la primera en aportar una referencia cromática clara para el pelaje del conejo:

CONEJO, JA. s. m. y f. Animal quadrúpedo de un palmo de alto con poca diferencia, y de color que tira á ceniciento, mas claro, ó mas obscuro, segun el parage en donde se cria (*DRAE*, 1780: *s.v.*).

Conejo, por tanto, tendría un valor como color caracterizado por tonalidades cenicientas o grisáceas, más claras u oscuras, lo que concordaría con el matiz blanquecino que le atribuía la definición de *Autoridades*.

La 5.ª edición del diccionario académico modifica ligeramente el matiz cromático, presentando un pelaje más próximo a tonalidades terrosas o rojizas —aunque también grisáceas— al emplear el adjetivo ***pardo***:

CONEJO. s. m. Animal cuadrúpedo, especie de liebre, de color comunmente [*sic*] pardo ceniciento, los pies cubiertos por abajo de pelo rojo, y en lo demas [*sic*] muy semejante á ella [...] (*DRAE*, 1817: *s.v.*).

Aunque añade un nuevo dato, la presencia de pelo rojizo en las patas, el color general del pelaje podría caracterizarse como «pardo ceniciento», por lo que se mantendría la referencia cromática de *ceniciento* —quizá más terroso o amarronado a medida que se presenta en tonalidades más oscuras—.

Las ediciones de 1914 y 1925, eliminan la referencia a la tonalidad parda y abogan de nuevo por el gris, si bien la última de ellas matiza esta referencia cromática indicando que la tonalidad es «ordinariamente gris», lo que posibilita la existencia de más tonalidades de pelaje —aunque se sobreentiende que la coloración básica, general u «ordinaria» sería el gris—.

El *Diccionario Akal del Color* también recoge una entrada dedicada a *conejo*, entrada que incluye una referencia cromática que podría concordar con la propuesta de 'pardo ceniciento', ya que se alude al pelaje del conejo común o conejo europeo (*Oryctolagus cuniculus*), caracterizado por su pelaje pardo-grisáceo (Gálvez-Bravo, 2017).

Teniendo en cuenta las fuentes consultadas, puede establecerse una posible referencia cromática para *conejo* 'pardo ceniciento, pardo grisáceo', referencia que abarcaría tonalidades tanto amarronadas como grisáceas, más claras u oscuras[129].

Para el siglo XVII, la búsqueda del término en CORDE arroja un total de 621 documentaciones. Los siguientes dos ejemplos podrían considerarse ejemplos del valor cromático; pero debe tenerse en cuenta que en ellos no se está empleando *conejo* como adjetivo, sino que se establece una comparativa entre el color del referente y el color del conejo:

> «[...] son [los pecuris, al parecer un tipo de perro] de color de una liebre, y por lo raso corren tanto, del tamaño de un venadillo, cuando sale de pintas, los pies tamaños y *del color de un conejo*, [...]» [Simón, P. (1627). *Primera parte de noticias historiales de las conquistas de tierra firme en las Indias Occidentales*. Extraído de: CORDE].
>
> «Ay vizcachas [vizcacha, varias especies de roedores americanos de la familia *Chinchillidae*], *del color* y tamaño y hechura *de vn conejo*, solo se diferencian en que estos tienen grande cola, [...]» [Vázquez de Espinosa, A. (1629). *Compendio y descripción de las Indias Occidentales*. Extraído de: CORDE].

Fuera del marco temporal del siglo XVII, entre los 3720 testimonios totales, también pueden localizarse algunos usos de *color (de) conejo*; pero, nuevamente, no se documenta ninguna de *conejo* empleado como adjetivo con valor cromático.

El CDH ofrece 6465 documentaciones para la voz *conejo*; pero una búsqueda por proximidad *color* + *conejo* arroja únicamente 5 ejemplos con el valor propuesto, 4 de ellos presentes en la capa de CORDE y 1 en la de CREA. No se registra, sin embargo, ninguna concordancia en la que *conejo* desempeñe la función de adyacente —adjetiva, por tanto— con valor cromático.

En el caso de CREA, se documentan un total de 1608 concordancias para *conejo*, ninguna de ellas con el valor propuesto. Sí que recoge, por otro lado, una documentación de *color conejo*, aunque el referente del que se predica es el sustantivo *agua* y no queda claro a qué tonalidad se alude concretamente:

> «BENITO (Se comprende que memoriza lo que dice) Saldremos a la terraza y contemplaremos el mar mientras injerimos el líquido ambarino... ¿Qué color se ha dispuesto que tengan las aguas infinitas en este ocaso? // FRANCISCA (Busca en el libro) *Color*

---

[129] Un texto de Martínez de Espinar sobre los conejos parece corroborar la referencia cromática propuesta, ya que compara su pelaje con el del ratón casero —ceniciento o pardo oscuro según *Autoridades* (1737: s.v. *ratón*)—: «Son estos animales muy semejantes a la liebre en todas las partes del cuerpo, excepto en el color y tamaño; son algo menores que ellas; el pelo lo tienen de ratón casero, más oscuro o claro, [...]» [Martínez de Espinar, A. (1644). *Arte de Ballestería y Montería*. Extraído de: CORDE].

conejo» [Riaza, L. (1976). *Retrato de dama con perrito. Drama de la dama pudriéndose*. Extraído de: CREA].

Como ha podido observarse, los corpus académicos solo consignan el uso de *conejo* como miembro de la construcción *color (de) conejo*, es decir, como complemento que restringe la extensión o clase designativa del sustantivo *color*. Sin embargo, ninguna de las concordancias recoge la posibilidad de elisión del núcleo de la construcción, posibilidad que sí documenta *CorLexIn* en cuatro de las cinco documentaciones aportadas: «dos bueyes mansos, uno negro y otro *conejo*»[130].

Indistintamente de la presencia o ausencia de la preposición o del núcleo nominal, el uso de *conejo* con valor cromático no parece gozar de un elevado rendimiento funcional: las documentaciones en *CorLexIn* son escasas y, en su mayoría, corresponden al sur de la provincia de Segovia, aunque también se localizan algunos ejemplos en Zamora.

Este hecho se vería corroborado por la inexistencia de documentaciones de la voz en CORPES XXI (ninguno de los 3469 resultados para *conejo* que ofrece el corpus corresponde al valor propuesto para *conejo*) y la ausencia de una acepción adjetiva en la entrada correspondiente a *conejo* en la totalidad las ediciones del diccionario académico, incluida la actual.

Conejo se presenta, por tanto, como un sustantivo con valor de adjetivo cromático caracterizado por poseer, en principio, una referencia cromática 'pardo grisáceo' o 'pardo ceniciento'. Si bien su índice de uso es escaso y suele presentarse en la construcción *color (de)*, *CorLexIn* lo documenta en casos en los que el núcleo *color* se habría elidido, ostentando así un valor plenamente adjetivo —posibilidad que no se registra en ninguno de los corpus académicos—.

EBÁNEO

Documentaciones en *CorLexIn*:

- Un poco de bedriado *ebáneo* y pardo en diez y ocho reales (Cabra, Co-1664)

El color negro del ébano encuentra su expresión cromática sintética a través del adjetivo *ebáneo*, ejemplo, además, del uso del sufijo *-eo* en la formación de este tipo de adjetivos.

---

130 De hecho, la presencia de la forma plena *uno* y no su apócope *un* demuestra la naturaleza adjetiva de *negro* y *conejo* (NGLE: § 15.2l y ss.).

Al contrario que muchos otros ejemplos de adjetivos cromáticos que se valen del sufijo *-eo* (*purpúreo, carmíneo, gríseo, sanguíneo*, etc.), es un lema ausente tanto en la nomenclatura académica como extracadémica. No obstante, a partir de la información que proveen tanto Covarrubias como *Autoridades* en la entrada *ébano* —base sustantiva del adjetivo y su sugerencia origen— puede establecerse fácilmente la referencia cromática de *ebáneo*:

> **EBANO**, dicho tambien Euano. Latinè Ebenus, vel Ebenum, y algunos aspirando la diccion dizen hebenus, & hebenum, es vna cierta especie de madera, que por dentro es negra, y por defuera [*sic*], en grueso de vna pulgada, poco mas a menos, tiene el color del box, aunque alguno traen que es todo de dentro, y de fuera. El perfetissimo es el que nace en la Etiopia, negro, liso, y sin venas; […] (*Tesoro*: s.v.).
>
> **EBANO.** s. m. Especie de madera negra y lisa, y en su igualdad semejante al cuerno pulido, mui maciza y pesada. El perfectíssimo nace en Ethiópia[131], y no tiene vetas algunas blancas […] (*Autoridades*, 1732: s.v.).

A pesar de que el *Diccionario Akal del Color* otorgue a la coloración *ébano* un matiz púrpura —«coloración estándar negruzca, púrpura y semineutra» (*s.v.*)—, ninguno de los testimonios lexicográficos consultados lo reconoce[132], por lo que la hipótesis que se plantea como referencia cromática para *ebáneo* es 'negro'.

En el plano documental, es una forma que no se atestigua en ninguno de los corpus académicos, ni siquiera en CORDE y CDH, que ofrecen un perfil de corte diacrónico. Por otro lado, sí que pueden localizarse algunos ejemplos de *ebáneo* empleado como adjetivo cromático fuera de las bases de datos académicas (especialmente en composiciones poéticas), aunque ninguno de ellos aparece datado antes de la segunda mitad del siglo XIX: «Su sien tostada, sus *ebáneos* rizos / Tendidos por la espalda con desórden, / Sus ojos que parecen dos volcanes, […]» (Fornáris, 1847: 106); «En rizos sueltos la melena *ebánea*, / Y en coturno de oro […]» (Socorro de León, 1853: 55)[133].

---

131 Esta información, casi con total seguridad, la habrían tomado tanto la Academia como Sebastián de Covarrubias del *Dioscórides*, tal y como puede comprobarse a partir de una de las autoridades que refrenan la voz: «LAG. Diosc. lib. 1. cap. 109. El ébano perfectíssimo es el que nace en la Ethiópia».

132 Terreros, por ejemplo, es bastante explícito en lo que respecta al color de la madera de ébano: «árbol, cuya madera es dura, pesada, y negra» (1787: s.v.).

133 A estos dos testimonios podría añadirse otro de finales del siglo XX en una composición portuguesa: «[…] Unha d'elas de gesto doce e forando, / De natural despejo e tenra edade, / As *ebáneas* madeixas espallando […]» (Ricón *apud* Verdini, 1983: 8). *Priberam* incluye un *ebâneo* 'da cor do ébano', pero no figura en Nascentes (*op. cit.*).

La mayor parte de los testimonios localizados pertenece a obras y autores americanos; sin embargo, el *Diccionario de americanismos* no registra el lema y los principales referentes documentales para el español de América en el contexto seiscentista —Boyd-Bowman y CORDIAM— tampoco aportan casos de *ebáneo*, por lo que podría descartarse su condición de voz americana.

Aunque el adjetivo no se documente en corpus generales, posee un patrón lexicogenético regular. De hecho, su origen podría estar motivado por analogía con otros adjetivos cromáticos en *-eo*, existentes, en su inmensa mayoría, ya en latín (PURPUREUS, CAERULEUS, CINEREUS, etc.). No obstante, no es un esquema muy recurrente a la hora de formar adjetivos cromáticos (*vid*. Pharies, *op. cit.*: 224).

Podría considerarse, por tanto, como una opción o creación —en principio— esperable basada en un patrón lexicogenético común y existente a la hora de formar adjetivos que expresan semejanza con la base de la que derivan. A pesar de que pueden encontrarse ejemplos —escasos— de *ebáneo*, CorLexIn atestigua esta posibilidad derivativa antes del siglo XIX.

A partir del sustantivo *ébano*, CorLexIn documenta un curioso ejemplo de derivación por analogía: *ebáneo*, fruto de la adición del sufijo *-eo*, presente en otros adjetivos cromáticos. Respecto a su referencia cromática, dada su sugerencia origen, se emplearía para aludir a tonalidades negras similares a la madera de dicho árbol.

EMPAJADO

Documentaciones en *CorLexIn*:

- Más, dos mantas, vna azul y otra colorada, y vna *empaxada*, que son 3 (Zaragoza, Z-1603)

Empajado puede considerarse como un uso adjetivo del participio del verbo *empajar*, que habría obtenido su condición de adjetivo cromático a partir de su sugerencia origen y base primigenia de derivación, el sustantivo *paja*.

Los únicos diccionarios que incluyen en su nomenclatura el participio de dicho verbo son Terreros (1787) y Alemany y Bolufer (1917); sin embargo, ninguno de ellos otorga a este adjetivo participial la acepción de 'color', ya que solo indican su valor de participio.

Si nos deslindamos del ámbito académico —y extracadémico en sentido estricto (la producción lexicográfica de los siglos XIX y XX, principalmente)—, será el *Diccionario Akal del color* el que documente la posibilidad cromática de empajado, caracterizándolo como «denominación común de los esquemas cromáticos y de las combinaciones tradicionalmente denominadas "paja"» (*s.v.*).

A falta de más testimonios, la referencia cromática que se propone para *empajado* no es otra que la de sus homólogos **pajado** y **pajizo**, es decir, 'amarillo pálido', del color de la paja.

Desde el punto de vista de su presencia en corpus académicos, puede considerarse prácticamente un hápax, puesto que, en el ámbito diacrónico, solo 1 de las 15 concordancias de CORDE atestigua su uso como adjetivo cromático en un texto de finales del XVI, la misma que registra CDH entre sus 26 resultados:

> «Su vestido era turquesco, de muy extraña y no vista hechura: la mitad *empajado* y la otra mitad morado, y todo sembrado de estrellas de oro y con muchos tejidos y recamos de oro» [Pérez de Hita, G. (1595). *Guerras civiles de Granada, 1.ª parte*. Extraído de: CORDE, CDH].

La fecha de primera documentación del término lo adscribe a la órbita de los últimos años del siglo XVI, al igual que *pajado* y *pajizo*, siendo este último el que mantiene la fecha de primera documentación más antigua.

Ninguno de los 9 resultados de *empajado* del CREA atestigua el valor cromático del adjetivo, así como tampoco lo hace el único resultado que arroja la búsqueda por forma en CORPES XXI.

El análisis de los corpus académicos revela, por tanto, que el término preferido y, por ende, más general, para aludir al color amarillo pálido propio de la caña seca de ciertas gramíneas como el trigo o la cebada es *pajizo*.

Este nuevo valor atribuido a *empajado* no resultaría, sin embargo, extraño, dado que puede resultar lógico si se toma como ejemplo otro caso similar como es el de *enrojado*: *enrojar* posee el valor, entre otros, de 'dar color rojo' por su condición de sinónimo de *enrojecer*. Si *enrojado*, participio de *enrojar*, tiene el significado de 'enrojecido', ¿no estaría justificado su uso como adjetivo cromático? CORDE, de hecho, registra algún caso de *enrojado* con valor plenamente adjetivo aplicado, precisamente, al color de un tejido ya en el siglo XV: «otrosy, de conpra de un pardillo *enrojado*, fyno, desiocheno, tres mill maravedís» [Anónimo (1462). *Arancel de precios y salarios de Cuenca*. Extraído de: CORDE].

El propio *CorLexIn*, de hecho, documenta algunos casos de *enrojado* en un inventario de Olmeda del Rey (Cuenca) de 1625 aplicados a prendas de vestir:

> Vna faja *enrrojada*, con ribetes negros, en un ducado
> Vn sayco[134] de corchetes, *enrrojado*, en quatro reales
> Vna faja de paño *enrrojada*, en diez reales
> Vn sayco bajo y mangas *enrrojadas*, en seis reales

---

134   Morala, 2012e: 426.

Partiendo de esta premisa, *empajado* constituiría un cauce expresivo de un valor relativamente lógico que, si bien no responde a los procedimientos normales de formación de adjetivos cromáticos, puede considerarse como plenamente regular y justificado[135].

ENCARNADO

Documentaciones seleccionadas en *CorLexIn* y en fondos documentales inéditos de *CorLexIn*:

- Dos fundas, una de tafetán *encarnado* y otra de arrayadillo (Adeje, Tf-1695)
- Una mantilla de criatura, de bayeta *encarnada* con pasamanos negros (Albuquerque, Ba-1683)
- Yten, quatro fundas de almoadas de color *encarnadas*, en diez y siete reales y medio de uellón (Alcalá de Guadaíra, Se-1718)
- Vnas enaguas de tamí *encarnado* quarenta reales (Arucas, GC-1682)
- Vn paño de cama *encarnado*, siete ducados (Bailén, J-1673)
- Quatro coxines de tripilla *encarnados*, en sesenta reales (Baza, Gr-1671)
- Vn paño de manos de naual nueuo labrado de seda açul y *encarnada* (Brozas, CC-1664)
- Un tapapiés de senpiterna *encarnada* en tres ducados (Cabra, Co-1664)
- Vn coche *encarnado* con seis cortinas de damasco clabeteado y su enzerado berde, y seis cortinas de baieta encarnada y enzerado blanco, en zinco mil reales (Cabra, Co-1687)
- Yten, vna cama entera con su sobrecama y sobremessa de damasco blanco y *encarnado* (Ciudad de México, México-1622)
- Vna frontalera, manípulo y estola de cañamaço labrado de seda azul, blanca y *encarnada*, con casulla de raso blanco prensado de China, que todo vale quarenta pesos (Ciudad de México, México-1622)
- Yten, dos cofias, vna de matiçes y otra de red, de seda blanca y *encarnada* (Cuenca, Cu-1622)
- Yten, quatro sobremesas de bufetes pequeños de catalufa de seda, las tres *encarnadas* y açules y blancas y la otra amarilla y negra, en çinquenta reales (Cádiz, Ca-1654)
- Seis almoadas de estrado de raso verde con suelos de valdrés arjentado y cintas *encarnadas*, en ziento y çinquenta reales (Córdoba, Co-1683)
- Vn guardapiés *encarnado* de senpiterna, bueno (Herrera de Valdecañas, Pa-1700)
- Yten, vna cortina de sempiterna *encarnada* en doze reales (Huelva, H-1688)
- Yten, otros zeñideros *encarnados* mediados, en tres rales (La Alberca, Sa-1600)

---

135 Dada la localización de *CorLexIn*, cabría pensar en una posible condición de voz restringida diatópicamente a Aragón, que se habría extendido, quizá, al área murciana (de ahí su presencia en Pérez de Hita).

- Item, vnas enaguas de calimanco *encarnado* com guarniciones, nouenta reales (Las Palmas, GC-1685)
- Yten tres casullas con sus estolas y manípulos, de damasco blanco, amusco y *encarnado* (Lazcano, SS-1695)
- Primeramente vn quadro de un santo Christo, con su marco negro y cortina de tafetán *encarnado* y dosel de diferentes colores (Lazcano, SS-1695)
- Yten, quatro baras de terciopelo *encarnado*, a seis pesos la bara, montan veinte y quatro pesos (Lima, Perú-1698)
- Yten, vna camisa laurada, de estremadura, con seda *encarnada* y ylo de oro falso (Lumbreras, LR-1685)
- Otra colcha de quadrados de raso azul, pagiço y *encarnado*, pespuntada de algodón, que es bieja (Madrid, M-1649)
- Vna toalla *encarnada* y blanca en listas, entretegido en plata (Madrid, M-1649)
- Vn serenero de tafetán *encarnado* con puntas de plata (Madrid, M-1650)
- Un guardabaxos de raja *encarnada*, con dos guarniciones (Montefrío, Gr-1661)
- Un zíngulo de seda morada y *encarnada*, con botones y borlas de seda y oro (Montefrío, Gr-1661)
- Vnas enaguas de jergueta *encarnada*, en çinquenta y cinco reales (Mérida, Ba-1657)
- Y un arca pequeña de nogal y un manto de seda nuebo y unas mangas mediadas *coloradas* (Narila, Gr-1697)
- Yten, vn cofreçillo de escriuanía donde ay vn pomito de plata y vn abanico con vna çinta *encarnada* (Oñate, SS-1617)
- Vn justillo de lama *encarnada*, para mujer (Santander, S-1676)
- Ytem, vn pabellón texido de seda *encarnada* y blanca y plata, con manga de terçiopelo, que me costó çiento y quarenta pesos (Santiago de los Caballeros, Guatemala-1623)
- Vn abanico de barillas *encarnadas* de Yndias, ocho reales (Sevilla, Se-1745)
- Vn corpiño de albornoz *encarnado*, con guarnizión negra, en ducado y medio (Torre-Cardela, Gr-1661)
- Un capillo de baptismo con puntas *encarnadas* (Vergara, SS-1632)
- Dos baras y media de bocaçín, *encarnado* la mitad dello, y la otra mitad colorado, para guardapolvo de los cordones de las almáticas la mitad dello, y la otra mitad para poner a raíz de la pared para la defensa de la humedad, para que no se perdieran los dichos cordones (Vicuña, Vi-1640)
- Nuebe baras de camellón *encarnado*, en ochenta y un reales (Villacarrillo, J-1652)
- Vnos chapines de lana *encarnada* y plata con birillas de concha de tartuga, claueteados con clabillos de plata y rosas *encarnadas*, en zien reales (Vélez Blanco, Al-1649)
- Quatro baras de rapaçejos de seda, negros y *encarnados*, rematarón en ocho reales a Seuastián de Pradilla (Zaragoza, Z-1647)
- Dos enballenados de tela, uno *encarnado* y otro verde (Málaga, Ma-1705)
- Vn guardapiés de raxa *encarnada* con trena dorada (Argamasilla de Calatrava, CR-1661)

Pese a su estrecha relación —aparentemente sinonímica— con **colorado** y **rojo**, la sugerencia origen de *encarnado*, el color de la «carne» o piel caucásica, dibujaría una referencia cromática ligeramente distinta para este adjetivo, si bien inscrita igualmente en la familia de tonalidades rojizas.

La información que figura en los diccionarios del siglo XVII en el caso de *encarnado* es bastante sucinta, ya que prácticamente todos se limitan a indicar su condición de 'color de carne' sin aportar mayor explicación. Así, el *Tesoro de la lengua castellana* de Covarrubias solo indica que *encarnado* es «color de carne» (*s.v. encarnar*), aunque aporta una pequeña referencia indirecta al recoger en su peculiar doble macroestructura el sustantivo *encarnación*: «cerca de los pintores, vale dar el color de carne: en las pinturas», dando a entender que el ámbito pictórico estaría implicado en la definición del adjetivo.

Por otro lado, la información que figura en la entrada *carne* —*encarnado* es un derivado en el plano diacrónico— tampoco alude en ningún momento al color que presenta la piel —lema en el que tampoco puede hallarse información de tipo cromático—.

El *Diccionario de autoridades* repite la fórmula de Covarrubias al hacer referencia simplemente al color de la carne, si bien se añaden algunos ejemplos en los que se atestigua la relación —y posibilidad de predicación— de sustantivos pertenecientes al ámbito textil:

> **ENCARNADO, DA.** adj. Teñido de color de carne: como cintas encarnadas, tafetán encarnado, etc. Latín. Carnei coloris. Rubeus. PRAGM. DE TASS. año 1680. f. 7. La vara de raso liso encarnado a treinta y quatro reales. QUEV. Mus. 6. Rom. 14. [...] (*Autoridades*, 1732: *s.v.*).

La entrada *carne* de *Autoridades* tampoco hace referencia al color de la piel; pero *encarnado* cuenta con un poderoso aliado en el primer diccionario académico: *rojo*. La relación que *rojo* establece con *encarnado* a partir de su definición en el *Diccionario de autoridades* permite una primera acotación de su referencia cromática, puesto que el primero se vale del segundo a la hora de caracterizarse semánticamente:

> **ROXO, XA.** adj. que se aplica al color encarnado mui encendido: como el de la sangre [...] (*Autoridades*, 1737: *s.v.*).

A partir de esta definición pueden extraerse varias conclusiones: en primer lugar, tanto *rojo* como *encarnado* pertenecerían a una misma familia cromática, dado que, de no ser así, resultaría imposible que *roxo* se valiese de *encarnado* para definirse. Por otro lado, la relación existente entre ambos adjetivos podría considerarse una relación de inclusión similar a la de la hiperonimia-hiponimia: *rojo* sería «un tipo de colorado». Por último, y a raíz de esta última hipótesis, *encarnado* y *rojo* no aludirían a la misma tonalidad, ya que solo el encarnado «muy encendido», el encarnado que evocase el color de la *sangre*, podría ser considerado rojo.

Se sobreentiende, además, que la tonalidad general o básica sería, en todo caso, *encarnado*, al que, con posterioridad, habría venido a sustituir *rojo*. Dicha relación podría, quizá, haber motivado la confusión y posterior consideración de sinonimia plena entre *encarnado* y *rojo* —y *colorado*—, dos términos que, al menos en el contexto lexicográfico, estarían claramente diferenciados.

No obstante, este rasgo diferenciador se perderá a partir de la edición del *DRAE* de 1817, en la que *encarnado* aparecerá vinculado a *colorado*:

> ENCARNADO. adj. Se aplica al color de carne que tiene comunmente [*sic*] la misma acepción que COLORADO (*DRAE*, 1817: *s.v.*).

La relación ya se habría establecido en su definición de *Autoridades*, si bien de manera indirecta por la conexión existente entre *rojo* y *colorado*; pero se hará patente a partir de la 5.ª edición, en la que se dará a entender que *colorado* y *encarnado* —y *rojo*, dada su relación con ambos— serían términos sinónimos y que, por ende, compartirían la misma referencia cromática. La propuesta de definición del *DRAE* 1817 'encarnado = colorado' se mantendrá hasta la edición de 1884, en la que ambos valores se separarán en acepciones distintas:

> **Encarnado, da.** adj. De color de carne. || **Colorado**, 2.ª acep. || Color de carne que se da á las estatuas (*DRAE*, 1884: *s.v.*).

De este modo, el diccionario informa de que *colorado* puede emplearse con dos valores: a) un primer valor 'de color de carne, rojizo claro' que le correspondería etimológicamente; b) un valor 'encarnado, rojo' que habría desarrollado por su relación con dicha pareja de adjetivos. La segunda acepción se completará con la 19.ª edición de 1970, en la que *rojo* acompañará a *colorado* —e introduciendo el tercer componente de esta terna cromática—:

> **encarnado, da.** [...] || 3. **colorado**, rojo. [...] (*DRAE*, 1970: *s.v.*).

Como último hito dentro del contexto lexicográfico académico, la 21.ª edición de 2001 adoptará un modelo de entrada idéntico al de 1884 —con las tres acepciones que en ella figuran— y suprimirá *rojo* de la segunda acepción; aunque lo hará figurar mediante una glosa: «colorado (||rojo)». La edición de 2014, vigesimotercera y actual, alterará el orden de las acepciones e ilustrará el «triunfo» de *rojo* como término preferido, sustituyendo a *colorado* en la definición sinonímica:

> **encarnado, da.** [...] 1. adj. **rojo.** [...] (*DLE*: *s.v.*).

Es evidente que *encarnado* habría desarrollado un valor cromático secundario derivado de su relación con *colorado* y *rojo*; pero ello no debería eclipsar el hecho de que, etimológicamente, y en el contexto del siglo XVII, *encarnado* hiciese referencia a una tonalidad particular distinta —aunque próxima— a la de *rojo* y *colorado*.

En el plano lexicográfico, uno de los mejores testimonios de la referencia cromática primaria de *encarnado* sería el *Diccionario castellano* de Terreros, en el que *encarnado* solo figura como participio pasado de *encarnar*; pero este verbo sí que da bastantes pistas sobre el color al que haría referencia el adjetivo. A pesar de que en la entrada *carne* no se alude a propiedades cromáticas ni se dedica un lema o sublema a *color (de) carne*, sí que puede encontrarse un sublema *color de **carne de doncella***[136].

Tal y como se había indicado en su entrada correspondiente, Terreros caracteriza esta lexía cromática como voz propia de floristas aplicada al color «que representa la carne» (1786 [1767]: s.v. *carne*), matiz que podría identificarse actualmente —y en el siglo XVII— con el *rosa* o el **rosado** (un rojo tenue, al fin y al cabo).

Por último, para cerrar el bloque de análisis lexicográfico, la perspectiva actual que proporciona el *Diccionario Akal del Color* es bastante tajante, inclinando la balanza hacia la opción *encarnado* 'colorado':

> **encarnado**. [...] Rojo anaranjado, semejante al de las mejillas ruborizadas de la persona de raza caucásica. Se dice también «color de carne» o «color carne». // Ruborizado. // Encarnación. // Colorado [...] (*Akal*: s.v.).

Sin embargo, la consulta de la entrada *carne* podría mantener en cierto modo la opción primigenia, ya que *Akal* la describe de un modo muy similar a *rosa*, si bien la segunda tonalidad es «clara, roja y débil» y *carne*, «clara, naranja rojiza y débil» a ojos de Sanz y Gallego —pudiendo apreciarse, no obstante, la relación existente entre ambas tonalidades y, asimismo, la que existiría entre ellas y *encarnado*—.

La referencia cromática que se defiende para *encarnado* en el contexto del siglo XVII es, en conclusión, 'rojo pálido, rosado' —'color de carne'—, partiendo de su significado etimológico y su sugerencia origen, el color de la piel de la denominada «raza blanca» o «raza caucásica».

Asimismo, a raíz de las fuentes consultadas, cabría postular un valor 'rojo, colorado' para el adjetivo dada su proximidad —y relación de pertenencia— con dichas tonalidades. La idea que se defiende, en todo caso, es que, originariamente, *encarnado* poseería una referencia cromática distinta que lo

---

136   Este apartado se desarrolla de manera más amplia en la entrada *rosado*.

diferenciaría de *colorado* y *rojo*, si bien próxima a la tonalidad a la que aludiría la pareja de adjetivos dentro de la familia del rojo.

En lo que respecta a sus fechas de primera documentación, el *DECH* (*s.v. carne*) lo localiza en un documento del año 896 que registra una donación efectuada por san Rosendo al monasterio orensano de Celanova: «concedemos [...] trece casullas [...] la novena de exage [un tipo de tela de seda] encarnada» (Steiger, 1943: 708-709). Sin embargo, el documento original[137] —que figura en el anexo del tomo V de la *Corónica General de San Benito* de Antonio de Yepes (1615: 423-425)— estaría redactado en latín y lo que aparecería no sería sino «[...] xi vermelia [*uermilia* (Díaz y Díaz, Pardo y Villariño, 1990: 276)] exageg».

Asimismo, Corominas y Pascual indican que no se vuelven a hallar ejemplos de *encarnado* «hasta Quevedo». Este hecho resulta cuando menos extraño, en principio porque se estaría indicando que no se vuelve a tener noticia de un adjetivo documentado a finales del siglo IX hasta el siglo XVII, es decir, ocho siglos sin testimonios de *encarnado*; y, en segundo lugar, porque entraría en contradicción con la afirmación que se defendía en *rojo* cuando se indicaba que el adjetivo general en el medievo para la tonalidad de la sangre habría sido *bermejo* y que, posteriormente, habrían aparecido *encarnado* y *colorado*. Podría especularse, en conclusión, con algún tipo de confusión en la redacción o en la interpretación del documento por parte del *DECH*.

Las primeras documentaciones de *encarnado* 'rojo claro, rosado, rojo' podrían fecharse, tal y como atestiguan los corpus académicos, a finales del siglo XV —si bien hay testimonios de *encarnado* con valor participial desde el siglo XIII—:

> «Seys varas de terçiopelo carmesy, para vna rropa al dicho don Jaime, que costo a 2.550 mrs. la vara, que son 15.300, e seys varas de rraso *encarnado*, para enforro, [...]» [Anónimo (1477-1491). *Cuentas de Gonzalo de Baeza, tesorero de Isabel la Católica*. Extraído de: CORDE, CDH].

El crecimiento a partir del siglo XVI es exponencial[138]: CDH revela un aumento considerable tanto del número de testimonios totales como de documentaciones

---

137   El párrafo introductorio al texto de la donación indica que está fechado en el año 935; pero en el documento, la fecha aparece precedida del sustantivo *era*, lo que indica que se está aludiendo al año 935 de la era hispánica. La fecha que le correspondería, por consiguiente, en la era cristiana —tras la sustracción de los 38 años de diferencia— sería el año 897.

138   En el caso de *encarnado* se realizará un pequeño análisis por siglos en el apartado diacrónico en lugar del habitual comentario en bloque por las peculiaridades del adjetivo y para apreciar en mayor medida su relación con *rojo* y *colorado*.

del uso adjetivo. Mientras que en el siglo XV solo se disponía de 3 ejemplos entre un total de 86 testimonios, los 417 ejemplos (420 si se tienen en cuenta 3 casos dudosos) de *encarnado* respecto del total de 623 evidencian un claro proceso de generalización del adjetivo —eso sí, siempre por debajo de las cifras que marcan sus homólogos *rojo* y *colorado*—.

Aunque no siempre resulta sencillo discernir cuál de los valores se está empleando concretamente, 'rojo claro, rosado' o 'rojo, encarnado', sí que pueden localizarse algunos testimonios en los que *encarnado* se usaría con el primero de ellos:

> «De lo / de mas que se mezcla baxa algo a [e]ste / color, y ansi queda el color rosado / o *encarnado*, algo subido: y esto tal / arguye buena templança, y salud en / las enzias, de mas de tener el mejor / parescer: [...]» [Martínez de Castrillejo, F. (1570). *Tratado breve sobre la maravillosa obra de la boca*. Extraído de: CDH].
>
> «El coral nasce en el mar Bermejo, en el Índico y en el Mediterraneo. Ay d'ello tres species; uno es blanco, otro *encarnado* y otro colorado» [Arfe y Villafañe, J. de (1572). *Quilatador de la plata, el oro y piedras*. Extraído de: CDH].

En los ejemplos reseñados, *encarnado* se presenta como sinónimo de rosado o contrapuesto a *colorado*, lo que pondría de manifiesto una relación entre *encarnado* y *rosado* —ambos tonos suaves dentro de la familia del rojo— y una distinción entre *encarnado* y *colorado*. De no ser así, no sería necesario especificar que hay corales encarnados y corales colorados.

En el contexto cronológico del siglo XVII, *encarnado* aumenta ligeramente su número de documentaciones, pasando a disponer de 593 ejemplos (596 si se tienen en cuenta 3 casos dudosos) de los 692 totales.

Al igual que el apartado anterior, pueden localizarse algunas concordancias en las que el significado de *encarnado* parece inclinarse más hacia el valor 'rojo claro, rosado' junto a otras en las que el valor predominante parece ser el de 'rojo, colorado':

> «[...] el que llaman ciruelo, es árbol grande; dicen que como un naranjo: la fruta *encarnada* del tamaño de una castaña es suave y dulce con exceso» [Anónimo (1606–1610). *Descripción de la gobernación de Guayaquil*. Extraído de: CDH].

En este caso, está claro que el valor tiene que ser necesariamente 'rojo, colorado', puesto que el fruto del jocote (*Spondias purpurea*) —árbol que figura en el *DAm* al efectuar la búsqueda con *ciruelo*— aparece descrito en el *Diccionario de americanismos* como «de color amarillo o rojo al madurar, y de una sola semilla» (*s.v. jocote*).

A partir del siglo XVIII, el número de documentaciones y de casos de *encarnado* 'color' irá aumentando —excepto en el caso del siglo XVIII, que tiene una menor representación en CDH que el resto de periodos[139]— de manera pareja: 296 ejemplos de 306 en el XVIII, 723 (724 si se tiene en cuenta 1 caso dudoso) de 840 en el XIX y 521 (525 si se tienen en cuenta 5 casos dudosos) del total de 815 documentos en el siglo XX. No obstante, a mediados del siglo XX comienza a apreciarse un ligero descenso en el número de concordancias del valor cromático del adjetivo, dato que, sumado al análisis sincrónico posterior, confirmará la progresiva caída en desuso de la voz.

El examen y la comparación de los testimonios documentales pone de manifiesto que el valor mayoritario que se presupone para *encarnado* en la mayoría de ejemplos es el de 'rojo, colorado'. Sin embargo, nuevamente, puede localizarse alguna concordancia en la que la acepción 'de color de carne, rosado' resulta más adecuado.

En lo que respecta al plano sincrónico, el análisis documental permite confirmar el descenso en el índice de uso de *encarnado* que ya se había advertido en los ejemplos de la segunda mitad del siglo XX presentes en CDH. El primer punto de inflexión se localiza en CREA, ya que solo una tercera parte —aproximadamente— del total de casos se corresponde con el valor cromático del adjetivo. Concretando las cifras, tan solo en 137 (138 si se tiene en cuenta un caso dudoso) de las 466 documentaciones se localizaría el uso analizado.

La búsqueda en CORPES XXI vendría a confirmar el augurio que vaticinaban CREA y CDH, dado que el margen de resultados de *encarnado* 'rojo claro, rojo' se habría reducido aún más: 39 testimonios del total de 193 que arroja la búsqueda.

El descenso en el número de documentaciones podría achacarse a diversos motivos. El primero de ellos, nacido de la pluralidad de denominaciones para una misma tonalidad, estaría relacionado con una clara preferencia por las voces *colorado* y, especialmente, *rojo*, que habrían relegado a *encarnado* a un segundo plano —y no solo a *encarnado*, sino también a *colorado*—. De hecho, ese segundo plano podría relacionarse, al igual que se había indicado en la entrada *colorado*, a contextos más coloquiales o a ámbitos más rurales —amén de la hipótesis que se baraja en *colorado* sobre las connotaciones de *rojo* durante la dictadura franquista y la necesidad de sustituirlo por sinónimos sin sesgo ideológico—.

---

139   El porcentaje de documentación de cada periodo en el CDH es el siguiente: 1064–1500 (11%), 1501–1700 (24%), 1701–1800 (5%), 1801–1900 (12%) y 1901–2005 (48%).

Otro de los motivos que podrían aducirse para explicar el descenso de testimonios de *encarnado* sería una posible rivalidad con *color (de) carne*, lexía que poseería una referencia cromática idéntica, al menos al valor de *encarnado* 'rojo claro, rosado'. *Color de carne* posee un número relativamente abundante de documentaciones, alcanzando incluso el siglo XXI con una centena de ejemplos en CORPES XXI. Sin embargo, no supondría amenaza alguna para *encarnado*, que supera holgadamente los testimonios de la lexía en todas las centurias analizadas.

Por otro lado, a la luz de los datos obtenidos, puede hacerse una ligera precisión a la afirmación que Corominas y Pascual sustentaban para *encarnado* sobre la adscripción al dominio europeo, indicando que «aunque hoy es el vocablo más corriente en España, no era el más generalizado antiguamente, pues no pasó a América, como *colorado*, [...] y como *rojo* y *bermejo*, que son también medievales» (*s.v. carne*).

A pesar de la veracidad de la condición de *encarnado* como ítem menos generalizado frente a *encarnado* y *rojo* —de hecho, en el plano de la lengua general es muy posible que *colorado* fuese el ítem preferido a la hora de expresar el contenido 'rojo' en el siglo XVII—, lo cierto es que CORDIAM y Boyd-Bowman sí que documentan casos de *encarnado* en América. Eso sí, en un número menor que los de *colorado*, que se postula claramente como adjetivo dominante.

A estos ejemplos podría sumarse el reducido grupo que *CorLexIn* localiza en América (México, Chile y Guatemala, principalmente). A pesar de su escasez, resultan de gran interés, dado que permiten corroborar la presencia de *encarnado* en América.

Por último, y relacionado con el aspecto diatópico de *encarnado*, si bien no sería correcto atribuirle al adjetivo una adscripción puramente meridional, los ejemplos de *CorLexIn* sí que evidencian una presencia mayoritaria en el área meridional frente a la septentrional, en la que se localizaría algún caso.

Mapa 5. Distribución de los ejemplos de *CorLexIn* por áreas (Fuente: *CorLexIn*)

Tal y como puede apreciarse, las zonas con un mayor número de casos de *encarnado* son Andalucía y Canarias —seguidas del área central del castellano—. De hecho, la presencia del adjetivo en Canarias sería especialmente destacada atendiendo a la siguiente nota informativa extraída de la entrada *encarnado* del *DHECan*:

> **encarnado, da.** *adj.* De color rojo. [...] Señala Corominas (*DCECH* I, s.v. *carne*) que *encarnado*, «aunque hoy es el vocablo más corriente en España, no era el más generalizado antiguamente, pues no pasó a América, como *colorado* [...], y como *rojo* y *bermejo*, que son también medievales». Sin embargo, en el español canario siempre ha sido bastante frecuente (el *DDEC* considera que se usa más que en el español peninsular) y, según los datos del *TLEC* II, en algunos niveles de habla llega a sustituir totalmente a sus sinónimos (*DHECan: s.v.*).

Respecto a la información que figura en las fuentes citadas en la entrada del *DHECan*, el *Diccionario diferencial del español de Canarias* indica que *encarnado* se emplea con el valor de 'de color rojo' y acompaña la definición de una nota de corte diatópico «Ú.m.q. en el esp. penin», esto es, «úsase más que en el español peninsular». Asimismo, en el apartado de observaciones, el *DDEC* registra esta primera acepción en Andalucía, remarcando de este modo, bien el posible carácter dialectal de la voz, bien su relación con el área meridional.

Por su parte, el *Tesoro léxico del español de Canarias* (*s.v. encarnado*) se vale de la siguiente cita de Almeida y Díaz-Alayón para justificar la preferencia de *encarnado* —y *colorado*— sobre *rojo* en el dominio canario:

> Esta [...] conciencia de prestigio es un factor que se establece entre el habla de los medios urbanos —que actúa como referencia pretendidamente culta— y la de las zonas rurales canarias, que no goza de la misma valoración. En esta situación resulta inevitable que algunos elementos léxicos característicos de las hablas isleñas, como *águila*, *bomba*, *cigarrón*, *encarnado* y *cañoto*, supuestamente desprovistos del necesario prestigio, sean paulatinamente reemplazados por las formas *cometa*, *globo*, *saltamontes*, *rojo* y *zurdo*, de mayor difusión (Almeida y Díaz-Alayón, 1988: 15)[140].

Es decir, podría calificarse como una situación con un perfil mucho más diastrático que diatópico; aunque el fenómeno se localiza en una zona concreta, por lo que el factor geográfico también estaría presente e influiría en cierto modo.

Condenado a navegar entre las aguas del rojo y el rosado —a pesar de tratarse de dos corrientes muy cercanas—, *encarnado* encuentra su sugerencia origen en el color rojizo claro de la piel, la carne, de la conocida como «raza blanca» o «caucásica». Mantendrá una estrecha relación con otras voces como *colorado* y, posteriormente, *rojo* desde sus primeras documentaciones en el siglo XV, si bien no conseguirá alcanzar su mismo nivel de generalización o preferencia, tanto en el dominio europeo como en el americano —donde *rojo* y *colorado* se habrían alzado, respectivamente, con la victoria—. Por otra parte, puede considerarse un adjetivo ligado al área meridional, en especial al español de Canarias.

---

140 Este hecho también afectaría a la relación con *rojo*, que se emplearía solamente referido «a una circunstancia reciente de la historia nacional» (*ibid.*: 200). Según Trapero (1995: 108) el adjetivo más común en Canarias para 'color rojo' sería *colorado*: «El término más común en el español de Canarias para el significado 'color rojo' es, y con mucho sobre todos los demás, *Colorado*». Gracias a este testimonio, la hipótesis que se había barajado para *colorado* respecto a su mayor uso en determinados contextos o registros a raíz del contenido ideológico de *rojo* durante la dictadura ganaría cierto peso, al menos en el contexto canario.

FLOR DE ROMERO

Documentaciones en *CorLexIn* y en fondos documentales inéditos de *CorLexIn*:

- De vna mantellina de raxa de *flor de romero*, trayda, en dos ducados (Atienza, Gu-1640)
- en la ropilla y calsón de paño *flor de romero* (Chiclana de la Frontera, Ca-1670)
- Ytem, se le pagan cinquenta y zinco reales en la capa de paño *flor de romero* (Chiclana de la Frontera, Ca-1670)
- Yten, una capa de paño *flor de romero* en sinco ducados (Chiclana de la Frontera, Ca-1670)
- Yten, la ropilla y calsón de paño *flor de romero* en siete ducados (Chiclana de la Frontera, Ca-1670)
- Más, basquiña y jubón de vna tela *flor de romero* y [a]forrada en tafetán (Madrid, M-1649)
- Vnas enaguas de damasco de lana *flor de romero*, viejas (Madrid, M-1653)
- Más, otra sortixa de oro con vna piedra *flor de romero* (Madrid, M-1653)
- Vna tercia de vaieta *flor de romero* de Palencia en tres reales que valen (Medina de Rioseco, Va-1645)
- Ytem, veinte y ocho varas y media de piñuela *flor de romero* y negra de Toledo (Medina de Rioseco, Va-1645)
- Ciento y diez y ocho varas de tafetán sencillo, *flor de romero* (Medina de Rioseco, Va-1645)
- Ytem, el jubón de raço *flor de romero* y negro, en tres ducados (Málaga, Ma-1651)
- Vna sobremesa de damasco, *flor de romero*, de seda (Santander, S-1676)
- Vna basquiña de seda, flor de romero, de labores (Santander, S-1676)
- Yten ymbentariaron vna colgadura de cama, de damasco de seda de color de *flor de romero* (Santander, S-1676)
- Dos paños de sobrealmoadas, *flor de romero* (Santander, S-1676)
- Vna basquiña y jubón de damasco, *flor de romero*, andado, setenta reales (Tudela, Na-1645)
- Una saya de raja color *flor de romero* (Arévalo, Av-1651)

Mediante la lexía *flor de romero* se hace referencia a una tonalidad perteneciente a la familia del azul que presenta cierta semejanza con la flor del *Rosmarinus officinalis*, arbusto aromático conocido en España como *romero*.

La construcción no figura en ninguno de los diccionarios empleados como punto de partida en este estudio; pero sí que puede obtenerse información cromática a partir de la definición que incluye la entrada *romero* de *Autoridades*:

> **ROMERO**. s. m. Planta olorosa que se levanta poco de la tierra. [...] Su flor es azulada y también olorosa: [...] (*Autoridades*, 1737: s.v.).

La tonalidad azulada de las flores de romero se mantiene hasta la edición actual y prácticamente el resto de diccionarios posacadémicos la corroboran.

Es Tejeda Fernández (2006: 180, *s.v. color*) la que establece que dicha denominación se aplica al color azul en el ámbito de las prendas de vestir y *Akal* corrobora dicha afirmación en las entradas *azul romero* y *romero*, remitiendo la primera a la segunda:

> **romero.** [...] Esquema cromático de coloraciones azul violácea, verde semioscura y verde blanquecina, correspondiente al conjunto pigmentario floral y foliar (haz y envés) de la planta homónima. // Género cromatológico que incluye las coloraciones «romero» y «azul romero» (*Akal*: s.v.).

Morales Valverde (2010) describe el color de la corola del *Rosmarinus officinalis* como «morado, violeta, azulado o blanco» (2010: 327), lo que supondría una variedad de tonalidades que también abarcarían al morado y al violeta, posibilidad que ya contemplaba el diccionario *Akal* como ha podido comprobarse.

No obstante —y teniendo en cuenta la descripción mayoritaria que figura en las diversas obras lexicográficas y la información recogida por *Akal*—, la coloración prototípicamente asociada a la flor del romero parece ser el azul, por lo que puede postularse 'azul, azulado' —y no 'azul violáceo'— como referencia cromática para la lexía *flor de romero*.

En lo que respecta a sus documentaciones en otros corpus, la lexía parece emplearse con valor cromático a partir del XVI, puesto que su primera documentación se localiza a finales de dicho siglo tal y como certifica CORDE:

> «Yo le vi vestido / de *flor de romero*: / en la su cabeza / no lleva sombrero, [...]» [Penagos, P. de (1593). *Versos del Cartapacio* (*Cancionero tradicional*). Extraído de: CORDE].

Junto a su primera documentación, CORDE ofrece un total de 63 documentaciones para *flor de romero*, 9 de ellas fechadas en el siglo XVII. De las 9 concordancias, tan solo 4 se corresponden con el valor cromático asignado a la lexía. Aunque la referencia al romero en el siguiente ejemplo extraído del corpus no guarda relación con el valor analizado, puede corroborarse la referencia cromática establecida para *flor de romero* en el contexto del siglo XVII, ya que Lope de Vega resalta el color azul de la flor:

> «Los dos lloraron, mas que la cayda, / El pajaro ya libre, cuyo llanto / Templò con darles vna cesta Alzida / De *azules* flores de romero santo: [...]» [Vega Carpio, L. de (1609). *Jerusalén conquistada*. Extraído de: CORDE].

Eliminada la restricción diacrónica, pueden encontrarse algunos ejemplos más de *flor de romero* empleado con significado cromático: 1 concordancia en el siglo XVIII, 6 en el siglo XIX y 2 en el XX (3 si se tiene en cuenta 1 caso dudoso). Puede apreciarse, asimismo, una cierta ampliación de la valencia semántica del término (especialmente aplicado a aves), puesto que —tal y como ha podido comprobarse a partir de los ejemplos de *CorLexIn*— *flor de romero* es una denominación considerablemente ligada al ámbito textil. Sin embargo, también se localizan algunas concordancias en las que *flor de romero* posee valor cromático, pero en las que la referencia cromática 'azul, azulado' no parece viable:

> «Al overo algo oscuro le dicen tambien flor de melocoton, y al overo claro, cuyos dos colores se hallan entremezclados bajo la forma de numerosas y pequeñísimas florecillas como aisladas y distintas las unas de las otras, le diferencian con el calificativo de *flor de romero*» [Villa y Martín, S. de la (1881). *Exterior de los principales animales domésticos y particularmente el caballo*. Extraído de: CORDE].
>
> «Si los tres colores se hallan entremezclados bajo la forma de numerosas florecillas, se dice, ruano *flor de romero*, circunstancia que, como en el overo [...]» [Villa y Martín, S. de la (1881). *Exterior de los principales animales domésticos y particularmente el caballo*. Extraído de: CORDE].
>
> «¿Qué pelo de caballo le gusta a usted más? A mí el alazán o el *flor de romero*» [Pérez de Ayala, R. (1921). *Belarmino y Apolonio*. Extraído de: CORDE].

Tal y como puede observarse, todas las concordancias presentan un mismo rasgo común: el hecho de que la lexía se predique de referentes equinos. Como es lógico, la referencia cromática 'azul' queda totalmente invalidada, motivo que invita a pensar en una posible referencia cromática alternativa para *flor de romero* que presente un rasgo distintivo (y restrictivo) [+animal] y, muy posiblemente, [+equino].

En lo que respecta a la tonalidad concreta de capa equina a la que *flor de romero* parece hacer referencia, lo cierto es que no resulta demasiado clara: si bien los autores consultados parecen coincidir en que se alude a una capa compuesta caracterizada por la presencia de pequeñas manchas o motas, a la hora de establecer los colores de pelaje concretos no existe una opinión unánime.

Casas de Mendoza (1866: 188) establecía que *flor de romero* se aplicaba a al caballo **rosillo** en el que domina el pelaje negro, ya que dicha capa se caracteriza, desde su punto de vista, por la mezcla de pelos blancos, negros y castaños. Sin embargo, Villa y Martín (1881: 405) considera *flor de romero* como una variedad del *overo claro* (aquel en el que predomina el pelaje blanco sobre el rojo) caracterizada porque sus dos colores «se hallan entremezclados bajo la forma de numerosas y pequeñísimas florecillas como aisladas y distintas las unas de las otras», aunque también lo aplica al caballo ruano, cuyos tres colores «se hallan entremezclados bajo la forma de numerosas florecillas» (*ibid.*: 406).

Por otro lado, Odriozola (1951: 85) —que vuelve a situar *flor de romero* en la órbita de *rosillo*— establece que dicha denominación se aplica a aquellos caballos cuyo pelaje inicial es castaño umbrío moteado de manchas rojo oscuro sobre una mezcla de pelaje mayoritariamente blanco y negro, resultando en «un efecto de manchas moradas sobre fondo gris». La presencia de tonalidades azuladas o moradas en las capas animales no es un fenómeno especialmente extraño (*vid*. ***morado*²**), ya que ciertas tonalidades de negro y gris pueden presentar visos de dichos colores.

Ortiz Blasco (1991: *s.v. flor*, que remite a *arromerado*) lo aplica a caballos «tordillos de matiz sonrosado», esto es, por lo general, grisáceos con manchas blancas que, en este caso concreto, presentarían un cierto matiz rojizo. Sin embargo, Espejo Muriel (1996: *s.v. overo*) lo considera como un tipo específico de coloración propia del caballo ***overo*** caracterizada por una mezcla de pelaje rojo y blanco que forma «numerosas y pequeñas florecillas aisladas y distintas las unas de las otras», volviendo a la tesis defendida por Villa y Martín.

En conclusión, parece que la sugerencia de origen de *flor de romero* aplicado a équidos tiene que ver con la disposición de las manchas (rojizas en algunos casos, moradas en otros) más que con el propio color del pelaje, debatiéndose este último aspecto entre tonalidades rojizas más o menos oscuras y negras con viso azulado/morado.

En CDH, la búsqueda permite el análisis de 56 concordancias, entre las que se incluyen las anteriormente citadas en el análisis de CORDE. No obstante, CDH sí que aporta un ejemplo que no incluye CORDE con valor cromático que, además, aporta información relevante, aunque ligeramente confusa, sobre el tipo de capa equina a la que se alude mediante la designación *flor de romero*:

> «*Flor de romero* ó de lino.– Es la mezcla de negro azulado y blanco, que forma un conjunto parecido á la flor que le da el nombre. La cabeza, cabos y extremidades negros son el distintivo de este pelo» [Hidalgo y Terrón, J. (1889). *Obra completa de equitación*. Extraído de: CDH].

Asimismo —y dado que las denominaciones que reciben las diversas coloraciones de las capas equinas suelen emplearse con frecuencia en el caso bovino—, *flor de romero* también podría combinarse con referentes bovinos, posibilidad que no aparece documentada en los corpus academicos, pero que sí figura en algunos materiales dedicados al estudio de capas bovinas:

> **arromerado**. 1. Díc. del toro de pinta cárdeno claro y también, con más propiedad, del sardo que presenta la particularidad de tener manchas de color blanco, rojo y negro localizadas fundamentalmente en la parte posterior […] Sin 1. romero, flor de romero (Ortiz Blasco, 1991: *s.v.*).

De todos modos, no parece una denominación muy frecuente aplicada a bóvidos, ya que Cossío (en Torres, *op. cit.*: *s.v.*) indica que *arromerado* —ya que no recoge *flor de romero* en la nomenclatura de capas bovinas— «se ha usado alguna vez aplicado a los toros»; pero lo reconoce como término propio del ámbito equino.

De todos modos, este *viraje* en el patrón cromático podría tener su explicación: cuando las flores de romero se marchitan se van volviendo blanquecinas o de color grisáceo, lo que podría haber motivado dicha condición aplicada a bóvidos.

Por último, en el contexto sincrónico, CREA y CORPES XXI registran, respectivamente, 7 y 4 concordancias para *flor de romero*, pero ninguna de ellas documenta el significado propuesto para la lexía. Este hecho demuestra un claro desuso de la acepción cromática del término, acepción que podría restringirse y caracterizarse prácticamente como propia de los siglos XVII-XIX, si bien en este último caso parece que el valor predominante es el aplicado a capas equinas.

A finales del siglo XVI, por tanto, la lexía *flor de romero* adquiere un nuevo valor de índole cromática, empleándose para hacer referencia (principalmente en el ámbito textil) a tonalidades azuladas y azul violáceas semejantes a la de la flor del romero, su sugerencia de origen. Esta lexía también presentaría, asimismo, una segunda acepción cromática restringida al ganado equino, empleándose para hacer referencia a capas overas, rosillas o ruanas que presentan pequeñas y numerosas manchas de tonalidades diversas (rojizas, rojizas oscuras, negro azuladas, moradas). No obstante, son dos acepciones en claro desuso en el contexto del español actual.

FOSCADO

Documentaciones en fondos documentales inéditos de *CorLexIn*:

- Dos bueyes, vno blanco y otro *foscado* (Llamas de la Ribera, Le-1586)

Tal y como se había mencionado con anterioridad, es frecuente que una misma base, adjetiva en este caso, dé lugar a dos nuevos adjetivos empleando los mecanismos de la derivación y la parasíntesis. En el caso de *fosco*, la entrada **afoscado** ilustraba el resultado parasintético de aplicar el esquema *a*-A-*ado*; en este caso concreto, es el esquema de derivación A-*ado*[141] el que ha dado como resultado

---

141 La *NGLE* no reconoce la posibilidad de que el sufijo -*ado* se adjunte a bases adjetivas, por lo que puede tratarse de un caso de analogía con el resto de adjetivos cromáticos formados a partir del patrón N-*ado*. Podría barajarse la posibilidad, no obstante, de que sea un uso adjetivo de un verbo *foscar* o, incluso, *afoscar* para *afoscado*; sin embargo, ninguno de los dos verbos aparece recogido en obras lexicográficas (*vid.*, no obstante, *DLE*: *ss.vv. afoscarse, fuscar*; *LLA*: *s.v. enfoscar*).

foscado, adjetivo deajetival que mantendría, al igual que *afoscado*, el valor cromático de su base, esto es, 'negruzco, oscuro' aplicado a capas bovinas que presentan esta tonalidad.

Al igual que en el caso de *afoscado*, la condición de derivado habría condicionado que el término no figure en ninguno de los diccionarios recogidos en el NTLLE.

Puede tratarse nuevamente de un localismo, ya que las zonas en las que se localizan tanto *afoscado* como *foscado* son relativamente cercanas, perteneciendo, además, a comarcas limítrofes como son la comarca de la Ribera del Órbigo y la Tierra de La Bañeza, ambas en la provincia de León. El patrón de derivación puede considerarse como regular si se omite el hecho ya reseñado de que, en principio, *-ado* no se adjunta a bases adjetivas.

La referencia cromática que se le presupone, como es lógico, sería la misma que la de su homólogo parasintético *afoscado* —y que *fosco* y *hosco*—, esto es, 'negruzco, oscuro'.

En lo que respecta a sus documentaciones en corpus, el CDH incluye un resultado en su capa sincrónica, la correspondiente a los registros de CREA, en el que figura *foscao*, con pérdida de la *-d-*. Sin embargo, el significado del término en el contexto de la documentación resulta difícil de precisar:

> «[...] yo me asocio al marido de Amalia en los negocios del *foscao*... y el marido de Amalia va y se asocia conmigo en el monopolio del cacao» [Romeo Esteo, M. (1979). *El vodevil de la pálida, pálida, pálida, pálida rosa*. Extraído de: CDH].

De todos modos, los corpus académicos no registran ningún caso más para *foscado* y, además, la concordancia citada es de finales del siglo XX, por lo que el ejemplo extraído de los fondos documentales inéditos de *CorLexIn* puede considerarse como la documentación más antigua de *foscado* e, incluso, —si se tiene en cuenta el hecho de que el «foscao» de la concordancia puede no corresponderse con el valor analizado— la única que atestiguaría la existencia y uso cromático del adjetivo.

Al igual que en el caso de *conejado* y *aconejado*, *fosco* es una base adjetiva que ha dado lugar a dos nuevas palabras a partir de procesos lexicogenéticos distintos: *afoscado* por parasíntesis y *foscado* por derivación, ambos, por lo que parece, condicionados por el factor diatópico. *Foscado*, por tanto, mantendría la misma referencia cromática que su base adjetiva, 'negruzco, oscuro', y que su homólogo parasintético *afoscado*, siendo *CorLexIn* el único garante y testigo de la existencia del término en la zona central de la provincia de León.

FOSCO

Documentaciones en *CorLexIn*, en fondos documentales inéditos de *CorLexIn* y en Gómez Ferrero (2012):

- Yten vn buey grande color *fosco* (Solanilla, Le-1662)
- Yten vn becerro color *fosco* (Solanilla, Le-1662)
- Yten vn magüeto[142] color *fosco* (Solanilla, Le-1662)
- Yten vna jata de dos años color *fosca* (Solanilla, Le-1662)
- Yten vn buey color *fosco* que está en poder de Joan Martínez, el viejo, vecino de Villamayor (Solanilla, Le-1662)
- Yten vna baca color *fosca* que está a medias en poder de Llorente de la Puente, vecino de Villafeliz (Solanilla, Le-1662)
- Yten otra baca color *fosca* que tiene a medias Joan Capa, vecino de Villavoñe (Solanilla, Le-1662)
- Yten vna baca *fosca* que tenía a medias Joan Prieto vecino del dicho lugar (Solanilla, Le-1662)
- Yten otra baca *fosca* que tiene a medias Bartolomé Santos, vecino de Carbajosa (Solanilla, Le-1662)
- Yten vn buey color *fosco* que tiene en renta Ana Martínez, viuda vecina del dicho lugar de Solanilla (Solanilla, Le-1662)
- Una vaca *fosca* preñada (Quintanilla de Sollamas, Le-1652)
- Otra vaca color *fosca* (Quintanilla de Sollamas, Le-1652)
- Una xata color *fosca* (Quintanilla de Sollamas, Le-1652)
- Más otra baca *fosca* (Riego de la Vega, Le-1675)
- Una baca color *fosca* (Coomonte de la Vega, Le-1645)
- Un xato *ffosco* que va a un año (Alija del Infantado, Le-1644)
- Dos bueyes *foscos* de labranza de nuebe o diez años cada uno (Alija del Infantado, Le-1646)
- Una baca *ffosca* biexa (Alija del Infantado, Le-1646)
- Un ternero de un año *fosco* (Alija del Infantado, Le-1646)
- Un buey *ffosco* de ocho años poco mas o menos (Coomonte de la
- Vega, Le-1650)
- Una baca color *ffosca* biexa (Coomonte de la Vega, Le-1650)
- Una xata color *ffosco* de un año (Coomonte de la Vega, Le-1650)
- Un buey color *fosco* de seis años bueno (Genestacio de la Vega, Le-1650)
- Un par de bueies el uno de color *fosco* y el otro blanco (Viñas, Le-1726)
- Una baca color *fosca* (Viñas, Le-1726)
- Una nobilla *fosca* (Miñambres, Le-1727)
- Otro bezerro *fosco* (Palacios de la Valduerna, Le-1727)

---

142   Morala, 2010b: 269–270.

- Un buey *fosco* de siete años y otro del mismo color de ocho (Palacios de la Valduerna, Le-1728)
- Una baca *fosca* con su ternera roja (Palacios de la Valduerna, Le-1728)
- Un buei *fosco* (Requejo, Le-1735)

Fosco —del latín FŬSCUS 'pardo oscuro, oscuro'— es un adjetivo que puede incluirse en la familia de tonalidades cercanas al negro o al pardo oscuro.

Sebastián de Covarrubias lo incluye en su *Tesoro*, calificándolo como «color oscuro»: «vale obscuro del nombre Latino fuscus. a. m. [...]» (*Tesoro: s.v.*).

Llama la atención que, además de la equivalencia latina *subniger* que aporta para el término y en la que especifica «id est, non plane niger», Covarrubias relacione el color *fosco* con algunas referencias cromáticas basadas en la tonalidad de la piel de los etíopes y de los «indios meridionales», amén de incluir la posibilidad de que *fosco* aluda a tonalidades tostadas:

> FOSCO, [...] color, subniger, idest non plane niger, qualis est Indorum Meridionalium, &Aethiopum color, color tostado (*Tesoro: s.v.*).

La Academia no recoge el término hasta la 3.ª edición de 1791, ya que en *Autoridades* solo se contemplaba la forma *hosco*. De hecho, la entrada *fosco* —desde su aparición en la edición del diccionario académico ya mencionada— remite a *hosco*, por lo que la consulta de *hosco* resulta obligada:

> FOSCO, CA. adj. 1. Lo mismo que HOSCO [...] (*DRAE*, 1791: *s.v.*).
> HOSCO, CA. adj. que se aplica al color muy obscuro, que se distingue poco del negro, el qual comunmente se llama bazo, y es el que por lo regular tienen los Indios y Mulatos (*DRAE*, 1791: *s.v.*).

Ya que la forma con *f-* conservada no figura hasta la edición de 1791, puede considerarse a Terreros como el primer testimonio de *fosco* en el siglo XVIII, si bien la definición no puede considerarse demasiado ilustrativa, dado que es una entrada de carácter sinonímico que remite en última instancia a *hosco* (que, a su vez, remite a *bazo*):

> FOSCO, CA, adj. ceñudo, hosco, enfadado, aspero, [...] (Terreros, 1786 [1767]: *s.v.*).
> HOSCO, color, lo mismo que bazo, V. (Terreros, 1787: *s.v.*).
> BAZO, color, V. Moreno, pardo, fusco, bruno (Terreros, 1786 [1767]: *s.v.*).

A pesar de que la condición sinonímica de las tres entradas no permite una delimitación exacta de la tonalidad a la que *fosco* hace referencia, las definiciones permiten incluirlo en una gama de tonalidades oscuras próximas al negro al aparecer junto a otros términos como **moreno**, **pardo** o *bruno*.

En la 15.ª edición del *DRAE* de 1925[143], *fosco* incluye una nueva acepción de corte sinonímico que remite en este caso a *oscuro*. Esta acepción se mantendrá hasta la edición de 1970, edición en la que se sustituye la acepción sinonímica por una de tipo parafrástico: «De color obscuro, que tira a negro» (*DRAE*, 1970: *s.v.*).

La edición de 2014 habría suprimido la acepción que explicita el valor de 'muy oscuro', remitiendo a *hosco* y, por ende, considerándolo como forma estándar.

El *Diccionario Akal del Color*, por su parte, también incluye el lema en su macroestructura y lo define, nuevamente, empleando una definición sinónimica:

> **fosco.** Negruzco. Se dice, en particular, del cielo nublado de tormenta (*Akal*: *s.v.*).

No obstante, la consulta de obras lexicográficas con marca diatópica resulta obligada si se tiene en cuenta el hecho de que la totalidad de testimonios presentes en *CorLexIn* y sus fondos documentales se localiza en León, seleccionando como punto de partida el *Léxico del Leonés Actual*:

> **fosco, ca.** [fusco, josco], 'hosco', 'de tono oscuro, moreno', 'sucio', 'enfadado', 'nublado', 'vaca que mueve las patas traseras en círculo cuando anda'; [...] (*LLA*: *s.v.*).

Le Men corrobora la referencia cromática propuesta 'oscuro, moreno'; sin embargo, en el apartado de la localización de la voz pueden encontrarse algunas variaciones en la tonalidad y en el animal al que se aplica: «*fosca*, 'vaca que tiene el morro negro'»; «*fosca*, 'la oveja que tiene el hucico negro'»; «*fosca*, 'oscura, manchada; se dice de una vaca que es de color oscuro'» (*LLA*, *s.v. fosco*).

Tal y como se indica en el tercer apartado de la entrada, *fosco* también se documenta en Salamanca, Galicia, Portugal, Santander, Aragón, Navarra, Murcia y Asturias.

A pesar de la variación en el referente animal, el *LLA* hace constar la posibilidad combinatoria de *fosco* con un referente que presenta el rasgo [+animal] —hecho que no recogía ninguno de los testimonios lexicográficos anteriormente citados— y, además, permite ampliar un segundo rasgo del referente: no solo podría combinarse con [+animal] [+bovino] —tal y como figura en los ejemplos de *CorLexIn*—, sino también con [+animal] [+ovino].

Mientras que en el resto de zonas se mantiene la referencia cromática inicial 'moreno, oscuro' (que podría abarcar también 'marrón/pardo oscuro'), el asturiano registra valores cromáticos novedosos —amén de los ya constatados— para

---

143 En la edición anterior, la de 1914, se incluía como segunda acepción una remisión a *fusco*, definido en *Autoridades* 1732 como «obscúro, tostado, y que tira a negro».

fosco, valores que aparecen registrados en el *DALLA* y de manera más amplia en el *DGLA*:

> **foscu, -a, -o**: ax. [...] **6** Col pelo roxo. **7** Roxo [el pelo] [...] **10** Que tien el focicu más claru que'l restu [una vaca] (*DALLA: s.v.*).
> **foscu, -a, -o**. [...] 6. De color rubio claro [Ll. Tb.]. Rubio [Qu.]. Mui rubio [Mi (i).]. De pelo rojizo [Pr.]. De pelo roxo y duro, más oscuro que el de un animal o una persona roxa [Ri.]. De color roxu (un ternero) [Qu.]. De hocico rubio y el resto de la piel de otro color (res vacuna) [Tb. Cv.] (*DGLA: s.v.*).

Este hecho podría explicarse a partir de la relación existente entre *fosco* y *bazo* que han puesto de manifiesto varios de los testimonios lexicográficos analizados: como ya se había indicado en la entrada correspondiente a **bayo**, *bazo* (lat. BADIUS) posee una referencia cromática relativamente inestable que abarca tonalidades rojizas, pardo rojizas y pardo amarillentas, por lo que es posible que —para el asturiano— *foscu* haya aunado los valores cromáticos tanto de FŬSCUS como de BADIUS dada su estrecha relación, puesto que la entrada *bazu* no incluye ninguna acepción de índole cromática ni en el *DALLA* ni en el *DGLA*.

Debe tenerse en cuenta, asimismo, la ya reseñada mutabilidad que caracteriza a este tipo de adjetivos y que se encuentra enormemente ligada al factor diatópico, tal y como ha podido comprobarse en apartados anteriores. No obstante, esta posibilidad *fosco* 'rojizo, rubio' también podría deberse a que FŬSCUS, en latín, también se aplicaba a coloraciones rojizas —como se indica en **hosco**—.

Gómez Ferrero (2012: 229-230), por último, y tal y como ha podido comprobarse en la relación de ejemplos, aporta una cantidad considerable de documentaciones para el término fechadas en los siglos XVII y XVIII, todas ellas localizadas en la zona suroeste de la provincia de León. La autora cataloga *fosco* como «color oscuro» y se ciñe a la definición académica 'color muy oscuro, casi negro'. No obstante, apunta a un uso preciso de este término en oposición a otros como *negro* o *moreno*:

> Probablemente se trate de una gradación del color de manera que fosco se utiliza para designar el color oscuro y morena, como señala Covarrubias puede ser la que no es del todo negra (Gómez Ferrero, *op. cit.*: 230).

Tomando esta última cita como punto de referencia, podría establecerse una gradación de tonalidades dentro de las capas negras de más claras a más oscuras que seguiría el siguiente patrón:

moreno → *moro* → *fosco/hosco* → **negro** → *mohíno*

Por lo tanto, y atendiendo a los testimonios consultados, *fosco* haría referencia a una tonalidad negruzca o parduzca oscura, esto es, oscura y próxima al negro. Los ejemplos de *CorLexIn*, además, atestiguan la posibilidad de que este término pueda combinarse con referentes animales (principalmente bóvidos), valencia semántica que no aparece reflejada en ninguna de las fuentes lexicográficas consultadas. En el caso asturiano, las posibilidades cromáticas 'rubio', 'rojizo' o 'roxo' se corresponderían con valores dialectales del término y, por ende, propios de un dominio lingüístico concreto.

En lo que respecta a su primera documentación, el *DECH* hace referencia a un documento leonés del año 1008 que figura en Menéndez Pidal (1976 [1926]: § 55.3). El documento en cuestión pertenece a la colección del monasterio de Otero de las Dueñas:

«boue per zolore foszo» (OD-75, 1008)[144].

Teniendo en cuenta que el testimonio más antiguo que ofrecen CORDE y CDH para *fosco* está datado en el último tercio del siglo XIII, el ejemplo de Otero de las Dueñas puede considerarse, en efecto, como primera documentación de *fosco*.

El término posee un total de 296 casos en CORDE, 7 documentados en el siglo XVII y 1 de ellos (2 si se tiene en cuenta 1 caso dudoso) con valor puramente cromático:

«A la Aurora le dan tres colores: *fosco*, vermejo, claro. Su hermosura marauillosa es lo aluo, el resplandor de la mañana» [Piña, J. de (1635). *Epítome de las fábulas de la antigüedad*. Extraído de: CORDE].

Si se elimina la restricción temporal, 93 de las 296 (107 si se tienen en cuenta 14 casos dudosos) concordancias atestiguan de manera inequívoca el uso de *fosco* con valor cromático. Es posible, no obstante, que el número de ejemplos sea mayor; pero a partir de finales del XIX y principios del XX resulta complicado determinar si su uso es de adjetivo con valor puramente cromático 'color oscuro, negruzco' o como adjetivo con el valor de 'oscuro', acepción que —como se había mencionado anteriormente— figura en la entrada *fosco* desde la edición de 1925.

CDH registra un total de 387 casos para *fosco*, pudiendo considerarse 73 de ellos (103 si se tienen en cuenta 30 casos dudosos) como testimonios inequívocos del valor cromático del adjetivo. Sin embargo, al igual que en el caso anterior, las concordancias de finales del XIX y principios del XX vuelven a

---

144 Tal y como explica Morala (2007: 404, nota 275) la grafía *foszo* se debe a que el notario que redactó el documento intercambia las grafías *c* y *z*, hecho que puede apreciarse en *zolore* por *colore*. Pidal, no obstante, optaba por «golore fosgo».

presentar el problema de la ampliación semántica del término hacia el valor de 'oscuro'.

Gracias a los ejemplos extraídos de CORDE y CDH pueden establecerse algunas precisiones acerca del uso y el valor de *fusco*: a) su valor puramente cromático se desdibuja a partir de los siglos XIX-XX, adquiriendo por extensión semántica el valor de 'oscuro'; b) su índice de uso comienza a decaer a partir del siglo XVI, por lo que puede considerarse un término especialmente ligado al periodo medieval; c) en la mayoría de los casos, *fosco* se aplica a referentes humanos, especialmente al color de la piel o del pelo (Espejo Muriel, 1996: 157); d) su combinatoria con referentes animales es prácticamente inexistente, los primeros testimonios de dicha posibilidad no se documentan hasta finales del siglo XVI y son muy escasos.

Los ejemplos de *CorLexIn*, por tanto, se postulan como una importante contribución que atestigua la combinatoria de *fosco* con referentes que presentan los rasgos [+animal] y [+bovino] en el siglo XVII. La escasez de ejemplos de este tipo, no obstante, puede responder al hecho de que el castellano prefiriese *hosco* —con aspiración y posterior pérdida de la *f-* latina— como forma estándar, lo que explicaría el porqué de la inclusión relativamente tardía del término en la nomenclatura académica.

En el plano sincrónico, CREA registra un total de 32 resultados para la búsqueda de *fosco* y CORPES XXI, 42. De las 32 concordancias de CREA, solo 2 podrían considerarse como testigos del valor analizado; pero de manera dudosa. Respecto a las concordancias obtenidas en CORPES XXI, en 6 de los ejemplos se podría estar haciendo un uso cromático del adjetivo, aunque tampoco puede afirmarse con total seguridad, por lo que el valor 'oscuro' también sería posible. En el caso de la referencia al cabello, las opciones 'color negruzco' y 'oscuro' también son igualmente admisibles; sin embargo, y atendiendo al contexto, en la mayor parte de los casos habría que optar por una interpretación 'alborotado, ahuecado', acepción que registra el *DRAE* desde 1992 y que ya figuraba en la edición de 1984 del *DMILE*.

Fosco, en conclusión, es un adjetivo que puede incluirse en la familia del negro y que posee una referencia cromática 'negruzco, pardo oscuro', si bien también puede aludir a tonalidades rojizas, rubias o amarillentas, posibilidades restringidas desde el punto de vista diatópico/dialectal. Las documentaciones del término en *CorLexIn* permiten constatar su empleo en el ámbito del colorido animal, concretamente al de los bóvidos, posibilidad apenas atestiguada en los corpus académicos. No obstante, a partir de los siglos XIX-XX el adjetivo parece haber experimentado una ampliación semántica, pudiendo emplearse únicamente con el valor de 'oscuro'.

GARROFADO

Documentaciones en *CorLexIn*:

- Un tafetán *garrofado* con puntilla de plata alrededor en doçe reales (Almansa, Ab-1653)
- Yttem, treze baras y media de damasco *garrofado* i negro (Tudela, Na-1641)
- Ytem un jubón de rassilla, *garrofado*, con guarnición negra (Valverde, Te-1668)

Garrofado, adjetivo denominal formado a partir del sustantivo *garrofa* 'algarroba' siguiendo un esquema N-*ado*, es un orientalismo que hace referencia a la coloración parda oscura que presenta la vaina seca del fruto del algarrobo (*Ceratonia siliqua*).

En lo que respecta a la historia lexicográfica de la sugerencia origen, la algarroba, *garrofa* figura en la historia lexicográfica desde el *Tesoro* de Sebastián de Covarrubias remitiendo a la voz «estándar»; pero no incluye información relevante desde el punto de vista cromático:

> GARROFA, la fruta del árbol dicho garrofo. [...] Veras arriba la diccion Algarroba (*Tesoro: s.v.*).
> ALGARROBA, la fruta del arbol dicho algarrobo. [...] (*Tesoro: s.v.*).

Será el *Diccionario de autoridades* el que aporte la primera pista cromática sobre *algarroba* al indicar el color de la vaina seca de dicho fruto. Además, *Autoridades* añade una nota de información dialectal en la acepción de *garrofa*, dado que considera a la voz como propia de Valencia:

> ALGARROBA. s. f. El fruto del arbol llamado Algarróbo, que consiste en una váina algo mas ancha que el dedo pulgar, de un pié de largo, de colór de castaña, de una substáncia carnósa, y con ciertas cavidades de trecho à trecho, en la qual contiene unos granos casi redondos, pero chatos. [...] En la Mancha se llama Garróba, en Murcia y Valencia Garrofa y Garrofe (*Autoridades*, 1726: *s.v.*).
> GARROFA. s. f. Lo mismo que Garroba, o Algarroba. Es voz que se usa en el Reino de Valencia (*Autoridades*, 1734: *s.v.*).

La referencia al color de la castaña hace necesaria la consulta de dicha voz en la nomenclatura académica de principios del XVII, búsqueda que resulta considerablemente clarificadora en la tarea de la identificación de la referencia cromática de *garrofado*: «Fruta [...] con dos cáscaras, una delgadita pegada a la carne, y otra exterior y más gruessa de color amúsco [...]» (*Autoridades*, 1729: *s.v.*).

La cáscara exterior de la castaña aparece caracterizada como «de color **amusco**», tonalidad asociada al almizcle y, por ende, al valor 'pardo oscuro', tal y como aparece definido a partir de la segunda edición del *Diccionario de autoridades*. El valor que parece predominar para *garrofado*, por tanto, es el de 'pardo oscuro', siendo la sugerencia origen del adjetivo el color de la vaina seca de la algarroba.

El *Diccionario Akal del Color*, no obstante, ofrece una opción que se distancia considerablemente de los dictados lexicográficos:

> **algarroba**. [...] Coloración específica negruzca, púrpura y débil, de textura visual lustrosa, cuya sugerencia origen corresponde a la pigmentación del fruto homónimo del «algarrobo». Se dice también «púrpura algarroba» (*Akal*; *s.v.*).

La presencia del púrpura en la ecuación podría justificarse y relacionarse con ese «color de caoba» que proponía la definición de *castaña* en la edición de 1884. La madera de caoba tiene un claro matiz rojizo, matiz que ya figuraba en la definición de la voz en *Autoridades* al considerarla como «de color algo más encendido que el del cedro macho, como el de la canela» (*Autoridades*, 1729: *s.v. canela*).

Por otro lado, el matiz rojizo y la comparativa con la canela (*vid. acanelado, canelado*) entroncarían con la descripción que los diccionarios bilingües preacadémicos ofrecían para *garrofado*, que figura en la obra de Oudin como «couleur de carroube & minime»; pero también en la de Franciosini (1620), donde la equivalencia italiana que se propone es «lionato chiaro».

Ese leonado claro supondría un color dorado bajo —color al que alude el adjetivo **leonado**, del color del pelaje del león— con una cierta cantidad superior de amarillo en la coloración, lo que le aportaría ese matiz más claro. De hecho, Morala (2014b: 22-23) recoge en el área suroriental de León cuatro ejemplos de la voz *garrobillas*:

> Vna mantilla de *garrobillas* parda, en siete reales (Sahagún, Le-1601)
> Vn ferreruelo nuevo de *garrouillas* caseras [...] Vn capotillo de *garrovillas*, viexo [...]
> Vnos calçones nuevos de *garrouillas* caseras (Villamuñío, Le-1633)

Aunque Morala en este caso opta por atribuirle a *garrobilla(s)* el valor de 'tipo de tela', la voz *garrobilla* figura en *Autoridades* como «palo cortado del árbol Algarrobo, del qual usan con otros ingredientes para curtir y adobar los cueros, y da un color como leonado» (*Autoridades*, 1734: *s.v.*), esto es, un tipo de materia tintórea o tinte natural[145] mediante el cual puede obtenerse un color leonado o similar, encajando con la propuesta de Franciosini.

---

145 No obstante, lo que se emplea para teñir de color leonado no es la cáscara de la algarroba —de hecho, no se usa siquiera la propia algarroba—, sino astillas o pedazos del algarrobo, del árbol y no del fruto, ergo esta posibilidad cromática podría descartarse.

Asimismo, podría descartarse el argumento de la similitud con la madera de la caoba si se tiene en cuenta el siguiente testimonio obtenido de la primera edición del diccionario académico de 1780: «[...] quando [su madera] está recien cortada tira su color á amarillo con vetas, y con el tiempo se va obscureciendo hasta tomar el castaño mas, ó menos claro» (*DRAE*, 1780: *s.v. caoba*).

Además, el propio *Diccionario Akal del Color*, que proponía un color negro con tintes purpúreos, contempla la siguiente definición para la lexía *castaño algarroba*:

> **castaño algarroba.** [...] Denominación común de las coloraciones castaña moderada y castaña fuerte (*Akal: s.v.*).

Ya que la voz puede considerarse como un orientalismo, el *DCVB* incluye el adjetivo en su macroestructura —considerándolo como «antiguo»— y define *garrofat* como «color de garrofa», caracterizando a esta última como «[e]l fruit del garrofer [...] de color bruna [...]» (*s.v. garrofa*[1]), otorgándole a *bru* el valor de 'gris fosc, que tira en negre', 'moreno', 'oscuro', etc.; esto es, un color oscuro tirante a negro, abanico en el que podrían incluirse **pardo** o **(a)musco**.

Por otro lado, la búsqueda del término «equivalente» en castellano, es decir, *algarrobado*, en el NTLLE, curiosamente, solo arroja un único resultado, una entrada en el *DHLE* de 1933-1936:

> **ALGARROBADO.** adj. Semejante en el color a la algarroba (*DHLE*, 1933-1936: *s.v.*).
> **ALGARROBA.** 3. Fruto del algarrobo, que es una vaina azucarada y comestible, de unos diez centímetros de largo, de color castaño por fuera y amarillenta por dentro, [...] (*ibid.: s.v.*).

En conclusión, atendiendo a los datos extraídos de la comparativa con la cáscara de la castaña y a los testimonios lexicográficos del valenciano —amén del valor que el *DHLE* de 1933-1936 otorga a su homólogo castellano *algarrobado*—, la referencia cromática que se propone para *garrofado* es 'pardo oscuro', '(a)musco', residiendo la base de la hipótesis en el color de la vaina seca de la algarroba.

Desde el punto de vista de su presencia en corpus académicos, los ejemplos de *CorLexIn* se constituyen como una importante fuente documental del adjetivo en el contexto del siglo XVII, dado que —si bien no pueden considerarse los únicos testimonios del adjetivo— ninguno de los corpus de la Academia ofrece concordancias para *garrofado*. De hecho, teniendo en cuenta que las documentaciones del adjetivo que pueden localizarse en los testimonios consultados (*CorLexIn*, *DCVB* y *DHLE* 1933-1936) son todas del siglo XVII, puede afirmarse casi con toda probabilidad que *garrofado* es un adjetivo denominal originariamente seiscentista —si bien en claro desuso en la actualidad, rasgo que ya indicaba el *DCVB* para el caso de *garrofat*—.

El color pardo oscuro, (a)musco, de la vaina seca de la *garrofa* o *algarroba* puede establecerse como la sugerencia origen del adjetivo *garrofado*, un adjetivo escasamente documentado, propio de la zona oriental del castellano —por influencia del área catalanoparlante— y, muy posiblemente, nacido (y quizá caído en desuso) en el siglo XVII, lo que le granjearía la consideración de seiscentista.

GUALDO

Documentaciones en *CorLexIn*:

- Ottro [vestido] del mesmo género, de color *gualdo*, ducientos pesos (Puebla de los Ángeles, México-1622)

Dentro de los adjetivos cuya sugerencia de origen se relaciona con el mundo vegetal, el color *gualdo* —perteneciente a la familia de tonalidades amarillas— hace referencia a aquellas tonalidades que presentan cierta similitud con el color del tinte obtenido a partir de la gualda (*Reseda luteola*).

El término no aparece como lema hasta la primera edición del *Diccionario de autoridades* de 1734:

GUALDO, DA. adj. Lo mismo que Amarillo (*Autoridades*, 1734: *s.v.*).

Sin embargo, en Covarrubias y Rosal ya podían encontrarse ciertas referencias a la tonalidad de *gualdo* en la entrada correspondiente a la sugerencia origen de dicho adjetivo, *gualda*:

GVALDA, yerua conocida. [...] y della se saca un çumo de que hazen vnas pastas que curan al Sol, y destas deslien el color para dar el açul a las lanas [...] (*Tesoro: s.v.*)[146].
Gualda [...] que en Latín es color de vidrio, ò vedriado, que tiraba a amarillo en su primer tiempo, no tan perfeccionado con el arte como el dia de oy, y aun en los barros se ve oy de color amarillo (*Rosal: s.v.*).
GUALDA. s. f. Hierba que produce los tallos de un codo de largo, y las flores de color dorado. Críase en lugares húmedos y pantanosos, y sirve para teñir de color amarillo (*Autoridades*, 1734: *s.v.*).

---

146   El *DECH* indica que Laguna emplea *gualda* erróneamente para denominar a la «hierba pastel [el glasto (*Isatis tinctoria*)], de color azul» (*s.v. gualda*), lo que justifica la definición que ofrece el *Tesoro*. El glasto, flor pastel o isatide también se caracteriza por sus flores amarillas, pero el colorante que se extrae de dicha planta es azul «análogo al del añil» (*DLE: s.v.*), esto es, azul.

El *Diccionario Akal del Color* remite *gualdo* a la entrada *gualda*, atribuyéndole un primer valor cromático 'amarillo verdoso' que respondería a la pigmentación de la flor de la gualda. Sin embargo, también indica que el tinte obtenido de dicha planta se caracteriza por su color 'amarillo dorado', posibilidad cromática que también se recoge en la entrada *gualdo*:

> **gualda.** [...] Coloración amarillo dorada cuya sugerencia origen corresponde al tinte homónimo. Se dice también «color gualdo», «color guado», «dorado gualda» y «oro gualda» (*Akal*: *s.v.*).
> **gualdo.** Denominación común de la coloración «gualda». // Amarillo. // Amarillo dorado (*Akal*: *s.v.*).

Esta posibilidad concordaría con la propuesta lexicográfica del *DRAE* de 1803 para *gualdado*, edición que recoge la voz por primera vez (si bien CORDE documenta ejemplos de *gualdado* desde el siglo XVI): «que se aplica á lo teñido con el color de gualda, que es amarillo, ó dorado» (*DRAE*, 1803: *s.v.*).

La referencia cromática que se propone para *gualdo* teniendo en cuenta los datos recabados es, por tanto, 'amarillo'. No obstante, teniendo en cuenta las posibilidades cromáticas del propio adjetivo *amarillo* (desde el color del oro al de la retama según *Autoridades*), el abanico de tonalidades que podrían incluirse en *gualdo* también podría abarcar el amarillo dorado —más próximo al color del oro, ligeramente más rojizo o anaranjado (*vid*. **amarillo, rubio**)—[147].

Su primera documentación en corpus data de finales del siglo XVII, por lo que el ejemplo de *CorLexIn* permite adelantar ligeramente la fecha del primer testimonio, amén de atestiguar la presencia de la lexía en el dominio americano:

> «Destinósele a este Colegio el corredor oriental, circunstancia que combinada con el color con que se simboliza la medicina, obligó suavemente a los que cuidaron de su adorno el pedirle al autor de su ciencia el *gualdo* tinte, para que con él se hermosease la mayor parte de la colgadura que lo vestía» [Sigüenza y Góngora, C. de (1683). *Triunfo parténico*. Extraído de: CORDE].

Además de esta concordancia, CORDE ofrece otros 12 ejemplos, 2 de ellos del siglo XVII —incluyendo el citado anteriormente— y el resto del siglo XX. De las 13 documentaciones totales, 12 (13 si se tiene en cuenta 1 caso dudoso) se corresponden con el uso cromático del adjetivo. El otro corpus diacrónico, CDH, aporta 36 ejemplos de *gualdo*, 16 de ellos (17 si se tiene en cuenta 1 caso dudoso) con valor cromático.

---

147 E, incluso, el amarillo pálido, ya que *Autoridades* (*s.v. gualda*) recoge la lexía *cara de gualda* que, aplicada a personas, alude «al que está mui descolorido y pálido».

En el plano sincrónico, CREA y CORPES XXI reflejan un acusado índice de desuso de la voz con 4 y 6 concordancias, respectivamente. En el caso de CREA, 3 de los ejemplos se corresponden con el uso cromático de *gualdo*. CORPES XXI eleva ligeramente el número de testimonios al corresponderse 4 (5 si se tiene en cuenta 1 caso dudoso) con *gualdo* 'color'.

El bajo índice de uso puede venir motivado por el hecho de que, a la hora de aludir a dicha tonalidad, se emplea más la forma *gualda* que *gualdo*, que, como es lógico, goza de un mayor número de concordancias en corpus académicos —sirvan como ejemplo los 186 resultados de CDH frente a los 36 de *gualdo* o los 42 de CORPES XXI frente a los 6 de la forma masculina—, condición que manifiesta el *DUE* en la entrada *gualdo*:

> La forma *gualdo* es poco frecuente. Normalmente se usa *gualda*, casi siempre en forma invariable, tanto para el nombre del color como para las cosas que lo tienen: 'El [color] gualda; flor gualda; flores gualda[s], tonos gualda' (*DUE*: s.v.).

El tinte amarillo obtenido a partir de la *gualda* —tinte que puede abarcar tonalidades más rojizas o doradas— y, por ende, el color de dicho tinte, reciben la denominación de *gualdo*. Es un término estrechamente ligado al ámbito textil dada su relación con el oficio de la tintorería que parece surgir a partir del siglo XVII, adelantando *CorLexIn* su fecha de primera documentación con respecto al resto de corpus académicos y permitiendo, además, atestiguar la presencia del término en el dominio americano en dicho siglo.

HOJA DE OLIVO

Documentaciones en *CorLexIn*:

- Yten, otro vestido de raso de flores, de color amusco y negro, forrado en tafetán *oxa de oliuo* (Méntrida, To-1679)

El color verde claro que caracteriza el haz de la foliación del olivo (*Olea europaea*) se postula como la referencia cromática más fiable para la lexía *hoja de olivo* que documenta *CorLexIn*, una muestra más de los distintos recursos empleados a la hora de denominar nuevas tonalidades que exceden los límites de la nomenclatura tradicional.

La lexía no se recoge propiamente en ninguno de los diccionarios del NTLLE, quizá por su condición de forma compleja —o quizá por constituir un posible caso de localismo o voz idiolectal—. El primer diccionario que recoge alguna información sobre la coloración de las hojas del olivo es el *DRAE* en su quinta edición de 1817, dado que Covarrubias no le dedica una entrada propia, sino que se refiere a él como 'árbol de la oliva' (*s.v. oliva*) y *Autoridades* no incluye referencias al color de la hoja:

> **OLIVO.** s. m. Árbol indígeno de los países cálidos de Europa y Asia. Crece hasta la altura de veinte pies; conserva durante todo el año las hojas, que son estrechas, de un verde claro y blanquizcas por el envés; [...] (*DRAE*, 1817: *s.v.*).

Frente a la ausencia de testimonios cercanos al periodo temporal, *Akal* incluye una entrada *verde olivo* cuya sugerencia origen reside, precisamente, en la pigmentación del haz del follaje del árbol en cuestión:

> **verde olivo.** Coloración específica semioscura, verde y moderada, de textura visual lustrosa, cuya sugerencia origen corresponde a la pigmentación foliar (haz) del «olivo» (*Akal*: *s.v.*)[148].

La referencia cromática que se propone, en conclusión, para la lexía *hoja de olivo* —teniendo en cuenta la escasez de fuentes documentales— es 'verde claro'. Dicha propuesta estaría basada en el color del haz de las hojas del *Olea europaea* que se describe en *Autoridades*, más cercana a la realidad que dibuja *CorLexIn* que la propuesta por *Akal* —que apuntaría a un valor 'verde oscuro'—.

A partir de sus documentaciones en corpus, la lexía *hoja de olivo* empleada con valor cromático puede considerarse casi un hápax, puesto que ninguno de los corpus diacrónicos, CORDE y CDH, la recogen como tal: CORDE solo documenta un resultado entre las posibles variantes de la lexía, pero no se corresponde ni con el valor ni con la estructura analizada. CDH, por su parte, registra 21 resultados, sin embargo, ninguna responde al valor analizado.

En lo concerniente a su presencia en corpus de corte sincrónico, CREA arroja 6 resultados en la búsqueda por proximidad y CORPES XXI, 25; sin embargo, tal y como ocurría en el análisis diacrónico, ninguna de ellas atestigua el uso con valor cromático de *hoja de olivo*, aumentando así la posibilidad de que la lexía sea un localismo e, incluso, un ítem propio del notario o escribano que elaboró la relación de bienes.

Íntimamente relacionada con el ámbito textil, la lexía *hoja de olivo* hace referencia a la tonalidad verde clara que evoca el color del haz de la hoja del olivo. Debido a la inexistencia de registros en corpus académicos, la voz podría

---

148 Las primeras documentaciones de *verde olivo* —con valor cromático— en CORDE no aparecen hasta principios del siglo XX, por lo que *hoja de olivo* podría considerarse, en cierto modo, un antecedente de dicha denominación.

considerarse un hápax documental —evidenciando, quizá, una condición de localismo o de voz idiolectal—, siendo *CorLexIn* el único corpus que atestigua su existencia al menos en el siglo XVII.

HOSCO
[Tb. *osco*]

Documentaciones en *CorLexIn* y en fondos documentales inéditos de *CorLexIn*:

- Otra vaca *hosca*, viexa, baçía (Villamuñío, Le-1633)
- Una vaca color *hosca* preñada (Villacalabuey, Le-1639)
- Dos bacas mayores, *hosca* y amarilla, de a seis y a siete años (Quintanilla-Escalada, Bu-1657)
- Una baca color *hosca* buena con un jato lechazo (Gradefes, Le-1649)
- Otra nouilla de la misma edad, color *osca* ojilona, nombre galana que no se sabe si está torado o no (Quintana, S-1657)

Además de *fosco*, fŭscus también dio origen a la voz patrimonial *hosco* que presenta la misma referencia cromática que la forma con *f-* conservada.

El término figura en el *Tesoro* de Covarrubias al igual que *fosco*; pero, en este caso, no aparece definido con un valor puramente cromático, aunque sí que aporta información aplicada al ganado bovino, particularmente al toro. Teniendo en cuenta la definición que aporta para el término, parece claro que Covarrubias prefiere como «estándar» la forma con *f-* conservada:

> HOSCO, vale tanto como encapotado con ceño. Llamamos toros hoscos los que tienen los sobrecejos escuros, y amenaçadores, que ponen miedo; [...] (*Tesoro*: s.v.).

A este respecto, la referencia al *toro hosco*, Torres (*op. cit.*: *s.v. hosco*) lo describe como «el toro de color muy oscuro», añadiendo un dato interesante, y es que *hosco* parece —o parecía— emplearse para referirse al toro «antonomásicamente»; esto es, que en un contexto en el que figurase «el hosco» se estaría haciendo referencia inequívocamente a un toro, quizá por la asociación casi automática que el hablante realiza entre *toro* y *negro*.

Rosal, por su parte, también incluye *hosco* en su nomenclatura. A pesar de que su definición es puramente etimológica, puede deducirse que la referencia cromática del término es la misma que la de *fosco*: «cosa, de Fusco latino» (Rosal: *s.v. hosca*).

Al contrario que en el caso de *fosco*, *hosco* sí que figura en el *Diccionario de autoridades*, manteniendo la propuesta cromática de sus predecesores —y referentes— lexicográficos y reforzando la relación entre *hosco* y *fosco*:

> HOSCO, CA. adj. que se aplica al color mui obscúro, que se distingue poco del negro, el qual comunmente se llama bazo, y es el que por lo regular tienen los Indios y Mulatos. Díxose assí del Latino *Fuscus*, que significa bazo y obscúro (*Autoridades*, 1734: *s.v.*).

A partir de la edición de 1899 parece que *hosco* se cataloga como un tipo de color **moreno**, es decir, «color obscuro que tira a negro» (*DRAE*, 1899: *s.v.*), definición prácticamente idéntica a la de *hosco* y *fosco*, ergo podrían considerarse términos sinónimos. No obstante, Gómez Ferrero creía ver un matiz diferenciador entre *moreno* y *hosco* que le confería a este último término una tonalidad más oscura que a *moreno* (*vid. fosco*) que, de hecho, corroboraría el *DLE*. Compárense las definiciones de ambos términos en la última edición del diccionario académico:

> **moreno, na**. 1. adj. Dicho de un color: Oscuro que tira a negro (*DLE*: *s.v.*).
> **hosco, ca**. 3. adj. p. us. Dicho de un color: Muy oscuro. 4. adj. p. us. De color hosco (*DLE*: *s.v.*).

En la edición actual del diccionario, tal y como puede observarse, *hosco* se ha desligado de *moreno*, hecho que, sumado al contenido que figura en la definición, invalidaría la condición sinonímica anteriormente barajada.

El *Diccionario Akal del Color* lo cataloga como un término empleado para hacer referencia a la tonalidad de la piel y, nuevamente, lo adscribe al ámbito de *moreno*: «Color moreno de tez, muy oscuro» (*Akal*: *s.v.*).

La referencia cromática que se ofrece para este adjetivo es, por tanto, la misma que se había propuesto para *fosco*: 'negruzco, pardo oscuro'. *Hosco*, al igual que *fosco*, haría alusión a tonalidades muy oscuras y cercanas al negro, pero sin llegar a tonalidades propiamente negras.

Sin embargo, y al igual que le ocurría a *fosco*, *hosco* también puede hacer referencia a tonalidades rojizas o rubias, valor que no se documenta en el dominio peninsular; pero sí en el americano, tal y como refleja la entrada *hosco* del *DAm*:

> **hosco, -a**. I. 1.adj. *Ho*. josco, de pelaje rojizo. 2. *Ni*. Referido al ganado vacuno, de pelo rojo o blanco con manchas negras. 3. *PR*. josco, de color oscuro (*DAm*: *s.v.*).

La forma *josco* a la que remiten la primera y tercera acepción respondería a un reflejo en la grafía de la aspiración de *f*- inicial (*vid*. **jabonero** y Morala y Perdiguero Villarreal, *op. cit*.).

> **josco, -a**. (De hosco). I. 1. adj. *Mx, Gu, PR, Ve*. Referido a un animal vacuno, de color oscuro. rur. (hosco). ◆ jorno. 2. *Ho, Ni, CR*. Referido a un animal vacuno, de pelaje rojizo con áreas negruzcas en el pescuezo y parte de las paletillas. rur. (hosco). 3. *Ho*. Referido a persona, de piel oscura, morena. ◆ jorno (*DAm*: *s.v.*).

La primera y tercera acepciones se corresponderían con el valor cromático estándar o general, concordando la tercera, además, con la posibilidad combinatoria que atestiguaba *Akal*. Las referencias a pelaje rojizo pueden explicarse, nuevamente, por la relación del término con *bazo* desarrollada en la entrada *fosco*, lo que indicaría un origen peninsular del término y un posterior trasvase al caudal léxico del dominio americano.

Resultan interesantes, no obstante, las definiciones que aluden al pelaje rojizo, blanco y negro del ganado bovino, pelaje que podría denominarse **barcino**[149], término que en el *DLE* se presenta como sinónimo de un adjetivo derivado de *hosco*: *hoscoso* (si bien parece derivar del valor 'áspero' de *hosco* tal y como indica la etimología), cuyo valor cromático se consigna en el *DRAE* a partir de la edición de 1956[150].

El *Diccionario Akal del Color* también registra la voz *hoscoso* y lo caracteriza por aludir a tonalidades «rojizas, pelirrojas, rubias» y por poder aplicarse «al pelaje bermejo de los animales, en particular al de los bovinos» (*Akal*: s.v. *hoscoso*), remitiendo a la entrada *barcino*.

Espejo Muriel (1996: s.v. *hoscoso*) indica que fŭscus, en realidad, no se correspondería con el valor asociado a *marrón* o *brun* en francés, sino que «se acercaba más al tono rojizo», tomando como referencia el estudio de Skultéty sobre adjetivos que hacen referencia al color rojo en castellano (Skultéty, 1982). En dicho estudio, Skultéty sitúa *hosco* entre las tonalidades rojizas, considerándolo, además, como cultismo y como voz típica del español americano.

J. André ya había barajado esta posibilidad en su estudio sobre términos de color en la lengua latina en el que incluye fŭscus dentro de la familia de *brun*, diferenciándolo así de *noir* y remarcando, por tanto, el hecho de que no pertenece propiamente a la familia de tonalidades negras. Sin embargo, el autor indica que *brun*, voz de origen germánico, no puede identificarse propiamente con los actuales *brun* o *marron* del francés, puesto que sería un término que, en el contexto latino, designaría bien una tonalidad negruzca —debido a su matiz oscuro—, bien a una tonalidad más próxima al rojo:

---

149   Este hecho constituye un ejemplo más del solapamiento y sinonimia existentes entre los múltiples términos existentes que se emplean para aludir a capas de pelaje animal, especialmente condicionados por el factor diatópico.

150   No obstante, CDH parece atestiguar el valor cromático de *hoscoso* desde finales del siglo XVI: «[...] y a Antón Mondoñedo el Manco / le daréis nueso buey branco, / y a Gil Cardencho el *hoscoso*» [Vega y Carpio, L. de (1590-1598). *El rey Bamba*].

> Cette teinte ne paraît pas avoir frappé les Romains en tant que telle. Aucun terme vraiment important ne correspond à notre brun o marron. [...] En effet ce que nous nommons brun était pour eux soit un noir, du fait de sa teinte foncée, soit un rouge, la couleur dont la qualité était la plus voisine (André, 1949: 123).

De hecho, el *TLFi* reconoce este valor de *brun* ya en el siglo XII, presentando como ejemplo el verso 3821 del *Cantar de Roldán*: «d'une couleur sombre, entre le roux et le noir (en parlant notamment du teint)» (*s.v. brun*).

Respecto a la presencia del adjetivo en los corpus académicos, la búsqueda en CORDE de *(h)osco* arroja un total de 532 resultados, el más antiguo —que podría considerarse como primera documentación del término— de mediados del siglo XIV y aplicado, precisamente, a bóvidos:

> «Los cabrones valientes, muchas vacas e toros, / más vienen çerca d'ella que en Granada ay moros; / muchos bueïs castaños, otros *hoscos* e loros: / non los conpraria Dario con todos sus thesoros» [Ruiz, J. (1330-1343). *Libro de buen amor*. Extraído de: CORDE].

Del total de ejemplos, 37 se localizan en el marco temporal del siglo XVII, correspondiéndose 14 de ellos (17 si se tienen en cuenta 3 casos dudosos) al valor analizado. Las alusiones a bóvidos son más abundantes que en el caso de *fosco*, por lo que esta posibilidad combinatoria *fosco* + [+animal] [+bovino] podría estar condicionada desde el punto de vista diatópico y restringirse, prácticamente, a la provincia de León, dado que es la única localización en la que *CorLexIn* registra algún ejemplo.

Asimismo, el reducido número de ejemplos del término es señal de que, en el siglo XVII, ya podía considerarse como un adjetivo con un índice de uso relativamente bajo. A pesar de que en varias entradas del presente estudio se ha puesto de manifiesto la ausencia de marcas que informen sobre la vigencia cronológica de la voz, en este caso el *DLE* sí que incluye la marca «*p. us.*» en las dos acepciones con valor cromático del término.

Eliminada la restricción cronológica, 50 de las 532 concordancias obtenidas en la búsqueda en CORDE (64 si se tienen en cuenta 14 casos dudosos) atestiguan el valor analizado de *hosco*, incluyendo una considerable variedad de referentes de los que puede predicarse el adjetivo.

Al igual que en el caso de *fosco*, a partir de los siglos XIX-XX, el término amplía su valencia semántica empleándose con el valor de 'oscuro', valor del que se documentan varios casos y que, en principio, no aparece recogido en el *DLE*; sin embargo, si *fosco* registra dicha acepción en la obra académica, puede suponerse el mismo valor para *hosco*. A partir del siglo XIX, además, la documentación de su acepción cromática es bastante escasa —aún más en el XX—, por lo que la presencia de la marca diacrónica «*p. us.*» anteriormente mencionada está plenamente justificada.

CDH registra una cantidad de concordancias considerablemente superior a las de CORDE (970)[151]. Dentro del periodo del siglo XVII se localizan 32 de las 970 concordancias, 20 de ellas (21 si se tiene en cuenta 1 caso dudoso) atestiguan el valor analizado. La mayoría de las documentaciones hace referencia a bóvidos, concretamente a toros.

Respecto a la capa nuclear del corpus, esta aglutina 223 casos de los 970 totales, correspondiéndose 14 (18 si se tienen en cuenta 4 casos dudosos) con el valor puramente cromático del adjetivo. Puede resultar extraño el reducido número de testimonios de *hosco* 'color oscuro' que se incluyen en la capa nuclear del CDH y que dichas concordancias no superen, prácticamente, el siglo XVII; sin embargo, debe tenerse en cuenta que los ejemplos anteriores al siglo XX son muy escasos: solo 50 de los 223 son anteriores al siglo XX, momento en que destacan el resto de sus acepciones: 'oscuro', 'ceñudo', 'intratable', 'poco acogedor', etc.

En el plano sincrónico, la búsqueda en CREA arroja 324 casos para *hosco*; CORPES XXI, 503. En el caso del CREA, tan solo 1 de los resultados (5 si se tienen en cuenta 4 casos dudosos) se correspondería con el valor cromático de *hosco*:

> «Hay cierta casta de cabrillas monteses, pequeñas y muy ligeras y *hosquillas* de color» [Ruz Lhuillier, A. (1981). *Los antiguos mayas*. Extraído de: CREA].

Por otro lado, a partir de las concordancias de CORPES XXI puede deducirse que el uso mayoritario de *hosco* en la actualidad responde a su significado 'ceñudo, áspero', puesto que, de las 503 documentaciones totales antes mencionadas, solo 1 (bastante dudosa y que puede unirse a 3 casos más con la misma consideración) respondería al valor analizado:

> «Es que voy a renunciar porque me voy en enero, respondí. No, insistió, te van a correr y te vas a ir después de abril, si es que sigues vivo. Mi gata preferida -persa, negra, *hosca*- también aparecía» [Enrigue, Á. (2005). «Escenas de la vida familiar. Gula o la invocación», *Hipotermia*. Extraído de: CORPES XXI].

Los ejemplos analizados en los corpus sincrónicos denotan, por tanto, un claro desuso de la acepción cromática de *hosco* en la actualidad.

---

151   Con el objetivo de evitar que los ejemplos de los distintos corpus se solapen, en este caso se analizarán solamente aquellos restringidos al siglo XVII por ser el periodo cronológico de este estudio, dejando el resto de concordancias posteriores para el apartado de análisis sincrónico.

Desde el punto de vista formal, llama la atención en el caso de los ejemplos leoneses, que figure la forma *hosco* en lugar de *fosco*, ya que el dominio asturleonés muestra una clara tendencia hacia la conservación de la *f-*. No obstante, debe tenerse en cuenta que estos documentos notariales responderían a la norma castellana o, incluso, a la propia mano del escribano en cuestión, por lo que no deberían considerarse como ejemplos significativos. De todos modos, la preferencia en el dominio lingüístico asturleonés por las formas con *f-* conservada puede apreciarse en la diferencia cuantitativa existente entre los ejemplos que *CorLexIn* ofrece para *hosco* y *fosco*, siendo más numerosas las documentaciones de *fosco*, tal y como ha podido comprobarse en la entrada dedicada a este adjetivo.

El adjetivo *hosco* —íntimamente relacionado con *fosco* al proceder del mismo étimo latino— también se emplea para aludir a tonalidades oscuras y próximas al negro, especialmente en el contexto de los pelajes bovinos con el que mantiene una estrecha relación. En lo que respecta a su índice de uso, a partir de los siglos XVII-XVIII comienza a decaer su empleo como adjetivo cromático frente a extensiones semánticas derivadas de su significado original tales como 'oscuro' o 'áspero, ceñudo' que se consolidarán durante el siglo XIX y, especialmente, en el XX.

JABONERO
[Tb. **habonero**]

Documentaciones en *CorLexIn*:

- Quatro bueyes de arada, el vno llamado Estandarte, color bermejo, y otro llamado Habonero, color castaño, […] (Álora, Ma-1661)

Aunque en el ejemplo documentado por el corpus base aparece empleado como nombre propio, *jabonero*, empleado como adjetivo con valor cromático, pertenece al conjunto de términos existentes que hacen referencia a pelajes de toros.

Si bien *jabonero* figura en el diccionario académico desde *Autoridades* (*s.v. xabonero* hasta la 4.ª edición del diccionario usual de 1803), el uso adjetivo del término[152] y su consiguiente valor cromático no se verán reflejados hasta la 15.ª edición de 1925, definición que se mantendrá prácticamente inalterada hasta la edición actual de 2014:

---

152 La acepción con la que figura *jabonero* en *Autoridades* es «la persona, que hace, fabríca, ò vende el jabón» (*Autoridades*, 1739: *s.v. xabonero*). También figura con este significado en el *Tesoro* de Covarrubias (*s.v. xaboneria*).

JABONERO, RA. adj. Dícese del toro cuya piel es de color blanco sucio que tira a amarillento (*DRAE*, 1925: *s.v.*).
jabonero. 2. adj. Dicho de un toro: De color blanco sucio que tira a amarillento (*DLE*: *s.v.*).

Es decir, se estaría dibujando una referencia cromática cercana al color crema, que, precisamente, emplea en su definición la misma referencia que *jabonero*: «Dicho de un color: Blanco amarillento» (*DLE*: *s.v. crema*).

La acepción de *crema* con el valor de 'color' no se recoge hasta la edición del diccionario académico de 2001, edición en la que figuraba con una referencia cromática similar, aunque más próxima a la gama de tonalidades marrones: «Dicho de un color: Castaño claro» (*DRAE*, 2001: *s.v.*).

Torres (1989) también lo recoge en su léxico taurino, presentando, entre otras, una definición tomada de Cossío (1943-1996) de carácter conciliador y que permitiría abarcar tonalidades cremosas más o menos oscuras, es decir, más próximas al amarillo o al castaño claro:

JABONERO. […] «El color del pelo del toro blanco sucio y amarillento, como café con leche» (Torres, 1989: *s.v.*)[153].

Esta propuesta concordaría con el valor que *jabonero* presenta en el mapa 582 del *ALEANR* en el que se recogen los resultados para «res *calzada*»: 'res de color café con leche'. La voz posee abundantes documentaciones en las tres zonas analizadas, siendo Teruel la provincia que registra un mayor número de casos (6).

El *ALEANR* remite al mapa 487 del *ALEA*, donde *jabonero* aparece como denominación más frecuente para el color de res propuesto en las ocho provincias andaluzas y con un total de 57 documentaciones del término, siendo Sevilla la provincia con más resultados (16).

---

153 Torres también recoge un vocablo sinónimo de *jabonero*: *charrengue*. Esta denominación tendría un curioso origen, ya que constituiría un caso de epónimo procedente del nombre de un semental jabonero de la ganadería del duque de Veragua que habría dejado una abundante descendencia de reses con este tipo de capa. Fue lidiado en Valencia en 1861 y «gustó extraordinariamente» (Relance, 1953: 2). En la misma página del artículo citado, además, se registra un ejemplo de *jabonero* aplicado a hembras bovinas: «No vacas *jaboneras*, sino negras, viejas». Respecto al autor de la publicación, es muy posible que el pseudónimo corresponda a Joaquín Bellsolá y Gurrea: «[…] que adoptó el remoquete profesional de "Relance", hace años al margen de la Fiesta, refugiado en Calahorra y con dedicación a la protección de muchachos a los que daba carrera u oficio, poniéndoles en camino de ganarse la vida» (Don Indalecio, 1985).

El valor 'blanco amarillento' que defiende la Academia se vería referendado en la actualidad por la propuesta del *Diccionario Akal del Color*, que caracteriza a esta capa como «blanca o amarillenta», amén de constatar su uso aplicado a reses bovinas: «[coloración] correspondiente a la característica del pelaje homónimo de algunas reses» (*Akal*: s.v. *ganadería, colorismo de la*).

En conclusión, la hipótesis cromática que se propone para *jabonero* es 'blanco sucio, blanco amarillento', adjetivo estrechamente ligado a la caracterización del color del pelaje bovino.

En lo que respecta a las documentaciones de la voz en CORDE y el CDH con el valor de 'color', son relativamente numerosas: 13 de 68 casos en CORDE y 17 de los 130 que recoge el CDH. Ninguno de ellos posee documentaciones de *jabonero* anteriores a 1881, año que podría considerarse como «primera documentación» de la voz en corpus:

> «Si tiene el mismo color que el barro de las alcarrazas [tipo de vasija], ó que el jabon [*sic*], se le nombra barroso ó *jabonero*» [Villa y Martín, S. de la (1881). *Exterior de los principales animales domésticos y particularmente del caballo*. Extraído de: CORDE, CDH].

El ejemplo de *CorLexIn*, aun tratándose de un uso sustantivo y no adjetivo, permitiría adelantar la primera documentación de la voz en dos siglos.

Todas las concordancias obtenidas a partir de las fuentes consultadas hacen referencia exclusivamente a toros, por lo que la restricción semántica establecida por el diccionario académico parece confirmarse.

Desde el punto de vista de la evolución fonética, la variante documentada en *CorLexIn*, *habonero*, puede considerarse como un ejemplo de la aspiración de /χ/ que se produce en el andaluz occidental (Lapesa, 1981 [1942]: § 92.7), aspiración motivada por la confluencia en castellano meridional —tras los reajustes del Siglo de Oro— de los resultados de la aspiración de /f-/ latina con los correspondientes de la realización velar /χ/ de las dorsopalatales medievales š/ž (lo que supondría una realización del tipo [haβõnẽro]). *CorLexIn* documenta varios ejemplos de este fenómeno para el siglo XVII empleando la grafía *h* (vid. Morala y Perdiguero Villarreal, *op. cit.*).

La presencia del término en unas zonas u otras podría estar condicionada —entre otros factores— por la existencia o inexistencia de ganaderías de lidia, y, además, por la presencia en dichas cabañas ganaderas de reses que presenten este tipo de capa[154]. Asimismo, el hecho de poder considerarse

---

154　El RD 60/2001 de 26 de enero recoge, por ejemplo, la presencia de reses jaboneras en la casta vazqueña (ganaderías de Tomás Prieto de la Cal y Concha y Sierra) o los encastes Juan Pedro Domecq o Torrestrella.

una voz con carácter tecnolectal —perteneciente a la ganadería o la tauromaquia— podría haber condicionado el reducido número de testimonios de la voz (condición que no figura en el diccionario académico y que convendría reseñar).

Sus documentaciones en CREA son escasas (2 de 29 casos presentan el significado cromático), si bien en CORPES XXI se observa un número ligeramente mayor de concordancias (18 del total de 70). También se documentan algunos casos en América en contextos alusivos a corridas de todos. La voz, sin embargo, no figura en el *DAm* ni tampoco parece presentar ningún significado diferencial en el español americano, por lo que puede catalogarse como propia del español europeo o peninsular.

Jabonero se incluye, por tanto, dentro de las tonalidades crema, presentando una referencia cromática 'blanco amarillento, café con leche'. A partir de los ejemplos documentados, se combina —en principio— con referentes que presentan los rasgos [+animal], [+bovino] y [+masculino], ya que solo se han encontrado ejemplos de *toro/buey jabonero* en *CorLexIn*. Es un término catalogado como propio de la lengua general; no obstante, podría considerarse como voz técnica ligada al ámbito de la ganadería o la tauromaquia. Si bien la voz no se documenta hasta finales del siglo XIX, *CorLexIn* atestigua su uso ya en el siglo XVII, adelantando la primera documentación en dos siglos.

JARO

Documentaciones en fondos documentales inéditos de *CorLexIn*:

- Un marrano y una marrana pequeños, uno *jaro* y otro blanco (Nava del Rey, Va-1648)

El adjetivo *jaro* se presenta como un término especialmente ligado al ámbito del ganado porcino, ya que hace referencia al color rojizo que pueden presentar las cerdas de la capa del animal.

Su primera aparición en obras lexicográficas corresponde al *Diccionario de autoridades*, obra en la que no se alude específicamente a la coloración del pelaje del animal, sino que se lo relaciona con el jabalí:

JARO, RA. adj. que se aplica al puerco parecido al jabalí, en el color y la dureza de las cerdas (*Autoridades*, 1734: s.v.).

Sin embargo, en la entrada dedicada a *jabalí* no se especifica el color de su pelaje, dato que también omiten Covarrubias y Rosal, por lo que habrá que esperar hasta la 4.ª edición del diccionario académico para encontrar una referencia clara a la tonalidad de *jaro*:

JARO, RA. adj. que se aplica á los puercos que tiran á rojos, ó cárdenos (*DRAE*, 1803: *s.v.*).

La edición de 1884 añade dos acepciones que podían aplicarse o hacer referencia, según parece, al cabello humano. Estas dos acepciones fueron suprimidas a partir de la 15.ª edición de 1925:

> **Jaro, ra.** adj. Dícese del pelo rojo. || Aplícase al que tiene rojo el pelo U. t. c. s. || Dícese del cerdo de este color. || m. y f. Cerdo mestizo de jabalí (*DRAE*, 1884: *s.v.*).

A partir de la edición de 1925, el término goza de una valencia combinatoria mayor, dado que puede aplicarse a cualquier tipo de animal que tenga el pelaje de color rojo o rojizo, si bien se sigue indicando que su referencia mayoritaria es a cerdos o jabalíes. Este modelo de definición —con la anteposición del contorno semántico— es la que figura en la edición actual:

> **JARO, RA.** adj. Dícese del animal que tiene el pelo rojizo, y especialmente del cerdo y del jabalí (*DRAE*, 1925: *s.v.*).
>
> **jaro³, ra** 1. adj. Dicho de un animal, y especialmente del cerdo o del jabalí: Que tiene el pelo rojizo (*DLE*: *s.v.*).

Aunque la referencia cromática parece estable y puede encuadrarse dentro de las tonalidades rojizas, el *DECH* (*s.v. jaro*) lo relaciona con los términos *jardo* y *sardo*. El primero no figura en la nomenclatura académica; pero para el segundo, puede encontrarse una acepción con valor cromático a partir de la edición de 1914 aplicada al ganado bovino:

> **sardo.** 2. adj. Dícese del toro que tiene el pelo negro, colorado y blanco, dispuesto en manchas más o menos grandes, juntas o mezcladas las unas con las otras (*DRAE*, 1914: *s.v.*).

Las ediciones posteriores, incluida la actual de 2014, eliminarán la referencia a la tipología de manchas que puede presentar la capa del animal.

Como ya se ha reseñado en el caso de otras tonalidades aplicadas al color de las capas animales (*vid.* **loro**, nota 168), la referencia cromática es propensa a variar en función de la localización; no obstante, la referencia al color de las cerdas de los suidos parece mantenerse estable. Los siguientes ejemplos, tomados de obras lexicográficas con marca diatópica, corroboran la posibilidad de variación tanto de la tonalidad como del animal en función de la localización geográfica:

> **jaro, ra,** adj. V. Jaramendado (|| animal cuya piel tiene manchas blancas) (Lamano y Beneite, 1915: *s.v.*).
>
> **jardo, da** *adj.* Dícese del ganado vacuno de color achocolatado (Pastor Blanco, 2004: *s.v.*).

jaro, ra *adj.* 2. Dícese de la res blanquinegra. [...]. 3. Dícese de la res de dos colores, blanca y negra preferentemente [...]. 4. Dícese del cerdo pinto [...]. 5. Dícese del animal o persona que tiene el pelo rojizo (*ibid*: *s.v.*).
jarda, 'oveja de color negro desvaído' (*LLA*: *s.v.*)[155].
jaro, -ra *adj.* <pers. o animal> De pelo rojizo. [...] 2 Pelirrojo [...]. 3. Rubio. [...]. 4. Rubio azafranado. [...]. 5. <animal> De dos o tres colores, especialmente si es gris y blanco [...] (*TLHA*: *s.v.*).
xaru, a, o, 1. De color crema (la res vacuna) [...] De color jaspeado (blanco y negro) [...]. Con pintas llamativas en la cara (la oveja) [...]. De piel cana (la cabra) [...]. De piel blanquinegra (la vaca) [...]. De color claro (el pelo, los ojos) (*DGLA*: *s.v.*).
xaru, a, o: *ax.* Con pintes na cara [la oveya]. 2 De pintes pequeñes negres y blanques. 3 Col pelo de color mui claro [una vaca roxa] (*DALLA*: *s.v.*).
jaro, ra. *adj.* LP. Pelirrojo [...]. SIN.: amarillo, azafranado, bremejo, jariento [pelirrojo], melado, pelo (de) vaca, ruano, sardo y tejado (*DDECan*: *s.v.*).

El valor cromático 'rojizo' —muy posiblemente 'rojizo oscuro' por las referencias a *cárdeno*; pero también **rubio**, **melado**, **azafranado**, tonalidades que pueden incluirse en la familia del rojo— para *jaro*, por tanto, resulta pertinente y adecuado en el caso en el que el adjetivo aparezca complementando al ganado porcino, tal y como atestigua la mayor parte de los compendios lexicográficos analizados.

No obstante —y en consonancia con varios adjetivos aplicados a animales que se han presentado con anterioridad—, la referencia cromática 'rojizo' se presenta como variable al aplicarse a otros animales (bóvidos especialmente) y en otras localizaciones. En estos casos, *jardo* parece poseer una referencia mayoritariamente bicromática —en ocasiones tricromática—, siendo el blanco y el negro tonalidades prácticamente constantes en ambos casos (acompañados, en el caso de *sardo*, por tonalidades rojizas que recuperarían la referencia cromática primaria).

En lo que respecta a su posible presencia o aparición en atlas lingüísticos, pueden encontrarse varios resultados en Andalucía oriental para *jaro* en el *ALEA* (1196), si bien con una clara referencia a personas y no a animales.

Por otro lado, el mismo mapa aporta dos derivados de *jaro* que resultan interesantes desde el punto de vista cromático y lexicogenético: *pelijaro* en J-202 (que seguiría un patrón N+*i*+A, como varios de los *peli-* que figuran en este estudio) y *jarota* 'animal de color rojo' en Co-300. Este último término figura

---

155 Le Men también documenta *jarda* en Zamora 'vaca con pelaje de varios colores', 'que tiene el pelo a corros blancos y negros'; Salamanca 'manchas blancas y negras', 'sardo'; Valladolid 'animales ovinos de lana negra con grandes manchas blancas en los ijares y cuarto trasero', y La Rioja 'toro achocolatado'.

también en Pastor Blanco aplicado al «cerdo negro o rojo de raza ibérica traído de Extremadura por los trashumantes» (*op. cit.*: *s.v. jarote*)[156].

El *ALEANR* registra un único resultado para *jaro* en el mapa 580 —«blanquinegra»— en Logroño, documentación que confirmaría la acepción que Pastor Blanco ofrecía para *jaro* 'res blanca y negra'. También se documentan dos resultados en Teruel en el mapa 581 —«mosqueada»— que ofrecen una nueva variante: *arda*.

El *ALCYL* posee una documentación para *jaro* en Salamanca que figura en el mapa 656, «pelirrojo». Nuevamente —y dada la inexistencia de mapas dedicados a las tonalidades del ganado porcino—, solo puede constatarse la posible referencia a seres humanos. En el caso de la referencia 'blanco y negro', pueden encontrarse resultados en los mapas 484, 485 y 486, respectivamente «berrenda (vaca de dos colores)»[157], «blanquinegra» y «mosqueada», si bien el resultado en todos estos mapas es la variante *jardo*.

La *CLEx* también posee dos resultados para *jardo* en dos enclaves de Cáceres en su mapa 264 —que corresponde a «vaca blanquinegra»—.

Por último, el *ALEICan*, en el mapa 483 que refleja los resultados para «pelirrojo», documenta un caso de *jaro* en Las Palmas de Gran Canaria, tal y como figuraba en la entrada correspondiente para el término en el *DDECan* anteriormente citado.

No se localizan, sin embargo, resultados en los mapas correspondientes a «(vaca o cabra) roja» (356), «(vaca o cabra) blanca y negra» (357) o «(vaca o cabra) pintada» (358), mapas que se corresponden con los del resto de atlas lingüísticos analizados y en los que la aparición de *jaro* o *jardo* era más probable.

Por último, salvando las distancias cronológicas y de percepción, el *Diccionario Akal del Color* concordaría tanto con la propuesta cromática general

---

156   Viudas Camarasa define *haroteh* (el grafema *h* representa la aspiración extremeña tanto de -*s* como de /χ/) como «apodo que reciben los extremeños» (*op. cit.*: *s.v.*), posible origen del empleo de *jarote* para hacer referencia al cerdo de origen extremeño en el caso riojano. El *TLHA*, por su parte, indica que *jarote, ta* se aplica a los naturales de Villanueva de Córdoba, donde, por otro lado, también se practica la cría del cerdo ibérico.

157   En dos de los casos para *jaro* 'berrendo', no obstante, se establece que la res es «jarda *en rojo*» (Sa-400) o «jarda *en colorado*» (Sa-103). Torres define *berrendo* como «pinta de los toros en la que entra el color blanco, y otra cualquiera de las pintas posibles en manchas mayores de una cuarta de extensión. Se les llamada *berrendos en el color de esas manchas*. Así, *berrendo* en castaño, en sardo, en jabonero, etc.» (*op. cit.*: *s.v.*).

como con su respectivo referente, esto es, el ganado de cerda; pero también reconoce la posibilidad de que el adjetivo se predique de referentes bovinos a la que apuntaba el *DRAE* desde la edición de 1914:

> **jaro.** Adjetivo que se aplica al animal cuyo pelaje es rojizo. En particular, se aplica al jabalí, al cerdo y al toro que presentan dicha característica (*Akal*: s.v.).

Por tanto, la referencia cromática —principal— que se propone para *jardo* es 'rojizo', aplicado mayoritariamente al ganado de cerda. No obstante, y como es habitual en la nomenclatura cromática animal, el término ha experimentado cierta evolución tanto en el plano combinatorio como semántico, pudiendo aplicarse a otros referentes —bóvidos, óvidos o, incluso, seres humanos— y aludiendo a tonalidades ligeramente distintas (generalmente, capas compuestas).

En lo que respecta a sus documentaciones en los corpus de la Academia, CORDE posee para *jaro* un total de 758 concordancias. Para el siglo XVII, el número de testimonios se reduce a 145; pero ninguno se corresponde con los valores cromáticos propuestos ni aparece aplicada a animales, por lo que la documentación de *CorLexIn* puede proponerse como el único testimonio para *jaro* 'rojizo' aplicado a ganado porcino en el siglo XVII (más aún si se tiene en cuenta, tal y como se verá en apartados posteriores, tampoco se documentan casos de *jaro* en CDH en el siglo XVII).

Tampoco se localizan resultados para *jaro* anteriores al siglo XVII, condición que corroboraría el hecho de que el *DECH* proponga como fecha de primera documentación 1734 —la fecha del tomo correspondiente del *Diccionario de autoridades*—, primera aparición que, por otro lado, se adelantaría con el ejemplo de *CorLexIn*.

Solo se documentan 8 casos a partir del siglo XIX en los que *jaro* parece presentar valor cromático, 6 de ellos aplicados a cerdos. No obstante, solo 4 hacen referencia claramente al color del animal. Asimismo, CORDE registra —dentro de las 8 documentaciones— dos concordancias en las que *jaro* hace referencia al cabello humano 'pelirrojo, rubio, claro', posibilidad combinatoria que ya había sido reseñada con anterioridad y que se había visto reflejada en diversos mapas de los atlas lingüísticos consultados:

> «[…] vivía en aquel hotel de Vallehermoso, "el hotel del crimen", con su hermana Berta, una valquiria de ojos azules y cabellos *jaros*, otra que tal, roja, inquieta y ardiente como una lengua de fuego» [León, R. (1941). *Cristo en los infiernos*. Extraído de: CORDE].
>
> «Hinchados los ojos, áspera y rugosa la tez, flácidas las mejillas, caídos belfos sus labios, desteñido el cabello entre *jaro* y gris, toda revejida y deforme, parecía la estampa de la más grotesca senectud» [León, R. (1941). *Cristo en los infiernos*. Extraído de: CORDE].

El CDH ofrece un abanico de concordancias ligeramente mayor, arrojando un total de 943 documentaciones para *jaro*. Nuevamente, la restricción diacrónica al siglo XVII no revela ningún resultado con valor cromático.

Aplicando un nuevo filtro de búsqueda, el categorial, el corpus inicial se ve reducido a 745 casos en los que *jaro* presenta un valor adjetivo. Dentro de este grupo, el CDH incluye 4 de las 8 documentaciones que ofrecía CORDE, por lo que, de nuevo, se constata el bajo índice de uso que presenta la voz y el hecho de que solo *CorLexIn* documenta la voz antes del siglo XVIII.

Respecto a su aparición en corpus de corte sincrónico, CREA registra 221 casos para *jaro* y CORPES XXI, 167; sin embargo, ninguna de las concordancias se corresponde con el valor de adjetivo cromático propuesto, por lo que puede indicarse que *jaro* es un vocablo en claro desuso en el contexto actual.

Respecto a su variante *jardo* —teniendo en cuenta su presencia en varios de los mapas consultados—, CREA no posee ningún registro para *jardo*; pero sí CORPES XXI, que aporta una única documentación aplicada a un novillo, posibilidad combinatoria que había quedado constatada anteriormente:

> «"[…] y salía a la procesión en andas de voluntarios al son de gaita, tamboril y bailadores para recibir la monda del torero que le prometió dos orejas de oro a cambio de la vida que le hizo amenazar un novillete *jardo*"» [Ruiz, F. (2002). *Telares*. Extraído de: CORPES XXI].

El ejemplo se documenta en México, pero el *DAm* no registra *jardo* en su nomenclatura. La referencia cromática, por tanto, no es segura; pero es muy probable que aluda a 'blanquinegro' o 'berrendo' (quizá 'mosqueado', aunque con menor probabilidad), ya que son los tipos de capa que más se repiten para *jaro~jardo* aplicado al ganado bovino —si bien también se contempla la posibilidad 'rojizo'—.

Adoptando una perspectiva diacrónica, CORDE ofrece 7 resultados para *jardo*; pero ninguno coincide con el valor propuesto. La búsqueda en CDH ofrece dos resultados, siendo el segundo de ellos un claro caso de *jardo* con valor de adjetivo cromático aplicado a un becerro. Nuevamente, sin embargo, no se especifica con claridad la tonalidad o tipo de capa a la que alude —aunque cabría presuponer un valor 'blanquinegro', quizá 'rojizo' al figurar *berrendo* con anterioridad—:

> «Narraba la historia de sus heridas, con un desafecto de cronista a sueldo: "Esta me la dibujó en Sanfelices un morlaco berrendo, con peores intenciones que un alguacil" […], "esta otra se la debo a un manso *jardo*, […]"» [Egido, L.G. (1995). *El corazón inmóvil*. Extraído de: CDH].

Jaro se presenta, por tanto, como un adjetivo con un índice de uso muy bajo (prácticamente desusado) y que posee escasas documentaciones. Puede considerarse como un término propio del siglo XVII y aplicado, en origen, al ganado porcino que presenta un color rojizo (más o menos oscuro) en sus cerdas. No obstante —y con posterioridad— habría experimentado una ampliación en su valencia semántica que le ha permitido hacer referencia tanto al cabello humano pelirrojo o rubio como a otros animales, favoreciéndose en este último caso la aparición de una nueva referencia cromática que se solaparía con la de otros adjetivos aplicados al cromatismo animal como son *berrendo* o *blanquinegro*.

LACRE

Documentaciones en *CorLexIn*:

- Más, otra bara de damasquillo *lacre* (Sevilla, Se-1650)

A pesar de que *lacre* tiene un uso mayoritariamente sustantivo, también puede emplearse, por metonimia, a la hora de aludir a tonalidades rojas o bermellón que se asemejan a la tonalidad característica de la pasta del mismo nombre que suele usarse derretida para «cerrar y sellar cartas y en otros usos análogos» (*DLE*: s.v.).

Como sustantivo, el término figura en Covarrubias, en cuya entrada ya se deja traslucir la relación entre *lacre* y **rojo** a partir de la composición de la pasta:

> LACRE, vna cierta pasta de alcreuite, teñida con bermellón, o otra color, que encendida gotea sobre la cerradura de la carta que se pretende embiar segura sin que se abra, por gotear en el papel como lagrima (*Tesoro*: s.v.).

La Academia también incluye el término en su macroestructura sin variar prácticamente el contenido de la definición, aunque en este caso opta por caracterizar su color prototípico como **encarnado**, si bien el espectro cromático sigue moviéndose en el abanico de tonalidades del rojo:

> LACRE. s. m. Pasta que se forma de cera, alcrebite y otros ingredientes, la qual encendida a la luz arde y se derrite, y sirve para cerrar las cartas y estampar sellos: y porque su regular color es el encarnado, que se le da con la goma llamada Laca, se le dio este nombre, aunque tambien le hai negro y de otros colores (*Autoridades*, 1734: s.v.).

Aunque en la entrada se informa nuevamente de la posibilidad de variación cromática que puede presentar el lacre, su color prototípico es el rojo o rojo vivo que se deduce de su relación con la *laca* y el *bermellón* —y el propio adjetivo *encarnado*—.

La acepción puramente cromática de *lacre* no figurará hasta la edición de 1925; pero dicha acepción adjetiva ya había sido recogida por varios diccionarios posacadémicos del XIX y el XX:

> LACRE. [...] || 2. fig. y desus. Color rojo [...] || 3. fig. adj. De color rojo. Ú. m. en *Amér.* (*DRAE*, 1925: s.v.).
> LACRE. [...]. 2. † *Amer.* El color rojo parecido al del lacre (Zerolo, 1895: s.v.)[158].
> LACRE. [...] || adj. *Amér.* Rojo, colorado, bermejo (Alemany y Bolufer, 1917: s.v.).
> Lacre. [...] || *Amér.* Color rojo (Rodríguez-Navas, 1918: s.v.).

Los cuatro diccionarios lo catalogan como uso mayoritariamente americano, rasgo que pervive en la edición actual de 2014 del diccionario académico:

> lacre. 2. adj. Dicho de un color: Rojo semejante al del lacre. U. t. c. s. m. U. m. en Arg., Chile, Col., Ec. y Ur. 3. adj. De color lacre. U. m. en Arg., Chile, Col., Ec. y Ur. (*DLE*: s.v.).

La documentación de *CorLexIn*, permite, no obstante, documentar la presencia del uso adjetivo de *lacre* en el dominio del español peninsular, no poseyendo, en principio, testimonios de dicho uso en América.

Las acepciones cromáticas alusivas al rojo aparecen reflejadas en el *DAm* —'rojo oscuro', 'de color lacre'—, amén de poder encontrarse algunas documentaciones de este uso en corpus especializados del español americano como CORDIAM y Boyd-Bowman. La mayor parte de ellas están fechadas a partir del siglo XIX —a excepción de una que aparece a mediados del siglo XVII y con posterioridad a la documentada por *CorLexIn*—, lo que podría explicar la incorporación tardía de dichas acepciones en el diccionario académico.

Por último, en lo que respecta al análisis de su valor cromático, el *Diccionario Akal del Color* la caracteriza como «oscura, rojo anaranjada e intensa, cuya sugerencia origen corresponde a la pasta homónima» (*Akal*: s.v.).

Lacre, por tanto, se emplearía como adjetivo cromático a la hora de aludir a tonalidades rojas que oscilarían entre más vivas y más oscuras que se asemejan al color de la pasta homónima usada para sellar documentos—, a partir de la cual recibe su denominación y cuyo valor cromático se deriva de un uso metonímico del mismo (color por materia). En principio, y teniendo en cuenta las referencias obtenidas a partir de los diccionarios de la época, *lacre* —en el contexto del siglo XVII— se aproximaría, quizá, más a rojos vivos que a rojos

---

158   Tal y como indica el prólogo del diccionario «[...] cuando se agregan acepciones que no trae la Academia, van éstas marcadas con una cruz» (Zerolo, 1895: X).

oscuros, si bien el color rojizo de la pasta homónima variaría en función de la cantidad de bermellón empleada en su elaboración.

En lo que respecta a la documentación de dicho valor en corpus, CORDE arroja un total de 173 resultados, correspondiéndose 14 de ellos (19 si se tienen en cuenta 5 casos dudosos) con el valor analizado. El más antiguo de ellos aparece fechado a principios del siglo XVII:

> «Levantóse el portugués de presto, limpióse el polvo con los guantes de nutria, y el Magnífico las calzas de *lacre*, limpiándose las espaldas; […]» [Espinel, V. (1618). *Vida del escudero Marcos de Obregón*. Extraído de: CORDE].

Los referentes a los que se aplica *lacre* son variados, si bien parece prevalecer el ámbito textil y de la vestimenta.

En el caso de CDH, la búsqueda arroja un número mayor de concordancias (361), de los que 24 se corresponden con el uso cromático analizado (28 si se tienen en cuenta 4 casos dudosos).

Las documentaciones en CREA indican un descenso en la frecuencia de uso del término *lacre*, ya que solo se registran 68 casos, pudiendo atestiguar el significado cromático analizado en tan solo 5 de ellas (6 si se tiene en cuenta 1 caso dudoso)[159]. No obstante, la mayoría de las documentaciones no refleja el uso de *lacre* como adjetivo por sí solo, sino que se valen de la lexía *color (de/del) lacre* para expresar dicha noción.

Por último, el análisis de las 50 concordancias que ofrece CORPES XXI permite comprobar cómo el uso cromático de *lacre* en la actualidad es muy escaso, dado que solo 5 de las documentaciones (9 si se tienen en cuenta 4 casos dudosos) emplean el término con valor cromático. Algunas de las concordancias optan, nuevamente, por expresar la noción cromática a través de procedimientos analíticos al emplear la lexía *color lacre*.

Tras el análisis de todas las concordancias que el término posee en los corpus académicos puede corroborarse el uso mayoritario del término en el dominio americano —corroborando, asimismo, las marcas diatópicas que acompañan a la definición— ya desde el siglo XVII, si bien parece que su origen es claramente peninsular dado que las documentaciones más antiguas corresponden a localizaciones españolas:

---

159 La consideración de «dudoso» responde a su empleo en un modelo de construcción N_1+N_2 en la que el N_2 restringe la tonalidad del N_1: «Es una bellísima casaca militar de paño oscuro con las solapas y los pantalones *rojos lacre*» [Pietri, U. (1976). *Oficio de difuntos*. Extraído de: CREA].

Tabla 7. Documentaciones de *lacre* en España y América (Fuentes: CORDE, CDH, CREA, CORPES XXI)

CORDE		CDH		CREA		CORPES XXI	
España	América	España	América	España	América	España	América
3 (3)	12 (1)	3 (4)	19 (1)	3	2 (1)	2 (3)	3 (1)

En conclusión, mediante el adjetivo *lacre* se hace referencia a la gama de tonalidades rojas (más vivas u oscuras) que prototípicamente se asocian con la pasta homónima empleada, por lo general, a la hora de sellar documentos y cartas. Aunque el uso mayoritario se adscribe al dominio del español americano, el uso metonímico parece tener un claro origen peninsular que podría haber comenzado a desarrollarse a partir del siglo XVII.

LAGARTEADO

Documentaciones en fondos documentales inéditos de *CorLexIn*:

- Vnas mangas de seda *lagarteadas* (Santurde, LR-1662)

Lagarteado se presenta como un ejemplo más de adjetivo derivado a partir de una base nominal que designa a un animal y cuyo significado denota un cierto parecido o semejanza con dicho animal que muchas veces radica en su color o colores característicos. Desde el punto de vista del proceso derivativo, se habría seguido un esquema del tipo N-*ado* con la peculiaridad de que *lagarteado* incluye un segmento -*e*- entre la base y el sufijo[160].

Ninguno de los tres diccionarios monolingües preacadémicos que sirven de punto de partida para este estudio registra la voz *lagarteado*; sin embargo, sí que incluyen *lagartado*, sin interfijo, resultado esperado del patrón derivativo N-*ado* a partir de la base *lagarto*:

LAGARTADO, vn cierto color verde, que retira al color del lagarto (*Tesoro*: s.v.).

Lagartado también figura en el *Diccionario de autoridades*, pero, en este caso, la voz remite a la entrada *alagartado*, resultado parasintético *a*-N-*ado* que

---

160 Podría pensarse en un derivado participial de un verbo *lagartear* (de ahí *lagart-e-ado*), verbo que figuró en la macroestructura académica entre las ediciones de 1925 y 1992 y que actualmente solo se incluye en el *Diccionario de americanismos*. Ninguna de las acepciones del verbo, no obstante, tiene relación con el ámbito cromático.

también se documenta en varios casos y que, debido a la remisión, da a entender que es la forma considerada como estándar o general:

> **LAGARTADO, DA.** adj. Lo mismo que Alagartado (*Autoridades*, 1734: s.v.).
> **ALAGARTADO, DA.** adj. Cosa que en el colór se parece al lagarto: y ordinariamente se dice de las médias, telas y cintas texidas de várcovidades, 1734; s.v.).

La definición de *alagartado*, además, indica que el término está restringido desde el punto de vista semántico al ámbito de los tejidos, aplicándose concretamente, y con frecuencia, a medias, telas y cintas. Dicha restricción desaparece en la 10.ª edición, por lo que puede deducirse un proceso de ampliación semántica del término: «Lo que tiene la variedad de colores semejantes á la piel del lagarto» (*DRAE*, 1852: s.v.).

La remisión de *lagartado* a *alagartado* se eliminará entre las ediciones de 1970 y 2001, volviendo a incluir *lagartado* una definición propia prácticamente idéntica a la de *alagartado*: «Semejante [por la variedad de colores (*DRAE*, 1970: s.v. *alagartado*)] en el color a la piel del lagarto» (*DRAE*, 1970: s.v.).

La vigesimotercera edición de 2014 habría optado por retomar la remisión del derivado a la forma parasintética, calificando la primera como «poco usada» a través de una marca diacrónica:

> **lagartado.** 1. adj. p. us. alagartado (‖ semejante a la piel del lagarto) (*DLE*: s.v.).

Ya que el valor de semejanza se establece a partir del color del lagarto, resulta pertinente la consulta de dicha entrada en los diccionarios reseñados con el objetivo de intentar establecer la referencia cromática del adjetivo:

> **LAGARTO**, vn genero de serpiente bien conocido, [...]. Estos lagartos de ordinario tienen vn color verde (*Tesoro*: s.v.).
> **LAGARTO.** s. m. Insecto de colór verde, cuya piel áspera le hace parecer manchado [...] (*Autoridades*, 1734: s.v.).

La referencia cromática, en principio, estaría incluida en la familia de tonalidades del verde, caracterizándola *Akal* (s.v. *lagarto*) como «pardo verdoso, manchado y rayado de pardo negruzco, y pardo grisáceo» y aporta como sugerencia de origen la estructura corporal del lagarto *ocelado* (*Timon lepidus*), especie abundante en la península ibérica y a la que ya aludía Espejo Muriel (1996, s.v. *lagartado*) como origen de la coloración.

Es posible que la descripción de *Akal* no pueda aplicarse estrictamente a la tonalidad *(a)lagart(e)ado*, por lo que podría caracterizarse como una tonalidad abigarrada, esto es, de diversos colores en los que el verde —quizá parduzco como indica *Akal*— constituiría la base de la tonalidad, ya que es el color principal asociado al lagarto, y al que podrían sumarse otras como pardas, negruzcas o amarronadas que evocarían la coloración de la piel del lagarto.

Las documentaciones en corpus pueden ser útiles a la hora de precisar la tonalidad a la que se hace referencia a través del adjetivo. CORDE y CDH revelan que la forma derivada es ligeramente anterior a la parasintética con una distancia aproximada de primera documentación de 40 años:

> «Con este melón lo quiero haber, que parece bueno, escripto[161] y *lagartado* y de buena color y olor, que suelen ser buenas señales» [Arce de Otárola, J. de (c1550). *Coloquios de Palatino y Pinciano*. Extraído de: CORDE, CDH].
>
> «Hermano Perico, / Que estás á la puerta / Con camisa limpia / Y montera nueva, / Sayo *alagartado*, / Jubon de las fiestas, [...]» [Anónimo (1591). *Romances, en Flor de varios y nuevos romances 1.ª, 2.ª y 3.ª parte (Romancero general)*. Extraído de: CORDE, CDH][162].

Ambos ejemplos permiten catalogar a *lagartado* y *alagartado* como términos propios de mediados/finales del siglo XVI. Asimismo, el ejemplo de mediados del siglo XVI de *lagartado* atestigua su posibilidad combinatoria fuera del ámbito textil —que ilustraría el ejemplo de *alagartado* de finales de siglo—, amén de permitir relacionar *lagartado* con las tonalidades propias de la piel del melón que *Akal* describe del siguiente modo:

> **melón**. [...] Esquema cromático de coloraciones verde oscura, veteada y jaspeada de verde amarillenta semioscura, cuya sugerencia origen corresponde al conjunto pigmentario predominante que presenta la corteza de la variedad verde jaspeada de «melón» (*Akal: s.v.*).

CDH documenta 8 casos para *lagartado* y 10 para *alagartado*; *lagarteado* no presenta ningún resultado en la búsqueda. De los 18 casos totales, 13 (15 si se tienen en cuenta 2 casos dudosos) se emplean con valor cromatico[163].

---

161 *Escripto*, aplicado al melón, hace referencia a las señales o rayas que presenta la cáscara tal y como figura en su entrada de *Autoridades*: «[...] corteza o cáscara, que suele estar llena de señales o rayas a modo de letras, por lo qual se llaman Escritos» (1734: *s.v.*).

162 Esta misma documentación figura en CORDE atribuida a Luis de Góngora, pero en su versión emplea *lagartado* y no *alagartado*.

163 Entre las concordancias se localiza una en la que *alagartado* se predica de un toro. Espejo Muriel (1996: *s.v.*) indica que *lagarteado* también se emplea en el ámbito bovino para aludir a un tipo de capa propia del toro, apunte que Cossío (en Torres, 1989: 80) explica en su tratado sobre los toros: «Alguna vez se ha usado en tauromaquia este término para designar una pinta de la piel del toro equivalente a la que hoy aplicado al de *averdugado* o *chorreado en verdugo*».

CDH tampoco aporta documentaciones para la forma *lagarteado*, lo que supone que *CorLexIn* es, en principio, el único corpus que atestigua esta forma con el segmento *-e-*. Respecto a *lagartado* y *alagartado*, CDH incluye los mismos testimonios que CORDE —amén de las de CREA en su capa sincrónica, que se comentarán en su apartado correspondiente—.

A partir de los ejemplos extraídos de los corpus de corte diacrónico, pueden postularse una serie de hechos: a) la forma más antigua atestiguada es la formada por derivación N-*ado*; b) durante los siglos XVI y XVII, es *lagartado* la forma más popular, puesto que es la que más ejemplos posee en dicho periodo cronológico, si bien es cierto que las documentaciones de ambos términos son escasas; c) el uso de *lagartado* parece decaer ya en el siglo XVII, popularizándose la forma *alagartado* a partir del siglo XIX; d) ambas formas «desaparecen» durante el siglo XVIII, dado que no se registran documentaciones de ninguno de los términos; e) son términos con una vitalidad léxica muy reducida.

En el plano sincrónico, CREA registra 5 casos de *lagartado* y 1 para *alagartado* en el que el adjetivo ha perdido la *-d-*. De los 6 casos totales, solo en 2 se atestigua el uso con valor cromático:

> «María Agustina Sarmiento, que se había puesto en chapines hacía tan sólo un mes, se hallaba descalza y ello permitía que sus pies doloridos mostraran las bellas medias *lagartadas*, que se llamaban así porque sus brocados tenían alguna semejanza con la piel del lagarto» [Luján, N. (1991). *Los espejos paralelos*. Extraído de: CREA].
>
> «Para saber si el baño ha vitrificado en los cacharros, se miran los azulejos, que significa observar si los cascotes que cubren el horno adquieren un color *alagartao* (amarillo-verdoso), [...]» [Seseña, N. (1997). *Cacharrería popular. La alfarería de basto en España*. Extraído de: CREA].

A pesar de su escasez, resultan bastante ilustrativos, ya que permiten desarrollar dos posibilidades alternativas para *(a)lagart(e)ado*: a) la primera podría dar a entender que el *alagartado* es un tipo de bordado; no obstante, el *DLE* recoge una acepción en la que se alude a un tipo de tejido de seda, condición que encajaría en el tejido empleado para elaborar un par de medias: «tejido fuerte, todo de seda, con dibujos de distinto color que el fondo» (*DLE*: s.v. brocado), lo que encajaría con la propuesta cromática de *alagartado*: un color de fondo y una serie de colores distintos sobre dicha base; b) la segunda refuerza la idea de la posible presencia del amarillo en la tonalidad *alagartado*.

La posibilidad 'amarillo verdoso' como referencia cromática para *(a)lagart(e)ado* no solo la documentaría el ejemplo de CREA, sino también el *DAm*. Dicho diccionario, curiosamente, recoge dos de las tres variantes formales que puede presentar este adjetivo, esto es, *lagartado*, *alagartado* y *lagarteado*; aunque solo *lagarteado* y *alagartado* poseen valor cromático:

alagartado. II. 1. adj. RD. *Referido a persona*, de ojos claros y vivos (*DAm*: *s.v.*).
lagarteado. I.1. adj. RD. *Referido al color de los ojos*, verdoso o amarillento (*ibid.*: *s.v.*).

CORDIAM no ofrece ningún caso de *lagarteado*, *alagartado* o *lagartado*; Boyd-Bowman, sin embargo, sí que aporta algunos casos de *lagarteado*, el más antiguo, de finales del XVIII.

La concordancia de *CorLexIn* se postularía, en principio, como única documentación de la forma *lagarteado* en el dominio del español peninsular, ya que no figura en ninguno de los corpus de la Academia. La documentación, además, sería anterior a la americana, ya que data de mediados del XVII.

CORPES XXI, por último, no posee ejemplos de *lagartado*; pero sí de *alagartado*, si bien en ninguno de los 2 casos el adjetivo se emplea como adjetivo cromático. La escasa presencia del término a partir del siglo XIX justificaría la presencia de la marca «*p. us.*» que el lema ostenta en la edición actual de 2014.

Con *lagarteado*, en conclusión, se hace alusión a una tonalidad abigarrada que evocaría la piel del lagarto —posiblemente al lagarto ocelado debido a su presencia en todo el territorio peninsular—, por lo que puede suponérsele un color base verde o verde parduzco en la que confluirían tonalidades parduzcas, negras, amarronadas, verdosas y, quizá, amarillas. La forma *lagarteado* estaría documentada únicamente en *CorLexIn* en el caso peninsular, puesto que no figura en el resto de corpus académicos, al contrario que *lagartado* y *alagartado*, variantes que tienen como punto en común su base nominal *lagarto*. A pesar de figurar en el caudal léxico americano, sus testimonios en América son escasos, por lo que puede considerarse como una variante con un uso muy escaso, corriendo la misma suerte que *lagarteado* —que prácticamente se adscribe al XVII— y *alagartado*, cuyo uso apenas supera la barrera del siglo XX.

LEBRUNO

Documentaciones en *CorLexIn* y en fondos documentales inéditos de *CorLexIn*:

- Tasó la novilla de tres años *lebruna*, (El Espinar, Sg-1657)
- La uaca *Lebruna*, horra, ocho ducados (Navahermosa, To-1638)
- Vna <a>noja, hija de la uaca *Lebruna*, seis ducados (Navahermosa, To-1638)
- La baca que se llama marquesa, *lebruna* (El Espinar, Sg-1657)
- Una añoxa *lebruna* (El Espinar, Sg-1657)
- Un buey *lebruno* (El Espinar, Sg-1657)
- Un nobillo utrero *lebruno* (El Espinar, Sg-1657)
- Otra baca *lebruna* de nuebe años con un becerro (El Espinar, Sg-1657)
- Una baca utrera *lebruna* (El Espinar, Sg-1657)

Lebruno se presenta como un adjetivo denominal con valor cromático que puede incluirse entre aquellos que se emplean para aludir a colores del pelaje en bóvidos. Aparentemente, poseería una doble referencia cromática en función del área dialectal en la que se localice: una para el español peninsular y otra para el español americano.

La primera referencia lexicográfica para *lebruno* en diccionarios de los siglos XVII-XVIII se localiza en *Autoridades*, presentando una definición con una estructura que responde a su condición de voz derivada:

> **LEBRUNO, NA**. adj. Lo que toca o pertenece à Liebre […] (*Autoridades*, 1734: s.v.).

Al ser *lebruno* un adjetivo denominal que tiene como base el sustantivo *liebre* —con un esquema de derivación N-*uno* 'semejante a la liebre'—, y dado que la propia base figura en la definición, resulta pertinente consultar la entrada correspondiente a dicha voz:

> **LIEBRE**. s. f. Animal mui semejante al conéjo; aunque mayor de cuerpo y más encendida de color. […] (*Autoridades*, 1734: s.v.).

La primera edición del diccionario usual de 1780 aporta una definición mucho más precisa que incluye una primera referencia cromática ligeramente más concreta a nivel cromático:

> **LIEBRE**. s. f. Animal quadrúpedo algo mas [sic] grande que el conejo. Su color es entre bermejo y bárceno todas las partes del cuerpo hasta las plantas de los pies […] (*DRAE*, 1780: s.v.).

Es decir, se partiría de una tipología de pelaje que incluiría tonalidades pardas (más claras u oscuras), blancas y negras —que corresponderían a las tonalidades propias de **barcino**—, pudiendo abarcar también pelo de color rojizo que destacaría especialmente en algunos casos (lo que incluiría el matiz bermejo y la tonalidad rojiza que también puede aparecer en las capas barcinas).

Esta referencia cromática (que podría considerarse como general de la capa), no obstante, ha ido variando a lo largo de las distintas ediciones del diccionario académico, si bien se ha mantenido en el mismo espectro que establecía el *DRAE* de 1780: «pardusco que tira a bermejo» (*DRAE*, 1803); «lomo bermejo oscuro» (*DRAE*, 1817); «negro rojizo en la cabeza y lomo, leonado en el cuello y patas, y blanco en el pecho y vientre» (*DRAE*, 1899). La última referencia se mantuvo hasta la vigesimosegunda edición de 2001, desapareciendo en la vigesimotercera de 2014.

Terreros emplea *lebruno* para describir el plumaje del zarapito, pero en la entrada correspondiente a *liebre* no hace referencia alguna al color de su pelaje:

ZARAPITO, ave de color pardo, ó lebruno, [...] (Terreros, 1788: *s.v.*).

Autoridades describe el plumaje del zarapito como «algo mas [*sic*] pardo que el de la liebre, y como el Alcotán» (1739: *s.v.*). Alcotán aparece definido como un tipo de halcón, y el halcón se caracteriza por la tonalidad cenicienta de sus plumas, si bien es cierto que su primer plumaje presenta tonalidades más rojizas (*vid.* **soro**).

Akal (*s.v. liebre*) caracteriza la tonalidad como «pardo anaranjada, predominante», pero también apunta matices «pardo amarillentos», «blancos», «pardo negruzcos» y «ámbar oscuros», concordando de este modo con las tonalidades propuestas: ***pardo***, ***rojo***, ***leonado***, ***blanco*** y ***negro***.

La referencia cromática que se propone para *lebruno*, por tanto, sería bastante similar a la indicada para ***conejo***, esto es, parda —más o menos oscura en función del pelaje blanco o negro—; pero, en este caso, habría que tener en cuenta la presencia de tonalidades rojizas más o menos vivas («más subidas»).

En lo que respecta a sus documentaciones en corpus de corte diacrónico, *lebruno* presenta únicamente 3 concordancias tanto en CORDE como en el CDH, si bien solo uno de ellos hace referencia a bóvidos. Las otras dos documentaciones son extensiones metafóricas:

> «Llegaron las primeras reses. El madrinero, un toro *lebruno*, se detuvo, de pronto, ante el higuerón [...]» [Gallegos, R. (1929). *Doña Bárbara*. Extraído de: CORDE]

Teniendo en cuenta que las tres concordancias figuran en una obra del siglo XX, los ejemplos aportados por *CorLexIn* permitirían atestiguar el uso de la voz tres siglos antes.

Aunque se ha indicado que *lebruno* no presentaba, en principio, una acepción en su entrada con un contenido explícitamente cromático, lo cierto es que sí que figura una con este valor desde la edición de 2001 del diccionario académico; pero aparece acompañada de una restricción diatópica y, curiosamente, presenta una referencia cromática distinta a la esperada:

> **lebruno, a.** 3. adj. *Ven.* Dicho de una res: de color blanco amarillento (*DRAE*, 2001: *s.v.*).

Las documentaciones de CORDE y CDH corroborarían la presencia y pertinencia de esta marca —Rómulo Gallegos es de origen venezolano—, por lo que habría que entender ese *lebruno* como 'blanco amarillento'. Sin embargo, llama particularmente la atención el cambio de referencia cromática, más similar a las propuestas para otros colores como ***jabonero***. Este hecho podría responder a la consideración de ítem léxico propio del español peninsular que se ha postulado para *jabonero*: al quedar vacía la casilla correspondiente a la denominación de este tipo de pelaje, *lebruno* habría ocupado dicho lugar, si bien parece que la referencia cromática no acaba de encajar totalmente.

Sin embargo, algunos diccionarios documentan un valor para *lebruno* 'barroso subido' (Alvarado, 1929: *s.v.*) en Venezuela, hecho que sí que permitiría relacionar *lebruno* con **barroso** y *jabonero* y corroboraría la referencia 'crema, café con leche, castaño claro'. El *DAm* la recoge empleando prácticamente la misma definición e indicando que la voz se emplea en el centro de Venezuela.

No se registran documentaciones más recientes para la voz ni en CREA ni en CORPES, por lo que parece una voz en claro retroceso; sí que figura, tal y como se ha indicado, en la última edición del *DLE* de 2014.

Por otro lado, ha quedado demostrado a partir de la búsqueda del término en corpus académicos y en *CorLexIn* que su uso con este valor —aplicado en este caso concreto a la similitud cromática— parece ligarse, casi exclusivamente, a la provincia de Segovia.

Lebruno, en conclusión, puede considerarse como un adjetivo cromático denominal ligado al ámbito del pelaje bovino y que se caracterizaría por hacer referencia a tonalidades pardo-rojizas más o menos vivas y con posibilidad de presencia de tonos blancos y negros. Además, presenta una referencia cromática alternativa diatópicamente restringida a Venezuela que abarcaría tonalidades más próximas al blanco amarillento «crema» o «café con leche».

LEONADO

Documentaciones seleccionadas en *CorLexIn*:

- Vna ropa, y basquiña *leonada* con pasamanos de colores (Albacete, Ab-1642)
- Vn ferreruelo y vn capotillo y vnos calzones de paño *leonado*, vssado (Cifuentes de Rueda, Le-1648)
- Vn sayco *leonado* con terçiopelo negro (Olmeda del Rey, Cu-1625)
- Vn sayco destameña negra con mangas *leonadas* (Olmeda del Rey, Cu-1625)
- Yten, un deuantal *leonado*, guarneçido, tasado en vn ducado (San Medel, Bu-1639)
- De vnas mangas de gorgorán pajiço y *leonado* con vna caracolica de oro (Atienza, Gu-1640)
- Yten, vna basquiña de raja *leonada* y un jubón de perpetuán *leonado* (Cuenca, Cu-1622)
- Más, un paño de olanda labrado de seda *leonada* a lo morisco (Bercial de Zapardiel, Av-1650)
- Dos camisas deshiladas, vna negra y otra de pita *leonada* (Córdoba, Co-1650)
- Dos varas y media de philipichín *leonado* angosto (Medina de Rioseco, Va-1645)
- Una colcha y rodapiés berde y blanco de seda y capullo con flueques blancos y berdes y aforrado en tafetán *leonado* (Montefrío, Gr-1622)

- Una ropa de damasco *leonado* y negro (Vergara, SS-1632)
- Vn par de chapines de terciopelo verde de Castilla, con sus chapillas de plata, y otro par de cordouán, *leonados* (Ciudad de México, México-1622)
- Otra alfonbra de çinco baras de largo, berde y colorada, con flueco destanbre *leonado* a los cantos (Albacete, Ab-1642)
- Yten, diez y nueve cor[…]tinos finos color *leonado* (Almería, Al-1659)
- Dos caueçeras de cama labradas con seda, la una açul y la otra *leonado* (Cieza, Mu-1661)
- Yten, vna antepuerta de colores *leonado* y blanco, de algodón (Cuenca, Cu-1622)
- Dos sobrecamas la vn<a> *leonada* de labores de manteles y la otra de estameña açul (Valderas, Le-1647)
- Yten, vn rosario *leonado* de búfano (Cuenca, Cu-1622)
- Vna gargantilla de granates finos *leonados* (Vélez Blanco, Al-1649)
- Çinco sillas *leonadas* usadas (Medina de Rioseco, Va-1645)

Ejemplo del recurrente patrón lexicogenético N-*ado* en el ámbito cromático, *leonado* parte de sugerencia origen animal: el color de del pelaje del león, es decir, rubio, ocre o dorado oscuro.

La voz ya aparece recogida con valor cromático tanto en Covarrubias y Rosal como en el *Diccionario de autoridades*, por lo que puede considerarse un adjetivo cromático genuino:

LEONADO, es vna color rubia del pelo del leon [*sic*] (*Tesoro*: *s.v.*).
Leonado, color de pelo de Leon [*sic*] (Rosal, *op. cit.*: *s.v.*).
LEONADO. adj. Lo que es de color rúbio obscuro, semejante al del pelo del León […] (*Autoridades*, 1734: *s.v.*).

Las referencias lexicográficas dibujan, por tanto, una tonalidad localizada entre el amarillo y el rojo, dada la relación que posee **rubio** con los colores **rojo** y **amarillo** y la comparativa que las tres obras establecen con el color del pelo del león; a pesar de que ni Covarrubias ni *Autoridades* hacen referencia a la tonalidad del pelaje del león en la entrada correspondiente al animal.

La primera edición que alude al color del pelaje del león es la 4.ª de 1803, describiendo un pelaje «roxisco por el lomo y anteado por el vientre y costados» (*DRAE*, 1803: *s.v. león*); **anteado** se define, asimismo, como «espécie de colór dorado baxo» (*Autoridades*, 1726: *s.v.*), lo que apunta claramente a una coloración dorada oscura, cercana al castaño claro.

La definición propuesta por *Autoridades* se ha mantenido prácticamente inalterada a lo largo del resto de ediciones del diccionario académico, si bien la edición actual de 2014 ha optado por un modelo de definición sin remisiones (ya que el otro exigía consultar la entrada *león*) y que ofrece una referencia cromática clara:

> **leonado**. 1. adj. Dicho de un color: Amarillo rojizo, como el del pelo del león (*DLE*: s.v.).

El *Diccionario Akal del Color* no aporta ningún tipo de información que los anteriores testimonios no hubiesen consignado, puesto que caracteriza a la tonalidad como perteneciente a la familia del rubio y la distingue por su matiz oscuro (*s.v. leonado*). Podría entenderse, por otro lado, como una tonalidad a medio camino entre el dorado y el marrón claro —de ahí el dorado «bajo», oscuro—.

En conclusión, los testimonios lexicográficos consultados invitan a considerar a *leonado* como un adjetivo cromático con el valor 'dorado oscuro, ocre, marrón claro' que evocaría el color del pelo del león. No sería propiamente una tonalidad marrón, quizá podría tildarse de «amarronada»; pero sí un color bastante próximo a dicha coloración.

Aparece documentado en CORDE desde 1441[164] y posee un total de 890 documentaciones. El CDH, por su parte, registra 1058 concordancias en 356 documentos. El testimonio de CORDE, además, adelantaría la fecha propuesta por el *DECH* de 1490 —el *Universal Vocabulario* de Alfonso de Palencia— como fecha de primera documentación:

> «otro jubón falsado de paño *leonado*» [Anónimo (1441). *Inventario de los bienes de Diego López de Ayala, tercer señor de Cebolla*. Extraído de: CORDE].

La abundancia de casos documentados que pueden obtenerse de la voz *leonado* en ambos corpus refleja un elevado índice de uso, al menos entre el siglo XV y los primeros años del siglo XXI.

Respecto a las restricciones semánticas y combinatorias que presenta o puede presentar el término, los ejemplos de *CorLexIn* ya evidencian una valencia combinatoria relativamente amplia, si bien solo hace referencia a objetos y, especialmente, a objetos relacionados con el ámbito textil. No obstante, también se documentan otros ejemplos en los que *leonado* aparece combinado con

---

164 CORDE posee una documentación anterior, pero esta no figura con una fecha exacta, por lo que ofrece un intervalo de datación entre 1400 y 1500: «Color *leonado* de vrina» [Anónimo (c1400–1500). *Traducción del Compendio de la humana salud de Johannes de Ketham*].

otros términos que, o bien no tienen relación directa con el ámbito textil o bien no presentan ningún tipo de relación.

Si se limitan diacrónicamente las concordancias obtenidas en CORDE (358) y el CDH (95) al siglo XVII, se obtiene una serie de ejemplos que permite establecer una valencia combinatoria para *leonado* mucho más amplia. Además de encontrar nuevos ejemplos para referentes textiles o elementos de menaje, *leonado* aparece combinado con realidades muy dispares tales como vegetales, referentes humanos (predicado del color del pelo, la piel, etc.) o diversos referentes animales.

A partir del siglo XVIII, el término parece presentar un menor índice de uso y en las documentaciones de los siglos XIX y XX ganan protagonismo otros ámbitos léxico-temáticos como el vegetal o el animal, si bien estos ya habían cobrado cierta relevancia durante el siglo XVI con las documentaciones correspondientes a los cronistas del Nuevo Mundo, ya que es un término frecuentemente empleado en las crónicas a la hora de describir la fauna y flora propias del continente americano.

En lo que respecta a la distribución diatópica de *leonado*, los ejemplos documentados en *CorLexIn* muestran una amplia distribución geográfica de la voz, tanto en el ámbito peninsular como en América, corroborándolo en este último caso las documentaciones presentes en los corpus académicos. Puede establecerse, por tanto, que *leonado* es una unidad léxica que no presenta restricciones de corte diatópico, esto es, es un término del español general, no marcado o estándar.

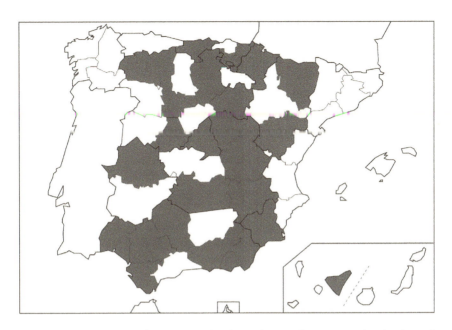

Mapa 6. Provincias en las que se localiza alguna documentación de *leonado* (Fuente: *CorLexIn*)

Ya que *CorLexIn* trabaja únicamente con documentos en español (pertenecientes, eso sí, a todo el dominio hispánico), no se recogen testimonios de la franjas oriental (zona de dominio lingüístico catalán) y occidental (zona de dominio lingüístico gallego), hecho que supondría la existencia de términos propios de las lenguas catalana y gallega que presentarían el mismo significado —o uno bastante aproximado— que *leonado*.

En el caso de la franja oriental, el catalán posee dos términos para hacer referencia al color amarillo rojizo similar al pelaje del león: *lleonat* —con la misma raíz que *leonado*— y *falb*, del latín tardío (latín *vulgar* según el *DECH*, s.v. *overo*) FALVUS (cf. fr. *fauve* 'amarillo que tira a rojo'; it. *falbo* 'color de caballo amarillo oscuro') y este del germánico FAWL (al. *falb/fahl* 'amarillento, pálido')[165].

---

165 Curiosamente, el *DNV* (s.v. *falb*) ofrece una referencia cromática distinta, ya que lo considera 'gris fosc', esto es, gris oscuro. El *DCVB* (s.v. *falb*) indica que «[e]l significat "d'un color entre roig i groc com el lleó", que dóna el diccionari Fabra [se refiere al *Diccionari general de la llengua catalana* de Pompeu Fabra (1932)], concorda amb l'etimologia, però no amb l'ús real del mot». Aunque el *DDLC* contempla

Para la franja occidental, el *DRAG* incluye *leonado* con el valor propuesto; pero también recoge *flavo* como 'de cor amarela avermellada', voz que procedería del latín FLAVUS 'amarillo, dorado, rubio' —voz que también se documentaría en castellano, si bien el *DECH* lo considera un latinismo «muy raro» (*s.v. flavo*)—. No obstante, para el gallego —y el portugués— habría que contemplar un tercer contendiente, *fulvo* (lat. FULVUS 'amarillento, leonado'), ausente en el *DRAG*; pero registrado por varios diccionarios gallegos entre 1933 y 1979 (disponibles en RILG), ofreciendo todos ellos 'amarillo tostado' —bastante cercano al *leonado* castellano— como definición del término. La consideración general desde el punto de vista lexicográfico para *flavo* y *fulvo* es la de tratarlos como sinónimos, si bien algunos diccionarios apuntan que *flavo* es más propio del nivel culto o de un registro poético.

El TILG solo documenta un caso de *flavo* empleado como adjetivo de color del primer tercio del siglo XX; mientras que CORGA —que maneja la franja temporal 1975–2015— no posee ninguna documentación de *flavo* o *fulvo*, por lo que puede considerarse como un término en desuso dentro del contexto del gallego actual.

Por último, en lo que respecta a la vigencia actual de la voz, *leonado* figura en la edición actual del *DLE* (2014) sin ningún tipo de marca diatópica o diacrónica, por lo que se la considera como una voz propia del español general y cuyo uso sigue vigente en la actualidad. Dicha vigencia se vería corroborada por los testimonios de CREA (75 de un total de 78) y CORPES XXI (106 concordancias del total de 108 que ofrece la búsqueda).

El color dorado o rubio oscuro —dorado bajo, marrón claro, ocráceo— que caracteriza al pelaje del león se constituye como la sugerencia origen del adjetivo *leonado*. Un adjetivo que desde sus primeras documentaciones demuestra poseer un amplio abanico combinatorio que se irá ampliando con el paso del tiempo y del que *CorLexIn* destaca su posibilidad de predicación de referentes textiles —referente mayoritario en el contexto del siglo XVII y que irá perdiendo fuerza frente a otros como vegetales o animales—.

---

tanto el valor de 'leonado' como el de 'gris oscuro', el *DIEC2* solo refrenda el valor 'amarillo rojizo'.

LIMONADO

Documentaciones en *CorLexIn* y en fondos documentales inéditos de *CorLexIn*:
- Más, otro sayuelo de Segovia, *limonado*, en sesenta rales (La Alberca, Sa-1600)
- Vna mantellina de baieta de Castilla, *limonada*, con puntas de porselana (Cuzco, Perú-1680)

Tal y como se había reseñado en entradas anteriores, hay determinadas bases nominales que pueden optar tanto por procesos de parasíntesis como de derivación a la hora de dar origen a adjetivos, especialmente en el ámbito cromático. Este fenómeno afecta también al sustantivo *limón*, cuya forma adjetiva parasintética **alimonado** ha sido comentado en la entrada correspondiente.

En este caso, el objeto de estudio es el resultado obtenido por derivación, *limonado*. De nuevo, la referencia cromática propuesta es 'del color del limón', 'amarillo (pálido)'.

Al contrario que en el caso de *alimonado* —que presentaba una escasa presencia en diccionarios—, *limonado* se encuentra ampliamente representado y recogido en el ámbito lexicográfico, figurando ya en el *Tesoro* de Covarrubias en la entrada correspondiente a *limón* —si bien sin una referencia cromática acotada—:

LIMON [...] Limonado, color de limon [...] (*Tesoro*: s.v.).

No figura en este caso en el diccionario de Rosal, pero sí en *Autoridades*, con el mismo significado que defendía Covarrubias y, en este caso, con lema y entrada independientes. *Autoridades*, además, señala la condición de voz derivada del término y su base nominal:

LIMONADO, DA. adj. Lo que es de colór de limón, de cuyo nombre se forma esta voz (*Autoridades*, 1734: s.v.).

La referencia cromática, por tanto, sería la misma que en el caso de *alimonado*, principalmente 'amarillo' o, ya que es la tonalidad que suele emplearse prototípicamente a la hora de describir el color del fruto del limonero. El diccionario *Akal*, de hecho, remite la entrada *limonado* a *alimonado*, reforzando la relación entre ambas denominaciones para aludir a la misma tonalidad.

Respecto a sus documentaciones en CORDE y CDH, son mucho más abundantes que en el caso del resultado parasintético, no obstante, el uso como adjetivo cromático aparece mucho menos representado. CORDE registra 164 resultados para *limonado* y sus variantes flexivas, si bien son solo 2 las que se corresponden con el valor cromático:

> «[…] no pudieron faltarles borceguies Marroquies, *limonados* y argentados con oro: […]» [Monforte y Herrera, F. de (1622). *Relación de las fiestas que ha hecho el Colegio Imperial de la Compañía de Jesús de Madrid*... Extraído de: CORDE].
> «[…] el verdegay o *limonado*, desesperanza y tormento; […]» [G. de Amezúa y Mayo, A. (1941). *Discurso de contestación a la recepción ante la RAE de F. García Sanchiz*. Extraído de: CORDE].

La concordancia fechada en 1622 se presenta, además, como la primera documentación del término, pudiendo adelantarse esta al año 1600 gracias al ejemplo de *CorLexIn*.

En el caso de CDH, se registra un total de 395 documentaciones, pero solo en 3 de ellas (4 si se tiene en cuenta un posible uso dudoso) *limonado* se adscribe a la categoría de los adjetivos y responde al valor cromático propuesto. Dos de ellos son los anteriormente reseñados en CORDE, por lo que aquí se incluye únicamente el genuino de este corpus (si bien en este caso complementa a *amarillo*):

> «[…] un cierto imperio del color, a la que ha sometido siempre sus visiones, y en el que a los húmedos verdes azulados y a las herrumbrosas tierras, añade carmesíes y granates, naranjas y gualdos, amarillos *limonados*, […]» [*ABC Cultural* (20/09/2016). Extraído de: CDH].

Por último, respecto a la presencia del término en el castellano actual, *limonado* arroja 1 total de 237 casos en CREA de los que solo 1 (2 si se tiene en cuenta 1 caso dudoso) documenta el valor analizado. CORPES XXI, ofrece 370 resultados para *limonado*; pero, de nuevo, el índice de uso de este término como adjetivo cromático es muy escaso, puesto que tan solo un ejemplo ilustra este valor:

> «Esta cámara percibe sus facetas gestuales, pero no el taimado brillo de sus ojos *limonados*» [Gil, E. (2008). *Virtus*. Extraído de: CORPES XXI].

Puede apreciarse, por tanto, cómo a pesar del mayor número de documentaciones en corpus, el número de testimonios en los que *limonado* se emplea con el valor de adjetivo cromático es extremadamente reducido. Este hecho podría estar condicionado, en primer lugar, por la existencia —y preferencia— por la forma parasintética *alimonado*, que presenta un mayor número de concordancias con valor cromático; no obstante, el bajo índice de uso también podría achacarse a la existencia y competencia de formas con un contenido mucho más general desde el punto de vista semántico y cromático que resultarían más útiles a la larga que formas tan especializadas en su referencia como *limonado* —por ejemplo, el propio **amarillo**, que presidiría la familia de tonalidades a la que el propio derivado pertenece—.

Limonado se caracteriza —al igual que su homólogo parasintético *alimonado*— por poseer una referencia cromática que alude a tonalidades amarillas; sin embargo, y a pesar de aparecer definido propiamente como 'del color del limón', presenta un índice de uso muy bajo, menor incluso que el de *alimonado*, por lo que: a) debería indicarse mediante una marca diacrónica el carácter de desuso de la voz; b) se confirma nuevamente la tendencia de uso de términos cromáticos parasintéticos frente a formas derivadas con la misma base lexicogenética.

LORO

Documentaciones en *CorLexIn*:

- Un becerro de quatro años, su color buro y otro más pequeño, de dos años, *loro* (Arroyuelos, Campoo, S-1658)

El laurel juega un papel fundamental en la delimitación cromática de *loro*, un adjetivo interesante desde el punto de vista cromático y capaz de hacer referencia hasta a dos tonalidades distintas condicionadas por la diatopía.

La voz *loro* aparece ya registrada en el diccionario de Rosal, si bien no se hace referencia directa al color, sino a una de las múltiples denominaciones que reciben los mestizos americanos (*vid. loro* en Alvar, *op. cit.*):

Loro, llamaban al esclavo que agora decimos Mulato, no bien negro, del Latino Lora, que es agua *a* [*sic*] píe[166], o vino segundo, que tiene este color, al qual decía el Latino Luridum, y nosotros Clarete (Rosal: *s.v.*).

La referencia al color aparece en *Autoridades* en una subacepción de *loro* 'papagayo', aunque ya figuraba en varios diccionarios bilingües como el de Nebrija, Percival (1591), Oudin (1607) o Vittori (1609):

LORO. Se llama también lo que está entre blanco y negro. Dícese comunmente del trigo antes de llegar a su perfecta maduréz, [...] (*Autoridades*, 1734: *s.v.*).

Si bien la referencia al trigo puede resultar extraña, ya que el color característico del trigo no suele asociarse a tonalidades existentes entre el blanco y el negro, existen variedades de trigo más oscuras como el trigo *morato/moreno* o el *moro/moruno*.

Dejando a un lado la controversia que la definición pueda generar, la propuesta de *Autoridades* concordaría con la expuesta por Rosal, ya que la piel del

---

166 «Lo mismo que agua corriente, ù de fuente, à diferencia de la de los Pozos y, Norias» (*Autoridades*, 1726: *s.v. agua*).

mulato podía ser más clara u oscura al descender de una persona de raza blanca y otra de raza negra.

La primera edición del diccionario usual de 1780 enmienda la definición y ofrece una nueva tonalidad que también comparten, como se verá posteriormente, el portugués y el gallego:

> LORO. Se llama también a lo que está rubio, ó amarillo. Dícese comunmente del trigo [...] (*DRAE*, 1780: *s.v.*).

La alusión a **rubio** y **amarillo** —ahora sí, esperables en una comparativa con el trigo— se mantendrá hasta la 5.ª edición de 1817, edición en la que *loro* volverá a hacer referencia a tonalidades amulatadas y próximas a **moreno** y a **negro**. La definición propuesta por la quinta edición es la que se ha mantenido en el resto de ediciones incluida la 23.ª y actual de 2014:

> LORO. Lo que es de un color amulatado ó de un moreno que tira a negro (*DRAE*, 1817: *s.v.*).

El *Diccionario Akal del Color* opta, en primer lugar, por un valor cromático 'verde semiclaro' acudiendo a la «pigmentación foliar predominante (haz) del árbol lauráceo homónimo» —posibilidad cromática esperable, por otro lado—. Su segunda propuesta también se mantendría en la órbita del verde, puesto que la relaciona con la morfología del papagayo, que, a pesar de la variedad cromática de su plumaje, se caracteriza por la predominancia de dicha tonalidad.

Finalmente, en el caso de la tercera opción, *Akal* recoge el testigo lexicográfico de Rosal y *Autoridades* al indicar que *loro* también puede emplearse como sinónimo de *mulatizado* o *negruzco* o con el significado de «moreno muy oscuro o negruzco».

La propuesta cromática que se propone para *loro*, en principio, es 'moreno, negruzco', una hipótesis que partiría del color de las hojas del laurel, su sugerencia origen; pero no exactamente de su color verde, sino del matiz oscuro que las caracteriza.

El *DECH* propone el año 930 como fecha de primera documentación en documentos leoneses bajo la forma sin monoptongación *lauro* (< LAURUS), fecha que se correspondería con el siguiente documento perteneciente al monasterio de Sahagún:

> Et ego Gudesteo una cum uxore mea et filiis vendimus vobis villan nostram propriam in rivulo de Fonte Fascasia de succo antiquo ubi habuimus casa et molino, per termino de Venantio usque in termino de Sancta Maria usque in illa gabanz, et de alia parte per gandaras usque in termino de Morias. Et accepimus de vos in precio una vacca *laura*. / In era DCCCC [L]XVIII (Sh-34, 930).

Pueden encontrarse algunos ejemplos más de *lauro* en cuatro documentos medievales leoneses pertenecientes al Archivo de la Catedral de León y al monasterio de Otero de las Dueñas: «uaka *laura* per colore» (CL-435, 974); «uaka per colore *laura*» (CL-870, 1030); «boue per colore *lauro*» (OD-137, 1021); «boue I per colore *lauro*» (OD-179, 1027).

CORDE documenta un primer caso de *lauro* en 1069 (aunque sin referencia a 'color'). Respecto a la primera documentación de *loro* en los corpus académicos, el primer registro de CORDE corresponde a 1250:

> [...] ay d'ellos [sagres, un tipo de ave rapaz] que son ruçios, e ay d'ellos uermejos que tornan en ruçio e d'ellos negros, e d'ellos amariellos e d'ellos uerdes, e d'ellos *loros* que son mezclados entre uermejo y negro [Toledo, A. de (1250). *Moamín. Libro de los animales que cazan*. Extraído de: CORDE].

De las 1020 documentaciones que pueden localizarse en CORDE para la voz *loro*, 98 de ellas hacen referencia a 'color' (si bien la alusión a dicho valor no está totalmente clara en 6 de ellas). Dentro del marco temporal concreto del siglo XVII, se documentan 41 casos, correspondiendo casi la mitad de ellos (17 con 1 único caso dudoso) al valor de 'color'.

Respecto a las documentaciones de la voz en el CDH, de las 2286 concordancias que *loro* posee en este corpus, 542 se localizan en el corpus nuclear y 379 de ellas corresponden a *loro* con valor adjetivo. De estas 379, tan solo 12 presentan el significado de 'color' y tienen una distribución temporal muy irregular: 1 en el siglo XIII, 4 en el XIV, 1 en el XV y 5 en el siglo XVI.

Por último, de los 713 casos que CREA ofrece para *loro* y sus variantes, solamente 2 hacen referencia al significado 'color':

> «[...] se hace una velada con blanquitos de la plaza disfrazados de indios, con coyuco [...] y un poco de hollín, porque algunos indios carasucia, como los *loros*, había por Aregue antes, antes» [Morón, G. (1986). *El gallo de las espuelas de oro*. Extraído de: CORDE].
>
> «En los documentos de venta de esclavos era frecuente que se utilizaran diversos términos para registrar las variaciones en el color de la piel: atezado, prieto, pardo, moreno, *loro* (de leonado), membrillo, etc.» [Évora, T. (1997). *Orígenes de la música cubana. Los amores de las cuerdas y el tambor*. Extraído de: CORDE].

A partir de la comparativa entre las documentaciones proporcionadas por los corpus académicos, puede observarse el elevado número de concordancias en las que *loro* complementa a un ser humano para hacer referencia —como ya se había mencionado a propósito de la entrada de la voz en el diccionario de Rosal— a un tipo de raza mestiza o casta. *Loro*, por tanto, puede incluirse entre aquellos términos que, teniendo un origen enormemente ligado al ámbito animal (tal y como demostrarían las primeras documentaciones de *loro* en los documentos leoneses, las concordancias de CORDE y el propio ejemplo de partida de *CorLexIn*), acaban ampliando su valencia semántica valiéndose de la similitud entre el rasgo animal y alguna característica concreta del mestizo que permita diferenciarlo del resto de castas. En este caso en particular, de hecho, la combinación de *loro* + [+humano] ofrece un rendimiento funcional muy superior al original *loro* + [+animal].

Por otro lado, si bien se ha establecido —a partir de las referencias lexicográficas y las documentaciones— que la referencia cromática de *loro* abarca tonalidades oscuras que oscilan entre el amulatado, el moreno y el negro, lo cierto es que no todos los romances peninsulares la comparten.

Loro proviene del latín LAURUS 'laurel', árbol caracterizado por el color oscuro del verde de sus hojas, matiz que, según Corominas y Pascual (*s.v. loro II*), habría heredado *loro*. Este valor se habría mantenido también en catalán, lengua en la que el étimo latino habría dado como resultado *llor*:

> **llor²**, **-a**. *adj ant* Bru fosc, dit especialment de la persona de pare blanc i mare negra, o viceversa (*Diccionari*: *s.v.*).
> **2. llor, llora**. *adj.* ant. De color fosc; nat de pare blanc i mare negra, o viceversa; cast. *mulato* (*DCVB*: *s.v.*)[167].
> **llor²** -a adj. [LC] Bru fosc (*DIEC2*: *s.v.*).
> **llor²** -a. 1. adj. De color fosc. 2. adj. i m. i f. Mulat 1 (*DNV*: *s.v.*).
> **llor, a** a. – Loro, mulato (Albertí, 1974: *s.v.*).
> **llor** –a *adj.* Bru fosc (Fabra, 1981: *s.v.*).

Sin embargo, el *DECH* ya alude a la mudanza de la referencia que ciertos colores presentan en función de su distribución geográfica en la propia entrada *loro*:

> Está claro que las manchas negruzcas son lo más característico, lo que llama la atención de la vista, en la capa de estos animales. Pero también es cierto que un adjetivo aplicado en todas partes al color de los animales estaba muy sujeto a mudanzas de

---

167 El *DCVB* propone como étimo LŪRIDUS 'pálido, cetrino, amarillento', que habría dado resultados en castellano (*lerdo*, aunque con etimología discutida), catalán (*llort*), francés (*lourd*), portugués (*ludro, lerdo*) o italiano (*lordo*) (*REW*: 5176; *DECH*: *s.v. lerdo*). El *DCVB*, sin embargo, da a LŪRIDUS el significado 'de color fosc, lívid tirant a negre', acepción que podría concordar con De Miguel (2000: *s.v. lūridus*) al afirmar este que, en Horacio, se emplea con el significado de 'negro, sombrío'. Segura Munguía (2001) no reconoce dicho valor. Respecto al resultado propuesto por Meyer-Lübke para el catalán, los diccionarios consultados y el *DECLC* registran *llord*, pero no *llort*.

sentido, a causa de los infinitos matices que pueden distinguirse en los mismos, y el caso frecuente de la abigarradura o piel manchada (*DECH*: *s.v. loro* II).

Esta advertencia responde al hecho de que el portugués y el gallego poseen una referencia cromática distinta para *loro*, si bien el gallego presenta una situación particular:

> Luego no es de extrañar que el port. *louro* presente un sentido discordante, «de cor media entre o branco e cor de ouro, como as das espigas secas», es decir, en una palabra, 'rubio' [...]; sin embargo, esta ac. no fué [*sic*] general en el idioma vecino, pues en gallego, aunque existe *louro* en el sentido portugués [...], tiene también la ac. castellana (bois *louros*) y aún puede llegar a ser sinónimo de 'negro', p. ej. en Betanzos [...] (*id.*)[168].

Para el gallego y el portugués, lenguas en las que el étimo habría dado como resultado *louro*, se confirmaría la teoría expuesta por Corominas y Pascual, ya que las entradas que pueden encontrarse en diccionarios de portugués para *loro* hacen referencia a un color dorado o amarillo[169]:

> **louro, a** I. adj & m, f rubio(a) (Ostojska Asensio, 2001: *s.v.*).
> **louro, ra**. *adj.* rubio, dorado (Ortega Cavero, 1977: *s.v.*).
> **louro**³. 1. Que tem a cor amarelo-tostado, a cor média entre o dourado e castanho-claro (Buarque de Holanda, 1986: *s.v.*).
> **louro** [...] adj. flavo; fulvo; de cor média entre o dourado e o castanho-claro (*Universal*: *s.v.*).
> **louro**. adjectivo 5. Que é da cor do ouro (*Priberam*: *s.v.*).

No obstante, el gallego se constituiría como una zona de «convergencia semántica», dado que pueden encontrarse ejemplos de *loro* tanto con el significado 'rubio' del portugués como con el significado 'oscuro, mulato' del castellano y el catalán. Si bien el *DRAG* no recoge actualmente el significado «castellano»

---

168   El *DECH* emplea, precisamente, esta mudanza cromática de *loro* para justificar el valor 'morado, violeta' de *roxo* en portugués actual —con especial atención al énfasis exclamativo que le otorga al significado de *loro* en portugués—: «Recuérdense casos de cambios no menos violentos: *loro* era primero 'verde oscuro', y luego fué [*sic*] 'moreno' en toda la Edad Media, ¡y el port. *louro* acabó por significar 'rubio'!» (*DECH*: *s.v. rojo*).

169   Nascentes (*s.v. louro*) señala la posibilidad de que el *louro* portugués tenga su origen en AUREU, siendo la *l-* un vestigio del artículo arcaico aglutinado —lo que explicaría el cambio tan brusco en la referencia cromática—, produciéndose posteriormente un solapamiento o confusión en gallego entre el *loro* castellano y el *louro* portugués.

del término, la búsqueda en RILG (tal como establecía el *DECH*) permite documentar su presencia en varios diccionarios y corpus:

> **louro, loura**. adxectivo 1. De cor castaña escura tirando a vermella, coma a da castaña madura. [...] 2. De cor castaña moi clara ou tirando á do ouro (*DRAG*: s.v.).
> **Louro**. Color pajizo. En port. id. (Rodríguez, 1863: s.v.).
> **LOURO**. Dorado, rubio como el oro, ó la espiga del maiz [sic] (Valladares Núñez, 1884: s.v.).
> **louro, ra**. Negro (Anónimo, c1845: s.v.)[170].
> **louro, ra**. 4. De color morado o violeta. En Lugo y Láncara, más que rubio significa morado. 5. Oscuro. [...] 7. Se aplica a los cuadrúpedos de color entre castaño y negro (Franco Grande, 1972: s.v.).
> **louro, a**. [...] de color castaño, más o menos claro según las localidades (García González, 1985: s.v.).

El *TILG* y el *Xelmírez* también ofrecen algunas documentaciones en textos de *louro* con valor de 'negro, moreno, oscuro, fosco':

> «E ascuitou hũa peça / e oyu falar os mouros // que yan cavar as vỹas, / deles brancos, deles *louros*; [...]» [Alfonso X (1264). *Cantigas de Santa María*. Extraído de: *Xelmírez*].
> «Sobre un tapiz dúa mesa máis *louro* do que é o carbón hai procesos, [...]» [Pardo de Andrade, M. (1813). *Os rogos d'un gallego establecido en Londres...* Extraído de: *TILG*].
> «Que sin a vontá de Dios, do olmo, sea *louro* ou albo, unha folla non se move!» [Fernández Morales, A. (1861). *Ensaios poéticos en dialecto berciano*. Extraído de: *TILG*].

En definitiva, podría hablarse de dos referencias cromáticas distintas y tres zonas diferenciadas: a) una primera zona que optaría por una referencia cromática caracterizada por tonos oscuros y que conservaría el matiz etimológico de LAURUS (castellano y catalán); b) una segunda zona que no habría mantenido el matiz etimológico y se habría decantado por una referencia cromática más cercana a tonalidades amarillas, doradas o castañas (portugués); c) una tercera zona de transición en la que coexistirían ambas referencias cromáticas, si bien, actualmente, parece prevalecer la gama de tonalidades amarillas y castañas (gallego).

Por último, en lo que respecta a la vitalidad léxica del término en la actualidad, *loro* figura en la última edición del diccionario académico; pero acompañada

---

170   La definición viene acompañada por el siguiente ejemplo: «*Sobre un tapiz dunha mesa, / máis louro do que un carbón*. [Estes [sic] versos pertencen a Os Rogos.- A palavra 'louro' no sentido de 'negro', 'moreno' usa-se em Betanzos, etc. .-J. L. de V*»], lo que corroboraría la afirmación de Corominas y Pascual (*vid. supra*) sobre el uso de *loro* con valor de 'negro' en dicha zona.

de la marca diacrónica «*p. us.*» 'poco usado' desde la edición de 1992, lo que indicaría un uso escasamente documentado a partir de 1900 (*DLE*: XLV). De hecho, parece que a principios del siglo XVII ya se consideraba una palabra propia del castellano antiguo, tal y como atestiguaría la siguiente documentación de CORDE:

> Ponen tambien y san razon en este mismo processo otro religioso deste mismo conuento, que se llamó fray Rodrigo de las Hormazas, hermano lego y muy parecido al pasado, no en el rostro, sino en el estremo de la vida y en el discurso de la religion. Dizen los testigos que era de rostro tan moreno que parecia loro (*assi se llama en su castellano antiguo*)» [Sigüenza, J. (1605). *Tercera parte de la orden de San Jerónimo*. Extraído de: CORDE].

Las documentaciones obtenidas a partir de los corpus académicos demuestran que es una unidad léxica cuyo máximo índice de uso se localiza entre los siglos XV y XVI, decayendo a partir del siglo XVII. Desde el año 1900 solo se documentan 5 casos y CORPES XXI tan solo posee una única concordancia del término con el valor de color, hecho que justificaría la presencia de la marca diacrónica en la definición académica.

Resultado patrimonial de LAURUS 'laurel', *loro* es un adjetivo documentado desde los inicios del idioma que ostentaría un valor 'moreno, negruzco' heredado del matiz oscuro que caracteriza el verde de las hojas de dicho arbusto lauráceo. No obstante, fruto de los devenires de la diatopía, la referencia cromática habría experimentado un cambio en el área portuguesa, en la que *louro* se habría escogido para aludir a coloraciones castañas o castaño amarillentas. Por último, el área gallega se habría constituido como zona de confluencia, pudiendo documentarse ambos valores del adjetivo —con una ligera preferencia, no obstante, por el valor portugués—.

MELADO

Documentaciones en *CorLexIn*:

- Vn paño azul con su flueco *melado*, en setenta reales (Argamasilla de Calatrava, CR-1662)
- Un par de medias de seda de mujer *meladas* (Badajoz, Ba-1653)
- Yten se ynbentariaron ocho baras de raja de color *melado* (Cacicedo, S-1635)
- Una cotilla de tafetán *melado* y dos mantos (Cieza, Mu-1661)
- Yten, otra tela de lama *melada* (Sevilla, Se-1640)
- Yten, setenta y quatro uaras de lamas de colores berde, açul, *melada* y parda en quatro pedaços (Sevilla, Se-1640)
- Vna sortixa de oro con nuebe piedras de color *melado* en zien reales (Totana, Mu-1660)

Como ya ha podido observarse en entradas anteriores, el esquema derivativo N+*ado* es especialmente productivo en el ámbito cromático a la hora de aludir a tonalidades específicas que presentan una relación con algún referente de la realidad. En el caso de *melado*, la sugerencia de origen —y base nominal del derivado— es el color amarillento o amarillento anaranjado que caracteriza a la miel.

El primer testimonio lexicográfico del término dentro del contexto del siglo XVII se localiza en el *Tesoro* de Covarrubias, donde *melado* aparece definido como «que tira a la color de la miel» (*s.v. meloso*). Ya que la entrada hace referencia a la sugerencia cromática de origen del término, *miel*, cabría esperar que en dicha entrada figurase información capaz de precisar la tonalidad a la que alude el adjetivo cromático analizado; sin embargo, la entrada no aporta ninguna referencia al color de la miel.

Rosal no incluye *melado* en su macroestructura, aunque sí *miel*; pero, nuevamente, tampoco hace referencia al color de dicha sustancia, por lo que aún no es posible determinar la tonalidad que designa *melado*.

Será el *Diccionario de autoridades* el que, finalmente, arroje algo de luz sobre el asunto, ya que —además de incluir *melado* como lema propio en su macroestructura— la remisión a *miel* resulta pertinente, al incluir dicha entrada información relativa a su color:

> MELADO, DA. adj. Lo que tiene colór de miel. Dícese regularmente de los caballos (*Autoridades*, 1734: *s.v.*).
>
> MIEL. s. f. Liquor algo espesso, amarillo, dulce, agradable y transparente, que forman las abejas de la substancia crassa de las flores, y encierran, guardándole para su sustento del Invierno, en las celdillas de cera, que a este fin han formado antes. Es bien conocido por su utilidad y uso, assí para el gusto, como para la medicina (*Autoridades*, 1734: *s.v.*).

La definición de *melado* no varía prácticamente a lo largo de la historia lexicográfica académica como tampoco lo hace la alusión al color de la miel, por lo que puede establecerse que, en principio, *melado* aludiría a la tonalidad amarillenta que caracteriza a la miel.

Por último, el *Diccionario Akal del Color* corrobora la referencia propuesta desde el ámbito lexicográfico, aunque añade ciertos matices a la tonalidad amarilla a la que alude *melado*:

> **melado**. Coloración semejante a la característica de la miel. // [...] Adjetivo que suele aplicarse al color amarillo cuya cromaticidad varía entre amarillo moderado y amarillo naranja débil (*Akal, s.v.*).

El adjetivo, por tanto, podría hacer alusión a tonalidades amarillentas; pero también abarcaría tonalidades amarillas con presencia de rojo, esto es, amarillo anaranjadas. *Akal*, además, caracteriza la tonalidad *miel* como «semiclara, naranja amarillenta y moderada» (*s.v. miel*), por lo que la posibilidad de que *melado* aluda a tonalidades amarillo-anaranjadas (ambarinas) no resultaría extraña.

Aunque *Akal* ofrece una mirada contemporánea de la coloración —y que, quizá, y por precaución, relegaría esta posibilidad cromática a un segundo plano—, también podría jugarse con la posibilidad de que 'amarillo anaranjado, ambarino' estuviese codificado ya en el siglo XVII dada la versatilidad que presentan **amarillo** o **rubio**.

La referencia cromática propuesta para *melado*, por tanto, es 'del color de la miel', es decir, amarillo o amarillo anaranjado, ambarino.

En lo que respecta a su fecha de primera documentación, CORDE ofrece un texto de finales del siglo XV en el que *melado* figura aplicado a capas equinas, posibilidad que figuraba en la entrada del término de *Autoridades*:

> «Gilbus. color de cauallo entre roxo & blanco. & al tal color llamamos *melado* color de miel» [Palencia, A. de (1490). *Universal vocabulario en latín y en romance*. Extraído de: CORDE].

CORDE incluye 126 resultados para *melado*, 36 de ellos si la búsqueda se restringe al siglo XVII. De esos 36 resultados, la mitad de ellos se corresponde con el valor cromático de *melado*, todos aplicados a équidos.

Según Terrado Pablo (*op. cit.*: 90), *melado* se emplea en el ámbito equino para designar a caballos «de color de miel», apareciendo como término secundario a la hora de matizar la tonalidad de capas como **castaño**, **overo**, *rucio o tordillo*; aunque puede aparecer como término primario sin necesidad de complementar a otra tonalidad. Villa y Martín lo identifica únicamente como pelaje propio de asnos:

> En el asno, el pelo más comun, al menos en nuestro país, es el llamado rucio, que es un pardo claro. Los hay tambien de pelo de rata, negros, blancos, tordos, castaños y rojos ó *melados*. La capa pia es bastante rara (1881: 419–420).

La concordancia del *Universal Vocabulario* de Palencia lo identifica como pelaje compuesto de pelo blanco y rojo, por lo que podría asimilarse a tonalidades similares a las del **bayo** o el *overo*.

Espejo Muriel (1996: *s.v. melado*), por otro lado, añade que, en la zona fronteriza con Brasil, *melado* se emplea aplicado a caballos de pelaje blanco, valor cromático que corrobora Odriozola (*op. cit.*: 140) a partir de una cita de Azara (1802: 140): «Yo he montado muchos Caballos, que llaman *Melados* y son totalmente blancos como la nieve». Además, Espejo Muriel (*loc. cit.*) indica que esta acepción de *melado* se da con frecuencia entre los hablantes de Rio Grande do

Sul, posibilidad cromática que documenta *Priberam* bajo el lema *melado* y que aparece restringida, precisamente, a dicha zona:

> **melado**. 2. Da cor do mel. [...] 8. [Brasil] Diz-se do cavalo que tem a pele e o pêlo amarelos. [...] 9. [Brasil: Rio Grande do Sul] Que sofre de albinismo, anomalia orgânica caracterizada por ausência ou grande falta de pigmento na pele, nos olhos, nos pêlos e no cabelo (*Priberam: s.v.*).

Melado, por tanto, se considera —en algunas zonas del portugués de Brasil— como un sinónimo de *albino*, lo que justificaría el porqué de poder aplicarse a caballos de color blanco, capa considerada como una de las menos frecuentes dentro del diverso abanico cromático equino. La mayor parte de caballos considerados como blancos son, en realidad, caballos con capas grisáceas (tordos, por ejemplo) muy aclaradas o caballos que presentan una dilución (*vid.* nota 71) muy acusada.

A este respecto, el *ALEA* (582) recoge un apartado dedicado a los resultados para *bayo* dentro del mapa «caballo *alazán*», en el que puede encontrarse un *melado* como sinónimo de *bayo* en Jaén —y un *melado* «burro pintado» en Sevilla (525)—. El *TLHA* documenta, además, un valor 'blanco' para *melado* (*s.v.*).

La *CLEx* (313) también incluye numerosos resultados de *mela(d)o* (y de *mielao* y *melano*) como denominación aplicada al caballo alazán, especialmente en la zona centro y suroccidental de Cáceres.

Eliminada la restricción cronológica, a los 18 resultados con valor cromático que se localizaban en el siglo XVII hay que sumarles 44 concordancias más que ilustran el valor cromático propuesto para *melado* (49 si se tienen en cuenta 5 casos dudosos), por lo que, finalmente, puede establecerse que casi la mitad de las documentaciones de CORDE (62 de 126) se corresponden con el valor analizado.

En los ejemplos anteriores al siglo XVII solo se documentan usos de *melado* aplicado a caballos, tal y como ocurría con las ya analizadas pertenecientes a dicho siglo, por lo que los ejemplos extraídos de *CorLexIn* se constituyen como la única muestra de la posibilidad combinatoria de dicho adjetivo con géneros textiles y prendas de vestir, amén de la posibilidad de aplicarse al color de gemas, tal y como ilustra el ejemplo en el que *melado* se emplea para referirse al color de las piedras de un anillo[171]

---

171 Uno de los pocos diccionarios que incluye una acepción cromática —si bien para el campo de la mineralogía— es el *Diccionario Nacional* de Ramón Joaquín Domínguez: «Miner. Epíteto calificativo de los minerales que osténtan el color y la transparencia de la miel» (1853 [1846-1847]: *s.v. melado*).

A partir del siglo XVIII, sin embargo, se puede observar una clara ampliación de la valencia semántica del adjetivo, si bien su combinatoria con referentes equinos sigue siendo la más frecuente. Esta posibilidad ya aparecía consignada en Terreros, que indicaba que «[l]o mismo se dice de cualquier otra cosa que tenga el mismo color» (1787: *s.v.*)[172].

CDH registra 176 casos para *melado*, pudiendo localizarse en él, además de los resultados ya reseñados en CORDE, 4 (5 si se tiene en cuenta un caso dudoso) genuinos de dicho corpus, si bien no aportan posibilidades combinatorias novedosas (amén de 2 ejemplos que no incluye CREA, pero sí la capa sincrónica de CDH).

En el ámbito sincrónico, CREA ofrece un número considerablemente menor de concordancias para el adjetivo: 24, 8 de ellas (12 si se tienen en cuenta 4 casos dudosos) con valor cromático. Por último, CORPES XXI parece rebatir el aparente desuso del término con 75 casos en la búsqueda de *melado*; pero tan solo 5 de ellos se corresponden con el valor cromático analizado. Además, al igual que en el caso de CREA, ya no se registran coapariciones en las que *melado* aluda a équidos.

Melado, en conclusión, es un adjetivo derivado de cuya base nominal *miel* hereda su referencia cromática 'amarillo, amarillo anaranjado'. Es un término estrechamente ligado al ámbito equino desde su origen, ya que en sus primeras documentaciones figura como posibilidad cromática (principal o secundaria) del pelaje de dichos animales. En algunas zonas de América (posiblemente influidas por el portugués de Brasil), no obstante, *melado* parece poseer una referencia cromática alternativa 'blanco' aplicada igualmente a équidos, si bien se contemplan otras posibilidades de referencia como el cabello humano.

---

172 En una de las documentaciones aparece la lexía *cabeza melada*. En el mismo texto hay una nota aclaratoria que indica que *cabeza melada* tiene el significado de «pelo completamente blanco de canas», lo que pondría en relación el valor ya comentado de *melado* 'blanco, albino' que se da en Río Grande do Sul. El texto de CORDE se localiza en Argentina, país limítrofe con el estado brasileño. El *DAm* no reconoce ningún valor cromático para *melado*, pero sí otros diccionarios de americanismos como el de Morínigo (1993: *s.v. melado*): «caballo blanco con visos de color de la miel» (Argentina, México, Puerto Rico). Esta acepción también aparecía registrada en el *Diccionario de la lengua española* de Alemany y Bolufer de 1917 (*s.v. melado*), «caballo de pelo blanco grisáceo» (México, Nicaragua, también aplicable a ganado vacuno y mular); «melado *frontino*, caballo castaño muy claro de cara blanca» (Venezuela).

MEMBRILLO COCHO

Documentaciones en *CorLexIn* y en fondos documentales inéditos de *CorLexIn*:

- Vn sclauo color *membrillo cocho* de hedad de catorçe años, llamado Bartolomé, se apreçió en çiento y ueinte ducados (Cieza, Mu-1624)
- Un esclauo moro nombrado Hamete, que será de beinte y dos años poco más o menos, color *membrillo cocho* claro, con una señal de herida en el pesqueso (Cádiz, Ca-1663)
- Tengo por mi esclaua cautiva a Nora, mora de nación de edad de cinquenta años [...] con una señal de herida en el carrillo del lado ysquierdo, color *membrillo cocho*, que pinta en canas, de buen cuerpo [...] (Cádiz, Ca-1666)

Dentro de las tonalidades alusivas al color de la piel —especialmente en las referencias que exceden el color de la piel «blanca»— se localiza la lexía *membrillo cocho*, alusiva a pieles de color moreno o amulatado con cierto viso dorado o amarillo rojizo, esto es, 'marrón claro, tostado, moreno claro'.

Tal y como afirma Congosto (2002: 223), «ninguno de los diccionarios, ni siquiera los de la época, recogen esta expresión como nombre de color, aunque es de suponer que sería habitual en un ambiente coloquial y popular». En efecto, a pesar de que tanto Covarrubias y Rosal como el *Diccionario de autoridades* incluyen en su lemario la voz *membrillo*, ninguna de las tres obras lexicográficas plantea una acepción en la que se refleje, al menos, el posible valor cromático de *membrillo* —menos aún la construcción *membrillo cocho*—.

La información que puede extraerse de dichas entradas, además de las propuestas etimológicas, solo alude a la morfología del fruto del membrillo, de la que solo *Autoridades* se hace eco:

> **MEMBRILLO**. Se llama tambien [sic] la fruta que produce el árbol Membrillo: y es una especie de pera grande, carnosa, y blanca por dedentro, y cubierta de una cáscara amarilla y mui vellosa. Tiene dentro cinco pepitas largas de color obscúro. Es fruta mui agradable al olfato; pero su carne es dura y áspera, y solo buena para conservas (*Autoridades*, 1734: s.v.).

Respecto al segundo elemento de la lexía, el adjetivo *cocho*, tampoco aporta información desde el punto de vista lexicográfico: los diccionarios se limitan a indicar que su condición de participio irregular de *cocer*; aunque lo cierto es que no es sino la forma etimológica del participio de cŏquĕre (*DECH*, s.v. *cocer*). De manera indirecta, no obstante, sí que estaría precisando de algún modo la coloración, puesto que la apartaría de una referencia cromática esperable del tipo 'amarillo, amarillento' basada en la cáscara del membrillo —posibilidad que corroborarán los ejemplos que figuran en el bloque de análisis documental—.

Ya que el plano lexicográfico, aparentemente, no proporciona datos sobre la posibilidad cromática de *membrillo cocho*, puede que sí que lo haga el contexto en el que se emplea la lexía: los tres ejemplos de *CorLexIn* parecen inscribirse en un contexto muy acotado, el de la descripción de esclavos —y, por ende, en lo que podría denominarse «léxico de la esclavitud»[173]—. Es, precisamente en este contexto en el que pueden localizarse referencias que permiten precisar la referencia de *membrillo cocho*.

Entre las denominaciones empleadas a la hora de caracterizar a los mestizos, Restall cita un caso en el que a una mulata se la caracteriza como «de color *cocho*» (2020: 157), adjetivo que, según el autor nunca se habría usado en Yucatán, pero que identifica con el valor 'de color de membrillo cocido'. A ese respecto, incluye una pequeña reflexión sobre el valor del término que resulta bastante esclarecedora:

> [...] la frase original aparece en fuentes del AGI de Andalucía en el siglo XVI como «de color membrillo cocido», «de color membrillo cocho» o simplemente «de color cocho» [...]. Con relación al color de la piel de un individuo, se utilizaba exclusivamente para los mulatos e indicaba un tono marrón claro o beige; las fuentes compiladas en Stephens (*Dictionary of Latin American Racial and Ethnic Terminology*, University of Florida Press, Gainesville, 1999, p. 77) indican su uso exclusivo en el centro de México y Michoacán[174] para referirse a un mulato pardo, es decir, afromestizo (*ibid.*: nota 106).

Aunque *beige* no parece un término demasiado apropiado para referirse al color de la piel, la opción 'marrón claro' o 'moreno claro' sí que puede acomodarse mejor a la idea que transmite *membrillo cocho*.

Congosto (2002: *loc. cit.*) prefiere catalogarla como una tonalidad perteneciente a la órbita del amarillo, «ya que se asemejaría por su tonalidad al color dorado, ayudado del color de la miel»; sin embargo, quizá cabría considerarla como una tonalidad de transición entre el amarillo y el marrón —dorado, castaño claro o **melado**, incluso—. El color **moreno** en la piel puede presentar matices más o menos dorados, pero su inclusión en la familia del marrón tendría más sentido que incluirlo en la del amarillo.

Más interesante aún —a pesar de abandonar parcialmente la discusión cromática sobre *membrillo cocho*— resulta la siguiente propuesta que

---

173 Es interesante la distribución de esclavos que revela el *CorLexIn*: además de localizaciones americanas —muy frecuentes— solo aparecen en las provincias del sur peninsular (Huelva, Cádiz, Málaga, algún caso en Murcia, etc.).

174 Los ejemplos de *cocho* que incluyen CORDIAM y Boyd-Bowman con el valor 'de color de membrillo cocho' solo se localizan en México.

explicaría el porqué de la necesidad de especificar la tonalidad exacta dentro de un ámbito léxico que podría haberse solucionado con un número básico de términos como **negro**, *mulato* o *mestizo* —o, dicho de otro modo, por qué con frecuencia aparece ese «doble modificador» del tipo *negro atezado* o *color membrillo cocho* cuando el propio *negro* bastaría para caracterizar el color de la piel—:

> La categoría «negro» era cualificada con frecuencia a través de descriptores de color, como «atezado» o «loro» [o membrillo cocho], debido a que «negro» era un término de la modernidad temprana que significaba «esclavo», con independencia del color de la piel del individuo. […] «Blanco» no existía como categoría, si bien comenzó a usarse como color para describir […] las caras europeas. Lo anterior podría explicarse, en parte, porque la imaginación colonial ibérica de los siglos XVI y XVII necesitaba consolidar la clasificación de los grupos subordinados, con el fin de darles sentido y controlarlos […], mientras que […] permitía que la apariencia europea quedara sin etiquetar y que fuera «normal» (Rappaport, 2018: 453-455).

La razón, en consecuencia, de que *negro* aparezca matizado por ese tipo de descriptores respondería a su uso como sustantivo con el valor de 'esclavo', no propiamente como 'persona de piel negra', por lo que, lógicamente, se hace necesario un modificador que permita distinguirlos —más aún si se tiene en cuenta que esos adjetivos alusivos al color de la piel también constituían un índice de calidad (*ibid.*: 450-457)—. De hecho, a pesar de que el diccionario académico no registra esta posibilidad, puede encontrarse en una de las subacepciones de Terreros: «El mismo nombre se da al esclavo negro que se saca de la costa de África, y vende en América» (Terreros, 1787: *s.v.*).

Por último, y de nuevo dentro del contexto esclavista, Piqueras también lista varios de los adjetivos aplicados a los esclavos en los registros de compraventa —a los que describe como redactados «con una técnica descriptiva similar a la utilizada en las transacciones sobre bestias» (2012: 42)— entre los que se encuentran, como es obvio, los adjetivos cromáticos:

> El color da lugar a una variada serie de matices: blanco, moro, morisco, para los de origen musulmán; negro, tinto, retinto, atezado, prieto, para los negros considerados sin mezcla; mulato, amulatado, pardo, bazo, membrillo cocho (o cocido), loro, trigueño, e incluso mulato claro que tira a blanco, para los mestizos (*id.*).

Más adelante le confiere a *membrillo cocho* el valor 'tostado amulatado', además de informar de que, en el siglo XVIII se aplicaría no solo a personas de tez morena —o mestizos, se presupone— sino también a gitanos, «a los que en los censos se registra de ese mismo modo, y que por otra parte no se diferenciaba del color de los labriegos cristianos» (*ibid.*: 57).

Para el *Diccionario Akal del Color*, *membrillo* es una tonalidad especialmente ligada al amarillo, puesto que la base de la que parte su descripción de la coloración no es otra que el color de la piel del membrillo, en la que predomina dicho color. Así, la describe como «estándar clara, amarillo anaranjada y moderada» (*Akal*: s.v.).

Lógicamente, esta idea no encajaría en un contexto como el dérmico, más aún si se tiene en cuenta que es un adjetivo que se aplica a pieles oscuras o morenas, por lo que un amarillo pleno quedaría automáticamente descartado. Empero, *Akal* sí que podría aportar un testimonio lexicográfico que justificase la opción *membrillo cocho* 'marrón claro': *pardo membrillo*.

Esta opción tendría como sugerencia origen no el color del fruto del membrillo, sino del dulce conocido como «carne de membrillo», que aparecería descrito como «naranja rojiza y moderada» (s.v.). *Autoridades* (1729: s.v.) recoge esta lexía, indicando su condición de conserva elaborada con membrillo cocido, majado y espesado con azúcar. Ya que uno de los pasos en la elaboración de la carne de membrillo —o *codoñate*— es la cocción, puede suponerse que *carne de membrillo* y *membrillo cocho* podrían ostentar una referencia cromática bastante similar, que oscilaría entre matices más amarillentos o rojizos, pero siempre en un contexto amarronado propio de la piel morena.

La propuesta que se plantea, en conclusión, para *membrillo cocho* es 'marrón claro, tostado' —posiblemente caracterizado por un matiz dorado o rojizo—, tonalidad basada en la coloración que adquiriría la pulpa del membrillo tras un proceso de cocción (y que se presupone similar a la del dulce conocido como «carne de membrillo»).

En consonancia con el plano lexicográfico, en el plano documental es una lexía escasamente documentada. Sus primeras documentaciones podrían fijarse en la primera mitad del siglo XVI:

> «[…], contino de Su Magestad y en seso no cotidiano, y en las manos de Galabeque, cavallero flamenco de Su Magestad, el qual Galabeque pareçió *menbrillo cozido*» [Zúñiga, F. de (1525-1529). *Crónica burlesca del emperador Carlos V*. Extraído de: CDH].

El ejemplo, además, ilustraría y atestiguaría una posible variante de la construcción al emplear el participio «regular» y esperable de *cocer*, *cocido*, y no el esperable *cocho* al que apuntaba Restall. De esta variante se localizan varios ejemplos en el siglo XVII.

Las documentaciones de CORDE y CDH se complementan, dado que son las mismas en prácticamente todos los casos. Respecto a su presencia en el siglo XVII, casi la totalidad de casos de *(color) membrillo cocido* se localiza, precisamente, en dicho periodo temporal. De los 352 ejemplos de CORDE y los 378 de CDH que la búsqueda de ambos corpus arroja para el periodo 1601-1700, 4 casos atestiguarían tanto la lexía como su uso cromático, amén de la alternancia entre *cocho* y *cocido* a nivel formal. A estos ejemplos cabría añadir otros en los que se habría omitido el segmento *cocho*, pero que valdrían igualmente como testimonio del uso de *membrillo* como adjetivo cromático especializado en la referencia a la pigmentación de la piel.

Efectuando una búsqueda general, el número de resultados es bastante reducido fuera del contexto seiscentista. Del total de 1674 registros de *membrillo* en CDH, tan solo 5 (6 si se tiene en cuenta 1 caso dudoso) atestiguarían la lexía *membrillo cocho* y sus variantes y tan solo 3 de ellas excederían el límite temporal del siglo XVII.

Sin embargo, las documentaciones más contemporáneas no ilustrarían el valor 'marrón claro, moreno' de *(color) membrillo (cocho)*, sino que se estarían basando en el color de la cáscara del membrillo y, por ende, se emplearían con el valor de 'amarillo'. Dicha opción sería totalmente válida, puesto que no es infrecuente que el color característico de una determinada realidad extralingüística permita a un término o una lexía *a priori* no cromáticos constituirse como tal.

Además, esta opción cromática se corresponde con la que *Akal* proponía originariamente para el lema *membrillo*, es decir, «amarillo claro» o «amarillo moderado» y que estaría basada en la coloración o pigmentación del exterior del membrillo.

Antes de pasar al análisis sincrónico, es importante poner de manifiesto la estrecha relación que la lexía posee con el dominio americano, un rasgo lógico si se tiene en cuenta que es una expresión cromática ligada al contexto de la esclavitud colonial —de ahí que figure en varios textos cronísticos—. La consulta de corpus especializados como CORDIAM y Boyd-Bowman también proporciona ejemplos de *membrillo cocho* o *membrillo cocido*, en su mayoría restringidos a los siglos XVI y XVII —lo que indica, claramente, el periodo de vigencia de la voz—.

En el plano sincrónico, CREA proporciona un número relativamente elevado de concordancias, 286; pero solo 1 de ellas atestiguaría el valor cromático de *membrillo*. El ejemplo constituye, no obstante, una referencia indirecta, si bien permite contextualizar la lexía en su ámbito de origen, la esclavitud y los documentos de esclavos:

> «En los documentos de venta de esclavos era frecuente que se utilizaran diversos términos para registrar las variaciones en el color de la piel: atezado, prieto, pardo,

moreno, loro (de leonado), *membrillo*, etc.» [Évora, T. (1997). *Orígenes de la música cubana. Los amores de las cuerdas y el tambor.* Extraído de: CREA].

Finalmente, CORPES XXI eleva el número de documentos en los que se registra algún caso de *membrillo* a 472, entre los cuales tan solo 9 lo serían de *membrillo* con valor cromático o alguna de sus posibilidades cromáticas (*color membrillo, color de membrillo,* etc.). No obstante, el valor documentado en las concordancias se correspondería no con el valor 'marrón claro, tostado' aplicado a la piel, sino con la acepción 'amarillo', que podría considerarse como la referencia cromática actual —y, una vez más, esperable— de *membrillo*.

De hecho, las documentaciones de CORPES XXI son testimonios de *membrillo* o *color (de) membrillo*, no de *membrillo cocho*, lo que pondría de manifiesto el desuso de la lexía en la actualidad y, por ende, el cambio en la referencia cromática —quizá más esperable y en mayor consonancia con la sugerencia origen—.

Puede considerarse, por tanto, como una lexía con un índice de uso considerablemente bajo y que abarca un lapso temporal muy reducido, rasgo quizá motivado por su restricción desde el punto de vista del tipo de discurso en el que se encuadra: el léxico de la esclavitud (relaciones de esclavos, inventarios, descripciones, etc.). Congosto, de hecho, llega a considerarla una creación de corte idiolectal surgida de la necesidad de crear una denominación para esa tonalidad concreta de la piel:

> Ante la falta de una lexía que denomine esa tonalidad, la persona encargada del control de la tripulación decide recurrir a un proceso lingüístico formado por el sustantivo *color* determinado por una construcción preposicional introducida por *de* (en este caso elíptica) seguida de un sustantivo *membrillo* que a su vez va adjetivado por el adyacente *cocho*, part. pas. del verbo *cocer*, 'cocido' (Congosto, *op. cit.*: 223).

Sin embargo, el hecho de que se documenten más casos de dicha construcción, a pesar de su escasez, desvirtuaría dicha teoría; ahora bien, no deja de ser cierto que *membrillo cocho* habría surgido a partir de un mecanismo de lexicogénesis especialmente recurrente a la hora de generar nomenclatura cromática que permita expresar al hablante un mayor grado de precisión —ya que, en caso contrario, habría optado por un término básico de color como *marrón*, **moreno**, etc.—.

La descripción de la tonalidad de la piel en las descripciones de los esclavos y mestizos requiere de un abanico cromático que, en ocasiones, adolece de una escasez de ítems que la caractericen con precisión, lo que exige la creación de nueva nomenclatura cromática. Es el caso concreto de *membrillo cocho*, una lexía especializada en la referencia a un color de piel marrón claro o tostado —heredado de su sugerencia origen, la pulpa cocida del fruto del membrillo o membrillero— y que apenas se documentaría fuera del periodo áureo; una situación quizá condicionada, posiblemente, por su restringido ámbito de aplicación.

MOLINERO

Documentaciones en *CorLexIn*:

- Yten, vna basquiña de raja, de color *molinera*, trayda (Cuenca, Cu-1622)

Casi un hápax dentro de la nomenclatura cromática, *molinero* o *color de molinero*[175] puede considerarse como una denominación que podría ubicarse a medio camino entre el blanco y el gris; no obstante, su sugerencia origen no está del todo clara.

En el plano lexicográfico, las entradas correspondientes a las voces *molinero* y *molinera* en los diccionarios utilizados como principales referentes en el presente estudio resultan de poca utilidad, dado que ninguno de ellos aporta más información que la relativa a la persona que se hace cargo del molino, el objeto usado para moler o —en su uso adjetivo— lo perteneciente al molino. La forma femenina tendrá lema propio a partir de la edición de 1822 hasta la de 1970, definiéndose como «muger del molinero».

Fuera de la lexicografía académica, ninguno de los diccionarios que figuran en el NTLLE ofrecen una acepción o valor de *molinero/a* distinto al presentado anteriormente.

En este caso concreto, el testimonio sobre el que se sustenta la hipótesis cromática que se defiende para *molinero* —'gris, gris blanquecino'— es la descripción de un prófugo fechada el día 25 del mes de floreal del año III del calendario republicano, que se correspondería —aproximadamente— con el 14 de mayo de 1795 en el calendario gregoriano:

> MOREAU, tratante de caballos, domiciliado en el municipio de Cernay, cantón de Saint-Genest, departamento de la Vienne, de 35 a 36 años de edad, estatura de cinco pies y una pulgada y media, cara redonda y llena, cabello negro y liso, marcado de viruela, bien constituido, vestido con una chaqueta, un chaleco y unos calzones de tela gris, color de molinero, medias grises y zapatos de cordones (Corbin *et al.*, 2005b: 131).

---

175 La concordancia en femenino en el ejemplo se debe al género del sustantivo *color*: «vaciló en el género hasta la época clásica (y hoy todavía en el lenguaje rural y poético)» (*DECH*: *s.v. color*). Covarrubias, de hecho, lo trata como femenino; *Autoridades*, como masculino (*vid. NGLE*: § 2.8m).

La obra en la que figura el ejemplo es una traducción del francés, en cuyo original figura la lexía *couleur de meunier*, lo que podría suponer un estatus de calco o, en todo caso, un ejemplo de construcción o uso cromático de *molinero* que se habría desarrollado en ambas lenguas: «[...] figure ronde et pleine, cheveux noirs et plats, marqué de petite vérole, bien constitué, vêtu d'une veste, gilet et culotte d'étoffe grise, couleur de meunier, bas gris et des souliers à cordons» (Corbin *et al.*, 2005a: 128).

Dado que ni el *TLFi* ni el *DAF* registran acepciones con valor cromático para *meunier* o su forma femenina *meunière*, cabría interpretar que la referencia cromática de *couleur de meunier* —y, por ende, muy posiblemente de *(color de) molinero*— sea 'gris'.

Sin embargo, a la luz del testimonio que presta el *Dictionnaire Historique de la langue Française*, quizá cabría barajar una posibilidad si no alternativa, complementaria para *meunier* y también para *molinero*. En la parte dedicada al estudio histórico de la palabra, Rey indica que *meunier*, que designa a la persona que poseía o explotaba un molino, habría desarrollado varios sentidos especializados a partir de la analogía con el color blanco de la harina:

> Le mot, désignant la personne possédant ou exploitant un moulin, a reçu, depuis une date assez ancienne, quelques sens spécialisés qui exploitent une analogie de couleur (le blanc de la farine) : [...] (2000 [1992]: *s.v. meunier, ière*.).

Regresando a la órbita del castellano, el uso de *molinero* como adjetivo de color puede localizarse en un ámbito que llama particularmente la atención: el color de las plumas de las palomas —quizá, como en francés, como resultado de la relación semántica *molinero~harina*—.

Las posibilidades cromáticas del plumaje de las palomas abarcan cuatro opciones: marrón, negro, rojo y blanco —ausencia de melanina— (Rubio, 2004: 1), posibilidades a las que debe sumarse la presencia de patrones condicionados por la presencia de genes que pueden originar diluciones, patrones extendidos, ahumados, barrados, gabinos, etc.

A este respecto, una de las traducciones propuestas para la coloración denominada *red bar* o *ash-red* en inglés —marrón o rojo barrado (de *barra*, por la disposición de la melanina)— es, precisamente, *molinero*, que podría explicarse a partir de la opción *mealy* 'harinoso' que también se baraja como alternativa para referirse a dicha coloración (Eguiluz, 2004). Dado que *mealy* deriva en inglés de *meal* 'harina' y que *silver* es otra de las posibilidades que se contemplan para este tipo de patrón cromático en las palomas (*ibid.*), podría dibujarse una hipótesis cromática 'blanco grisáceo, gris blanquecino' —quizá 'blanco tostado'[176]— que se identificase con el color general del plumaje de este tipo de paloma.

La posibilidad 'blanco grisáceo, gris blanquecino' podría servir, asimismo, para justificar la presencia de *molinero* en el nombre común que recibe el *Passer montanus*: gorrión *molinero*. Tal y como indica García-Navas (2016), su plumaje se caracteriza por ofrecer «tonos pardos con rayas negras en el dorso y gris pálido en la parte inferior», amén de lucir un «collar blanco» que lo diferencia del gorrión común, cuyo pecho —a diferencia del gorrión molinero— no es totalmente gris, sino que posee un pequeño penacho de plumas negras bajo la zona del cuello. A la luz de los datos presentados, podría defenderse la posibilidad de que esta especie de gorrión hubiese recibido su nombre a partir del color gris blanquecino —o blanco grisáceo— de su pecho.

Puesto que el *Diccionario Akal del Color* no registra *molinero* en su nomenclatura, y a tenor de las fuentes consultadas, la referencia cromática que se propone para *molinero* en su uso como adjetivo de color es 'gris blanquecino, blanco grisáceo', partiendo —probablemente— del color de la harina.

Si en el ámbito lexicográfico los resultados son prácticamente inexistentes —con la salvedad de los testimonios del francés—, el uso de *molinero* con valor cromático en el plano documental tampoco arroja resultados. A pesar de que *molinero* y sus variantes flexivas poseen un número bastante elevado de testimonios en los corpus académicos, ninguno de ellos se corresponde con el significado cromático.

No obstante, sí que puede localizarse algún ejemplo de *color molinero* fuera del ámbito de los corpus académicos, concretamente en un pleito fechado a mediados del siglo XVII en Pamplona (Colombia), lo que podría atestiguar, asimismo, la presencia de *(color de) molinero* en América:

> [...] y page los pesos en el confenidos y fise el Requerimiento al capital Carbajal el qual dijo no tenerlos y le pedi bienes muebles [...] y lo otro trabe lae jequsion [sic] sobre una capa de paño que traya puesta de *color molinero* [...] (Matos Hurtado, 1916: 570).

Empleado como adjetivo cromático, *molinero* y la lexía *color de molinero* podrían incluirse en la gama de tonalidades que conforman la familia del gris, concretamente como tonalidades gríseas claras o blanco gríseas; una posibilidad que

---

[176] Eguiluz (*op. cit.*) no solo propone *molinero* como traducción de la denominación inglesa, sino también *bayo* y, en ocasiones, *melado*. Quizá cabría la posibilidad de contemplar, asimismo, un *molinero* 'tostado', ya que no se deja del todo claro si *molinero* hace referencia a todo el conjunto o solo a la parte del plumaje blanco grisácea.

también se documenta para el francés *(couleur de) meunier*. Es un ejemplo, no obstante, de un uso escasamente atestiguado, si bien puede localizarse tanto en el dominio del español europeo como en el americano.

MORADO[1]

Documentaciones seleccionadas en *CorLexIn*:

- Yten unas pocas de sintas de ylo *morado* (Adeje, Tf-1695)
- Vn jubón y dos coletillos de sarga *morada*, guarneçidos, nuevos, en diez ducados (Albalá, CC-1661)
- Vna basquiña de sarga *morada*, en quarenta reales (Alcalá la Real, J-1648)
- Vna basquiña de picotillo de seda *morada* y vn jubón de rasilla, en ciento y treinta y dos reales (Argamasilla de Calatrava, CR-1662)
- Vn jubón y basquiña de chamelote de Aguas, *morado*, en tres ducados (Atienza, Gu-1641)
- Yten, vn bestido de mujer de chamelote *morado* (Bollullos Par del Condado, H-1657)
- Yten otras ligas de tafetán *moradas*, con sus puntas de seda y plata (Cacicedo, S-1635)
- Yten dos pares de mangas, de rasso, negras y *moradas*, con sus trencellas de oro (Cañedo, S-1608)
- Más, vna almohada de red, *morada*, en doçe reales (Cebreros, Av-1651)
- Más otro ferreruelo de paño de Castilla *morado* (Choconta, Colombia-1633)
- Vn bestido de rrazo *morado* de Castilla de muger, saya y rropa, guarnecido con oro, ochenta pessos (Ciudad de México, México-1622)
- Yten, una saya de felipichín *morado*, colchada, bale çiento y beinte reales (Cuenca, Cu-1631)
- Vn par de medias de seda *morada* (Cuevas de Almanzora, Al-1649)
- Vn acso de vicuña, de abasca beteada de colores y vna lliquilla sanissuio de abasca y vna ñañaca *morada*, listada con colores, en veinte y çinco pessos (Cuzco, Perú-1634)[177]
- Quatro sortijas de oro, vna de nuebe piedras blancas y *moradas* y otra de una piedra *morada* y otra de nuebe esmeraldas y otra de una piedra blanca, todas quatro en ocho ducados (Granada, Gr-1637)
- Vna saya entera de terçiopelo *morado* de México, guarneçida de raso pardo y bordadura de oro ya biejo (Guatemala, Guatemala-1623)
- Vn cobertor de lino y trama con su fleco, açul y *morado*, y el fleco dorado (Hellín, Ab-1644)

---

177 Para *acso, lliclla* y *ñañaca*, *vid.* Egido (2018: 1932).

La referencia cromática que se propone para *morado* es 'púrpura oscuro, rojo amoratado', aunque también podría emplearse con el valor 'violeta'. Es un adjetivo denominal cuya base —y sugerencia origen— es *mora*, el fruto de los géneros *Morus* (morales y moreras) y *Rubus* (zarzas).

En el contexto del siglo XVII, la primera referencia lexicográfica monolingüe de *morado* se localiza en el diccionario de Covarrubias; aunque la información que aporta es escasa, el testimonio resulta de gran importancia, puesto que refleja su condición de adjetivo cromático: «color de mora» (*s.v.*).

La remisión obligatoria a la entrada *mora* tampoco resulta de gran ayuda, puesto que esta se define mínimamente como «fruta del moral». Por último, en el lema *moral* tampoco se detalla o describe ni el árbol ni el fruto, por lo que la referencia cromática queda totalmente omitida —probablemente debido a que Covarrubias considera a estas tres realidades como suficientemente conocidas—.

Será el *Diccionario de autoridades* el que amplifique la propuesta de Covarrubias y añada una primera alusión a la tonalidad característica de *morado*:

> **MORADO, DA.** adj. De color de mora, que es mezcla de roxo y negro (*Autoridades*, 1734: *s.v.*).

Adoptando una óptica contemporánea, la propuesta de *Autoridades* parece no encajar con la idea que podría tenerse del morado, siendo un color mezcla de azul y rojo —de la familia del púrpura—, la opción más esperable. La definición del *Diccionario de autoridades* se mantendrá prácticamente inalterada hasta la edición de 1925, en la que *morado* pasará a ser el color «entre carmín y azul» (*DRAE*, 1925: *s.v.*).

No obstante, esta consideración del *morado* como color situado en el espectro comprendido entre los colores carmín y azul no es tan moderna como podría suponerse a partir de la fecha del cambio en la definición de la Academia. Una revisión de los diccionarios que contiene el NTLLE permite recuperar la propuesta de Terreros (1878: *s.v.*) para *morado*, que lo considera un color «que tira al de violeta», esto es, azul púrpura.

Terreros, sin embargo, no habría sido el primero en apuntar a esta posibilidad —lo que, por otro lado, podría solventar en cierto modo la ligera distancia cronológica respecto al siglo XVII—: si se extiende la búsqueda a los diccionarios bilingües preacadémicos[178], pueden encontrarse referencias a colores que podrían incluirse en la órbita del púrpura y de la imagen actual del morado.

---

178   De hecho, el propio Nebrija a finales del siglo XV —siglo en el que el *DECH* fija la aparición de *morado* (*s.v. mora*)— ya proponía *purpureus* y *ferrugineus* ('bleu foncé', *Gaffiot*: *s.v.*) como equivalencias latinas de *morado*.

Oudin, por ejemplo, propone *violet* y *pers* (Martínez Meléndez, *op. cit*.: s.v *pres*) como equivalencias al francés de *morado*. Franciosini ofrece *paonazzo* como equivalente de *morado*, voz que el *TLIO* caracteriza como un color «violáceo, tra il porpora e il bluastro», volviendo nuevamente a la órbita del púrpura y la similitud con el violeta (*vid.* **pavonado**). Finalmente, Stevens —si bien ya a principios del siglo XVIII— aboga por *purple* como traducción de *morado*, confirmando la anterioridad de la hipótesis 'púrpura oscuro' que se barajaba para el adjetivo.

Por otro lado, la definición que proponía *Autoridades* tampoco se desdeciría demasiado de la posibilidad 'púrpura oscuro': lo que perseguiría la Academia en su primer diccionario seria transmitir la idea de un color rojo oscuro, quizá cercano al negro (o al azul, que también podría representar esa progresión hacia un matiz oscuro), que estaría basado, precisamente, en ese color negro rojizo que presenta el fruto de la zarza o la morera cuando está maduro. Quizá, incluso, durante su proceso de maduración, puesto que la progresión de color durante este proceso es verde → rojo → negro (con cierto viso rojizo), por lo que la definición del *Diccionario de autoridades* podría aludir al color que la mora posee cuando está madurando, que sí que podría encuadrarse en cierto modo en el espectro de tonalidades purpúreas.

Sin embargo, la información que puede obtenerse de los corpus —como se verá más adelante— parece no concordar con la acepción que registra el *Diccionario de autoridades* para *morado*, que parecen apuntar a una tonalidad prácticamente idéntica a la del resto de lenguas romances y a la referencia cromática que el morado ostenta actualmente. De hecho, en muchos de ellos se presenta a *morado* como sinónimo de **violado** o de **violeta** y *Autoridades* es bastante claro con respecto a la referencia cromática del *violado*:

> **VIOLADO**. Se aplica tambien à lo que tiene el color de violeta (*Autoridades*, 1739: s.v.).
> **VIOLETA**. s. f. Flor pequeña, compuesta por lo regular de cinco hojas de un color azul, que tira à roxo obscuro, ù casi morado, de un olor suavissimo: [...] (*ibid*.: s.v.).

Puede interpretarse, por tanto, que *violeta* y *morado* eran colores bastante próximos ya en el siglo XVII a pesar de la manera en la que se reflejan en el ámbito lexicográfico. Cabría pensar que las posibles diferencias entre uno y otro radicarían en la tendencia al azul del primero y al rojo del segundo y, por otro lado, en el hecho de que el morado sería una tonalidad más oscura, probablemente por su proximidad al negro —tal y como indicaba *Autoridades*—.

Por otro lado, *morado* se emplea en el *Diccionario de autoridades* para caracterizar a las flores de la agrimonia, del alhelí, del caracolillo (*Vigna caracall*a), del cinamomo (*Melia azedarach*) o del azafrán; como color posible de las aceitunas, la capa exterior de las cebollas o de los cascabelillos —un tipo de ciruela—. También se emplea para el color de la uva garnacha, de un tinte obtenido de un tipo de liquen (la *urchilla* u *orchilla*, *Roccella canariensis*) y para caracterizar la túnica del nazareno.

Por último, se emplea como elemento definidor de dos adjetivos cromáticos, *cárdeno* y *amoratado*, perteneciente este último a su propia familia léxica:

> **CARDENO, NA.** adj. El color morado: como el del lírio (*Autoridades*, 1729: s.v.).
> **AMORATADO, DA.** adj. Cosa que está de colór semejante al morádo. Dícese de ordinário de las carnes, y en especiál del rostro quando está cárdeno obscúro (*Autoridades*, 1726: s.v.)[179].

A la luz de la información presentada y de los contextos en los que figura el adjetivo *morado* en el plano lexicográfico, cabe establecer que la tonalidad a la que haría referencia *morado* en el contexto del siglo XVII es 'violeta' —'púrpura oscuro' si se prefiere—, esto es, la tonalidad que actualmente se asocia a dicho color.

No obstante, la definición de *Autoridades* parece no encajar con el uso real del término que documentan los ejemplos obtenidos a partir de los corpus académicos. La razón que podría barajarse para este enfrentamiento entre el postulado lexicográfico y el uso real podría radicar en un cierto condicionamiento de la sugerencia origen —la realidad extralingüística— en la definición, esto es, que la relación existente entre la mora y el adjetivo *morado* habría propiciado que el color del fruto hubiese prevalecido sobre la realidad cromática (representada por las documentaciones de los corpus).

La propia definición indica que el morado es el color de la mora, si bien ese rojo que tira a negro no concuerda con la sugerencia visual del lirio, la uva garnacha o la flor del azafrán, sino con la de la propia mora —de la que, en todo caso, podría hablarse de un color negro con viso rojizo, pero no morado—, y la diferencia cromática entre ambos polos es notable.

Por otro lado, la relación entre el rojo y el negro —o el azul y el negro— en el ámbito del púrpura y el morado no es un hecho aislado[180]. El *paonazzo* o

---

179 La autoridad que refrenda esta última voz resulta, además, ilustrativa y de gran ayuda a la hora de intentar acotar la referencia cromática. Está tomada del capítulo XIV de la 2.ª parte del *Quijote*, y en ella se describe la nariz del escudero del Bosque, equiparando su color al de la berenjena: «Era de demasiada grandeza, corva en la mitád, y toda llena de verrúgas, de color amoratádo, como de berengéna».

180 La relación con el negro, de hecho, podría resultar clave en la identificación del valor de *morado* en los múltiples ejemplos de «vacas moradas» que se analizan en la entrada *morado*².

pavonazzo que Franciosini ofrecía como equivalencia de *morado* aparecía definido en el *Vocabolario* de la Accademia della Crusca como 'colore tra azzurro e nero' (1612: *s.v.*), motivada esta referencia cromática por el color azul oscuro de las plumas del pavón (*vid.* **pavonado**).

Para cerrar el bloque del análisis lexicográfico, la entrada *morado* de *Akal* resulta interesante, no solo por el hecho de caracterizar al morado como un color más tendente al azul que al rojo, sino por el abanico de denominaciones que aporta como sinónimas del adjetivo y que, por ende, poseerían la misma referencia cromática o, en todo caso, una muy parecida —lo que convertiría al morado en una tonalidad ligeramente inespecífica, sin prototipo claro[181]—:

> **morado**. Adjetivación común de las sugerencias de color cuyos rasgos cromatológicos se asemejan a los propios de la coloración estándar «mora» [...]. // Color muy oscuro, púrpura azul y profundo. Se dice también «aberenjenado», «berenjena», «moracho», «amoratado», «caracho», «cinzolín», «grana morada», «cambur morado» y «jacintino»; e, inespecíficamente, «violado», «violáceo», «cárdeno», «violeta», «lila», «lívido», «malva», «nidrio» y «livor». // Denominación tradicional de la tonalidad púrpura azul y de los colores que la tienen. Se aplica, en particular, a la característica de la coloración «nazareno». // [...]. (*Akal*: *s.v.*)[182].

Dado el carácter general de la denominación de la tonalidad —rasgo que permite atestiguar su pervivencia y continuidad hasta el momento actual—, el estudio de corpus se centrará en documentar el término desde sus orígenes —fijados por el *DECH* en el siglo XV— hasta el siglo XVII, marco de referencia del presente análisis.

La consulta de CORDE, no obstante, permitiría adelantar la fecha de primera documentación al último tercio del siglo XII gracias a un documento perteneciente al Archivo de la Catedral de León:

---

181 En su estudio sobre los términos de color en español, Rello (*2008*: 94) indica que existe un «conjunto universal de [...] once categorías de color del que cada lengua toma un subconjunto concreto». El español es una lengua que incluye diez categorías entre las que no se encuentra el morado —frente al inglés, por ejemplo—, dado que «no hay consenso: dependiendo del hablante, el morado se puede identificar con colores de tonalidades diferentes como el amoratado, el borracho, el lila, el malva, el púrpura, el cárdeno, el solferino, el violado o el violeta».

182 *Moracho* «morado poco intenso»; *caracho* «de color violáceo» (*DRAE*, 2001); *cinzolín* «violeta rojizo»; *nidrio* «lívido, cárdeno», aplicado a la piel contusionada (voz propia de Álava). Con excepción de *caracho*, el resto de definiciones se ha consultado en el *DLE* de 2014.

«E mando que compren c morauidadas de heredat pora San Marciel, que de los fruchos que cada anno canten missas por ánima de mía madre. Mando a Pedro Remón el mío manto e ela mía garnacha de bruneta *morada*[183] e gardacos de sarga e i saya de pres con dos pares de mangas» (CL-2341, 1274).

Restringiendo la búsqueda al marco temporal del siglo XVII, el número de concordancias asciende a 1179 casos, pudiendo considerar como propios de su uso como adjetivo de color —ya que también se incluyen ejemplos de *morada* con valor sustantivo— 443 documentaciones (452 si se tienen en cuenta 9 casos dudosos). No obstante, hay varios casos en los que una serie de ejemplos pertenece a la misma obra, por lo que el número real de documentaciones podría considerarse ligeramente menor.

Los ejemplos revelan que la valencia combinatoria del adjetivo es considerablemente amplia, pudiendo actuar como adyacente de referentes textiles, animales, vegetales, etc. Además, el número de documentaciones permitiría postular un grado de generalización relativamente alto, más aún si se tiene en cuenta que *CorLexIn* ofrece casi 300 ejemplos con una amplia distribución geográfica.

Dado que la continuidad de *morado* está más que certificada —la búsqueda en CORDE desde 1701 a 1975 devuelve 4132 casos; en CDH, 5708, que incluyen la capa sincrónica de CREA—, el análisis documental se centrará en el periodo de génesis del adjetivo, esto es, desde los primeros testimonios hasta el siglo XVII.

Al establecer una nueva restricción temporal, el total de testimonios de *morado* que ofrece CORDE asciende a 6244, si bien, una vez más, no todos se corresponden con su uso adjetivo. Será partir del siglo XV —tal y como indicaban Corominas y Pascual— cuando los ejemplos del adjetivo aparecen de forma regular.

Tras la revisión de las concordancias, puede establecerse que el número de documentaciones de *morado* 'violeta, púrpura oscuro' que se localizan entre los siglos XII y XVII es de 1179 (1188 si se tienen en cuenta 9 casos dudosos). Aunque a primera vista pueda pensarse que es un adjetivo que se generalizó muy pronto —le corresponde más de una sexta parte del total—, hay múltiples obras que acumulan un elevado número de documentaciones.

---

183 Aunque la predicación de la bruneta podría apuntar a un valor distinto —'negro, gris parduzco'—, debe tenerse en cuenta que la bruneta podía presentarse teñida de distintos colores (Alfau de Solalinde, *op. cit.: ss.vv. galabrún, çafrín*).

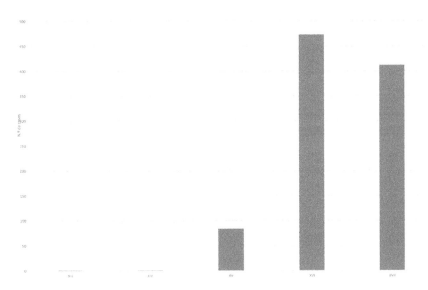

Gráfico 7. Documentaciones de *morado* entre los siglos XIII y XVII. En el caso de las documentaciones que pertenecen a una misma obra, se han contado como 1 solo caso para ofrecer una frecuencia de uso más acorde a la realidad (Fuente: CORDE)

Por otro lado, llama la atención la condición de «moderno» que podría atribuirse a dicho ítem léxico, dado que sus primeras documentaciones no se localizan hasta el siglo XV. Este hecho podría achacarse a su relativa inespecificidad cromática y a la existencia de términos con un mayor recorrido o tradición —existentes ya en latín— que aludían a tonalidades similares, como *violáceo, violado, purpúreo, jacintino*, etc.

En conclusión, a pesar de la idea que podría transmitirse a partir de su definición en el *Diccionario de autoridades*, el adjetivo *morado* —derivado del sustantivo *mora*— se emplearía en el contexto del siglo XVII para aludir a diversas coloraciones similares a las del púrpura oscuro o el violeta. Puede considerarse como un ítem moderno, puesto que sus primeros testimonios no se documentan hasta el siglo XV, fruto quizá de la existencia de otros adjetivos de mayor tradición y con una referencia cromática bastante próxima a la de *morado*.

MORADO[2]

Documentaciones en Gómez Ferrero (2012):

- Otro (buey) pelo *morado* (Valle de la Valduerna, Le-1829)
- Una baca *morada* (Palacios de la Valduerna, Le-1831)
- Un novillo color *morado* (Santibáñez de la Isla, Le-1844)
- Una baca color *morada* (Santibáñez de la Isla, Le-1844)
- Un buey de color *morao* de siete años (Santibáñez de la Isla, Le-1844)

En esta entrada se proponen varias posibilidades de referencia cromática alternativa de *morado* aplicado a capas animales, ya que la referencia propuesta para ***morado**[1]* resulta totalmente inviable en el caso de que el referente sea un animal.

Por un lado, la tonalidad de *morado* aplicado a pelajes vacunos podría relacionarse con la definición que presentaba *morado* en los diccionarios académicos desde *Autoridades* hasta la 15.ª edición de 1925:

> **MORADO, DA.** adj. De color de mora, que es mezcla de roxo y negro (*Autoridades*, 1734: *s.v.*).
>
> **morado, da**. adj. Lo que es de color de mora, que es mezcla de rojo y negro (*DRAE*, 1817: *s.v.*).
>
> **morado, da**. adj. De color entre rojo y negro, como el del zumo de la mora (*DRAE*, 1914: *s.v.*).

Covarrubias es mucho menos específico, pero ya había hecho referencia a la tonalidad negra del fruto del moral en su *Tesoro*: «Cuenta Ovidio en la fabula [*sic*] de Pyramo y Tisbe lib. 4. Metam. como las moras siendo antes blancas se convirtieron en negras» (*Tesoro: s.v. moral*).

La posibilidad de una capa de pelaje negra con visos rojizos o entreverada con pelos de ambos colores resultaría factible. La capa *peceña*, por ejemplo, que se incluye dentro de la familia de capas básicas negras, es un tipo de capa negra con visos amarronados (Bavera, *op. cit.*: 2), tonalidad que podría presentar, quizá, un matiz más rojizo.

Por otro lado, el hecho de que las documentaciones se localicen únicamente en León podría llevar a pensar en una posible relación entre *morado*[2] y *moro*. *Moro* figura en el diccionario académico desde la 15.ª edición del diccionario usual, pero aparece únicamente aplicado a caballos:

> **moro, a**. 3. Dícese del caballo o yegua de pelo negro con una estrella o mancha blanca en la frente y calzado de una o de dos extremidades (*DRAE*, 1925: *s.v.*).

No obstante, el *LLA* también documenta *moro* aplicado a bóvidos, hecho que no debería resultar extraño, ya que el empleo en el ganado bovino de términos originariamente propios de capas equinas se da con bastante frecuencia: «nombre de vaca de color negro» (*LLA*: *s.v. mora*).

La posible relación entre *moro* y *morado* se reforzaría al considerar un tercer término: *morcillo*, término, en principio, solo aplicado a équidos, pero que podría haber sufrido igualmente una ampliación de su valencia semántica. La referencia cromática mantendría la teoría 'negro con visos rojizos', dado que así lo reflejaría la siguiente documentación de CORDE y la definición propuesta en los diccionarios académicos a partir de la 12.ª edición de 1884, dado que, en las anteriores, aludía a una capa de color totalmente negro:

> «Titulo .xxxº. de la color que dizen murziello. // La tercera color es *morziello* quier dezir tanto como color de mora madura [...]» [Anónimo (c1275). *Libro de los caballos*. Extraído de: CORDE]
>
> **morcillo, lla.** 1. adj. Aplícase al caballo ó yegua de color negro con viso rojizo (*DRAE*, 1884: *s.v.*).

Sin embargo, la relación *moro*~*morado* resultaría inviable por un motivo fundamental: la procedencia etimológica de ambos vocablos. *Moro* procede de Maurus 'mauritano' (*morcillo* de mauricellus, diminutivo de este); *morado* es un adjetivo denominal cuya base de derivación es el sustantivo *mora*, que proviene del latín vulgar mora (lat. morum). La referencia cromática propuesta, por tanto, quedaría en parte invalidada, debido a que no existen documentaciones que atestigüen la hipótesis formulada.

No obstante, aún en el caso de la procedencia de dos étimos distintos, para el hablante de romance —no de latín— no se diferenciarían formalmente *mora* y *maura* —salvo, quizá, en la zona occidental—. La difícil separación de significados y la coincidencia formal podrían provocar la confusión de ambos resultados sin ningún problema, por lo que podría mantenerse la tonalidad propuesta 'negro rojizo'.

Por otro lado, cabría la posibilidad de postular una referencia cromática alternativa para *morado*[2] que presentaría un carácter dialectal adscrito al ámbito leonés. En el estudio del que se han extraído los ejemplos presentados, Gómez Ferrero (2012: 228) indica que el NTLE de Alvar y Nieto «recoge el término documentado en el año 1604 con el significado de 'gris marrón'». La obra a la que se está haciendo referencia son los *Diálogos en Español y Francés* de Oudin (1604), que incluye un nomenclátor final considerado como «una de las nomenclaturas más antiguas del español» (NTLE: LXVI).

La obra de Oudin, en efecto, define *morado* como «violet et gris brun», acepción que matizará tres años después en su *Tesoro* de 1607: «violet, pers, et selon aucuns c'est le brun ou tanné obscur» (Oudin, 1607: *s.v. morado color*). Podría establecerse, por tanto, una nueva referencia cromática en la que pueden encontrarse tanto matices amarronados como grisáceos, esto es, pardos.

Si bien esta referencia cromática podría ser perfectamente rebatida al constituir un valor que no reconoce ninguna obra lexicográfica para el español y que solo poseen las lenguas anteriormente citadas, existen documentaciones en los corpus académicos que sustentarían el valor 'pardo grisáceo' para *morado*[2]:

> «Hay una [*sic*] ave en esta tierra que se llama cuitlacochtótotl o cuitlacochin. Tiene los pies larguillos y delgados; tiene el pico delgado y agudo, y algo corvo. Es de color ceniciento, tirante a *morado*» [Sahagún, B. de (1576-1577). *Historia general de las cosas de Nueva España*. Extraído de: CORDE].

El *cuitlacochtótotl* se ha identificado con el cuitlacoche piquicurvo o cuitlacoche común (*Toxostoma curvirostre*), ave propia de México y del sur de Estados Unidos cuyo plumaje en la parte superior presenta una tonalidad pardo-grisácea (Berlanga, Rodríguez-Contreras *et al*., 2008). Partiendo de esta descripción, se ratificaría la propuesta de referencia cromática que se postula como alternativa a la tonalidad «tradicional» de *morado*.

La presencia de *morado* en la descripción del cuitlacoche, no obstante, también podría hacer referencia a la presencia de visos azulados que pueden manifestarse en capas grisáceas. Algunos autores, de hecho, reconocen un quinto tipo de capa simple o simple parcial denominada *azulejo* (Bavera, *op. cit.*: 2) aplicada a caballos.

No obstante, Bavera indica que la capa azuleja también puede aplicarse para caracterizar —entre otras— a la variedad *parda suiza*. La presencia de este tipo de matiz resulta relevante, ya que la parda suiza es una raza derivada de la *parda alpina*, que, en la zona leonesa, se conoce bajo la denominación de *ratina*. *Ratina* figura en el *DLE* como voz rural cántabra; pero también aparece recogida en el *LLA*, lo que certifica su uso en el área leonesa:

> **ratino, na**. adj. rur. *Cantb*. Dicho de una res vacuna: De pelo gris, semejante al de la rata (*DLE: s.v.*).
> **ratino, na** [ratín, ratía], adj. 'raza de vaca de color gris'; der. de rata. El *DRAE* localiza ratino, na: 'Dicho de una res vacuna: de pelo gris, semejante al de la rata', en Cantb. (*LLA: s.v.*).

Le Men la documenta también en León, Asturias y Palencia y añade que, en la zona leonesa, alterna con otros términos como **bardina**, *cisna*, *pardina*, **parda**, *cardina*, etc., términos que comparten una referencia cromática pardo grisácea o gris cenicienta:

> **cisno, na**, adj. 'vaca de color cenizo' (*LLA: s.v.*).
> **pardina**, adj. 'se aplica al ganado vacuno (hembra) de color ceniciento' (*ibid.: s.v.*).

cardina: adj. PARDINA (Fuente García, 2000: *s.v.*).
cardino, na, adj. 'se dice del ganado caballar con un pelaje ceniciento' (*LLA*: *s.v.*).
cardoso, sa, 'de color grisáceo' (*ibid.*: *s.v.*).

A partir de los datos aportados, por tanto, sería posible proponer un segundo valor cromático alternativo para *morado*² que hiciese referencia a una gama de tonalidades grisáceas (también pardas) que, posiblemente, puedan presentar visos o matices azulados como los que presentaría la variedad parda suiza o la parda alpina. Si la parda suiza procede de la parda alpina y, además, suele caracterizarse por presentar este tipo de tonalidad azulada, es lógico interpretar que la variedad parda alpina también puede poseerla.

Respecto a su documentación en los corpus académicos, los resultados para *morado* —analizados en la entrada anterior— no revelan ningún caso en el que *morado* se deslinde del valor consignado por la lexicografía general. Cabría, por tanto, considerar los valores propuestos en este apartado como restringidos desde el punto de vista geográfico al área leonesa.

En conclusión, el uso de *morado* aplicado a capas animales resulta extraño y difícil de concretar en lo que respecta a su referencia cromática, ya que es evidente que en este contexto no puede hacer referencia al mismo tipo de tonalidad que prototípicamente se asocia al color morado y que se ha propuesto en la entrada *morado*¹. El hecho de que las documentaciones aportadas solo se localicen en la provincia de León invita a pensar que puede tratarse de un uso restringido diatópicamente, por lo que se han propuesto tres referencias cromáticas alternativas: a) un primer valor cromático (más consistente a la vista de los datos dialectales aportado y del ámbito de uso de la voz) que abarcaría tonalidades pardo grisáceas con posibilidad de visos azulados, propuesta basada en las diversas razas bovinas presentes en la provincia; b) un segundo valor cromático 'negro rojizo' derivado de los datos lexicográficos académicos; c) un tercer valor cromático 'pardo ceniciento' propuesto a partir de los testimonio lexicográficos bilingües del francés y que parece estar justificado en documentación de origen leonés[184].

---

[184] No obstante, la identificación de la tonalidad o tonalidades a las que hace referencia *morado* en un contexto animal resulta ligeramente dificultoso. En las notas al mapa 485 localizadas en las últimas páginas del tomo III del *ALCYL* figura una designación alternativa para la vaca *blanquinegra*: «morada», definida como la vaca «negra con color morado [?] en el lomo», sin especificar, tal y como puede verse, la referencia clara de ese *morado* del lomo. Cabe apuntar, asimismo, que el punto en el que se recogió dicha respuesta aparece marcado como «Le-608»; sin embargo, sorprendentemente, dicha localidad no figura en el mapa inicial en el que se sitúan

MORCILLO

Documentaciones en *CorLexIn* y en fondos documentales inéditos de *CorLexIn*:

- Yten, vn cauallo *morcillo* con su adereço (Sevilla, Se-1650)
- Un par de bueyes, el un de su pelo ruyo de siete años y el otro *morcillo* bermejo de quatro años (Candeleda, Av-1648)

Dentro de la variabilidad cromática existente en el ámbito de las capas equinas, el adjetivo *morcillo* —del latín MAURICELLUS, diminutivo de MAURUS 'moro'— se aplica al pelaje negro mate caracterizado por presentar ciertos visos de color rojizo.

Aparece incluido en la nomenclatura del diccionario de Covarrubias, aunque su definición no resulta muy ilustrativa, dado que obliga a consultar la entrada *mora* al equiparar la tonalidad de este tipo de capa a la de la mora (presumiblemente, la mora madura):

> **MORCILLO**, el cauallo de la color que tira a la mora (*Tesoro*: s.v.).

No obstante, la entrada sí que aporta información sobre la restricción semántica del término al indicar que se aplica a caballos, esto es, al ámbito equino.

La entrada dedicada a la voz *mora* en el *Tesoro* de Covarrubias —tal y como se ha comprobado en las entradas **morado¹** y **morado²**— tampoco resulta de ayuda a la hora de establecer la referencia cromática de *morcillo* al definirse únicamente como «la fruta del moral», comprendiendo, además una nueva remisión —en este caso— a la entrada *moral*. En este último caso, sí que puede encontrarse alguna alusión a la coloración negra del fruto del moral tal y como se había indicado con anterioridad.

Rosal también refleja esta acepción de *morcillo* en su diccionario, indicando que *morcillo* se emplea para caracterizar al caballo «por el color moreno, como Morecillo» (s.v.). Esta última voz, por cierto, no se recoge en la nomenclatura del autor —sí recoge, sin embargo, *murecillo*—, por lo que la remisión puede considerarse como una pista perdida.

La siguiente referencia en el ámbito lexicográfico para el adjetivo *morcillo* se localiza en *Autoridades*, que establece que *morcillo* se aplica a équidos de color totalmente negro —tal y como cabría esperar partiendo de su origen etimológico—, amén de ofrecer una equivalencia *niger equus*, es decir, «caballo negro»:

> **MORCILLO, LLA.** adj. que se aplica al caballo o yégua de color totalmente negro. Latín. *Niger equus* (*Autoridades*, 1734: s.v.).

los puntos encuestados (la referencia numérica, no obstante, la situaría en la zona suroriental de la provincia de León).

Atendiendo a la definición que ofrece el *Diccionario de autoridades* y a la propia equivalencia, podría deducirse, por tanto, que, en el contexto del siglo XVII, *morcillo* haría referencia al caballo cuyo pelaje no presenta ninguna otra tonalidad que no sea negra, esto es, tanto la capa como las extremidades y los cabos serían de dicho color —una capa básica en su máximo exponente—.

Sin embargo —y volviendo a la relación establecida por Covarrubias entre *morcillo* y *mora*—, el mismo tomo de *Autoridades* reconoce el matiz rojizo del fruto del moral, pudiendo recuperar, por ende, la posibilidad de viso o matiz rojizo en la capa:

> **MORA**. Se llama tambien el fruto del moral, que se compone de unos granillos arracimados mui xugosos, de color roxo, que en estando maduro tira a negro: su zumo es de color de sangre, y tiñe como ella […] (*Autoridades*, 1734: *s.v.*).

La definición de *morcillo* permanecerá inalterada en la historia lexicográfica académica hasta la 12.ª edición del diccionario usual, en la que figurará por primera vez de manera explícita la posibilidad de que el pelaje negro del caballo posea un viso rojizo:

> **Morcillo, lla**. […] Aplícase al caballo ó yegua de color negro con viso rojizo (*DRAE*, 1884: *s.v.*).

En su estudio sobre capas equinas en un manuscrito del siglo XV localizado en Teruel, Terrado Pablo (*op. cit.*: 91) documenta *morcillo* bajo la forma diptongada *morziello* y caracteriza dicha coloración como «negra sin brillo, semejante al color de la mora madura». Terrado no hace referencia directa a la presencia del viso rojizo, aunque podría sobreentenderse a partir de la alusión al color de la mora.

Francisco de la Reina indica que el colorido en los équidos abarca un abanico de tonalidades en cuyos extremos se encontrarían *morcillo* y **blanco** —es decir, blanco y negro—:

> Todas las colores de los cauallos estan en medio de dos colores estremas, entre morcillo, y blanco de nacion, y los allegados a morcillo, es castaño pequeño [¿peceño?]: y castaño es escuro y propria color de la castaña, y castaño claro, y castaño dorado, y castaño voyuno […] (Reina, 1623 [1546]: 253).

Manuales de hipología posteriores del siglo XIX como el de Casas de Mendoza (*op. cit.*: 180) o Villa y Martín (*op. cit.*: 395) solo la caracterizan por su tonalidad negra, si bien añaden un matiz 'negro claro' «semejante al color de la mora cuando está madura» (Casas de Mendoza: *loc. cit.*). No obstante, llama la atención la siguiente observación que hace Villa y Martín sobre los pelajes negros:

Nótese que estas tres capas [negro azabache, negro morcillo y negro peceño][185] se truecan entre sí bajo la influencia del clima, de la estacion [sic], y de los cuidados que á los animales se les disponen. El negro morcillo, y áun [sic] el negro azabache, se destiñen algo y convierten en negro peceño bajo la accion [sic] del frio [sic], de la fatiga ó de una insuficiente alimentacion [sic] [...] (Villa y Martín: *loc. cit.*).

Debe tenerse en cuenta, además, que el autor describe la capa negra peceña como «que tira a rojiza», equiparándola, en este caso, con la tonalidad de la pez negra, por lo que esta posibilidad de confusión entre la capa morcilla y la peceña podría haber dado lugar a la propuesta 'negro con viso rojizo' que defiende la Academia para el término desde 1884.

Desde una perspectiva más cercana al periodo actual, Odriozola (*op. cit.*: 6) establece que a los visos que pueden presentar las capas negras «se [les] suele dar denominaciones como las de negro azabache (efecto brillante, lustroso), negro peceño (efecto más mate y "muerto"), negro morcillo (viso rojizo o purpúreo), negro mal teñido (viso desigual en zonas del pelaje)».

El *Diccionario Akal del Color* incluye *morcillo* en su nomenclatura como entrada independiente y como subentrada dentro del lema *caballo, colorismo del*, definiendo la tonalidad en ambos casos como 'negra rojiza':

[caballo] -**morcillo** (negra con visos rojizos) (*Akal: s.v. caballo, colorismo del*).
morcillo. Negro rojizo // Negripardusco (*Akal: s.v.*).

En el resto de lenguas romances en las que MAURICELLUS ha dado algún resultado, las referencias cromáticas presentan un patrón bastante similar, predominando el significado de 'capa equina totalmente negra', aunque ciertas obras lexicográficas también aluden, nuevamente, al viso rojizo que parece presentar esta capa, caso del italiano *morello* en algunos diccionarios (*Tommaseo: s.v.*). Esta idea concuerda con la teoría expuesta por Espejo Muriel (1996: *s.v. morcillo*) de que MAURUS se habría empleado con posterioridad para aludir al color *marrón oscuro*.

Torres también atestigua su uso aplicado a ganado bovino, concretamente a un tipo de capa taurina chorreada —*chorreado en morcillo*— caracterizada por presentar «sobre un fondo negro, manchas o chorreras rojizas» (*op. cit.: s.v. chorreado*). Por último, Bavera también incluye *morcillo* entre las posibles

---

185 Espejo Muriel apunta que, en varias ocasiones, *morcillo* aparece, efectivamente, complementando a *negro* como un tipo de capa dentro de las capas catalogadas como «negras»: «Hemos comprobado que, referida esta voz a la especie equina, suele ir precedida del adjetivo *negro*, resultando así: *negro morcillo* 'el negro con reflejos rojos'» (1996: *s.v. morcillo*).

denominaciones aplicadas a capas bovinas, remitiendo el término a la lexía *chorreado en morcillo*: «sobre el color de la piel negra, aparecen líneas verticales del lomo y dorso al vientre de color rojo, a modo de chorreras» (Bavera, *op. cit.*: 10).

Esta posibilidad de combinarse con referentes bovinos se vería corroborada —si bien parcialmente— por el ejemplo extraído de los fondos documentales inéditos de *CorLexIn*, puesto que en dicho testimonio figura un buey «morcillo bermejo».

Atendiendo a otras denominaciones del pelaje taurino que también se recogen en la obra de Torres (*cárdeno berrendo, castaño berrendo, negro berrendo*, etc.) y que también presentan el mismo tipo de construcción, puede presuponerse que un buey *morcillo bermejo* sería un buey cuyo color de pelaje es castaño con una mayor o menor tendencia al rojizo, quizá mayor al emplearse *morcillo bermejo* y no *morcillo castaño*, por ejemplo.

Ya había podido comprobarse a partir de la cita de Reina que las capas castañas eran las más cercanas al pelaje *morcillo*, especialmente la *peceña*, capa que, propiamente, aparece como tendente al rojo. De hecho, Torres (*op. cit.*: 88) presenta un esquema de gradación del color de las capas simples de más claras a más oscuras que resulta muy ilustrativo y que, además, corrobora la afirmación de Reina:

ensabanado → jabonero → barroso → colorado → castaño → negro

La voz también aparece reflejada en el mapa 314 de la *CLEx* y en los mapas 718 del *ALEANR* y 542 del *ALECant* I, haciendo referencia en todos ellos a «caballo *de color negro*» e incluyendo denominaciones alternativas como *moro, mohíno, zaíno*, etc., lo que incide de nuevo en la posibilidad de una capa totalmente negra.

En conclusión, no resulta sencillo en este caso establecer una referencia cromática clara para *morcillo* en el contexto del siglo XVII: los testimonios lexicográficos de la época parecen apuntar a una tonalidad negra mate equivalente al NIGER latino, que es la que proponemos para el término en dicho contexto temporal; sin embargo, no podría descartarse totalmente la presencia de cierto viso rojizo en la coloración de la capa dada la referencia y relación con el color de la mora[186].

---

186   Aunque el *DECH* no indica ningún tipo de parentesco etimológico, si que contempla una posible relación formal entre *morcelo* y *morcela* 'morcilla' (de color de sangre), lo que podría haber propiciado, quizá, una influencia desde el punto de vista cromático entre *morcilla* y *morcillo* —de ahí el matiz rojizo—.

En lo que respecta a su primera documentación, el *DECH* cita dos documentos —uno leonés del año 924 y otro castellano del año 981— como primer testimonio. El leonés se corresponde con un documento perteneciente al Archivo de la Catedral de León y el castellano con uno incluido en el *Becerro Gótico de Valpuesta*:

> «Et pro ipsa terra et ipsum exitum aquarum, / accepimus de uos precium, que nobis bene complacuit, id est, poltro obtimo colore *morzello*» (CL-61, 924 [B]).
> «Et accepimus ex uobis precium quantum nobis bene placuit, id est: kauallo per colore *morçello*» (BGC-89, 981 [B]).

Debe tenerse en cuenta, no obstante, que ambos testimonios aparecen catalogados como *B*, esto es, como copias, por lo que la fecha que figura en los documentos, muy posiblemente, sea posterior. A pesar de este hecho, es muy probable que sean considerablemente anteriores a la primera documentación del término que ofrece CDH, fechada en el último tercio del siglo XIII:

> «Titulo .xvº. del cavallo murziello por o corre mejor» [Anónimo (*c*1275). *Libro de los caballos*. Extraído de: CDH].

CDH[187] arroja un total de 1220 casos para *morcillo*, 196 de ellos comprendidos entre 1601 y 1700. De esas 196 concordancias seiscentistas, 48 (52 si se tienen en cuenta 4 casos dudosos) se corresponden con el valor cromático aplicado a équidos.

Eliminando la restricción diacrónica, a los 48 ejemplos del siglo XVII pueden sumarse otros 144 en los que el único referente con el que aparece combinado *morcillo* posee el rasgo [+équido], si bien en este caso pueden encontrarse varios referentes con este rasgo: potros, yeguas, mulas, etc. No obstante, el referente mayoritario sigue siendo el sustantivo *caballo*. De hecho, el ejemplo de *CorLexIn* se postula, por tanto, como la única documentación de la posibilidad combinatoria que *morcillo* poseería con otros referentes animales que no presentasen el rasgo [+equino] anterior a la del *Léxico español de los toros* de Torres, atestiguándola ya en el siglo XVII.

Desde el punto de vista sincrónico, sus concordancias son bastante escasas: CREA solo documenta 1 caso de *morcillo* con valor cromático aplicado a équidos —ejemplo que ya figuraba en CDH— y CORPES XXI, tan solo 2 (lo

---

187 Se ha optado por emplear únicamente las concordancias de CDH y no de CORDE puesto que el primero posee la ventaja de estar lematizado y permite una búsqueda más exhaustiva de todas las variantes que puede presentar *morcillo*.

que evidenciaría un claro estatus de voz en desuso en el contexto actual, quizá motivado, nuevamente, por su reducido ámbito de aplicación):

«Pedro González Trujillo un overo, algo sobre *morcillo*» [Solares, I. (1994). *Nen, la inútil*. Extraído de: CREA].

«Los cuatro ejemplares eran *morcillos*, bien dibujados y con estampa de pura raza española» [Lobato, O. (2009). *Centhœure*. Extraído de: CORPES XXI].

«Tan sólo el sultán de Brunei pagó 335.000 euros por los ocho *morcillos* del número de la posta húngara» [Lobato, O. (2009). *Centhœure*. Extraído de: CORPES XXI].

Pudiendo hacer alusión al color 'negro mate' o al 'negro con viso rojizo' —relacionándose así con el color asociado a la mora—, *morcillo* se incluye entre las capas equinas catalogadas como «negras»; no obstante, y tal y como se deduce a partir del ejemplo extraído del *Corpus Léxico de Inventarios*, se contempla asimismo la posibilidad de que su valencia combinatoria le permita combinarse con referentes bovinos. Es un término con un elevado índice de uso durante los siglos XVI y XVII que hoy puede considerarse en desuso, quizá, nuevamente, debido al tipo de ámbito al que se adscribe dicha voz.

MORENO

Documentaciones seleccionadas en *CorLexIn* y en fondos documentales inéditos de *CorLexIn*:

- Tres mulas de a quinze meses, la una bragada, la otra *morena* y la otra castaño claro (Autillo de Campos, Pa-1654)
- Yten, mando se le den a Leonor de Medina, *morena* libre, muger de Françisco Méndez, *moreno*, por auer reçiuido buenas obras de los susodichos veinte pesos, mando se den de mi bienes (Los Santos, Panamá-1611)
- Yten, declaro que yo fui casado y velado, según horden de la Santa Madre Yglessia, con Catalina Agustina, de color *morena*, libre, mi muger (Los Santos, Panamá-1611)
- Adjudicáronle a la dicha Ynés del Tesso tres paramentos de cama de lienzo con randas blancas y otras *morenas* y un cielo con delantero y rodapié de lo mismo (Morales de Toro, Za-1675)
- Primeramente un buey color *moreno* de quatro años (Puentedura, Bu-1655)
- Yten, vn novillo *moreno*, de quatro años, en catorçe ducados (San Millán de Juarros, Bu-1642)
- Yten, otro novillo de vn año, *moreno*, en ocho ducados (San Millán de Juarros, Bu-1642)
- Yten, vna vaca, *morena*, de quatro años, para parir, en duçientos reales (San Millán de Juarros, Bu-1642)
- Aya más, el jato *moreno* que es del ganado de cassa, preçiose en ocho ducados (Ribadesella, O-1640)

- Yten, vna artessa bieja, digo andada; y tres çedaços, vno blanco, otro de *moreno*, y otro de cerdas, andados (Tafalla, Na-1641)
- Tres uaras de mandil listado de *moreno*, amarillo y azul, mediado (Tortajada, Te-1641)
- Más vn buey *moreno*, que hace seis años (Valle de Guriezo, S-1667)
- Una mamona *morena* buena (Badillo, So-1635)
- Dos bueyes *morenos* por cerrar (¿Perrillos?, Bu-1661)

Dentro de los adjetivos empleados para describir la coloración de la piel, *moreno* posee un puesto destacado, pudiendo incluirlo en la familia de tonalidades negras o próximas al negro.

Será el *Tesoro* de Sebastián de Covarrubias el primer diccionario que informe sobre el valor cromático de *moreno*, definiendo, asimismo, su ámbito de aplicación:

> **MORENA** color, la que no es del todo negra, como la delos [*sic*] moros, de dónde tomó nombre, o de mora (*Tesoro: s.v.*).

Covarrubias aporta dos informaciones de considerable interés: en primer lugar, indica que *moreno* se caracteriza por su valor aproximativo al color **negro**, esto es, la considera una tonalidad muy próxima al negro —y, por ende, incluida en su familia cromática—, pero sin tratarse de la tonalidad plena. Es un color oscuro, muy próximo al negro, pero sin llegar a ser totalmente negro.

En segundo lugar, de manera indirecta, está indicando el referente del que se puede predicar el adjetivo a través de una fórmula ostensiva: al valerse Covarrubias de la piel de los moros para ejemplificar el color moreno y facilitar su identificación y comprensión, también está indicando que puede combinarse con dicho referente.

Mientras que Rosal se ciñe únicamente al contenido etimológico del adjetivo, valiéndose de las dos hipótesis que contempla Covarrubias, la entrada *moreno* del *Diccionario de autoridades* traerá consigo una importante novedad:

> **MORENO, NA.** adj. que se aplica al color obscúro, que tira a negro. Covarr. dice se dixo de los Moros, porque regularmente tienen este color, o de la Mora, fruto del moral (*Autoridades*, 1734: *s.v.*).
>
> **MORENO.** Llaman tambien al hombre negro atezado, por suavizar[188] la voz negro, que es la que le corresponde (*Autoridades: loc. cit.*).

---

188 El verbo *suavizar* también se emplea a menudo en las definiciones de *Autoridades* para indicar que ciertos segmentos gráficos —y, por ende, fónicos— se han suprimido o modificado en determinadas voces para facilitar (o suavizar) su pronunciación.

Mientras que la primera acepción se mantiene inalterada con respecto a la propuesta de Covarrubias, el primer diccionario académico será el primer monolingüe —ya figuraba entre algunos bilingües preacadémicos— en incluir una acepción propia para el uso sustantivo de *moreno*, es decir, para su uso a la hora de identificar a personas que presentan un tono de piel oscuro que no llega al negro.

Además, la acepción sustantiva de *moreno* cuenta con un matiz de corte pragmático de considerable importancia: a través de la secuencia «por suavizar», *Autoridades* está indicando su condición de voz eufemística —la marca *eufem.* no se incluirá hasta la 23.ª edición de 2014—. Dicho valor pragmático se ve aderezado por la autoridad escogida para refrendar dicha acepción, un fragmento de *El mundo de por dentro*, el cuarto de los *Sueños* de Francisco de Quevedo: «Amistad llaman al amancebamiento, trato a la usúra, burla a la estafa … valiente al desvergonzado, cortesano al vagamundo, al negro moreno»[189].

El siguiente hito lexicográfico lo constituye el diccionario de Terreros, en el que se informa de su condición de voz propia del léxico del mestizaje —y, por extensión, del salto de la voz al dominio americano—:

> MORENO, ó PARDO, llaman con particularidad en América á los hijos de negros, y negras (segun [sic] Solorzano) [en la *Política indiana* (1648)] libres (Terreros, 1787: *s.v.*)[190].

El testimonio de Terreros también resulta de gran importancia al poner de manifiesto una ligera ampliación semántica del adjetivo, esto es, la posibilidad de predicarse de más referentes fuera del color de la piel. Concretamente, Terreros alude a la posibilidad de que *moreno* pueda modificar a *día*: «También se dice el día está moreno, ó pardo, cuando está nublado».

Para la acepción referida al individuo de raza blanca que presenta un color de piel más oscuro, habrá que esperar a la edición del *DRAE* de 1869, en la que se definirá como «el ménos claro en las razas blancas». Esta acepción se matizará en la edición de 1984 añadiendo una referencia —general— al color del pelo, referencia que se concretará en el cuarto volumen del *DMILE* publicado en 1984 y que se incluirá en la entrada de *moreno* del *DRAE* de 1992:

> **moreno, na**. 2. Hablando del color del cuerpo y del cabello, el menos claro en la raza blanca (*DRAE*, 1984: *s.v.*).

---

189 En *El mundo de por dentro* Quevedo se centra en el análisis de la condición humana, haciendo de la hipocresía el eje vertebrador de su discurso; una hipocresía que también se ve reflejada en el plano léxico.

190 *Vid.* Alvar, *op. cit.*: *s.v. moreno*.

moreno, na. [...] Hablando del color del cuerpo, el menos claro de la raza blanca, y referido al pelo, el de color negro o castaño (*DMILE*, 1984: *s.v.*).
moreno, na. 2. En la raza blanca, dícese del color de la piel menos claro y del pelo negro o castaño (*DRAE*, 1992: *s.v.*).

A partir de la edición de 2001, dicha matización referente al color del pelo constituirá una acepción propia, y en la edición de 2014 se modificará el contorno sintáctico en el que se indica el sustantivo del que se predica el adjetivo, pasando del pelo a una persona:

moreno. 3. adj. Dicho del pelo: en la raza blanca, negro o castaño (*DRAE*, 2001: *s.v.*).
moreno. 3 adj. Dicho de una persona: Que tiene el pelo negro o castaño (*DLE*: *s.v.*).

En lo que respecta a la combinatoria del adjetivo, *CorLexIn* atestigua dos contextos que, en principio, ninguno de los diccionarios del periodo registra. El primero de ellos es la posibilidad de predicarse de referentes animales, concretamente de bóvidos —en su mayoría— y de équidos; pero, en este último caso, da la impresión de que se emplearía solamente con ásnidos, dado que no figura ningún ejemplo aplicado a caballos o yeguas.

A pesar de no contemplarse desde el punto de vista lexicográfico, dicha combinatoria estaría documentada desde los primeros testimonios que se poseen del adjetivo. El *DECH* aporta un ejemplo mozárabe de *maurîno* 'toro negro' fechado a principios del siglo XI[191] y también aporta un «asna morena» localizado en el verso 20 de la composición 385 del *Cancionero* de Baena (s. XV)[192]:

My rroçin de Caçatena
Ya se estrena
Muy gentyl, qual vos sabedes;
Pues veredes
La borra quien la carmena,
Ca en Truxena é Cortyxena
E Garruchena é Trebuxena

---

191   En su estudio sobre el pelaje de bóvidos y équidos en la documentación medieval española y portuguesa, Aebischer (1950: 37) localiza dos ejemplos de *moreno* en dos testimonios catalanes: un «mureno» en un texto del año 989 y un «bove uno *moreno*» en otro del año 1047 —que adelantaría ligeramente la posible fecha de primera documentación de *moreno* que aportaba el *Glosario de voces romances* de Asín que cita el *DECH*, que lo fecha hacia 1100—.

192   Puede encontrarse, no obstante, un ejemplo de *moreno* en el verso 34 de la composición 208, cuya autoría corresponde a Alfonso Álvarez de Villasandino, poeta medieval de origen castellano: «Fased bien fuerte lo blando, / E blanco lo *moreno*, / Que sy ando ó yanto ó çeno, [...]».

Non vos darien por rrymar
Un millar
De pedos d'*asna morena*.

En principio, ninguna de las fuentes en materia de colorismo animal consultadas en este estudio alude a un tipo de capa específica de color moreno[193]. No obstante, una referencia 'negruzco, gris oscuro' —'pardo oscuro' incluso— en el caso de *moreno* resulta totalmente posible para el contexto animal, más aún teniendo en cuenta la estrecha relación entre **pardo** y *moreno* que ha puesto de manifiesto algún testimonio lexicográfico como el diccionario de Terreros.

El otro contexto se manifiesta a través del ejemplo del inventario navarro de 1641 en el que figuran tres cedazos: «vno blanco, otro de moreno, y otro de cerdas». Ya que el cedazo se emplea para cerner la harina, la interpretación que cabe hacerse de *blanco* y *moreno* en este contexto es la de «un cedazo para cerner harina de pan blanco y otro para hacer pan moreno». El pan moreno no es otro que el pan integral o pan negro, esto es, el pan hecho con la harina obtenida de moler el grano completo —sin separar el salvado, la cáscara del cereal—, lo que le confiere un color más oscuro que su homólogo sin salvado, de harina refinada, el pan blanco[194].

Llegados a este punto, cabría pararse a reflexionar sobre la multiplicidad de matices existentes dentro de la familia de tonalidades grisáceas o negruzcas, todas ellas caracterizadas, sin duda, por un rasgo mayor o menor de oscuridad, de proximidad al negro. En su obra dedicada al color negro, Pastoureau afirma que los pueblos y sociedades de la antigüedad poseían una mayor percepción o sensibilidad sobre los distintos matices de las tonalidades negras, capacidad que habría propiciado el nacimiento y empleo de un elevado número de voces para referirse a lo que, en apariencia, sería un mismo color —frente al relativamente reducido caudal con el que cuentan la mayoría de los hablantes modernos—:

---

193 Pero el *ALEANR* en su mapa 579 sí que localiza varios resultados de *moreno* para referirse a la res de color negro. Asimismo, también registra un caso en Te-304 de *morena* 'oveja negra' en el mismo mapa y varios ejemplos de *moreno* 'caballo morcillo' en el mapa 718, afianzando así la posibilidad de *moreno* de modificar a distintos animales —si bien siempre indicando una tonalidad en la órbita del negro—.

194 Curiosamente, *moreno* nunca ha aparecido reflejado en la entrada *pan* a lo largo de su historia académica. La única referencia a *pan moreno* llegará con la edición de 2014, que añadirá dicho sintagma como ejemplo de la acepción 'que tiene un tono más oscuro que otras de su género' (*s.v. moreno*).

> Les cultures anciennes ont une sensibilité à la couleur noire plus développée et plus nuancée que les sociétés contemporaines. En tous domaines, il n'y a pas un noir mais des noirs. La lutte contre les ténèbres, la peur de la nuit, la quête de la lumière ont peu à peu conduit les peuples de la préhistoire puis ceux de l'Antiquité à distinguer différents degrés et qualités d'obscurité puis, ce faisant, à se construire une échelle de noirs relativement large (2008: 33-34).

Sin embargo, frente al abanico léxico y la variabilidad de matices, Pastoureau también apunta a dificultades esperables como pueden ser la inestabilidad, la imprecisión y la inabarcabilidad —a las que podría sumarse la facilidad de confusión, derivada de la imprecisión—[195].

En el caso español, a pesar de que puede confirmarse cierta pérdida de matices como el rasgo brillante/mate que diferenciaba a ATER y NIGER en latín, lo cierto es que en el contexto del siglo XVII pueden encontrarse no pocos adjetivos que hagan referencia a tonalidades y matices negros o cercanos al negro. Sirvan como ejemplo algunos de los analizados en el presente estudio[196]: *afoscado*, *ala de cuervo*, *alcoholado*, *azabachado*, *ebáneo*, *foscado*, *fosco*, *hosco*, *loro*, *morcillo*, *pardo*, *prieto*, *zaino* o el propio *moreno*; lo que indicaría que, aún en el siglo XVII, la lengua castellana mantendría esa sensibilidad frente a los matices cromáticos —empleando, quizá, otros puntos de referencia a la hora de determinar las diferencias entre unas tonalidades y otras—.

En lo que respecta a su consideración actual, el *Diccionario Akal del Color* lo caracteriza, nuevamente, por su relación con la coloración de la piel y el pelo, encontrando matices no solo próximos al negro, sino también al pardo o el castaño:

> **moreno**. [...] Adjetivo que se aplica al individuo caucásico de piel oscura, ocre acastañada o pardobermejiza. // Pelo negro o castaño oscuro. Se llama así también al individuo que lo tiene. // Color muy oscuro o negruzco. // [...] Adjetivación común de los cuerpos que presentan una coloración más oscura que la característica de su especie. // Tostado, al sol o al fuego. // Mulato (*Akal: s.v.*).

A pesar de que se incluyen matices y referencias a otras tonalidades como el castaño, el pardo, el marrón, etc., la idea del matiz oscuro próximo al negro se mantiene[197]. Quizá esa relación entre tonalidades más amarronadas o rojizas

---

[195] El francés moderno, de hecho, habría renunciado a partir de los siglos XV-XVI a una gran variedad de matices dentro de la tonalidad, tal y como afirma el autor.

[196] La búsqueda en texto de *Autoridades* permite añadir otros como *amulatado* y *mulato*, *atezado*, *brunete*, *fusco*, *nochielo*, *pelinegro*, *tezado* o *zahonado*.

[197] Cabría preguntarse, no obstante, si *moreno* puede considerarse propiamente como un color o más bien como un matiz que podría haberse consolidado en un grado

y el adjetivo *moreno* podría estar motivada por la generalización de la práctica del bronceado —literalmente 'de color de bronce'— a principios del siglo XX[198]. Relacionado más con *negro* o con *amarronado*, *broncíneo* o tonalidades más pardorrojizas, lo cierto es que *moreno* seguiría dando a entender una idea de oscurecimiento: en este caso en la piel blanca, aproximándola en mayor o menor medida al «negro» —a una tonalidad más oscura—.

La idea que se defiende, no obstante, para *moreno* en el siglo XVII es la de 'oscuro, negruzco', un color marcadamente oscuro, pero que no alcanzaría un grado de oscuridad suficiente como para considerarlo plenamente negro —un gris muy oscuro, por ejemplo—.

En el plano documental, los testimonios más antiguos que proveen los corpus de la Academia en los que *moreno* se emplea como adjetivo cromático estarían fechados en el siglo XV, de hecho, el testimonio al que apuntaba el *DECH*:

> «Pues veredes / La borra quien la carmena, / Ca en Truxena é Cortyxena / E Garruchena é Trebuxena / Non vos darien por rrymar / Un millar / De pedos d'asna *morena*» [Baena, J.A. de (1406-a1435). *Cancionero de Baena*. Extraído de: CDH].

No obstante, CDH podría aportar una documentación de *moreno* que adelantaría la fecha del primer testimonio en corpus generales al finales del siglo XIII gracias a un testamento de 1277:

> «Item, con voluntat e atorgamiento de doña Toda, muger mía, e de Silvestre de Calcena e de Toda, su muger, fija mía, e de Joán de Peña, fijo de erederos míos, que son presentes, lexo a Perico de Peña, fijo mío, una mula de pelo *moreno*, la qual quiero e mando» [Anónimo (1277). *Testamento*. Extraído de: CORDE].

---

mayor o menor como color pleno en determinados contextos —como el capilar—. Para este tipo de «polimorfismo» a la hora de referirse a un color, Pastoureau indica que se asemeja más a un reflejo de las propiedades del material o el valor de los efectos que produce el color que del propio color (*op. cit.*: 34). El latín, de hecho, jugaba con matices como la luz (claro/oscuro, mate/brillante), la materia (saturado/no saturado), etc. Podría apuntarse, por ende, a una situación similar a la de *tostado*, si bien en este caso entraría en juego el hecho de que *tostado* puede aparecer complementando a otros adjetivos de color —de ahí la dualidad color/matiz—.

198 Costumbre popularizada, según se cuenta, por Coco Chanel a principios del siglo XX, tras unas vacaciones en la costa Azul francesa (Cabrera Silva *et al.*, 2005: 142). Hasta aquel momento, la tez blanca había sido «requisito indispensable del canon de belleza femenino» entre las mujeres de clases acomodadas (convirtiéndose la sombrilla en su principal aliada) (Fernández de Alarcón, 2016: 86–67).

Este ejemplo, además, permitiría continuar la línea que habría marcado uno de los primeros testimonios del adjetivo que aportaba el *DECH* —el del toro moreno de principios del siglo XII— y, además, afianzar la posibilidad combinatoria de *moreno* con referentes animales que figura mayoritariamente en *CorLexIn*.

Aunque por norma el análisis del material documental proporcionado por los corpus generales suele iniciarse en el periodo temporal que vertebra el presente estudio, el siglo XVII, en este caso resulta pertinente analizar en primer lugar las concordancias que los corpus diacrónicos poseen desde los primeros testimonios hasta el siglo XV.

El objetivo que se persigue en este cambio de metodología —y, por ende, su razón de ser— es la constatación de la afirmación que defienden Corominas y Pascual respecto a la vitalidad de *moreno*, ya que indican (*s.v. moro*) que su generalización en el uso se habría producido «desde el Siglo de Oro por lo menos».

Así, CORDE ofrece 55 resultados de *moreno* hasta el año 1500, de los que solo 10 podrían considerarse documentaciones del uso adjetivo con valor cromático. Curiosamente, también son 10 los ejemplos que ilustran esta posibilidad entre los 113 que proporciona la búsqueda restringida cronológicamente en CDH —coincidiendo, como es lógico, varios de ellos—.

Tal y como puede constatarse, el número de documentaciones de *moreno* es escaso: apenas 20 ejemplos —ya que algunas se repiten en ambos corpus—, si bien los testimonios ofrecen una abundante variedad de referentes, tanto animales como humanos.

La tendencia, sin embargo, cambia a partir de siglo XVI, tal y como indicaban Corominas y Pascual, puesto que el número de ejemplos de *moreno* del CDH prácticamente se octuplica: 841 documentaciones del adjetivo, de las que 486 (488 si se tienen en cuenta 2 casos dudosos) atestiguan su empleo con valor cromático.

El contexto mayoritario en el que figura *moreno* es el poético, una de las razones que podría aducirse para el triunfo y generalización del adjetivo en el contexto de los Siglos de Oro: CDH atesora numerosos ejemplos de *morena, morenica, morenita, morenilla*, etc., empleados en diversas composiciones poéticas, debido, sin duda al hecho de que la «morenica» puede considerarse como uno de los tópicos o temas recurrentes de la lírica tanto popular como culta.

Respecto a su combinatoria, salvo excepciones, la gran mayoría de las concordancias ejemplifica la referencia al color de la piel humana, si bien pueden encontrarse casos en los que el referente difiere de la combinatoria general (pan, ojos, referencias a materias textiles, etc.).

La tendencia en el siglo XVII continuaría al alza, dado que el número de documentaciones en CDH vuelve a incrementarse ligeramente: de un total de 931 resultados, las dos terceras partes se corresponderían con casos de *moreno* empleado como color, esto es, 603 concordancias (605 si se tienen en cuenta 2 casos dudosos) ejemplificarían en CDH el valor cromático del adjetivo. De nuevo, la combinatoria que presenta un mayor número de ejemplos sigue siendo la referencia al color de la piel —y el tópico de la morenica con sus múltiples formas apreciativas—.

El conjunto de testimonios a partir del siglo XVIII no hace sino corroborar la progresiva generalización de *moreno* en el plano cromático. La búsqueda en el periodo cronológico comprendido entre 1701 y 1974 proporciona 5334 casos de *moreno*, de los que —eliminando usos sustantivos y antroponímicos— 3055 (3056 si se tiene en cuenta 1 único caso dudoso) se corresponderían con *moreno* 'color oscuro'.

A partir del siglo XIX se observa un cierto aperturismo de corte semántico, si bien la combinatoria mayoritaria vuelve a ser, nuevamente, la referencia al color de la piel:

> [...] además de conocerse como nombre de color en sentido general, su significación se va a restringir en tanto que irá dirigida sólo a un determinado sector de la realidad, calificando el tono oscuro de la piel de los individuos de raza blanca (Espejo Muriel, 1996: 272).

Respecto a los testimonios referentes al color del pelo negro o castaño oscuro —acepción que el *DRAE* incluye en la edición de 1984—, pueden localizarse ejemplos desde finales del siglo XIX. No obstante, en la mayoría de las ocasiones, resulta complicado discernir si se está aludiendo al color de la piel o del pelo —a menos que haya una evidencia clara como la presencia de sustantivos del tipo *pelo, cabello, melena* o que *moreno* se contraponga a otras tonalidades capilares como *rubio, moreno, pelirrojo*, etc.—, por lo que dicha posibilidad combinatoria estaría, seguramente, atestiguada con anterioridad. De hecho, en muchos de los ejemplos consultados, se prefiere el adjetivo *negro* para caracterizar el color del pelo cuando presenta dicha tonalidad.

Tal y como admite Espejo Muriel (*ibid.*: 323), «teniendo en cuenta la dificultad presentada a la hora de poder deslindar estas dos acepciones [...] empleadas en los textos literarios, creemos que ambas se han ido utilizando alternativamente».

Para el plano sincrónico, solo se ha efectuado el análisis pormenorizado de CREA, dado el elevado número de resultados de *moreno* de CORPES XXI (6939 casos) sería garante más que suficiente de la pervivencia del adjetivo y su continuidad en el uso.

En el caso de CREA, el valor cromático de *moreno* sigue estando presente en el periodo temporal comprendido entre los años 1975 y 2000: Entre los 2418 ejemplos que arroja la búsqueda general, 1411 de ellos ostentarían el valor analizado, con una clara predominancia de la coloración de la piel (quizá también del pelo por los motivos anteriormente expuestos).

Tonalidad plena o matiz, *moreno* puede considerarse parte de la familia de tonalidades negras, caracterizándose por su proximidad al negro y por su estrecha relación con la referencia al color de la piel y del pelo. Generalizado en el uso a partir de los siglos XVI y XVII —especialmente en el contexto poético—, *CorLexIn* contribuye al testimonio de su posibilidad de predicación de referentes animales, especialmente de ganado bovino y mular; una combinatoria escasamente representada en los corpus generales a pesar de su importancia, dado que constituiría el primer contexto en el que estaría documentado el adjetivo.

MUSCO
[Tb. ***musgo***]

Documentaciones seleccionadas en *CorLexIn* y en fondos documentales inéditos de *CorLexIn*:

- Yten, vnos calzones buenos de pelo de camello, *musco* (Lumbreras, LR-1685)
- Basquiña y jugón de rasillo de color *musgo* nuebo en honze ducados (Cabra, Co-1686)
- Quatro baras de mitán *musco* (Lumbreras, LR-1685)
- Un capote del mesmo paño con bueltas de felpa *musgo*, ya usado (La Plata, Bolivia-1703)
- Vn capote de barragán como nuebo, *musco* (Lumbreras, LR-1685)
- Otra almilla de lamparilla *musga* demediada (Málaga, Ma-1698)
- un jubón de lama *musca* y un vestido de seda, ya viexo (Purificación, Colombia-1708)
- Yten, otro pedazo de dicha olandilla *musga* con ocho varas (Santiago de Chile, Chile-1681)
- Ytem, vna gauardina destameña *musca*, treinta reales (Sax, A-1685)
- Yten, treinta y dos baras de tafetán de Granada en tres pedazos, el vno de *musgo* y el otro cauellado y el otro tornasolado (Santiago de Chile, Chile-1681)
- una saya de tauí de aguas *musco* (Cádiz, Ca-1661)
- un jubón de tela *musca* con botones de hilo de plata (Cádiz, Ca-1661)
- vn bestido de ormesí *musco* con puntas negras (Cádiz, Ca-1666)
- Vna bara de damasquillo *musgo* (Cuzcu, Perú-1691)
- Vn armador de lama *musga*, vieja (Cuzco, Perú-1691)
- Vn par de medias de seda *musgas*, traydas (Cuzco, Perú-1691)

El color pardo oscuro del almizcle —sustancia grasienta y de olor intenso que segregan algunos mamíferos, mayoritariamente mósquidos como el *ciervo almizclero*, y que suele emplearse en cosmética y perfumería— puede considerarse como la sugerencia origen del adjetivo cromático *musco*.

Aunque Covarrubias ya incluye *musco* en algunas de sus entradas para hacer referencia al almizcle (*ss.vv. almizcle, moscatel, mosqueta*) e, incluso, dedica un lema a *musco* —en el que se presenta como una de las denominaciones que se aplican al ratón almizclero o lirón enano (*Muscardinus avellanarius*)—, es el *Diccionario de autoridades* el que registra la acepción cromática del adjetivo, si bien de manera indirecta al remitir a la voz **amusco** tal y como se había indicado en la entrada correspondiente:

> **MUSCO, CA**. adj. Lo mismo que Amusco (*Autoridades*, 1734: s.v.).
> **AMUSCO, CA**. adj. Espécie de colór pardo como el de almizcle (*Autoridades*, 1726: s.v.).

Sin embargo, la segunda edición de *Autoridades* introducirá un cambio en la relación de *musco* y su variante con *a-* protética: ya no es *musco* quien remite a *amusco*, sino que la remisión se produce en dirección contraria, lo que, por otro lado, indica que *musco* pasa a considerarse como el término general. Este cambio quedará reflejado en la definición de *musco* de la primera edición del diccionario usual de 1780:

> **MUSCO, CA**. adj. que se aplica al color pardo obscuro (*DRAE*, 1780: s.v.).
> **AMUSCO, CA**. adj. Lo mismo que MUSCO (*DRAE*, 1780: s.v.).

El *Diccionario Akal del Color* también recoge el lema en su nomenclatura, definiéndolo con el valor esperado que reflejaban el resto de diccionarios consultados: «Denominación común de las coloraciones pardas moderadas. // [...] // Pardo. // Pardusco» (*Akal*: s.v.).

En conclusión, y partiendo de la relativa estabilidad que parece reflejar el adjetivo al menos en lo que respecta al ámbito lexicográfico, la referencia cromática propuesta para *musco/musgo* es 'pardo, pardo oscuro', tonalidad basada en el color del almizcle, sustancia que se configura como sugerencia origen del adjetivo —y que también ostentaría *amusco*—.

No obstante, cabría una segunda hipótesis para —al menos— la forma *musgo*, dado que la relación *musco~musgo* no se plasma en el diccionario académico hasta la edición de 1884, momento en el que aparece un *musgo*[2] que remite a *musco*. La posibilidad que podría barajarse, asimismo, para *musgo* es 'verde,

verde oscuro, verde amarillento' similar al de las hojas de la planta briófita que recibe este nombre (*Akal: s.v. musgo*)[199].

Respecto a la alternancia *musco~musgo* con el valor 'pardo oscuro', podría explicarse a raíz de una posible confusión etimológica que derivaría de la homonimia existente entre los étimos de *musco* 'pardo oscuro' y *musgo* 'planta briofita': *musco* procedería del latín tardío MUSCUS 'almizcle'; mientras que el étimo de *musgo*, sin embargo, es la forma latina homónima MUSCUS 'musgo', étimo que, según indica el *DECH* (*s.v. musgo*), no habría dado origen, en principio, a ningún ítem léxico patrimonial en las lenguas románicas, de ahí que considere *musco* 'musgo' como una voz semiculta. Tanto en la entrada *almizcle* como en *musgo*, el *DECH* documenta casos de *musgo* con el valor de 'pardo oscuro' y 'almizcle' y el *Diccionario de autoridades* (1734: *s.v. musco*), también apunta que *musco* 'musgo' «dícese tambien musgo y moho».

Sin embargo, en la entrada *musgo* no se incluye ninguna referencia o remisión a *musco*. Dicha acepción no figurará hasta la 4.ª edición de 1803, aunque ya figuraba en el diccionario de Terreros como sinónimo de *moho*[200].

Las formas *musgo* y *amusgo*, no obstante, parecen documentarse únicamente en la zona meridional de la península, especialmente en el área andaluza. En esta zona, además, Le Men (*LLA: s.v. moho*) documenta casos de *mogo*[201] 'moho'

---

199 No obstante, la existencia de la forma *amusgo* —análoga a *amusco*— invita a pensar que el valor que *musgo* ostenta (al menos en el contexto del siglo XVII) es el de 'pardo, pardo oscuro'.

200 Este último sinónimo, *moho*, podría explicar, además, el cambio de -sc- en -sg-, dado que el *DECH* (*s.v. musgo*) afirma que *moho* es la expresión «verdaderamente popular de la noción de 'musgo'», decantándose, además, por la posibilidad de que la forma vulgar *mogo* hubiese podido motivar dicho cambio anómalo.

201 La forma *mogo* figura por primera vez en el lemario académico en la edición de 1925 y aparece definido como 'moho' y considerado como voz antigua o anticuada y restringida, en lo que a su uso respecta, a América (*vid. DMILE*, 1927 y 1950: *s.v. mogo*). Sin embargo, la /g/ de *mogo* es una consonante antihiática que ha de ser necesariamente tardía: solo cuando se pierde la /f/ —e incluso la aspirada siguiente— cabe la posibilidad de que surja una /g/; antes es *mofo* (así hoy en leonés, por ejemplo, *vid. LLA: s.v. moho*) o *mojo* en las zonas con aspiración (la parte de Andalucía que aspira la *f-*, zonas de León y Salamanca, etc.). Las fechas en las que se documenta *musgo* —con valor de 'planta' o como aparente sinónimo de *musco*— hacen imposible que un supuesto *mogo* influya para cambiar la /k/ en /g/. Corominas y Pascual indicaban, *s.v. musgo*, que este cambio «ha intrigado a los hispanistas» —lógico, dado que no se explica la sonorización de /k/ en /g/ fuera de un contexto intervocálico—, de ahí que autores como Leite de Vasconcelos (en

hecho que podría explicar, además, la presencia de las formas con sonora -g- en América[202].

En lo que respecta a sus documentaciones en los corpus académicos, en el plano diacrónico CORDE ofrece un total de 919 resultados para la búsqueda de *musco* y *musgo* y sus variantes flexivas, correspondiéndose 35 de ellos (39 si se tienen en cuenta 4 casos dudosos) con el valor cromático analizado, lo que, por otro lado, refleja un índice de uso considerablemente bajo.

El más antiguo de ellos parece estar fechado a principios del siglo XVII, documentación que, sorpresivamente, no atestigua la forma con sorda *musco*, sino la forma con sonora *musgo*:

> «Si el ave huviere tiña en las alas, toma la çera bermeja e *musga* e mirabolanos çetrinos e salpedres e rruda e goma yedra e granos de trigo [...]» [Anónimo (a1600). *Modo de meleçinar aves*. Extraído de: CORDE].

El hecho de que aparezca bajo la forma femenina *musga* y coordinado con un adjetivo cromático pleno como es *bermeja* invitan a pensar que, efectivamente, puede considerarse como el primer testimonio que refleja el uso de *musgo* —y, por extensión, de *musco*— como adjetivo de color.

Musco, por otro lado, parece no documentarse hasta mediados o finales del siglo XVII; sin embargo, los ejemplos que aporta CORDE parecen corresponderse a malas lecturas o malas transcripciones de los textos, dado que da la impresión de que, en realidad, son ejemplos de *amusco* en los que se ha realizado un corte erróneo entre la *a-* protética y el adjetivo *musco*:

> «Viernes 8 de éste, antes de irse el Rey al Retiro, fué á besarle la mano á Palacio el Jurado en cap de Zaragoza con sus maceros y una ropa de tela pasada *á musco* y plata, [...]» [Barrionuevo, J. de (1654–1658). *Avisos. Tomos I, II, III y IV*. Extraído de: CORDE].
>
> «Es su voluntad se le de Angela Daladinas su criada vn jubon de felpa labrada *a musco* y que se le pague lo que constare» [Anónimo (1684). *Codicilio al testamento de Luisa de Urbina Pimentel*. Extraído de: CORDE].

El que podría considerarse como primer testimonio, según CDH, estaría fechado en el primer tercio del siglo XVIII, lo que permitiría a *CorLexIn* dar fe de la existencia y documentación de *musco* un siglo antes:

Joaquim Nunes, 1895: 278, n. 1) propusiesen étimos alternativos como la variante anaptíptica ˇMUSICUS que también defiende García Turza (2004: 156).

202 El *DECH* (s.v. musgo) indica que en Colombia se emplea *musgo* como término para denominar al color *musco*; *CorLexIn* permite atestiguar la presencia de *musgo* en Colombia a principios del XVIII gracias a una documentación de Purificación (Tolima).

«[...] una chupa de olanda cruda bordada de ilo de plata; una casaca hueca de paño *musco* forrada en sempiterna del mismo color; [...]» [Anónimo (1727). *Remoción de depósito de bienes*. Extraído de: CORDE].

En el resto de las concordancias, como ya se había podido comprobar en los resultados de *amusco* y *amusgo*, el adjetivo acompaña a prendas de vestir o elementos textiles, reforzando la relación existente entre este ámbito y el mundo del color. Sin embargo, y como suele ser habitual, se documentan asimismo casos en los que *musco* y *musgo* coaparecen con referentes ubicados fuera del ámbito textil tales como animales, vegetales, etc.

Los resultados a partir del siglo XVIII son muy escasos —concretamente 5— y en su mayoría hacen referencia a contextos pasados, condición que justifica la presencia de la marca «*desus.*» que acompaña a la acepción 'pardo oscuro' —marca que, por otro lado, no se ha incluido hasta la edición de 2014—.

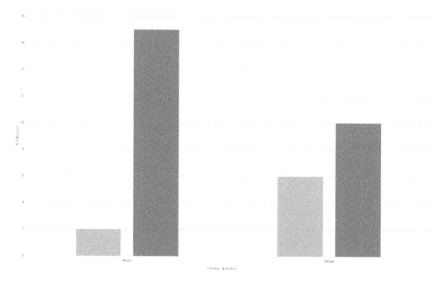

Gráfico 8. Preferencia de uso y distribución de los ejemplos de *musco y musgo* en España (en gris claro) y América (en gris oscuro) (Fuente: CORDE)[203]

---

203 A la hora de interpretar el gráfico debe tenerse en cuenta que varias de las documentaciones americanas: a) pertenecen a la misma obra, destacando el *Viaje al reino del Perú* de Antonio de Ulloa; b) varios de los autores de los textos que aparecen marcados como americanos en CORDE son de origen peninsular, caso del propio Antonio de Ulloa, oriundo de Sevilla.

CDH, al combinar la capa diacrónica de CORDE y la sincrónica de CREA, eleva el número de documentaciones de *musco* y *musgo* a 1525; sin embargo, al igual que ocurría en CORDE, ninguna de las 25 (40 si se tienen en cuenta 15 casos dudosos) que atestiguan el valor cromático analizado se fecha antes del siglo XVIII. Prácticamente todos los registros de CDH figuran en CORDE y CREA; sin embargo, se corrobora la hipótesis formulada en el apartado anterior de que el adjetivo apenas rebasa la marca cronológica del siglo XVIII.

En el plano sincrónico, CREA y CORPES XXI permiten considerar a *musco* y *musgo* como lexías en desuso con el valor de 'pardo oscuro': de las 494 documentaciones en CREA, solo 2 concordancias parecen encajar con el uso cromático del adjetivo, si bien con un carácter bastante dudoso:

> «Dos puñados de pelo *musgo* le circuían el cráneo, calvo, con postillas y espléndidamente errabundo, [...]» [Landero, L. (1989). *Juegos de la edad tardía*. Extraído de: CREA].
>
> «Bajo los dos moñetes de pelo *musgo*, inflamados por el viento, su cara tenía una expresión impenetrable y serena de saurio» [Landero, L. (1989). *Juegos de la edad tardía*. Extraído de: CREA].

En el caso de CORPES XXI, al igual que en CREA, 2 casos de los 841 ejemplos responderían al valor analizado.

Por otro lado, ambos corpus reflejan que la forma *musgo* se mantiene con mayor vitalidad actualmente; sin embargo, el *musgo* que figura en casi la totalidad de concordancias como adjetivo cromático lo hace con el valor de 'verde', un verde que abarcaría un abanico de tonalidades bastante amplio que incluiría 'verde grisáceo', 'verde oscuro', 'verde amarillento', etc., y que respondería a la variedad de colores de las hojas del musgo 'planta briófita'.

En conclusión, con *musco* y *musgo* se alude al color pardo obscuro característico del almizcle, siendo la segunda forma una posible confusión surgida de la homonimia existente entre los étimos de ambos términos. No obstante, es un adjetivo que *CorLexIn* permite etiquetar como genuinamente seiscentista —al menos su valor y uso como adjetivo cromático— y que apenas se documenta a partir del siglo XVIII, lo que le ha granjeado la consideración de término en desuso.

NARANJA

Documentaciones en *CorLexIn*:

- Vna senefa de chamelote *naranja*, con pasamanos de plata fina (Santiago de Chile, Chile-1687)
- una saya parda nueba con hirma *naranja* (Logrosán, CC-1677)

Además de **anaranjado** y **naranjado**, la expresión del color similar al de la cáscara de la naranja también encuentra su realización léxica en la propia denominación del fruto del naranjo: *naranja*.

A pesar de que el lema *naranja* figura en el *Tesoro* de Covarrubias, en el diccionario de Rosal y en *Autoridades* 1734, no será hasta la 19.ª edición de 1970 del *DRAE* cuando dicho lema posea una acepción dedicada a su uso como color —dado que podría considerarse que la información cromática ya estaba presente en su acepción como fruto—:

> **naranja**. 3. m. Color anaranjado (*DRAE*, 1970: s.v.).

La referencia cromática propuesta, por ende, es la misma que se propone para *naranjado*, ya que *naranja*, obviamente, es la base nominal de la que deriva *naranjado* y, por ende, debe existir una semejanza desde el punto de vista cromático, valor que aporta el sufijo *-ado*.

La referencia estaría avalada y refrendada, asimismo, por el *Diccionario Akal del Color*, que, al considerarlo color secundario mezcla de rojo y amarillo, le dedica una extensa entrada en la que se contemplan, además, todas sus variedades. No obstante, la primera acepción que figura para *naranja* es suficiente para establecer la tonalidad del color y su relación con *naranjado* y *anaranjado*:

> **naranja**. [...] Color semejante al característico de la piel de la naranja. // [...] Coloración estándar semioscura, rojo amarilla y saturada, cuya sugerencia origen corresponde a la pigmentación que presenta la corteza del fruto homónimo del «naranja». Se dice también «color anaranjado» [...] (*Akal*: s.v.).

Desde el punto de vista documental, en el contexto del siglo XVII, empleando una búsqueda con comodines para abarcar todas las posibilidades gráficas, CORDE devuelve 228 casos de *naranja*; sin embargo, solo 1 de ellos atestigua su uso con valor cromático:

> «[...] y los caballos para su Majestad y Alteza cubiertos con tellizes de terciopelo verde, bordados con cortaduras de tela *naranja* y torzales de oro, [...]» [Espinosa, P. (1624). *Bosque de doña Ana*. Extraído de: CORDE][204].

---

204   Resulta curioso, sin embargo, que la documentación continúe así: «[...], todo *naranjado*, [...]». ¿Estará, quizá, haciendo referencia este *naranja* al tejido conocido como *naranje* que incluye Alfau de Solalinde en su inventario de tejidos españoles (*op. cit.*: 135)? En el caso que nos ocupa, podría interpretarse como una simple alternancia de términos, dado que el contexto apunta a un uso con valor adjetivo: si *terciopelo verde* (N+A), entonces cabe pensar que *tela naranja* (N+A).

Esta concordancia sería la única de CORDE que atestiguaría el uso de *naranja* con valor de 'color' en dicho periodo —algo fundamental dado que dicha denominación, como se verá posteriormente, no se generaliza hasta el siglo XIX—, lo que convierte a los dos ejemplos de *CorLexIn* en testimonios de especial importancia, ya que contribuyen a la documentación del valor cromático ya en el siglo XVII.

Eliminando la restricción temporal, el número total de casos de *naranja* que arroja CORDE asciende a 1585, reduciéndose el número a 178 si únicamente se tienen en cuenta aquellas en las que *naranja* se emplea con valor cromático o, en su defecto, aparece formando parte de la construcción *color de naranja*. Por otro lado, puede observarse que la generalización de dicho término se produce, especialmente, a partir del siglo XX, si bien en el siglo XIX el número de concordancias es considerablemente superior al de los siglos anteriores:

Gráfico 9. Número de documentaciones de *naranja* 'color' en CORDE

El otro corpus de corte diacrónico, CDH, presenta, nuevamente, un número elevado de resultados para la búsqueda de *naranja*, 5767, de los cuales 83 pueden considerarse como novedosos y genuinos de dicho corpus, localizándose principalmente a partir del siglo XX —aunque pueden encontrarse algunas documentaciones en el XVIII—.

Las documentaciones de *CorLexIn* —pese a ser escasas—, permiten, asimismo, testimoniar el uso de *naranja* como adjetivo en el dominio americano a finales del siglo XVII, puesto que CORDIAM solo aporta algunos ejemplos colombianos del XVIII y Boyd-Bowman no posee documentaciones de dicho valor. Además, los ejemplos de CORDIAM no atestiguan propiamente dicho valor y uso, sino el de *color de naranja*.

En el plano sincrónico, las concordancias de CREA ofrecen más de dos millares y medio de ejemplos de *naranja* (2616 casos); sin embargo, solo 472 (497 si se tienen en cuenta 25 casos dudosos) documentan su uso con el valor de 'color' en contextos de diverso tipo, indicando, por tanto, una clara ampliación progresiva de tipo semántico.

Por último, la búsqueda en CORPES XXI arroja una cantidad considerablemente alta de ejemplos de *naranja* que casi roza los 8000: 7959 documentaciones. Dado este elevado número de ejemplos, resulta de nuevo pertinente —y quizá necesario— un filtrado o restricción por categoría gramatical, de modo que el corpus devuelva solamente aquellos casos en los que *naranja* se use como adjetivo. Aplicando dicha restricción se obtienen 1398 casos, de los que 1089 (1130 si se tienen en cuenta 41 casos dudosos) se corresponden con el valor analizado.

El uso de *naranja* con valor de adjetivo cromático se suma a otros muchos ejemplos en los que un sustantivo con un color característico pasa a desempeñar una función adjetiva de corte cromático (*salmón, guinda, esmeralda*). A pesar de que podría considerarse como una denominación más propia de los siglos XIX y XX —periodo en el que su empleo se populariza y aumenta—, ya se documenta en el siglo XVII. En la actualidad, parece rivalizar con *anaranjado* a la hora de hacer referencia al color del fruto del naranjo; no obstante, el matiz existente en *anaranjado* —'tonalidad próxima o similar' frente a 'tonalidad máxima, de referencia'— podría inclinar la balanza a favor de la sugerencia origen, *naranja*.

NARANJADO

Documentaciones seleccionadas en *CorLexIn* y en fondos documentales inéditos de *CorLexIn*:

- Vna carpetica de colores, berde y *naranxada*, en seys reales (Albacete, Ab-1642)
- Dos cobertores, vno zerojado y otro *naranjado*, buenos, en siete ducados, nuebos (Albalá, CC-1661)
- Vna cama colgada de tintos azules con flueques *naranjados*, en ziento y treinta y dos reales (Andújar, J-1665)
- Otro de bayeta *naranxada* con sus trenas, en treinta reales (Argamasilla de Calatrava, CR-1662)
- Ytem un cobertor berde, nueuo, con su guarnición de paño *naranjado* (Ayerbe, Hu-1614)
- Más dos jubones nuebos, el uno de damasco *naranjado* y el otro de tela açul (Choconta, Colombia-1633)

- Yten, otro faldellín de terçiopelo *naranxado* de China, con guarniçión de seda, çinquenta pessos (Ciudad de México, México-1623)
- Una cama de sarja, verde, con flecos y alamares de seda, *naranxada*, con seis cor[tinas], cielo y delantera (La Orotava, Tf-1663)
- Una saya de paño fino buena sin cuerpos, ruedo *narangado* (Mahamud, Bu-1654)
- Vn sayco *naranjado* guarneçido con terçiopelo negro (Olmeda del Rey, Cu-1625)
- Una saya azul, ruedo *naranxado*, seis ducados y medio (Santa Marta del Cerro, Sg-1644)
- Más, vna basquiña de tafetán azul con su franxa de *naranjado* (Zaragoza, Z-1603)
- Un saya de paño pardo con aldar *anaranjado* en diez y ocho reales (Ólvega, So-1638)
- Una saya parda de paño fino con hirma *naranjada* (Logrosán, CC-1678)
- Una saya negra con hirma *naranjada* (Logrosán, CC-1678)
- Una falsera de cama bordada de seda, digo de hilo asul y *narangado* (Chiclana, Ca-1673)
- Otra saya açul con aldar *naranxado* (Noviercas, So-1654)

Uno de los rasgos que caracteriza especialmente al campo de los adjetivos cromáticos —amén de la subjetividad— es la posibilidad de que la forma de referirse a la tonalidad cambie: el hablante, la comunidad de habla, puede favorecer en un momento determinado una nueva denominación frente a otra anterior que podría considerarse como ya asentada. En el contexto del siglo XVII, frente a **anaranjado** y **naranja**, es *naranjado* el término que podría considerarse como «estándar» o «generalizado» a la hora de referirse a las tonalidades naranjas semejantes — dado que se sigue, nuevamente, un patrón lexicogenético N+*ado*— a las del fruto maduro del naranjo (*Citrus* × *sinensis*)[205].

La primera pista la ofrece Sebastián de Covarrubias en su *Tesoro* dentro del lema dedicado a la base derivativa del adjetivo y respectiva sugerencia origen, *naranja*:

> **NARANJA**, la fruta del naranjo [...]. Naranjado, color de naranja (*Tesoro: s.v.*).

La entrada no resulta demasiado relevante desde el punto de vista cromático, pero sí lexicográfico y documental, ya que, entre otros aspectos, informa de la presencia de la voz en el caudal léxico del siglo XVII, amén de consolidarla como término general a la hora de expresar el concepto 'del color de la naranja'.

---

205 La «×» hace referencia a su condición de híbrido. Parece que los cítricos son híbridos interespecíficos de tres especies —*Citrus maxima, Citrus reticulata* y *Citrus medica* (Mabberley, 1997)—, de ahí que lleven dicho símbolo intercalado entre el nombre del género y el de la especie.

El diccionario de Francisco del Rosal, por su parte, tampoco contribuye excesivamente a perfilar la referencia cromática de *naranjado*; sin embargo, sí que indirectamente aporta cierta información a este respecto:

> **Naranja** es Arabigo; y los Latinos modernos la llaman Aurantia del color aureo (Rosal: *s.v.*).

«Del color aureo», información que ya figuraba en la definición de Covarrubias como equivalencia latina del término y que remite a *naranjado* a la problemática del color del oro: ¿amarillo? ¿amarillo rojizo? (*vid.* **amarillo**, *color de ámbar*, **rubio**).

Será el *Diccionario de autoridades* el primer diccionario monolingüe que dedique una entrada propia al adjetivo denominal, pero sin aportar demasiada información que no exceda del valor de la equivalencia propuesta, AUREUS:

> **NARANJADO, DA.** adj. De color de naranja (*Autoridades*, 1734: *s.v.*).

En principio, podría deducirse que el color al que *naranjado* hace referencia es, empleando la terminología actual, el *naranja*, mezcla de **rojo** y *amarillo*. Sin embargo, la entrada *naranja* de *Autoridades* parece no corroborar dicha hipótesis:

> **NARANJA.** s. f. El fruto del naranjo: el qual es de figura esphérica del tamaño de la manzana regular. La cáscara es fofa, y por lo exterior áspera y desigual, y mui roxa en su madurez [...] (*Autoridades*, 1734: *s.v.*).

La descripción que ofrece *Autoridades* para el color de la cáscara de la naranja parece preferir una tonalidad más rojiza e intensa; no obstante, si se juega con el valor 'rubio' que posee *rojo* tanto en este periodo cronológico como en la actualidad, quizá podría entenderse que el primer diccionario de la Academia está dibujando un color anaranjado más o menos intenso, en función de la proporción mayor o menor de rojo; pero que podría catalogarse e incluirse igualmente en la gama de coloraciones anaranjadas.

Será Terreros, si bien ya a finales del siglo XVIII, quien aporte una definición bastante resolutiva, aunque opta por el lema *anaranjado* y no *naranjado*, indicando un aparente cambio en la preferencia por la denominación que la Academia no reflejará hasta finales del siglo XIX en la 12.ª edición:

> **NARANJADO**, V. Anaranjado (Terreros, 1787: *s.v.*).
> **ANARANJADO**, color que participa del rojo, y amarillo [...], otros dicen *Naranjado* (Terreros, 1786 [1767]: *s.v.*).

La propuesta *naranjado* 'naranja' se vería nuevamente reforzada si se observa el cambio en la definición de *naranja* en la 5.ª edición del diccionario académico: «[...] y cubierta de una epidermis de color encarnado ligeramente tinturada de amarillo; [...]» (*DRAE*, 1817: *s.v.*).

A pesar de estar fechado en el siglo XIX —por lo que, además, que podría haberse visto influenciado por la propuesta del propio Terreros—, la definición volvería a la idea del dorado, del rojo con presencia de amarillo y, por ende, al naranja (valor al que también apuntarían el francés o el italiano. *Vid. DAF*₁ 1694: *s.v. orange*; *Vocabolario*: *s.v. arancia*).

Finalmente, el *Diccionario Akal del Color* remite *naranjado* a *anaranjado*, presentándolo como el color semejante al del flavedo o epicarpio de la naranja dulce, es decir, mezcla de amarillo y rojo, naranja:

> **anaranjado**. Color semejante al de la sugerencia cromática común de la naranja dulce. Se dice también «naranjado» y «color naranja» (*Akal*: *s.v.*).

En conclusión, con *naranjado* se hace referencia a aquellas tonalidades que se asemejan a las de su sugerencia origen, el epicarpio del fruto del naranjo, esto es, el color *naranja* que surge de la mezcla de amarillo y rojo.

Desde el punto de vista documental, el primer testimonio de *naranjado* 'color de naranja' se fecharía, según CORDE y CDH, a principios del siglo XV, unos años antes de la primera documentación de *anaranjado* (*vid*. nota 38 en *anaranjado*):

> «[...] et en las espaldas de las puertas de los dichos armarios, que vengan pintadas de un lazo sobre color *naranjado*, [...]» [Anónimo (1418–1419). *Carta de compraventa*. Extraído de: CORDE, CDH].

Aplicando un filtro temporal a las documentaciones de CORDE, en el periodo del siglo XVII se registra un total de 112 concordancias, atestiguando 99 de ellas (100 si se tiene en cuenta 1 único caso dudoso) el valor cromático de *naranjado*. En casi la totalidad de los casos, *naranjado* se emplea para caracterizar el color de una prenda de vestir o accesorio, poniendo de manifiesto una vez más que es precisamente este ámbito, el textil y de la vestimenta, el más propenso para la aparición y creación de (nuevos) adjetivos cromáticos.

A mediados del XVII puede observarse la ya reseñada ampliación semántica que suelen experimentar estos adjetivos, si bien su ligazón con los textiles sigue siendo bastante acusada en el resto de siglos.

Si se realiza una búsqueda general sin restricciones, CORDE devuelve un total de 399 casos, siendo relevantes para el presente estudio cromático 344 de ellos (349 si se tienen en cuenta 5 casos dudosos). No obstante, se debe tener en cuenta que 116 de ellos figuran en la misma obra.

Con todo, el número de documentaciones de *naranjado* con valor cromático alcanza un porcentaje de casi el 60%, lo que indica que el valor principal de *naranjado* en el uso general es el de color —si bien el índice de uso con ese valor no es el mismo en todas las épocas en las que se documenta el adjetivo—.

El otro corpus diacrónico, CDH, —al combinar tanto la capa diacrónica como la sincrónica— eleva el número de documentaciones a 429. A las 344 concordancias que registraba CORDE de *naranjado* 'color de naranja' deben sumársele 16 ejemplos genuinos —casi todos ellos del siglo XVII— que aporta CDH (17 si se tiene en cuenta 1 caso dudoso), obteniendo un total de 360 testimonios (366 si se tienen en cuenta 6 casos dudosos, los 5 de CORDE y 1 en CDH).

Dado que algunas de las concordancias de *CorLexIn* se documentan en América, resulta pertinente e ilustrativo consultar algunos corpus dedicados al español americano como son CORDIAM y el *Léxico hispanoamericano* de Boyd-Bowman —23 y 20 casos respectivamente—, que también atestiguan la presencia de *naranjado* en dicho dominio ya desde principios del siglo XVI:

> «Más dos coxines de terçio pelo *naranjado*, con sus borlas de seda de lo mjsmo» [Gómez de Eslava, F. (1529). Ciudad de México, México. Extraído de: CORDIAM].
> «11 varas de raso naranjado basto a 1 peso 2 tomines» [TDH 331 (Puerto Rico, 1516). Extraído de: Boyd-Bowman].

En el plano sincrónico, CREA ofrece 72 documentaciones de *naranjado*; pero tan solo en 2 de ellas el adjetivo figura desempeñando dicha función, dando a entender que, en el contexto del siglo XX, es el valor sustantivo 'bebida de naranja' el predominante:

> «[...] pero un atardecer de primavera tan *naranjada* y oro, y la brisa del mar traía olores que a ratos eran tan suaves [...]» [Durán, A. (1978). *¡Viva la revolución! y otros textos banales*. Extraído de: CREA].
> «Vivía en una casa pequeña en las afueras de la ciudad, con dos perros, un gato, tres canarios *naranjados*, [...]» [Ocampo, S. (1988). *Cornelia frente al espejo*. Extraído de: CREA].

Por último, CORPES XXI solo registra 6 casos de *naranjado* en su base de datos; sin embargo, y sorprendentemente, en los 6 ejemplos el adjetivo aparece empleado con el valor de 'color de naranja', lo que permite atestiguar la pervivencia de dicho valor en la actualidad. Eso sí, el índice de uso es considerablemente bajo y, teniendo en cuenta la localización de las concordancias, parece que su relativa vitalidad solo persiste en el dominio del español de América —si bien dicho lema no figura en el *DAm*—.

En el siguiente gráfico puede apreciarse la evolución de la preferencia entre *naranjado* y *anaranjado* a partir de las documentaciones de dichas voces en los corpus académicos:

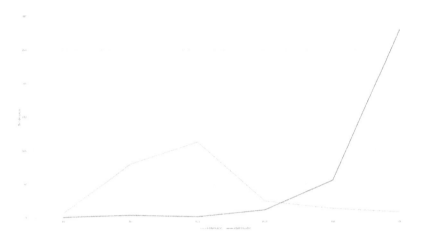

Gráfico 10. Evolución del índice de uso de *naranjado* (en gris claro) y *anaranjado* (en gris oscuro) (Fuente: CORDE, CREA, CDH)[206]

Tal y como puede comprobarse, a pesar de que ambos términos pueden considerarse como coetáneos, la balanza se inclina a favor de *naranjado* entre los siglos XV y XVII, experimentando a partir del siglo XVIII una clara «pérdida de la hegemonía» frente a *anaranjado*, siendo actualmente la denominación con un mayor —y acusado— índice de uso. Este hecho parece confirmar, una vez más, la preferencia por las formas parasintéticas frente a las derivadas en el ámbito de los adjetivos cromáticos.

En origen, la coloración característica del pericarpio del fruto del naranjo —mezcla de amarillo y rojo— encuentra su expresión en el adjetivo *naranjado*, denominación que hasta el siglo XVII puede considerarse como la preferida por la comunidad de hablantes, momento a partir del cual pierde la batalla frente a *anaranjado* o *naranja*, que se constituyen como denominaciones habituales en la actualidad.

---

206 En los casos en los que se superaban los 15 casos en una misma obra, el grupo de documentaciones se ha contabilizado como 1.

NEGRO

Documentaciones seleccionadas en *CorLexIn* y en fondos documentales inéditos de *CorLexIn*:

- Una alba negra de ruán labrada de seda *negro*, demediada, y un tocado bueno, blanco (Adeje, Tf-1623)
- Vna arca de pino mediana y dentro, vnos chapines *negros*, baxos (Alaejos, Va-1630)
- Quatro sillas franzessas, buenas, con clabazón *negra* (Alaejos, Va-1630)
- Vn guadamaçil de badana *negra*, en ocho reales (Albacete, Ab-1642)
- Una loba[207] de sarga *negra* (Albuquerque, Ba-1645)
- Una loba de tafizira[208] *negra* (Albuquerque, Ba-1645)
- Yten, se apreció vn corredor *negro* y blanco en doze reales (Alcalá de los Gazules, Ca-1642)
- Vna ropa de enbutido labrado, *negra* (Alcalá la Real, J-1648)
- Valín y rejilla de estameña *negra* usada (Alhama de Murcia, Mu-1648)
- Un col[l]ar de perlillas y abas *negras* en treçe reales (Almansa, Ab-1653)
- Yten, vna pollera de [...] noguerado y *negro*, llana y bieja (Almería, Al-1659)
- Yten, vn almilla de chamelote de lana, cabellado, con guarniçión de puntos de capillejo *negros*, a medio traer (Almería, Al-1659)
- Yten, otro adereço de espada y daga, pabonado de *negro*, nuevo (Almería, Al-1659)
- Primeramente un onzenario de granates *negros* y una cruz de Carabaca engarzada en plata, en veinte reales (Andújar, J-1665)
- Una saya *negra* de tafetán escamadillo usada (Antequera, Ma-1628)
- Vna yegua, su pelo *negro* de edad de siete años, echa a el burro, en nuebecientos reales (Argamasila de Calatrava, CR-1662)
- Un rosario labrado y otro *negro* liso (Arnedo, LR-1639)
- De tres rocines, el vno ruvio, y el otro castaño y el otro *negro*, en sesenta ducados, con sus aparexos (Atienza, Gu-1640)
- vna baca *negra* cerrada en diez y nuebe ducados y medio (Atienza, Gu-1640)
- Nuebe bellones de lana *negra* (Autillo de Campos, Pa-1654)
- Vn caballo *negro* de seis años en dos mill (tachado: y quinientos) reales (Bailén, J-1672)
- Jubón y basquiña de esparragón de flores *negro* y noguerado, aforrado en tafetán atornasolado (Bercial de Zapardiel, Av-1650)
- Yten, seis bueies de labor, los çinco de color castaño y otro *negro* (Bercial de Zapardiel, Av-1650)
- Yten, un potrico pequeño mamón *negro* (Bercial de Zapardiel, Av-1650)
- Yten, un nobillo de dos años, que ba a tres, *negro*, bragado (Bercial de Zapardiel, Av-1650)
- Yten, una nobilla *negra* de dos años, que ba a tres (Bercial de Zapardiel, Av-1650)

---

207 Perdiguero Villarreal, 2014: 146–147.
208 Morala, 2015b: 164–165.

- Dos roquetes de la mar andados labrados con seda *negra*, doçe reales (Bilbao, Bi-1645)
- Yten, tres sinteros de red, *negros* y blancos (Bollulos Par del Condado, H-1657)
- Yten, vn esclauo llamado Francisco, color *negro* atessado, apresiado en tres mil reales (Bollullos Par del Condado, H-1657)
- Tres mulas castellanas y vn caballo *negro* para el coche, en quatro mil reales (Cabra, Co-1687)
- Ynbentariáronse unas medias de lana *negras*, andadas (Cacicedo, S-1635)
- Una pretinilla de estameña *negra*, en tres reales (Candeleda, Av-1648)
- Yten dos sogas, una *negra* y otra de esparto, pequeñas (Castroañe, Le-1637)
- Yten una manchiega parda, *negra*, con sus bebederos[209] (Cañedo, S-1608)
- Vn pollino *negro*, con su ato, de tres años, en duzientos reales (Ceberos, Av-1652)
- Yten, el potro *negro* que se remató enFrancisco Esteuan con su albardón y freno en presio de quarenta ducados (Chiclana de la Frontera, Ca-1670)
- La loça blanca y *negra*, y dos cántaros y un cuchillo, en veinte y dos reales (Chillón, CR-1648)
- Dos sortijas de oro con piedras açules, vna dellas esmaltada de *negro*, vna en onçe reales y otra en treçe (Cieza, Mu-1624)
- Vna basquiña de siliçio *negro* en ochenta y ocho reales (Cieza, Mu-1661)
- Vn sitial de damasco *negro*, nueuo, aforrado en bocaçí *negro*, con franja de oro y seda *negra*, y dos almohadas, y una silla de dicho damasco, y un tafetán *negro* para cubrir dicho sitial, que todo vale çiento y quarenta pesos (Ciudad de México, México-1622)
- Vna jumenta cerrada de pelo *negro* con su cría (Cuarte, Hu-1653)
- Quatro baras de belillo *negro*, a ocho reales (Cuzco, Perú-1655)
- Vnos mangotes *negros*, en ocho reales (Córdoba, Co-1683)
- Más dos debantales, uno de paño *negro* y otro de anascote *negro* (Deusto, Bi-1643)
- Una mula de yeguas *negra* y viexa (El Toboso, To-1645)
- Yten un buey *negro* en catorze ducados (Figueruela de Arriba, Za-1685)
- Yten vna cazaca de baeta *negra* (Garachico, Tf-1695)
- Vn bogemio de gorborán *negro* guarneçido de terçiopelo, ya vssado (Guatemala, Guatemala-1623)
- Vn monillo y colete bordados de çeda *negra* (Huelva, H-1673)
- Vna pollina *negra* y vn pollino, hixo suyo, de vn año (Illescas, To-1626)
- 36 ts. moscardones[210] de color y *negros*, arienzos, 16; sueldos 6 (Jaca, Hu-1621)
- Yten, un zesto de vinvre *negra*, en un ral (La Alberca, Sa-1600)

---

209 Sidrach de Cardona López, 2021: 117.
210 No se localizan documentaciones lexicográficas de *moscardón* con el valor de tejido o tela; sin embargo, dado que todos los ejemplos de *CorLexIn* figuran en inventarios aragoneses, podría tratarse de un tejido —un paño— «con denominación de origen» (Morala, 2010c) producido en la localidad turolense de Moscardón.

- Yten, por setenta y seis baras de rengo *negro*, labrado, de China, a diez reales bara (Lima, Perú-1698)
- Dos jumentos, el vno de pelo *negro* y el otro de pelo ruzio (Loscertales, Hu-1653)
- Yten dos bueyes mansos, uno *negro* y otro conejo (Mahíde, Za-1664)
- Vna pieça de cengala *negra* en setenta y quatro reales que valen (Medina de Rioseco, Va-1645)
- Dos varas de dublión[211] *negro* en dos pedaços, a quatro reales y medio, monta nueve reales que valen (Medina de Rioseco, Va-1645)
- Yten, vn çagalexo de vaqueta amarilla, con un encaxe vordado *negro* al canto, tassado en cien reales (Méntrida, To-1679)
- Ytem, otro terno *negro* de terciopelo con raso paxizo, casulla, frontal, capa, almáticas y atril, franja negra y pajiza, guarnecido (Panticosa, Hu-1688)
- Vna estufilla[212] *negra*, ordinaria, en diez y seis reales (Pinto, M-1653)
- Un manto *negro* nuebo de suplillo (Plasencia, CC-1629)
- Yten, seis albanegas[213] labradas de *negro* y otras labores, a dos reales una con otra (Revilla del Campo, Bu-1639)
- Vn sayuelo *negro* con bebederos colorados, con sus zintas (Sahagún, Le-1608)
- Dos pares de zarafueles viexos, vnos pagazos y otros *negros* destameña, biexos (Sahagún, Le-1608)
- Yten una baca color *negra* de edad de çinco años con una cría de quinçe días (San Pedro de la Villa, Bu-1646)
- Ytem más, dos bueyes, uno amarillo y el otro *negro*, tassados en doze mill maravedís (Santas Martas, Le-1625)
- Treinta y seis plumeros *negros* apolillados, a sinco reales (Santiago de Chile, Chile, 1676)
- Dos mulas, una rusia y otra *negra*, en tresientos reales y cinquenta reales ambas (Sevilla, Se-1700)
- Item, otra yegua de pelo castaño, con los cabos *negros*, de hasta seys años (Sobradiel, Z-1614)
- Yten quatro pellejos de ganado obejuno, blancos y *negros* (Solanilla, Le-1662)
- Dos millares de gafetes martillados *negros* y pequeños (Teruel, Te-1625)
- Ytem, vn jubón de aldúcar de leonado y *negro*, nuevo, de muger, estimado en cinquenta sueldos jaqueses (Teruel, Te-1666)
- Dos almoxadas de crea leona con franxas de pita anbas y la vna con espigueta[214] *negra*, en tres ducados cada vna (Trigueros, H-1677)
- Más tasamos vna baca color *negra* en duçientos reales (Valdesogo de Arriba, Le-1629)

---

211 Pérez Toral, 2017b: 211–212.
212 Junquera y Morala, 2019: 221.
213 Morala, 2012b: 81.
214 Junquera Martínez, 2020a: 41.

- Quatro baras de rapaçejos[215] de seda, la mitad *negros* y la otra mitad encarnados, ocho reales (Zaragoza, Z-1647)
- Una magüeta *negra* de tres años poco más o menos (Carrizo de la Ribera, Le-1657)
- Vn pendón *negro* guarnezido con borlas y pendientes[216] de seda y el pendón es de lana (Santander, S-1676)
- Vna colcha de mitán, de muchas labores *negras* (Lumbreras, LR-1685)
- Una sexma de terciopelo *negro* (Frechilla, Pa-1675)
- Un marrano *negro* (Hoyo de la Guija, Áv-1658)

El color que evoca o con el que se caracteriza o representa a la oscuridad o el color que se asocia al carbón pueden erigirse como buenos representantes o sugerencias origen del adjetivo *negro*. Considerado como término de color básico —si bien no espectral—, supone la inexistencia de fotorrecepción por la ausencia (casi) total de luz.

Covarrubias indica que el negro es «vno de los dos estremos de los colores, opuesto a blanco» (*Tesoro: s.v.*), reforzando la idea del *continuum* cromático en cuyos extremos se localizarían el blanco y el negro. Si bien el toledano no alude a esta información en la entrada correspondiente a **blanco**, otros diccionarios —como la segunda edición del *Diccionario de autoridades*— sí que plasman esta idea.

El *Origen y etymología* de Rosal no aporta datos relevantes: al igual que Covarrubias, indica el origen latino del término a partir del adjetivo NIGER, retrotrayéndolo —erróneamente— al griego νεκρός 'muerto', dada la asociación tradicional entre la oscuridad, el negro y la muerte (*s.v. negra*).

El modelo de definición que adopta la Academia en su primer diccionario no es el esperado. Si bien podría hablarse de una definición de corte ostensivo, prototípica en términos cromáticos, el referente escogido apunta más a un concepto óptico o físico más que a un objeto concreto:

> **NEGRO.** adj. que se aplica al color que resulta o se halla en el cuerpo opaco, y poroso, que recibe la luz, y no hace la reflexión de ella. Es uno de los colores primarios y sin mezcla de otro. Usase freqüentemente como substantivo (*Autoridades*, 1734: s.v.).

Mientras que su homólogo luminoso —el blanco— sí que incluye referentes como la nieve y la leche (que se mantendrán prácticamente inalterados a lo largo de la historia lexicográfica de la voz), *negro* se vale del concepto o fenómeno de la reflexión de la luz en los cuerpos opacos (Serrano Pérez, 2019: 417).

---

215 *ibid.*: 42.
216 *ibid.*: 52.

Esta propuesta definitoria se mantendrá hasta la edición de 1899, en la que *negro* adoptará el modelo de definición ostensiva esperado, siendo su sugerencia origen el carbón:

> **Negro, gra.** [...] adj. De color totalmente obscuro, como el carbón, y en realidad falto de todo color [...] (*DRAE*, 1899: *s.v.*).

La siguiente modificación no se apreciará hasta la 22.ª edición de 2001, en la que la Academia retomará la definición alusiva al cuerpo opaco y la no reflexión de la luz:

> **negro, gra.** [...] adj. Se dice del aspecto de un cuerpo cuya superficie no refleja ninguna radiación visible. 2. Se dice de la ausencia de todo color [...] (*DRAE*, 2001: *s.v.*).

No obstante, la vigesimotercera edición revierte el cambio y recupera la puramente ostensiva, manteniendo el referente del carbón:

> **negro, gra.** [...] adj. Dicho de un color: Semejante al del carbón o de la oscuridad total. U. t. c. s. m. (*DLE*: *s.v.*).

Desde el punto de vista etimológico, *negro* supone un caso análogo al de *blanco*: el extremo «lumínico» poseía en latín dos cauces de expresión en función del matiz brillante/mate, ALBUS 'blanco mate' vs. CANDĬDUS 'blanco brillante'. En el caso del negro, la tonalidad mate competería a ĀTER y la brillante, a NIGER.

La pugna se habría resuelto esta vez a favor del ítem con el rasgo [+brillante], NIGER. Por su parte, ĀTER no habría corrido la misma suerte que ALBUS O CANDĬDUS (que han pervivido como cultismos) y solo habría dejado o aportado como resultado —indirecto— el adjetivo *atroz*[217] y su respectiva familia léxica (*atrocidad, atrozmente*).

En lo tocante a sus posibilidades combinatorias, además de los referentes que se documentan en mayor cabida en los testimonios notariales —textiles (materiales, tejidos y prendas de vestir), mobiliario y menaje de la casa, etc.—, *negro* también figura como adyacente de ítems léxicos adscritos al conjunto de bienes semovientes, esto es, animales de muy diversa índole: bóvidos y équidos —como suele ser habitual— y también, aunque en menor medida, suidos.

La negra es una de las cuatro capas consideradas básicas en el pelaje bovino. Villa y Martín la considera «sencilla» (*op. cit.*: 421). Bavera (*op. cit.*: 1–2)

---

217 Dentro de la familia romance, ĀTER se conserva en el francés *âtre* 'noir foncé et mat' (marcado como «rare» por el *TLFi*).

mantiene gran parte de esta distinción, considerando el negro como capa simple y sólida, tapada o uniforme.

Cerrando el análisis en bóvidos, Casas de Mendoza, que también dedica un pequeño apartado a animales domésticos grandes y pequeños, reafirma la correspondencia o equivalencia a menudo citada en el presente estudio entre coloraciones equinas y bovinas y caracteriza a la capa negra en bóvidos de un modo muy similar al de Villa y Martín: «[...] es lo mismo que en el caballo. Cuando no existe ningún pelo blanco se le denomina *zaino*» (*op. cit.*: 193)[218]. Dentro del ganado equino también se incluyen mulas y asnos, cuyos pelajes suelen caracterizarse por presentar colores castaños, bayos y rucios; pero también «pelo de rata, negros, blancos, tordos, castaños y rojos ó melados» (Villa y Martín, *op. cit.*: 420).

Por último, para concluir el análisis de *negro* aplicado a referentes animales, el ejemplo abulense de 1658 «un marrano negro» revela la posibilidad de que el ganado de cerda también incluya el negro en su abanico cromático: «Están casi reducidos al *negro*; al *blanco amarillento ó jaro*; al *blanco* [...]» (Villa y Martín, *op. cit.*: 429); «[...] reduciéndose las principales al *negro*, *barceno ó blanco y pardo y á veces rojo*, y al *blanco ó jaro*» (Casas de Mendoza, *op. cit.*: 197).

También cabría reseñar el uso de *negro* que se documenta en varios ejemplos del *Corpus Léxico de Inventarios* en los que el adjetivo se predica de seres humanos. Esta acepción está presente tanto en Covarrubias como en *Autoridades* —tomando ambos como referentes a los etíopes[219]—:

NEGRO, [...] Negro el Etiope de color negra [...] (*Tesoro: s.v.*).
NEGRA, la muger negra. Prouerbio, Callar como negra en baño. En el baño entran todos sin luz, y assi no se pueden distinguir quales son negros, o blancos, si ellos no se descubren hablando [...] (*ibid.: s.v.*).
NEGRO. Se llama assimismo el Etiope, porque tiene esse color (*Autoridades*, 1734: *s.v.*).

---

218 Sobre los distintos tipos de capa negra, *vid.* Terrado Pablo, *op. cit.*; Villa y Martín, *op. cit.*: 395; Casas de Mendoza, *op. cit.*: 179-180.

219 Durante los siglos XVI y XVII es frecuente encontrar el término *etíope* para referirse a 'persona de raza negra'. Sirva como ejemplo este fragmento de la *Historia de Æthiopia* de Alonso de Sandoval (1647: 9): «Por lo qual, y para la total inteligencia de la materia y de todo lo que en este tomo hemos de dézir, conviene que distingamos a todas las naciones de color negro. Y asi digo, que siempre que nombremos Etiopes, se han de entender los negros Africanos en general». La obra fue publicada originalmente en 1627 y está considerada como «una de las fuentes más valiosas sobre los negros en el siglo XVII» (Bouba Kidakou, 2006: 64).

Finalmente, el *Diccionario Akal del Color* no ofrece ninguna disidencia respecto a los hitos reseñados con anterioridad: en su entrada *negro* alude al color característico del carbón, la percepción —acromática— de máxima oscuridad, la ausencia de color, la absorción de todas las longitudes de onda, etc.

Con *negro*, en conclusión, se haría referencia a la tonalidad más oscura, polo opuesto tradicionalmente al blanco y cuya tonalidad podría identificarse con la del carbón. Todo ello dependería, no obstante, de la absorción casi total de las longitudes de onda y, por ende, la imposibilidad de percepción del color por parte del observador.

En el plano documental, el *DECH* ya indica su condición de ítem léxico documentado desde los «orígenes del idioma (*Cid*, etc.). Se halla en escritores de todas las fechas; vivo en todas las épocas y lugares, [...]» (*s.v. negro*). Sirvan como ejemplo los siguientes testimonios extraídos de las colecciones documentales de la Catedral de León, el monasterio de San Pedro de Eslonza o el de Otero de las Dueñas fechados entre los siglos IX y XI:

«boue *nigru*» (CL-8, 876)
«uno galgo colore *nigro*» (ES-2-50, 1081)
«boue placiuile per colore *necro*» (OD-1-25, 983)
«uaka prenata per colore *nigra*» (OD-1-99, 1014)
«boue I, *necero* per colore» (OD-1-167, 1024)[220]

El número de documentaciones de *negro* que poseen los corpus académicos es considerablemente alto: los corpus diacrónicos CORDE y CDH poseen, respectivamente, 53756 y 91615 casos. Acotando la búsqueda al siglo XVII, la cantidad de ejemplos se reduce, como es lógico, pero las cifras no dejan lugar a duda: los 7840 testimonios de CORDE y los 8079 de CDH ponen claramente de manifiesto que, en el contexto del siglo XVII, *negro* es un adjetivo cromático plenamente asentado y funcional, con un elevado índice de uso.

Para el eje sincrónico, CREA ofrece 28384 resultados para la búsqueda lematizada de *negro*, cifra que CORPES XXI aumenta considerablemente con sus 76215 ejemplos; lo que, por otro lado, testimonia la presencia de *negro* en el caudal léxico del español general en la actualidad, su pervivencia en el uso y

---

[220] Los ejemplos *necro* y *necero* del monasterio de Otero de las Dueñas ilustran la variabilidad formal que los escribanos, en su afán latinizante, podían llegar a alcanzar (Morala, 2020: 344).

su consolidación como ítem básico dentro de la nomenclatura cromática de la lengua española.

Resultado en castellano del étimo latino que hacía referencia al color negro brillante, *negro* —cuyo estatus de color no es unánime— alude a la percepción visual de aquellos sólidos que absorben toda longitud de onda o a la inexistencia de fotorrecepción; una tonalidad que se suele identificar con la del carbón, su principal referente. Es un término cromático documentado, no obstante, desde los inicios del idioma y que puede considerarse como miembro de pleno derecho del grupo de ítems léxicos básicos en la familia de denominaciones cromáticas.

NOGALADO

Documentaciones en fondos documentales inéditos de *CorLexIn*:

- Una reboltura de lana parda *nogalada* enborrada (El Barco de Ávila, Av- 1653)

Al igual que en el caso de **bociblanco** —en el que se indicaba la posibilidad de que dicho término y su «sinónimo» *boquiblanco* partiesen de bases nominales distintas—, *nogalado* se presenta como una forma derivada alternativa a la hora de aludir a tonalidades similares a las de la madera del nogal, al igual que **noguerado**. En este caso, no obstante, la base nominal escogida habría sido *nogal* y no *noguera*.

Es una forma documentada únicamente en *CorLexIn*, puesto que no figura en ningún repertorio lexicográfico ni tampoco posee ninguna documentación en corpus académicos. Debido a que solo se dispone de una única documentación, no es posible precisar su posible condición de localismo o si, por el contrario, el vocablo tiene un carácter más general desde el punto de vista dialectal.

A pesar de su ausencia en las nomenclaturas lexicográficas, es posible acotar su referencia cromática a partir de dos testimonios. El primero de ellos, como es lógico, es su propia sugerencia origen, el sustantivo *nogal*; más concretamente, el color de su madera:

> NOGAL. s.m. Árbol de unos treinta pies […]. La madera de este árbol es pesada, dura, de un hermoso color oscuro, y muy apreciada para muebles (*DRAE*, 1817: *s.v.*).

La alusión al color de la madera del nogal no llegará, precisamente, hasta la 5.ª edición del diccionario académico de 1817, que la califica como 'oscura'. Ante la inespecificidad de la definición —ya que el matiz 'oscuro' podría aplicarse a varias coloraciones—, cabe consultar la entrada dedicada a su homólogo *noguerado*, que partiría no de la voz *nogal*, sino de *noguera* —la denominación oriental del nogal—:

NOGUERADO, DA. adj. que se aplica al color pardo obscúro, como el del nogal (*Autoridades*, 1734: *s.v.*).

La referencia cromática que se le presupone, por tanto, no es otra que 'pardo oscuro', la misma que ostentaría la forma *noguerado* y que se correspondería con el color de la madera del nogal (sugerencia origen y base de derivación del adjetivo).

El vocablo puede considerarse, a falta de más documentaciones, como genuino del siglo XVII. No obstante, pueden localizarse en CORDE algunos ejemplos que transmiten el mismo contenido que *nogalado*, esto es, 'del color de la madera del nogal'; aunque, en este caso, dicha noción se expresa a través de la construcción *color de nogal* (si bien es cierto que estas lexías se documentan, al igual que *nogalado*, a partir del siglo XVII y, curiosamente, casi siempre en inventarios).

El término, no obstante, presenta un patrón lexicogenético regular y que responde a un razonamiento lógico, por lo que su formación podría haberse visto motivada o influida por analogía con el resto de adjetivos cromáticos existentes que siguen el mismo esquema derivativo.

NOGUERADO

Documentaciones seleccionadas en *CorLexIn* y en fondos documentales inéditos de *CorLexIn*:

- Yten, vna pollera de [...] *noguerado* y negro, llana y bieja (Almería, Al-1659)
- Otro vestido de rasilla, vasquiña y jubón *noguerado*, en cien reales (Argamasilla de Calatrava, CR-1658)
- Yten se puso por ynbentario otro bestido de paño de color pardo con sus mangas *nogueradas* atrencilladas (Cariceda, S-1635)
- Yten, vna basquiña de tabí *noguerado*, de aguas, guarneçido de puntas negras, apreçiado en treçientos y treinta reales (Cádiz, Ca-1654)
- Yten, más quarenta y nueue baras y media de dicha rasa *noguerada*, a seis reales vara (Medina de Rioseco, Va-1645)
- Más, siete pares de medias *nogueradas* y plateadas, a nueue reales par (Medina de Rioseco, Va-1645)
- Un jubón de sarga *noguerada* con pasamano de colores (Mirandilla, Ba-1655)
- Otro vestido nuebo de paño de Ingalaterra plateado, capa, ropilla, dos pares de calsones y cauos uordados de çeda *noguerada* (Potosí, Bolivia-1677)
- Más, vna basquiña de chamelote *noguerado* y vn pabellón de la China açul y plateado (Sevilla, Se-1650)
- Yten vn jubón de lanilla negra guarnecido con pasamano negro, las faldillas aforradas en tafetán *noguerado* (Solanilla, Le-1662)
- Una libra de hilo açul y *noguerado* de labrar (Teruel, Te-1625)

- Yttem, otro paño de Teruel açul y *noguerado*, veinteydoseno (Tudela, Na-1641)
- Casaca, capotillo de pelo de camello *noguerado* (Zaragoza, Z-1647)
- Yten, se remataron dos cuerpos de paño, biejos, uno açul y otro *noguerado* (Ólvega, So-1638)
- Otro ferreruelo *nogreado* [noguerado] escuro de paño fino de Segobia (Noviercas, So-1652)
- Una saya *nograda* [noguerada] con aldar verde, buena (Noviercas, So-1653)
- Dos baras de estameña *nogerado* (Población de Cerrato, Pa-1661)

Noguerado puede catalogarse como un ejemplo más de adjetivos formados a partir del esquema N-*ado* y cuya sugerencia origen reside, en este caso en concreto, en la semejanza que ciertas tonalidades poseen con la de la madera de la *noguera* o nogal (*Juglans regia*), esto es, con tonalidades caracterizadas por su color pardo oscuro.

La primera documentación del término en el contexto lexicográfico corresponde a *Autoridades* 1734, en la que el adjetivo se describe como 'pardo oscuro':

> **NOGUERADO, DA**. adj. que se aplica al color pardo obscúro, como el del nogal (*Autoridades*, 1734: s.v.).

El resto de diccionarios sigue fielmente la definición ofrecida por *Autoridades*, por lo que la referencia cromática de *noguerado* sería 'pardo oscuro'. Curiosamente, el NTLLE no incluye en el listado de resultados lexicográficos para *noguerado* el diccionario de Terreros (1787), pero dicha obra sí que incluye *noguerado* «pardo, obscuro» bajo el lema *color noguerado* (*s.v. nogueña*)[221].

No obstante, la consulta del *Diccionario Aakal del Color* introduce un nuevo matiz en dicha referencia cromática. La entrada *noguerado* incluida en *Akal* remite a *nogal*, amén de presentar un nuevo adjetivo derivado de *nogal*, *nogalino*, en cuyo esquema de derivación también se emplearía un sufijo que transmite valor de semejanza (en este caso concreto, -*ino*, como en **columbino**):

> **noguerado o nogalino**. Adjetivación común de las sugerencias de color cuyos rasgos cromatológicos se asemejan a los de la coloración estándar «nogal» (*Akal: s.v.*).

La madera de nogal —sugerencia origen del adjetivo analizado en esta entrada— se caracterizaría, además de por su color inicialmente pardo, por la presencia

---

221   Esta última voz, *nogueña*, solo la recoge Terreros como sinónimo de candeda o candela 'flor del castaño' —según Terreros también 'flor del nogal', valor que no reconoce el *DLE*— y, además, no sigue el orden alfabético, ya que figura entre *noguera* y *nogueral* y no precediendo a la primera.

de matices rojizos o purpúreos, rasgo que aparece reflejado en la propia entrada *nogal* a la que remite la voz *noguera*, base nominal de *noguerado*:

> **nogal**. Coloración estándar semioscura, rojo purpúrea y débil, cuya sugerencia origen corresponde a la característica predominante de la madera del árbol juglandáceo homónimo [...]. // Esquema cromático de coloraciones pardo purpúrea, veteada de pardo negruzca, cuya sugerencia origen corresponde a la característica de la madera del «nogal» [...] (*Akal: s.v.*).
> **nogal**. 3. adj. Dicho de un color: Pardo rojizo, semejante al de la madera del nogal (*DLE: s.v.*).

La mayor o menor oscuridad de la tonalidad puede venir condicionada, efectivamente, por la mayor o menor presencia de negro en la coloración, si bien puede suponerse que el color *noguerado*, aplicado a telas y textiles, no presentaría las vetas propias de la madera de la noguera o nogal. No obstante, el matiz rojizo podría considerarse como una precisión posterior —no se añade hasta el *DRAE* de 1899— por lo que podría descartarse para el siglo XVII.

El color *noguerado*, por tanto, se caracterizaría por poseer una referencia cromática inicial 'pardo oscuro', correspondiente al color característico de su sugerencia origen: la madera de la noguera o nogal.

Respecto a sus documentaciones en corpus, CORDE registra un total de 90 entre las que se incluyen resultados de *noguerado*, siendo la documentación más antigua una fechada hacia principios del siglo XVII —lo que permitiría considerar a *noguerado*, por otro lado, como un adjetivo genuino de dicho siglo—:

> «Vara y media de cordellate *noguerado*» [Anónimo (a1612). *Bienes inventariados en poder de doña Esperanza de Mendoza*. Extraído de: CORDE].

De los 90 casos documentados en CORDE, sorprendentemente, solo 1 de ellos rebasan la marca temporal del siglo XVII, lo que permitiría establecer, además, que su uso se restringe prácticamente a dicho siglo: *noguerado* «nace» en el siglo XVII y «muere» con el siglo XVII. Casi la totalidad de concordancias, 87 (89 si se tienen en cuenta 2 documentaciones dudosas), se corresponde con el valor analizado, aplicándose el adjetivo a referentes textiles o a prendas de vestir en prácticamente todos los casos.

El otro corpus diacrónico de la Academia, CDH, eleva el número de concordancias para *nog(u)erado*, ofreciendo un total de 150. Como en el caso anterior, solo una de ellas rebasa la marca cronológica del siglo XVII.

Con el objetivo de evitar el solapamiento entre ejemplos de CORDE y CDH, la búsqueda en la capa nuclear de este último corpus arroja un total de 60 casos genuinos de CDH —lo que constituiría un total de 147 documentaciones para *noguerado*—, todos ellos con valor cromático y aplicados, nuevamente, a prendas de vestir y textiles.

Tal y como se había dejado entrever en los comentarios de los corpus diacrónicos, ninguna de las herramientas sincrónicas académicas, ni CREA ni CORPES XXI, registran documentaciones de *noguerado*, por lo que puede considerarse como un adjetivo plenamente seiscentista.

Desde el punto de vista lexicogenético y diatópico, llama la atención el hecho de que el adjetivo denominal *noguerado* presente una distribución mucho más general que su base nominal, *noguera* 'nogal', 'madera del nogal', que solo se documenta en la franja oriental del castellano[222] y en la zona aragonesa —amén de en catalán y en gallego y portugués (*nogueira*) como ya establecía el *DECH* (*s.v. nuez*)—, tal y como ilustran los siguientes ejemplos extraídos de *CorLexIn* y de sus fondos documentales inéditos y los mapas subsiguientes basados en la distribución de los ejemplos de *noguera* y *noguerado*:

> La pieza de los Llanos, uega de dicho lugar, con la *noguera* y vn bancal en los herbadales contigos (Villalba Baja, Te-1641)
> Vn bufete de *noguera* (Tamajón, Gu-1643)
> Vn bufete de *noguera*... Vn banco pequeño de nogal, con barrotes de *noguera*...Vna media cama de *noguera*... Dos taburetes de *noguera*... Vna arquita de *noguera*... Otra arquita de *noguera*...Vn tocadorcito de *noguera*... Vn bufetillo, la tabla de *noguera* y los pies de pino... Vna media cama de *noguera*... Tres sillas de *noguera* (Guadalajara, Gu-1625)
> Vn banquillo de *noguera* y dos bufetes de *noguera*... dos mesas de *noguera*, la vna con pies de pino... vna arquilla de *noguera*... vna tabla de *noguera* podrida... (Cuenca, Cu-1622)
> Vna cama de *noguera*... vn bufete de *noguera* (Cuenca, Cu-1630)
> Junto a la fuente de las *nogueras* dos colmenas partidas... dos gabetas con tableros de *noguera* y moldado... una harquilla de *noguera* y otra de pino (Cuenca, Cu-1631)
> Una eredad de biñas a la partida la *noguerela* (Moratalla, Mu-1628)
> [...] otra en la partida de la *noguerica* junto a la vereda (Almansa, Ab-1639)
> Una cavallería de tierra en la partida de la *noguerica* (Almansa, Ab-1653)
> [...] en la viña de las *nogueras* (Huesca, Hu-1653)
> Tiene el dicho prado beynte y dos pies de álamos, chicos y grandes, tres perales y una *noguera* (Almazán, So-1657)

---

222 Dicha condición del término no aparece reflejada en la entrada que la voz posee en el *DLE* de 2014, pudiendo perfectamente ir acompañada de la marca *orient.* 'oriental' o *Esp. orient.* 'España oriental' como lo están las voces *acacharse*, *corada* o *zagal*.

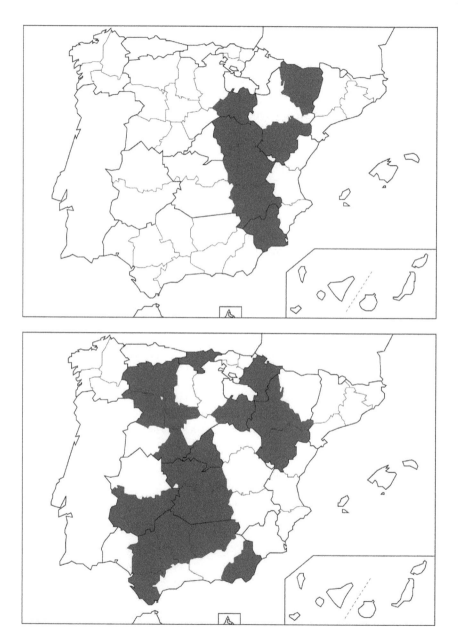

Mapa 7. Distribución de *noguera* (arriba) y *noguerado* (abajo) por provincias (Fuente: *CorLexIn*)

En conclusión, el análisis de *noguerado* permite establecer su condición de adjetivo denominal con valor cromático empleado para aludir a tonalidades 'pardo oscuro' y cuyo uso se documenta prácticamente ligado al siglo XVII. Además, ofrece una distribución diatópica mucho más general que la base nominal de la que deriva, *noguera*, que solo se documenta en la franja oriental del castellano.

OVERO

Documentaciones en fondos documentales inéditos de *CorLexIn*:

- Yten vn cauallo castaño y vn potro *jouero*, con sus sillas ynglezas (Garachico, Tf- 1695)

Overo es un adjetivo que hace referencia al pelaje del caballo que presenta un tono amelocotonado, si bien la referencia cromática varía en función del factor diatópico tal y como se verá posteriormente.

La voz parece no encontrar consenso en lo que respecta a su forma gráfica, pues Covarrubias lo define en la entrada *hobero*, pero también recoge la forma *hovero*[223] que remite a la anterior. Rosal, por el contrario, remite *hobero* a *hovero*, aunque no aporta demasiada información sobre el matiz cromático del adjetivo. Lo que sí mantienen ambos autores es la condición de adjetivo que se aplica al ámbito equino, tal y como se reflejaba en el ejemplo obtenido de los fondos documentales de *CorLexIn*:

HOBERO, color de cauallo de pellejo remendado […] (*Tesoro: s.v.*)[224].
Hobéro, B. Hovéro (Rosal: *s.v.*).
Hovéro, Cavallo (Rosal: *s.v.*).

Autoridades, sin embargo, se decanta por la variante *overo*, separándose de la «grafía unánime con *h*-» (*DECH*: *s.v. overo*) que habían mantenido, entre otros, Nebrija, Covarrubias o Rosal y que respondería a la *h*- aspirada resultado de

---

223 En esta entrada puede encontrarse una curiosa apreciación que Covarrubias hace sobre el supuesto origen etimológico del término y el porqué del matiz cromático del mismo: «Es nombre Arabigo, houerum, que vale abutarlado [sic], según el padre Guadix por la color que toma el avutarda despues de cozida tan varia» (*Tesoro: s.v. hovero*).

224 Esta propuesta de definición se asemeja más al valor que *overo* posee en el español americano, donde este término se relaciona con *pío* como se verá más adelante.

la *f-* del étimo propuesto FALVUS (VARIUS) —y que, por otro lado, explicaría la presencia de la *j-* en la documentación de *CorLexIn* (vid. ***jabonero***)—.

El primer diccionario académico sí ofrece en la definición una referencia de corte cromático que resulta ligeramente novedosa, ya que incluye el término en la familia de capas blancas al ponerlo en relación con el color del huevo:

> OVERO, RA. adj. Lo que es de colór de huevo. Aplicase regularmente al caballo. (*Autoridades*, 1737: s.v.).

No obstante, EL *DECH* (*s.v. overo*) deja entrever que al haber optado la Academia por la grafía sin *f-* o *h-* iniciales, se habría establecido una falsa conexión etimológica entre *overo* y OVUM, relación que habría motivado la propuesta de definición que figura en el diccionario y que también recoge Espejo Muriel (1996: *s.v. overo*) en su entrada dedicada a la voz *overo*.

En la sexta edición de 1822, sin embargo, la Academia modifica la acepción y matiza el color que presenta el caballo al que se aplica el término, aunque mantiene el significado de 'de color de huevo':

> OVERO, RA. adj. Lo que es de color de huevo. Aplícase regularmente al caballo de pelo blanco manchado de bayo y alazán (*DRAE*, 1822: s.v.).

La nueva información perfilaría una capa de color amarillo anaranjado, fruto de la mezcla del pelaje **bayo** y el ***alazán*** —máximos exponentes de las capas amarilla y roja respectivamente—.

Unos años más tarde, en la 12.ª edición de 1884, la definición vuelve a modificarse ofreciendo la referencia cromática que se mantiene en la actualidad, aunque no restringe su combinatoria solamente a los équidos, sino que la presenta como general y aplicable a cualquier tipo de animal:

> Overo, ra. […] adj. Aplícase a los animales de color parecido al del melocotón (*DRAE*, 1884: s.v.).

La restricción semántica, no obstante, regresa en la edición de 1936–1939 y perdura en la edición actual de 2014; aunque no se indica que el término se aplique de manera exclusiva a équidos, sino «especialmente» a ellos:

> Overo. […] adj. Aplícase a los animales de color parecido al del melocotón, y especialmente al caballo (*DRAE*, 1936–1939: s.v.).
> overo. 1. adj. Dicho de un animal, especialmente de un caballo: De color parecido al del melocotón (*DLE*: s.v.).

El *Diccionario Akal del Color*, por su parte, también incluye *overo* en su macroestructura y lo emplea para referirse «tanto a la coloración amelocotonada como a las combinaciones blanca y azafrán o blanca y alazana, correspondientes al pelaje de algunos mamíferos, en particular, de las caballerías. // Pío» (*Akal*: *s.v.*). Respecto a la tonalidad citada como *amelocotonada*, *Akal* la relaciona, como es lógico, con la tonalidad melocotón, definiendo esta última como «coloración estándar, clara, naranja amarillenta» (*Akal*: *s.v.*).

A partir de este análisis, la referencia cromática propuesta para *overo*, por tanto, se caracterizaría por abarcar tonalidades amarillo-anaranjadas o naranja amarillentas que vendrían motivadas por el pelaje blanco —blanco amarillento— y rojizo entreverado que presentan las capas animales, especialmente equinas, que reciben esta denominación[225].

En lo que respecta a su primera aparición en corpus, la documentación más antigua de CORDE con el valor analizado se fecha entre 1467 y 1475:

> «[...] Zeyt Alcacari, cavalgó en vna yegua *obera* e, con solos quatro de a cavallo que en aquel peligro le tubieron conpañía, fuyó e se fue para la çibdad de Jaén» [Escavias, P. de (1467-1475). *Repertorio de príncipes de España*. Extraído de: CORDE].

La búsqueda en CORDE de las distintas variantes con las que se documenta *overo* proporciona un total de 307 casos, correspondiendo 61 de ellos a ejemplos documentados en el siglo XVII. De esos 61 resultados, 41 (43 si se tienen en cuenta 2 casos dudosos) se corresponden con el valor cromático que presenta el adjetivo, siendo su referente principal *caballo*, en ocasiones, *yegua*.

Eliminada la restricción diacrónica, *overo* y sus variantes poseen un total de 242 concordancias en las que el adjetivo se emplea con valor cromático, (254 si se tienen en cuenta 12 casos en los que el significado no se presenta como totalmente claro). Mientras que en el español peninsular *overo* se aplica exclusivamente a équidos, el español americano ofrece un abanico de posibles referentes mucho más amplio, pudiendo encontrar concordancias en las que *overo* hace referencia a otros animales (bóvidos principalmente, también algún caso con aves y perros) o a seres humanos.

Previamente al análisis de las concordancias obtenidas en CDH para *overo*, es necesario realizar un inciso sobre el significado que la voz analizada posee en el español americano, ya que presenta un valor de carácter diferencial. El *DAm* ofrece la siguiente definición para la voz *overo*:

---

225 La predominancia de uno u otro pelaje es la que determinaría las distintas denominaciones que puede recibir esta capa (*claro*, *oscuro*, *flor de melocotón*, *flor de romero*) (Espejo Muriel, 1996: *s.v.*).

overo, -a. I. 1. adj. *Mx, Gu, Ni, CR, RD, Co, Ve, Bo, Ch, Py, Ar, Ur. Referido a una caballería*, de color general blanco con manchas más o menos extensas e irregulares de otro color. rur. (obero). 2. *Gu, Ho, Ni; Pe*, rur. *Referido a animal*, de pelaje o plumaje blanco en su fondo, con manchas más o menos extensas de otro color cualquiera. 3. adj/sust. *Bo:E,N, Ar, Ur. Referido a un animal*, generalmente caballar, que presenta grandes manchas de dos colores. rur. 4. *Pe. Referido a una persona*, que tiene decoloraciones en la piel. rur. (*DAm, s.v.*)[226].

Es decir, que, en el caso americano, *overo* se presenta como un sinónimo de *pío* tal y como ya recogía la definición de *Akal*, esto es, «dicho de una caballería: de pelo blanco con manchas más o menos extensas de otro color» (*DLE*: s.v. *pío*).

Este valor de *overo* en el español americano lo explican Corominas y Pascual, como un caso de «complicación homonímica y asociación léxica» entre los términos *cavallo vero* 'remendado de cualquier color, pío' y *cavallo *hobo* (posteriormente *hobero* por haplología de *hobo vero*, ya que el caballo *hobo* podían ser también remendado de otro color) 'amarillo rojizo, del color del melocotón'. La confluencia fonética de *caballo hobero* y *caballo vero* provocó la necesidad de buscar una denominación alternativa para este último, en este caso, *pío, remendado* o *manchado*.

El valor de *overo* 'remendando, pío', por tanto, se habría perdido en el ámbito del español peninsular, variedad en la que habría triunfado la acepción de 'amarillo rojizo'; pero se habría mantenido y consolidado como significado principal en el dominio americano. La acepción aplicada a personas que recoge el *DAm* puede verse reflejada, igualmente, en varios diccionarios del siglo XIX y principios del XX —Salvá (1846), Gaspar y Roig (1853), Zerolo (1895), etc.— en los que se mantiene ese valor de 'manchado' acompañado de marcas diatópicas diversas, pero siempre alusivas al dominio americano. La variante escogida como lema en este caso, no obstante, es *jobero*.

Esta variante del lema, *jobero*[227], también figura como entrada propia en el *DAm* con el significado esperado, aunque con distintas restricciones semánticas y adscrito a distintas categorías gramaticales:

jobero. I. 1. m. *RD; Co:N*, obsol. Enfermedad que produce lesiones pigmentarias en la piel, de color blanquecino, rojizo o azul oscuro. (jovero). 2. *RD*. Caballo blanco con manchas [...] (*DAm: s.v.*).

---

226 Esta opción podría haberse perfilado ya en el diccionario de Terreros: «Caballo blanco, sembrado de pintas negras y que á veces tiran á rojo» (1878: *s.v. overo*).

227 Curiosamente, la variante *jovero* parece presentar en Bolivia un valor relativamente próximo al del *overo* peninsular: «*Bo. Referido a persona*, que tiene el cabello pelirrojo, rubio o castaño claro. pop + cult → espon.» (*DAm: s.v. jovero, -a*).

jobero, -a. I. 1. adj. *PR.* Referido a un caballo, de pelo blanco con manchas de color bayo, negro o alazán (*ibid.: s.v.*).

Respecto a sus documentaciones en CDH, la búsqueda en el corpus nuclear de *overo* arroja un total de 128 concordancias (506 si la búsqueda se realiza en las tres capas del corpus). De las 128 documentaciones, 99 (107 si se añaden 8 casos dudosos) se corresponden con el valor analizado, siendo el referente mayoritario del adjetivo un sustantivo que designa a un animal de la familia de los équidos; aunque pueden encontrarse referentes distintos en las concordancias localizadas en América, que, por otro lado, corroboran el significado 'manchado, pío' que *overo* presenta en el español americano.

Respecto a las documentaciones en corpus sincrónicos, CREA documenta 50 casos para *overo* (solo figuran resultados para *overo* y *obero*) y, además, ninguno en España: la estadística que ofrece CREA con la distribución diatópica solo refleja resultados en Argentina, México, Chile, Perú, Paraguay y Puerto Rico. Todos los resultados parecen hacer referencia al uso con valor cromático del adjetivo, destacando algunos referentes novedosos en el ámbito animal como canarios, reptiles o tapires o un tipo de enfermedad cutánea que provoca manchas en la piel.

CORPES XXI, por su parte, registra un total de 97 resultados para el adjetivo de los cuales 44 (45 si se le añade 1 caso dudoso) se emplean con valor cromático. Desde el punto de vista de la localización de las concordancias, los resultados americanos superan ampliamente el número de documentaciones peninsulares: 34 americanas y 11 localizadas en España. Atendiendo al total de documentaciones, por otro lado, puede constatarse un cierto desuso de la voz que, en todo caso, mantendría una vitalidad léxica mayor en el dominio americano. En lo que respecta a su referente, los équidos siguen siendo mayoritarios, si bien pueden encontrarse otros referentes como bóvidos, caimanes, etc., junto a otros novedosos (tipologías de suelo, corderos, etc.).

En conclusión, *overo* posee una doble referencia cromática de origen etimológico y condicionada desde el punto de vista diatópico: en el dominio peninsular, *overo* posee el valor de 'amarillo rojizo, de color melocotón' y se aplica fundamentalmente a équidos, su principal referente. En el dominio americano —donde el término goza de una mayor vitalidad—, sin embargo, *overo* (y algunas de sus variantes que se han acabado lexicalizando) mantiene la acepción 'rodado, pío, manchado', pudiendo aplicarse no solo a équidos, sino también a un relativamente amplio abanico de referentes (bóvidos, seres humanos, etc.).

PAJADO

Documentaciones en *CorLexIn*:

- Un paño de cama açul con flueco de estambre *paxado*, en treinta y tres reales (Mora, To-1637)

Pajado es un testimonio más del esquema derivativo N+*ado* que ya se ha comentado en entradas anteriores. Su base nominal es *paja*, compartiendo, por tanto, la misma referencia cromática que **empajado** y **pajizo**, esto es, 'amarillo claro, pálido'. La existencia de esta tríada de adjetivos es un claro ejemplo del múltiple abanico de mecanismos lexicogenéticos que pueden emplearse para formar adjetivos con el significado de 'semejante o parecido' a partir de una misma base nominal.

El primer diccionario en el que figura *pajado* es el *Diccionario de autoridades*, definiéndose como «lo que tiene enteramente el colór de paja» (1737: *s.v.*). Esta definición se mantendrá hasta la 12.ª edición de 1884 en la que el lema *pajado* remitirá a la segunda acepción de *pajizo*, esto es, «de color de paja» (*DRAE*, 1884: *s.v.*).

Actualmente, la vigesimotercera edición del diccionario académico, que mantiene la remisión a *pajizo* en su acepción 'color', etiqueta a *pajado* como desusado a través de la marca «*desus.*» que precede a la remisión, dando a entender, por consiguiente, que el término considerado como general o estándar es *pajizo*.

El *Diccionario Akal del Color* remite *pajado* a *pajizo* y a *paja*, confirmando la relación cromática entre ambos términos.

Desde el punto de vista documental, los corpus diacrónicos de la RAE esbozan ese acusado desuso vaticinado por la marca diacrónica: en el caso de CORDE, de los 7 casos que arroja la búsqueda de *pajado* solo 1 parece corresponderse al valor cromático de *pajado*, el mismo que registra CDH entre los 6 resultados que posee para el adjetivo:

«[...] Pero viendo que la mora / con tal desden le ha mirado, / Encubrió el sol de la adarga / Con un almaizar *pajado*, [...]» [Anónimo (1600–1604). *Romances* [*Romancero general*]. Extraído de: CORDE, CDH].

La primera documentación de *pajizo* —como se verá en su entrada correspondiente— es ligeramente anterior, lo que, sumado a su práctica inexistencia en corpus académicos y a que el *Corpus Léxico de Inventarios* solo lo localiza en Toledo, permitiría barajar su condición de localismo. Desde el punto de vista lexicogenético, no obstante, adopta un patrón de formación regular (N+*ado*) al igual que otros adjetivos como **limonado**, **naranjado**, **nogalado**, etc.

El ejemplo de *CorLexIn* se constituye, en principio, como el único testimonio de la existencia del adjetivo *pajado* fuera del ámbito académico, sumando así una documentación más del término y afianzando su presencia en el contexto del siglo XVII, tal y como ocurría en el caso de *empajado*.

En el plano sincrónico, CREA y CORPES XXI no registran ningún testimonio del adjetivo, lo que justificaría la presencia de la marca en la edición actual del *DLE*. No obstante, la voz posee un acusadísimo desuso desde su primera, y prácticamente única, documentación, por lo que la marca «*desus.*» —o alguna alusión a la vigencia cronológica de la voz— debería haber figurado mucho antes.

PAJIZO

Documentaciones seleccionadas en *CorLexIn* y en fondos documentales inéditos de *CorLexIn*:

- Vna alfonbra grande de seys baras de largo, berde, colorado y *paxiço* (Albacete, Ab-1642)
- Otra saya parda, con su hirma amarilla *pajiça*, en lo mismo (Albalá, CC-1661)
- Vna carpeta açul de paño con fluecos *pagiços*, quatro ducados (Atienza, Gu-1641)
- Dos almoadas labradas con seda *pajiza* (Autillo de Campos, P-1645)
- Vn faldellín de terciopelo *paxisso* con tres rrandas de oro y plata por guarnición, en cient pessos (Ciudad de México, México-1622)
- Ytem, vna manta *paxiza* (Cortes, Na-1645)
- Otro paño de manos de lienzo de gusanillo, labrado de seda azul, y *pajizo* y amarillo, tasose en diez y seis reales (El Barco de Ávila, Av-1653)
- Seys almohadas con sus hinchimientos de lana, las dos labradas de hilo açul, y las otras dos de seda *paxisa* y leonada (Fiñana, Al-1649)
- Dos jubones, vno de grana y otro de bayeta *paxiza* (Lumbreras, LR-1688)
- Otra almilla de seda amarilla, digo *pagisa* y plata (Madrid, M-1649)
- Ytem, una colcha de damiçela açul y *pajissa*, con galón de oro, en quatro ducados (Málaga, Ma-1651)
- Vna mantilla de raso *pajizo* guarneçida con punta de plata, ciento quarenta y siete reales y medio de vellón (Sevilla, Se-1745)
- Vnas ligas *pajisas*, cinco reales (Sevilla, Se-1745)
- Vn reboçiño de gorguerán açul y *paxiço* con passamanos de plata y oro que pareçe falso, aforrado en tafetán dorado (Valderas, Le-1647)
- Una sobremesa axedreada de filadiz *pajizo* y berde con flueco (Cieza, Mu-1660)
- Una carpeta açul de paño con fluecos *pagiços* (Atienza, Gu-1641)
- Un paño tonado con sus puntas *paxiças* y tonadas (Cartagena, Mu-1640)

La adjunción del sufijo *-izo* —otro de los ejemplos de sufijo que aportan, entre otros, el valor de semejanza o parecido— al sustantivo *paja* da lugar a un adjetivo cuya sugerencia origen reside, precisamente, en el color amarillo pálido característico de la caña seca de ciertas gramíneas como el trigo, la cebada o el centeno: *pajizo*.

Ninguno de los diccionarios monolingües preacadémicos incluyen *pajizo* en su nomenclatura, ni siquiera Covarrubias en la entrada *paja*, por lo que el primer testimonio de dicho adjetivo se localiza en el *Diccionario de autoridades* como una subacepción:

> **PAJIZO**. Colór que se le da este nombre, por ser el mismo que tiene la paja seca (*Autoridades*, 1737: *s.v.*).

La entrada correspondiente a *paja* tampoco aporta demasiada información sobre su color, aunque la alusión a ciertas gramíneas en la definición puede servir de ayuda a la hora de comenzar a esbozar la referencia cromática del adjetivo:

> **PAJA**. s. f. La caña del trigo, cebada, centeno y otras semillas, después de seca y separada de la espíga (*Autoridades*, 1737: *s.v.*).

Será Terreros en su diccionario el que acote, si bien no de manera directa, el círculo cromático que rodea a *pajizo* gracias a la inclusión de la traducción del término al francés y las equivalencias latinas que presenta para el adjetivo:

> **PAJIZO, ZA**, de color paja. Fr. *Paillet*. Lat. *Helvus, luteus, pallidus*. It. *Di color di paglia*, el Fr. solo se usa en masculino, y particularmente se dice de los licores, que habiendo de ser encarnados estan pajizos[228], en las demás cosas se puede decir *jaune, paillé* (Terreros, 1788: *s.v.*).

En el ámbito románico, la segunda edición del *Dictionnaire de l'Académie française* (1718) define *paillet* como «qu'il est peu charge de couleur» (*s.v.*) aplicado al vino *rouge*. La consulta de *paille* 'paja' en el *TLFi* revela que dicho sustantivo puede emplearse como adjetivo invariable con el significado de «d'une couleur jaune pâle, qui rappelle la couleur de la paille de blé», esto es, 'amarillo pálido'. De hecho, la 7.ª edición del *DAF* (1878) incluía la lexía *couleur paille* en la entrada *paille*, definiéndolo como «couleur jaune clair».

El italiano, por su parte, sí que documenta ejemplos de *color paglia* o *color(e) di paglia* en algunos testimonios lexicográficos: «giallo simile alla paglia» (Vittori, 1609: *s.v. pagiza*); «colore giallo molto chiaro, simil a quel de la paglia» (Rigutini y Fanfani, 1875: *s.v. paglia*).

---

228 Terreros remite al *Tesoro* de Oudin (1607) en el que *paillet* se define, efectivamente, como «pálido, pagizo».

En el ámbito románico peninsular, tanto el *DIEC2* como el *DDLC* y el *DCVB* registran el posible uso cromático de *pallós* principalmente a través de los ejemplos que acompañan a la acepción «semblant a la palla». Además, en la entrada *palla* también se incluye la lexía *color de palla*, definida como «color groc clar, com el que sol tenir la palla de blat» (*Diccionari: s.v.*), contribuyendo, por tanto, a afianzar la referencia cromática 'amarillo pálido' que se propone para *pajizo*.

En la franja occidental, el *DRAG* no incluye *pallizo* en su nomenclatura; pero la búsqueda en el *Diccionario de diccionarios* de RILG sí que ofrece varios resultados para *pallizo* 'pajizo' al igual que el *Diccionario normativo galego-castelán* que define *pallizo* como «pajizo, del color de la palla o paja» (*s.v.*). Por último, ni *palha* ni *palhiço* figuran como términos con valor cromático en *Priberam*[229].

A pesar de la considerable distancia cronológica entre los testimonios de *CorLexIn* y el *DEA*, la obra de Seco, Andrés y Ramos es una de las pocas que se desmarca de la definición académica —de cierto carácter críptico al no ofrecer ni *paja* ni *pajizo* ningún dato alusivo a la tonalidad concreta— y ofrece una definición explícitamente cromática de *pajizo*:

> **pajizo, -za** *adj* **1** [Color] amarillento propio de la paja (*DEA*: *s.v.*).

Como cierre del apartado del estudio lexicográfico, el propio *Diccionario Akal del Color* confirma una vez más la hipótesis del valor 'amarillo claro, pálido' para *pajizo*:

> **pajizo**. Adjetivación común de las sugerencias de color cuyos rasgos cromatológicos se asemejan a los propios de la coloración estándar «paja» [...] // Denominación común de las coloraciones amarilla clara, amarilla pálida, [...] (*Akal*: *s.v.*).
> **paja**. Coloración estándar muy clara, amarillo anaranjada y moderada, cuya sugerencia origen corresponde a la característica de la caña homónima de las gramíneas, en particular de la triguera (seca y separada del grano). [...] // Denominación común de las coloraciones amarilla moderada y amarilla pálida (*Akal*: *s.v.*).

En conclusión, teniendo en cuenta los testimonios consultados, la referencia cromática propuesta para *pajizo* es 'amarillo pálido', tonalidad cuya sugerencia origen radicaría en el color característico de la caña de ciertas gramíneas al secarse, especialmente el trigo.

---

229 El *Corpus do Português* de Davies, sin embargo, sí que documenta varios casos de *cor de palha*, las más antiguas del siglo XIX: «O homem de calça e paletó de brim, chapéu de palha com toalha em volta, e guarda-sol de pano claro, a mulher com um singelo vestido de linho *cor de palha*, [...]» [Azevedo, A. (1898). *O touro negro*].

En lo que respecta a sus documentaciones en corpus, la documentación más antigua que presentan CORDE y CDH está fechada a finales del siglo XVI:

> «Con el morado bonete, / Que tiene pluma [sic] *pajizas* / Entre blancos martinetes, / Y garzotas medio pardas, / Antes que me vista dénme» [Anónimo (1588). *Romances, en Historia de los bandos de los zegríes y abencerrajes*, de Ginés Pérez de Hita. Extraído de: CORDE, CDH].

Aunque las primeras documentaciones del término se remontan al siglo XIII, puede postularse que el valor cromático de *pajizo* no aparece hasta finales del siglo XVI.

Respecto al resto de sus documentaciones en corpus, CORDE registra un total de 774 ejemplos de los que 371 (397 si se tienen en cuenta 26 casos dudosos) se corresponden con *pajizo* 'amarillo claro, amarillento' y sus variantes gráficas (*paxizo, pagisso, pajiço*, etc.), 125 de ellos localizados entre los años 1601 y 1700.

En la gran mayoría de las concordancias, el adjetivo aparece complementando a un sustantivo perteneciente al campo semántico de las prendas de vestir, posibilidad combinatoria que también reflejan los ejemplos de *CorLexIn*. No obstante, a partir de los siglos XVIII-XIX, pueden localizarse ejemplos en los que el adjetivo amplía claramente su valencia combinatoria y puede encontrarse complementando a referentes diversos tales como animales, plantas o el propio cabello o vello humanos.

En CDH, la búsqueda de *pajizo* devuelve casi un millar de concordancias, 957, 162 alojadas en la capa nuclear del corpus. De las 162 concordancias nucleares, 71 (83 si se tienen en cuenta 12 casos dudosos) se corresponden con el uso cromático del adjetivo, siendo mayoritario el porcentaje de concordancias alusivo al ámbito textil o de las prendas de vestir.

Desde el punto de vista sincrónico, *pajizo* parece ser un adjetivo con un índice de uso relativamente alto. CREA documenta 92 casos de *pajizo* y CORPES XXI, 120. De las 92 concordancias de CREA, 72 de ellas (75 si se tienen en cuenta 3 casos dudosos) se corresponden con el uso cromático de *pajizo*. Destacan, especialmente, los ejemplos alusivos al color del cabello, donde *pajizo* complemente, a menudo, a **amarillo** o **rubio**, matizando, por tanto, la tonalidad concreta de amarillo.

En el caso de CORPES XXI, son 92 (98 si se tienen en cuenta 6 casos dudosos) de las 120 documentaciones las que ilustran el valor analizado del adjetivo. A partir de las concordancias analizadas en CORPES XXI puede deducirse que el uso actual de *pajizo* se centra más en el ámbito capilar, dado que en la gran mayoría de los ejemplos el adjetivo figura complementando a los sustantivos *cabello, pelo, melena*, etc.

En resumen, el uso de *pajizo* como adjetivo cromático con el valor de 'amarillo claro, amarillo pálido'—valor que se sustenta en el color característico del sustantivo del que deriva, *paja*— se documenta a partir del siglo XVI, especialmente ligado al ámbito textil. Teniendo en cuenta las localizaciones de los ejemplos de *CorLexIn*, puede considerarse como un término general dentro del dominio del español peninsular. En la actualidad, su índice de uso es relativamente alto, si bien suele emplearse con otro tipo de referentes, especialmente para aludir al color del cabello.

PANICONEJO

Documentaciones en fondos documentales inéditos de *CorLexIn*:

- Una baca que se llama ermosa, *paniconexa* (Peguerinos, Av-1659)

Con el adjetivo *paniconejo* se estaría haciendo referencia a un tipo de capa animal —en principio bovina— caracterizada por la mezcla de colores amarronados y grises, tal y como sugerirían las bases nominales —o nominal y adjetiva si se tiene en cuenta la condición de adjetivo cromático de **conejo** que se expone en el presente estudio— que componen dicho adjetivo: *pan* y *conejo*. Se habría aplicado, por tanto, un esquema tipo N-i-N o, con mayor seguridad, N-i-A (como ocurre con *pelirrojo*).

Tal y como ocurría con los otros dos términos relacionados con *paniconejo*, *conejo* y **aconejado**, las obras lexicográficas no ofrecen ninguna referencia, dado que, al igual que ocurría con la forma parasintética, parece no registrarse en la nomenclatura de ningún diccionario del español.

La búsqueda de información sobre el posible origen y referencia cromática de *paniconejo* se complica si se acude a los corpus académicos: ninguno de los cuatro corpus de los que dispone la Academia —CORDE, CDH, CREA y CORPES XXI— arroja resultados para la búsqueda de *paniconejo*.

Teniendo en cuenta este hecho, resulta plausible otorgarle al adjetivo la condición de hápax, al menos desde el punto de vista documental, lo que, por otro lado, dota al ejemplo de *CorLexIn* de considerable importancia al ser el único testimonio, aparentemente, de dicho adjetivo compuesto.

La hipótesis cromática que se baraja, por tanto, para este adjetivo, se apoya, principalmente, en dos pilares: en primer lugar, el valor 'gris ceniciento' que se le ha otorgado a *conejo* en el presente estudio a partir de los datos analizados y, en segundo lugar, la similitud que presenta el adjetivo *paniconejo* con el sustantivo *paniquesa* 'comadreja', voz aragonesa empleada para aludir a la comadreja (*Mustela nivalis*) (*ALEANR*: 472).

Dejando a un lado la consideración de falsa etimología que le otorgan Corominas y Pascual (*s.v. cibiaca*)[230], lo cierto es que, desde el punto de vista lexicogenético, *paniquesa* y *paniconejo* presentan bastantes similitudes, más aún si se tiene en cuenta ese supuesto origen 'del color del pan y el queso' (Menéndez Pidal, 1976 [1926]: 397–398) —es decir, pardo y blanco amarillento (Palazón, 2017)— que se le atribuye a *paniquesa*, motivado por los colores característicos del pelaje de la comadreja.

La referencia cromática que se propondría para *paniconejo* es, en conclusión, 'pardo' + 'gris ceniciento', siendo la sugerencia origen del término el color pardo del pan —como en *paniquesa*— y el gris ceniciento que se le ha atribuido a *conejo* en su uso como adjetivo cromático. *Paniconejo*, por tanto, podría incluirse en la nomenclatura de capas bovinas «compuestas» al hacer referencia a más de una tonalidad.

La propuesta se vería respaldada, además, si se tiene en cuenta que varios de los ejemplos del uso adjetivo de *conejo* se localizan en El Espinar, localidad segoviana cercana a Peguerinos —donde se localiza el ejemplo de *CorLexIn*—, municipio que, por cierto, aunque figure como abulense, pertenecía con anterioridad a la provincia de Segovia (Lecea y García, 2005 [1893]: 5), dando mayor validez a la hipóptesis cromática que se ha planteado.

En conclusión, *paniconejo*, adjetivo obtenido por composición, podría incluirse entre los adjetivos especializados en la alusión a capas compuestas, esto es, que presentan más de una coloración predominante. Partiendo de su similitud con el sustantivo *paniconeja* y la inclusión de *conejo* como base adjetiva, *paniconejo* combinaría los valores 'pardo' y 'gris ceniciento'.

PARDO

Documentaciones seleccionadas en *CorLexIn*:

- Una cortina de jerbilla colorada, digo, *parda*, con una sanefa de lo mesmo (Adeje, Tf-1695)
- Una saya *parda* de saial, andada (Aguilafuente, Sg-1623)
- Otra saya *parda* en lo mismo (Albalá, Cc-1661)
- Vnos calzones *pardos* con doze maravedís (Alcalá la Real, J-1648)

---

230 El *DECH* indica que se partiría de un étimo *PANICQUELLA y que el cambio de -ll- en -s- se explicaría por ser el resultado fonético local —alto-aragonés y ribagorzano, este último con resultado sonoro— de la -LL- latina.

- Unos balones, capa y ropilla de paño *pardo* biexos (Alcantarilla, Mu-1633)
- Vn tahallí biejo de damasco *pardo*, guarniçión negra (Almería, Al-1659)
- Dos pares de medias de seda andadas las vnas *pardas* y las otras azules (Alzaga, SS-1693)
- Vna basquiña de jerguilla *parda*, treinta reales (Andújar, J-1665)
- Tres tendidos blancos y *pardos*, veinte y quatro reales (Argamasilla de Calatrava, CR-1659)
- Una carpeta de paño açul con flocadura de seda *parda* (Arnedo, LR-1639)
- Más dos capas de paño *pardo*, la vna buena y la otra medio andada (Arroyuelos, S-1658)
- Vna basquiña de raxa *parda* y un jubón de estameña negra (Atienza, Gu-1641)
- Vn bestido de camino, ferreruelo, calçón yropilla de paño, capa de rey con alamares de seda *parda*, nuevo, y vn sonbrerogrande de fieltro (Ciudad de México, México-1622)
- Vna rropa de damasco *parda* con franxón de oro, trayda, veynte pessos (Ciudad de México, México-1622)
- Vna saya entera de terçiopelo morado de México, guarneçida de raso *pardo* y bordadura de oro ya biejo (Guatemala, Guatemala-1623)
- Más, vna vngarina y calsones de peldefebre *pardo* ya vsado aforrado en espumilla (La Plata, Bolivia-1701)
- Yten más, vn armador de gamuça con mangas de tafetán *pardo* (Neiva, Colombia-1638)
- Quatro onças y quarta de seda benefiçiada *parda*, a doce reales (Potosí, Bolivia-1609)
- Otros cuerpos de raxa *parda* con sus pasamanos, en doze reales (Sahagún, Le-1601)
- Yten una saya de jergueta *parda*, guarenesida con pasamano de seda parda (San Cristóbal, Venezuela-1609)
- [...] y San Joseph, con su manto chorreado berde y, por adentro, la túnica de chorreado *pardo* (Santiago de Chile, Chile-1687)

Desde el punto de vista cromático, *pardo* posee una referencia particularmente compleja: si bien en un principio se emplearía mayoritariamente para aludir a tonalidades generalmente amarronadas —más o menos oscuras— similares a las del leopardo o el gorrión, poseería una segunda posibilidad 'gris, ceniciento' fruto de la ausencia de un ítem léxico concreto y generalizado para dicha tonalidad durante el periodo medieval.

En lo que respecta a sus primeras documentaciones lexicográficas en el contexto monolingüe, Covarrubias, en su *Tesoro*, comienza a dibujar una referencia cromática estrechamente ligada al ámbito textil:

> **PARDO**, color, que es el propio que la oueja, o el carnero tiene, y le labran y adereçan, haziendo paños del sin teñirle. Pudo decirse pardo, quasi parado, porque trae consigo el aparejo sin entrar en el caldero de la tinta: y no se deja fuera de proposito auerle

dicho del paxarillo pardal por ser desta color. El vestido pardo es de gente humilde, y el mas basto se llama pardillo [...] (*Tesoro: s.v.*).

Covarrubias lo reconoce como término propio de color y lo relaciona con el género de paños caracterizado por su ausencia de tintura que, por tanto, se opondrían a los paños *tintos*, 'teñidos'. Sin embargo, no resulta sencillo precisar la tonalidad a la que puede estar haciendo referencia la definición del *Tesoro*. No obstante, Covarrubias ofrece una segunda pista: la alusión al pardal. El pardal o gorrión (*Passer domesticus*) aparece descrito en *Autoridades* del siguiente modo:

> **GORRIÓN.** s. m. Avecilla más pequeña que el tordo. Tiene las plumas pardas variadas con algunas pintas y plumillas negras, y el pico corto. El macho tiene debaxo del pico por todo el cuello una mancha negra, que algunos llaman Mento, por ser como barba. [...] (*Autoridades*, 1734: *s.v.*).

A pesar de que la información del *Diccionario de autoridades* es mucho más concreta, vuelve a presentarse una dualidad: ¿a qué plumas concretamente se está haciendo referencia? ¿A las de las alas, de un tono marrón claro con zonas negras o a las del pecho, flancos y muslos, de un color grisáceo (Murgui, 2016)? La referencia a las plumillas negras que indicaba *Autoridades* inclinaría la balanza a favor de la primera opción; pero una lana sin teñir (*Tesoro: s.v. lana*) —y quizá sin blanquear excesivamente— también haría ganar peso a la opción del gris.

De hecho, la opción de *pardo* 'gris' se vería claramente respaldada si se consulta la entrada *pardo* en el *Diccionario de autoridades*, a la que no se había hecho referencia por el momento y que parece dictar sentencia en lo que respecta a la referencia cromática del adjetivo:

> **PARDO, DA.** adj. que se aplica al color que resulta de la mezcla del blanco y negro (*Autoridades*, 1734: *s.v.*).

La entrada no da lugar a dudas: la mezcla de **negro** y **blanco** origina el gris, por lo que la referencia cromática del adjetivo *pardo*, en principio, sería 'gris', quizá 'gris oscuro'. Esta última posibilidad, 'gris oscuro', podría verse, además, asegurada si se tiene en cuenta la última subacepción de *pardo* en *Autoridades*: «Se toma tambien por obscúro: especialmente hablando de las nubes o del día nublado» (*Autoridades: loc. cit.*)[231].

---

231 El valor de 'gris, ceniciento', también se documentaría en italiano. Si se consulta el vocabulario de Casas (1570), la equivalencia toscana propuesta para *pardillo color* es *beretino*: «Panno fabbricato fin dal sec. XV [...]. Era di colore cenerognolo [...]»

En conclusión, el valor que *pardo* parece ostentar en el contexto del siglo XVII es el de 'gris, ceniciento, gris oscuro'. Sin embargo, llama la atención que la Academia cambie de parecer e introduzca una nueva apreciación o precisión cromática en la definición de pardo a partir de la edición de 1884:

> **Pardo, da.** adj. Dícese del color que resulta de la mezcla de blanco, algo de amarillo y rojo y mayor dosis de negro (*DRAE*, 1884: *s.v.*).

Entra en juego el marrón, un marrón, además, de clara tendencia al marrón oscuro, dada esa «mayor dosis de negro». Una propuesta cromática que se aproxima más a lo que actualmente puede entenderse como 'pardo', tonalidad con sugerencias origen —como indica el *DLE* de 2014— tales como el pelaje del oso pardo o el color de la tierra.

Por otro lado, y dada la fecha del cambio en la definición académica, podría considerarse una visión o percepción modernas, dado que dicha modificación se efectúa a finales del siglo XIX; sin embargo, el valor de pardo 'amarronado' puede atestiguarse ya en el siglo XVII si se tiene en cuenta este fragmento del *Arte de ballestería y montería* de Martínez de Espinar en el que se describe a la hembra del faisán: «las hembras son todas pardas, con algunas pintas» (1644: 217).

La hembra del faisán común (*Phasianus colchius*) —una de las múltiples especies que presentan dimorfismo sexual— se caracteriza por sus «tonos ocres, moteados de negro» (Hernández García, 2014: 56), esto es, tonalidades dentro de la familia del marrón, más claro o más oscuro.

¿Cuál es, por tanto, la hipótesis cromática que puede proponerse para *pardo* en el contexto del siglo XVII: 'gris ceniciento' o 'marrón'? La respuesta es simple: ambas, y la justificación puede extraerse a partir de las entradas *pardo* y *gris* del *DECH*.

(Fappani, 1974-2018: *s.v. beretino*). También ostenta este valor en portugués desde época temprana (*DECH*: *s.v. pardo*). *Priberam*, de hecho, mantiene la inespecificidad del adjetivo: «De cor pouco definida, entre o amarelado, o acastanhado e o acinzentado» (*Priberam*: *s.v.*). El gallego opta por una definición ostensiva en la que predominan la tierra y las hojas secas: «entre amarelo e negro, con ton tirando a vermello» (*DRAG*: *s.v. pardo*), en consonancia con la propuesta académica. El asturiano mantiene ambas opciones 'marrón-gris', pero cambia la tierra por el color «de la corteya de les castañes madures» (*DALLA*: *s.v. pardu*), dándole, quizá, un matiz más rojizo. Por último, el catalán habla de un «cendrós» (*DCVB*: *s.v. pardo*), pero le aporta un «matís vermellós».

Corominas y Pascual (*s.v. gris*) indican que «en la Edad Media *gris* como nombre de color era poco empleado en castellano [...]: solía decirse más vagamente *pardo*; [...]. Desde el siglo XVI tiende *gris* a hacerse de uso general: [...]». Es decir, que todo el espectro cromático de tonalidades relacionadas con el gris —esto es, aquellos colores que surgen de la mezcla del negro y el blanco— encontraban su expresión lingüística hasta el siglo XVI en la voz *pardo*. De hecho, el uso y valor de *gris* hasta su generalización como adjetivo cromático era el de 'ardilla' o 'piel de ardilla'[232] —posiblemente la *Scirus vulgaris varius*—, valor que atestigua *CorLexIn*:

> Más tres delantales biexos, los dos de *gris* y el otro de paño morado, tanbién de *gris* (Valle de Guriezo, S-1667)
> Yten, una saya de *gris* con ruedo de paño berde apreziada ocho ducados (Ventosa de la Cuesta, Va-1610)

En lo que se hace hincapié es en el matiz oscuro de la coloración; sea gris o amarronado, *pardo* parece aludir a tonalidades caracterizadas por ser especialmente oscuras, tal y como indica el *DECH* (*s.v. pardal*): el color oscuro del gorrión o el de las manchas del leopardo, voz con la que también estaría relacionada etimológicamente *pardo*. Dicha característica podría verse asimismo reflejada en el uso de *pardo* como sinónimo de *mulato*, esto es, hijo fruto de la relación entre blanco y negra o negro y blanca en las castas del Nuevo Mundo y también en esa acepción aludida anteriormente 'cielo nublado, oscuro, sin luz'.

Podría interpretarse, por tanto, que los valores 'marrón oscuro' y 'gris oscuro' para *pardo* en el contexto cronológico del siglo XVII serían intercambiables e igualmente válidos, debido con bastante probabilidad a la incipiente —pero aún no consolidada[233]— generalización de *gris* con la acepción 'color mezcla de

---

232 En su estudio sobre adjetivos de color de la Edad Media, Duncan (1968: 468) presupone un valor cromático para la siguiente documentación de *gris* de la *General Estoria*: «muchas maneras de pennas grisas e veras, blancas e otras». El adjetivo *blancas* podría inducir a considerar *gris* en este contexto como adjetivo cromático; sin embargo, la presencia de *veras* 'piel de marta cebellina' (*DLE, s.v. vero¹*) en el fragmento invalida esta posibilidad, por lo que *grisa* —que no *gris*— debe interpretarse como 'piel de una especie de ardilla de Siberia' (*DLE: s.v.*).

233 Quizá con un mayor índice de generalización en ámbitos como la literatura, que tiende a alejarse lingüísticamente del uso cotidiano. No obstante, la búsqueda en CORDE de *gris* acotada al siglo XVII ofrece tan solo 27 resultados, frente a los —por citar un ejemplo— casi 1 300 del XIX, lo que revela un índice de uso aún incipiente del adjetivo como adjetivo cromático en otros registros. La existencia de términos homólogos como *cano, canoso, ceniciento*, etc., podría haber condicionado la relativa «lentitud» en la generalización de la voz.

blanco y negro'. Con el paso del tiempo, y la adopción progresiva de *gris*, ambos términos se habrían especializado en la alusión a una de las dos tonalidades, quedándose *pardo*, mayoritariamente, con la referencia a la gama amarronada.

El *Diccionario Akal del Color*, de hecho, lo caracteriza como una tonalidad muy inespecífica: si bien indica que aplica a coloraciones «medias a oscuras, de tonalidad roja a amarillo anaranjada» (*s.v. pardo*), incluye también en la familia del pardo a las tonalidades ocráceas y castañas y aporta matices que abarcan casi 6 páginas de la obra —entre las que se incluyen, por supuesto, 'gris', 'agrisado' y 'nublado oscuro'—; no obstante, todas comparten el punto en común de poder considerarse «marrones» de forma genérica, valor que puede atribuírsele a pardo en la actualidad de manera única.

La referencia cromática propuesta para *pardo* es, en conclusión, 'marrón oscuro' y 'gris oscuro', si bien el valor que parece prevalecer en el contexto del siglo XVII sería, en todo caso, 'marrón oscuro'.

Desde el punto de vista documental, puesto que es un ejemplo de tonalidad más «general» y concreta que el resto —junto a otras como *amarillo*, *rojo*, *negro*, *blanco*, etc.—, solo se analizará, en principio, su presencia en el contexto del siglo XVII, con alguna pequeña cala en siglos posteriores para intentar corroborar su progresiva adopción como término alusivo al color marrón.

Por otro lado, la restricción del estudio al siglo XVII —dado que puede atestiguarse de manera suficiente la continuidad del término hasta el momento presente— se lleva a cabo para solventar el problema de su amplio número de documentaciones (7000 en CORDE y casi 10800 en CDH), ya que es una voz «arraigadísima de antiguo hasta la actualidad» (*DECH: s.v. pardo*)[234].

La búsqueda en CORDE ofrece 1290 casos para *pardo* y sus variantes flexivas, a las que habría que añadir las 1664 de CDH, lo que evidencia una clara presencia y generalización del adjetivo en el periodo seiscentista. Prácticamente la totalidad de las mismas puede considerarse como ejemplo o testimonio del uso cromático del adjetivo.

La gran mayoría de los ejemplos que pueden encontrarse en los corpus diacrónicos académicos tiene como principal referente un tejido o una prenda de vestir (evidenciando una vez más la enorme relación entre los colores y el ámbito textil), si bien pueden encontrarse referencias a animales —aves, reptiles, mamíferos, etc., especialmente en la descripción de especies americanas de

---

234   De hecho, el Archivo de la Catedral de León ofrece un ejemplo del tumbo fechado en 1002 y que Rodríguez Fernández (1969: 29) adelanta al año 927: «et mula *parda* in alios CLª solidos» (CL-614, 1002B [927]).

los cronistas—, objetos, condiciones atmosféricas —el valor de *pardo* 'oscuro' reseñado anteriormente y aplicado a las nubes y el cielo—, el color de la piel humana —contexto en el que *pardo* podía emplearse como sinónimo de *mulato*, seguramente debido a su relación con el ámbito de la coloración animal—, etc. En suma, *pardo* presentaría una valencia combinatoria considerablemente amplia, derivada de su condición de voz general que habría mantenido sin apenas cambios su significado latino.

La posibilidad cromática animal también la atestigua *CorLexIn* en ejemplos en los que *pardo* figura como adyacente de équidos:

> Yten, una mula *parda*, bieja, tasada en duzientos reales (Zárabes, So-1638)
> Item, otra yegua *parda* y pequeña con su lechal, que es un roçinejo (Sobradiel, Z-1614)
> Item, vna potranca de pelo *pardo* con vna estrela en la frente (Sobradiel, Z-1614)
> Ottro burro *pardo* entero y una burra cerrados de hedad (Autillo de Campos, Pa-1656)
> dos jumentos de pelo *pardo* (Loscertales, H-1653)
> Dos pollinos, anbos a dos de pelo *pardo* (Moraratalla, Mu-1628)
> Un muleto romo, *pelo pardo*, en setecientos reales (Narila, Gr-1697)
> Más, otra mula de pelo *pardo* de cinco años, con su silla y f[reno] (Tudela, Na-1641)

Aunque en la mayor parte de las ocasiones el contexto invita a considerar *pardo* con el valor de 'marrón', aún pueden rescatarse algunos ejemplos en los que el adjetivo podría emplearse con el significado 'gris, ceniciento':

> «De los zafios y anguillas, / *parda* corvina y morena, / pintada más que su arena, / te darán estas orillas; […]» [Vega y Carpio, L. de (1604). El peregrino en su patria. Extraído de: CORDE].
>
> «[…] aprovechaban el pelo de la vizcacha y lo hilaban de por sí, para variar de colores la ropa fina que tejían. El color que tiene es *pardo* claro, color de ceniza, y él es de suyo blando y suave» [Suárez de Figueroa, G. (1609). Comentarios Reales de los Incas. Extraído de: CORDE].
>
> «Tuerzo el cuerpo, y sobre el lado / izquierdo pongo el cañón, / corre el gatillo al fogón, / y al *pardo* plomo colado […]» [Vélez de Guevara, L. (c1613). *La serrana de la Vera*. Extraído de: CORDE].

La corvina (*Argyrosomus regius*), pez óseo, se caracteriza por su color «claro, plateado, plateado brillante» (Arias García y de la Torre García, 2019: 403), pudiendo incluir el plateado en la familia del gris. Respecto a la segunda concordancia, la vizcacha (*Lagidium viscacia*) es un roedor perteneciente a la familia de las chinchillas y cuyo pelaje «en general se ve gris con algunos tonos amarillentos a negros» (Bonacic e Ibarra, 2010: 170). Por último, el color que tradicionalmente se relaciona o atribuye al plomo es, precisamente, el gris.

Estos ejemplos indicarían que, a pesar de que la mayoría de casos de *pardo* se corresponda con el valor 'pardo oscuro, marrón', aún pueden localizarse algunos ejemplos de *pardo* 'gris, ceniciento' en el contexto del siglo XVII —que parecen limitarse a la primera mitad, o el primer tercio, de dicho siglo, lo que, por otro lado, podría ilustrar un desplazamiento progresivo de *pardo* hacia la referencia a tonalidades marrones, quizá propiciado por la generalización de *gris*—.

En conclusión, *pardo* puede considerarse como uno de los términos más generales o básicos dentro del contexto cromático del siglo XVII —tanto por su número de documentaciones como por el amplio abanico de referentes a los que puede aplicarse—, periodo en el que, casi con total seguridad, parece emplearse con el valor de 'marrón, marrón oscuro' que posee en la actualidad; no obstante, aún pueden encontrarse algunos ejemplos en los que aún mantiene el valor 'gris, ceniciento'—que figura en sus primeros registros lexicográficos monolingües— con el que también podía utilizarse, valor del que, con posterioridad, se apropiaría el adjetivo *gris*.

PATICALZADO

Documentaciones en fondos documentales inéditos de *CorLexIn*:

- Se remató una lechona *paticalçada* (Arévalo, Av-1650)

Con el término *paticalzado* se alude a la peculiaridad que presentan ciertos animales en los que el extremo de al menos una de las patas presenta un color distinto al general del pelaje.

En realidad, *paticalzado* podría considerarse como una palabra compuesta cuyo proceso de formación —la suma del sustantivo *pata* y el adjetivo *calzado* con una vocal de enlace, es decir, N-*i*-A— ha dado origen a un adjetivo pleonástico o redundante, dado que, *calzado*, por sí mismo, ya alude a dicha condición tal y como refleja la siguiente acepción tomada del *DLE*:

calzado, da. 3. adj. Dicho de un cuadrúpedo: Que tiene la parte inferior de las patas de diferente color al del resto de la extremidad. *Caballos calzados* (DLE: s.v.).

Quizá debido a este hecho, *paticalzado* no figura en ningún repertorio lexicográfico preacadémico ni tampoco en el *Diccionario de autoridades*. La búsqueda en el NTLLE del adjetivo, no obstante, arroja 9 resultados para *paticalzado* en los diccionarios contenidos en dicha herramienta, aunque los resultados son dispares: a) Salvá, Gaspar y Roig, Zerolo, Toro y Gómez, Rodríguez Navas y Pagés lo incluyen solo con una acepción restringida al ámbito ornitológico: 'ave que tiene plumas hasta los pies' (en el *DRAE* 1780 se recoge *s.v. calzado*); b) figura en el diccionario de Alemany y Bolufer con la definición esperada, aunque con un matiz que se comentará posteriormente; c) dentro del ámbito académico, figura en dos ediciones del *DMILE* (1985, 1989) en las que el término aúna ambos valores:

> [**paticalzado, da**. adj. Dícese de las aves que tienen los tarsos cubiertos de plumas. ‖ Dícese del animal que tiene el extremo de una o más patas de distinto color al del resto del cuerpo (*DMILE*, 1985, 1989: *s.v.*).

Aplicando, por tanto, la definición al ejemplo del *Corpus Léxico de Inventarios*, se estaría haciendo referencia a una lechona que tendría el extremo de al menos una de las patas de distinto color al general de la cerda, color que, en principio, no se especificaría.

Sin embargo, esa indeterminación aparente del color de la pata podría concretarse si se tienen en cuenta ciertos testimonios que, si bien no hacen referencia al cerdo, sí que se aplican a otros animales. En primer lugar, el diccionario de Alemany y Bolufer incluía en su nomenclatura el adjetivo *paticalzado*, aunque —tal y como se había indicado— la definición del término se caracterizaba por la presencia del siguiente matiz:

> **PATICALZADO, DA**. [...] ‖ Aplícase al caballo negro o de color, que tiene una o más patas blancas en la parte próxima al casco (Alemany y Bolufer, 1917: *s.v.*).

Alemany y Bolufer, por ende, restringe la valencia semántica del adjetivo al ámbito equino, rasgo que, por otra parte, también incluye el *LLA*:

> **paticalzado, da**. 'dícese de la caballería que no siendo blanca, tiene uno o ambos pies blancos' (*LLA*: *s.v.*).

Le Men indica que *paticalzado* también se documenta en Salamanca y Palencia con el mismo valor y también en Asturias y Extremadura, si bien en estas tres últimas localizaciones se produce un cambio en el referente animal, dado que *paticalzado* se combinaría con referentes bovinos y no equinos.

Este cambio en el rasgo [+equino] / [+bovino] tampoco es inusual, ya que ha podido comprobarse en otros casos que gran parte de la nomenclatura alusiva al pelaje equino se emplea con frecuencia aplicada al bovino. En el caso particular de *paticalzado*, Torres establece que un toro paticalzado es aquel «que tiene el extremo de las patas, sobre las pezuñas, de pelo de color más claro que el resto» (1989: *s.v.* y antes en Torres, 1982: 719, 721).

La diatopía, sin embargo, no solo condiciona el cambio de referente animal, sino que también favorece en muchos casos la variación de significados (y más aún en un ámbito tan subjetivo como es el del color), situación que se da en Extremadura donde *paticalsa* hace referencia a las reses de patas negras (Viudas Camarasa, 1980: *s.v.*) y no de patas claras.

A pesar de que *Akal* no incluye la entrada *paticalzado*, puede concluirse que este adjetivo compuesto se aplicaría al animal —de forma genérica, puesto que las fuentes consultadas lo registran tanto para bóvidos como para équidos, sumándose a estas la documentación de *CorLexIn* que permitiría atestiguar su uso aplicado a suidos— que presenta el extremo de al menos una de las patas de color distinto al general de la capa o cerda, especialmente cuando los extremos son blancos.

Uno de los rasgos más curiosos que presenta este término es el hecho de que su búsqueda en corpus no arroja ningún resultado, por lo que, dentro del ámbito de los *corpora*, la documentación de *CorLexIn* podría considerarse como la única, en principio, que atestigua la existencia y uso de dicho vocablo en un contexto real. *Paticalzado*, por ende, no podría considerarse como un término propio del español general, dado que su documentación tanto lexicográfica como documental es muy escasa —esta última prácticamente inexistente— y, además, el área en la que se localiza es bastante restringida: teniendo en cuenta la demarcación que ofrece el *LLA*, la voz podría catalogarse como perteneciente al dominio asturleonés[235].

En conclusión, con el adjetivo compuesto *paticalzado* se hace referencia al animal en el que la parte inferior de al menos una de las patas presenta un color distinto al general de la capa, especialmente cuando dicho color es blanco. Aplicado de manera general a équidos y bóvidos, *CorLexIn* atestigua la posibilidad combinatoria con suidos, amén de constituirse como el único corpus que documenta el uso del adjetivo.

PAVONADO

Documentaciones en *CorLexIn*:

- Yten, otro adereço de espada y daga, *pabonado* de negro, nuevo (Almería, Al-1659)
- Más, abriose vn escritorio de nogal, de los que llaman de Salamanca, clauaçón *pabonada*, de n[ogal] (Madrid, M-1648)

---

235 Su documentación en Arévalo, sin embargo, podría hacer dudar de dicha hipótesis, dado que Arévalo pertenecía a la denominada «Extremadura castellana». No obstante, como indican Mañanes Pérez y Valbuena (1977: 121–122), Arévalo se constituyó como uno de los límites que separaban los reinos de Castilla y de León en el siglo XII, amén del hecho de que antes de la restitución del obispado de Ávila, Arévalo perteneció al obispado de Palencia (Gutiérrez Robledo, 2011: 92), por lo que la presencia de *paticalzado* en esta zona podría estar plenamente justificada.

434 Estudio lexicográfico

- Más, vn āero grande de hierro colado, *pabonado* de negro y dorado, con su caxa grande y cerradura (Madrid, M-1649)
- Vn escritorio nuebo de nogal, grande, con su pie zerrado, con zerradura y aldauones *pabonados* y dorados con sus dos llaues (Madrid, M-1650)
- Un escriptorio grande de aforrado en caña (*tachado*: do de) maço, enbutidos de marfil con tres ymájenes y la çerradura y aldabones *pabonados* (Montefrío, Gr-1662)
- Ytem, vn adereço de espada, daga, tiros y pretina, negro *pauonado*, que vale quinze pesos (México, México-1622)
- Otro aderezo de espada y daga *pauonado* en negro con oja de Alemania (Potosí, Bolivia-1677)
- Un adereso de espada y daga *pauonado* en negro con ojas de Toledo y puños de plata de filigrana (Potosí, Bolivia-1677)
- Otro adereso *pauonado* en blanco con oja de Toledo (Potosí, Bolivia-1677)

A pesar de que en los ejemplos extraídos de *CorLexIn* no se emplea estrictamente con valor cromático[236], *pavonado* es un ejemplo de adjetivo derivado perteneciente a la familia de tonalidades azules. Es un ejemplo de derivado del tipo N+*ado*, cuya base nominal es *pavón* 'pavo real' y radicando el valor de semejanza introducido por el sufijo en el color azulado oscuro de las plumas de dicha ave.

Covarrubias lo recoge en su *Tesoro* de 1611 en la entrada correspondiente a *pavonar*: «dar color al hierro de las plumas del pauon. Pauonado, el color» (*Tesoro*: *s.v.*). Sin embargo, en la entrada dedicada al ave en cuestión que sirve como punto de referencia cromático, no se especifica qué tonalidad las caracteriza:

> **PAVON**, por otro nombre pauo real [...], cuyas plumas son hermosísimas, especialmente al Sol (*Tesoro*: *s.v.*).

Autoridades 1737 también dedica una entrada a *pavonado*, pero la acepción que figura para el término es la del valor participial reseñado en la nota 236, es decir, con el valor de participio del verbo *pavonar*:

---

236 En este caso, *pavonado* tiene el valor del participio del verbo *pavonar* «dar pavón al hierro o al acero», siendo *pavón* la «capa superficial de óxido abrillantado, de color azulado, negro o café, con que se cubren las piezas de acero para mejorar su aspecto y evitar su corrosión» (*DLE*: *ss.vv. pavonar, pavón*). Por lo tanto, aunque la voz sí que presenta cierto valor cromático, en los ejemplos de *CorLexIn* lo que realmente se está poniendo de manifiesto es el tratamiento del metal con pavón, lo que, indudablemente le ha conferido una tonalidad posiblemente azulada, negruzca o café (incluso blanca) tal y como establecen las propias documentaciones.

PAVONADO, DA. part. pass. del verbo Pavonar. Lo assi dado el color de las plumas del Pavón (*Autoridades*, 1737: *s.v.*).

En este caso, no obstante, la entrada *pavonar* a la que remite *pavonado* sí informa del color que caracteriza a las plumas de pavo real o pavón:

PAVONAR. v. a. Dar colór azulado obscuro al hierro. Dixose assi, por ser el colór de los visos de las plumas del Pavón (*Autoridades*, 1737: *s.v.*).

La acepción propiamente cromática del término no se incluirá en la macroestructura académica como entrada independiente hasta la séptima edición de 1832[237], si bien ya figuraba como tal en Terreros:

PAVONADO, lo que tiene el color que el pavo, ó azulado obscuro (Terreros, 1788: *s.v.*).
PAVONADO, DA. adj. que se aplica al color azulado oscuro (*DRAE*, 1832: *s.v.*).

Acudiendo a la principal referencia cromática utilizada en el presente estudio, el *Diccionario Akal del Color* dedica una entrada a *pavonado* en la que— además de incluir el significado del tratamiento con óxido— se hace referencia a su valor como tonalidad *per se*:

pavonado. [...] Azul o azulado oscuro o muy oscuro (*Akal*: *s.v.*).

Por tanto, y a pesar de que el *pavón* 'óxido' puede presentar tonalidades negruzcas o *acafetadas*, la referencia cromática propuesta para *pavón* es 'azul oscuro, azulado oscuro', justificándose esta en el color característico del plumaje del pavón o pavo real. No obstante, y teniendo en cuenta el valor de pavón 'óxido', pavonado también podría abarcar otras referencias cromáticas del tipo 'negro, negruzco' o 'de color café'.

CORDE propone como primera documentación del término un texto del *Lapidario* de Alfonso X de mediados del siglo XIII, especificando, además, el porqué de la denominación de la piedra:

«Del segundo grado del signo de cancro es la piedra a que dizen adehenich *pauonada* & esta es la segunda manera de que fablamos. & dizenle este nombre, porque a la color de pennolas de pauon» [Alfonso X (c1250). *Lapidario*. Extraído de: CORDE].

Restringiendo la búsqueda cronológicamente al siglo XVII, este mismo corpus arroja un total de 36 resultados para *pavonado*, correspondiéndose 1 de ellos (3 si se tienen en cuenta 2 casos dudosos) con el valor cromático propuesto:

---

237   Ya había figurado, no obstante, como subacepción/sublema dentro de la entrada del participio de *pavonar* en las ediciones de 1817 y 1822.

«Penachos a la Francessa, / plumas a colores varias, / vnos dorados adreços / otros *pauonado* y plata» [Arce, F. de (1619). *Fiestas reales de Lisboa*. Extraído de: CORDE].

La razón de la escasez de ejemplos se debe a que, en la mayor parte de los casos, *pavonado* se corresponde con el valor participial del verbo *pavonar*, si bien en múltiples ocasiones podría considerarse dicho uso como cromático por las razones anteriormente mencionadas.

Eliminada la restricción cronológica, *pavonado* ofrece un total de 124 resultados en CORDE, 25 con el significado de color (31 si se tienen en cuenta 6 casos dudosos). En ocasiones, *pavonado* parece aproximarse más a las tonalidades de otro derivado de *pavo*, *pavonazo* 'púrpura profundo, carmín', del italiano *pa(v)onazzo* 'morado, violáceo' (*vid*. **morado**[1], **rosa seca**):

«Mas nosotros llamamos a éste [al púrpura] morelo, y el español morado, del color de las moras; los venecianos, del pavón, paonazzo, que en España llaman *pavonado*» [Herrera, F. de (1580). *Comentarios a Garcilaso*. Extraído de: CORDE].

A pesar de que muchos de los ejemplos, nuevamente, se corresponden con el participio del verbo *pavonar*, los ejemplos de *pavonado* 'azul oscuro' son abundantes en la búsqueda general, especialmente en textos pertenecientes al siglo XVI[238].

En lo que respecta al CDH, el *Corpus del Diccionario Histórico* arroja un total de 129 concordancias. De los 21 casos localizados en la capa nuclear, 3 de ellos (5 si se tienen en cuenta dos casos dudosos) se corresponden con el valor cromático de *pavonado* sin relación directa con el óxido.

Respecto a las concordancias en corpus académicos de carácter sincrónico, CREA registra 4 (6 si se le suman 2 casos dudosos) con valor cromático de los 14 totales y CORPES XXI 5 casos que pueden considerarse como dudosos, pues aparece complementando a otras tonalidades y no propiamente como color *per se*.

---

238 Tejeda Fernández (2006: 373) indica que «en los siglos XVI, XVII y XVIII se pavonaban o empavonaban los cañones de las armas de fuego, las hojas de espada y los arneses o armaduras metálicas para evitar la corrosión». Parece, por lo tanto, que la técnica del pavonado se inicia o se pone de moda (frente a otras técnicas como el estañado, por ejemplo) a partir del XVI, lo que explicaría, por otra parte, el aumento de documentaciones del término en este siglo. En el *Catálogo de la Real Armería* de Martínez del Romero (1849), de hecho, no aparecen referencias a la técnica del *pavonado* aplicada a armas o armaduras hasta el siglo XVI y las primeras alusiones en corpus están datadas, aproximadamente, hacia mediados/finales del XVI.

Las documentaciones más recientes, por tanto, muestran un claro predominio del valor de *pavonado* 'tratado con pavón' frente a *pavonado* 'azul oscuro', por lo que este último significado —a partir del cual reciben *pavonar* y *pavonado* su denominación, dado que las documentaciones del valor cromático son anteriores y tal y como indicaba Covarrubias en la entrada *pavonar*— puede considerarse como una acepción en claro retroceso o desuso.

Pavonado, como conclusión, es un adjetivo cromático que presenta una referencia cromática 'azul oscuro' afianzada en la tonalidad azulada característica de las plumas del pavo real o *pavón*, base nominal de este adjetivo.

PELBARROSO

Documentaciones en fondos documentales inéditos de *CorLexIn*:

- Una vaca *pelbarrosa* de seis años (Santa Marta del Cerro, Sg-1643)
- Una vaca *pelbarrosa* (El Espinar, Sg-1657)

Pelbarroso es otro de los múltiples ejemplos que ilustran la formación de ítems léxicos cromáticos nuevos a partir de otros ya existentes. En este caso, es un adjetivo compuesto por el sustantivo *pelo* y el adjetivo denominal **barroso**.

A pesar de que la gran parte de los adjetivos compuestos que se predican de personas o animales y que hacen referencia al pelo siguen un esquema N+*i*+A (*pelicano*, **pelicastaño**, **pelipardo**, **pelitostado**, etc.), la *NGLE* (§ 11.7h) asimila a este grupo de adjetivos otros como *cabizbajo* —que no presentaría el elemento vocálico de unión—, por lo que la pertenencia de *pelbarroso* a este grupo de adjetivos compuestos estaría justificada.

No obstante, también puede postularse un patrón compositivo N+A en el que el elemento nominal fuese *piel* y no *pelo*, asimilándose entonces a la estructura de términos como *pelderrata* o *peldefebre*.

No existen documentaciones del término en ninguno de los corpus académicos, ni en los de corte diacrónico como el CORDE y el CDH ni en los sincrónicos (CREA, CORPES XXI). Tampoco se registran resultados en corpus dedicados al español de América, ya que el *DLE* consideraba el uso de *barroso* como mayoritariamente americano.

No obstante, teniendo presente la referencia cromática de *barroso*, cabría esperar que *pelbarroso* —dada su configuración lexicogenética— se emplease para aludir a reses bovinas de color 'marrón rojizo'. La opción 'ceniciento' que se contemplaba para *barroso* en el dominio americano quedaría, en principio, descartada al no localizarse testimonios en dicho dominio.

Su creación podría responder a un patrón analógico con otras denominaciones cromáticas que siguen este mismo patrón —y que, curiosamente, se documentan en *CorLexIn*, casi en su totalidad, en el área segoviana—. Este hecho habría generado, por otra parte, una denominación ligeramente redundante, puesto que *barroso* —por sí mismo— ya hacía alusión a una tonalidad dentro del colorismo bovino.

Parece tratarse, por tanto, de un término restringido diatópicamente a la provincia de Segovia, provincia en la que también se documentaban casos de *barroso* en la zona de Revenga.

PELICASTAÑO

Documentaciones en fondos documentales inéditos de *CorLexIn*:

- un heral *pelicastaño* (Peguerinos, Av-1658)

Formado a partir de un patrón compositivo N+*i*+A y de las bases nominal y adjetiva —respectivamente— *pelo* y **castaño**, el adjetivo *pelicastaño* se emplearía para referirse a la cualidad de tener el pelo —o pelaje, partiendo del ejemplo de *CorLexIn*— de color castaño.

De los cuatro ejemplos analizados en el presente estudio generados a partir del esquema compositivo *pelo*+*i*+A, *pelicastaño* es el único que posee al menos un registro lexicográfico en el NTLLE. No se corresponde, sin embargo, con un testimonio en la órbita del siglo XVII o con uno localizado en alguna de las ediciones del diccionario académico —incluido el *Diccionario de autoridades*—, sino en el *Gran diccionario de la lengua castellana* de Aniceto de Pagés, fechado en el primer cuarto del siglo XX:

PELICASTAÑO, A: adj. Que tiene el pelo de color castaño (Pagés, 1925: *s.v.*).

El patrón lexicogenético, no obstante, habría permitido una interpretación transparente del significado del compuesto, tal y como podrá apreciarse en los ejemplos de **peliosco**, **pelipardo** y **pelitostado**.

A pesar de no poseer más documentaciones lexicográficas, puede concluirse que el adjetivo *pelicastaño* se emplearía para hacer referencia a animales —bóvidos, partiendo del testimonio de *CorLexIn*— con el pelo de color castaño.

En el plano documental, tanto CORDE como CDH arrojan el mismo número de concordancias, 3; todas ellas testimonio del uso cromático del adjetivo y cuya documentación más antigua está fechada en 1914:

«-¿No te lo dije? Y si no, dime, ¿es rubia o morena? / -Pues, la verdad, no lo sé. Aunque me figuro que debe de ser ni lo uno ni lo otro; vamos, así, *pelicastaña*» [Unamuno, M. de (1914). *Niebla*. Extraído de: CORDE, CDH].

Resulta extraño, no obstante, no encontrar ejemplos anteriores al siglo XX teniendo en cuenta que es un adjetivo que se habría formado a partir de un patrón lexicogenético regular y considerablemente productivo. El ejemplo de *CorLexIn* podría considerarse, por ende, una de las primeras documentaciones del adjetivo —si no la primera—.

Por otro lado, sí que podrían añadirse algunos ejemplos fechados con anterioridad al siglo XX a partir de dos testimonios principales. El primero de ellos es el propio diccionario de Pagés, que acompaña la definición del siguiente ejemplo: «Y si el moño, que tal vez / suele engañar, no me engaña, / Filis es pelicastaña». La cita aparece atribuida a Calderón de la Barca al revelarse como un fragmento de *Céfalo y Pocris*, publicada en la segunda mitad del siglo XVII[239].

El *Fichero general* de la Academia se constituiría como la segunda fuente proveedora de ejemplos de *pelicastaño*, aportando cuatro cédulas para el adjetivo: dos del primer cuarto del siglo XX y dos de la segunda mitad del siglo XVII pertenecientes al *Léxico hispanoamericano* de Boyd-Bowman.

El arco temporal de los testimonios del siglo XVII es bastante próximo al ejemplo de *CorLexIn* —si bien este es, aparentemente, el más antiguo—, lo que permitiría afianzar la presencia de *pelicastaño* en dicho periodo cronológico.

En el plano sincrónico, la búsqueda en CREA no facilita ningún ejemplo de *pelicastaño*; pero sí CORPES XXI —provocando un nuevo salto temporal en la documentación del adjetivo—. No obstante, supone una muestra muy reducida, ya que solo proporciona dos ejemplos, ambos localizados en América:

> «A su lado, de pie, ocupada ojeando carpetas, la fisioterapeuta *pelicastaña*, quizá en sus veintiocho» [Álvarez, J. (2011). *C. M. no récord*. Extraído de: CORPES XXI].
> «Aunque Irina no era rubia de verdad, más bien *pelicastaña* con rayitos de peluquería. Y con ellas venía Señora Susana, su señora madre, la única que de veras llevaba desde la pila el nombre de Susana» [Restrepo, L. (2016). «Las Susanas en su paraíso». *Pecado*. Extraído de: CORPES XXI].

Por otro lado, tanto las documentaciones de los corpus académicos como aquellas extraídas a partir del *Fichero general* permitirían atestiguar una nueva posibilidad combinatoria para *pelicastaño*: la predicación de referentes humanos frente al bóvido de *CorLexIn* —en principio, único ejemplo de dicha posibilidad—. El bajo e irregular (2 ejemplos en CORDE y CDH del siglo XIX) número de documentaciones podría achacarse, en principio, a la preferencia por la base adjetiva del propio compuesto, *castaño*, que cubriría de manera suficiente la alusión al color castaño del pelo, humano y animal.

---

239   Sobre la datación de la obra, *vid.* Arellano (2013: 31-37).

Ejemplo del patrón compositivo N+*i*+A, *pelicastaño* ostentaría la misma referencia cromática que la base adjetiva que lo conforma, *castaño* 'marrón'. Es un adjetivo escasamente documentado dentro y fuera del siglo XVII y que se emplearía tanto con referentes humanos como animales, siendo *CorLexIn* la única fuente que documentaría esta última posibilidad.

PELIOSCO

Documentaciones en fondos documentales inéditos de *CorLexIn*:

- una añoxa de dos años que ba a tres *peliosca* (El Espinar, Sg-1659)

Peliosco puede incluirse en la familia de tonalidades que conformaban **afoscado**, **fosco**, **foscado** y **hosco**, si bien en este caso se habría optado por un modelo compositivo N+*i*+A, siendo la base nominal el sustantivo *pelo* y la adjetiva la forma con aspiración y pérdida de *fosco*, *osco*.

A pesar de que no existe ninguna referencia lexicográfica que contribuya a la hipótesis cromática que se propone para *peliosco*, el patrón compositivo del que se vale el adjetivo permite una fácil deducción de su significado: *peliosco* se emplearía para hacer referencia a capas o pelajes —en principio bovinos a falta de más ejemplos— de color negruzco o pardo oscuro.

Desde la perspectiva documental, el ejemplo de *CorLexIn* puede considerarse de gran importancia, puesto que ninguno de los corpus académicos ofrece documentaciones de este adjetivo obtenido por composición. El único ejemplo equiparable —obtenido a partir de la búsqueda con comodines, por si se registrase algún ejemplo de *pelihosco* o *pelifosco*— es un testimonio colombiano de *pelioscuro* que CORPES XXI fecha en 2001.

El *Corpus Léxico de Inventarios*, por ende, atestiguaría la existencia y presencia de *peliosco* al menos en el contexto del siglo XVII.

Peliosco puede considerarse como una de las múltiples posibilidades de las que el hablante dispone para expresar la noción de 'negruzco, pardo oscuro' aplicado al pelaje animal; un adjetivo que, a pesar de presentar un patrón compositivo recurrente, no se documenta en corpus generales, siendo *CorLexIn* uno de los garantes de su existencia.

PELIPARDO

Documentaciones en fondos documentales inéditos de *CorLexIn*:

- Otra baca *peliparda* (El Espinar, Sg-1659)

Como resultado del patrón compositivo N+*i*+A, *pelipardo* se presenta como un adjetivo especializado en la alusión a capas animales —en principio bovinas— caracterizadas por su tonalidad amarronada o gris ceniciento, referencia cromática propia que aportaría la raíz adjetiva **pardo**.

Desde el punto de vista lexicográfico, su no inclusión en ninguna de las obras contenidas en el NTLLE podría explicarse por su condición de adjetivo compuesto con un significado fácilmente deducible. Por otro lado, la ausencia en diccionarios podría estar motivada por la inexistencia de documentaciones en corpus académicos, frente a otras voces similares como *peliblanco*, *pelicano*, *pelinegro*, *pelirrubio*, etc., formadas por el sustantivo *pelo* —o *piel*, vid. **pelbarroso**— y un adjetivo con valor cromático.

Resulta extraño, no obstante, que no exista casi ninguna documentación de dicho término, siendo el patrón compositivo especialmente recurrente, tanto desde el punto de vista estructural o categorial —unión de sustantivo y adjetivo con o sin elemento de enlace—, como desde la propia base —las partes del cuerpo son elementos muy productivos como bases nominales en la formación de compuestos N+(i)+A (*NGLE*: § 11.7h)—. Además, el adjetivo *pardo* es un adjetivo cromático generalizado y consolidado, si bien podría interpretarse como una construcción ligeramente pleonástica, dado que en «una vaca parda» puede inferirse igualmente que el adjetivo hace referencia a la coloración de la capa de la res; pero lo mismo podría decirse de los adjetivos anteriormente reseñados.

A pesar de la inexistencia de referencias lexicográficas, resulta sencillo determinar la tonalidad a la que haría referencia *pelipardo*, puesto que es la misma que se ha propuesto para la base adjetiva del compuesto: 'marrón' o 'gris ceniciento', posiblemente caracterizados por su tendencia al matiz oscuro —y, muy probablemente, la referencia 'marrón' tendría un mayor peso entre las dos posibilidades teniendo en cuenta los datos aportados en la entrada *pardo*—.

Podría tratarse de un ítem creado para solucionar la aparente inexistencia de *pardo* en el ámbito de las capas bovinas en el contexto del siglo XVII. No obstante, de manera indirecta, el propio *pelipardo* estaría confirmando la posibilidad de que *pardo* se pueda combinar con dichos referentes con el rasgo [+ bovino]. De hecho, Villa y Martín (*op. cit.*) no incluye *pardo* como posibilidad dentro de las capas vacunas, mientras que sí lo hace en el apartado dedicado al pelaje de mulas y asnos, si bien bajo la denominación *rucio* 'pardo claro' (*ibid.*: 419).

Quizá pueda perfilarse como una lexía dialectal segoviana o, incluso, de una creación idiolectal; pero resultaría demasiado arriesgado al disponer de un único ejemplo y al partir de un esquema lexicogenético sencillo y productivo. Sin embargo, El Espinar parece una zona especialmente rica en formas compuestas «*peli*+color», teniendo en cuenta la presencia, además de *pelipardo*, *peliosco*, *pelitostado* y *pelicastaño*, este último en Peguerinos, antigua localidad perteneciente a Segovia (*vid*. **paniconejo**).

Desde el punto de vista documental, como ya se había dejado entrever en párrafos previos, ninguno de los cuatro corpus académicos posee casos de *pelipardo* o sus variantes flexivas, hecho que puede considerarse extraño teniendo en cuenta que su esquema lexicogenético «*pel+i+*adjetivo» cromático es relativamente simple y muy productivo, tal y como atestiguan las formas homólogas con adjetivos como *osco*, **rubio**, **rojo**, *cano*, etc.; aunque en algunos casos como los de **peliosco** o **pelitostado** tampoco se registra un número elevado de documentaciones (o directamente no se documenta ninguna).

El ejemplo de *CorLexIn*, por ende, se constituye como un testimonio importante, ya que documenta la presencia y existencia de este adjetivo compuesto, al menos en el siglo XVII.

A partir del sustantivo *pelo* y el adjetivo *pardo*, y empleando un esquema compositivo N+*i*+A, *CorLexIn* documenta un ejemplo aparentemente único de *pelipardo* aplicado a referentes bovinos, adjetivo cuya referencia cromática sería la misma que la de su base adjetiva *pardo*, es decir, 'marrón' o 'gris ceniciento'.

PELITOSTADO

Documentaciones en fondos documentales inéditos de *CorLexIn*:

- Una nobilla *pelitostada* (El Espinar, Sg-1659)

La documentación de El Espinar se constituye como una interesante fuente de adjetivos cromáticos originados a partir del patrón compositivo *pel(o)+i+*A, como en el caso de *pelitostado*.

Al igual que las formas anteriormente analizadas, es un adjetivo que no se registra en las obras lexicográficas incluidas en el NTLLE de la Academia, ora por su consideración de voz «derivada» con un significado claro, ora por —como se verá— la inexistencia de documentaciones de la voz en los corpus académicos.

A pesar de que ningún diccionario aporta la definición de *pelitostado*, es sencillo establecer que se emplearía para hacer referencia a coloraciones preeminentemente oscuras, pertenecientes bien a tonalidades negruzcas, bien a tonalidades amarronadas —abogando en un principio por la primera opción, tal y como se argumenta en la entrada correspondiente a **tostado**—.

Respecto a su ámbito de aplicación y su valencia combinatoria, el ejemplo de *CorLexIn*, sumado a los testimonios anteriores de formas *peli*+A, permite incluir *pelitostado* en la familia de tonalidades propias de capas animales, concretamente al ámbito de las capas bovinas —quizá también equinas, dado que el trasvase de adjetivos cromáticos entre capas equinas y bovinas es bastante frecuente—.

La ausencia de documentaciones en corpus generales podría invitar a pensar en una voz de corte dialectal; no obstante, adopta un patrón lexicogenético regular y generalizado, por lo que podría descartarse esta hipótesis con total seguridad. Lo que sí llama poderosamente la atención es el hecho de que El Espinar parece una zona especialmente rica en formas compuestas «peli+color», teniendo en cuenta la presencia, además de *pelitostado*, de **peliosco**, *pelicastaño* —en Peguerinos, antigua localidad perteneciente a Segovia (*vid. paniconejo*)— y *pelipardo*.

Como un nuevo ejemplo de adjetivo formado a partir de la estructura compositiva N+*i*+A, *pelitostado* puede considerarse como un adjetivo aplicado a referentes bovinos que presentarían un color de capa *tostada*, esto es, 'negruzca' —quizá 'amarronada'—, y relativamente oscura.

PICO DE PERDIZ

Documentaciones en *CorLexIn*:

- Ytem, una saia de paño *color de pico de perdiz* estimada en cincuenta sueldos jaqueses (Teruel, Te-1666)
- Yttem, otro paño común *pico de perdiz*, diezyocheno, treinta y quatro baras y vna quarta (Tudela, Na-1641)

Con *pico de perdiz* se hace referencia a la tonalidad **encarnada** que presenta cierta similitud con el color característico del pico de la perdiz roja o *Alectoris rufa*.

Aunque la lexía como tal no figura en ninguno de los repertorios lexicográficos escogidos como punto de partida de los siglos XVII y XVIII, sí que pueden encontrarse referencias cromáticas en las entradas dedicadas a *perdiz* de Covarrubias y del *Diccionario de autoridades*:

> **PERDIZ**, aue conocida hermosa en su plumage y sabrosa en su comer. [...] En Italia ay dos maneras de perdices, vnas de pico roxo, que son las que aca tenemos; otras que tienen el pico pardo [muy posiblemente *Perdix perdix*], y la color de las plumas cenicienta, pero en lo demas casi no difieren, ni en el talle, ni en el sabor de las perdizes de pico roxo. A estas llaman externas, [...] (*Tesoro: s.v.*).
>
> **PERDIZ**. s. f. Ave conocida, menor que una gallína, de pluma vistosa, los pies y pico colorados, [...] (*Autoridades*, 1737: *s.v.*).

La lexía tampoco figura en ninguno de los diccionarios que incluye el NTLLE, que, por otro lado, no se desdicen de la definición de *perdiz* propuesta por *Autoridades* y, por ende, del diccionario académico, por lo que la descripción del pico de la perdiz continúa siendo «de color encarnado».

El *Diccionario Akal del Color* también dedica una entrada a *perdiz* que recoge todas las tonalidades presentes en la «estructura corporal de la fasiánida [*sic*] macho "perdiz común" o "perdiz roja"»:

> **perdiz.** Esquema cromático de coloraciones pardo naranja agrisada, pardo grisácea, listada de blanca y negra, y rayada de gris negruzca y blanco pardusca, gris azulada, pardo anaranjada, blanco cremosa rayada de negra y pardo rojiza, roja y pardo purpúrea, cuya sugerencia origen corresponde a la estructura corporal de la fasiánida [*sic*] macho «perdiz común» o «perdiz roja» (*Alectoris rufa*) (Akal: s.v.).

Ya que la definición aportada por *Akal* comprende todas las posibilidades cromáticas que pueden encontrarse en la fisionomía de la perdiz común —y a pesar de que no se especifica a qué parte de la perdiz hace referencia cada tonalidad—, la tonalidad roja se incluiría al estar presente en el pico, las patas y los ojos (*vid.* ***barroso***, nota 70) de dicho animal.

A partir de los testimonios y datos consultados, la referencia cromática que se propone para (*color de*) *pico de perdiz* es, por consiguiente, 'rojo, colorado'.

La búsqueda en los corpus académicos de corte diacrónico, CORDE y CDH, no resulta especialmente fructífera: la búsqueda en CORDE arroja tres concordancias; pero una de ellas no se corresponde directamente con *pico de perdiz* y las dos restantes no se emplean con valor cromático, sino con el valor de semejanza de la forma del pico del ave. Tampoco las búsquedas de «color dist/1 pico» y «color dist/2 pico» arrojan resultados satisfactorios: 25 concordancias de las que ninguna ilustra ni la lexía ni el valor analizados.

En el caso de CDH, la búsqueda por proximidad ofrece 2 de las 3 concordancias que ya incluía CORDE, por lo que, nuevamente, no se documentan ejemplos de la lexía en el segundo corpus académico de carácter diacrónico. Tampoco se obtienen resultados pertinentes con la búsqueda de «color + pico».

CREA no registra ningún resultado para las búsquedas con los lemas *pico* y *perdiz*. En lo que respecta a la presencia de *pico de perdiz* en CORPES XXI, el corpus que posee un mayor valor representativo del español actual, arroja 3 resultados; sin embargo, ninguno de ellos se corresponde con la estructura de la lexía ni, por ende, con el valor cromático propuesto.

Puede concluirse, por tanto, que los únicos testimonios existentes del uso cromático tanto de *pico de perdiz* como de *color de pico de perdiz* son los dos ejemplos que posee el corpus *CorLexIn*.

Este hecho podría estar motivado —además de su relación con el léxico cotidiano perteneciente al ámbito de la vestimenta y los tejidos— por la posible condición de orientalismo, ya que, tal y como puede comprobarse en los ejemplos de *CorLexIn*, la lexía solo se documenta en dicha área (Navarra, Teruel), si bien la condición de voz propia del castellano oriental no puede establecerse con total seguridad dada la escasez de ejemplos.

En conclusión, la lexía *pico de perdiz* se emplea a la hora de hacer referencia a aquellas tonalidades rojizas o encarnadas que se asemejan a la sugerencia origen del término: el color del pico de la perdiz roja, especie bien distribuida tanto por la península como por las Islas Baleares. No aparece documentada en las bases de datos académicas, siendo *CorLexIn* el único corpus que atestigua su existencia, amén de posibilitar la consideración de la lexía como propia del castellano oriental dada su localización.

PIGAZO

Documentaciones en *CorLexIn*:

- Vna pierna de manta de lino y lana, mitad blanco y mitad *pigazo* (Sahagún, Le-1608)

Pigazo es un adjetivo restringido diatópicamente que, aplicado en especial a la lana, hace referencia a la existencia de una bicromía blanco-negro.

No existe ningún registro lexicográfico de la voz en los diccionarios monolingües preacadémicos de Covarrubias, Rosal o Ayala ni tampoco en *Autoridades* ni ninguna edición del diccionario usual de la Academia.

Dado que el único ejemplo documentado en *CorLexIn* se localiza en Sahagún, resulta pertinente la consulta del *Léxico del leonés actual*, obra lexicográfica en la que sí figura y que confirma, por tanto, el carácter dialectal del término. El *LLA* lo presenta como una variante de *pigacio* documentada en Arbolio, en la zona de la montaña central leonesa:

pigacio [*pigazo*] 'lana mezcla de blanco y negro' […] (*LLA: s.v.*).

Desde el punto de vista léxico y etimológico, su relación con términos como *pega*, *pigaza* o *pigarcia*, esto es, 'urraca' (*vid. LLA: ss.vv.*), explicarían el porqué de la referencia cromática de *pigazo* al relacionarlo con el color característico del plumaje de la urraca (*vid. DECH: s.v. picaza*)[240].

---

240   Como resultados sin sonorización de la oclusiva intervocálica pueden encontrarse *picaza* 'urraca' y *picazo* que, al igual que *pigazo*, también hace referencia a la bicromía blanco-negro, si bien *picazo* —tal y como señala el *DLE* (*s.v. picazo⁴, za*)— es un término restringido semánticamente al ámbito de las capas equinas.

Pigazo, por tanto, sería un adjetivo cromático adscrito al ámbito textil que haría referencia a la bicromía blanco-negro que presentan algunos tipos de lanas mezcladas.

Respecto a su documentación en corpus, CORDE registra 6 resultados para *pigazo*; pero ninguno de ellos se corresponde con el valor analizado, si bien 2 figuran con el valor de 'urraca' bajo la forma *pigaça(s)*. La búsqueda de *pigacio* no arroja ningún resultado.

No deja de ser curioso, no obstante, que *pigazo* se localice solo en León, dado que la denominación *pega* aplicada a la urraca es leonesa —y más aún, occidental—, frente a la forma *pigaza* que adoptó el castellano (*vid. ALCYL*, 440). Quizá se deba a que, en León, *pigazo* se usó solo como derivado, mientras que, en el caso castellano, fue el derivado el que acabó triunfando en lugar del nombre base (lat. PICA).

CDH solo ofrece dos resultados alojados en la extensión diacrónica del corpus, esto es, resultados que ya figuraban en CORDE y que no poseen el valor cromático establecido para *pigazo*.

Por último, ninguno de los corpus sincrónicos de la academia (CREA y CORPES XXI) posee resultados para *pigazo*, hecho que puede derivarse de su marcado carácter local, ligado al oriente leonés.

El adjetivo *pigazo*, por tanto, posee un valor cromático 'blanco y negro' ligado al ámbito lanar y propio de la zona de centro-oriental de la Montaña leonesa; aunque también parece presentar resultados en el sureste de la provincia tal y como documenta *CorLexIn*. Esta condición de voz o variante local explicaría la ausencia de documentaciones en corpus académicos, constituyéndose el ejemplo de *CorLexIn* como el único testimonio de la existencia de la voz anterior a la documentación del *LLA*[241].

PIÑONADO

Documentaciones en *CorLexIn*:

- Más una manta *piñonada* de cáñamo, nueva, en sesenta reales (Cervera del Río Alhama, LR-1644)
- Más, vna bánoba de cáñamo, *piñonada*, empeñada en doze reales, de Cicilia Ánjel (Tudela, Na-1641)

---

241 La documentación que emplea Le Men para *pigazo* es una obra de 2006 de Ángel Fierro y Manuel Martín titulada *La tercia y Arbás donde la niebla se hace luz*. La Tercia y Arbás (o Arbas) son dos valles situados en la zona de la montaña central leonesa cercanos al municipio de Villamanín.

Al igual que muchos de los ítems analizados en el presente estudio, la forma parasintética ***apiñonado*** posee un homólogo obtenido por derivación que parte de la misma base nominal —*piñón*— y al que, por ende, se le presupone la misma referencia cromática.

Las únicas referencias lexicográficas que ofrece la búsqueda de la voz en el NTLLE se reducen al diccionario de Terreros y a dos de las ediciones del *DMILE*, considerándola las tres obras como voz tecnolectal propia del campo de la heráldica:

> **PIÑONADO, Ó EN FORMA DE PIÑA**, se dice en el Blason del escudo, y de las piezas, que se elevan de una, y otra parte piramidalmente en forma de escala. Y es voz propia del Blason para todas las figuras de esta especie, y similitud (Terreros, 1788: *s.v.*).
>
> [**piñonado, da**. adj. *Blas*. Dícese de toda pieza de longitud cuyos extremos terminan en forma de pirámide escalonada (*DMILE*, 1985, 1989: *s.v.*).

Aparentemente, ningún repertorio lexicográfico reconoce una posible acepción cromática para *piñonado*, quizá por la prevalencia —o preferencia— de su homólogo parasintético *apiñonado* (tardío desde el punto de vista lexicográfico, por otro lado).

A pesar de la inexistencia de testimonios, es un término totalmente apto para ostentar un valor cromático, dado que, como ha podido constatarse, el patrón N+*ado* es uno de los patrones lexicogenéticos más frecuentes y productivos a la hora de generar nuevas denominaciones cromáticas.

La propuesta cromática que se defiende para *piñonado* es, al igual que *apiñonado*, 'pardo anaranjado/pardo rojizo claro'. En este caso, además, la hipótesis podría verse refrendada si se tiene en cuenta que, en ambos casos, las piezas de ropa de cama —una manta y una vánova (Morala, 2018b: 217)— están confeccionadas con cáñamo (lo que les conferiría el color tostado que lo caracteriza).

En el plano documental, son los corpus diacrónicos[242] los que prácticamente proveen de ejemplos de *piñonado*: tanto CORDE como CDH incluyen los mismos 13 testimonios; sin embargo, ninguno de ellos se corresponde con el uso cromático que sí documentaría *CorLexIn*.

Ante la falta de testimonios documentales de *piñonado* con valor adjetivo, cabría la posibilidad de postular un carácter de creación idiolectal; no obstante, son dos testimonios distintos —distinta fecha y localización, si bien próximos en ambos casos— y, además, tal y como ya se ha mencionado anteriormente, sigue un patrón habitual, regular y esperable dentro del grupo de los adjetivos cromáticos.

---

242 CORPES XXI posee un ejemplo de *piñonado*, pero empleado como sustantivo.

Por otro lado, el testimonio de *CorLexIn* permite ampliar nuevamente la valencia semántica de los derivados de la voz *piñón*: el diccionario académico solo registraba la posibilidad de que *apiñonado* se emplease como adjetivo referido al color de la piel, pero el ejemplo de *CorLexIn* lo documentaba caracterizando el color de las piedras de una sortija. Los dos ejemplos de *piñonado* suponen, además, su posibilidad de combinarse con referentes textiles.

Al igual que con múltiples bases nominales anteriores, el sustantivo *piñón*, amén de poseer un adjetivo obtenido por parasíntesis, encuentra una de sus expresiones como adjetivo cromático a través de la adición del sufijo derivativo *-ado*. Dicha posibilidad no se encuentra recogida en corpus más generales, por lo que podría considerarse una creación analógica con otros adjetivos N-*ado*. Los ejemplos de *CorLexIn*, además, permiten atestiguar su posibilidad combinatoria con referentes textiles.

PLOMADO

Documentaciones en *CorLexIn*:

- Yten, otro vestido, calçón, ropilla y ferreruelo de sarga, color *plomado*, con vn jubón de gamuza guarneçido, de puntas negras (Almería, Al-1659)

Si bien la confluencia de formas parasintéticas y derivadas que poseen una misma sugerencia origen es un fenómeno frecuente y, por lo general, ambas suelen coexistir, *plomado* puede considerarse como un ejemplo de denominación que no acabó triunfando a la hora de aludir al color característico del plomo a pesar de su estructura característica N-*ado*.

Su recorrido en la historia lexicográfica monolingüe del español es bastante irregular, rasgo que no es de extrañar si se tiene en cuenta que su valor principal —y único reconocido— es el de participio del verbo *plomar* 'poner un sello de plomo en un documento'. Será el *Diccionario de autoridades* quien primero lo incluya en su macroestructura, ofreciendo como acepción el valor anteriormente comentado.

Plomado desaparece de la nomenclatura académica a partir de la 6.ª edición de 1822, protagonizando una breve reaparición desde la edición de 1956 hasta la de 1992. Sin embargo, ninguna de las ediciones se separa del valor participial, al igual que los escasos testimonios extracadémicos en los que figura *plomado*.

Quizá el hecho de que **aplomado** y *plomizo* —o **color de plomo**— se «apropiasen» de los valores de semejanza derivados del sufijo *-izo* y del patrón *a*-N-*ado* —esto es, que la casilla 'semejante a', 'de color de' ya estuviese cubierta— propició que *plomado* mantuviera únicamente su valor participial.

No obstante, como ha podido observarse en el ejemplo de *CorLexIn*, sí que se documentan casos en los que *plomado* ha podido desarrollar perfectamente su uso como adjetivo cromático como muchos otros ejemplos de N-*ado*; aunque, como se analizará posteriormente, el número de ejemplos que atestiguan dicha posibilidad es muy reducido.

Es posible que el hecho de que este derivado no triunfase como denominación cromática frente a *aplomado* o *color de plomo* responda al interés por evitar la homonimia entre la forma femenina *plomada* empleada con valor cromático y la forma homónima derivado directamente de plomo —y no de *plomar*— 'instrumento que señala la línea vertical' (*DICTER*: s.v.).

El *Diccionario Akal del Color* no lo incluye en su lemario; pero no es difícil suponer que su referencia cromática, dada su sugerencia origen, sería la misma que la de su homólogo *aplomado* y de la lexía *color de plomo* 'blanco apagado, gris, gris claro'.

Son CORDE y CDH quienes pueden ofrecer un testimonio de *plomado* que podría considerarse como la primera documentación de su uso con valor cromático, fechado a finales del siglo XV:

> «Sclirosis es vn apostema muy duro / que no haze dolor su color es *plomada* / esto es quando es malenconico puro / si ay mezcla de flema el color no es obscuro / mas como el del cuerpo y su cura es mezclada» [López de Villalobos, F. (1498). *Sumario de la medicina con un compendio sobre las pestíferas bubas*. Extraído de: CORDE, CDH].

La búsqueda restringida al siglo XVII en CORDE proporciona resultados interesantes, pero su número es muy reducido, dado que solo 2 de los 29 testimonios pueden considerarse ejemplos de *plomado* y su valor cromático (ligados, además, al ámbito de los documentos notariales y los inventarios de bienes):

> «Un jubon de olandilla *plomada*, ocho reales» [Anónimo (1618). *Inventario de los bienes de Catalina de Ugena*. Extraído de: CORDE].
> «Un ferreruelo de paño de Segobia *plomado*» [Anónimo (1655). *Inventario de los bienes del doctor don Martin Martinez*. Extraído de: CORDE].

CORDE no registra más ejemplos de *plomado* con valor cromático aun eliminando la restricción cromática, esto es, más allá del siglo XVII. El CDH, por otro lado, no ofrece más concordancias que las que proveen CORDE y CREA, no registrando, por ende, ejemplos genuinos —a pesar de sus 307 resultados para el adjetivo participial—.

No obstante, este valor sí que rebasaría la frontera del siglo XVII, si bien con un número de testimonios desdeñable. De hecho, CREA y CORPES XXI coinciden prácticamente en la cantidad de casos de *plomado*, CREA aporta 1 único ejemplo —dudoso— de su total de 77 y CORPES XXI suma otro caso (2 si se tiene en cuenta 1 caso dudoso), el único americano del adjetivo:

> «Traté de convencerme de que la experiencia había sido de alguna utilidad, aunque sólo fuera la de poder hablar con mi hermana de igual a igual. Bajo el cielo *plomado* de aquel anochecer tomé conciencia de mi infinita soledad» [Bartet, L. (2007). «Bahía de cata». *A puerta cerrada*. Extraído de: CORPES XXI].

Los corpus americanos, sin embargo, no registran ningún caso de *plomado* 'color', al contrario de lo que ocurría con *aplomado* y *color de plomo*.

Como muestra de la variabilidad formal y la volubilidad de la preferencia de la comunidad de habla, *plomado* —a pesar de su patrón lexicogenético prototípico— es la denominación menos frecuente a la hora de aludir a la tonalidad blanca apagada, gris, grisácea clara que caracteriza al metal pesado que le sirve de base nominal, el plomo.

PRIETO

Documentaciones seleccionadas en *CorLexIn* y en fondos documentales inéditos de *CorLexIn*:

- Vna humentilla *prieta*, digo rusia, quatro ducados, digo, son dos a dies ducados cada una (Niebla, H-1659)
- Diez baras de cordellate *prieto*, en cincuenta reales (Olmeda del Rey, Cu-1625)
- Vna saya *prieta*, con ribetes destameña negra, en veinte reales (Olmeda del Rey, Cu-1625)
- Y, assimismo, tengo arrendado vn sitio de estancia de las ouejas con cantidad de ganado *prieto* con apero de gañanes y bueyes, y me dan de renta trecientos pesos (Puebla de los Ángeles, México-1622)
- Más, se tasó vn arroba de lana *prieto*, labada[243], en ochenta y ocho reales (Revenga, Sg-1655)
- Yten, vn sayo *prieto* con vn aforro colorado apresçiado en ocho reales (San Martín de Pusa, To-1532)
- Yten, vna borrica *prieta*, con vn pollino, apreçiada en tres ducados (San Martín de Pusa, To-1532)
- Yten, vna borrica *prieta*, parida, apreçiada en tres ducados, con su cría (San Martín de Pusa, To-1532)
- Primeramente quatro cabezales de lana *prieta* y blanca usados, en mill y quinientos maravedís tassados (Santas Martas, Le-1625)

---

243 Además de suponer un testimonio del denominado *neutro de materia*, llama la atención la alternancia *prieto-lavada* de este ejemplo segoviano (Morala, 2015c: 319, nota 14).

- Veynte e nuebe lanas blancas e treynta e tres *prietas* e vna zesta de añinos *prietos* (Tordelrábano, Gu-1613)
- Yten más catorçe lanas, digo catorçe arrobas de lana *prieto* y blanco (Valderrábano de Valdivia, Pa-1642)
- Yten más tres arrobas de añinos *prietos* e blancos (Valderrábano de Valdivia, Pa-1642)
- Dos pollinas *prietas* y una mula *prieta* (Villamayor, Cu-1635).
- En casa de Aldonza Pérez de Oneta, tres bacas *prietas*, y otra amariella y vna xata; tiene el quarto de vna de las *prietas*, ques gargalla[244], y de la dicha xata; lo más es libre (Villanueva, O-1623)
- dos bueyes de arado, uno *prieto* y otro bermexo (Carrizo de la Ribera, Le-1654)
- [...] assímismo le hago benta real de una esclaua morena nombrada Marina, color *prieta*, de hedad de quarenta años poco más o menos (Cádiz, Ca-1654)
- tres fanegas de alberjones *prietos* (Arcos de la Frontera, Ca-1668)

A partir de su significado 'denso, espeso', *prieto* habría desarrollado una acepción cromática que permitiría incluirlo en la familia de tonalidades negras, pudiendo considerarlo prácticamente como sinónimo del propio **negro**.

Dicha acepción cromática aparece documentada en los tres testimonios lexicográficos que se manejan en el presente estudio[245]. En primer lugar, Sebastián de Covarrubias en su *Tesoro de la lengua castellana* lo aproxima a la tonalidad del negro y lo considera vocablo antiguo:

> **PRIETO**, color que tira a negra. El vocablo es de los antiguos castellanos y derechamente yo no le hallo etimología que me quadre. Es muy vsado en el reyno de Toledo, que dizen vuas prietas por negras [...] (*Tesoro: s.v.*).

Puede considerarse, por ende, una tonalidad muy cercana al negro, muy similar posiblemente a otras voces como pueden ser **fosco** o **moreno**.

Rosal, en su línea etimológica, ofrece un posible étimo —algo que Covarrubias no aportaba porque «no le hallo etimología que me quadre»— y mantiene la propuesta inicial, si bien iguala ambos términos, pudiendo considerarlos sinónimos:

> **Prieto** a lo negro, de Presso, que en latín es lo denso y espeso, porque mientras más se densa y aprieta una cosa es o parece más negra, como el polvo o niebla. B. Apretar (Rosal: *s.v.*).

La etimología no sería la estrictamente correcta, ya que el *DECH* (*s.v. apretar*) lo considera un derivado de *apretar* (lat. APPECTORĀRE); concretamente

---

244 Morala (2010b: 266–267); Pérez Toral (2015a: 104–105); Pérez Toral (2020: 93–94).
245 La primera obra lexicográfica en la que se documentaría dicha acepción es el *Vocabulario* de Nebrija: «Prieto aquello mesmo es que negro» (*s.v.*).

Corominas y Pascual lo califican como derivado «retrógrado» —en la línea de otros como *ahuecar > hueco* o *amargar > amargo*—.

El *Diccionario de autoridades* aúna las propuestas de Covarrubias y Rosal, apuntando a un valor de *prieto* tanto aproximativo como de tonalidad plena:

> **PRIETO, TA.** adj. que se aplica al color mui obscúro y que casi no se distingue del negro. Tómase muchas veces por el mismo color negro (*Autoridades*, 1737: *s.v.*).

La Academia, por consiguiente, lo caracteriza como un color muy oscuro que apenas se distingue del negro —de ahí el rasgo aproximante que se asemejaría bastante al color «que tira a negro» de Covarrubias—; pero también indica que *prieto* puede considerarse sinónimo de *negro*, ya que «tómase muchas veces por el mismo color negro», postura que defendía Rosal.

Reforzando la relación —y la sinonimia— entre *prieto* y *negro*, Terreros añade una acepción más a su entrada *prieto* en la que remite al adjetivo **tapetado**:

> **PRIETO.** V. Tapetado (Terreros, 1788: *s.v.*).
> **Prieto**, lo mismo que negro, ó moreno. V. (Terreros: *loc. cit.*).

Tal y como se indica en la entrada correspondiente, mientras que en el *Tesoro* figura como «el cuero embesado, dado color negra», *Autoridades* —y, por extensión, el *DRAE* y el resto de diccionarios posacadémicos— lo definirá como «color obscuro, ò prieto».

El *DECH*, además de indicar el origen del adjetivo, tal y como se ha indicado, también se hace eco de este valor de *prieto*, tanto en la entrada *negro* como en la del propio ítem:

> Es notable la ac. 'moreno', 'negro', que han tomado el cast. ant. *prieto* y el port. *preto*: procede de la idea de 'denso, espeso' (sentido que tiene *apretado* en muchas partes, p. ej. en el *Quijote*, II, xxxviii, ed. *Cl. C.* VII, 30), que hablando de niebla, polvo y análogos, equivale a 'oscuro'; [...] (*DECH*: *s.v. apretar*).
> [*negro*] Se halla en escritores de todas las fechas; vivo en todas las épocas y lugares, aunque en algunos ha sufrido concurrencia por parte de *prieto*. Cej. VI, § 62 (*ibid*: *s.v. negro*).

Corominas y Pascual permiten, asimismo, documentar su uso en portugués ('da cor do ébano ou do carvao', *Priberam*: *s.v.*). El *DRAG* no lo registra para el gallego, pero el *LLA* sí que documenta la voz con el significado 'negro, oscuro' en Galicia (Alonso Estravís, 1986: *s.v.*)[246], además de en Asturias (*DALLA*: *s.v.*

---

246 A pesar de la postura reintegracionista de Alonso Estravís (*vid. rabalbo*), *preto* 'negro' puede encontrarse en testimonios gallegos del *Corpus Xelmírez*; además de en algunos diccionarios como el de Aguirre del Río (2007 [1858]), Valladares

prietu), Salamanca (Lamano y Beneite, *op. cit.: s.v.*), Canarias (*DDEC: s.v.*) o Andalucía, aplicado en este caso a una variedad de uva jaén «bastante carnosa y áspera, muy negra» (*TLHA: s.v.*).

La documentación medieval leonesa también provee de algunos ejemplos de *prieto*:

> «Item vna cloça *prieta* engastonada en plata sobredorada e vn panno verde con ondas de oro pora façistol» (CL-2545, 1290)
>
> «[...] et sellado con el ssiello de plomo de fillos de sirgo *prietos* e amariellos e vermeyos, e el tenor dello era ffecho en esta manera: [...]» (CL-2573, 1293)
>
> «Mando que den a mia ffiia Teresa una ssortilla de oro con un çaffil *prieto*» (CR-566,1296)
>
> «[...] vi un priuillegio del rey don Allffonso que fue seellado con so seello pendiente en vn ramo de seda uermella e *prieta*» (CL-2632, 1300)

El abanico de localizaciones que ofrece el *Léxico del leonés actual* podría dibujar una condición de voz occidental de *prieto*; no obstante, *CorLexIn* provee ejemplos localizados en la submeseta sur (Toledo, Cuenca), por lo que podría postularse una cierta generalización (*DECH: s.v. apretar*) del valor 'negro, oscuro' del adjetivo (más aún si se tiene en cuenta que ningún testimonio establece restricciones de corte diatópico a dicha acepción, si bien no puede negarse la considerable presencia de testimonios occidentales).

Respecto a su documentación en el dominio del español americano, tanto CORDIAM como el *Léxico hispanoamericano* de Boyd-Bowman proveen de ejemplos de *prieto* usado con valor cromático desde principios del siglo XVI, especialmente en México. Dicha presencia, además, se habría consolidado si se tienen en cuenta testimonios como el del *Diccionario de americanismos*, que demostraría un asentamiento y generalización considerable del adjetivo dada su diversificación semántica —especialmente en el plano de la combinatoria—:

> **prieto, -a. I. 1.** adj. *Mx, Ho, Ni, PR. Referido a persona*, de tez morena oscura, desp. **2.** adj. *Ho, Pa*; adj/sust. *Cu, RD, PR*, euf. *Referido a persona*, de raza negra. **3.** adj. *Ho. Referido a ganado*, de color negro. **4.** adj. *Ni. Referido a ropa*, que queda sucia después de lavarla (*DAm: s.v.*).

Núñez (1884), Carré Alvarellos (1928–1931), Ibáñez Fernández (1950), Rodríguez González (1958–1961) o Rivas Quintas (1978). Por último, el *Tesouro do léxico patrimonial galego e portugués* localiza algunos ejemplos en Ponteareas (Pontevedra).

El significado, sin embargo, se mantiene inalterado, incluso en la última acepción, en la que podría vislumbrarse una presencia de 'oscuro, negro' > 'manchado, sucio' por oposición a la blancura esperada de la ropa tras su lavado.

Por último, el *Diccionario Akal del Color* la presenta como una tonalidad más aproximante que plena —si bien también recoge la posibilidad de equivalencia con *negro*, esto es, la tonalidad plena—, pero confirma la adscripción a la familia del negro:

> **prieto.** [...] Muy negruzco. // Negruzco y semineutro. // Negro (*Akal*: s.v.).

En conclusión, la tonalidad a la que haría referencia *prieto* en su uso de adjetivo cromático sería 'negro, moreno', esto es, tanto un color que tira a negro como la propia tonalidad acromática.

En lo que respecta al plano documental, el *DECH* no fija un testimonio exacto para el primer testimonio del uso cromático de *prieto*, si bien cita los *Inventarios aragoneses* de los siglos XIV y XV (Serrano y Sanz, 1915) entre los que pueden encontrarse ejemplos como «II balmaticas *prietas*, una casulla *prieta*, una capa *prieta*»; «III sauanas *prietas*»; «III estolas blancas et tres estolas *prietas* et tres maniplos *prietos*» (*ibid.*: 549).

No obstante, CDH y CORDE permitirían adelantar ligeramente la fecha de primera documentación a partir de un ejemplo datado a mediados del siglo XIII[247]:

> «Si no, tomen de la umor uerde que echan en lo que tuellen quando an esta enfermedad, o de la umor *prieta* que echan en lo que tuellen quando comiençan a auer esta enfermedad, [...]» [Toledo, A. de (1250). *Moamín. Libro de los animales que cazan.* Extraído de: CORDE, CDH].

---

[247] En realidad, la consideración de «primera documentación» sería relativa, ya que CORDE y CDH también incluyen ejemplos de otras dos obras fechadas en (*a/c*)1250 que servirían igualmente como testigos del uso cromático de *prieto* a mediados del siglo XIII: el *Lapidario* de Alfonso X («Et si despues mezclaren aquel uino con alhenna. & lauaren los cabellos con ello; tinnense *prietos* de tintura que nunqua se tuelle si no quando nascen de nueuo») o *Bocados de oro*, fechado también hacia 1250 («E fue de baça color, e de fermosa forma, e de buen rostro, e de buen estado, e de fermosos ojos, e en la barvilla avía una señal *prieta*, e fue de sotil palabra»). CORDE ordena alfabéticamente los autores, por eso *Bocados de oro* (anónimo) y el *Lapidario* aparecen antes en el *Corpus Diacrónico del Español*; el CDH, por el contrario, muestra primero los ejemplos del *Libro de los animales que cazan*.

El hecho de que la secuencia «umor uerde» aparezca poco antes permite certificar sin lugar a duda que *prieto* en este contexto está siendo empleado como adjetivo cromático.

En el contexto cronológico del siglo XVII, el CDH —dado el enorme volumen de documentaciones del término— ofrece 138 casos para *prieto* y sus variantes flexivas y su variante formal *preto*. De ellos, 69 (80 si se tienen en cuenta 11 casos dudosos) se corresponden con el uso de *prieto* 'negro, moreno'.

A pesar de que la mitad —o algo más de la mitad— de los testimonios se corresponde con el significado propuesto, el número de concordancias no es especialmente elevado (ni siquiera el total de ejemplos que posee CDH para el siglo XVII), lo que podría interpretarse como el resultado del triunfo de *negro* en detrimento de *prieto*. Esto es, que en el siglo XVII *negro* gozaría de un índice de uso —y, por ende, de generalización— mayor que *prieto*. Este hecho podría sustentarse, asimismo, en el número de documentaciones que *negro* poseía en CDH, 8079. Se observa, asimismo, una clara predominancia de los ejemplos localizados en el dominio americano.

Si se elimina la restricción cronológica, CDH ofrece un número de testimonios nada desdeñable: 4001, de los que 2989 (3045 si se tienen en cuenta 56 documentaciones dudosas) podrían considerarse ejemplos de *prieto* 'negro, moreno'. Ahora bien, debe tenerse en cuenta el hecho de que varios grupos de concordancias pertenecen a la misma obra, destacando el caso del *Libro del ajedrez, dados y tablas* de Alfonso X, al que ya le corresponderían 1806 del total de 2989.

Teniendo en cuenta las documentaciones fechadas en el siglo XVII, puede observarse un claro descenso del índice de uso de *prieto* a partir, precisamente, de los siglos XVII-XVIII, produciéndose un aumento —y pervivencia— del adjetivo en documentos de origen americano; una tendencia que se verá constatada a partir de los testimonios extraídos de los corpus sincrónicos.

A pesar de no poder considerarlo propiamente como un americanismo, sí que puede observarse cómo el término habría ganado vitalidad en el dominio americano y, por ende, habría desarrollado —ahora sí— acepciones restringidas diatópicamente a diversos territorios de dicho dominio.

En el análisis de plano sincrónico, CREA arroja un total de 689 casos para *prieto*, de los que 122 (146 si se tienen en cuenta 24 casos dudosos) atestiguan su valor como adjetivo cromático —amén de corroborar la hipótesis de su mayor pervivencia en la actualidad en el español americano, ya que casi la totalidad de ejemplos pertenecen a testimonios del otro lado del Atlántico—.

Por último, para cerrar el bloque de análisis de corpus, CORPES XXI registra un número relativamente elevado de documentaciones de *prieto*, 1252 ejemplos;

sin embargo, solo algo menos de la cuarta parte, 293 documentaciones (341 si se tienen en cuenta 43 casos dudosos), se corresponde con el valor analizado.

Si en el análisis de las documentaciones de CREA se establecía la hipótesis de su mayor pervivencia en el español americano, el análisis de CORPES XXI corrobora dicha teoría, dado que prácticamente todos los testimonios de *prieto* con valor cromático se adscriben a dicho dominio, siendo México el país que más documentaciones posee. En la actualidad, por ende, podría afirmarse que el uso de *prieto* con el significado 'negro, moreno' —y su consiguiente ampliación semántica a partir de los sustantivos de los que se predica—, posee una mayor (y casi exclusiva) vitalidad en América, reduciendo —o restringiendo—, quizá, su presencia en el español atlántico al área occidental, tal y como postulaban Corominas y Pascual.

A partir de un tránsito semántico derivado de su valor originario 'denso, espeso', *prieto* habría desarrollado una acepción cromática 'moreno, negro' documentada desde el siglo XIII. No obstante, su proximidad o similitud con otros ítems léxicos con un mayor grado de generalización —especialmente *negro*, del que puede considerarse sinónimo— habría producido su declive a partir de los siglos XVII-XVIII, si bien su uso se mantendría en la actualidad en área americana con una significativa ampliación semántica.

RABALBO

Documentaciones en fondos documentales inéditos de *CorLexIn*:

- la [baca] *rabalba* y su cría, nobenta y tres reales (Ceredina, Le-1636)[248]
- la [baca] *rabalba* con su jato, zien reales (Ceredina, Le-1636)
- [baca] *rabarba* parda con su jato, zien reales (Ceredina, Le-1636)
- [baca] *rabalba* cola pinta sesenta reales (Ceredina, Le-1636)
- la bezerra *rabalba* treynta y seys reales (Ceredina, Le-1636)
- [becerro] *rabalbo* prieto, quarenta reales (Ceredina, Le-1636)
- [baca] la *rabalba* y tenral, zien reales (Ceredina, Le-1636)

Con el adjetivo compuesto *rabalbo* se indicaría que la cola del animal —bóvidos principalmente— es de color blanco, difiriendo esta del color general de la capa.

La lexicografía seiscentista monolingüe y las obras académicas se tornan infructuosas en lo que respecta a la búsqueda del adjetivo en su nomenclatura, ya que ni Covarrubias ni Rosal ni el *Diccionario de autoridades* ofrecen

---

[248] Ceredina es un antiguo pueblo cercano a San Félix de Arce, localidad de la comarca de Babia. Pertenecía a la feligresía de Bildedo y, actualmente, solo se conservan dos casas de dicho núcleo poblacional.

resultados de *rabalbo*. Quizá se deba a su condición de compuesto con significado fácilmente deducible; sin embargo, la macroestructura de *Autoridades* sí contempla otros compuestos en los que interviene *rabo* como *rabicano*, *rabicorto* o *rabilargo*.

Teniendo en cuenta la omisión de la voz en los diccionarios generales y la localización de la voz, se abre la posibilidad de que pueda tratarse de un ítem marcado diatópicamente, si bien responde a un patrón lexicogénetico regular y relativamente frecuente —sustantivos referentes a partes del cuerpo sumados a un adjetivo que indica su color (*NGLE*: § 11.7h)—.

La consulta de obras dialectales, no obstante, dibuja un panorama de posibilidades para *rabalbo* que, curiosamente, se aleja del significado esperado. En primer lugar, dada la localización de las voces, la consulta del *LLA* indica que *rebalbo* se emplea para referirse al «cordero blanco con manchas negras». Asimismo, Le Men indica que la voz no figura en el *DLE* y la cataloga como propia de la comarca de Maragatería.

Respecto a la distribución de la voz, puede considerarse una voz propia del área centro-occidental leonesa, si bien también se documenta en Salamanca y en Canarias. No obstante, en Salamanca se emplearía como denominación de la aguzanieves o lavandera blanca (*Motacilla alba*) por su alternancia blanco-negro-gris en el plumaje.

Respecto al ámbito canario, el *LLA* indica que en Gran Canaria se documenta aplicado a vacas con el significado de 'vaca con una franja en la parte posterior del lomo de distinto color del resto del pelaje', además de recoger, asimismo, la variante *rabalbo* que figura en los ejemplos de *CorLexIn*. La lexicografía dialectal canaria, de hecho, amplía considerablemente el valor de *rabalbo*: el *DDEC* incluye *rebalbo* como variante de *rabalbo* —indicando, además, el significado de 'cordero blanco con manchas negras' en León—, voz que se usa en Fuerteventura y La Gomera para referirse especialmente a reses caprinas de rabo blanco; pero en Gran Canaria se emplea, como indicaba el *LLA*, para referirse a la vaca con una franja blanca en la parte posterior del lomo (*ss.vv. rabalbo, rebalbo*).

Sin embargo, el *DECan* establece una diferencia entre ambas variantes: aunque ambas entradas se remiten entre sí, la acepción 'vaca con franja blanca en el lomo' parece atribuirse únicamente a *rebalbo*. En el caso del referente animal de *rabalbo*, el *DECan* opta por aplicarlo a reses bovinas, volviendo al referente originario que figura en los ejemplos de *CorLexIn*.

Por último, la consulta de *DHECan* aporta datos especialmente relevantes. Aunque el significado propuesto para *rabalbo* no varía —'res con el rabo blanco'—, el *DHECan* aporta su fuente documental: el mapa 358 del *ALEICan*, en el que se recogen los resultados para «(vaca o cabra) *pintada*». Aunque en los resultados generales no figura *rabalba* como opción, sí que lo hace en la adenda como testimonio recogido en Fv-30 con el significado esperado de '(res) con el rabo blanco'.

El otro dato importante es la etimología que el *DHECan* propone para *rabalbo*: el portugués *rabalvo*, añadiendo, además, que el *Diccionario de tauromaquia* de Ortiz Blasco recoge *rabalvo* como sinónimo de *coliblanco*, si bien como voz propia de Portugal «de donde debió venir a las islas» (*DHECan: s.v. rabalbo*). A este respecto, el diccionario *Priberam*, en efecto, registra *rabalvo* como adjetivo con el significado de 'de rabo branco'.

La opción que baraja el *DHECan*, por ende, es la de considerar *rabalbo* —y *rebalbo*— como un portuguesismo. No obstante, cabría barajar una posibilidad de carácter más general y considerar *rabalbo* como un ejemplo de occidentalismo si se tiene en cuenta que el ámbito de documentación de la voz también engloba la zona asturiana —amén de la leonesa—, donde pueden encontrarse testimonios del adjetivo en el *DGLA* y el *DALLA*:

> **rebalbu, -a, -o:** *ax.* **4** Cola punta del rabu de color blanco [un animal] (*DALLA: s.v.*).
> **rebalbu, -a, -o.** 1. Con la punta del rabo de color blanco (la vaca) [Sb.]. Blanco con manchas negras (el cordero) [Mar.]. 2 De temperamento fuerte o violento [Ca.]. Rebelde [Cb.]. Rebelde obstinadu [Ca.]. Contestona [Pa.] (*DGLA: s.v.*).

Respecto a su documentación en gallego, ninguno de los diccionarios y corpus contenidos en RILG arroja resultados para *rabalbo* y sus variantes, caso análogo al del *DRAG*. Alonso Estravís, no obstante, sí lo incluye en el lemario de su *Dicionário da Lingua Galega* con el valor analizado[249].

En conclusión, teniendo en cuenta que los referentes que figuran en los ejemplos de *CorLexIn* son bovinos, puede presuponerse el valor '(res) con el rabo de color blanco' para *rabalbo*. No obstante, la diatopía ha propiciado la aparición de significados complementarios para el vocablo, si bien se conservaría el valor original de 'pelaje blanco' que se diferencia del color general de la capa, caso de la acepción localizada en Gran Canaria '(vaca) con una franja blanca en el lateral del lomo'.

En el caso del *rebalbo* asturleonés, debe tenerse en cuenta que, además de un aparente cambio de significado, también se produce un cambio de referente —ganado ovino, corderos concretamente—; aunque se mantiene, en todo caso,

---

249 Si bien debe tenerse en cuenta que dicho autor defiende una postura reintegracionista (AGAL, 2014; Duarte Collazo, 2014; Peres, 2014) y puede haber tomado la voz directamente del portugués.

la presencia del blanco en la coloración. Quizá se deba a una posible relación entre *rabalbo~rebalbo* y *pintado*, como se dejaría entrever a partir del mapa del *ALEICan*, que contempla los resultados de *pintado* 'con pintas', o lo que es lo mismo, con manchas en el pelaje.

A pesar de poder considerarse un compuesto con una estructura regular, los corpus académicos apenas arrojan resultados para *rabalbo*, lo que reforzaría la posibilidad de que se trate de una voz marcada diatópicamente. De hecho, tan solo CORDE —y CDH— ofrecen resultados en la búsqueda, aunque se limitan a 2 concordancias de principios del XIX y solamente de la variante *rebalvo*. No obstante, se mantiene el referente bovino que figura en los ejemplos de *CorLexIn*:

> «3. El Javonero, *rebalvo*, cacho del asta derecha… 4 años. 4. El Zorrica, avinagrado, cornivicioso… 4 años. 5. El Cayetano, negro, bragado, vociblanco, con un remiendo en una nalga… 4 años» [Anónimo (1803). *Lista de los toros (1803)*. Extraído de: CORDE, CDH].
>
> «1.º El Canito, lombardo, *rebalvo*… 5 años. 2. El Granizo, sordo, cornidelantero… 5 años» [Anónimo (1803). *Lista de los toros (1803)*. Extraído de: CORDE, CDH].

Los ejemplos de *CorLexIn* permiten, por ende, adelantar una posible fecha de primera documentación al primer tercio del XVII.

Los corpus sincrónicos CREA y CORPES XXI no ofrecen resultados de *rabalbo* y sus variantes, hecho que podría responder tanto a su condición de posible occidentalismo como a sus restricciones semánticas, puesto que es una voz claramente ligada al contexto de la ganadería —pudiendo considerarla casi como un ejemplo de tecnicismo—. En todo caso, la ausencia en dichos corpus evidencia una clara condición de término en desuso.

Respecto a la variante *rebalbo* que documentan varias de las obras lexicográficas consultadas, podría responder a una disimilación entre las vocales pretónica y tónica de *rabalbo*, quizá motivada por analogía con formas con un prefijo mucho más frecuente como *re-*. Como ejemplo de este fenómeno puede citarse el resultado ROTŬNDU > *redondo* frente a la forma esperada **rodondo*.

Por otro lado, llama la atención que, en este caso concreto, se haya optado por un patrón lexicogenético N+A cuando, en el resto de ejemplos, el esquema que ha podido observarse es el de N+*i*+A, mucho más frecuente en los compuestos alusivos a características de determinadas partes del cuerpo (humanas o animales).

Sin embargo, *Priberam* y Nascentes sí que documentan *rabialvo* para el portugués, aunque su esquema lexicogenético no parece del todo claro: Nascentes lo considera como compuesto a partir de *rabo+alvo*, mientras que para

Priberam procede de *rabo+i+albo*; pero en otros compuestos similares como *auriverde* 'de color dorado y verde' o *pernicurto* 'que tiene las piernas cortas', *Priberam* indica que la vocal de unión se considera parte de la raíz (*ss.vv.*).

Como ejemplo de posible occidentalismo, *CorLexIn* atestigua algunos ejemplos de *rabalbo* '(res) con el rabo blanco' al noroeste de la provincia de León. Un adjetivo que, aparentemente, se separa del esquema habitual N+*i*+A y del que los corpus generales apenas ofrecen testimonios.

ROBELLADO

Documentaciones en *CorLexIn*:

- más tres tohallas, la vna de hilo *robellado* y las dos labradas (Monzón, Hu-1657)

Como participio del verbo *robellar* —variante de *robinar* 'oxidar(se)'— *robellado* es un ejemplo de voz (catalano)aragonesa que habría desarrollado un matiz cromático 'rojizo, rojizo anaranjado' propiciado por el color prototípicamente asociado al *robín*, óxido u herrumbre de los metales.

Ni *robellar* ni *robellado* figuran en la nomenclatura de la colección lexicográfica contenida en el NTLLE[250]; pero sí *robín*, que se define como sinónimo de *orín* y *herrumbre* en su entrada del *Diccionario de autoridades*:

ROBIN. s. m. Lo mismo que orin o herrumbre en los metales. Algunos dicen Rubin, arreglándose más al origen del Latino *Rubigo* (*Autoridades*, 1737: *s.v.*).

A pesar de que no se incluye ninguna nota informativa, como en otros casos, sobre el ámbito de aplicación de la voz, el *DECH* (*s.v. robín*) indica que la primera documentación de la voz se fecha a principios del siglo XIV en los *Fueros de Aragón* —remarcando, por ende, su condición de voz aragonesa—.

Asimismo, el *DECH* afirma que es una voz en retroceso que «lejos de ampliarse el área del vocablo, es posible que todavía se haya restringido más» —reconoce su documentación con carácter popular en Albacete y testimonialmente en Almería bajo la variante *rubín*—. No obstante, Gordón-Peral (1988: 199-200; 203-204), el *ALEA* (980) y el *TLHA* (*s.v. robín*) permiten ampliar el ámbito de

---

250 El *Fichero general* sí que posee una cédula de *robellado* y 2 (3) de *robellar*. La Academia —que además la considera primera documentación— localiza el participio en un artículo de Nebot sobre el habla de dos comarcas castellonenses (1980: 210). La ausencia de la voz en las obras lexicográficas del español podría explicarse, por otro lado, por la condición de voz catalana o catalanoaragonesa de *robellado*.

aplicación de la voz a Granada, Jaén e, incluso, Córdoba y Murcia (con variantes como *rubín* o *enrobiñarse*).

En dicha entrada, asimismo, Corominas y Pascual aluden al francés *rouille* (ant. fr. *roïl*) y al occitano *rovilh*, que derivarían de un hipotético *ROBICULU —con cambio de sufijo—. Estrechamente relacionado con la familia galorromance, el *DECH* también aporta el resultado que el étimo habría dado en catalán: *rovell*.

Tanto el *Diccionari.cat* como el *DCVB* y el *DIEC2* incluyen en su nomenclatura *rovell* y *rovellar*, si bien no figura ninguna entrada específica para *rovellat*, el participio del verbo. No obstante, el *DDLC* sí que permite atestiguar la acepción cromática de *rovellat* en catalán, inclinando la balanza hacia un valor 'rojo anaranjado':

> **Rovellat** *adj.* [...] **2a**. [N$_1$ (és) **ADJ**$_{\text{NO GRAD}}$] (N$_1$[color, objecte, element de la natura]) [Color, objecte, element de la natura]$_1$ vermell ataronjat característic del rovell[2a]. *Quina fou la seva alegria al veure que havien agafat [...] dos mongins, l'un roig i l'altre rovellat!* [Vallmitjana (1908): N, p. 38]^i (*DDLC: s.v.*).

Puede interpretarse, en conclusión, que la presencia de *robellar* (y, por ende, de *robellado*) en aragonés —que atestigua Andolz en su diccionario junto a *robín* y *robiná* (*robinar*)— estaría estrechamente relacionada con el *rovell~rovellar* catalán «que habría rebasado la frontera de aquel dominio lingüístico para penetrar ligeramente hacia el interior» (Gargallo Gil, 1987: 572) —situación para nada atípica y que se produce con frecuencia entre ambos dominios—.

El plano de la geografía lingüística, el *ALEANR* (1267) documenta algunos testimonios —escasos— de *robella(r)se* 'oxidar' en Huesca y Teruel, y de *robellau* y de *rubrilla(r)se* en Teruel.

Respecto al valor cromático del adjetivo participial, prácticamente la totalidad de los diccionarios catalanes de la *BDLex* caracteriza a *rovell* como óxido de hierro «vermellós», esto es, 'rojizo'. En el caso del español, la consulta del NTLLE revela que ningún diccionario parece desvelar directamente el color del robín, probablemente por su acepción de corte sinonímico; *orín* —sinónimo de *robín*— sí que aparece definido como «óxido rojizo», si bien a partir de la edición de 1914. En *herrumbre*, por último, no aparece especificado el color; pero la sinonimia entre *robín*, *orín* y *moho* permite suponer que, en los cuatro casos, se hace referencia a un color rojizo o rojizo anaranjado (si se tiene en cuenta el matiz que aportaba el *DDLC*).

El *Diccionario Akal del Color* incluye el lema *robín*, pero lo considera sinónimo de *herrumbre*, entrada en la que se describe como coloración «naranja rojiza»; sin embargo, dada la posible relación con términos como *acijado* o *caparrosa* —como se verá posteriormente—, cabría decantarse por coloraciones principalmente rojizas frente a anaranjadas.

En conclusión, la hipótesis cromática que se propone para *robellado* es 'rojizo, rojo anaranjado'[251], siendo la base de dicha propuesta el color de la capa que presentan los metales como resultado del proceso de oxidación.

Ninguno de los corpus académicos registra documentaciones de *robellado* o de sus variantes formales, si bien podría considerarse una situación esperable dado el dominio lingüístico al que se ha adscrito la voz a partir de las fuentes consultadas. En el CTILC —a pesar de su marco cronológico, que se inicia con textos pertenecientes al primer tercio del siglo XIX—, por otro lado, sí que pueden localizarse algunos ejemplos de *rovellat* 'color'.

Respecto al contexto en el que se localiza la voz —prendas de ropa blanca— y la referencia cromática que se propone y defiende para el adjetivo, cabría la posibilidad de establecer cierta relación entre *robellado* y las voces *acijado*, *caparrosa* y —en menor medida, dada la referencia cromática defendida en el presente estudio— **almacigado**. Calderón Campos (2018: 325-331) afirma que los tres términos anteriormente citados compartirían una misma referencia cromática: 'rojizo'. A partir de diversos testimonios de las voces extraídos de *CorLexIn* y *CORDEREGRA*[252], Calderón postula que pueden considerarse términos sinónimos, puesto que figuran en el mismo contexto: caracterizando el color de los hilos empleados para bordados y realces de elementos de ropa blanca como toallas, almohadas, cojines, etc., o prendas de vestir como camisas o paños (Calderón Campos, *op. cit.*: 326).

La característica principal de dichos sinónimos residiría en su distribución geográfica: mientras que *acijado* se emplearía en el área andaluza, *almacigado* ejercería su dominio en el centro-oeste peninsular y *caparrosa*, por último, en la zona norte. Es decir, podrían considerarse geosinónimos, adjetivos —y

---

251 Tal y como indica el *DECH* (*s.v. robín*), el color prototípicamente asociado al *rovell* habría motivado la aparición de *rovelló* 'níscalo' —cast. *robellón*—. El *DLE*, no obstante, lo deriva de RUBELLIONEM 'salmonete' y este de RUBELLUS 'rojizo'. Pese a la discrepancia, ambas fuentes reconocen la influencia del color rojizo en el origen del sustantivo. Por otro lado, los diccionarios catalanes también indican que a la yema del huevo se la denomina *rovell* (*d'ou*) —*vermell d'ou* (*DCVB*, s.v. *vermell*) en dialecto balear—, posiblemente motivado por su color, que puede oscilar entre el naranja y el amarillo anaranjado (*vid. rubio, rojo*).

252 En la bibliografía final aparece citado como ODE, ya que la denominación actual del proyecto —continuador de *CORDEREGRA*— es *Oralia diacrónica del español (ODE)*.

Mapa 8. Distribución de *caparrosa*, *almacigado* y *acijado* (Calderón Campos, *op. cit.*: 330)

sustantivos en el caso de *caparrosa*— que compartirían una misma referencia cromática[253]; pero cuyo uso se documenta en zonas geográficas distintas.

Teniendo en cuenta los argumentos de Calderón, cabría la posibilidad de incluir a *robellado* en la tríada de sinónimos, considerándolo su homólogo en el área aragonesa —lo que podría extenderse a *rovellat* en el dominio catalán—; aunque solo se dispone de un único testimonio del adjetivo en dicho contexto.

En conclusión, el color rojizo o rojizo anaranjado del óxido —o robín— de los metales se configura como la sugerencia origen del adjetivo participial *robellado*. Es un adjetivo adscrito al dominio aragonés y relacionado, además, con el catalán *rovell* 'óxido' y con *rovellar(se)* 'oxidar(se)' —quizá un equivalente del participio *rovellat*, del que también se documentan ejemplos en los que se emplea con valor cromático—.

---

253 No obstante, en el presente estudio, la referencia cromática que se defiende para *almacigado* —partiendo de testimonios lexicográficos y documentales del siglo XVII— es 'amarillo, amarillo pálido'.

ROJO

Documentaciones seleccionadas en *CorLexIn* y en fondos documentales inéditos de *CorLexIn*:

- Vn rozín de quinze meses *roxo* bragado (Autillo de Campos, Pa-1654)
- Un macho de leche color *roxo* (Autillo de Campos, Pa-1654)
- Yten una yegua *roxa*, çerrada, tassada en tresçientos reales (Vecilla de Valderaduey, Va-1654)
- Duçientos botones esmaltados de *rojo* y blanco, que pesan y balen treçientos pesos (Ciudad de México, México-1622)
- [...] y dixo que, como procurador del conçejo de dicho lugar, a cogido una mula pelo *roja* en poder de un mochacho que la llebaba urtada por mando de dos hombres [...] (La Puebla de Valverde, Te-1643)
- Ytem otro çurrón de pelo, *rojo*, y dentro de él halló lo siguiente: [...] (La Puebla de Valverde, Te-1643)
- Calzón y ropilla de terçiopelo *rojo*, negro (Madrid, M-1650)
- Yten, vn cofre viejo, *rojo*, con platos de tierra de Álaua (Oñate, SS-1617)
- Dos cofres, vno negro y otro *rojo*, el vno barreado con dos zerraduras y, el otro, cuero *rojo* con su llaue y cerraduras, todos ellos en seis ducados (Palenzuela, Pa-1646)
- Una yegua *roxa* cerrada con un potro de teta (Pascuales, Sg-1653)
- Primeramente, la crus dc oro de piesas a trosos esmaltada de *roxo* y todas de perlas de aljófar almasigados, tasada y abaluada por menudo bale toda la dicha hoya mill y quinientos reales plata (San Juan, Puerto Rico-1654)
- Yten otro sentillo de oro con quarenta y tres piesas, esmaltado en blanco y *rojo*, de cadenilla de a siento y sinquenta granos en onsa, en quinientos y sinquenta reales (San Juan, Puerto Rico-1654)
- Yten, se ynventarió y tasó vn potro pequeño, de vn año, color *roxo*, en siete ducados (San Millán de Juarros, Bu-1642).
- Yten, vna potranca *roxa* de tres años, en veinte y quatro ducados (San Millán de Juarros, Bu-1642).
- Yten dos bueyes, el uno color *roxo*, de edad de cinco años y el otro de edad de diez años, color castaño (San Pedro de la Villa, Bu-1646)
- Beinte y oçho gamusas de la tierra *rojas*, a real y medio (Santiago de Chile, Chile-1676)
- Yten otro becerro color *rojo*, de tres a quatro años (Solanilla, Le-1662)
- Yten otro buey color *rojo* (Solanilla, Le-1662)
- Yten, quatro madejas de yllo *rojo* caparroso (Tolosa, SS-1633)
- Vna madeja de yllo *rojo* que llaman caparroso (Tolosa, SS-1633)
- Yten, puso por Ynbentario la dicha Madalena Alonso como bienes suyos vn cofre tunbado grande aforrado en vn pellejo *roxo* y guarneçido de oja de lata que está en el aposento donde la sussodicha está enferma [...] (Valderas, Le-1647)
- Más pusso por ynbentario como bienes suyos otro cofre *roxo* y que dentro dél solo ay vnos chapines nuebos negros (Valderas, Le-1647)

- Un buey color *roxo*, çiego de anbos oxos (Quintanilla, Bu-1646)
- Un apretador con veinte pieças chicas y una *roxa* (El Espinar, Sg-1659)
- quatro mulos de carga, uno *roxo* castaño y otro castaño bociblanco y otro negro y otro ruçio, con sus aparexos de sobrecarga, todos cerrados (Pinto, M-1653)
- Una baca anoja²⁵⁴ y es *roja* (Villambrán de Cea, Pa-1683)
- Dos mulas, vna de dos años, negra bociblanca, y la otra color *rojo*, de ocho años (Zamora, Za-1643)
- Otra [montera] de paño *rojo* (Herrera de Valdecañas, Pa-1710)

Identificado con el color de la sangre o el tomate maduro, *rojo* posee una de los análisis más complejo y variopinto tanto desde el punto de vista lexicográfico como léxico-semántico o etimológico. A pesar de que actualmente se considera un término cromático básico en distintos ámbitos —entre ellos el lingüístico—, lo cierto es que, en el contexto del siglo XVII, ocuparía un papel ligeramente secundario, poco generalizado, al menos en el léxico cotidiano, quizá por su convivencia con adjetivos significativamente muy próximos.

Mientras que Rosal se limita a indicar que *roxa* se aplica a «cosa de, o como Rossa, que asi dice el Italiano, de Roseo, que asi llama el Latino a lo roxo y hermoso» (Rosal: *s.v.*); Covarrubias recoge por partida doble el adjetivo, remitiendo la forma *roxo* a *rojo*:

> **ROXO**, quasi roseo, a rosa, vide supra verbo rojo (*Tesoro: s.v.*).
> **ROJO**, lo encendido en color, flauus.a.m. de rusus.a.m. por cosa roja (*Tesoro: s.v.*).

Se presupone que Covarrubias considera al rojo como un color vivo e intenso, si bien la única referencia que puede encontrarse sobre el valor de *encendido* en el Tesoro del toledano aparece aplicada a paños y sedas (*s.v. encender*) sin proveer ningún tipo de información adicional.

Será la Academia la que, bajo el lema *roxo*, indique que el adjetivo hace referencia a una tonalidad dentro de la familia de **encarnado**, reflejando —de algún modo— que el término que podría considerarse como general o propio para designar ese color sería, precisamente, este último:

> **ROXO, XA**. adj. que se aplica al color encarnado mui encendido: como el de la sangre. Es del Latino *Roseus*. Covarr. le quiere derivar del Latino *Rusus*. Latín. *Rubrus* (*Autoridades*, 1737: *s.v.*).

La situación propuesta, por tanto, por el *Diccionario de autoridades* reflejaría un estatus de coloración secundaria para *rojo*, entendiéndose que el color principal sería *encarnado* 'de color de carne' (*vid.* **rosado**), mientras que *rojo*

---

254   Morala (2010b: 260–262); Morala (2019: 201–202).

se limitaría a expresar un matiz dentro de dicha coloración (concretamente, un tono de encarnado muy vivo o encendido).

Esta concepción concordaría, en principio, con el valor etimológico que le atribuye el *DECH* (s.v. *rojo*): el étimo que proponen Corominas y Pascual para *rojo* es RŬSSĔUS 'rojo subido', valor que corrobora el *Gaffiot* 'rouge foncé' (s.v. *russĕus, a, um*). A propósito de la etimología de la voz, resulta curioso comprobar cómo ha ido variando a lo largo de la historia lexicográfica académica: *Autoridades* refuta la propuesta RŬSUS de Covarrubias, ofreciendo RŎSĔUS como origen etimológico de *rojo*, opción que se mantiene hasta la edición de 1803. El diccionario académico vacilará entre RŎSĔUS, RŬSSĔUS y RŬSSUS, consolidándose esta última desde la edición de 1970[255].

Tal y como afirma Congosto (2002: 212), «el latín disponía de una gran variedad de afijos para conformar la adjetivación relativa al color. Para primarios y secundarios se utilizaba ya desde el siglo I a. de J.C. el sufjo *-eo-* [...] permitiéndose posteriormente la alternancia de *-us, -eus*: [...] *russus-russeus*». El *DECH* reconoce esta dualidad RŬSSUS/RŬSSĔUS, indicando, además, que las distintas lenguas romances habrían optado por una variante u otra.

Por otro lado, la definición de *rojo* en la historia académica también se presenta como irregular, ya que no sigue el patrón esperado que ha podido observarse en el resto de términos cromáticos que pueden considerarse básicos —**negro, blanco, amarillo, azul** o **verde**— y, en general, en las definiciones de adjetivos cromáticos. A pesar de que *Autoridades* sí que propone un modelo de definición ostensivo con un único referente, la sangre, dicha alusión desaparece a partir de la 8.ª edición de 1837, y no regresará hasta la edición actual de 2014, en la que la definición aparece ilustrada por la sangre y el tomate maduro:

> **rojo, ja.** (Del lat. *russus*). **1.** adj. Dicho de un color: Semejante al de la sangre o al del tomate maduro, y que ocupa el primer lugar en el espectro luminoso. U. t. c. s. m. (*DLE*: s.v.).

La evolución a nivel microestructural, eso sí, es relativamente compleja: *Autoridades* incluye una segunda acepción con el valor 'rubio', caracterizado como «el color del Sol; o del oro», que se mantendrá a lo largo de todas las ediciones prácticamente inalterado —en ocasiones a través de una remisión a **rubio**, en ocasiones con información ostensiva, por lo general solo al oro en el resto de

---

255 Como curiosidad, es uno de los colores que poseía más cauces expresivos —y, por tanto, matices— en latín: FULVUS, RUBER (quizá el más general), RUBIDUS, RUTILUS, RUFUS, RUSSUS, POENICEUS, LUTEUS, IGNEUS, FLAMMEUS o SPADIX (Segura Ramos, 2006: 40).

ediciones—; en 1837 se añade la acepción 'de color castaño muy encendido' aplicado a «bestias», que se suprimirá en la edición de 1899. Además, en 1869 se incluirá la acepción restringida al color del cabello «que es muy encendido y casi colorado», que se modificará en 1925 por «de un rubio muy vivo, casi colorado».

¿A qué podría deberse esta anomalía lexicográfica? Muy posiblemente al hecho de que la definición prototípica y esperable para 'rojo' no llegó a ostentarla este adjetivo en el siglo XVII —ni posteriormente hasta la edición de 2014—, sino *colorado*:

>   **COLORADO, DA**. adj. Todo aquello que por su naturaleza, y sin ayuda del arte, tiene el color roxo: como la sangre, el rubí, el clavel (*Autoridades*, 1729: s.v.).

Colorado, por ende, se presentaría como sinónimo de *roxo*, lo que, por otro lado, también presupondría una cierta consideración de *rojo* como término general; hipótesis que se vería corroborada transformando la terna *encarnado-rojo-colorado* en una cuaterna con *bermejo*, definido como «roxo, mui encendido, y subido de color y tintúra» (*Autoridades*, 1726; s.v.). La relación entre *rojo* y *bermejo* podría tildarse de cuasisinonímica, dado que *bermejo* presentaría un matiz que diferenciaría ambos términos, condición que podría aducirse igualmente para *encarnado* y *rojo*. De hecho, cabría formular una propuesta en la que la relación que mantuviesen ambas parejas fuese de carácter hiperonímico-hiponímico: *encarnado* se constituiría como hiperónimo de *rojo* y este, a su vez, lo sería de *bermejo*, dado que *rojo* y *bermejo* poseerían al menos un sema o rasgo semántico que los convertiría en términos más específicos respecto de *encarnado* y *rojo*.

En un intento de precisar la sistematización de este conjunto de voces, el *DECH* indica que la voz medieval que expresaba el matiz cromático analizado fue, mayoritariamente, *bermejo*. Con el paso del tiempo, la convivencia con otros términos como *encarnado* y *colorado* —surgidos con posterioridad— habría propiciado el retroceso de *bermejo* en favor de *encarnado* y, especialmente, *colorado*, forma que habría triunfado de manera notoria —tal y como probaría su salto a América frente a *encarnado*, aparentemente ausente en el dominio del español americano[256]—. Este hecho, el triunfo de *colorado* frente a *encarnado* y *bermejo* se vería corroborado por las documentaciones de dichos

---

256 Afirmación que no sería del todo cierta, puesto que sí que se documentan casos de *encarnado* en el dominio del español americano. *Vid. encarnado*.

adjetivos en *CorLexIn*: 32 de *bermejo* frente a las 143 de *encarnado* y las casi 650 de *colorado*.

En lo que respecta a *rojo*, se lo considera adjetivo «ajeno a la literatura medieval», quizá debido a la evolución semántica que habría experimentado: al igual que *amarillo*, que en sus orígenes designaba a un tono mucho más pálido, Corominas y Pascual apuntan a que «*roxo* expresó colores más claros que el encarnado que hoy [y en el siglo XVII] entendemos por esta palabra, especialmente el matiz que hasta hoy ha quedado fijado en el compuesto *pelirrojo*, [...]; es decir, entonces *rojo* era principalmente lo que hoy entendemos por 'rojizo'» (*DECH*: s.v. *rojo*). La razón que aducen, por tanto, para la escasa presencia de *rojo* en el medievo es el carácter de «matiz algo especial y menos común» que habría presentado durante este periodo. El acercamiento semántico y referencial a tonalidades más generales como las que designaban *colorado* o *encarnado* habría propiciado su progresiva generalización y, por consiguiente, el aumento en su índice de uso, llegando a constituirse con el paso del tiempo en la denominación estándar o archilexema para el significado 'color de la sangre, del tomate, del rubí', esto es, 'color rojo'.

Atendiendo a la relación existente entre los significados 'rojo' y 'rubio' que posee el adjetivo *rojo*, el *DECH* y Castro (1919) indican que, en origen, ambos valores estarían totalmente diferenciados, de ahí que, por ejemplo, nunca se aplicase *rubio* para caracterizar el color de la sangre «pues G. de las Casas (1570) opone "*roxo*: rosso" a "*ruvio*: biondo"» (*DECH*: s.v. *rojo*); sin embargo, Castro apunta a que Nebrija «no había definido con precisión *rubio*», ya que lo contempla como equivalencia para lemas tan dispares como *rufus*, *flauus* o *robus*:

> No creo que sea un atrevimiento decir que Nebrija es en este caso impreciso e inexacto; entre *flavus* y *ruber* hay los mismos matices y diferencias que entre *amarillo* y *rojo* o *bermejo*, los cuales de modo alguno pueden confundirse, como hace nuestro gran lexicógrafo. *Flavus*— me sirvo de Forcellini —«eo colore est, qui in spicis maturis videtur, in auro, melle et similibus». Esta tonalidad fácilmente pasa a la rojiza, pero ambos matices se han distinguido claramente ya en latín; [...] (*op. cit.*: 294).

Quizá fuese el valor *roxo* 'rojizo' anteriormente reseñado el que propiciase la confluencia entre ambos términos. Pueden encontrarse ejemplos de *roxo* 'rubio' en Lope de Vega, Bernardo de Balbuena o Tirso de Molina, por lo que no era una realidad ajena al Siglo de Oro. Citando una vez más a Castro (*ibid.*: 293), «de pelirrubio a pelirrojo hay solo un matiz», y la línea entre *rojo*, *rubio* y *amarillo* parece no estar del todo definida.

Relacionado con este hecho se encuentra, además, el uso de *rojo* que *CorLexIn* documenta aplicado a animales, especialmente bóvidos. La roja es una de las cuatro capas consideradas básicas en el ámbito del pelaje animal, aplicado en concreto al pelaje bovino (Bavera, *op. cit*: 2; *vid.* gráfico 2 en *amarillo*). La capa roja se correspondería con un estadio intermedio entre las capas amarillas y las negras, concretamente podría caracterizarse como un castaño encendido que, ante la presencia y aumento de pelaje negro, se iría oscureciendo —castaño oscuro— hasta alcanzar la condición de capa negra (como la negra azabache, la mate o la negra pecella).

En el caso de los équidos —posibilidad combinatoria que atestigua, asimismo, *CorLexIn*—, la capa roja puede equipararse a la del caballo **alazán** (*vid.*, no obstante, **bayo** y **rubio**).

Sin embargo, la consideración general de la tonalidad rojiza en los referentes bovinos no se correspondería con el significado que ostenta *rojo* en los ejemplos pertenecientes al antiguo dominio asturleonés, en el que el adjetivo presenta un valor diferencial. Si bien es cierto que el *DGLA* registra los valores esperados del castellano, esto es, 'rojo', 'encarnado', 'rojizo', el resto de acepciones apuntan claramente hacia un valor de *rojo* mucho más próximo a 'rubio', 'melado' o 'castaño':

> [...] pero *roxu* también puede aludir a 'castaño rojizo' y al color rojizo de la vaca *casina*, que no es otra que la raza *asturiana de montaña* (la *vaca roxa*), cuyo pelaje puede oscilar entre coloraciones blanco cremosas o rojo encarnadas. Con *roxu* se alude a tonalidades 'acaneladas', 'leonadas' y 'marrones ocre'; aplicado a ovejas, *roxu* se emplea con el valor 'rojizo oscuro' o 'negro desvaído', mientras que, si se aplica al ganado caprino, haría referencia a tonalidades pardas (Junquera Martínez, 2019: 33).

El testimonio del *DGLA* deja claro que, si bien en algunos casos la tonalidad de *roxu* se encuentra próxima al rojo —rojizo—, el adjetivo estaría más próximo a familias cromáticas amarillas, rubias o castañas, más claras u oscuras. El *DALLA*, por su parte, recoge las acepciones referentes al pelo —en general y de una persona— e introduce un nuevo matiz: **azafranado**, nuevamente a caballo entre el rojo y el amarillo[257].

Este valor se atestiguaría, asimismo, en gallego, lengua para la que el *DRAG* indica que *roxo* se aplica al cabello o el pelo «da cor do ouro ou algo máis

---

257 La casilla correspondiente a 'rojo' en asturleonés habría sido ocupada, en todo caso, por *rubiu*, que el *DGLA* define —además de 'rubio', 'rubio tenue' o 'amarillento'— como «rojo, colorado». De hecho, a las tarteras (o *potas*) esmaltadas de color rojo oscuro se las conoce en Asturias como *potas rubias*; además, de las personas febriles se dice que tienen la *cara rubia* por el rubor que adquiere el rostro debido al aumento de la temperatura (Junquera Martínez, 2019: 32, nota 11).

escura» —también a la persona o animal, como es lógico—; pero también «de cor entre o castaño tirando a vermello e o amarelo tirando a vermello» (*DRAG*: s.v.).

Por último, el *LLA* (s.v. *rojo*) registra igualmente dicha posibilidad para *rojo* con matices como 'rubio' aplicado al ganado, 'castaño ocre' en la zona de Palacios del Sil, 'de color de pelo tostada', 'de color semejante a la miel', etc. Le Men incluye, además, un fragmento de *El habla de Villacidayo* que resulta bastante ilustrativo a la hora de acotar la referencia cromática de *rojo/roxu* en el dominio lingüístico del antiguo Reino de León a propósito de las voces diminutivas *rojín, -ina* localizadas en la pedanía gradefeña:

> Estas voces, y sus diminutivos muy empleados, *rojín, rojina*, designan un color que no es el rojo de la lengua culta de todas partes; es un color leonado vivo, como el de la miel; los usos son a este respecto significativos: *una mostalilla* rojina, *una trucha* rojina, las plumas de ciertos pájaros, el trigo antes de estar del todo seco, la buena miel y, al contrario, las rosas nunca son rojas, son encarnadas, lo mismo que la sangre; las vacas de color rubio, como las gallegas, se las llaman [sic] rojas; entre las personas, se aplica rojo al que llamamos pelirrojo en la lengua culta, y como apodo, dada su rareza, se le llama siempre *el Rojo* (Urdiales, 1966: 378).

Para cerrar el bloque del análisis de fuentes lexicográficas, el *Diccionario Akal del Color* presenta como referencia cromática o básica de *rojo* la tonalidad que evoca el color de la sangre, si bien en la parte final del artículo también alude a la posibilidad de que *rojo* se aplique a otro tipo de coloraciones más próximas al valor de *rubio* o *rojizo*:

> **rojo.** (Del latín, «*russus*».) Color semejante al sugerido por la sangre arterial humana. // [...] Pelirrojo. // Rubio. // Familia cromatológica constituida por las coloraciones «rojizas» (*Akal*: s.v.).

Nuevamente, una de las posibles explicaciones del solapamiento entre *rojo* y *rubio* podría atribuirse a ese valor originario 'rojo tenue, rojo claro' al que apuntaba el *DECH* y que se refleja claramente en la definición de *Autoridades*: «roxo claro, o de color de oro» (1737: s.v.) —que, curiosamente, contradice los postulados de Covarrubias, que lo considera «encendido de color» (s.v. *rvbio*)—. Skultéty (1982: 665-666), de hecho, considera a *rubio* como un adjetivo que pertenece «a ambos colores, es decir, al *rojo* y al *amarillo*, pues comprende los dos sentidos cromáticos».

El valor por excelencia de *rojo*, en conclusión, está relacionado con aquellas tonalidades —presumiblemente intensas— que evocan el color de la sangre arterial. No obstante, bien motivado por la multiplicidad de voces latinas existentes, bien por el valor que el *DECH* atribuye a *rojo* para los clásicos, dicho adjetivo también ostentaría al menos otras dos referencias cromáticas posibles: 'rubio, rojizo claro, dorado' y 'rubio, amarronado', si bien esta última estaría restringida diatópica y semánticamente.

En lo que respecta al estudio documental del término, nuevamente —tal y como se ha hecho con el resto de términos básicos— se ha centrado la búsqueda en el contexto cronológico del siglo XVII, entre otros aspectos, para solventar el enorme caudal de testimonios que posee la voz sin restricción temporal: 12114 en CORDE, 38908 en CDH.

Acudiendo en este caso a CDH por su posibilidad de lematización, el número de casos de *rojo* comprendido entre 1601 y 1700 asciende a 2353 casos (CORDE ofrecía para *rojo/roxo* 1217), lo que podría interpretarse, en principio, como la confirmación de que, en el siglo XVII, *rojo* gozaba de un índice de generalización como término cromático medianamente alto —confirmando así la afirmación del *DECH*, que indica que se generalizó a partir del siglo XVI—.

La información proporcionada por el CDH, sin embargo, choca con el número tan reducido de ejemplos que *CorLexIn* provee para el adjetivo, que se limitan prácticamente a los presentados al inicio del análisis. Podría constatarse, por ende, un cierto desajuste entre el registro culto presentado por los corpus académicos —más generales— y el registro popular o cotidiano del siglo XVII, que *CorLexIn* tendría mucho más próximo dada su idiosincrasia. Esta desigualdad también se habría reflejado en el ámbito lexicográfico, en el que pueden detectarse ciertas incoherencias: tanto *colorado* como *bermejo* remiten a *rojo* —dando a entender, de manera indirecta, su condición de término general o estándar, lo que no sería del todo cierto—; además, resulta curioso que *rojo* remita a *encarnado* y no a *colorado* que a) podría considerarse como el verdadero adjetivo general para 'color rojo' a la luz de las documentaciones y b) es el lema que posee el modelo de definición ostensiva esperado.

No obstante, esta consideración de los términos podría responder, en todo caso, a la propia razón de ser del *Diccionario de autoridades*, cuyo corpus base mayoritario no es otro que la lengua de las grandes plumas del Siglo de Oro español, entre las que, muy posiblemente, *rojo* sí que gozase de un mayor grado de generalización.

Si se eliminan los casos en los que *rojo* se emplea como apellido —otro de los argumentos que esgrime el *DECH* (s.v. *rojo*) para atestiguar el sentido antiguo 'rojizo, pelirrojo' del adjetivo—, el total de documentaciones se limita a 1630, aproximadamente el 70%. A primera vista, podría considerarse como un indicador de bajo índice de uso; sin embargo, no dista demasiado de los 1180 casos de *amarillo* o los 1790 de *azul* —*verde* posee un número considerablemente más elevado—, lo que le conferiría una condición de voz aparentemente general.

Los ejemplos de *CorLexIn*, tal y como se ha mencionado anteriormente, revocarían este estatus de ítem general, puesto que casi la totalidad de testimonios de CDH corresponden a textos de carácter literario —entre otros, bases de los corpus académicos—, lo que podría reflejar un índice de generalización relativamente alto en el plano literario; pero que, a la luz de los escasos ejemplos del *Corpus Léxico de Inventarios*, no se correspondería con la percepción del adjetivo por parte de la comunidad de habla en el uso cotidiano.

Este hecho podría atribuirse, como en otros casos reseñados en el presente estudio, a la confluencia de varios significantes para un mismo significado, o lo que es lo mismo, la existencia simultánea de diversos adjetivos que expresan un mismo contenido cromático. Ante esta situación, el hablante —o la comunidad de habla en su conjunto— acaba seleccionando o prefiriendo un elemento por encima de los demás, preferencia que, con el paso del tiempo, puede variar —como ejemplificaría el propio *rojo* frente a *colorado* o *encarnado*—.

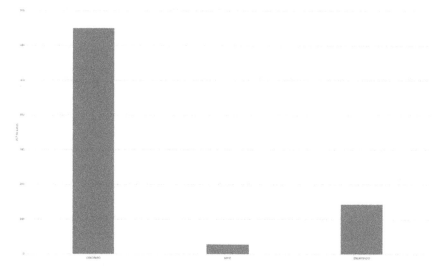

Gráfico 11. Documentaciones de *colorado*, *rojo* y *encarnado* en *CorLexIn*

Respecto al tipo de sustantivos de los que se predica el adjetivo, la gran mayoría de testimonios son de *rojo* caracterizando el color de la sangre —referente por excelencia—, si bien acompañado de referencias al rubí (o *carbunclo*), el clavel —prototípicamente rojo—, el coral, las amapolas o el fruto maduro del madroño; asimismo, aparece a menudo para aludir al color de los labios o el rostro —imagen frecuente en la poesía del Siglo de Oro y la *descriptio puellae* (vid. **color de tenca**)—.

Junto a este valor, pueden localizarse no pocas documentaciones en las que *rojo* ostentaría, casi con total seguridad, el valor 'rubio, rojo tenue' más que el de 'de color de sangre'. Destacan, entre otros, aquellos contextos en los que aparece caracterizando al color del pelo, del trigo, del sol o de los rayos del sol, o en los que se refiere, concretamente, al color del cabello del dios Apolo.

Su vasta representación en los corpus de corte sincrónico CREA y CORPES XXI —15211 y 44429 casos, respectivamente— atestiguan, esta vez sí, la generalización del término, que ha acabado convirtiéndose en el ítem general para el significado 'del color de la sangre'. Debe tenerse en cuenta, sin embargo, que dicha generalización se habría producido especialmente en el español europeo frente al domino americano: a pesar de que *rojo* y *colorado* se documentan a ambas orillas del Atlántico, la estadística de CORPES XXI refleja un claro predominio o preferencia por la forma *colorado* en el caso americano y por *rojo* en el español europeo.

Imagen 5. Estadísticas de CORPES XXI de *colorado* (arriba) y *rojo* (abajo) en las que puede apreciarse la prevalencia de *colorado* en el español de América y de *rojo* en el español europeo (Fuente: CORPES XXI)

A pesar de que, en la actualidad, *rojo* se considera un adjetivo cromático general y básico —desde el punto de vista lingüístico—, condición que corroborarían los corpus académicos igualmente para el siglo XVII, los testimonios de *CorLexIn* parecen indicar un grado de generalización mucho menor del esperado frente a otros adjetivos como *colorado* o *encarnado*. Además del valor prototípico asociado al color de referentes como la sangre, el rubí, el tomate o la amapola —y quizá motivado por su referencia cromática clásica—, *rojo* posee dos referencias cromáticas más: 'rubio, rojizo claro', solapándose en este caso con *rubio* y *amarillo*; y 'amarronado claro, rubio amarronado', valor restringido semánticamente a bóvidos y diatópicamente al área lingüística asturleonesa.

ROSA SECA

Documentaciones en *CorLexIn*:

- Vn capotillo de gurbión negro, aforrado en tafetán *rosa seca* con tres pasamanos (Toledo, To-1616)
- Yttem, otro paño *rosa seca* golpeado, de Cálcena, diez y ocho baras y media (Tudela, Na-1641)
- Yttem, otro paño diezyocheno común, *rosa seca*, veinte y ocho baras (Tudela, Na-1641)
- Yttem, otro paño común diezyocheno, *rosa seca*, catorce baras (Tudela, Na-1641)
- Yttem, otro paño veintidoseno de Albarracín, color *rosa seca*, vbo veinte y siete baras y media (Tudela, Na-1641)
- Tres jubones de hombre de tela, uno blanco, otro *rosa seca*, otro morado con botones de oro de martillo baciados y esmaltados los dos dellos (Vergara, SS-1632)
- Más, quatro cortinas, que es vna colgadura de tafetán amarillo y *rosa seca* (Zaragoza, Z-1603)
- Vn tafetán de almuadas *rossa seca* con cañamaço y puntas (Ávila, Av-1653)

El color *rosa seca* se presenta como una tonalidad difícil de describir, si bien podría caracterizarse por aludir a una coloración tostada o parduzca más o menos clara que evocaría el color de los pétalos de la rosa al secarse. No obstante, *rosa seca* también se emplearía para hacer referencia a tonalidades rojizas o rojizo pálidas, por lo que quizá podría hablarse, asimismo, de una posibilidad *rosa seca* con el valor 'rojizo parduzco suave'.

No se localiza ningún tipo de alusión explícita a dicha tonalidad en las entradas correspondientes a *rosa* de los diccionarios monolingües preacadémicos de Covarrubias o Rosal, siendo el primero de ellos el único que hace referencia al color generalmente asociado a la rosa, el rojo:

> ROSA, [...] Fingen los poetas al principio auer sido la rosa blanca, y queriendo Venus coger vna de la çarça le espinò la mano, y de la sangre que salio della tomò color rojo la rosa (*Tesoro: s.v.*).

El *Diccionario de autoridades* tampoco documenta la lexía, aunque informa en la entrada *rosa* sobre los diversos colores que pueden tener dichas flores:

> ROSA. s. f. Flor mui hermosa y de suavíssimo olor, que nace de una planta espinosa, especie de zarza. Tiene colocadas las hojas al rededor de un botón, que cerrado al principio en un capullo, después se abre en forma de corona. Hai varias especies de ellas, que toman sus nombres, o del diverso color, o de los parages de donde vinieron (*Autoridades*, 1737: *s.v.*).

La clave a la hora de intentar discernir la tonalidad a la que haría referencia la lexía analizada en este apartado la tendría el diccionario de Terreros, puesto que, a pesar de que no la incluye en su macroestructura, sí que la emplea a la hora de describir a algunos animales a los que sí dedica un artículo, concretamente a dos:

> ROQUET. [...] Animal cuadrúpedo mui hermoso de América, especialmente de la Isla de San Christóbal. La piel es de color de rosa seca, con pintas amarillas y azules. Los pies delanteros son muy altos, los ojos centelleantes, y continuamente salta. Gusta de ver al hombre, y se eriza y abre la boca cuando le persiguen (Terreros, 1788: *s.v.*).
> PINCHON, ave montesina. [...] Este pájaro es mui estimado por la variedad de sus plumas: el macho tiene muchas pintas negras y la hembra de color de rosa seca; [...] (Terreros, 1788: *s.v.*).

En lo que respecta al primer animal, Terreros (*s.v. roquet*) ofrece como equivalencia francesa *roquet*, término que el *TLFi* define como «Petit chien issu du croisement d'un doguin et d'un petit danois» (*s.v.*); pero las características de la morfología del *roquet* que registra Terreros no responden, por consiguiente, a las del cánido en cuestión.

El hecho de que Terreros describa al animal como «con pintas amarillas y azules» conduce a pensar que el animal debe ser un reptil. Podría estar haciendo referencia a un ave, pero el animal es cuadrúpedo, por lo que dicha hipótesis queda totalmente descartada. Continuando con la posibilidad del reptil, Valmont de Bomare ofrece una definición de *roquet* bastante similar a la de Terreros, aunque la localización geográfica y el patrón cromático del animal varían ligeramente:

> ROQUET. Espece de lézard qui se trouve dans les petites îles, qui sont placées dans les culs de sac de la Guadeloupe: [...] sa peau est de couleur de *feuille morte*, tiquetée de points jaunes & noirâtres : [...] il est si agile qu'on le voit toujours sauter autour

des hommes qu'il prend plaisir à voir [...]. Si on le poursuit, il ouvre aussi-tôt [sic] sa gueule, [...] (Valmont de Bomare, 1776: s.v.).

La definición de Terreros y Pando es prácticamente idéntica a la de Valmont, por lo que el animal, muy probablemente, sería el mismo. El saurio que se estaría describiendo en esta entrada es, casi con total seguridad, el *Anolis roquet*, reptil endémico de la isla de Martinica cuyo color en el caso de la piel varía entre el verde, el verde azulado, el verde grisáceo y el marrón y el marrón grisáceo (Malhotra y Thorpe, 1999: 91), tonalidades que, en el último caso, responderían a ese «feuille morte» 'hoja muerta' que Terreros y Pando habría denominado *color de rosa seca*.

La localización, sin embargo, es distinta[258], lo que podría indicar que no se está haciendo referencia al mismo tipo de reptil. El referente, en todo caso, podría ser la guagsa o *Stenocercus ornatus* —en inglés «Shoulder-Spotted Roquet»—, una variedad de iguana con el «dorso café con marcas transversales oscuras arregladas longitudinalmente sobre la línea vertebral; franjas dorsolaterales crema o beige en algunos especímenes [...]» (Torres-Carvajal, 2007: 142).

Las referencias a tonalidades marrones, crema, o beige podrían encajar dentro del espectro de tonalidades que abarcaría *rosa seca*. Además, la denominación *feuille morte* 'hoja muerta' que indicaba el francés también se recoge en *Akal* definida como una tonalidad pardo-anaranjada o pardo rojiza: «Denominación común de las coloraciones naranja profunda, naranja pardusca y parda fuerte» (*Akal*: s.v.).

En el segundo caso, el de *pinchón*, Terreros indicaba que la hembra de dicha ave presentaba pintas de color rosa seca. El *pinchón* no es otro que el *pinzón*, ave paseriforme del género *Fringilla*. Teniendo en cuenta que el propio Terreros hace referencia al pinzón real en la propia entrada, la descripción respondería al patrón cromático del plumaje de la hembra de dicha especie: «listas oscuras en el píleo, marcas más ocráceas en alas y partes inferiores, y cola oscura» (Peterson *et al.*, 1995: 289); «se distingue por tener una coloración más bruno [sic] y apagado, así como por sus bandas alares de color ocre» (Esuperanzi, 2008: 41).

En conclusión, la referencia cromática propuesta para la lexía *rosa seca* es la de tostado o pardo suave con una mayor o menor tendencia o presencia de matices rojizos o rosados, por lo que podría hablarse, asimismo, de un pardo rosado o rosado parduzco que se asemejaría al color que adquieren los pétalos de la rosa cuando se secan. Debe tenerse en cuenta, una vez más, que los colores en el

---

258 La isla de San Cristóbal pertenece al archipiélago ecuatoriano de las Galápagos y Martinica a las Antillas Menores o Pequeñas Antillas, uno de los territorios de ultramar franceses.

contexto del siglo XVII no son tan intensos como se conciben en la actualidad, por lo que el color de la rosa roja —la rosa por antonomasia— tendería más a un rojizo suave o rosado.

No obstante, la posibilidad de *rosa seca* 'rojo desvaído, rosado' también tendría cabida como referencia cromática. Entre las ediciones de 1803 y 1837, el *DRAE* incluyó en su macroestructura como lexía compleja *rosa seca*, definiéndola como «color encarnado desvaido [*sic*], que se llama así por la semejanza que tiene con el de esta flor cuando está seca» (*DRAE*, 1803–1837: *s.v. rosa*).

La coloración estaría totalmente justificada partiendo de la sugerencia origen del color de la rosa, aunque podría argumentarse que dicha opción solo figura en obras lexicográficas del siglo XIX, por lo que, quizá, la referencia cromática podría haberse visto modificada.

En lo que respecta a la primera documentación de la lexía, tanto CORDE como CDH registran la misma concordancia de finales del siglo XV:

> «Quando regna la sangre el hombre sueña que vee color vermejo, assí como es carmini o vermejón, o escarlata o grana, o violado o morado, o *rosa seca* o sangre derramada, o fazer bodas o desposorios, o estar en tales cosas» [Anónimo (1494). *Traducción del Tratado de la Phisonomía en breue summa contenida, de Mondino dei Luzzi*. Extraído de: CORDE, CDH].

Llama la atención, no obstante, que en este contexto *rosa seca* parece emplearse con un valor 'rojo oscuro, púrpura', puesto que en el ejemplo se emplea como coloración equivalente o similar a *carmín*, *escarlata*, *grana*, **violado** o **morado**[1], esto es, tonalidades pertenecientes a la familia del rojo/rojo azulado y caracterizadas por su matiz oscuro.

Lo que podría considerarse como una posibilidad cromática adicional —y, por ende, una nueva referencia cromática— es, sin embargo, un hecho condicionado por el origen de la obra en la que figura la lexía. La concordancia de CORDE pertenece a una traducción de un original italiano, lengua en la que, en efecto, *rosa secca* se emplea con el valor de 'rojo oscuro, carmesí', tal y como atestigua Monas, que la incluye en la familia del rojo y lo compara con el *pa(v)onazzo* (*vid.* **pavonado**):

> *Rosa secca*, literally "dry rose", but usually translated as "old rose", is a colour known from at least the fifteenth century, [...]. Nothing that in Sicily Herald's fifteenth-century treatise on the colours of blazon and livery, rosa secca was a synonym of porpora (purple), Paul Hills has identified it as "a rose with a blue or violet tinge... close to faded purple." [...] Rossa seca was a paler hue than paonazzo [...] (2014: 52–53)[259].

---

259   Esta relación entre el *rosa secca* del italiano, el *paonazzo* y el *porpora* se vería también reflejada en francés, dado que Veneroni (1750: *s.v. rosa secca*) propone *gris de*

La primera documentación del término en castellano, por tanto, se fecharía a finales del siglo XVI en la que, además, parece darse a entender que *rosa seca* haría referencia, efectivamente, a un color parduzco, dado que en el texto se contrapone al color verde:

> «La culpa de quien consiente: / De color de *rosa seca* / Es la bandera que pende, / En señal que se secó / Lo que ántes fué mas verde: [...]» [Anónimo (1591). *Romances, en Flor de varios y nuevos romances* [*Romancero general*]. Extraído de: CORDE].

De los 45 casos que registra CORDE, 31 de ellos (32 si se tiene en cuenta 1 caso dudoso) se corresponden con el valor cromático de la lexía, valor que, por cierto, no se documenta más allá de mediados del siglo XVII en dicho corpus. Casi la totalidad de ejemplos hace referencia a prendas de vestir, remarcando la relación de la lexía con el ámbito textil tal y como se veía reflejado en las documentaciones de *CorLexIn*.

En CDH, la búsqueda por proximidad proporciona casi el doble de concordancias que CORDE; sin embargo, solo 31 de ellas documentan el valor cromático de *rosa seca* y, además, las documentaciones de CDH son las mismas que se registraban en CORDE.

Por último, en el contexto sincrónico, ni CREA ni CORPES XXI documentan ningún caso de *rosa seca*, lo que indica que, claramente, es una lexía en desuso.

En conclusión, no resulta fácil determinar cuál es la tonalidad exacta a la que haría alusión la lexía *rosa seca*: en un primer lugar podría hacer referencia a un color tostado o parduzco claro que podría derivar en un rojizo o rosado parduzco si se tiene en cuenta el color prototípicamente asociado a las rosas; sin embargo, partiendo de los testimonios lexicográficos académicos, *rosa seca* también se aplicaría a tonalidades rojizas desvaídas o rosadas; por último, en el caso italiano —y casi con total seguridad—, *rosa secca* habría optado por una referencia cromática más cercana al rojizo oscuro o al púrpura. En cualquier caso, es una lexía estrechamente ligada al ámbito textil y que se documenta, en el caso del castellano, entre los siglos XVI y XVII, pudiendo considerarla en la actualidad como un término cromático en total desuso.

---

lin como equivalencia de *rosa secca* en francés, voz que ya recogía Oudin (1607) como *flor de lino* y que Terreros (1787: *s.v. lino*) define como «color morado».

ROSADO

Documentaciones seleccionadas en *CorLexIn*:

- Rematose en Francisco Galán, texedor, vezino desta uilla, vn nobillo *rosado* sobreaño en diez ducados, a luego pagar (Atienza, Gu-1640)
- Vn bestido de muger, acso, lliquilla y ñañaca de tabí negro, guarnessido con passamano terçiopelado, la lliquilla y ñañaca, aforrado en tafetán *rosado* de Castilla, todo nueuo, en çiento y çinquenta pessos (Cuzco, Perú-1633)
- Más otro jubón de damasquillo de la China açul y *rosado*, aforrado en tafetán amarillo y apreçiado en quatro ducados (Cádiz, Ca-1639)
- Yten, otro tapapiés de tafetán *rossado* con olandillas estanpadas, en cinquenta reales de vellón (Cádiz, Ca-1679)
- Yten, una colcha de raso de seda açul *rosada* y blanca con rodapiés, aforrada en tafetán anteado, con su rodapiés y flueco de seda del mismo color, en treçientos y sesenta reales (Cádiz, Ca-1654)
- Otra pollera y ropa y jubón de camellón açul y dorado, la ropa guarneçida y forradas las bueltas en tafetán *rosado*, en duçientos reales (Fiñana, Al-1649)
- Una banda uieja *rosada* en un peso (La Plata, Bolivia-1706)
- Más vna pieça de tafetán sencillo *rosado* con ciento y beinte varas y media (Medina de Rioseco, Va-1645)
- Ytem, la pollera de uestir *rosada* y blanca de raso de florençia, en los tres ducados de su apreçio (Málaga, Ma-1651)
- Quatro pares de medias de sedas de pelo traídas, dos blancas y unas cauelladas y otras *rosadas* (Potosí, Bolivia-1656)
- Yten, es mi voluntad que un cauallo *rosado* que tiene Jasinto por padre de vnas yeguas que yo le he dado y otras que él a buscado se lo dexen y no se lo quiten (Purificación, Colombia-1708)
- Vna colcha paxiza y *rosada* en ziento y zinquenta reales (Totana, Mu-1660)

La sugerencia origen de *rosado* —un ejemplo de derivado cromático de corte diacrónico— reside en el color 'rojo desvaído, rojo claro' o, directamente, 'rosa' que caracteriza a la flor del rosal, muy posiblemente a la rosa común, rosa castellana o *Rosa gallica*[260].

A pesar de que tanto Covarrubias como Rosal incluyen un lema *rosado* en su macroestructura, ninguno de los dos alude en su definición al valor cromático del adjetivo: para Covarrubias (*s.v. rosa*) es «lo que se haze dellas, como azeyte

---

260   El origen de su homónimo inglés *pink* también presentaría una sugerencia origen de corte vegetal: el *Dianthus plumarius* —clavel coronado o clavelina de pluma—, conocido en inglés como *common pink* o *wild pink*. El *OED* (*s.v. pink sb*[4]) documenta el valor 'pink-coloured' desde finales del siglo XVII y el uso de *pink* como adjetivo cromático de pleno derecho a partir del siglo XIX con el significado de «a light or pale red colour with a slight purple tinge».

rosado, letuario rosado o açucar rosado», mientras que Rosal se limita a ofrecer el que considera étimo de la voz, RUSSATUS (el *DLE* propone ROSĀTUS, voz latina tardía con el significado de 'hecho con rosas').

Llama la atención la ausencia de dicho valor en el *Tesoro*, dado que en todos los diccionarios bilingües preacadémicos figura un lema *rosado color de rosa*, ofreciendo una equivalencia formada a partir de 'color de rosa' (esto es, un sintagma complejo, una construcción analítica): *couleur de rose, rose coloured*, etc. La ausencia del valor cromático del lema podría explicarse si se tiene en cuenta la existencia de *róseo*, opción que Nebrija ofrecía como equivalencia de su entrada *rosado color de rosa*; sin embargo, Covarrubias tampoco registra dicha opción, ni bajo el lema *rosa* ni como entrada independiente.

Será el *Diccionario de autoridades* el primer diccionario monolingüe, por tanto, que refrende la acepción cromática de *rosado* (derivada, como en muchos casos, de la prototipicidad del color asociado a la sugerencia origen, la rosa). No obstante, la información que provee *Autoridades* no resulta suficiente como para acotar la tonalidad del adjetivo:

> **ROSADO, DA**. adj. que se aplica al color de rosa (*Autoridades*, 1737: s.v.).

Dada la alusión incluida en la definición, cabría esperar que la entrada correspondiente a *rosa* aportase algún dato sobre la tonalidad a la que *rosado* haría referencia, teniendo en cuenta además que constituye la sugerencia origen del adjetivo —y la base nominal de la que deriva en latín—:

> **ROSA**. s. f. Flor mui hermosa y de suavíssimo olor, que nace de una planta espinosa, especie de zarza [...]. Hai varias especies de ellas, que toman sus nombres, o del diverso color, o de los parages de donde vinieron (*Autoridades*, 1737: s.v.).

Covarrubias da la morfología de la flor por consabida y *Autoridades* ofrece un abanico cromático impreciso que podría incluir desde blanco a rojo, rosa(do), amarillo, etc. No obstante, el *Diccionario de autoridades* sí que deja entrever alguna posibilidad cromática concreta a partir de la cita que refrenda la voz, extraída de la traducción del *Dioscórides* de Andrés Laguna: «Hállanse tres especies de rosas domésticas, mui útiles a la vida humana, que son las blancas, las roxas, y las encarnadas» (1737: *s.v. rosa*).

Bajo la rosa encarnada, muy posiblemente, pueda esconderse una referencia al rosal de Castilla, rosal romano, rosal de Francia o *Rosa gallica*, incluido entre los denominados *rosales* —o *rosas*— antiguos, esto es, existentes antes de 1867[261]. Tal y como indica Buczacki (1999: 40) es «una especie europea poco

---

261 En 1867 aparece el primer rosal moderno, la rosa «La France», híbrido creado por el horticultor rosalista francés Jean-Baptiste Guillot hijo (Kac, 2010: 320): «Las rosas

sofisticada con flores rosas simples [...]. Constituyen el grupo más antiguo y probablemente más grande de rosales de jardín, con algunas variedades que datan de antes del siglo XVII».

De hecho, *Akal* se vale de las rosas de los rosales antiguos para justificar la tonalidad a la que alude *rosa* y, por ende, a *rosado*, ya que las sugerencias de color de *rosado* «se asemejan a los propios de la coloración estándar "rosa"» (*Akal: s.v. rosado*):

> rosa. [...] Coloración estándar clara, roja y débil, cuya sugerencia origen corresponde a la pigmentación floral de las variedades rosadas clásicas de los rosales «antiguos» [...] (*Akal: s.v.*).

La pigmentación floral de la *Rosa gallica* abarcaría tonalidades «de un rosado purpúreo a rosa pálido» (Silvestre y Montserrat, 2001: 162), esto es, una tonalidad rojiza clara, desvaída o ligeramente más intensa; pero que supondría un color distinto —si bien relacionado— con el rojo (otro de los colores atribuidos o con los que se identifica tradicionalmente a la rosa, si no el más prototípico).

Nuevamente en el plano lexicográfico, aunque fuera del periodo seiscentista, el testimonio de Terreros resulta de considerable interés a la hora de acotar la referencia cromática de *rosado*; aunque la búsqueda se vuelve ligeramente intrincada debido a las remisiones que deben efectuarse entre los distintos lemas si se quiere dibujar la idea de *rosado* que propone Terreros: en la entrada *rosado* se localiza una subacepción puramente cromática, pero mínima, ya que solo lo caracteriza como color y remite a *color de rosa*. La lexía *color de rosa*, que se esperaría que figurase *s.v. color*, lo hace unas líneas más arriba *s.v. rosa*, y se define como «una especie de color encarnado, ú hermoso rojo» (Terreros, 1788: *s.v.*); esto es, que Terreros, en principio, identificaría el rosa como un tipo de rojo o, en todo caso, como una tonalidad que podría incluirse en el abanico de tonalidades rojizas.

Encarnado remite a *encarnar*, que, a su vez, remite a *encarnación* —«en la Pintura, dar color de encarnación» (Terreros, 1787: *s.v.*)—. Esta última entrada hace referencia de manera sucinta al proceso de carnación o encarnación, de dar color de carne a las figuras escultóricas, citando materias primas como el albayalde rojo o minio, el aceite de linaza o de nueces y «color de carne» —lo que, por otro lado, marcaría una relación y una frontera entre el rojo y el rosa—.

> comunes del siglo XX [...] se crearon al cruzar las rosas europeas con las chinas, las del árbol de té, las rosas mediterráneas, y muchas otras, durante el siglo XVIII y XIX».

Por último, resulta pertinente la consulta de la entrada correspondiente al sustantivo *carne*, dada su condición de base nominal de la que derivan tanto *encarnado* como *(en)carnación*. A efectos cromáticos, Terreros no incluye propiamente una acepción referida al color propiamente para carne, sino para la lexía *color de carne de doncella*, que, además, contendría la clave para desentrañar la referencia cromática de *rosado*, puesto que equipara *color de carne de doncella* a *color de rosa*:

> COLOR DE CARNE DE DONCELLA, Ó DE ROSA, entre los Floristas, &c. se dice del color que representa la carne. [...] En Castellano se dice lo mismo de cualquier color que es semejante á éste de las flores; pero la erudición, inteligencia y exactitud de Lope de Vega Carpio, *Pastores de Belén*, lib. 3. dice, *que el color de carne de doncella es el color de malva: y yo*, dice (prosiguió Niseida) *de color de malva, que es un morado claro, que llaman por otro nombre carne de doncella* (Terreros, 1786 [1767]: *s.v. carne*).

Aunque Terreros la consideraría una voz propia de floristas, el significado propuesto para ambas expresiones es 'del color de la carne', dada su relación sinonímica —que podría extenderse a *rosado* por su valor 'color de rosa' y, por ende, otro de los cauces expresivos en los que puede realizarse el contenido cromático—.

Tal y como se había indicado en la entrada correspondiente a **carne de doncella**, *Autoridades* afirmaba que la lexía aludía a un color «encarnado baxo, con mezcla de blanco» (*Autoridades*, 1729: *s.v. carne*). La posibilidad 'rosado, rojizo tenue', por tanto, se vería nuevamente justificada si se tiene en cuenta la mezcla de *encarnado* —rojo, colorado— y blanco, que aclararía la tonalidad rojiza; aunque podría considerarse una gradación que fluctuase entre los polos [+intenso/+rojo] y [+desvaído/+rosa] en función de la presencia mayor o menor de blanco. Además, la autoridad que refrende la voz vendría a reforzar la hipótesis en mayor grado, introduciendo un ítem adicional: *color de malva* 'morado pálido que tira a rosáceo' (*DRAE*, 1970: *s.v.*).

Partiendo de la relación establecida entre *encarnado*, *carne de doncella* y *rosado* —y *malva*—, puede concluirse que la referencia cromática que ostentaría *rosado* es 'rojo desvaído, rojo claro' o, en la concepción actual 'rosa' —que podría presentar matices más o menos intensos (más rojizos) dentro de las posibilidades que ofrece la coloración—[262].

---

262 Cabe tener en cuenta, asimismo, la siguiente información que provee Ball (*op. cit*.: 184–185) sobre el valor de *rosa* en español: «Otro pigmento amarillo orgánico, [...] viene a ilustrar la volubilidad de la nomenclatura de los colores. El "rosa" era un pigmento de procedencia diversa [...], pero casi siempre con un inequívoco matiz *amarillo* [*OED* (*s.v.* pink sb[5]): 'a yellowish or greenish-yellow pigment']. [...]

En el plano documental, CORDE y CDH fijarían la primera fecha de documentación de *rosado* con valor cromático a finales del siglo XIV[263]:

> «E color *rrosado* que es quasi blanco mezclado con pelos bermejos» [Ferrer Sayol (1380-1385). *Libro de Palladio*. Extraído de: CORDE, CDH].

Además de constituirse como primera documentación de la acepción, el testimonio del *Libro de Palladio* permitiría identificar el valor de *rosado* que figura en los dos ejemplos de *CorLexIn* alusivos al pelaje de un novillo y de un caballo —este último ejemplo localizado en Colombia—. Podría considerarse, por ende, como un sinónimo de **rosillo**, pero el *DAm* presentaría un tipo de capa equina ligeramente distinta de la que se esperaría en el caso de un caballo *rosillo*:

> **rosado, -a. I. 1.** adj. *Bo, Ch, Ar. Referido a caballo*, que presenta manchas rojizas y blancas, ya por transparencia de la piel, ya porque posee pelos de estos colores (*DAm: s.v.*).

El *Diccionario de americanismos* parece apuntar más hacia un patrón manchado y no uniforme, que marcaría una clara diferencia entre ambas capas —amén de la ausencia de pelaje negro, característico del *rosillo*—.

El diccionario de la Academia considera esta acepción como propia de Colombia —no así el *DAm*, como puede observarse— desde la inclusión de *rubicán* 'caballo o yegua de pelo blanco y rojo' como sinónimo de *rosado* en la edición del *DRAE* de 1925, acepción que se sustituiría en el *DRAE* de 1970 por 'animal de pelo blanco mezclado con rojo, rubicán' aplicado a algunos animales y que en 1992 se restringiría exclusivamente al ámbito equino.

El uso aplicado a referentes bovinos que documenta *CorLexIn* estaría plenamente justificado dada la frecuencia de trasvases entre términos alusivos a capas equinas y bovinas. El valor que adquiriría *rosado* en este contexto podría estar próximo al de 'rojo claro', si bien debe tenerse en cuenta que, en el ámbito de las capas bovinas, un pelaje rojo o rojizo alude a una capa propiamente

---

El rosa rosado que se fabricaba a partir del palo de Brasil se consideraba distinto de la laca derivada de ese mismo colorante. Hacia finales del siglo XVIII el rosa amarillo cayó en desuso, y [...] "rosa" se transformó en un sinónimo del rojo claro del "rosa rosado", hasta que, poco a poco, llegó a designar un color en lugar de un método de fabricación».

263 Por otro lado, pueden localizarse ya a finales del siglo XIII algunos testimonios en los que *rosada* se emplea como sustantivo alusivo a un tipo de tela caracterizada por su color, a partir del cual habría recibido su denominación. Alfau de Solalinde la caracteriza como un tejido de lana «teñido en rojo claro o rosa» (*op. cit.: s.v. rosada*).

castaña —castaña clara, castaña rojiza—, si bien más viva o rojiza que una castaña oscura (con una mayor presencia de pelos negros).

En el contexto cronológico del siglo XVII, CORDE arroja un total 438 casos. El análisis del conjunto de manera pormenorizada revela que algo menos de la mitad de los casos, 207 (214 si se tienen en cuenta 7 casos dudosos) se corresponde con el valor cromático de *rosado*. No obstante, debe tenerse en cuenta que casi la totalidad de registros se adscribe al ámbito poético, siendo especialmente frecuente su uso como epíteto aplicado a la aurora y al color de los labios y de las mejillas de la mujer.

Si se elimina la restricción temporal, CORDE por sí solo permite atestiguar la pervivencia del adjetivo, ya que casi la mitad de las 5494 documentaciones (4828 de *rosado* y sus variantes flexivas y 666 de *rrosado*) se corresponde con *rosado* 'color'; concretamente, 2673 (2690 si se tienen en cuenta 17 casos dudosos) —debe tenerse en cuenta, eso sí, que muchos de los ejemplos pertenecen a una misma obra, en ocasiones en un gran número—.

La supresión de la restricción cronológica permite observar, además, cómo el valor cromático de *rosado* comienza a generalizarse a partir del siglo XVI, si bien ya pueden encontrarse testimonios en el siglo XV. Este hecho permitiría considerarlo, por ende, como un claro ejemplo de cultismo —al menos desde el punto de vista scmántico— dado su periodo de introducción en el caudal léxico-semántico del español.

El elevado número de documentaciones en CORDE permite considerarlo o constituirlo como término cromático de pleno derecho, estatus que corroborarían las 7618 concordancias que la voz posee en CDH.

Asimismo, la pervivencia del término con valor cromático —que, tal y como se ha visto, es el significado que se acaba imponiendo a partir de los siglos XVIII y, especialmente, XIX frente a su valor etimológico 'compuesto con rosas'— se sustentaría sin problema sobre los casi 1700 ejemplos de *rosado* en CREA (1691 exactamente) y los 3601 de CORPES XXI.

Sin embargo, la ligera modificación en la acepción cromática de *rosado* en la edición de 2014 del diccionario académico podría reflejar un cierto cambio de estatus respecto a otro ítem cromático con el que estaría estrechamente relacionado —y con el que compartiría, como es lógico, la misma referencia cromática—: *rosa*.

Mientras que la línea general a la hora de definir *rosado*, esto es, la fórmula de definición, ha sido la referencia a la rosa —una definición de tipo ostensivo cuyo referente sería la flor del rosal—, la 23.ª edición del *DLE* refrenda *rosa* como término cromático de pleno derecho, caracterizando a *rosado* no como el color que evoca al de la rosa —acepción de la que se apropia de forma exclusiva *rosa* (aunque la posee ya desde el *DRAE* de 1803)—, sino como el color 'que tira a rosa':

> **rosado**. 1. adj. Dicho de un color: Que tira a rosa. U. t. c. s. m. (*DLE*: *s.v.*).
> **rosa**. 10. adj. Dicho de un color: Rojo muy pálido, como el de la rosa común. U. t. c. s. m. (*DLE*: *s.v.*).

Es decir, que *rosado*, voz derivada, adquiriría un matiz no de tonalidad plena, sino de tonalidad aproximativa —un color que se asemeja, pero que no presenta la tonalidad o matiz máximo prototípico de la coloración— frente a *rosa*, nombre referencial (García-Page, 2009: 52–60), que representaría el término cromático general poseedor de la tonalidad considerada prototípica. Esta distinción o sustitución podría considerarse un caso análogo al de **(a)naranjado** y **naranja**: *naranjado* y *anaranjado* habrían sido los términos generales o preferidos a la hora de expresar el valor 'del color de la naranja'; preferencia que se habría visto modificada a partir del siglo XIX, momento en el que *naranja* comienza a ganar protagonismo y acaba sustituyendo a *naranjado* y *anaranjado* como tonalidad plena —adquiriendo los derivados ese matiz 'que tira a, semejante a'—[264].

No obstante, también cabría postular una cierta similitud con el caso de *marrón*, cuya entrada en el sistema léxico del español —como préstamo del francés— desplazó a **castaño** (Cotelo, *op. cit.*) y matizó su valencia semántica de tal modo que, en la actualidad, *castaño* se aplica casi exclusivamente al color de los ojos y al pelo. Podría postularse, por ende, una cierta restricción semántica en el caso de *rosado* derivada de la generalización de *rosa* como adjetivo cromático: además del hecho de que *rosado* posea el valor 'color similar al rosa', también se habría especializado en el color del vino (*vino rosado*, no **vino rosa*) o de la piel (*piel rosada* y no propiamente **piel rosa*), si bien este tipo de combinatorias podrían estar condicionadas por criterios de índole pragmática más que semántica, esto es, que hubiese sido el uso el que hubiese favorecido la preferencia por una construcción concreta más que su propio contenido semántico (Trujillo, 1976: 106).

En conclusión, el color rojo desvaído —más o menos intenso— propiamente asociado a la rosa castellana encontró su expresión en el contexto del siglo XVII a través del adjetivo denominal *rosado*; una casilla que, en la actualidad, ocuparía *rosa*, su propia sugerencia origen y base nominal. Es un término con un amplio recorrido en la historia del español, si bien se podría considerar como

---

264 No obstante, la acepción cromática de *naranja* en el plano lexicográfico parece bastante más tardía, dado que no se registra en la nomenclatura académica hasta la edición de 1970.

un ejemplo de cultismo semántico dada la documentación de sus primeros testimonios —siglo XV y, en mayor medida, XVI— y el registro en el que se localizan, mayoritariamente poético.

ROSILLO

Documentaciones en *CorLexIn*:

- Vn cauallo *rosillo* de rúa (Guatemala, Guatemala-1623)

Rosillo puede considerarse como un diminutivo lexicalizado de *roso* 'rojo' que se ha especializado en la designación de capas equinas mixtas o compuestas y cuyo uso puede considerarse como mayoritariamente americano.

Es un término de introducción tardía en el contexto lexicográfico ya que, aplicado al ámbito caballar, no figura en la obra académica hasta la decimotercera edición de 1899:

> **rosillo**. [...] Dícese de la caballería cuyo pelo está mezclado de blanco, negro y castaño (*DRAE*, 1899: s.v.).

Este hecho puede deberse a la condición originaria de derivado que posee *rosillo*, si bien es cierto que, en el ámbito caballar, es un diminutivo que ha terminado lexicalizándose, lo que explicaría la demora a la hora de incluirlo en la nomenclatura académica: por su condición de derivado y término técnico, aunque no aparece con ninguna marca de especialidad o campo del saber acompañando a la definición.

No obstante, este valor de *rosillo* restringido a capas equinas ya figuraba en el diccionario de Zerolo de 1895, unos años antes de la publicación de la nueva edición del diccionario académico. La voz aparece restringida diatécnicamente al ámbito de la equitación mediante la marca «*Equit.*»:

> **ROSILLO**. *Equit*. Capa del caballo que tiene mezcla de pelo blanco, negro y castaño (Zerolo, 1895: s.v.).

La definición se ha mantenido intacta a lo largo del resto de ediciones, si bien la vigesimotercera de 2014 ha añadido una nota de uso de carácter diatópico que se comentará posteriormente.

Terrado Pablo, no obstante, apunta a un tipo de pelaje de color rosado o rojo claro, si bien este tipo de pelaje podría contemplarse en la definición propuesta por la Academia, puesto que el castaño puede ser más o menos rojizo y verse «aclarado» por la presencia de pelo blanco, lo que le daría a la capa un aspecto más rosado: «rosiello: "rosillo, apelativo aplicado al caballo de color rosado"» (*op. cit.*: 94). Esta propuesta cromática se atendría al significado original del término 'rojo claro' que aparece documentado lexicográficamente desde la cuarta edición del *DRAE* de 1803.

Además, Terrado (*loc. cit.*) establece cierta semejanza entre el pelaje *rosillo* y el *sabino*, considerándolos, de hecho, como denominaciones sinónimas: «la tonalidad de este pelaje debe de ser muy parecida a la del caballo sabino, pues en un caso parecen emplearse como cuasisinónimos: *cauallo rosiello o sauino*» — El *DLE*, de hecho, remite *sabino*² a *rosillo*—. Teniendo en cuenta esta relación, puede explicarse la pertinencia del pelo negro en la capa *rosilla*, ya que —según se especifica en el apartado dedicado a la capa *sabina*—, esta se caracteriza por presentar un cierto matiz azulado posiblemente derivado de la presencia de este tipo de pelaje en la capa:

> SAUINO "apelativo aplicado al caballo de pelaje rosado con un tenue matiz azulado"; entre la corteza de la planta denominada *sabina* y la parte interior leñosa se halla un tejido muy fino de color rosa azulado; creemos que es a ese color al que se alude con el término *sauino* en nuestro documento (Terrado Pablo, *op. cit.*: 95).

Casas de Mendoza (*op. cit.*: 166), por otro lado, también equipara al sabino y al rosillo y reconoce la presencia de pelo negro en la capa; sin embargo, no especifica si esta peculiaridad le confiere un cierto matiz azulado. Por último, Bavera (2009: 3) —amén de presentar como sinónimos *rosillo* y *roano~ruano*— define a la capa rosilla como mezcla de pelos colorados y blancos (recibiendo el animal distinta denominación en función de qué color domina en la capa); pero reconoce la existencia de una variedad de *rosillo* conocida como *rosillo moro*, caracterizado por la presencia de «pelos negros entremezclados que le dan una tonalidad azulada» (Bavera, *loc. cit.*).

En conclusión, *rosillo* tendría una referencia cromática general que designaría a aquellas capas equinas que presenten tonalidades rojizas claras o rosadas —como establecería *Akal* (*s.v. rosillo*)— (valor que concordaría con su significado etimológico) y que, en ocasiones, y debido a la existencia de pelaje de color negro en la capa, puede presentar un cierto matiz azulado.

Respecto a su primera documentación, CORDE no ofrece ejemplos del término hasta principios del siglo XI bajo la forma *rosello*; sin embargo, en la documentación medieval leonesa del Archivo de la Catedral de León pueden encontrarse testimonios fechados en el siglo X:

> «Et azepi deo uos precium, que nouis uenep conplacuit, poltro *rosello*, [...]» (CL-135, 939)[265]

---

265 De hecho, esta es la primera documentación que propone el *DECH* para *rosillo* (*s.v. rojo*).

«Et accepimus de uos in offercione kauallos duos obtimos, illo uno *rosello* et alio raudano per colore» (CL-567, 994).

CORDE arroja un total de 90 documentaciones, siendo *rosillo* la forma mayoritaria en 78 de ellas. Restringiendo la búsqueda al siglo XVII, *rosillo* posee 22 concordancias de las cuales 5 (7 si se tienen en cuenta dos casos dudosos) se corresponden con el valor cromático aplicado a équidos (tanto en usos adjetivos como sustantivos).

Eliminando la restricción temporal, *rosillo* posee 80 resultados (49 de ellos con valor cromático, 52 si se consideran 3 casos dudosos); *rosello*, 8 (de los cuales 4 se corresponden con el valor de 'rojo claro, rosado'), y *rosiello*, 2.

En cuanto a los datos que ofrece CDH sobre el término, la búsqueda arroja un total de 234 concordancias, localizándose 25 de ellas en el corpus nuclear del CDH (con el objetivo de evitar solapamientos entre los resultados de CORDE y CREA). De esos 25 ejemplos, 16 concuerdan con el significado cromático del adjetivo, presentando algunos de ellos referentes bovinos —contemporáneos, eso sí—, si bien los referentes mayoritarios siguen siendo équidos:

«Luego, señalando un hermoso buey *rosillo*, cuyas astas levantadas hacia arriba indicaban su origen criollo, declaró: [...]» [Lillo, B. (1907). *Sub sole*. Extraído de: CDH].

Por otro lado, puede encontrarse una documentación en CDH en la que *rosillo* se aplica —con valor cromático— a un reptil, por lo que habría que remitirse a la primera acepción (etimológica) del adjetivo, 'rojo claro', y no a la que aparece restringida al ámbito equino:

«Tenía [la culebra o serpiente] la cabeza *rosilla*, los ojos verdes, sobresaltados; y como los vio, quiso encarar para ellos, y el Pedro Ximón le dio tal lanzada, que haciendo grandes bascas, murió y le hallaron en su vientre un venado chico» [Cieza de León, P. (1553). *Crónica del Perú*].

Cabría establecer, por tanto, dos referencias cromáticas: una de carácter general 'rojo claro, rosado' que responde al significado etimológico de *rosillo* como diminutivo de *rojo* —y que no presentaría restricciones combinatorias— y otra restringida al ámbito equino que designaría la capa castaña, blanca y negra. La referencia cromática restringida a équidos también se caracterizaría por tonalidades rojizas o rosadas; pero estas podrían presentar el viso azulado anteriormente comentado que les conferiría el pelaje negro.

En lo que respecta a su presencia en corpus de corte sincrónico, CREA ofrece un total de 6 ejemplos para *rosillo* y sus variantes formales, si bien solo 3 de ellas poseen valor cromático. En los tres casos la referencia animal es un équido. Por último, y para constatar la vigencia actual del término, la búsqueda en CORPES XXI arroja 19 casos para el término analizado, correspondiéndose 7 de ellos con el valor cromático —entre las que se encontrarían, asimismo, algunos casos de *rosillo* 'rojo claro, rosado'—:

> «Desde su cama contempló los bultos que formaban sus hermanas con sus figuras sobre los colchones, tapadas con gabanes *rosillos* heredados de su señor padre, Matasiete» [Ruiz, F. (2002). *Telares*. Extraído de: CORPES XXI].

El número de documentaciones obtenidas en CREA y CORPES XXI, sumadas a las ya analizadas de CORDE y CDH, demuestra un índice de uso para *rosillo* bastante bajo, condición que no aparece reflejada a través de marcas diacrónicas en la definición. En la edición actual del diccionario académico, no obstante, sí que figura una nota de uso de carácter diatópico que informa sobre el uso mayoritario del término en América:

> **rosillo**. 3. adj. Dicho de un animal, especialmente de una caballería: Que tiene el pelo mezclado de blanco, negro y castaño. Apl. a caballo, u. t. c. s. *U. m. en Am*. (DLE: s.v.).

Tabla 8. Documentaciones de *rosillo* en España y América (Fuentes: CORDE, CDH, CREA, CORPES XXI)

CORDE		CDH NUCLEAR		CREA		CORPES XXI	
España	América	España	América	España	América	España	América
28	26 (3)	3	15	0	3	0	7

Si se analiza la procedencia de las documentaciones obtenidas en los distintos corpus académicos puede constatarse la pertinencia de dicha nota.

Se constituye, por consiguiente, como otro ejemplo de término de origen peninsular que, con posterioridad, habría adquirido una mayor vitalidad léxica en el español americano en detrimento del uso europeo, en el que el vocablo habría caído prácticamente en desuso en la actualidad.

Rosillo, por tanto, se presenta como un adjetivo cromático que hace referencia a tonalidades rojizas claras o rosadas, tal y como puede determinarse a partir de su origen etimológico. Este término, además, presenta la peculiaridad de poder aplicarse —dentro del ámbito equino y bovino en ocasiones— a capas caracterizadas por la combinación de pelaje de color castaño, blanco y negro, combinación que daría como resultado una tonalidad rosada o rojiza (en función de la predominancia del blanco o el castaño) que, en ocasiones, puede presentar cierto viso azulado producido por la presencia de pelo negro. A la luz de los testimonios documentales, es un término de claro origen peninsular que se habría generalizado mayoritariamente en el dominio del español americano, si bien, actualmente, se encuentra en claro desuso.

RUBIO
[Tb. *royo*]

Documentaciones seleccionadas en *CorLexIn* y en fondos documentales inéditos de *CorLexIn*:

- De tres rocines, el vno *ruvio*, y el otro castaño y el otro negro, en sesenta ducados, con sus aparexos (Atienza, Gu-1640)
- Más quatro reales de vn calauaso de válsamo *rubio* (Bogotá, Colombia-1691)
- Yten poluos de coral blanco y *rubio* y de aljófar, todo preparado, y de philipéndula cada vn dracma, todo sutiliçado [¿*sic*?] (Cuenca, Cu-1622)
- Quatro bueyes de arada, el vno llamado Estandarte, color bermejo, y otro llamado Habonero, color castaño, y otro llamado Juncelo, color *rubio*, y otro llamado Clabellino, color rubio, mamellado (Álora, Ma-1661)
- Et primeramente, una yegua de pelo *royo* de seys años, otra yegua de pelo blanco cerrada con vna potra de pelo *royo*, dos yeguas de cada tres años de pelo *royo* (Cuarte, Hu-1653)
- 10 1/3 ts. de paño *royo* de Cálcena, arienzos, 16 (Jaca, Hu-1621)
- Ytem, yo, dicho Pedro de Escario, hos vendo vn par de bueyes de pelo *royo* (Loscertales, Hu-1653)
- Primeramente, yo, dicho Miguel Mayral, hos vendo dos mulas cerradas, la vna de pelo negro y la otra de pelo *royo* (Loscertales, Hu-1653)
- Ytem, yo dicho Pedro Lasierra hos vendo dos bueies de pelo *royo* de cada siete años poco más o menos (Loscertales, Hu-1653)
- Item, otra mula de pelo *royo*, frontina, cerrada y de labor (Sobradiel, Z-1614)
- Item, vna yegua de pelo *royo*, ya çerrada, con vna potranca del mismo pelo, de hasta dos años (Sobradiel, Z-1614)
- Vn par de bueyes de cada ocho años, el vno de pelo *royo* y el otro de pelo soro (Villarreal de la Canal, Hu-1689)
- Vn buey de quatro años de pelo *royo* (Villarreal de la Canal, Hu-1689)
- Dos bacas de pelo *royo* de cada cinco años (Villarreal de la Canal, Hu-1689)
- De XV m° *royo* de Çaragoça (Zaragoza, Z-1603)
- XV m° paño *royo* de Çaragoça (Zaragoza, Z-1603)
- De paño *roio* de Caragoça, XV m° (Zaragoza, Z-1603)
- XX n° de Teruel *royo* (Zaragoza, Z-1603)
- XX n° *roio* de Albarrazín (Zaragoza, Z-1603)
- XX° *roio* de Albarrazín (Zaragoza, Z-1603)
- XX n° *royo* de Albarrazín (Zaragoza, Z-1603)
- 6 pares de gregescos de paño *royo* de Calcena (Zaragoza, Z-1603)
- 3 pares de gregescos *roios* forrados de Calcena (Zaragoza, Z-1603)
- 8 pares de gregescos de *roios* de paño de Calcena sin afo<rrar> (Zaragoza, Z-1603)
- Más, vnos balones de paño *royo* (Zaragoza, Z-1603)
- Diez reales de bajilla blanca y *roya* (Sos del Rey Católico, Z-1684)
- una yegua *ruuia* çerrada (Badillo, So-1635)

- un esclauo, turco de nación, color blanco, que será de hedad de treynta y sinco años, nonbrado Magamet, de buen cuerpo, bigote *rubio* (Cádiz, Ca-1665)
- hotro buey *rubio*, cacho (Badillo, So-1635)
- una mula *rubia* sobre negro de dos años (Autillo, Pa-1656)
- una fanega de trigo *rubio* para senbrar (Segura de León, Ba-1659)

Tradicionalmente asociado o relacionado con el color amarillo y el contexto capilar (humano y animal), la referencia cromática de *rubio* estaría relacionada en un mayor grado con tonalidades intermedias entre el amarillo y el rojo —más anaranjadas— e, incluso, el marrón claro.

La definición que ofrece Covarrubias en su *Tesoro* no deja lugar a dudas, *rubio* es un adjetivo cromático que pertenece a la familia del rojo, valor heredado de su étimo latino —que se analizará posteriormente—:

RVBIO, el roxo y encendido de color, o rubio (*Tesoro*: s.v.).

A pesar de que, en la actualidad, tiende a pensarse más en *rubio* como un color perteneciente a la gama de tonalidades amarillas, lo cierto es que, en realidad, tiene una mayor relación con el color rojo. Covarrubias, siguiendo esta línea, lo presenta, efectivamente, como una tonalidad roja caracterizada por su viveza, esto es, por ser «encendida de color»; un adjetivo, *encendido* que —junto a otros como *subido*— suele predicarse a menudo del color rojo y que da a entender un matiz vivo, una coloración saturada, que destaca.

Respecto a la información presente en el diccionario de Rosal, el cordobés se limita en este caso —como es lógico— a indicar la etimología del vocablo, acertada en este caso: «Rubia cosa, de Rubeo, Latíno [...]» (s.v.). Asimismo, en la entrada *rubia*, Rosal alude a la rubia, granza o rubia roja (*Rubia tinctorum*), la «rubia de tintoreros», que se habría empleado tradicionalmente para fabricar tintes de color rojo:

Pero mayor protagonismo aún que la grana para el teñido de paños, tanto en tonos rojizos como negros, tuvo la rubia (*Rubia tinctorium*), una planta herbácea perenne, de pequeñas flores y raíces de color rojizo, que secas y pulverizadas se utilizaban para extraer el principio colorante en ellas contenido, la alizarina. La rubia es una sustancia tintórea conocida desde muy antiguo, de la que Plinio dice que servía para teñir la lana y las pieles y san Isidoro que «tiene tal nombre por ser su raíz rojiza (*rubra*), por eso se emplea para teñir la lana» [...] (Cifuentes i Comamala, 2011: 78-79).

Aparentemente, y siguiendo los dictámenes de la etimología —como se verá posteriormente—, *rubio* tendría una relación mucho más estrecha con *rojo* que con *amarillo*, más aún si se tienen en cuenta testimonios como el uso de la rubia como tinta colorante. Sin embargo, la información correspondiente a la entrada *rubio* que figura en el primer repertorio lexicográfico académico complica o desdibuja ligeramente la idea anterior y, por ende, la referencia o adscripción cromáticas de *rubio*:

> **RUBIO, BIA**. adj. Lo que tiene el color roxo claro, o de color de oro (*Autoridades*, 1737: *s.v.*).

En primer lugar, y aunque *Autoridades* sigue adscribiendo *rubio* a la órbita de **rojo**, se observa una ligera contradicción respecto a la definición que ofrecía Covarrubias: mientras que el toledano caracterizaba al rubio como una tonalidad intensa y viva —encendida—, *Autoridades* rebaja esa condición, presentándola como un rojo claro, que evocaría el color del oro. Este cambio en el matiz de la coloración, no obstante, no alteraría de manera sustancial la idea de *rubio*; de hecho, justificaría en mayor medida su relación con el ámbito capilar y su identificación con determinadas coloraciones en ese contexto.

Podría pensarse que la relativa generalización de otras tonalidades —como el propio término *rojo*, 'encarnado muy encendido'— sería la que podría haber propiciado este cambio en el matiz de *rubio*.

Por otro lado, y de forma indirecta, el *Diccionario de autoridades* está poniendo de manifiesto cierta relación entre *rubio* y una segunda familia cromática, la del **amarillo**. Si bien es cierto que no se alude a dicho color en la definición, ha podido comprobarse en la entrada correspondiente la relación que existe entre el oro y el color amarillo. La referencia y presencia del oro en la definición ostensiva de *amarillo* se ha mantenido —como ha podido apreciarse— a lo largo de toda la tradición lexicográfica académica, añadiéndose y eliminándose referentes como el limón maduro o su corteza, la flor de la retama o la caña común, hasta llegar a los actuales oro y yema del huevo.

También se había comentado previamente cómo el oro o la yema del huevo no parecían, en principio, los elementos más adecuados a la hora de erigirse como referentes del color amarillo —al menos del amarillo «prototípico», de la primera asociación que puede efectuar un hablante al encontrarse frente a este ítem léxico—, precisamente por el matiz rojizo que ambos referentes extralingüísticos poseen (*vid. amarillo* y nota 251 en **robellado**).

Curiosamente, la referencia al rojo desaparece en la edición del *DRAE* de 1992 —ya lo había hecho en el *DMILE* de 1985—, limitando la definición a la fórmula «de color parecido al del oro», quizá por esa incoherencia aparente *rubio* > *rojo* 'color de oro', pero *oro* > *amarillo*. La otra alteración en el esquema definitorio se habría llevado a cabo en la edición actual, la de 2014, en la que se establece que con *rubio* se está haciendo referencia al color amarillo del oro —en consonancia, por ende, con la definición de este último—:

> **rubio, bia**. 1. adj. Dicho de un color: Amarillento, parecido al oro (*DLE*: *s.v.*).

No obstante, cabría romper una lanza por la definición que ofrece la última edición del diccionario académico, ya que se ha optado por el uso de *amarillento* frente a *amarillo*. Un matiz o precisión que podrían resultar o considerarse significativos, dado que se estaría dando a entender que *amarillento* no constituiría la tonalidad estándar o en grado pleno, sino una tonalidad aproximante.

Atendiendo ahora a la etimología del adjetivo, el *DECH* (*s.v. rubio*) indica que *rubio* provendría del latín RUBEUS 'rojizo', valor que ratifica el *Gaffiot* «roux, roussâtre» (*s.v.*), indicando además su condición de derivado de RŪBER 'rouge', al que se le habría adjuntado el sufijo -EUS —presente en varios adjetivos cromáticos latinos (*vid. rojo*)—.

Respecto a la interpretación del término, Corominas y Pascual indican en la entrada que el sentido de *rubio* «fué [sic] siempre aproximadamente el actual, acercándose a veces algo más al latino», dando a entender una diferencia entre el significado etimológico del término y el que el *DECH* presupone como actual. De hecho, cita varios ítems bibliográficos alusivos a su valor en la «época clásica».

Entre ellos, cabe destacar el trabajo de Américo Castro sobre la voz *boquirrubio*, en el que defiende que *rubio* y *rojo* habrían sido —y son— «dos cosas bien distintas»:

> En español no ofrece ninguna duda actualmente que *rubio* y *rojo* son dos cosas bien distintas; pero dentro de la historia del idioma hay algunos hechos que pueden dar lugar a discusión y que conviene precisar. De un modo normal no se ha llamado nunca rubio [sic] a un objeto bermejo o carmesí [...]. Los textos medievales precisan bien lo que es *rubio* y lo distinguen claramente de *bermejo* (1919: 292).

Castro achaca a Nebrija la vaguedad e imprecisión con la que define los límites entre *rojo* y *rubio* —color que, para Castro, solo puede aplicarse al rojo que evoca al del oro, «sólo de un rojo parecido al del oro puede decirse que es rubio» (*ibid.*: 292)—, empleando *rubio* de manera indistinta como equivalencia de voces perfectamente diferenciadas en latín como son RŪFUS, FLĀVUS, FALVUS, RŬTĬLUS O RŌBUS:

> La traducción seudoliteral y poco exacta de estos cuatro lexicógrafos [Palet, Oudin, Trognesio y Arnaldo de la Porte][266] es tanto más explicable cuanto que Antonio de Nebrija no había definido con precisión *rubio*; en su *Vocabulario* da los siguientes datos sobre este color; «*Rufus*: por cosa ruuia, roxa o bermeja»; «*flauus*: cosa ruuia o

---

266 César Trognesio y Arnaldo de la Porte son autores, respectivamente, del *Trésor de trois langues* (neerlandés-español-francés) (1639) y del *Nuevo Dictionario, o thesoro de la lengua Española y Flamenca* (1659) (Núñez, 2008).

roxa»; «*robus*: por el trigo que llaman ruuión»; «*ruuia cosa*: fl[a]uus rutilus»; «*ruuia cosa un poco*: subflauus, subrutilus»; «*rubio encendido*: rufus, fuluus»; «*roxo*: rutilus, flauus». No creo que sea un atrevimiento decir que Nebrija es en este caso impreciso e inexacto; entre *flavus* y *ruber* hay los mismos matices y diferencias que entre *amarillo* y *rojo* o *bermejo*, los cuales de modo alguno pueden confundirse, como hace nuestro gran lexicógrafo [...]. Esta tonalidad [*flavus*] fácilmente pasa a la rojiza, pero ambos matices se han distinguido claramente ya en latín; [...] (*ibid.*: 294).

La conclusión a la que llega Castro es que el significado de *rubio* se habría distanciado de su valor etimológico original, concretándose en el de otros términos próximos cromáticamente, si bien distintos y diferenciados en época latina: «[...] la significación de *rubio* en español se ha apartado de la de *ruber*, que ocasionalmente podía tener *rubeus* en latín, y se ha concretado en la de *flavuus* o *rufus*» (*op. cit.*: 295). Quizá la mejor solución hubiese sido servirse de ejemplos con referencias a objetos —tal y como apunta el propio autor—, opción que, muy posiblemente, hubiese evitado los cruces entre los términos cromáticos[267].

En definitiva, la multiplicidad de términos existentes en latín para 'rojo' podría haber propiciado una pérdida progresiva de la diferenciación de los matices y, por ende, el florecimiento de confusiones entre unos términos y otros —especialmente si se parte de las imprecisiones de Nebrija, principal referente lexicográfico en siglos posteriores dentro y fuera de las fronteras hispánicas—.

La relación de *rubio* con el color rojo puede atestiguarse, igualmente, a partir de los ejemplos de *CorLexIn* localizados en Aragón, especialmente aquellos en los que el adjetivo se predica de un referente animal. Además de ilustrar la solución del grupo -BJ- en -J- (*royo/roio*) en el dominio lingüístico aragonés[268], el *DECH* indica que «el sentido de *royo* no es 'rubio', sino 'rojizo', como en latín y hasta hoy en catalán» (*s.v. rubio*).

---

267 Por otro lado, también es cierto que Castro admite que RŬBEŬS en latín podía emplearse tanto con el valor de 'robus' como con el de 'flavus' (*op. cit.*: 292). De hecho, el *Gaffiot* documenta el significado 'jaune' para *flavus*, pero también 'rougeâtre'.

268 En el área leonesa, *royo/a* se emplea con el significado de 'fruta poco madura' (*LLA*, *s.v.*) en varias zonas de León, Zamora y Asturias ('ensin marecer [la fruta]'; *DALLA*: *s.v. royu*). En la toponimia pueden destacarse los Peñarroya (Peñarroya-Pueblonuevo en Córdoba, Peñarroya de Tastavins en Teruel, etc.) y los Roales (con pérdida de la palatal: *rubial* > *royal* > *roal*), como Roales del Pan en Zamora o Roales de Campos en Valladolid.

A modo de ejemplo, Jordana (1916) incluye la forma compuesta *ojirroyo*, definido como «res que tiene alrededor de los ojos manchas o círculos rojizos». Ya Peralta había recogido en su *Ensayo de un diccionario aragonés-castellano* (1836) *royo* 'rubio' y Borao (1859) hará lo propio con *royo* 'rubio, rojo, bermejo' —ilustrando además la sinonimia existente entre los tres adjetivos—.

La consulta del *ALEANR* permite acotar en mayor grado la referencia cromática de *royo* aplicado al ganado bovino y equino. En el primer caso, el bovino, el mapa 581 se dedica en principio a los resultados de «res *mosqueada*»; pero el enclave que incluyen muchos de los mapas ofrece los resultados de «res *colorada*»: «*Roya* es el término más difundido, aunque se encuentran los siguientes [...]: *cereña* [...], *colorada* [...], *roica* 'royica' [...], *royisca* [...]».

El caso de *royo* aplicado a las capas bovinas aragonesas podría considerarse como un reflejo genuino de la capa rojiza considerada como básica o monocroma (Bavera, *op. cit.*), que no es otra que la que posee un pelaje castaño encendido, vivo (Torres, *op. cit.*: *ss.vv. colorado, rojo*).

Fuera del dominio aragonés —donde también se localizan testimonios de *rubio* aplicados a bóvidos—, quizá cabría pensar en una tonalidad más intermedia entre el rojo y el amarillo:

> RUBIO. El pelo del toro colorado más claro que el aleonado. Es denominación anticuada [...] (Cossío, 1942: *s.v.*).

A pesar de considerarlo como una capa colorada, Cossío matiza la coloración apuntado a un matiz **aleonado** —o **leonado**— más claro. Esta precisión, no obstante, tendría cabida en el espectro de tonalidades rubias (sirva como ejemplo el uso de *roxo* en el dominio lingüístico asturleonés, que no se corresponde con el valor 'rojo' del castellano).

Cabría pensar, por ende, en una capa similar a la de la raza *rubia gallega*, cuyo pelaje podría encuadrarse en el de las capas simples coloradas —con ciertas variaciones de tono—; una capa que el *Sistema Nacional de Información de razas* del MAPA caracteriza del siguiente modo:

> Capa uniforme de color rubio, trigueño o canela (capa *teixa*), admitiéndose oscilaciones que van desde el claro (*marelo*) hasta el oscuro (*bermello*). Se admiten degradaciones centrífugas en las bragadas, axilas, cara interna de los muslos, cara posterior de las nalgas, partes distales de las extremidades, punta de la cola, morro y alrededor del ojo.

Podría considerarse, en conclusión, como un tipo de capa roja no tan encendida como la *roya* aragonesa, pero algo más rojiza que la asturiana de montaña.

Para el contexto equino —siempre dentro del contexto lingüístico aragonés— podrían sostenerse dos hipótesis: una primera teoría que abogase por considerar *royo* como sinónimo de **bayo**, tal y como puede suponerse a partir de los resultados para «caballo *bayo*» del mapa 740 del *ALEANR* (entre los que se incluyen *roísco*, *rojo* y *royo*), y una segunda opción que defendiese una posible confluencia de **alazán** y *bayo* en el área aragonesa que respaldarían algunos resultados del mapa 721 «caballo *alazán*».

A pesar de que la capa baya puede considerarse como puramente amarilla o amarilla clara, algunos testimonios (*Autoridades*, 1726; *DRAE*, 1884) apuntaban a la posibilidad de que dicha capa presentase cierto viso rojizo o, incluso, que se aproximase a tonalidades más tostadas, más rubias o doradas —matiz que podría derivarse de la presencia de pelaje rojizo—.

Asimismo, *bayo* se presenta en el mapa 740 como un tipo de caballo «de color avinagrado», relación que también se reflejaba en el mapa 541 del *ALECant*. A pesar de que el vinagre se asocia, por lo general, con el color amarillo claro, no debe relegarse a un segundo plano el hecho de que también puede ser de color rojizo y de que existe un tipo de capa bovina *avinagrada* cuyo pelo es «colorado, obscuro y brillante» (*vid.* **vinagrado**)[269].

Por otro lado, también cabe tener en consideración el hecho de que en el mapa 721 del *ALEANR* —«caballo *alazán*»— junto al esperado *alazán* se localicen no pocos registros de *bayo*, *rojo* y *royo* y, en menor medida, *roy*, *roch*, *rubio*, *colorao*, *royisco* y *encarnao*.

Es decir, que podría sugerirse un posible solapamiento entre *bayo*[270] y *alazán* en el dominio aragonés (y catalán, *cfr.* *bai*) y, por ende, una confusión entre las tonalidades a las que dichos adjetivos harían referencia —si bien el marco cromático seguiría oscilando entre tonalidades más amarillentas o rojizas, pero posiblemente dentro de la órbita del espectro de *rubio*—.

Este solapamiento o desplazamiento semántico podría observarse, asimismo, en el caso del dominio asturleonés —y también el gallego—. En la entrada correspondiente a *rojo* se indicaba que, para el asturleonés, *roxo* no ostentaba los mismos valores que *rojo* en castellano: si bien algunos diccionarios como

---

269   A estos testimonios cabría añadir el de Villa y Martín, que caracteriza la capa baya como «[…] de un color rojizo bajo como tirando á amarillento claro, semejante al de la paja de trigo ó de cebada. Los cabos y extremos son negros ó muy oscuros» (*op. cit.*: 398). Esta descripción podría evocar un pelaje dorado, castaño claro, que sí que podría concordar con la capa de algunos tipos de caballos bayos —si bien su tonalidad prototípica es más tendente, en principio, al amarillo pálido— y que, además, podría concordar con los referentes que empleaban Covarrubias y Rosal para describir el color del pelaje del *bayo*: la palma curada y el color del dátil.

270   Sobre las posibilidades cromáticas de *bayo* y su relación con tonalidades castañas o rojizas, *vid.* Junquera Martínez, 2019: 27-29.

el *DGLA* indican que puede emplearse con las acepciones 'rojo' o 'encarnado', *roxo* ostentaría un significado mucho más próximo a 'rubio', 'castaño claro' o 'melado': «[...] con *roxu* se alude a tonalidades 'acaneladas', 'leonadas' y 'marrones ocre' [...]» (Junquera Martínez, 2019: 33). El ejemplo más claro es el pelaje de la asturiana de montaña, que nada tiene que ver con la idea prototípica que evoca *rojo*.

En el caso asturleonés, además, podría hablarse de un fenómeno de inversión, puesto que la casilla vacía que le correspondería a 'rojo, encarnado' la habría ocupado *rubiu*. Nuevamente, el *DGLA*, además de las acepciones 'rubio', 'rubio tenue' o 'amarillento', documenta el valor 'rojo, colorado' para el adjetivo —respondiendo, precisamente, al valor etimológico que poseía RŬBEŬS en latín—. Así, tal y como se indicaba en la nota 257 de la entrada *rojo*, a las tarteras (o *potas*) esmaltadas de color rojo oscuro se las conoce en Asturias como *potas rubias*; además, de las personas febriles se dice que tienen la *cara rubia* por el rubor que adquiere el rostro debido al aumento de la temperatura (Junquera Martínez, 2019: 32, nota 11)[271].

Se concebirían, por ende, como dos términos en oposición en el esquema cromático asturleonés; un fenómeno que Fernández Lorences (*op. cit.*: 13–15) atestigua, precisamente, aplicado al color de las vacas, en las que *rubiu* haría alusión a una tonalidad más clara que *roxu* —si bien para algunos hablantes sería justo al contrario (*ibid.*: 15)—:

> Ente la pregunta «¿*Rubiu* y *roxu* ya lo mesmo o hai diferencia?», obtuviemos les siguientes respuestes:
>
> — Pa mi *rubio* es otro, y *roxu*... el de La Espina, que tien pes- tañas y todo roxu.
> — El rubiu ya rubiu ya'l roxu tira más contra castañu.
> — Nun ya lo mismo.
> — Non, non, qué va. El *rubiu* ya rubiu. Pero'l *roxu*, hai gente que tien el pelo como así..., a outru color, que dicen *el roxu*.
> — Non. *Rubiu* ya'l color más vivo. Tien un color más fino que'l *roxu*.
> — Hai diferencia. El *roxu* ya más escuro.
> — Ya un color *roxu*, como si fuera rubiu, pero nun ía tan claru.

---

271 Para la provincia de León, el *Habla de Villacidayo* de Urdiales (1966: *s.v. rubio*) indica que *rubio* «se dice de las vacas de color rojizo; también se dice rojas». Le Men, por su parte, propone un valor hasta ahora no contemplado para el adjetivo: se emplearía para hacer referencia al ganado bovino u ovino que presenta manchas rojizas en la cara —si bien documenta la acepción 'vaca de color rubio o rojo claro' en el valle de Laciana—.

De lo anterior deducimos que los lexemes 'rubiu' y 'roxu' parcelen la sustancia cromática estremando dos zones de color (*ibid.*: 14).

La autora también alude a la posibilidad del desdibujamiento entre las fronteras de los ítems cromáticos latinos, especialmente acusado en el terreno del *amarillo* y el *rojo* —y que, curiosamente, no habría afectado al *verde* o al *azul*—:

> [...] nel estáu actual de llingua observamos que dicha oposición presenta mayor inestabilidá en comparanza con otros significaos. Ello quiciabes tenga yá aniciu nel propiu llatín, onde nun estadiu determináu varios términos (*ruber, rufus, russeus, rubeus*) que más tarde darán orixe a los correspondientes románicos repartíense parceles mui próximes de conteníu. La inestabilidá pue atopar tamién esplicación na propia estructura del sistema actual, qu'en cierta manera apaez «descompensada», pues si consideramos la totalidá de la sustancia cromática observamos cómo una parte de la mesma (la que paez correspondese coles llonxitúes d'onda más altes del espectru) queda parcelada en varios significaos: 'rubiu', 'mariellu', 'roxu', 'coloráu'; mientres que'l restu de la sustancia de conteníu queda repartida namás en dos lexe mes, 'verde'y 'azul' (*ibid.*: 15).

Por último, uno de los ejemplos de *CorLexIn* documenta una combinatoria de *rubio* que no suele ser demasiado frecuente en los inventarios que conforman el corpus —si bien hay que tener en cuenta que el referente no se presta a una combinatoria tan amplia—: la predicación de un referente humano, esto es, el uso de *rubio* para caracterizar el color del cabello o del vello facial de una persona. En este caso concreto, se aplica a un esclavo turco cuyo bigote es rubio.

El cabello rubio responde a una baja presencia de melanina —de ahí que suela asociarse con piel y ojos claros (Robins, 1991: 195–208)—. Según Frost, la mutación que dio origen al cabello rubio habría tenido lugar hace 10000–11000 años (*op. cit.*: 86), si bien hay restos fósiles noreuroasiáticos datados alrededor de los 17000 años (Evans, 2019: 139) que demostrarían que la mutación se habría producido mucho antes.

La extensión y predominancia del cabello rubio —especialmente en el norte de Europa (*vid.* mapa 4 en **cabellado**)— se ha atribuido a diversos factores: selección sexual (Frost, *op. cit.*), colonos protoindoeuropeos motivados por la expansión de los kurganes (Gimbutas, 1956; Cavalli-Sforza, Menozzi y Piazza, 1994: 266), etc.

Además de la confluencia en el referente áureo, la estrecha relación entre *rubio* y el contexto capilar también podría proponerse como condicionante en el acercamiento entre *rubio* y *amarillo*, más aún si se tienen en cuenta que —en cierto modo— la oposición entre ambos colores se vería neutralizada en la referencia al color del cabello. Bajo una misma denominación, *rubio* se esconderían un conjunto de matices que abarcan coloraciones más rojizas o doradas, castaño claras (similares al *rubio* del pelaje vacuno) o más oscuras/grisáceas (generalmente conocidas como *ceniza* o *rubio sucio*) (Question, 2018).

Esta acepción no figurará en el diccionario académico hasta la edición de 1869[272] como una concreción del valor cromático general: «Se dice especialmente del cabello de este color y de la persona que le [*sic*] tiene» (*DRAE*, 1869; *s.v.*). No obstante, ya figuraba en el *Diccionario nacional* de Ramón Joaquín Domínguez desde su primera edición de 1846-1847:

> **Rubio, bia**. adj. Que tiene el color rojo claro parecido al del oro. Aplícase muy generalmente al cabello de este color, bastante común en la primera edad, y que suele tener también la propiedad notable de ensortijarse ó caer en ondas. || Por sinécdoque y sustantivando se llama así (principalmente en la terminación femenina) á las personas que tiénen el cabello rubio: [...] (Domínguez, 1853 [1846-1847]: *s.v.*).

Por otro lado, la variedad de matices y posibilidades que esconde *rubio* aplicado al cabello humano demuestra la tendencia o desplazamiento de *rubio* desde su valor 'rojizo' inicial hacia el amarillo o el dorado, color con el que actualmente tiende a relacionarse con mayor frecuencia —si bien el matiz rojizo seguiría estando presente a través del dorado[273]—. Este abanico cromático aparece muy bien representado en la entrada correspondiente a *rubio* del *DUE* de María Moliner:

> **rubio, -a**. [...] **1 adj. y n.** Del color del oro o de la mies madura. ⊙ Aplicado a personas, con el pelo de ese color, o más oscuro tendiendo a castaño, o rojizo ⇒ Amelcochado, bermejo, blondo, catire, catiro, catirrucio, chelo, güero, huero, leonado, oxigenado, platinado, platino, rojo, royo, rucio, rubiales, rubianco, rubiasco, rútilo, taheño [...] (*DUE*: *s.v.*).

Precisando su valor en el contexto actual, el *Diccionario Akal del Color* ofrece una definición que podría tildarse de solución intermedia al presentar *rubio* como una coloración dorada especialmente ligada al color del cabello:

---

272 Pero ya figuraba en el *Universal vocabulario* de Alfonso de Palencia: «Flauo color de cabellos es quando son ruuios et resplandecientes» (1490: *s.v. ruuio*).

273 El solapamiento entre *rubio* y *rojo* también podría aplicarse en el caso del cabello humano: el mapa 945 del *ALEANR* y el 483 del *ALEICan*, correspondientes a los resultados de «pelirrojo», localizan varios ejemplos en los que *rubio* se emplea para hacer referencia a la persona de cabello pelirrojo, desdibujando una vez más los límites entre ambas tonalidades y poniendo de manifiesto la relación cromática entre ambos términos.

rubio. [...] Adjetivo que se aplica al cabello dorado o trigueño. Se llama también así a quien lo tiene. // [...] Variante clara de las coloraciones castañas, como la del tabaco [...] (*Akal: s.v.*).

Akal también incluye la posibilidad de que *rubio* se emplee dentro de las tonalidades castañas para aludir a aquellas variantes más claras —entre las que también podrían encuadrarse otros adjetivos como *leonado*—, como en el caso de las capas bovinas y equinas que presentaban esta coloración y que se han expuesto anteriormente —con la posible salvedad del matiz rojizo que dichas capas poseerían en el dominio aragonés—.

En conclusión, la referencia cromática de *rubio* oscilaría entre tonalidades más rojizas —y próximas a su valor etimológico— o más amarillentas, entre las que podrían incluirse las amarronadas claras que son especialmente significativas en el contexto del pelaje animal. En el contexto del siglo XVII, no obstante, y dados los testimonios lexicográficos consultados, el matiz predominante en todo caso sería el rojizo-dorado (si bien los posibles usos alusivos al color del cabello podrían apuntar en mayor medida al amarillo).

Respecto a sus primeras documentaciones, el *DECH* (*s.v. rubio*) apunta a un documento leonés del año 950, fecha que podría adelantarse[274] ligeramente gracias al espulgo de los fondos de la vasta colección documental de la catedral de León, ejemplo al que pueden añadirse otros bastante tempranos de los siglos X y XI del resto de colecciones documentales del leonés medieval:

> «uacca colore *ruuea*» (CL-111, 936)
> «uaka / per colore *ruuia*» (CL-330, 960)
> «boue per colore / *rubio*» (CL-1161, 1069)
> «boue, per colore *rubio*» (OD-232, 1043)
> «nobella per colore *rubia*» (OD-244, 1047)
> «vacca *ruvia*» (SH-94, 945)

La variabilidad formal con la que el adjetivo puede presentarse invitan a valerse de CDH para la consulta de testimonios de *rubio*, corpus en el que dicho adjetivo cromático alcanza las 12830 documentaciones. En el contexto cronológico del siglo XVII, el número de ejemplos se reduce a 1028; un número significativo, aunque quizá ligeramente bajo para un ítem que se presupone general y generalizado —especialmente en un registro como el poético—.

---

274 De hecho, como topónimo podría adelantarse a mayo del año 929 gracias al documento 82: «[...] in predito logo ad illo Nido de la Aquila, in dereyto Ripa *Rubia* [...]» (CL-82, 929).

El análisis de las concordancias revela el resultado esperado: 951 de las 1028 (958 si se tienen en cuenta 7 casos dudosos) pueden considerarse ejemplos de la acepción cromática de *rubio*, ilustrando además su combinatoria más frecuente, entre cuyos referentes se encuentran el cabello humano —más aún teniendo en cuenta el canon de la *descriptio puellae* (vid. **color de tenca**) aún presente en la poesía barroca—, algún ejemplo de *rubio* predicado del pelaje animal y no pocas referencias al color del cabello de las deidades clásicas, especialmente el de Apolo (vid. *rojo*).

En los testimonios citados, puede afirmarse casi con total seguridad que *rubio* se emplea con la acepción de 'amarillo' —especialmente ligada al cabello—, ocasionalmente 'dorado'; sin embargo, su relación etimológica con rojizo y, por ende, su empleo con dicho valor —quizá 'anaranjado'—, también se deja entrever en algunas de las documentaciones que el adjetivo posee en CDH en el mismo contexto cronológico que las anteriores:

«Qvál del Gange marfil, o quál de Paro / Blanco mármol, quál éuano luziente, / Quál ambar *rubio*, o quál oro excelente, / Quál fina plata, o quál cristal tan claro, [...]» [Góngora y Argote, L. (1605). «¿Cuál de Gange marfil, o cuál de Paro?». *Primera parte de las flores de poetas ilustres*. Extraído de: CDH].

«Por escudo trae su pecho / que rasgado se le trae, / qual pechiabierta granada / que vierte *rubios* granates» [Valdivieso, J. de (1622). «El hombre encantado. Acto sacramental». *Doce actos sacramentales y dos comedias divinas*. Extraído de: CDH].

A partir de los ejemplos puede deducirse que, si bien el valor de *rubio* en el siglo XVII es, claramente, 'dorado, amarillo' ('castaño claro' en algunos casos como el del pelaje animal), aún perviven casos —minoritarios— en los que cabría la interpretación *rubio* 'rojizo'. No debe caer en saco roto la apreciación que hace el *DECH* sobre el sentido de *rubio*: «fué [sic] siempre aproximadamente el actual, acercándose a veces algo más al latino».

Para la solución aragonesa *royo* —que habría conservado el valor etimológico 'rojizo'—, los corpus diacrónicos ofrecen un número significativamente menor de resultados, hecho claramente derivado de su condición de ítem restringido diatópicamente. El número de documentaciones de *royo* en el siglo XVII es de 13 y las de *roio*, 14; pero ninguna de ellas atestigua el empleo del adjetivo con valor cromático.

La búsqueda general, sin restricción cronológica, ofrece un resultado bastante más amplio —si bien aparente—: 482 casos de *royo* y sus variantes flexivas y 217 de *roio* en su búsqueda por forma. Sin embargo, solo 2 de los ejemplos ilustran la casuística de *roio* 'rubio'; en el caso de *royo* el número de documentaciones es ligeramente mayor, pero tampoco demasiado significativo —varias pertenecen a una misma obra—, 40 (49 si se tienen en cuenta 4 casos dudosos):

> «[…] & de los otros estrumentos de musica que tannien y. que nos echassemos en tierra. & aorassemos a aquella tu ymagen. & el qui lo non fiziesse que serie luego metudo en un forno *roio* & quemado […]» [Alfonso X (*c*1280). *General Estoria. Cuarta parte.* Extraído de: CDH].
>
> «[…] Otrossi cuenta alli orosio que se encendieron los montes de Ethna. & echaron grandes fuegos con centellas *roias*. & que corrieron aquellos fuegos & fueron fasta mucha tierra […]» [Alfonso X (*c*1280). *General Estoria. Cuarta parte.* Extraído de: CDH].

A partir del siglo XIX, los ejemplos de *royo* que pueden encontrarse son los de *roya*, un tipo de enfermedad de las plantas de origen fúngico que afecta a hojas, tallo, fruto y flores y que se caracteriza por la aparición de bultos de color rojizo anaranjado.

En un contexto más actual, los 3054 casos de *rubio* en CREA y los 7403 de CORPES XXI son muestra más que suficiente de la pervivencia del adjetivo, reflejando, por otro lado, su clara adscripción —o restricción— al ámbito de la coloración capilar y su uso con el valor 'dorado, amarillo'.

Royo, por su parte, eleva el número de documentaciones frente a *roio* en CREA con 116 casos, entre los que pueden localizarse 7 ejemplos de *royo* 'rojizo'. Finalmente, de los 288 casos de *royo* que posee CORPES XXI tan solo 1 ilustraría su uso como adjetivo cromático (el resto constituirían documentaciones de *roya* 'enfermedad vegetal'):

> «Los árboles no desentonan porque por aquí abunda el pino silvestre y el *royo* con su corteza anaranjada. Al otro lado, asoma en Francia el impresionante pico Midi d'Ossau de origen volcánico» [Aínsa Montes, A. (2009). *Camino de Santiago en Aragón. Guía del peregrino.* Extraído de: CORPES XXI].

Miembro de uno de los esquemas cromáticos latinos más ricos —y aparentemente más problemáticos— desde el punto de vista del significante, *rubio* se habría apartado de su significado originario 'rojizo' para acabar haciendo referencia con el paso del tiempo a tonalidades amarillentas o doradas, amén de haberse especializado —o restringiendo— en el ámbito de la coloración del cabello humano y el pelaje animal. No obstante, en el siglo XVII aún podrían documentarse algunos retazos de su valor originario, especialmente en el dominio aragonés, donde la forma *royo* habría mantenido el significado de 'rojo, rojizo'.

SALMONADO

Documentaciones en *CorLexIn*:

- Yten, treinta y tres reales por tantos en que se remató vna basquiña de raxa *salmonada* contenida en el dicho imbentario (Vitoria, Vi-1638)

Partiendo de la base nominal *salmón* y mediante la adjunción del sufijo -*ado*, el adjetivo *salmonado* se emplea como denominación de las tonalidades anaranjadas que presentan cierta similitud con el color de la carne del salmón común o salmón del Atlántico (*Salmo salar*).

La voz *salmonado* figura en la nomenclatura académica desde *Autoridades*, aunque no empleada exactamente con el valor 'de color del salmón', sino con el significado de 'similar a la carne del salmón'; contenido que, por otra parte, abarcaría, asimismo, el valor cromático, puesto que, si el parecido radica en la carne, también lo hará en el color:

> **SALMONADO, DA.** adj. que se dice de los pescados, que se parecen en la carne al salmón. Dicese especialmente de las truchas (*Autoridades*, 1739: *s.v.*)[275].

La entrada de *Autoridades* restringe su combinatoria a referentes animales, concretamente pescados, por lo que, en principio, la concordancia de *CorLexIn* atestiguaría una posibilidad que el *Diccionario de autoridades* no contempla —rasgo que resulta ligeramente extraño a la luz de algunas documentaciones de CORDE que se analizarán en el apartado correspondiente—.

Dado que la propia entrada *salmonado* alude a *salmón*, la consulta de dicho lema en el *Diccionario de autoridades* arroja algo de luz sobre la tonalidad a la que haría referencia el adjetivo denominal, ya que la información que figura sobre el salmón en los diccionarios monolingües preacadémicos de Rosal y Covarrubias no resulta demasiado esclarecedora:

> **SALMON.** s. m. Pescado, cuya carne es colorada, cubierta de escamas, salpicadas con pintas rubias y amarillas […] (*Autoridades*, 1739: *s.v.*).

La presencia del adjetivo **colorado** en la definición remite a tonalidades rojizas, posibilidad que corrobora la propia entrada *salmón* de *Akal* a la que remite *(a) salmonado*:

> **salmonado.** *Véase* asalmonado (*Akal*: *s.v.*).
> **asalmonado.** Coloración semejante a la característica del salmón (*ibid.*: *s.v.*).
> **salmón.** Coloración estándar, clara, roja y moderada, cuya sugerencia origen corresponde a la pigmentación que presenta la carne del pez salmónido «salmón común» (*Salmo salar*) […] (*ibid.*: *s.v.*).

---

275 La definición es prácticamente idéntica a la que la primera edición del *Dictionnaire de l'Académie française* ofrece para *saumoné*: «Il se dit de certains poissons, particulierement des truites, quand la chair en est rouge comme celle des saumons» (*DAF*, 1694: *s.v.*).

Aunque es cierto que la carne del salmón es propiamente anaranjada, la presencia del término **rojo** en las definiciones anteriores no es óbice para postular un valor 'anaranjado' para *salmonado*. De hecho, la consulta de la voz **naranja** en el *Diccionario de autoridades* revela dos rasgos de especial importancia:

> NARANJA. s. f. El fruto del naranjo: el qual es de figura esphérica del tamaño de la manzana regular. La cáscara es fofa, y por lo exterior áspera y desigual, y mui roxa en su madurez. Lo interior se compone de unas fibras mui xugosas, dentro de unas telillas, blancas, divididas en varios cascos. Las hai enteramente dulces, y otras mui ágrias (*Autoridades*, 1734: *s.v.*).

En primer lugar, el valor cromático no figura en la entrada, dado que el término asociado a dicha tonalidad es —como se ha visto en las entradas correspondientes— *(a)naranjado*, definido como «de color de naranja» (*Autoridades*, 1734: *s.v. naranjado*). De hecho, la acepción 'color anaranjado' no se incluyó en la entrada *naranja* hasta la edición de 1992, definiéndose, por otro lado, como «color anaranjado» (*DRAE*, 1992: *s.v. naranja*).

En segundo lugar, el color del fruto del naranjo aparece caracterizado por el color «mui roxo» de su cáscara. No obstante, el rasgo 'anaranjado' podría considerarse codificado en *rojo*: tal y como se ha comentado en **rubio** o **amarillo**, *rojo* no siempre se ciñe estrictamente a lo que podría considerarse como la tonalidad roja estándar, pudiendo ostentar otros valores como 'dorado rojizo', 'rojo suave' o 'anaranjado' —especialmente referido al cabello—. De hecho, el adjetivo *pelirrojo* aplicado al cabello humano no alude a una coloración propiamente roja, sino rubia intensa o *anaranjada*. en primer lugar.

Por otro lado, el *anaranjado* o *naranja* es un color muy próximo al rojo, definiéndolo *Akal* como «semioscuro, rojo amarillo y saturado» (*Akal: s.v. naranja*), adjetivos que encajarían con la acepción de *Autoridades*, puesto que dibujan una coloración ligeramente oscura y saturada, esto es, viva e intensa.

En conclusión, el adjetivo denominal *salmonado* abarcaría aquellas coloraciones anaranjadas que presentan cierta similitud con la carne cruda del salmón común[276].

Respecto a sus documentaciones en los corpus académicos, la búsqueda en CORDE de *salmonado* arroja un total de 9 concordancias; pero solo 2 se corresponderían con su uso con valor cromático, ambas fechadas en la primera mitad del siglo XVII:

---

276 Actualmente, el término *salmón* suele aplicarse a coloraciones ligeramente más rosáceas, una muestra más de la influencia del factor cronológico y sociocultural en el ámbito cromático.

> «Mujer de esotra parte de cuarenta años arriba, rucia rodada, pasante como quínola, abultada de días, *salmonada* de cabellos y colchada de barriga, que ha un año o dos que cerró, [...]» [Quevedo y Villegas, F. de (c1619–1626). *Premática que se ha de guardar para las dádivas a las mujeres de cualquier estado o tamaño que sean*. Extraído de: CORDE].
>
> «¡Ah mujeres! ¡Plegue al cielo / que os pongan con un rebenque / *salmonado* todo el cuerpo! / Y quien no dijere amén, / cuente en Argel este cuento» [Quiñones de Benavente, L. (a1645). *Las burlas de Isabel*. Extraído de: CORDE].

Ambos testimonios, sumados al ejemplo de *CorLexIn*, permiten, por ende, considerar el valor y uso cromático de *salmonado* como un derivado genuino del siglo XVII. Además, la aportación de *CorLexIn* es la única que atestigua la posibilidad combinatoria del adjetivo con prendas de vestir.

No obstante, si se tiene en cuenta el matiz de que *salmonado* se aplicaba a los pescados cuya carne se asemejaba a la del salmón —como indicaba el *Diccionario de autoridades*—, podría considerarse que dicho valor cromático se documenta por primera vez a principios del XVII en un ejemplo de Lope de Vega fechado alrededor del año 1600 en el que *salmonado* aparece complementando al sustantivo *trucha*:

> «Darete un arroyo fresco / que crucia de un monte a otro / donde, con caña y quillotro, / truchas *salmonadas* pesco» [Vega y Carpio, L. de (c1600). *Las batuecas del Duque de Alba*. Extraído de: CORDE].

A pesar de que dicha consideración no afectaría al estatuto seiscentista conferido a la acepción de *salmonado* 'color anaranjado', puede aducirse que el uso como adjetivo cromático de pleno derecho no se documentaría propiamente hasta finales del primer tercio del XVII.

CDH eleva el número de ejemplos de *salmonado* a 13, si bien los únicos ejemplos que atestiguan el valor cromático son los 2 que figuraban en CORDE.

En el plano sincrónico, CREA ofrece 2 resultados en los que *salmonado* no se emplea con valor cromático y CORPES XXI, 5, siendo 3 de ellos ejemplos del uso analizado. No obstante —y teniendo en cuenta la tonalidad que actualmente se asocia a *salmón* y, por ende, a *salmonado* (vid. nota 276)—, el valor de *salmonado* en estos tres casos no se correspondería exactamente con el valor propuesto para el término en el contexto seiscentista.

El bajo índice de uso puede deberse, entre otros motivos, al triunfo de *asalmonado*, cuya primera documentación en corpus se remonta al último tercio del siglo XIX, aunque ya figuraba en la nomenclatura de diccionarios de principios y mediados de dicho siglo como el de Núñez de Taboada (1825), Salvá (1846) o el Domínguez (1853). No obstante, su uso cromático, tal y como refleja

CORDE, no parece desarrollarse en demasía hasta el siglo XX, dado que, en la mayor parte de las concordancias, se aplica a la trucha *asalmonada*.

En conclusión, el color *salmonado* se habría empleado en el contexto del siglo XVII para aludir a tonalidades anaranjadas, siendo la sugerencia origen del adjetivo denominal la carne fresca del salmón común (en la actualidad, por el contrario, aludiría a colores más cercanos al rosa o el rosa anaranjado). Es un término escasamente documentado y con un índice de uso considerablemente bajo, en especial en el propio siglo XVII, siglo en el que se fecharía el primer testimonio de su valor cromático. Respecto a su valencia combinatoria, los ejemplos extraídos reflejan un abanico de referentes relativamente amplio, siendo *CorLexIn* el único corpus que atestigua su combinación con referentes textiles.

SANGUINO

Documentaciones en *CorLexIn*, en fondos documentales inéditos de *CorLexIn* y en Gómez Ferrero (2012):

- Tres bueyes de labranza, uno bermexo, otro negro y otro *sanguino* (Villacalbiel, Le-1647)
- Una baca color *sanguina* (Molinaferrera, Le-1698)
- Tres bueyes, dos *sanginos* y uno negro (Riego de la Vega, Le-1675)
- Otra baca *sanguina* bragada (Alija del Infantado, Le-1644)
- Otro becerro *sanguino* y bragado (Alija del Infantado, Le-1644)
- Un becerro *sanguino* de dos años que ba a tres (Coomonte de la Vega, Za-1645)
- Un buey *sanguino* (La Antigua, Le-1648)
- Un bezerro de un año color *sanguino* (Genestacio de la Vega, Le-1650)
- Un jato de un color *sanguino* (La Nora del Río, Le-1724)
- Una baca *sanguina* de tres años (La Nora del Río, Le-1724)

El empleo de *sanguino* como adjetivo cromático alusivo a capas rojas o rojizas simples puede considerarse como un uso o valor dialectal propio de la mitad sur de la provincia de León, especialmente en la zona de la frontera con Zamora. El vocablo, no obstante, posee una valencia semántica más amplia como se verá a partir de los ejemplos extraídos de los corpus académicos.

La primera documentación del término dentro del contexto lexicográfico monolingüe remite a *Autoridades*:

> **SANGUINO, NA**. adj. La cosa que abunda de sangre, ò la aumenta y cria [sic] (*Autoridades*, 1739: s.v.).

Tal y como puede observarse, no existe ningún tipo de referencia a su posibilidad de uso con valor cromático, valor que sí que presenta el adjetivo *sanguíneo* que también incluye la nomenclatura del último tomo del *Diccionario de autoridades*:

> **SANGUINEO, NEA**. adj. Epiteto [*sic*] que se aplica al color semejante al que tiene la sangre (*Autoridades*, 1739: *s.v.*).

El *DECH*, *s.v. sangre*, presenta *sanguino* como variante de *sanguíneo*, arguyendo una posible influencia del francés *sanguin* (documentado desde el siglo XIII). Ambos términos se presentan, de hecho, como resultados de un mismo étimo SANGUINEUS desde *Autoridades*; pero figurarán como sinónimos hasta la 7.ª edición del diccionario usual de 1832:

> **SANGUINO, NA**. adj. SANGUÍNEO en todas sus acepciones (*DRAE*, 1832: *s.v.*).

A partir de la edición de 1884, *sanguino* se define mediante una remisión a *sanguíneo*, remisión que perdura en la edición actual (si bien ha ido ganando acepciones a partir de la edición de 1899).

No obstante, a pesar de que la relación entre *sanguíneo* y *sanguino* —y, por ende, el valor cromático de *sanguino*— no se hace patente desde el punto de vista lexicográfico hasta la edición de 1832, podría suponerse que un referente 'abundante en sangre' puede presentar, perfectamente, una tonalidad más o menos rojiza que reflejase dicha abundancia.

Respecto a la tonalidad exacta o aproximada a la que estarían haciendo referencia tanto *sanguino* como *sanguíneo*, es necesario consultar las distintas entradas que la voz *sangre* —su base nominal— posee en los diccionarios que sirven como punto de referencia lexicográfica del presente estudio, aunque solo *Autoridades* aporta datos sobre la tonalidad del líquido:

> **SANGRE**. s. f. Humór roxo contenido en las artérias y venas del cuerpo del animál, compuesto de una variedad de partículas sólidas, dissueltas, y nadantes en un suero, ò liquór aquoso (*Autoridades*, 1739: *s.v.*).

El color **rojo**, como ya pudo comprobarse en su entrada correspondiente, posee una referencia cromática variada, pero, en el caso de la sangre, la posibilidad cromática solo puede abarcar tonalidades puramente rojizas (*vid*. Castro, 1919 en **rubio**).

El *DECH* (*s.v. rojo*) acepta la referencia *rojo* 'color de sangre', aunque apunta a que, dentro del contexto de los clásicos, **rojo** aludía a tonalidades más suaves. No obstante, si se tiene en cuenta la presencia de adjetivos como **encarnado**, (*muy*) *encendido*, etc., parece claro que el valor cromático para *rojo* en los siglos XVII y XVIII alude a una tonalidad más viva, por lo que se estaría haciendo referencia a una tonalidad rojiza no tan tenue (más próxima a tonos rojizos o rosados) como la clásica que se atribuye al adjetivo (*DECH*: *s.v. rojo*).

El *Diccionario Akal del Color* incluye *sanguino* en su entrada *sanguíneo* «color cuyos rasgos cromatológicos se asemejan a los propios de la coloración estándar "sangre"» (*Akal*: s.v. *sanguíneo*), resaltando, además, el matiz oscuro de la tonalidad. *Sangre* aparece caracterizado como una coloración «oscura, roja e intensa» (*ibid.*: s.v. *sangre*).

Teniendo en cuenta la localización de los ejemplos que documentan las fuentes empleadas, resulta pertinente la consulta de los mapas del *ALCYL* que hacen referencia a colores bovinos. Curiosamente, al contrario que el resto de atlas[277], el *ALCYL* no incluye ningún mapa dedicado a «vaca *colorada*», en el que se esperarían posibles resultados de *sanguino*. Tampoco se registra *sanguino* con el valor de 'color' en el *LLA*, figurando únicamente como variante de *sangüeño* 'de sal', 'cornejo'.

En el resto de atlas lingüísticos, por otro lado, tampoco se registran resultados de *sanguina*, por lo que este valor de *sanguino* podría considerarse un valor restringido diatópicamente —al menos— al área leonesa (o asturleonesa, al localizarse un caso en Zamora).

En conclusión, la referencia que se propone para *sanguino* es 'rojo', un rojo que evocaría el color vivo de la sangre. No obstante, y dada su ligazón con el contexto bovino, también ostentaría el significado 'castaño encendido, castaño rojizo' —si bien aplicado solamente al color del pelaje animal—.

Los resultados en CORDE para *sanguino* restringidos al siglo XVII son abundantes (80 en 33 documentos), pero no se registra ninguno aplicado a pelajes animales. No obstante, pueden encontrarse algunas referencias al color del coral que permiten corroborar la tonalidad propuesta. Estas documentaciones, aunque escasas, permiten, asimismo, atestiguar la relación sinonímica entre *sanguíneo* y *sanguino* —entre otros, por las múltiples referencias a los tipos de temperamentos—mucho antes de que esta figurase en testimonios lexicográficos:

> «[...] que con las ondas chocan, / del cual, entre esmeraldas / y *sanguinos* corales, [...]»
> [Espinosa, P. de (1605). *Tiran yeguas de nieve* (Primera parte de las flores de poetas ilustres). Extraído de: CORDE].

Sin embargo, ninguna de las documentaciones del siglo XVII contempla la posibilidad de que *sanguino* se aplique a un animal para referirse al color de su pelaje.

---

277   Vid. *ALEA* (485), *ALEANR* (581), *ALECant* (436), *ALECMAN* (625), *ALEICan* (356).

Eliminando la restricción diacrónica se obtienen un total de 500 concordancias, pudiendo fecharse la primera documentación de la voz con el valor propuesto de 'color' a mediados del siglo XIII en la descripción de la piedra atribuida al signo de Aries, el *anetatiz*[278]:

> «Del dozeno grado del signo de aries; es la piedra a que dizen anetatiz, que quiere dezir piedra sanguna. De su natura es caliente & seca Et es de color uermeia & oscura que tira contra *sanguino*» [Alfonso X (c1250). *Lapidario*. Extraído de: CORDE].

Pueden localizarse, asimismo, algunos posibles ejemplos de *sanguino* con el valor de 'color' aplicados a los ojos, columnas, blasones, flores, etc. Asimismo, se registran también algunos ejemplos de *sanguino* aplicado a telas o tejidos:

> «Otrossi mando que los moros [...] non trayan cendal en ningun panno nin penna blanca nin panno vermeio nin verde nin *sanguino* nin çapatos blancos nin dorados» [Anónimo (1252). *Actas de las Cortes de Alcalá de Henares*. Extraído de: CORDE].
>
> «Acuerdan e tienen por bien que ningun escudero non traya penna blanca nin calças descarlata nin vistan escarlata nin verde nin bruneta nin pre nin moret nin narange nin rosada nin *sanguina* nin nengun panno tinto [...]» [Anónimo (1258). *Ordenamiento* (Documentos de Alfonso X dirigidos a Castilla la Vieja). Extraído de: CORDE].

Alfau de Solalinde documenta un tipo de tejido denominado *sanguina* caracterizado por su color: «tejido de lana de Flandes conocido por su color» (*op. cit.: s.v.*); aunque específica que es difícil determinar su tonalidad exacta, Solalinde documenta tonalidades como *vermeille* ('bermejo') y *graine* ('grana'), por lo que las tonalidades rojizas estarían claramente representadas.

En las documentaciones correspondientes al siglo XIX pueden encontrarse varios usos de *sanguino* con valor cromático aplicados a animales, aunque las concordancias hacen referencia únicamente a aves. Si bien da la impresión de que CORDE no registra ningún caso de *sanguino* con valor cromático aplicado al pelaje del ganado bovino, podría considerarse que la siguiente concordancia corrobora la hipótesis planteada:

> «[...] Brauote / lleua esta cruz en las nares, / y diziendo aquesto diole: / luego salio la *sanguina*, / y por las Sierras le corre» [Anónimo (1609). *Romances de germanía de varios avtores con su Bocabulario al cabo por la orden del a, b, c,* ... Extraído de: CORDE].

---

278   Tal y como indica Corriente (2008: *s.v. ambonencuz*), *anetatiz* hace referencia a la *hematites*, mineral de óxido de hierro cuyo color característico oscila entre el rojo y el pardo.

La razón por la que puede defenderse esta documentación como muestra del uso de *sanguino* aplicado a bóvidos es que, unos versos después, puede encontrarse el siguiente fragmento: «Vna Negrota le embroca». *Embrocar* aparece definido en el *DLE* con dos acepciones restringidas al ámbito de la tauromaquia, por lo que parece evidente que se está haciendo alusión a un bóvido:

> **embrocar**². 3. tr. *Taurom.* Dicho de un toro: Coger al lidiador entre las astas. 4. tr. *Taurom.* Dicho de un toro: Enfilar a alguien con las astas. U. t. c. intr. (*DLE: s.v.*).

Ya que no resulta extraño encontrar alusiones a animales basadas en el color de su pelaje, *sanguina* y *negrota* podrían estar haciendo referencia a dos reses bovinas —una vaca o una vaquilla, ya que la concordancia es femenina—, lo que permitiría atestiguar el uso de *sanguino* aplicado a capas bovinas.

Respecto a sus documentaciones en CDH, se registra un total de 602 concordancias de las que 78 corresponden a su corpus nuclear. La mayor parte de los ejemplos que aporta el CDH en la capa nuclear coinciden con los registrados en CORDE, por lo que la búsqueda no arroja nuevos datos o documentos que posibiliten un afianzamiento del uso de *sanguino* aplicado a bóvidos.

Dado que los ejemplos de *CorLexIn* y del resto de fuentes se documentan en León, la documentación medieval leonesa podría arrojar algo de luz y corroborar la posibilidad combinatoria defendida; sin embargo, los únicos resultados que pueden encontrarse de *sanguino* 'color' —todos ellos del mediados del XIII— se aplican al color de un tejido de lana, la *bruneta*[279]. Aunque este paño habría acabado recibiendo su denominación a partir de su color característico —«muy oscuro, casi negro» (Alfau de Solalinde, *op. cit*: *s.v.*); «negro o bruno» (Dávila Corona *et al.*, *op. cit.*: *s.v.*)—, no sería el primer tejido que podía aparecer teñido de colores distintos (*galabrún*, *escarlata*, etc.).

La voz presenta un índice de uso muy bajo a partir del último tercio del siglo XX, tal y como demuestran las 10 concordancias para *sanguino* que arroja el CREA. De ellas, solo 2 responden al valor cromático esperado; pero hacen referencia a la variedad de naranja *sanguina*, caracterizada —precisamente— por el color rojizo de su pulpa. Este acusado descenso en su uso se ve claramente corroborado por las 19 documentaciones que arroja la búsqueda del término en CORPES XXI, cuya mayor parte corresponde a la variedad de naranja anteriormente comentada —manteniendo el valor cromático—; aunque también pueden encontrarse datos sobre la técnica pictórica que recibe su denominación

---

[279] «Tejido de lana de calidades diversas teñido en un tono muy oscuro, casi negro, fabricado principalmente en los Países Bajos» (Alfau de Solalinde, *op. cit.*: *s.v.*).

por emplear la *sanguina*, una barra de hematites que permite realizar líneas y trazados de color rojo oscuro.

Sanguino, por tanto, se presenta como un color perteneciente a la gama de colores rojos caracterizado por presentar un matiz oscuro o muy oscuro, similar al color de la sangre. Posee una valencia combinatoria amplia, ya que puede combinarse con múltiples referentes; pero solo en León han podido documentarse casos en los que *sanguino* haga referencia al color del pelaje bovino, por lo que puede postularse como un valor restringido diatópicamente a la zona sur de la provincia de León.

SIRGADO

Documentaciones en fondos documentales inéditos de *CorLexIn*:

- Una vaca negra *sirgada* que tiene en alparcería (Villamañán, Le-1647)

El adjetivo *sirgado* procede del latín sērĭcātus 'vestido de seda', derivado de sērĭcum 'seda', origen etimológico propuesto para *sirgo* a partir de su variante sĭrĭcum, por lo que podría considerarse un derivado —desde el punto de vista diacrónico— de *sirgo*, que también habría adquirido el valor cromático referido a pelajes animales que posee su base de derivación.

Su condición de derivado, así como la localización de la documentación en la provincia de León y la referencia a bóvidos, invitan a pensar que la tonalidad a la que alude es la misma que se ha propuesto para *sirgo* ('pelo con manchas negras y blancas', localizándose las manchas blancas en la zona del vientre).

Sin embargo, la voz también aparece documentada en Canarias en el mapa 358 del *ALEICan* (solo en la provincia de Gran Canaria) y presenta algunas particularidades tanto en el referente animal como en la disposición de las manchas, si bien la referencia cromática de su base nominal parece mantenerse inalterada.

En lo que respecta al tipo de animal al que puede complementar el adjetivo, el mapa citado incluye los resultados para «(vaca o cabra) *pintada*», por lo que, en principio, el adjetivo cromático también podría emplearse para hacer referencia al pelaje caprino —opción bastante frecuente en el caso canario, dado que la cabra es animal por excelencia de la cabaña ganadera insular—. De hecho, la voz figura también en el *DBCan*, mostrando como único contorno semántico «dicho de una cabra» (s.v. *sirgado*).

El *DECan*, sin embargo, solo lo aplica a reses, amén de considerarlo como un término del occidente peninsular, corroborando su adscripción al dominio lingüístico leonés (con la acepción propuesta).

Respecto a la referencia cromática, la descripción del mapa 358 del *ALEICan* figura como «animal que tiene muchísimas pintas pequeñas», que se correspondería con la definición de *pintojo*, lema al que remite *pintado* en el diccionario académico, «que tiene pintas» (*DLE*: s.v. *pintojo*). Este hecho no alteraría, en principio, la referencia cromática propuesta para *sirgo*, si bien presenta una disposición de las manchas diferente: en lugar de localizarse en la zona ventral del animal, estas aparecerían salpicando, aparentemente, toda la capa del animal.

Asimismo, la entrada *sirgado* en el *DBCan*, que establecía su uso aplicado únicamente a ganado caprino, aporta referencias diferentes de la tipología y disposición de las manchas en función de la zona en la que se localiza la voz, incluyendo, además, acepciones marcadas diatópicamente como propias de las islas occidentales (Tenerife y La Gomera) que no figuraban en el *ALEICan*:

> **sirgado, da**. 1. adj. *Or*. Dicho de una cabra, que presenta muchas pintas pequeñas o chispas por alguna parte del cuerpo, generalmente en los cuartos delanteros y por debajo de la barriga. [...] 2. adj. *Tf y Go*. Dicho de una cabra, que tiene una lista por la barriga. 3. adj. *Tf*. Dicho de una cabra, negra con el vientre más claro (*DBCan*: s.v.).

El *DECan*, por su parte, también incluye la primera definición del *DBCan*; pero la aplica únicamente a reses y la restringe a las islas orientales (Fuerteventura, Lanzarote y Gran Canaria), concordando parcialmente con los datos del *ALEICan*:

> **sirgado, da**. 2. *Fv, GC, Lz. Gan*. *Dicho de una res*: Con muchas pintas pequeñas [...] (*DECan*: s.v.).

La primera acepción de la voz corresponde a la propuesta para *sirgo* —hecho que, además se indica en una nota al final de la acepción «también en *Ast*. y *León* como *sirgo*»—, si bien no se especifica la posición concreta de las manchas ni su tipología. Además, restringe su uso a las islas de Fuerteventura y Tenerife:

> **sirgado, da**. adj. *Fv, Tf. Gan*. *Dicho de una res*: Con manchas blancas y negras [...] (*DECan*: s.v.)[280].

Esta acepción, además, remite al mapa 357 del *ALEICan*, correspondiente a «(vaca o cabra) *blanca y negra*», que, en efecto, documenta el término en Fv-2, pero no en Tenerife.

---

280 La localización Fv-3, no obstante, sí que modifica ligeramente la tonalidad propuesta, ya que la aplica al ganado (caprino o bovino, no se especifica) cuyas manchas son abundantes y rojas.

El *DECan* incluye, además, un ejemplo con variación de la líquida, *silgado*, posiblemente influida por la forma *silgo* que el *LLA* documenta para **sirgo**. La referencia cromática vuelve a mantenerse, pero vuelven a cambiar los referentes animales, la tipología de manchas y la restricción diatópica de las acepciones; pero base cromática 'blanco y negro' se mantiene:

> **silgado, da**. adj. GC y *Lz. Gan. Dicho de un animal*: Con una mancha en forma de cincha o cinturón [...] 2. *Fv y Lz. Gan. Dicho de una cabra*: Blanca con chispas negras [...] (*DECan*: s.v.).

En conclusión, la hipótesis cromática de *sirgado* no es fácil de precisar, si bien puede afirmarse que es un adjetivo especializado en la alusión al pelaje animal y, además, que su característica principal es la bicromía blanco-negro —que se presentaría visualmente en forma de manchas de forma y disposición variables—.

En lo que respecta a sus documentaciones en corpus, solo CORDE registra resultados para *sirgado*; sin embargo, ninguno de los 12 ejemplos aportados concuerda con el valor cromático propuesto para el adjetivo. El caso de *silgado* puede resultar más dudoso: al igual que la variante con líquida vibrante, solo presenta 2 documentaciones en CORDE, pero estas sí parecen concordar con el significado propuesto, si bien se localizan en Ecuador y hacen referencia a un caballo.

> «Caminaba [el caballo] correctísimo en su distinción anglosajona, con sus miembros *silgados*, cenceños, recta la cabeza espigada, que el repujado de las venas salientes hacía parecer más descarnada» [Zaldumbide, G. (c1910). *Égloga trágica*. Extraído de: CORDE].

El *DAm*[281] incluye un valor diferencial para *silgado* en Ecuador con el significado 'delgado, enjuto' (lema y acepción que también recogía el *DMILE*). Aunque, en principio, se emplea solo con personas (así lo establece su contorno semántico), es posible que el autor se haya tomado una licencia y haya ampliado la posibilidad combinatoria del término. Esta posibilidad se vería refrendada, además, si se tiene en cuenta que *cenceño* posee el valor de 'delgado, enjuto' (*DLE*: s.v.).

El ejemplo presente en los fondos inéditos de *CorLexIn* ha permitido, por tanto, documentar la presencia de *sirgado* no solo en Canarias, tal y como

---

281 El *Diccionario de americanismos* también documenta un valor diferencial para *sirgado* en Puerto Rico que introduciría una nueva referencia cromática y un nuevo referente animal: «*En las peleas de gallos*, gallina o gallo que tiene dos o tres colores: pinto, negro y cenizo» (*DAm*: s.v. *sirgado*).

establecen los repertorios lexicográficos propios del canario, sino también en León, consolidando su condición de leonesismo u occidentalismo. El término, empleado como adjetivo cromático, mantendría la referencia bicromática propuesta para *sirgo*, si bien en Canarias presentaría la posibilidad de aplicarse a otros referentes animales (cabras) y abarcaría diversas formas de presentación de las manchas de la capa.

SIRGO

Documentaciones en *CorLexIn* y en fondos documentales inéditos de *CorLexIn*:

- Yten un jato color *sirgo* (Solanilla, Le-1662)
- Una vaca *sirga* pequeña, de dos años (Villamañán, Le-1647)
- Un buey *sirgo* de tres años para cuatro (Villamañán, Le-1647)

El término *sirgo* empleado como adjetivo con valor cromático puede incluirse entre los numerosos términos existentes en el ámbito del pelaje bovino para hacer referencia a un tipo de capa compuesta bicromática.

No existen registros lexicográficos que documenten este valor de *sirgo* hasta la 15.ª edición (1925) del diccionario académico, ya que Covarrubias, Rosal o *Autoridades* solo recogen las acepciones de «seda torcida» (*Tesoro*: *s.v.*), «seda» (Rosal: *s.v.*) o «tela labrada de seda» (*Autoridades*, 1739: *s.v.*). En la edición de 1925 del *DRAE* se indica que la referencia cromática abarcaría una bicromía blanco-negro y, además, que este valor de *sirgo* se encuentra diatópicamente restringido a Asturias y León (restricción que se vería corroborada por las documentaciones que aportan *CorLexIn* y sus fondos inéditos):

sirgo, ga. adj. *Ast. y León*. Aplícase a las reses que tienen el pelo con manchas blancas y negras (*DRAE*, 1925: *s.v.*).

Dada la restricción diatópica de la voz, resulta pertinente la consulta del *LLA*, que mantiene la referencia cromática propuesta, si bien la matiza al especificar el color dominante de la capa y la posición concreta de las manchas:

sirgo, ga [...], 'se dice de la res de dos colores, especialmente de las vacas negras que tienen manchas blancas bajo el vientre; ocasionalmente se aplica al ganado equino' [...] (*LLA*: *s.v.*).

Es decir, una res *sirga* podría diferenciarse de una *blanquinegra* al presentar la primera las manchas en la zona de debajo del vientre, mientras que en la segunda se localizarían por todo el pelaje. Asimismo, se establece que el color dominante de la capa sería el negro y que son los pelos o cerdas blancos los que conforman las manchas.

Le Men aporta también tres variantes del término que, sin embargo, no se documentan en *CorLexIn*: *silgo*[282] (con variación de la líquida) y las variantes con palatalización y posterior velarización *jilgo* y *jirgo*. El *DECH* (s.v. *jilguero*) documenta el uso de *silgo* en la zona de Maragatería como adjetivo cromático con el significado de 'de dos colores o pelos' referido a capas animales:

> **sirga**. adj. f. De dos colores o pelos. Dícese de la capa de los animales. *Garr.* (Alemany, 1916: 60).

La abreviatura *Garr.* indica (Alemany, 1915: 623) que el término aparece recogido en el *Dialecto vulgar leonés* de Alonso Garrote:

> **silga**. adj. f. De dos colores ó pelos. Aplícase á la designación de la *capa* de los animales. Vaca *silga*; yegua *silga*: que tiene la piel manchada de blanco y negro. Úsase en la Ribera del Órbigo (1909: *s.v.*).

La entrada de Garrote corroboraría la aparición ocasional de *sirgo* calificando al ganado equino, si bien los ejemplos aplicados a équidos que se recogen en el *LLA* son escasos.

Respecto a la extensión diatópica de la voz, el *LLA* la documenta también en Asturias, presencia que se vería ratificada por la aparición de *sirgo* en el *DALLA*:

> **sirgu, -a, -o**. *ax*. De dos colores [un animal]. 2. Con pintes na barriga o cola barriga blanca [un animal] (*DALLA*: *s.v.*).

Asimismo, el hecho de que las acepciones puedan aplicarse a «un animal», genérico, permite una ampliación de la valencia semántica y combinatoria de *sirgo* al poder coaparecer no solo con animales pertenecientes a la familia bovina, sino también con otros animales.

El término también figura en el *DGLA*, si bien el lema escogido en este caso ha sido la variante con líquida lateral *silgu* (variante que el *DALLA* no incluye):

> **silgu, a, o**. 1. De dos colores (el animal negro o pardo con manchones blancos) [Arm. Mar.]. De color blanquecino bajo la barriga (la vaca) [Tb.]. Con una o varias manchas blancas bajo la barriga [Ll. VCid.]. Con pintas blancas y negras (la vaca) [Ay.] (*DGLA*: *s.v.*).

Por otro lado, el *LLA* también localiza la voz en Canarias; aunque, en este caso, la voz que se consigna es **sirgado**, que figura en el mapa del *ALEICan* correspondiente a «(cabra o vaca) *pintada*» (358). En este caso, y a pesar de la posibilidad de aplicarse a vacas que también recoge el *ALEICan*, *sirgado* se aplicaría

---

282 *Silgo* figura como sinónimo de *sirgo* con la marca *León* en las ediciones de 1927, 1950, 1985 y 1989 del *DMILE* y en Pagés.

mayoritariamente a cabras, tal y como demuestra la entrada correspondiente en el *DBCan* (*vid. sirgado*).

El *ALCYL* recoge, igualmente, algunos casos de *sirgo* en León en el mapa correspondiente a «*berrenda* (vaca de dos colores)» (484) localizados al noroeste y centro de la provincia. También puede encontrarse un resultado para *sirgo* 'negro y rojizo' en el mapa 486 «(vaca) *mosqueada*».

A pesar de poder considerarla, en principio, una voz restringida diatópicamente, el *Diccionario Akal del Color* la incluye en su nomenclatura (*s.v. ganadería, colorismo de la*), caracterizándola como una combinación inespecífica «manchada de blanco y negro sobre fondo de otra coloración». Esta descripción no encajaría, *a priori*, con la idea que dibujan el resto de fuentes lexicográficas consultadas, ya que estas presentaban a *sirgo* como una capa bicromática, mientras que *Akal* —a pesar de mantener la bicromía blanco-negro en las manchas— incluye un tercer color como general de la capa al que se sobrepondrían los otros dos. La propuesta del *DRAE* de 1925 —y del resto de ediciones— podría dar pie a una interpretación similar, dado que solo se indica que la res presenta manchas blancas y negras —que podrían diferir del color general de la capa—.

Sin embargo, teniendo en cuenta la adscripción diatópica de la voz, los referentes lexicográficos dialectales ganarían un mayor peso en la delimitación de la morfología de la capa, por lo que la propuesta que se aduce para *sirgo* es 'con manchas blancas y negras', adjetivo aplicado — mayoritariamente — a referentes bovinos.

Respecto a sus documentaciones en CORDE, *sirgo* posee un total de 356 casos en 125 documentos; sin embargo, ninguna de las documentaciones que recoge el corpus diacrónico de la Academia corresponde al significado de 'color': todas ellas hacen referencia a su valor «original» de 'seda' o 'tela de seda'. También documenta CORDE algunos ejemplos de *silgo* (5), pero tampoco en este caso se hace referencia a 'color', sino que las concordancias de *silgo* responden a su acepción de 'maroma'. No obstante, en la primera concordancia, documentada hacia 1300, se emplea, casi con toda seguridad, como sinónimo de *sirgo* 'seda, tela de seda', ya que aparece en un inventario junto a otros géneros de tela como *aluornoz, picot(e), lino*, etc.

En el caso de CDH, se documenta un total de 77 concordancias para *sirgo* en su corpus nuclear (584 en total, sumando las capas diacrónica y sincrónica de CORDE y CREA). De nuevo, y al igual que en el caso de las documentaciones de CORDE, ninguna de las concordancias responde al valor de *sirgo* como 'color'. *Silgo*, por su parte, tampoco posee documentaciones en el corpus nuclear del CDH ni en las extensiones de CORDE y CREA.

Por último, *sirgo* y *silgo* poseen, respectivamente, 14 y 1 documentaciones en CREA; pero, nuevamente, ninguna de las concordancias corresponde al significado propuesto para *sirgo* como color. Finalmente, CORPES XXI registra 6 casos para *sirgo*, si bien ninguno como adjetivo y ninguno con significado de 'color' (5 nombres propios y uno común referido a 'seda').

El hecho de que los corpus académicos no registren ninguna documentación de *sirgo* empleado con el valor de color reafirma el marcado carácter dialectal de la voz y su adscripción al dominio del leonés, afirmación que se vería corroborada por los ejemplos de *sirgo* 'color' que pueden encontrarse en algunos documentos pertenecientes al Archivo de la Catedral de León y en las colecciones documentales de varios monasterios de la provincia:

«uaca *sirca* alba» (CL-88, 930)[283]
«bouem nomine *Sirgum*» (CL-216, 950)
«uno almalio per colore *sirco*» (CL-4-932, 1034)
«bouue per colore *sirco*» (OD-134, 1021)
«et uno boue *sirgo*» (Sh-508, 1047)

En conclusión, *sirgo* se presenta como un adjetivo propio del área leonesa o asturleonesa y que se emplea para designar un tipo de capa bicromática —generalmente bovina— en la que alternarían los colores negro y blanco, presentándose este último especialmente en la zona del vientre del animal con una disposición, generalmente, manchada.

SORO

Documentaciones en *CorLexIn*:

- Vn par de bueyes de cada ocho años, el vno de pelo royo y el otro de pelo *soro* (Villareal de la Canal, Hu-1689)

El término *soro* puede considerarse como uno más de los adjetivos que, en principio, harían referencia a clases de pelajes, tratándose en este caso en concreto de una denominación dialectal de un tipo de capa simple dentro de la familia de las capas rojas.

No existen documentaciones de la voz en ninguno de los diccionarios monolingües preacadémicos ni tampoco en el *Diccionario de autoridades*. La voz, de hecho, es tardía en lo que respecta a su incorporación al ámbito lexicográfico

---

283 Dada la inexistencia de ejemplos de *sirgo* con valor cromático en los corpus generales, este testimonio podría constituirse como la primera documentación de dicho valor —reforzando, una vez más, su marcado carácter diatópico—.

académico, pues no figurará en su macroestructura hasta la edición de 1984 (si bien ya había aparecido en el suplemento a la 19.ª edición de 1970):

> **soro**[1]. ... [*Nueva 1.ª acepción*] *Ar.* Rubio, rojizo (*DRAE*, 1970 *Suplemento: s.v.*).
> **soro**[1]. adj. *Ar.* Rubio, rojizo (*DRAE*, 1984: *s.v.*).

La voz aparece restringida diatópicamente a Aragón, hecho que concordaría con la procedencia del ejemplo extraído de *CorLexIn*; pero no figura en los diccionarios de Peralta, Borao o Jordana y Mompeón. Sí aparece registrado, no obstante, en otros repertorios lexicográficos aragoneses como el de Andolz y también en el *Vocabulario Navarro* de Iribarren:

> **Soro, ra**: adj. (*sal, sig*) = color crema; rubio, rojo, royo (Andolz, *op. cit.: s.v.*).
> **SORO, RA**. Dorado, amarillento. Usase [*sic*] principalmente hablando de plantas: «Los árboles están soros». [Zona de Eslava] (Iribarren, *op. cit.: s.v. soro*).

Partiendo del referente bovino proporcionado por *CorLexIn* —y teniendo en cuenta la posible relación existente entre *soro* y *jaro~jardo* (*DECH: s.v. jaro*)—, la indicación de Torres corroboraría la referencia cromática propuesta: «El toro de pelo colorado muy claro, como rubio» (*op. cit.: s.v. jaro*).

En el caso navarro, tal y como recogía Iribarren, parece que la valencia combinatoria de *soro* exigiría un rasgo [+vegetal] y no [+animal] como en el ejemplo de *CorLexIn* (valor que, por otro lado, no aparece documentado en ninguno de los corpus académicos, como se verá más adelante). Sin embargo, el término también se documenta en Navarra aplicado a bóvidos, tal y como demostraría la presencia de *soro* en el mapa 581 del *ALEANR* en el apartado dedicado a «(res) *colorada*»: *soro* se registra en dos puntos de la zona noroeste y centro-occidental, si bien con el significado de 'vaca blanca y roja'. No se especifica, sin embargo, si se hace referencia al pelo entremezclado o a manchas bien diferenciadas.

El *ALEANR* también documenta resultados de *soro* en el mapa 582 para «(res) *jabonera*» en algunos puntos de Zaragoza; pero, en este caso, el término se aplica al ganado caprino con el significado de 'cabra canela', tonalidad que se mantendría dentro de la referencia propuesta al definirse como «rojo amarillento» (*vid.* **acanelado**, **canelado**).

El *Diccionario Akal del Color* sigue el postulado académico al caracterizar *soro* como 'rubio rojizo' (*s.v.*), aunque no incluye —como es lógico— ningún tipo de marca diatópica que indique su condición de voz restringida en el uso a una determinada área geográfica.

El valor cromático que se defiende para *soro*, en conclusión, es el de 'rojizo, rubio', un ejemplo más de adjetivo cromático perteneciente a la órbita de la caracterización del pelaje de los bienes semovientes y que, ademas, estaría marcado desde el punto de vista de la diatopía.

En lo que respecta a sus documentaciones en corpus, la búsqueda en CORDE de *soro* y sus variantes arroja un total de 206 casos, correspondiendo 4 de ellos al valor cromático propuesto. Sin embargo, en ninguno de los cuatro casos figura como adyacente de bóvidos —ofreciendo así una nueva opción de predicación, los équidos—. Asimismo estos 4 casos sería los que ofrecería CDH para el adjetivo, a pesar del relativamente elevado número de concordancias que posee de la voz (401 totales, 25 en corpus nuclear).

El término estaría presente también en el catalán *sor* 'rogenc, vermellós' (*DCVB*: s.v.). En la entrada dedicada al término en el *DECLC*, Corominas solo aporta ejemplos en los que *sor* aparece complementando a équidos; aunque también documenta la combinatoria con aves.

Teniendo en cuenta la posibilidad de coaparición con otros referentes (caballos, aves, seres humanos)[284], la referencia de Iribarren a la combinatoria con vegetales y la ausencia de un contorno semántico en las obras lexicográficas que catalogue la voz como término aplicado a bóvidos o animales en general, puede postularse una valencia semántica para *soro* mucho menos restrictiva de lo que podría parecer partiendo únicamente del ejemplo documentado en *CorLexIn*. Podría considerarse, por tanto, como un término cromático restringido diatópicamente que presenta diversas posibilidades combinatorias, si bien suele aparecer con mayor frecuencia complementando a referentes animales.

Por último, respecto a su vigencia actual, no posee ninguna documentación en CREA o CORPES XXI con el significado propuesto, lo que evidencia un claro desuso de la voz, al menos, en el caudal léxico general del castellano.

Soro, por tanto, podría incluirse dentro de la familia de tonalidades del rojo, presentando una referencia cromática 'rojo claro, rubio'. Mayoritariamente, se combina con referentes que presentan el rasgo [+animal], por lo general bóvidos y équidos (siendo esta última la única posibilidad de predicación que reconocen los corpus generales). Es un término escasamente documentado, hecho motivado, con toda probabilidad, por su carácter diatópico, ya que puede considerarse como un adjetivo propio de la zona aragonesa y que también presentaría resultados y documentaciones para el catalán —en este caso, bajo la forma *sor*—.

---

284 El *DECH* (*s.v. jaro*, nota 2) incluye un texto extraído de inventarios aragoneses de 1379, fecha ligeramente anterior a las documentaciones de CORDE, en el que ya figura una «potra *sora*». Asimismo, el mapa 945 del *ALEANR* «pelirrojo» documenta 3 casos de *soro* en Huesca aplicados a seres humanos en el área noroccidental.

TAPETADO

Documentaciones en *CorLexIn*:

- Dos pares de zapatos, unos de cordobán y otros *tapetados* (Málaga, Ma-1698)

A pesar de que el ejemplo de *CorLexIn* no documenta exactamente el valor cromático de *tapetado* 'oscuro, negro', sí que atestigua el valor originario del término a partir del cual adquirió —con posterioridad y a través de una extensión semántica de carácter metonímico— dicha acepción.

El término *tapetado* es un adjetivo íntimamente relacionado con el ámbito del tratamiento y curtido de las pieles, tal como indica Covarrubias en su entrada *tapetado*:

> **TAPETADO**, el cuero embesado, dado color negra, dixose del verbo Castellano tapar, porque los tales cueros, aunque tengan muchas manchas se tapan con la tinta, y el color negro (*Tesoro*: s.v.).

El proceso de tapetado consiste en untar el envés del cordobán —de ahí el *embesado* que emplea Covarrubias— con diversos materiales (sebo, barro, aceite, etc.) entre los que se encuentra la tinta de caparrosa que le otorga la tonalidad característica (Miguélez, 1805: 74-75).

El ejemplo de *CorLexIn*, por tanto, refleja el valor de *tapetado* como 'cuero tratado con tinta negra' o 'cuero negro'.

El recurso de la metonimia favorece en muchos casos el nacimiento de nuevas denominaciones cromáticas, fenómeno que compete, precisamente, a *tapetado*, que a partir del siglo XVIII comienza a utilizarse con el valor de color tal y como se refleja en el *Diccionario de autoridades*:

> **TAPETADO, DA**. adj. Color obscuro, ò prieto [...] QUEV. Orl. Cant. 1. *Y assi mandó venir passo entre passo / Al Indio cisco, tapetado, y loro.* (*Autoridades*, 1739: s.v.).

La autoridad que refrenda la voz —Quevedo— resulta, asimismo, ilustrativa desde el punto de vista combinatorio, ya que manifiesta de manera aún más clara la separación entre el significado original o «recto» de *tapetado* y el derivado o metonímico. Tal y como puede comprobarse, *tapetado* aparece complementando a un sustantivo con los rasgos [+animado] y [+humano], claro ejemplo de la ampliación semántica del término, dado que lo esperado hubiese sido, al menos inicialmente, la combinatoria con referentes [-animado] dado el origen del término.

Además, y tal y como se refleja en el resto de obras diccionarísticas incluidas en el NTLLE, el término parece perder su valor o acepción de 'cordobán negro' por completo, puesto que no figura en ninguna de ellas, académicas o extracadémicas —con la excepción de Terreros—:

Tabla 9. Evolución de la definición de *tapetado* en el *DLE* (Fuente: NTLLET)

1780	1817	1884	1925	1992	2001
Color obscuro, ó prieto.	Dícese del color oscuro ó prieto.	Dícese del color oscuro ó prieto.	Dícese del color oscuro o prieto.	Dícese del color oscuro o negro.	Se dice del color oscuro o negro.

El *DECH* lo considera derivado de *tupido* y lo relaciona con **prieto**, adjetivo que, como ha podido comprobarse, figura a menudo en la definición de *tapetado*. Además, Corominas y Pascual hacen referencia en el apartado de derivados a *entapecer* 'tupir' y a *atapecer* 'anochecer' como voz propia de Asturias y que recogen tanto el *DGLA* como el *DALLA*:

> **tapecer.** 1. Oscurecer [...]. Oscurecer el cielo de golpe [...]. Hacerse oscuro [...]. Ponerse oscuro (el día) [...]. Oscurecer por completo [...]. 2. Anochecer [...]. Anochecer, atardecer [...]. Hacerse noche cerrada [...] (*DGLA*: s.v.).
> **atapecer:** v. Escurecer, facese de nueche. 2 Ponese zarráu, malu [el tiempu]. [...] (*DALLA*: s.v.).

El *Diccionario Akal del Color*, por último, incluye el lema en su macroestructura, corroborando la propuesta cromática que defendían las obras lexicográficas consultadas: «Denominación antigua de la coloración negra y de las oscuras a negruzcas» (*Akal*: s.v.).

Por consiguiente, aunque en origen *tapetado* no hiciese estrictamente referencia a un color, a partir de la asociación metonímica entre el procedimiento de oscurecimiento o ennegrecido de la cara interna del cordobán y el color negro resultante de dicha operación de curtido, *tapetado* adquiere el valor cromático de 'negro, negruzco, oscuro'.

Sus documentaciones en CORDE son escasas, ya que la búsqueda solo ofrece 16 resultados. Es difícil establecer cuál podría considerarse la primera documentación en la que *tapetado* se emplea con valor puramente cromático; sin embargo, hay una documentación fechada entre finales del XVI y mediados del XVII en la que *tapetado* no hace referencia a elementos de cuero, por lo que podría considerarse como el primer testimonio de la extensión metonímica del significado originario:

> «Truje más con el doctor / para que me entretuviese, / al licenciado Jamón, / persona de buen caletre, / en hábito de romero [...] / *tapetada* es la esclavina, / a quien en torno guarnece [...]» [Salinas, J. de (1585-a1643). *Poesías*. Extraído de: CORDE].

Ninguna de las concordancias supera el siglo XVII, atestiguando 8 de ellas (12 si se tienen en cuenta 4 casos dudosos) el valor puramente cromático de *tapetado* y sus variantes flexivas. Los resultados de CDH tampoco superan la barrera del siglo XVII. De hecho, las concordancias de CDH son las mismas que las que atestiguaba CORDE —con la excepción de que este último posee 2 documentaciones más que CDH, una que no se corresponde con el valor cromático y otra dudosa—. Por tanto, de las 14 documentaciones, 8 atestiguan *tapetado* como 'negro, negruzco, oscuro' (11 si se tienen en cuenta 3 casos dudosos).

El ejemplo de *CorLexIn*, a pesar de no ilustrar el valor reseñado en la presente entrada, resulta igualmente relevante, dado que en casi la totalidad de concordancias fechadas en CORDE y CDH pertenecientes al siglo XVII, *tapetado* se emplea como adjetivo cromático y no con su valor originario 'cuero negro', lo que permite al *Corpus Léxico de Inventarios* atestiguar la pervivencia —minoritaria— de su significado original aún en el siglo XVII.

Por último, ni CREA ni CORPES XXI documentan ningún ejemplo de *tapetado*, lo que justifica la presencia de la marca «*p. us.*» en la 21.ª y 22.ª edición del *DRAE* y la marca «*desus.*» en la vigesimotercera y actual.

En conclusión, con *tapetado* se alude a una gama de tonalidades negras o negruzcas que evocan el color del envés del cordobán que ha sido teñido de negro, origen metonímico del valor cromático del adjetivo. A partir de sus ejemplos en corpus puede establecerse que su vigencia de uso estaría muy restringida tanto en su vertiente sustantiva 'cordobán ennegrecido' como adjetiva 'negro, negruzco, oscuro', puesto que solo se localizan ejemplos de ambos valores en documentaciones fechadas entre la primera mitad del siglo XVI y la primera mitad del XVII, siendo su uso cromático especialmente frecuente en este último periodo.

TENADO

Documentaciones en *CorLexIn*:

- Dos almoadas de hilo *tenado* en veyntidós reales (Cartagena, Mu-1640)
- Dos fruteros labrados, el uno con jilo azul y el otro con jilo *tenado* en treinta y seis reales (Totana, Mu-1660)

Con *tenado* se estaría haciendo referencia a una tonalidad dentro de la familia del azul caracterizada por su matiz considerablemente oscuro y cuya sugerencia origen, en principio, residiría en un tipo de palomo, el denominado «palomo tenado». Por otro lado, se contemplan, asimismo, las posibilidades 'rojizo, vinoso', 'leonado' o 'marrón rojizo' derivadas de su relación con los taninos y su uso en el ámbito tintóreo.

En lo que respecta a la tonalidad a la que hace referencia, es un ejemplo de adjetivo con una referencia cromática ligeramente complicada de acotar, dado que los testimonios apuntan a polos bastante opuestos. En el plano lexicográfico, es el *Diccionario de autoridades* el que ofrece las primeras pinceladas sobre el valor cromático del adjetivo:

> **PALOMO TENADO**. Especie de paloma que procede del ayuntamiento o casamiento de negro con azúl, que dexando lo negro obscurece lo azúl. Tiene todo el cuerpo de esse color y los ojos amarillos, sin vetas (*Autoridades*, 1737: s.v.).

Tal y como puede comprobarse, *tenado* se emplearía para caracterizar a un tipo de palomo no identificado que presenta un plumaje de color azul oscuro —mezcla de azul y negro—, lo que invita a pensar que *tenado*, por ende, poseería ese valor 'azul oscuro'.

El diccionario de Terreros es el único contenido en el NTLLE que otorga a *tenado* el estatuto de lema; sin embargo, no aporta definición alguna del adjetivo, sino que lo remite a la voz *palomo* donde, una vez más, se localiza aplicado a dicho animal. La referencia al palomo tenado desaparece de la nomenclatura académica a partir de la edición de 1817.

El *Diccionario Akal del Color* no recoge *tenado* en su macroestructura, por lo que, a la vista de los testimonios de los que se dispone, la referencia cromática o valor que se le podría atribuir a *tenado* es 'azul oscuro'.

Sin embargo, la consulta de algunas fuentes adicionales permitiría postular al menos un valor —incluso dos o tres— para *tenado* que se aleja de los datos proporcionados por la lexicografía académica.

En primer lugar, el *DECH* remite *tenado* a *tenería* 'curtiduría', término que Corominas y Pascual derivan del francés *tan* 'corteza de roble o de encina para curtir'. En dicha entrada se localiza *tanado*, «para calificar el objeto curtido con tanino, o cuyo color le daba esta apariencia» (*DECH: s.v.*). *Tenado*, por ende, sería una variante de *tanado* por influencia de *tenería*, originariamente *tanaria* en un documento del monasterio de Sahagún de 1181 (doc. 1404); no obstante, la variante con *-e-* se documenta en el primer tercio del siglo XIII, por lo que ambas voces son prácticamente coetáneas y la variante ya se documenta de manera temprana.

A este respecto, Morala localiza algunos ejemplos de *tan* con el valor de 'tinte' en un inventario riojano de 1644: «[...] cinquenta y nueve cueros de buey entre los grandes y pequeños y otros once en tan»; «ocho quintales de tan en seco» (2010a: 446); así como de *tanería* con el significado de 'curtiduría' en el mismo documento.

Atendiendo al valor '(cuero) teñido con taninos', la opción *tenado* 'azul oscuro' parece no encajar, dado que el color esperado para el cuero sería un marrón tendente al rojo, esto es, con matices anaranjados (Junquera Martínez, 2019: 34). El *quid* de la cuestión reside, por ende, en qué tonalidad atribuirle a *tenado* ahora que la acepción académica se torna inviable.

De la voz *tan*, el *DECH* indica que «no existió nunca en castellano» (*s.v. tenería*); pero abre la puerta a una nueva posibilidad, una posible condición de orientalismo (Morala, 2010a: *loc. cit.*) o de una voz estrechamente ligada al dominio catalanoaragonés: «Al parecer todos estos vocablos se emplearon sólo en el Norte de España, especialmente en Cataluña y Aragón; y en la época clásica todos estaban olvidados salvo *tenería*, [...]» (*DECH*: *loc. cit.*).

En el contexto catalanoaragonés se localiza la siguiente fuente para el análisis del valor de *tenado*, que se emplea en los siguientes versos extraídos del *Cancionero general*: «Las faldillas de un tenado, / que es color de señorío [...]». Según Lama de la Cruz (2012: 179-280), *tenado* se estaría empleando en este contexto con el sentido de 'azul oscuro', adhiriéndose por tanto a la propuesta académica. Cabría, no obstante, una interpretación alternativa que partiría del análisis del segundo verso «que es color de señorío». El color prototípicamente asociado con el poder es el púrpura, un color ligado a la familia del azul, pero también a la del rojo.

Es precisamente este valor el que defiende el *DCVB*, indicando que *tanat* se aplica al color «moradenc, vinós o ros fosc». La relación de *tenado* con la familia de tonalidades rojizas puede verse, asimismo en una copia del siglo XV del *Manual de tintorería* de Joanot Valero, que lo menciona en varios epígrafes, entre los que pueden destacarse algunos como el referido al paño buriel —de color rojo oscuro tendente a negro—, para cuya obtención hay que «enrogarlo [el paño] como tenado» (Cifuentes i Comamala, *op. cit.*: 240).

No obstante, parejo a este valor 'violado, vinoso', hay algunos testimonios que apuntan a una tercera posibilidad cromática que resulta aceptable si se tiene en cuenta el color que pueden presentar las pieles curtidas.

Cifuentes i Comamala, por otro lado, define *drap tenat* como «[paño] de color ocre», hipótesis que también contemplan el *Vocabulario del Comercio Medieval* y el *DCVB*.

El primero —basándose en un testimonio del siglo XV (Miquel i Planas, 1916: 197)— lo identifica con el color del *lleó*, «tal vez el actual color "leonado", rubio oscuro» (*s.v. tenat*), amén del valor 'amoratado, vinoso' del *DCVB* —el cual cita y que también recoge la posibilidad 'leonado' para *tenat*—.

El propio paño buriel, que se había mencionado a propósito del manual de Joanot Valero, se definía en *Autoridades* como «colór roxo, ò bermejo, entre negro y leonado». Ese color amarillento oscuro, dorado bajo, marrón claro u ocráceo podría estar justificado como referencia cromática para *tenado* si se tienen en cuenta algunos resultados de la base céltica TANN- a la que alude el *DECH* (*loc. cit.*).

Se presentaría, en conclusión, una dualidad *tenado* 'violado, vinoso' y 'leonado, marrón claro' que, aparentemente, resulta poco comprensible. No obstante, este mismo fenómeno se produce en otras lenguas en las que se documentan resultados de la raíz protocéltica *TANNO- 'roble verde' (Matasović, 2009: s.v.), caso del inglés *tawny* —emparentado, a su vez, con el francés *tan*—, voz que podría considerarse como homóloga inglesa de *leonado*. El *OED* define *tawny* como 'yellowish-brown colour', esto es, un amarillo amarronado; pero también contempla la posibilidad 'orange-brown', un marrón más tendente al rojo que el *Collins* describe como 'ámbar oscuro' —valor cromatico que parece haberse especializado en el ámbito enológico—[285].

El francés, por su parte, tendría *tanné*, voz que el *Dictionnaire Historique de la Langue Fraçaise* define como «de la couleur brun clair du tan» (*s.v. tan*) y el *TLFi* como «brun roux» o «brun foncé». *Brun*, a su vez, es un término que presenta, asimismo, complicaciones: tal y como se había indicado en la entrada **hosco**, es un adjetivo que designaría una gama cromática comprendida entre el negro y el rojo, ya que en latín no existía una noción específica para lo que podría denominarse 'marrón' (*vid.* **acabellado, cabellado, castaño**).

Por último, en italiano se documentaría la voz *tanè*, voz que el *Treccani* define como «colore castano, fra il rosso e il nero, simile a quello del cuoio» —recuperando la referencia al color del cuero—; mientras que el *Tommaseo* opta, de nuevo, por considerarlo sinónimo de **leonado**, pero lo equipara al color de la cáscara de la castaña: «color lionato scuro, che è color mezzano fra il rosso e il nero, ed è proprio del guscio della castagna»[286].

---

285 A propósito de esta acepción aparentemente restringida desde el punto de vista semántico al ámbito enológico, cabe reseñar que entre los múltiples vinos portuenses se encuentra el oporto *tawny*, cuya denominación procede, precisamente, del color que adquiere durante su periodo de oxidación: «Los *Tawny* […], llamados con este nombre inglés por su color rubio rojizo» (Castellví de Simón, 2016: 70); «[…] se dejan envejecer durante más tiempo, presentando […] su característico color tostado (anaranjado, *leonado* en su traducción literal), […]» (García Ortiz et al., 2017: 77).

286 El *Thrésor de la langue française* de Nicot (1606) lo relaciona también con el «couleur de chastaigne» (*s.v. tanné*).

En definitiva, a la hora de precisar la referencia cromática de *tenado* a partir de los testimonios consultados, podría apuntarse a un nuevo *continuum* cromático que abarcaría tonalidades marrones más claras o amarillentas (leonadas) o más oscuras y rojizas/anaranjadas —similares al color comúnmente asociado al cuero— o «castaño amoratadas», como indica Corominas en el *DECLC* (*s.v. tany*, nota 2).

El valor 'morado, vinoso' podría considerarse una acepción marcada dialectalmente o restringida al área catalanoaragonesa, al haberse localizado únicamente para estas dos lenguas. Por otro lado, a partir de las documentaciones que ofrecen las obras lexicográficas catalanas tampoco es posible afirmar de manera fiable que *tenat* posea dicho significado.

No obstante, Fernández de Madrigal (1613: *s.v. purpura*) revela el siguiente testimonio: «Purpura est color rubeus, qui vulgariter dicitur tenado». A pesar de que la relativa tiene como antecedente *color rubeus*, al identificarse *purpura* con *rubeus* sería posible relacionar *tenado* con *purpura*, que Madrigal caracteriza como el color rojo que tira a negro, esto es, un tono de rojo oscuro que podría identificarse con el 'vinoso' que proponía el *DCVB*.

En lo que respecta a sus documentaciones en los corpus académicos, CORDE ofrece 21 concordancias para *tenado~tanado*, si bien ninguna de ellas se corresponde exactamente con el valor analizado en esta entrada. Sí que pueden localizarse, por otro lado, algunos ejemplos de *tenado* aplicados a la voz *cuero*, que ostentarían un valor cromático indirecto —ya que, en principio, indicarían que el cuero ha sido tratado con taninos—.

Casi la totalidad de ejemplos se localiza en textos navarros y alguno aragonés, reforzando la teoría del carácter oriental de la voz, amén de la ausencia en textos propiamente castellanos —con la excepción del *Fuero de Plasencia*—. Además, las fechas en las que se documentan apuntan a una condición de voz en desuso, quizá ya incluso en el siglo XVI, puesto que los testimonios del *DCVB*, el *DECLC* o el *Vocabulario del comercio medieval* apenas superan el siglo XV.

La pareja de ejemplos murcianos de *CorLexIn*, por ende, atestiguaría la presencia de la voz aún en el siglo XVII, si bien de forma minoritaria y con un claro matiz de desuso —amén de su carácter oriental y su relación con el área catalanoaragonesa—.

El CDH no aporta nuevos testimonios a los ya incluidos en CORDE y el plano sincrónico, representado por CREA y CORPES XXI, a pesar de ofrecer resultados para la búsqueda de *tenado* y *tanado*, no poseen ninguna concordancia de *tenado* 'color'. La gran mayoría de sus ejemplos son de *tenada* 'cobertizo', voz que, dialectalmente, posee el valor de 'henal' en Asturias y León según el *DLE* y que el *DALLA* y el *LLA* corroboran y amplían.

A pesar de su dificultad referencial, *tenado* se presenta como un interesante y escasamente documentado adjetivo oriental cuyo uso cromático apenas se registra más allá del siglo XVI, remarcando la importancia de los ejemplos de *CorLexIn*. Si bien la Academia indica que su significado es 'azul oscuro', los testimonios catalanoaragoneses consultados inclinan la balanza bien hacia 'morado, vinoso', bien a 'leonado' o 'marrón anaranjado'.

TOSTADO

Documentaciones en fondos documentales inéditos de *CorLexIn*:

- Dos coxines de olanda labrados de seda *tostada* (Nava del Rey, Va-1648)
- Un añoxo que ba a dos años, *tostado* (Hoyo de la Guija, Áv-1658)[287]
- Una añoxa yja suya *tostada* y bragada (Peguerinos, Av-1658)
- Una baca bermexa algo *tostada* (El Espinar, Sg-1659)
- Un par de bueyes, el uno *tostado* y el otro lebruno (El Espinar, Sg-1659)

Con *tostado* puede ilustrarse uno de los ejemplos en los que la preferencia del hablante y la asociación a determinados referentes pueden alterar la referencia cromática de un adjetivo: aunque originariamente parece aludir al valor 'fosco, moreno', acaba ostentando un valor más próximo a tonalidades amarronadas claras o 'rubio subido'.

La historia lexicográfica de *tostado* comienza en el *Tesoro* de Sebastián de Covarrubias, quien, a pesar de incluir el adjetivo como lema en su nomenclatura, dedica la entrada a Alonso Fernández de Madrigal «el Tostado», obispo de Ávila. Para poder encontrar alguna referencia al posible valor cromático de *tostado*, se debe acudir a la entrada *fosco*:

> **FOSCO**, vale obscuro del nombre Latino fuscus. a. m. color, subniger, idest non plane niger, qualis est Indorum Meridionalium, &Aethiopum color, color tostado (*Tesoro*: s.v.).

La referencia cromática parece, por tanto, evidente: *tostado* compartiría la referencia 'moreno, negruzco, pardo oscuro' que posee *fosco*, un valor justificado si se tiene en cuenta que *fosco* se equipara al color de la piel de los indios meridionales y de los etíopes.

Atendiendo a los testimonios que aporta *CorLexIn*, la hipótesis cromática parece aceptable: todos los ejemplos se localizan en la misma zona —con la excepción de la seda vallisoletana—, y en casi todos ellos *tostado* se emplea

---

287 Hoyo de la Guija pertenece al municipio de Peguerinos, lo que significa que, anteriormente, formaba parte de Segovia y no de Ávila (Lecea y García, *op. cit.*: 5).

para caracterizar la tonalidad de la capa o pelaje de bóvidos, en los que no es difícil imaginar una capa morena, negruzca o parda oscura. En el caso de la vaca «bermexa algo tostada» de El Espinar, cabría pensar en una vaca de pelaje castaño más claro —las capas castañas se engloban en la familia de pelajes rojizos— con un matiz más tendente a castaño oscuro —por la presencia de pelos negros, quizá *tostados*— y que se aproxima más al negro (Junquera Martínez, 2019: 32-33).

Sorprendentemente, el *Diccionario de autoridades* no sigue el patrón marcado por Covarrubias y decide modificar por completo la referencia cromática de *tostado*, sacándolo de la órbita de los colores oscuros y pardo-negruzcos e incluyéndolo en una familia de tonalidades mucho más luminosa y clara, la del dorado:

> **TOSTADO**. Color dorado mui vivo, y subido (*Autoridades*, 1739; *s.v.*).

La sugerencia origen de esta hipótesis cromática estaría basada, casi con total seguridad, en la autoridad que refrenda la acepción en la obra, un fragmento de la *Historia de la Florida* del Inca Garcilaso: «El de Juan Lopez Cacho era vayo *tostado*, que llaman zorruno[288]» (*ibid.*).

Tal y como se había indicado en la entrada correspondiente, el pelaje de los caballos bayos se caracteriza por su tonalidad amarillenta —amén de presentar los cabos de color negro—. La diferencia existente entre un caballo **bayo** y un caballo bayo tostado radica, como es lógico, en el color del pelaje, ya que el bayo tostado presenta una capa de un color marrón amarillento más oscura que la coloración bayo «estándar». Da la impresión, por tanto, de que, en este caso, *tostado* se está empleando para indicar un matiz y no propiamente un color, motivo al que podría responder el cambio en la definición (además del posible condicionamiento de la capa equina que figura en la autoridad de la voz).

No obstante, y retomando la hipótesis propuesta, *tostado*, a pesar de usarse como matiz y no como color pleno —algo que ya ocurría en el ejemplo de *CorLexIn* de la vaca «bermexa algo tostada»—, mantendría ese valor 'oscuro, negruzco', ya que en la construcción *bayo tostado* se está indicando que es una capa baya que presentaría cierto oscurecimiento, quizá presencia de pelos más oscuros o negros que oscurecen la tonalidad de la capa y, por ende, la aproximan a un color marrón amarillento, dorado oscuro, amarillo bajo, etc.

---

288   La historia lexicográfica de esta palabra es, cuando menos, curiosa, dado que su significado asociado a équidos solo lo registran Alemany y Bolufer y Pagés; pero la información sobre la tonalidad de la capa equina es mínima, dado que ambos lo definen como «dícese del color bayo tostado».

La referencia al dorado no desaparecerá hasta mediados del siglo XIX con la edición de 1869, a partir de la cual *tostado* se definirá como «color subido y oscuro». La relación establecida entre el dorado y el tostado ha podido condicionar ese «viraje» hacia tonalidades más amarronadas a las que, actualmente, parece aludir el adjetivo, tal y como puede apreciarse en la definición que figura en la edición actual:

> **tostado.** [...] Dicho de un color, especialmente de la gama de los marrones: Subido y oscuro (*DLE: s.v.*).

Sin embargo, en el contexto del siglo XVII parece más factible la idea de un *tostado* 'negruzco, oscuro' que tampoco se separa demasiado de la idea de 'oscuro, subido'. De hecho, Terreros parece constituirse como prueba del valor «original» en el contexto del siglo XVIII, ya que equipara *tostado* a *moreno* en la acepción del término —si bien no ofrece una definición *per se*, sino que incluye las equivalencias francesa, latina e italiana y añade una curiosidad histórica—:

> **TOSTADO, color.** [...] El color tostado, ó moreno era entre los Romanos tenido por color que argüia valor, y ánimo jeneroso; y al contrario el blanquecino, y pálido, era nota de flaqueza, y afeminación (Terreros, 1788: *s.v.*).

El *basané* del francés se define como «qui a le teint noirastre» en el *DAF* de 1694 y el *morettino* del italiano como diminutivo de *moretto* y este de *moro* «alquanto nero» según el *Vocabolario degli Accademici della Crusca* (1612: *s.v.*).

Por último, el *Diccionario Akal del Color*, si bien incluye abundantes referencias a la familia de tonalidades marrones (acastañado, encobrecido, etc.), también emplea voces sinónimas como *atezado* 'lo que tiene el color negro' (*Autoridades*, 1726: *s.v.*) o *moreno* para definirlo.

El valor originario de *tostado* parece ser 'negruzco, oscuro' y puede usarse bien como color pleno, bien como matiz, indicando que el color al que complementa se caracteriza por presentar una cierta tendencia a la oscuridad respecto a la tonalidad de referencia o estándar. Actualmente, sin embargo, a pesar de mantener el valor 'oscuro', parece más propenso a emplearse como matiz dentro de la familia de tonalidades amarronadas.

La primera documentación del uso cromático de *tostado* podría fecharse a finales del siglo XV:

> «En las partes de oriente / tanta luz el sol dará / que nacerá por allá, / primero que por poniente; / y será toda la gente / en las Indias tan *tostada* / que, si el sol se lo consiente, / por que sienta lo que siente, nada y nada será nada» [Enzina, J. del (1481-1496). *Poesías*. Extraído de: CORDE].

Si bien el valor cromático de *tostado* en este quizá no se pueda afirmar con rotundidad, el siguiente testimonio del primer tercio del XVI atestigua claramente su uso como adjetivo cromático:

> «[...] vieron algunos indios que andaban por la ribera cogiendo de las conchas que por alli habia, los cuales eran de muy valientes cuerpos como gigantes, y andaban vestidos de pellejos de animalias fieras, y su color era algo *tostada* y morena, [...]» [Transilvano, M. (1522) *Relación escrita por Maximiliano Transilvano de cómo y por quién y en qué tiempo fueron descubiertas...* Extraído de: CORDE].

Por otro lado, en el siguiente fragmento de Fernández de Oviedo, cuya datación no dista demasiado del ejemplo anterior, se pondría de manifiesto la relación existente entre *tostado* y **rubio** ya a principios del siglo XVI:

> «Ay muchas abispas, e muy peligrosas, e ponçoñosas, e su picadura es sin comparación más dolorosa que la de las abispas de España, e tienen quasi la misma color pero son mayores e más ruvio el amarillo d'ellas, e con ello en las alas mucha parte de color negra, e las puntas d'ellas ruvias, de color *tostado*» [Fernández de Oviedo, G. (1526) *Sumario de la natural y general historia de las Indias*. Extraído de: CORDE].

En lo que respecta a sus documentaciones en el contexto del siglo XVII, del total de 410 ejemplos que pueden obtenerse a partir del *Corpus Diacrónico del Español*, 26 de ellos (35 si se tienen en cuenta 9 casos dudosos) podrían considerarse ejemplos del uso cromático de *tostado*, varios de ellos empleados como matices de capas equinas:

> «Pareciéndome todos muy bien y eligiendo para la primera prueba un alazán *tostado*, que prometía en su talle tener muy buenas obras, subí en él y manejéle por el campo un rato [...]» [Castillo Solórzano, A. de (1628–1629). *Lisardo enamorado*. Extraído de: CORDE].

> «"Loro" es: *tostado*. Gallego» [Correas, G. (1627). *Vocabulario de refranes y frases proverbiales*. Extraído de: CORDE].

A propósito del ejemplo citado, la sinonimia que Correas establece entre **loro** y *tostado* serviría como argumento para reforzar el significado 'moreno, oscuro' propuesto, dado que el valor de *loro* desde el punto de vista cromático es 'moreno, negruzco' —heredado del latín LAURUS 'laurel', por el color oscuro de sus hojas—; no obstante, debe tenerse en cuenta que, en el caso gallego, *louro* también ostenta el valor de 'castaño, rubio' que comparte con el portugués, y dado que Correas no especifica a cuál de los dos se está haciendo referencia, no puede saberse con exactitud a cuál se está aludiendo (desdibujando nuevamente la frontera entre los valores propuestos para *tostado*).

Si bien el significado mayoritario que se le atribuye a *loro* en la lexicografía gallega es el de 'dorado, castaño', pueden localizarse algunos testimonios tempranos en los que *louro* parece emplearse con el valor de 'negro, moreno, oscuro' (*vid.* nota 170):

> «E ascuitou hũa peça / e oyu falar os mouros // que yan cavar as vỹas, / deles brancos, deles *louros*; [...]» [Alfonso X (1264). *Cantigas de Santa María*. Extraído de: *Xelmírez*].

Eliminando la restricción, CORDE provee 297 casos (404 si se tienen en cuenta 107 casos dudosos) en los que *tostado* ostenta su valor como adjetivo cromático. El elevado número de ejemplos dudosos responde a la dualidad entre el valor como participio del verbo *tostar* y su uso como adjetivo cromático.

En algunos casos, el valor participial es claro; sin embargo, en otros —especialmente aquellos en los que el referente al que se aplica es la piel humana, opción bastante frecuente por otro lado—, resulta más dificultoso esclarecer si se trata de un uso participial o cromático. No obstante, el hecho de que se indique que «x» ha sido tostado por el sol, como en el caso de la piel, refleja indirectamente un uso cromático, dado que la piel cuando se broncea por el «tueste» del sol, se oscurece. El cambio de tonalidad es secundario y derivado de la acción metafórica de tostar, cierto, pero podría aducirse que el valor cromático está presente de manera indirecta.

El análisis de CORDE, asimismo, permite postular que la generalización del uso cromático de *tostado* es tardía, dado que no será hasta el siglo XIX cuando pueda encontrarse un número significativo de casos que documenten y atestigüen dicha acepción.

Complementario al análisis de las documentaciones de CORDE, CDH ofrece 3745 concordancias para *tostado*, pudiendo considerar genuinas y testigo del uso cromático del mismo un total de 27 (29 si se tienen en cuenta 2 casos dudosos). El resto de concordancias localizadas se encuentra, asimismo, en CORDE.

En el plano sincrónico, CREA ofrece un total de 1604 resultados para *tostado*, pudiendo afirmar que 118 de ellos (140 si se tienen en cuenta 18 casos dudosos) ilustran y atestiguan el valor cromático propuesto para el adjetivo. Podría pensarse que CREA presenta un cierto descenso en el índice de uso de la voz; no obstante, ha de tenerse en cuenta que su horquilla cronológica (1975-2000) frente a la de los corpus diacrónicos.

En lo tocante a los ejemplos, se observa cómo la combinación *piel* + *tostado* se postula como el contexto semántico predominante del adjetivo —a partir de la búsqueda por colocaciones, de hecho, puede observarse que es el 4.º sustantivo del que más se predica en el corpus—. No obstante, pueden encontrarse, asimismo, contextos en los que acompaña al sustantivo *color* o acompañando a otras tonalidades para expresar —como se había mencionado con anterioridad— matices de tendencia oscura dentro de las mismas.

Por último, CORPES XXI documenta 167 ejemplos (188 si se tienen en cuenta 21 casos dudosos) del total de 2100 ejemplos que ofrece la búsqueda de *tostado*. En el contexto actual, es bastante frecuente la inclusión de *tostado* en contextos relacionados con prendas de vestir, amén de la predominancia de su relación con el color de la piel.

Aunque no se explicita, a partir de las documentaciones puede postularse un claro predominio del valor 'marrón' de *tostado* en la actualidad frente a su originario 'moreno, oscuro'. No obstante, en no pocos casos podría retomarse la hipótesis de que *tostado* no ostentaría en ocasiones el valor propio de color, sino de matiz aplicado a otra tonalidad a la que aporta el valor de 'oscuro' o 'más oscuro' respecto del color principal y núcleo del sintagma. En este último aspecto, cobran especial importancia los pelajes equinos como **alazán** *tostado* y *bayo tostado*[289], que ilustran perfectamente este valor del adjetivo.

Por otro lado, como ha podido comprobarse, las tonalidades que se podrían encuadrar entre el marrón, el pardo y el negro suelen presentar problemas o dificultades a la hora de precisar su referencia cromática, puesto que no se puede dibujar una frontera entre ellas, muchas veces debido a razones de corte etimológico: **hosco** —o *fosco*—, por ejemplo, aludía a tonalidades oscuras o morenas, si bien en asturleonés también puede emplearse para caracterizar tonos rojizos, posibilidad derivada de su origen latino. Da la impresión de que este tipo de tonalidades se encuentran a medio camino entre el rojo y el negro.

Lo que sí parece claro es que *tostado* siempre añade un matiz 'oscuro' —sea este negruzco, sea marrón—, por sí mismo o aplicado a otras tonalidades y que, en la actualidad, parece que se aplica más a tonalidades de la familia del marrón. Quizá esta imprecisión responda a la apreciación de J. André (*vid. hosco*) sobre fŭscus en latín, que oscilaba entre coloraciones más negruzcas y rojizas, de ahí la variabilidad de este tipo de adjetivos (*moreno, fosco, hosco, tostado,* **pardo** *incluso,* etc.) en su referencia cromática y la posibilidad de referencia a tonalidades tanto negruzcas como amarronadas.

---

289 Este tipo de oscurecimientos se deben, según algunos autores, a la presencia de un gen *sooty* o gen *hollín* que produce un oscurecimiento general del pelaje de la capa, rasgo especialmente visible en capas alazanas o bayas (Sañudo Astiz, 2017: 160). Para otros autores, sin embargo, no es más que una variación del gen *agoutí*, productor del pigmento negro (Bartolomé, Azor *et al.*, *op. cit.*: 22-24)

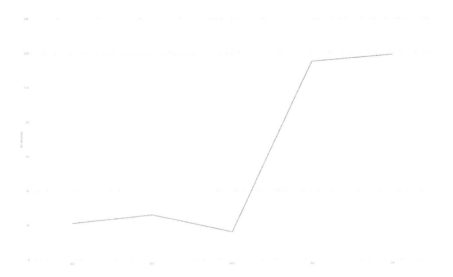

Gráfico 12. Número de documentaciones de tostado por periodos (Fuente: CORDE)

Considerado originariamente como un adjetivo en la órbita de las tonalidades negruzcas como *fosco* o **moreno**, *tostado* parece emplearse con el paso del tiempo a colores que podrían incluirse en la familia del marrón, conservando, no obstante, el matiz 'oscuro' que lo caracteriza.

TURQUESADO

Documentaciones en *CorLexIn*:

- Item un jubón de tabí [tachado: de hombre] *turquesado* (Teruel, Te-1622)
- [...] con su çenefa de terçiopelo labrado *turquesado*, con su franxa de seda *turquesada* y carmessí (Vicuña, Vi-1640)

Aunque *turquesado* tiene como base nominal el sustantivo *turquesa* —y este sustantivo también puede emplearse como adjetivo con valor cromático—, existe cierta diferencia entre las tonalidades de azul a las que ambos adjetivos hacen referencia.

Covarrubias incluye la voz en su *Tesoro* en la entrada dedicada a *turquesa*, incluyendo el término en la familia del azul. No informa directamente de la tonalidad concreta, aunque puede intuirse a partir de la equivalencia latina que aporta:

> TURQUESA. Piedra de alguna estima de color azul, dicha en latín, *lapis thalassites, lapis cyaneus*; el haberse dicho turquesa en español no le hallo origen ninguno, sino es *a torque*, de la paloma torcaz, que en el pecho tiene esta color. **Turquesado**, color de la turquesa [...] (*Tesoro*: *s.v.*).

La equivalencia incluye el término *cyaneus*, del griego κυανεός '(azul) oscuro'[290], lo que sitúa a la tonalidad en la órbita del azul y la caracteriza por poseer un matiz oscuro.

El diccionario de Rosal no recoge *turquesado*, pero sí *turquesa*, aunque no con la acepción de 'mineral'. Será el *Diccionario de autoridades* el que ofrezca una referencia cromática más precisa, si bien la consulta de *turquesado* supone la remisión a la entrada *turquesa*:

> **TURQUESADO, DA.** adj. Lo que tiene el color de la piedra Turquesa [...] (*Autoridades*, 1739: *s.v.*).
> TURQUESA. Se llama tambien una piedra preciosa de color azúl turquí, que es mui fino. Es mui clara, y transparente. Su figura regularmente redonda, ù ovalada: con el tiempo muda el color, y decae en verde [...] (*Autoridades*, 1739: *s.v.*).

Turquesa, además, añade una clara alusión al color de la piedra al caracterizarla por su color *azul turquí*, tonalidad que aparece definida en el propio *Autoridades* como «que se aplica al color azúl mui subido, tirante à negro» (*ibid..*: *s.v. turquí*).

Sin embargo, *Autoridades* también incluye una alusión a la tonalidad que actualmente suele relacionarse con la turquesa —azul verdosa— y que también refleja el diccionario de Terreros:

> **TURQUESADO, da**. adj. lo que tiene el color de la piedra turquesa (Terreros, 1788: *s.v.*).
> **TURQUESA**, piedra preciosa que tira ya al color azul, y ya al verde [...] (*ibid.*: *s.v.*).

No obstante, y a pesar de que entre las remisiones incluidas en la entrada *turquesado* se encuentra *color celeste*, Terreros remite *turquesado* a *turquí*, por lo que también contempla la posibilidad de que dicho término haga referencia a 'azul oscuro'. De hecho, a partir de la 4.ª edición de 1803 del diccionario usual, *turquesado* aparece definido como sinónimo de *turquí*.

La mayoría de los diccionarios bilingües preacadémicos que figuran en el NTLLE ofrecen ambas opciones a la hora de traducir el término:

> **Turquesado color.** *Celestre, turchino* (Casas, 1570: *s.v.*).
> **Turquesado,** *bleu turquin, couleur de ciel* (Palet, 1604: *s.v.*).

---

290   *Vid.* Benson (2015: 45–53).

Turquesado, *bleu turquin ou celeste* (Oudin, 1607: *s.v.*).
Turquesado, *bleu turquin ou celeste*, turchino celeste (Vittori, 1609: *s.v.*).

El *Diccionario Akal del Color*, por su parte, defiende, precisamente, esta posibilidad; pero la información que puede encontrarse en la entrada *turquesado* y en las remisiones incluidas en dicha entrada permitirían, asimismo, inclinar la balanza hacia la referencia cromática propuesta, esto es, 'azul oscuro':

turquesado. [...] Aturquesado. // Azul turquí. // Añil. // Índigo. // Violeta (Akal. *s.v.*).

Tal y como puede comprobarse, *turquesado* remite, por un lado, a *aturquesado* y por otro a (*azul*) *turquí*, **añil**, *índigo* y a **violeta**, tonalidades caracterizadas, precisamente, por su matiz oscuro dentro de la familia de las tonalidades azules. En realidad, las cuatro denominaciones podrían englobarse bajo la misma característica 'oscuro' si se tiene en cuenta el siguiente dato que figura en la entrada *aturquesado*, la forma parasintética:

aturquesado. [...] Adjetivo que se aplicaba antiguamente a las coloraciones parecidas a la denominada «azul turquí» o «turquí» (*ibid.*: *s.v.*).

De hecho, la propia entrada *turquesa* alude a dicha posibilidad, si bien la considera como una aplicación «inespecífica e incorrecta»:

turquesa. [...] Denominación común que suele aplicarse, inespecífica e incorrectamente, a las coloraciones añil, índigo y violeta (*ibid.*: *s.v.*).

Por último, la entrada *turquí* indica, asimismo, que el término puede aplicarse al color turquesa, si bien de manera inespecífica:

turquí. [...] Nombre que se da también, inespecíficamente, a la coloración «turquesa» (*ibid.*: *s.v.*).

El *DECH* (*s.v. turco*) reconoce igualmente la posibilidad de que *turquí* se emplee para hacer referencia al color de la turquesa —derivado, a su vez, del nombre de la nación turca debido a su procedencia asiática—, ergo *turquesado* podría emplearse como sinónimo de *turquí*.

Asimismo, Espejo Muriel (1990: 149) cataloga al *turquesado* como tonalidad *superior*, esto es, que presenta el rasgo de «color básico + obscuro» (*ibid.*: 27) basándose en los testimonios lexicográficos de los que se vale a la hora de realizar su estudio, entre los que se encuentra el *Diccionario de autoridades*.

La turquesa, dada la posibilidad de variación en lo que a su composición química respecta, puede presentar un abanico de tonalidades considerablemente amplio en el que el azul cobra especial protagonismo: azul cielo, azul oscuro, azul verdoso, verde claro, verde amarillento, verde manzana y verde grisáceo (Sánchez Hernández, 2016: 40).

Teniendo en cuenta, por tanto, los testimonios lexicográficos consultados, puede concluirse que *turquesado*, al menos en el contexto del siglo XVII, presentaría una referencia cromática 'azul oscuro, turquí' relacionada con el color atribuido a la turquesa durante este periodo[291].

En lo que respecta a su primera documentación en corpus, CORDE posee una concordancia de principios del siglo XV bajo la forma *torquesado*:

> «[...] é una señal tamaña de luna de paño, color *torquesado*, tan grande como esta, toda llena manifiestamente de yuso de el hombro derecho en tal manera, que pareçca toda» [Anónimo (1408). *Ordenamiento hecho por la reina gobernadora doña Catalina, a nombre de su hijo el señor don Juan II, sobre la divisa y traje de los moros.* Extraído de: CORDE].

El término posee en CORDE un total de 99 concordancias, localizándose 42 de ellas en el periodo del siglo XVII. De los 42 ejemplos, 37 (40 si se tienen en cuenta 3 casos dudosos) atestiguan el uso con valor cromático de *turquesado*.

Por un lado, llama la atención la escasez de concordancias en las que *turquesado* hace referencia a textiles, posibilidad combinatoria que aparece reflejada en *CorLexIn*; por otro, son frecuentes las documentaciones en las que *turquesado* se emplea para hacer referencia al color del mar y, especialmente, del cielo, siendo equivalente, por tanto, a *celeste* o *cerúleo* y concordando con las acepciones que proponían para el término el diccionario de Terreros o los bilingües preacadémicos anteriormente citados. Sirva como claro ejemplo la siguiente concordancia extraída de CORDE:

> «Como no tiren a amarillos ni a roxos, todos los demás colores que tuvieren espejos son buenos para antojos, y sobre todo, es el cetrino y el *turquesado*, que es de color de cielo» [Daza de Valdés, B. (1623). *Uso de los antojos para todo género de visitas*. Extraído de: CORDE].

Es posible, por tanto, que *turquesado*, amén de la posibilidad cromática 'azul oscuro, turquí', también poseyese una segunda referencia cromática 'azul celeste', color que suele asociarse de manera frecuente con la turquesa (Schumann, 1978: 170). No obstante, el adjetivo también aparece documentado a la hora de describir el color del cielo nocturno, por lo que la primera posibilidad cromática estaría, asimismo, atestiguada.

En lo que respecta al resto de concordancias, eliminada la restricción temporal, 77 (82 si se tienen en cuenta 5 casos dudosos) de los 99 casos totales del

---

291 La definición de *Autoridades* puede dar a entender, de hecho, que las turquesas que tendían más a colores verdosos podrían considerarse como menos valiosas, ya que «decaen» en verde.

corpus ejemplifican el uso cromático del adjetivo. En el caso de las documentaciones anteriores al siglo XVII, sí que es mucho más frecuente encontrar ejemplos en los que *turquesado* se aplica a telas y tejidos o prendas de vestir.

Quizá la referencia cromática alternativa 'azul celeste' que figura en algunas de las concordancias del siglo XVII comenzase a manifestarse, precisamente, a partir de dicho período, ya que el siguiente ejemplo de mediados del siglo XV parece marcar una clara diferencia entre el *çelestre* y el *turquesado*:

> «[...] otrosy, de tynta de un çelestre marca, treçientos maravedís. ccc. / – otrosy, de tynta de un *turquesado*, çiento e dose maravedís e medio. c xii.- mº» [Anónimo (1462). *Arancel de precios y salarios de Cuenca*. Extraído de: CORDE].

La posibilidad *turquesado* 'azul celeste', en conclusión, puede considerarse posible desde el punto de vista documental y lexicográfico —especialmente a partir del siglo XVII, momento en el que la confluencia de ambas tonalidades parece más clara— dada la variedad cromática de la turquesa. No obstante, en el ámbito lexicográfico, ha de tenerse en cuenta que las fuentes diccionarísticas manejadas en este estudio como obras de referencia no reconocen dicha acepción, refrendando únicamente la opción *turquesado* 'azul turquí, azul oscuro'.

Por su parte, CDH ofrece 93 resultados para la búsqueda de *turquesado*, 15 de ellos ubicados en la capa nuclear y, por ende, novedosos, si bien varios ya aparecían en CORDE. Todos ellos documentan el valor cromático del adjetivo, siendo mayoritarios los fechados en el siglo XVII.

A partir del siglo XVII, las documentaciones de *turquesado* son escasas. De hecho, no hay registros en el siglo XVIII y los correspondientes a los siglos XIX y XX no alcanzan la decena, por lo que puede considerarse como un adjetivo de escaso uso o desusado —a pesar de no aparecer marcado como tal en el *DLE*—.

Esta condición de desuso se haría aún más patente en el plano sincrónico, puesto que CREA solo registra un único caso para *turquesado* aplicado al mar, mientras que la búsqueda en CORPES XXI no arroja ningún resultado:

> «[...] recorrieron mis padres recordando a Falla, quien había compuesto "Noches en los jardines de España" en el piano de Santiago Rusiñol; el *"turquesado* mar de Barcelona", enlutado por el adiós de las Brigadas Internacionales; [...]» [«El poeta en la calle (II)» (29/03/1996). *ABC Cultural*. Extraído de: CREA].

En conclusión, con *turquesado* se hace alusión a una tonalidad perteneciente a la familia del azul caracterizada por su matiz oscuro que la asemeja al color turquí. No obstante, y debido a que la sugerencia origen del adjetivo parte del color de la turquesa, podría haber desarrollado una segunda referencia cromática 'azul celeste'. Dicha ampliación semántica se habría producido, muy posiblemente, durante el siglo XVII, momento en el que, además, su valencia combinatoria originaria —ligada al ámbito textil tal y como ilustran los ejemplos de *CorLexIn*— se habría visto aumentada, posibilitando así que pueda complementar a otros referentes. Su periodo de máxima vitalidad léxica se situaría entre los siglos XVI y XVII, sufriendo a partir de este último siglo un enorme retroceso en lo que a su uso respecta y que permitiría calificar actualmente a *turquesado* como adjetivo en desuso.

VERDE

Documentaciones seleccionadas en *CorLexIn* y en fondos documentales inéditos de *CorLexIn*:

- Camisa de olán, baquero de lama *berde* (Adeje, Tf-1695)
- Vna olla bidriada de quatro asas, *verde*, buena (Alaejos, Va-1630)
- Otra alfonbra de çinco baras de largo, *berde* y colorada, con flueco destanbre leonado a los cantos, en çiento y ochenta reales (Albacete, Ab-1642)
- Vna tovajuela de naual labrada de azul y *uerde*, ocho reales (Albalá, CC-1661)
- Yten, vn lebrillo *berde* de amasar, en catorce reales (Alcalá de los Gazules, Ca-1642)
- Vna alcuça *verde* (Alcalá la Real, J-1648)
- Vnas arracadas de oro con clabeques y dos sortijas, la vna con vna piedra *berde* y otra vn clabeque (Alfaro, LR-1646)
- En vnas enaguas de albornós *berde*, vsadas, en treinta reales (Arucas, GC-1682)
- Vna cuera *verde* de palmilla, guarnecida de terciopelo, en seis ducados (Atienza, Gu-1640)
- Dos sortijas de oro, con doçe piedras *berdes* y en medio vna blanca, la vna y la otra con cinco piedras blancas (Berástegui, SS-1676)
- Primeramente, en el dicho aposento donde murió el dicho difunto, en otro escritorio de pino pintado de *verde*, en un taleguón de lienço, setenta y quatro reales en quartos (Burgo de Osma, So-1612)
- Yten una montera de mezcla, *verde* (Cañedo, S-1608)
- Más un covertol con franxa *verde*, en seis ducados (Cervera del Río Alhama, LR-1644)
- Vna olla bedriada de *berde* (Cifuentes de Rueda, Le-1648)
- Vn frutero labrado de seda *verde* y naranjada, diez pessos (Ciudad de México, México-1622)
- Yten, vn cordón de señor San Francisco de hilo blanco y açul y *verde* (Cuenca, Cu-1622)
- Otra pollera de picardía *berde*, ya traída (Cuzco, Perú-1670)
- Vn par de medias de peso *berdes* (Cuzco, Perú-1691)
- Yten, vn monillo de lama *berde* y plata en treinta y tres reales de vellón (Cádiz, Ca-1679)
- Yten quatro pipas, cada vna con ocho barriles de vino *verde* (Garachico, Tf-1695)

- Una pililla para agua bendita *berde* (Mahamud, Bu-1645)
- Dos sereneros[292] *berdes*, con randa de oro, y otro dorado con una puntilla de plata, andados, quarenta reales (Tudela, Na-1654)
- Un rosario de coyol[293] *berde* (Vergara, SS-1632)
- Vn uarreñón *berde* (Villalobos, Za-1654)
- Vn manteo de paño negro con ribete azul y malbete[294] *berde* (Alba de Tormes, Sa-1648)

Como último de los términos cromáticos básicos del español presentes en este estudio, el color verde se ha identificado tradicionalmente con el color de la naturaleza en su pleno vigor, el color de la hierba fresca, la esmeralda o la manzana.

Una vez más, la definición ostensiva se constituye como el cauce definitorio ideal para la expresión del contenido semántico de la nomenclatura cromática. Mientras que Rosal se limita a aportar el étimo latino de la voz —«de *Viride*, Latino» (*s.v. verde*)—, las definiciones del *Tesoro* de Sebastián de Covarrubias y del *Diccionario de autoridades* son bastante similares, basándose ambos en la referencia a la naturaleza en su pleno vigor:

> **VERDE**, Lat. viridis, &.de.es color de la yerua, y de las plantas, quando estan en su vigor: y assi se dixo viridis, à vigore, es epiteto del prado, y de la primavera [...] (*Tesoro*: *s.v.*).
> **VERDE**. s. m. El color natural de las hierbas, y plantas, quando están en su vigor. Viene del Latino *Viridis* (*Autoridades*, 1739: *s.v.*).

Establecer el tono exacto de verde que puede considerarse como general o estándar resulta complicado con un referente tan diverso como es la propia naturaleza, las plantas o la hierba —ámbito en el que pueden localizarse múltiples matices de verde—. Cabría suponer una cierta tendencia hacia un verde claro pensando en realidades concretas como la hierba; sin embargo, la tonalidad estándar se iría desdibujando a medida que se fuesen añadiendo nuevos referentes. En la 8.ª edición de 1837 aparece la esmeralda, que se mantendrá a lo largo del resto de ediciones; en 1869, la manzana, que solo permanecerá en la definición de *verde* hasta la edición de 1899, siendo sustituida por el cardenillo —quizá por su «prototipicidad comprometida», ya que el rojo o el amarillo también se pueden asociar de manera instintiva con el fruto del manzano—.

---

292 Perdiguero Villarreal, 2012: 388.
293 Egido, 2013: 33.
294 Junquera Martínez, 2020a: 47.

La tríada «hierba fresca, esmeralda y cardenillo» se mantendrá inalterada hasta la edición actual de 2014, que ha decidido eliminar el acetato de cobre de la definición —quizá por ser el menos identificable de los tres—:

> **verde.** 1. adj. Dicho de un color: Semejante al de la hierba fresca o al de la esmeralda, y que ocupa el cuarto lugar en el espectro luminoso. U. t. c. s. m. (*DLE*: *s.v.*).

La esmeralda inclinaría la balanza hacia tonalidades más oscuras, mientras que el cardenillo —«verde hermoso» según *Autoridades* (1729: *s.v.*)— o la manzana lo harían hacia matices más claros. Asimismo, a partir de 1884, se incluye la referencia a la posición del color en el contexto del espectro luminoso, ocupando *verde* la cuarta posición en el espectro.

Por último, *Akal* regresa a la comparación con la esmeralda y la hierba, y además, su ideal del verde estándar es una coloración semioscura (la de la esmeralda) —si bien los testimonios lexicográficos seiscentistas no permiten acotar una tonalidad general—:

> **verde.** [...] Color semejante al característico de las hojas de hierba o al de la esmeralda. // [...] Coloración estándar semioscura, verde y saturada, [...]. Corresponde, aproximadamente, a la estructura del mineral llamado «esmeralda» (*Akal*: *s.v.*).

Al igual que en los demás términos considerados básicos desde el punto de vista cromático, el análisis en los corpus generales de la Academia se centrará en un estudio genérico centrado en el marco cronológico del siglo XVII (nuevamente, entre otros aspectos, para solventar el enorme caudal de documentaciones: 26718 testimonios en CORDE y 41773 en CDH).

Si se acota cronológicamente la búsqueda, el adjetivo alcanza los 5134 casos en CORDE y 5188 en CDH, siendo, sin duda, el término básico con más casos dentro la cuaterna que forma junto a *rojo*, *amarillo* y *azul*.

Entre los múltiples sustantivos de los que se puede predicar el adjetivo *verde*, destacan —como es lógico— los referentes vegetales (árboles, hojas, prados, hierba, etc.), que suponen la mayoría de documentaciones de los primeros años del siglo XVII; no obstante, con el avance del tiempo, se va observando una ampliación progresiva de la valencia semántica, encontrando otras posibilidades como referentes textiles (tejidos y prendas), el color de los ojos, de las aceitunas, el color del plumaje de ciertas aves, etc.

Ha de ponerse de manifiesto, por otro lado, que, en el caso de *verde*, se localizan ejemplos no solo de su valor puramente cromático, sino también de ciertos valores desarrollados metonímicamente a partir de dicha acepción tales como 'no maduro' o —en relación con este último y con el propio étimo vĭrĭdis 'vigoroso, vivo, joven' (*DECH*, *s.v. verde*)— 'juventud, infancia'[295].

En el plano sincrónico, el elevado número de documentaciones de CREA (13977) y de CORPES XXI (32590) certificarían la pervivencia de *verde* en la actualidad y, por tanto, de su uso con valor cromático.

El color prototípicamente asociado a la naturaleza, la hierba, el cardenillo o la esmeralda es el *verde*, cuya definición ostensiva ha contemplado varios de los referentes anteriormente citados. Término básico de color desde el punto de vista lingüístico, goza de un abundante número de testimonios, tanto en los corpus académicos como en el *Corpus Léxico de Inventarios*, garantes de su condición de voz plenamente asentada —y general— en el contexto del siglo XVII.

VERDEGAY

Documentaciones en *CorLexIn*:

- Dos pares de medias, las unas blancas y las otras de *berdegay* (La Puebla de Valverde, Te-1634)
- Vna saya de *berdegay*, en quatro ducados (Olmeda del Rey, Cu-1625)
- Vn manteo de *berdegay* guarneçido con terçiopelo verde (Olmeda del Rey, Cu-1625)
- Vn sayuelo *uerdegay* guarnecido con terçiopelo negro y aforro blanco (Piedrahita, Av-1651)
- Vna saya de paño *verdegay* con su ruedo colorado (Villamuñío, Le-1633)
- Yten, vn paño de manos antiguo labrado de seda *verdegay* (Vitoria, Vi-1638)

---

295 A este respecto cabe reseñar la relación que *verde* posee con el valor de 'indecente, erótico' y con la expresión *viejo verde* 'que conserva inclinaciones sexuales impropias de su edad'. Tal y como indica Lázaro Carreter (2003: 208), «[l]os clásicos antiguos calificaron de verde la ancianidad vigorosa, de primavera tardía, sin achaques notables, y se siguió haciendo en las lenguas modernas: la *viacchiezza verde* italiana o la *verte vieillesse*, de nuestros vecinos. Pero como a esos viejos afortunados les aguija aún la libido, jugueteando con el adjetivo verde se le añadió enseguida el rasgo irónico de "lascivia"»; un valor que se habría consolidado en el siglo XVIII y que, con el paso del tiempo, acabaría robándole al color rojo —poseedor originario de dicho matiz peyorativo—, tal y como demuestra la lexía *palabras coloradas*: «Son las deshonestas y [*sic*] impuras, que se mezclan en la conversación por via de chanza» (*Autoridades*, 1729: *s.v. colorado*) y que se conservaría en América.

Dentro de las diversas tonalidades que componen la familia del verde, *verdegay* hace referencia a aquellas que presentan un matiz claro, es decir, tonalidades de verde que tienden más hacia el amarillo que hacia el azul.

El adjetivo cromático no aparece registrado en los diccionarios monolingües preacadémicos de Covarrubias y Rosal; pero sí en el *Diccionario de autoridades*:

> **VERDEGAY.** s. m. Verde claro, alegre, vistoso y apacible (*Autoridades*, 1739: *s.v.*).

En su diccionario, no obstante, Terreros equipara la referencia cromática del *verdegay* con la de la esmeralda, cuyo color verde suele caracterizarse por una tonalidad con un matiz más oscuro: «verde de esmeralda, verde alegre» (Terreros, 1788: *s.v. verdegai*). En la entrada correspondiente a la esmeralda, Terreros se limita a indicar que su color es el verde, sin especificar la tonalidad concreta; no obstante, ese «verde alegre» que incluye en la definición puede interpretarse como una clara preferencia o alusión por tonalidades claras.

Las ediciones del diccionario usual publicadas entre 1837 y 1884, de manera bastante acertada, equiparan la tonalidad *verdegay* a la que presentan las plumas del papagayo, cuyo color predominante suele ser el verde amarillento (aunque muchas especies también poseen plumas de colores rojos, amarillos, diversas tonalidades de azul, etc.):

> **VERDEGAY.** adj. Lo que es de un color verde claro, como el del papagayo (*DRAE*, 1837-1884: *s.v.*).

A partir de la decimotercera edición de 1899 hasta la edición actual de 2014 se define, simplemente, como 'verde claro', eliminando así la referencia ostensiva que proporcionaba el papagayo:

> **Verdegay.** (De *verde* y *gayo*.) adj. De color verde claro (*DRAE*, 1899: *s.v.*).
> **verdegay.** 1. adj. Dicho de un color: Verde claro (*DLE*: *s.v.*).

Finalmente, *Akal* incluye *verdegay* hasta en tres entradas distintas, haciendo hincapié en su condición de tonalidad verde amarillenta, lo que pone de manifiesto una clara inclinación por tonalidades de un verde más claro que oscuro —concordando así con los postulados lexicográficos—:

> **verdegay.** Verde claro o semiclaro y moderado (*Akal*: *s.v.*).
> **verde gay.** Coloración verdosa amarilla moderada (*ibid.*: *s.v.*).
> **amarillo gay.** Denominación común de las coloraciones amarillo verdosa brillante y amarillo verdosa clara (*ibid.*: *s.v.*).

La referencia cromática propuesta para *verdegay*, por tanto, abarcaría tonalidades catalogadas como 'verde claro', matiz que le conferiría, precisamente, la voz occitana *gayo/gai* 'alegre, vistoso'.

En lo que respecta a sus documentaciones en corpus[296], la búsqueda del término en CORDE arroja un total de 29 resultados, localizándose el más antiguo en un texto del siglo XV en el que *verdegay* hace referencia —al igual que los ejemplos de *CorLexIn*— a la vestimenta:

> «Muy alto señor, non visto aduay, / nin visto color de buen *verdegay*, / nin trobo discor, nin fago deslay, / pues tanto dolor yo veo que ay, [...]» [Baena, J.A. de (1406-a1435), *Poesías* (*Cancionero de Baena*). Extraído de: CORDE].

De las 29 documentaciones, 15 emplean *verdegay* referido a tejidos o prendas de vestir, por lo que puede establecerse que la referencia principal u originaria del adjetivo era precisamente esta. Por otro lado, a partir de los siglos XVIII-XIX —teniendo en cuenta que el verde es el color asociado por antonomasia a la naturaleza— también pueden encontrarse documentaciones en las que *verdegay* se combina con referentes vegetales.

En el caso de CDH, la búsqueda ofrece un número ligeramente mayor de documentaciones (36). Sin embargo, vuelve a quedar de manifiesto el relativo bajo índice de uso que presenta el término desde el punto de vista diacrónico. La mayor parte de los ejemplos que se localizan en CDH se solapa con los de CORDE, aunque pueden encontrarse algunos ejemplos genuinos entre los que abundan, nuevamente, las referencias a tejidos y prendas de vestir.

Las documentaciones del adjetivo en CREA y CORPES XXI son muy escasas, ya que, en total, las búsquedas ofrecen 5 documentaciones de *verdegay*: 2 en CREA —que CDH incluía en su capa sincrónica— y 3 en CORPES XXI. Desde el punto de vista sincrónico, por tanto, se corrobora la escasa vitalidad léxica que ya presentaba el vocablo desde su aparición en el siglo XV.

Además, cabe reseñar el hecho de que 3 de las 5 documentaciones se localizan en América, por lo que parece que es en esta zona del español donde el término se mantendría relativamente activo. No obstante, aunque Boyd-Bowman devuelve algunos resultados de *verdegay* en el dominio americano, estos son escasos y no anteriores a mediados del XVII.

Verdegay, en resumen, se presenta como un adjetivo perteneciente a la familia del verde, especializado en la referencia a tonalidades claras tendentes al amarillo y considerablemente ligado al ámbito textil. Desde el punto de vista de su vitalidad léxica, es un término con un bajo índice de uso ya desde su

---

296 Debido a su condición de voz compuesta (*verde* + *gay* 'alegre, vistoso', del fr. *gai*) los corpus académicos también registran documentaciones para la lexía *verde gay*: 11 resultados en CORDE (el más antiguo fechado en 1441 «una saya *verde gay*», todos los ejemplos referidos a telas, tejidos o prendas de vestir), 11 en CDH y 1 en CREA.

aparición en el primer tercio del siglo XV y que, en la actualidad, ostenta un claro estatus de voz en desuso.

VERDEMAR
[Tb. *verde mar*]

Documentaciones en *CorLexIn* y en fondos documentales inéditos de *CorLexIn*:

- Vara y terçia de riço *verdemar* a veinte y quatro reales la uara, treinta y dos reales (Medina de Rioseco, Va-1645)
- Dos pares de medias de seda verdes y *verde mar*, en çien reales (Villacarrillo, J-1651)
- Otro guardabajos de chamelote, *berde mar*, con guarniçiones, en nobenta y nuebe reales (Baza, Gr-1662)
- Más un calçón de tabi labrado *berde mar* (Choconta, Colombia-1633)
- Dos pares de medias de pelo *berde mar*, unas más claras que otras (Soria, So-1663)

El adjetivo *verdemar* pertenece a la familia de tonalidades verdes que presentan cierto matiz azulado. Este tipo de términos —cuya naturaleza se halla bastante discutida (García-Page, 2005: 83–84)— se caracteriza por presentar una estructura N_1+N_2[297] en la que el N_2 aporta algún matiz sobre la tonalidad del N_1, que suele incluirse dentro del grupo de los colores «primarios». En este caso, tal y como se analizará, la tonalidad de verde designada por *verdemar* se diferencia del resto por su semejanza con color verdoso que presenta el mar en ocasiones.

Ni Covarrubias ni Rosal recogen el término en sus diccionarios, siendo *Autoridades* la primera obra lexicográfica que lo documenta; aunque no proporciona ninguna referencia a la tonalidad que designa *verdemar*:

VERDEMAR. s. f. Piedra[298], de que usan los Pintores, para dar el color, que llaman con este mismo nombre (*Autoridades*, 1739: *s.v.*).

La 4.ª edición de 1803 eliminará la referencia a la piedra y lo presentará propiamente como adjetivo con valor cromático, primando esta adscripción categorial frente a su uso sustantivo:

VERDEMAR. adj. Lo que es de un color verde, semejante al del mar. Usase también como substantivo por el color de esta especie (*DRAE*, 1803: *s.v.*).

---

297 En ocasiones puede seguirse también un esquema compositivo N+A del tipo *blanco roto*, *blanco sucio* y que resulta especialmente productivo dentro de la familia de tonalidades azules: *azul marino*, *azul turquí*, *azul celeste*, etc.

298 Quizá la aguamarina o el berilo.

Si bien es cierto que la referencia a la tonalidad no figura de manera explícita, puede deducirse que *verdemar* alude a una tonalidad verdosa caracterizada por presentar una clara tendencia al azul, color prototípicamente asociado al mar.

El resto de definiciones académicas, incluida la actual, mantiene la alusión al color del mar y emplean *verdoso* 'que tira a verde' como matiz cromático para la tonalidad. Terreros, no obstante —y como ya ha podido comprobarse en entradas anteriores—, ofrece una referencia cromática distinta para el adjetivo, adscribiéndolo a la familia de tonalidades del azul y no del verde:

> **VERDEMAR**, color garzo [azulado], de azul celeste (Terreros, 1788: *s.v.*).

Sin embargo, ofrece como equivalente latino, GLAUCUS 'verde claro' y CAESIUS 'azul celeste', pero también 'verdemar' (De Miguel, *op. cit.*: *s.v.*). A pesar de que no puede negarse la presencia del azul en la tonalidad *verdemar*, es un adjetivo perteneciente a la familia del verde, no del azul[299].

El *Diccionario Akal del Color*, finalmente, recupera la identificación con el verde y presenta una definición cromática mucho más precisa en la que se indica, tal y como ya se había hecho referencia, al peso o presencia que el azul posee en esta tonalidad:

> **verdemar**. Denominación común de las tonalidades verde azuladas que se perciben en el mar, así como a las coloraciones que las presentan. // Verdoso (*Akal*: *s.v.*).

La referencia cromática que le corresponde o correspondería a *verdemar*, por tanto, es 'verde azulado'.

La primera documentación del término se localiza, según CORDE, en un inventario de bienes fechado alrededor del año 1612, por lo que *verdemar* puede considerarse como un término genuino del siglo XVII:

> «Un jubón de gurbión *verdemar*, aforrado en tafetán plateado»; «Otras ligas de *verde mar* pequeñas»; «Otras medias de seda *verde mar*»; «Un jubón de *verde mar* viejo» [Anónimo (*a*1612). *Bienes inventariados en poder de doña Esperanza de Mendoza*. Extraído de: CORDE].

CORDE posee un total de 63 concordancias para el término, 56 de ellas (58 teniendo en cuenta 2 casos dudosos) con el significado esperado, quedando de manifiesto el carácter originario y prácticamente inalterado del término como adjetivo con significado cromático. Tal y como ya ilustraban los ejemplos extraídos tanto de *CorLexIn* como de sus fondos documentales inéditos,

---

299 No obstante, Pascual Barea (*op. cit.*: 82) sí que reconoce cierto matiz azulado en la tonalidad a la que alude *glaucus*, aunque él lo aplica a las capas equinas.

durante el siglo XVII la combinatoria mayoritaria que presenta este adjetivo no es otra que la predicación de tejidos y prendas de vestir.

Sin embargo, ya en el siglo XVII pueden encontrarse ciertas concordancias en las que la valencia semántica se amplía, puesto que también se emplea *verdemar* para hacer referencia a la tonalidad que presentan las plumas y ciertas partes del cuerpo de algunas aves:

> «[...] tienen los gerifaltes [*Falco rusticolus*] los pies y piernas de color entre azulado *verde-mar*, y con el tiempo se les van poniendo más blancos y algunas veces amarillos; [...]» [Martínez de Espinar, A. (1644). *Arte de Ballestería y Montería*. Extraído de: CORDE].

A partir del siglo XIX, la valencia semántica del adjetivo se amplía, ofreciendo una multiplicidad de referentes tales como aves, vegetales, tonalidades de la luz, color del iris, etc. Sin embargo, la mayoría de las concordancias siguen haciendo referencia a telas o prendas de vestir.

CDH, por su parte, ofrece un total de 98 resultados para *verdemar* y sus variantes formales, entre las que pueden destacarse algunas que no documentaba CORDE:

> «[...] su mitad izquierda o femenina ostentaba un seno venusino con su pezón de rosa, un flanco ebúrneo, media pelvis de sedoso vellón y un muslo satinado hasta cuyo arranque llegaba una media transparente sujeta por una liga *verdemar* con rositas rococó» [Marechal, L. (1948). *Adán Buenosayres*. Extraído de: CDH].
>
> «Sentado ahora en el diván que de *verde mar* había pasado a verde moho, me consternaba pensando en lo dura que se había vuelto, para Ruth, esta prisión de tablas y artificio, con sus puentes volantes, sus telarañas de cordel [...]» [Carpentier, A. (1953). *Los pasos perdidos*. Extraído de: CORDE].

En lo que respecta a las concordancias en corpus de corte sincrónico, CREA ofrece 30 resultados para el término, 19 de ellos (20 con 1 caso dudoso) correspondientes a su valor cromático. En el caso de las concordancias más recientes desde el punto de vista cronológico, destaca especialmente la amplia valencia cromática que presenta *verdemar*, que parece haberse desligado en gran medida del ámbito textil.

Finalmente, CORPES XXI ofrece 32 concordancias para *verdemar*, 18 de ellas (20 si se les suman 2 casos dudosos) con el valor cromático del adjetivo. La combinatoria con referentes textiles vuelve a ser escasa, aunque sigue presente, mientras que la referencia al color de los ojos se mantiene como una de las coapariciones más abundantes.

En lo que respecta a la naturaleza del término, ha podido observarse tanto su condición de compuesto propio o univerbal como la de compuesto sintagmático o pluriverbal, amén de algún caso en el que la estructura del compuesto podría asimilarse a la de los compuestos yuxtapuestos, frecuentemente unidos por un guion (Varela, *op. cit.*: 81-84). La *NGLE* (§ 11.7c) indica que, en algunos casos, este tipo de compuestos de sustantivo y adjetivo «alternan la variante en la que constituyen una sola palabra gráfica, opción que se considera preferible […], con otra en la que sus componentes aparecen separados».

La *Gramática Descriptiva de la Lengua Española*, además, puntualiza esta afirmación estableciendo que «[en un mismo estadio sincrónico de la lengua] pueden coexistir variantes con el carácter de compuestos sintagmáticos imperfectos y otras con forma característica de los compuestos perfectos: *los guardias-civiles/los guardiaciviles*» (Bosque y Demonte, 1999: § 73.1.1).

La considerada como primera documentación del término ofrecía una estructura propia de compuesto univerbal: unidad ortográfica, fónica y prosódica; pero en el mismo documento se podía observar una alternancia entre la forma univerbal y la pluriverbal, lo que denota y corrobora la tesis presentada por la gramática descriptiva ya en el siglo XVII[300].

Respecto a la preferencia por uno u otro tipo de compuesto, el siguiente gráfico basado en las documentaciones de los corpus académicos muestra una clara inclinación hacia la forma sintagmática a partir del siglo XVII —periodo en el que la forma univerbal se consideraba como preferente—, si bien el diccionario académico solo ha recogido como entrada propia la variante *verdemar*[301]:

---

300 Debe tenerse en cuenta, no obstante, que la separación de palabras en los documentos originales no sigue un criterio fijo, por lo que no es seguro que la muestra de *CorLexIn* resulte muy signficativa a este respecto teniendo en cuenta los criterios de transcripción empleados. A este respecto, *vid.* Rodríguez Cortez, 2020.

301 Hasta la edición de 2001, la entrada *verde* incluía una acepción en la que se recogía como lexía compleja la forma *verde mar*: «U., junto con algunos sustantivos, para referirse a un color parecido al de las cosas que estos designan. *Verde mar Verde botella Verde oliva Verde esmeralda*» (DRAE, 2001: *s.v.*).

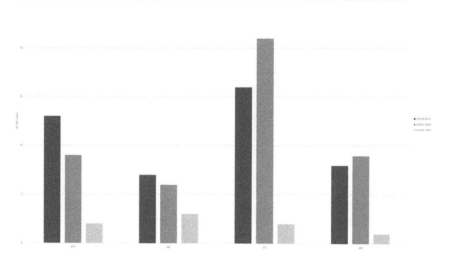

Gráfico 13. Variantes de *verdemar* por periodos temporales (Fuentes: CORDE, CDH, CREA, CORPES XXI)

En conclusión, *verdemar* es un adjetivo compuesto estrechamente ligado al contexto temporal del siglo XVII que hace referencia a tonalidades verdes con matiz azulado, coloración similar a la que presenta ocasionalmente el agua del mar y a partir de la cual recibe su denominación. Es un término especialmente ligado al ámbito textil y de la vestimenta, si bien con el paso del tiempo ha ido ampliando progresivamente su valencia semántica.

VICTORIANO

Documentaciones en *CorLexIn*:

- Más, vn ferreruelo destameña *bituriano*, bueno, en treinta reales (Población de Cerrato, Pa-1659)
- Yttem, vn pedazo de paño de Cálcena golpeado, *vitoriano*, cinco baras (Tudela, Na-1641)
- Yttem, otro paño veyntedoseno de Teruel, *vitoriano*, vbo en él veinte y ocho baras; está zurcido por dos partes (Tudela, Na-1641)
- Yttem, otro pedazo de paño veintidoseno de Teruel, *bitoriano*, tres baras y media (Tudela, Na-1641)
- Yttem, otra basquiña *bitoriana* muy bieja (Tudela, Na-1641)

Al igual que ***color del Carmen***, el ámbito de las órdenes religiosas ofrece un nuevo término cromático asociado, en este caso, a la Orden de los Mínimos u Orden de la Victoria: *victoriano*. La tonalidad asociada a dicha denominación es gris oscuro o marrón oscuro, puesto que la sugerencia origen radica en el hábito de la orden.

En el plano lexicográfico, tanto *victoriano* como *vitoriano* figuran en la nomenclatura del NTLLE entre mediados y finales del siglo XIX; pero ninguna de las acepciones que se registran hace referencia a contenido de índole cromática. El significado de las voces se refiere, principalmente, al gentilicio de Vitoria (*vitoriano*) o al adjetivo alusivo a la reina Victoria de Inglaterra o su época (*victoriano*); pero también a un tipo de boquerón —acepción marcada, en todo caso, como propia de Málaga, pero importante a la hora de acotar la referencia cromática del adjetivo—.

Teniendo en cuenta el significado geográfico alusivo a la ciudad de Vitoria, cabría la posibilidad de pensar en un *vitoriano* 'de Vitoria', esto es, que el adjetivo indicase la procedencia o «denominación de origen» (Morala, 2010c) del tejido. Sin embargo, en varios de los ejemplos esta hipótesis quedaría descartada, ya que la procedencia del paño queda claramente reflejada.

Sobre el origen de *victoriano* 'boquerón', Andrino Hernández hace referencia a la Orden de los Mínimos, fundada en el siglo XV por san Francisco de Paula (Rodríguez Marín, 2006: 411), orden que acabaría conociéndose como Orden de la Victoria o de Nuestra Señora de la Victoria —y, por ende, a sus frailes como *victorianos* o *vitorianos*— (Rodríguez Marín, *op. cit.*: 414; Andrino Hernández, 2013: 39-44). Tal y como indica el autor, el sobrenombre de *victorianos* se empleaba «tanto en Málaga como, con pocas excepciones, en el resto de España» (Andrino Hernández, *op. cit*: 44), lo que podría explicar la presencia del adjetivo en Navarra y Palencia. De hecho, habría sido la generalización de dicha voz la que acabaría propiciando su acepción cromática:

> La generalización llegó a ser tan amplia y conocida que el adjetivo *vitoriano* o *victoriano* se vino a utilizar en nuestra lengua para referirse a un color determinado, y a un tipo de comida, en ambos casos por su relación con los frailes de la Victoria (Andrino Hernández, *loc. cit.*).

La base de la metonimia residiría en el color del hábito de la orden, «marrón oscuro» según el autor, puesto que es el color «pardo o buriel, el propio del hábito de esos frailes» (*ibid.*); aunque también cabría la posibilidad de que se tratase de un gris oscuro cercano al negro: «[...] ex lana naturaliter nigra, et sine tinctura [...]» (Morales, 1619: 49)[302]. Esto es, lana natural (sin teñir) de color negro que podría encajar bastante bien en referencias como *pardo* —dada su relación con el gris—, si bien no tanto con el color *buriel*, que se aproximaría más a tonalidades castañas por su situación entre el negro y el leonado y su relación con el rojo.

Por otro lado, Andrino Hernández apoya su afirmación en Tolhausen, que incluye en su nomenclatura español-alemán el lema *vitoriano* y ofrece como traducciones al alemán *franziskanerfarbig* y *dunkelbraun*, esto es, 'de color franciscano' y 'marrón oscuro' respectivamente (1888-1889: *s.v.*)[303].

No debe olvidarse, eso sí, cambio de percepción que *pardo* experimenta en el plano lexicográfico académico a partir de finales del XIX, cuya referencia cromática 'gris' —mezcla de blanco y negro— pasa a 'marrón, amarronado' (mezcla de blanco, algo de amarillo y rojo y mayor dosis de negro), aspecto que ya se había reseñado en la entrada correspondiente y que podría condicionar la referencia cromática de *victoriano* en el contexto del siglo XVII.

Dado que el *Diccionario Akal del Color* no posee ninguna entrada *vitoriano* o *victoriano*, a partir de los testimonios consultados puede proponerse una referencia cromática 'marrón oscuro' para *vi(c)toriano*, si bien la relación con *pardo* y la tonalidad de la lana que figura en las bulas permitiría mantener asimismo el valor 'gris oscuro'.

En lo que respecta a su presencia en los corpus académicos, será CDH el que provea de un primer ejemplo que, si bien no atestigua exactamente su uso como adjetivo cromático, sí que permite corroborar una relación entre *victoriano* y *pardo* y justificar la referencia cromática propuesta:

> «El señor embajador de Venecia: de pardo *victoriano*, guarnición y cabos de tela naranjados. El señor embajador de Francia: terciopelo liso negro, forros, cabos y plumas encarnadas» [Almansa y Mendoza, A. (1623). *Relaciones de 1623*. Extraído de: CDH].

El testimonio de CDH puede equipararse a otros sintagmas como *azul marino*, *azul celeste*, *verde menta*, etc., compuestos por un término cromático básico (**rojo**, **amarillo**, **azul**, **verde**...) y un complemento que especifica un matiz concreto asociado a un referente que —por lo general— ostenta un color característico. La idea que *pardo victoriano* pretende transmitir es que no se está

---

302 Tanto Juan de Morales (*op. cit.*: 48-49) como fray Lucas de Montoya (1619: 376) hacen referencia al carácter exclusivo del color ligado a la orden: por mandato de varias bulas papales, solo los Mínimos podían usar dicha tonalidad en su hábito.

303 En la parte alemán-español, Tolhausen define *franziskanerbraun* como «franciscano, frailesco, parecido en el color al sayal de la orden de San Francisco».

aludiendo a un color meramente pardo, sino a un color pardo que evoca el del hábito de los frailes de la Orden de la Victoria, pudiendo consolidarse *victoriano* posteriormente como un adjetivo cromático pleno e independiente (al igual que ocurriría con *marino, celeste* o *menta*).

En este caso no es necesario llevar a cabo una primera aproximación reducida al siglo XVII en CORDE, puesto que los ejemplos de *vi(c)toriano* que registra dicho corpus se localizan únicamente en ese periodo temporal. La búsqueda combinada de ambas variantes arroja un total de 853 concordancias; sin embargo, solo una de ellas atestigua el uso de *vitoriano* con valor cromático:

> «Mando a Doña Maria de Prado y Roxas, hixa de Doña Luisa de Roxas y de D. Francisco de Prado, su padre, un habito de estameña nuevo que tengo, *vitoriano*, y una ropa de estameña negra y veinte ducados en dinero, y la pido me encomiende a Dios Nuestro Señor» [Anónimo (1652). *Testamento de Doña Isabel de Cervantes*. Extraído de: CORDE].

Podría interpretarse, sin embargo, que *vitoriano* en este ejemplo hace referencia a 'de la Victoria, de la Orden de la Victoria' y no a 'marrón, gris oscuro'. La concordancia en femenino, con *estameña*, habría resuelto la posible ambigüedad —favoreciendo el valor cromático—; pero tampoco debe descartarse la opción 'marrón, gris oscuro', puesto que es igualmente posible en dicho contexto.

Entre los 256 resultados de *vitoriano* y los 736 de *victoriano*, CDH —amén del testimonio anteriormente citado— proporciona otro ejemplo de mediados del XVII en el que podría afirmarse que *vitoriano* ostenta la acepción cromática que se le atribuye:

> «En los dedos muchas sortijas de oro, unas con piedras blancas de luz espesa, otras con piedras coloradas, como de hígado, y dos con unas guijas aceitunadas. La basquiña de paño *vitoriano*. Hacia la mano derecha, un llavero de plata con seis llaves de diferentes hechuras» [Zabaleta, J. de (1660). *El día de fiesta por la tarde*. Extraído de: CDH].

El contexto previo, en el que se especifican los colores de las piedras de las sortijas, invita a pensar que *vitoriano* también se emplea con dicho valor. Además, esta documentación es bastante similar a las que aporta *CorLexIn*, por lo que la hipótesis de la acepción cromática en este caso concreto se vería reforzada. No debe descartarse, no obstante, su valor para indicar la procedencia del tejido.

En el plano sincrónico, tanto CREA como CORPES XXI poseen casos de *vitoriano* y de *victoriano*; pero ninguno atestigua la acepción cromática del adjetivo. Este hecho, sumado a la escasez de documentaciones y a su ausencia en el plano lexicográfico parecen apuntar a un ítem léxico con un índice de uso bajo, quizá por la preferencia por términos como *pardo* o *buriel*, de carácter más general —hiperonímico— frente a *vitoriano*, que podría considerarse como un término más específico dada su sugerencia origen y su referente.

Los ejemplos de *CorLexIn*, además de incrementar el número de testimonios del adjetivo y afianzar su documentación, permiten corroborar la generalización —quizá relativa— a la que aludía Andrino Hernández si se tiene en cuenta su procedencia geográfica[304]. Por otro lado, la presencia del adjetivo podría estar condicionada por la existencia en dicho territorio de frailes mínimos: en el caso palentino, la orden se estableció en Saldaña hacia 1606 (Carrión Gútiez, 1992: 51); en el navarro, contaban con un convento en Cascante (Tarifa Castilla, 2014).

El hábito de la Orden de la Victoria u Orden de los Mínimos, de color marrón o gris oscuro, se constituye como la sugerencia origen del adjetivo *victoriano* y su variante *vitoriano*. Es una voz escasamente documentada más allá del siglo XVII y, en apariencia, ausente en la lexicografía hispánica; aunque podría ponerse en relación con otras expresiones cromáticas secundarias similares como *carmelita* o *color del Carmen*.

VINAGRADO

Documentaciones en fondos documentales inéditos de *CorLexIn*:

- Vna saya de raja *binagrada* (Santurde, LR-1662)

Vinagrado se presenta como un ejemplo más del productivo esquema de derivación N-*ado* en el que el derivado adjetivo posee cierta semejanza con su base nominal. En este caso concreto, *vinagrado* se incluiría entre las tonalidades rojizo agranatadas o rojizo oscuras, respondiendo a la coloración asociada al vinagre por su condición de «vino picado».

Ningún testimonio lexicográfico monolingüe preacadémico, esto es, los diccionarios de Covarrubias y Rosal, aportan información cromática en las entradas correspondientes a *vinagre* o *avinagrado*, adjetivo formado por parasíntesis y que podría considerarse parejo a *vinagrado*. De hecho, ninguno de los diccionarios del NTLLE registra en su macroestructura la voz *vinagrado*.

---

304 Varios documentos de Anastasio Rojo Vega también atestiguan la presencia de *vitoriano* y *victoriano* en la Valladolid del siglo XVII: «la mi capa de color de paño *vitoriano*» (1601); «una gavardina de paño *vitoriano*» (1565); «un juvon destameña *vitoriana*» (1627); «otra basquiña de paño de segovia *vitoriana*» (1646); «tres pares de medias *vitoriana* [sic]» (1666); «un vestido de jerguilla *victoriano*» (1627); «un jubón destameña *victoriana*» (1645).

Acudiendo, no obstante, a testimonios lexicográficos más cercanos, el *DEA* incluye bajo la voz *vinagre* —como ya se había indicado en la entrada dedicada a ***bayo*—** una posibilidad cromática que el *DLE* o el *DUE* no contemplan:

> **vinagre** [...] **II** *adj* **3** [Color] Rojo oscuro propio del vinagre (*DEA*: *s.v.*).

En la entrada *bayo* se había indicado que Torres aplicaba *avinagrado* a los toros cuyo pelo es «colorado, obscuro y brillante» (1989: *s.v.*). Asimismo, se había señalado la relación que establecía el *ALECant* entre *bayo* con *avinagrado*, si bien en ese caso se había optado por una referencia 'amarillo pálido' y no 'rojizo' debido a la coloración general asociada a *bayo* y al hecho de que *avinagrado* no se incluyese como sinónimo de *alazán* en el propio mapa 541 del *ALECant*.

Dentro del ámbito de la geografía lingüística, tampoco el *ALEANR* (721) ofrece ninguna documentación de *avinagrado*, mapa en el que dedica un apartado a los resultados de «(caballo) *alazán*», dando a entender que, quizá, *vinagrado* posea una restricción de tipo semántico que, en principio, estaría ligada al ámbito textil.

Tampoco aparecen recogidas en el *Diccionario Akal del Color* alusiones a posibles tonalidades *vinagre* o *avinagradas*, mucho menos *vinagradas*.

Sin embargo, la acepción del *DEA* y la posibilidad que documenta Torres dentro del ámbito de la coloración de las capas bovinas resultan demasiado «contemporáneas» o modernas con respecto al ejemplo obtenido de los fondos documentales de *CorLexIn*, por lo que basar la referencia cromática en dichos testimonios podría resultar demasiado atrevido, si no inadecuado, puesto que —tal y como ha podido comprobarse en entradas precedentes— la referencia cromática varía de un periodo a otro, especialmente motivada en el ámbito textil por la calidad de los tintes y su capacidad de fijación, lo que explica el paso de coloraciones más tenues y apagadas (y, por ende, referencias cromáticas más suaves) a coloraciones mucho más encendidas con la llegada de los tintes modernos.

En el caso particular de *vinagrado*, la referencia cromática 'rojo agranatado, rojo oscuro' estaría basada en el siguiente testimonio de Azara, una obra —a pesar de estar fechada a principios del siglo XIX—relativamente más cercana a la realidad del siglo XVII.

Una de las especies que han podido identificarse a partir del texto de Azara es el sirirí cariblanco (*Dendrocygna viduata*), ave de la familia de las anseriformes que aparece descrita de la siguiente forma:

> El resto íntegro del cuello hasta cerca de la raiz [*sic*] es *roxo avinagrado* y bello. Desde este color comienza una tira ancha y negra que sigue á lo largo baxo del cuerpo hasta

la cola, dexando los costados á listones al través limpios é iguales blancos y negros [...] (Azara, 1805: 441).

La descripción concuerda con la sugerencia origen del plumaje del sirirí, que aparece descrito en guías y catálogos ornitológicos como «rojizo castaño» o «castaño rufescente», es decir, colores tirantes al rojo con matiz oscuro. La posibilidad que se baraja con *avinagrado*, por tanto, es la de 'rojizo oscuro, agranatado', dado que la gama de castaños también incluye tonalidades rojizas más o menos oscuras como el *rojo indio*, el *rojo caoba*, el *canela*, etc. Si esta referencia cromática puede aplicarse a *avinagrado*, también cabe la posibilidad de que su homólogo derivado también la ostente, ya que ambos parten de una misma base nominal y, por ende, de un mismo matiz cromático.

En conclusión, la referencia cromática que se propone para *vinagrado* es 'rojo oscuro, agranatado' partiendo de su relación con el vino —y, más concretamente, con el vino tinto—.

Desde el punto de vista documental, *vinagrado* posee 11 documentaciones en CORDE; pero en ninguna de ellas el adjetivo se emplea como color. La búsqueda por forma del CDH aporta un ejemplo más, 12; pero, al igual que en el caso anterior, ninguno de ellos se corresponde con el uso cromático de *vinagrado*.

Sí se registran, no obstante, algunos casos de *avinagrado* en los que puede atestiguarse el uso cromático de la forma parasintética. En CORDE, de los 152 casos que arroja la búsqueda, 11 ilustran dicho valor (12 si se tiene en cuenta 1 caso dudoso), todos ellos fechados en el inicio del siglo XIX:

> «Del cogote á la espalda pardo: la espalda hasta la cola pardas *avinagradas*, y las plumas no agudas, ni largas. La cola, remos y cobijas del trozo exterior azules que reflexan morado; [...]» [Azara, F. de (1802-1805). *Apuntamientos para la Historia Natural de los páxaros del Paragüay y Río de la Plata*. Extraído de: CORDE].
>
> «1.º El Ballestero, castaño, boquirrubio... 4 años. 2. El Azafranero, rubio, ojalado, verga blanca... 4 años. 3. El Javonero, *avinagrado* rebalvo, cacho del asta derecha... 4 años. 4. El Zorrica, avinagrado, cornivicioso... 4 años» [Anónimo (1803). *Lista de los toros*. Extraído de: CORDE][305].

En la búsqueda de *avinagrado* en CDH, de los 210 resultados, 13 (14 si se tiene en cuenta el caso dudoso de CORDE) se corresponden con el valor analizado. Además, una de ellas —ubicada en la capa sincrónica del corpus— se documenta a finales del siglo XX:

---

305 Esta concordancia atestiguaría la posibilidad combinatoria de *avinagrado* con bóvidos.

> «Eres una víbora que se ciñe a mi cuello, que me ahoga. Tu hedor me hace vomitar. Tu piel es de un color entre violáceo y *avinagrado*, el color del mal vino turbio que se contempla al trasluz» [Colinas, A. (1990). *Un año en el sur*. Extraído de: CDH].

El ejemplo de *vinagrado* en *CorLexIn*, por tanto, a pesar de no poder considerarse como el más antiguo de *vinagrado* —ya que CORDE y CDH fijan su primera documentación a mediados del siglo XIII—, puede considerarse como el único testimonio del uso cromático del adjetivo derivado de *vinagre*.

En los corpus sincrónicos se produce una situación similar a la de CORDE y CDH, solo que en este caso no existen documentaciones de *vinagrado* ni en CREA ni en CORPES XXI. Para *avinagrado*, no obstante, CREA registra 61 concordancias de las que solo 1 —la de Colinas que incluía la capa sincrónica de CDH— posee valor cromático. CORPES XXI, por su parte, posee 102 casos de los que 2 parecen atestiguar el uso cromático del adjetivo:

> «Es un personaje que se escogería en el teatro para hacer el papel de intelectual español de primeros de siglo, regeneracionista, pensador sin exceso, flaco, de tez *avinagrada*, cuando no olivácea [...]» [García Montalvo, P. (2004). *Retrato de dos hermanas*. Extraído de: CORPES XXI].
>
> «De Leopoldo Lugones se incluyen tres registros, y al parecer sus excrementos que eran de un color lechoso y *avinagrado* hacia 1907, presentan una palidez excesiva en 1914 y un matiz ligeramente violáceo en febrero de 1928» [Palacios, C. (2009). *Los lugones*. Extraído de: CORPES XXI].

Sin embargo, estas dos concordancias de *avinagrado* se corresponderían con una referencia cromática alternativa. Entre los resultados de CDH ya podía localizarse uno que ofrecía esta posibilidad:

> «Más ceñido, la cara le había cobrado una palidez *avinagrada*, parecía que tenía los zapatos muy apretados, como si al ceñirlos hubiese querido romper los cordones, mordidos siempre por una idea única, alrededor de la cual zumbaban pequeños planetoides con anillos de cobre» [Lezama Lima, J. (1966). *Paradiso*. Extraído de: CDH].

La posibilidad *avinagrado* 'amarillo pálido' 'blanco amarillento' se contempla perfectamente para una voz derivada de *vinagre*, puesto que —como ya se había barajado en la entrada correspondiente a *bayo*— el vinagre puede ser, además de rojizo, amarillo pálido en el caso de que sea vinagre blanco (de vino blanco) o de sidra, por lo que dicha referencia cromática podría ser, asimismo, posible.

La propuesta cromática *vinagrado* 'rojo oscuro, agranatado', no obstante, tendría un número de documentaciones relativamente mayor, por lo que resulta lógico pensar que la referencia más adecuada —al menos en el contexto del siglo XVII— es la que incluye *vinagrado* en la familia de **rojo** y no de **amarillo**[306].

En conclusión, el adjetivo *vinagrado*, derivado del sustantivo *vinagre*, figura en *CorLexIn* como adjetivo con valor cromático que aludiría a una gama de tonalidades rojizas oscuras con cierto matiz agranatado. La voz no figura en los corpus académicos con dicho valor, por lo que el ejemplo del *Corpus Léxico de Inventarios* es el único testimonio de dicho uso, lo que podría inducir a considerar dicha acepción como marcada diatópicamente —dialectalismo riojano— o como un localismo propio de Santurde.

VIOLADO

Documentaciones en *CorLexIn*:

- XXº [paño] *biolado* de Teruel (Zaragoza, Z-1603)
- XX nº *biolado* de Albarrazín (Zaragoza, Z-1603)

No son escasos los ejemplos presentados en los que se emplean diversos mecanismos lingüísticos a la hora de aludir a un mismo color o tonalidad. Con *violado* se registra una tercera posibilidad de hacer referencia al color **morado**[1] o azul púrpura que caracteriza los pétalos de la viola o violeta.

En la historia de la lexicografía monolingüe del español, es Covarrubias el primero en incluir un lema *violado*, que, sin embargo, como ya se había reseñado en la entrada correspondiente a **color de violeta**, resulta —y a la vez no— bastante ilustrativo desde el punto de vista cromático: «color de violeta» (*Tesoro*, s.v.).

Covarrubias exige, necesariamente, la consulta de la entrada *violeta*, si bien, por otro lado, resalta indirectamente que la denominación preferida —o, si se prefiere más usual en el contexto del siglo XVII— parece ser la de *color de violeta* o, en todo caso, *violeta*.

---

306 Habría un testimonio fuera del ámbito de los *corpora* que también inclinaría la balanza hacia la gama cromática del rojo. March indica que el marqués de Astorga acudió a la boda de Felipe II y María Manuela de Portugal ataviado con «una ropa y un sayo de raso carmesí *binagrado* con muchos botones de piedras» (1942: 85). El hecho de que *vinagrado* figure como adyacente de *carmesí* invita a pensar que *vinagrado* se relacionaría con colores rojizos, ya que *carmesí* es el «color purpúreo mui subido, semejante al de la rosa castellana» (*Autoridades*, 1729: s.v.).

El caso de *Autoridades* —Rosal no incluye *violado* en su nomenclatura—, es similar al del *Tesoro*, puesto que la entrada *violado* remite nuevamente a *violeta* mediante la fórmula definitoria «se aplica también a lo que tiene color de violeta» (1739: *s.v.*). La remisión a *violeta* —ya comentada en la entrada correspondiente a *color de violeta*— es, en todo caso, la que aporta la información cromática en lugar del adjetivo denominal:

> **VIOLETA.** s. f. Flor pequeña, compuesta por lo regular de cinco hojas de un color azul, que tira à roxo obscuro, ù casi morado, de un olor suavissimo: y es de las primeras flores, que anuncian la Primavera (*ibid.*: *s.v.*).

El único que parece desmarcarse del modelo de definición que siguen Covarrubias y la Academia es Terreros, quien ofrece una visión de *violado* mucho más técnica al informar sobre el método de obtención de dicho color —amén de eliminar la remisión y emplear una definición propia para el adjetivo—:

> **VIOLADO**, color, mezcla de azul y rojo. No obstante otros le hacen color madre y primitivo (Terreros, 1788: *s.v.*).

Puede afirmarse, asimismo, que Terreros consideraría como lema «general» para referirse a dicha tonalidad el término *violado*, dado que *color de violeta* (*s.v. violeta*) remite a *violado*, dando a entender su preferencia por dicha denominación. Este hecho sería totalmente comprensible, ya que *violado* sigue un patrón lexicogenético de considerable frecuencia a la hora de formar adjetivos denominales cuyo contenido semántico expresa nociones de color —tal y como ha podido comprobarse en gran parte de los términos analizados en el presente estudio—.

El resto de diccionarios que recoge el NTLLE no se separa de la definición académica, por lo que, en principio, la referencia cromática propuesta para *violado* es la misma que se había propuesto para **violeta** y *color de violeta*. De hecho, la definición que propone *Akal* para *violado*, nuevamente, es una remisión a las entradas *violáceo* y *violeta*, lo que, en principio, reforzaría la idea de que las tres formas aluden a la misma tonalidad.

El color propio de los pétalos de la violeta, en suma, encontraría su expresión léxica en un juego de significantes cuádruple: el hablante puede optar por métodos sintéticos (*violáceo* —que podría considerarse un derivado diacrónico— y *violado*), métodos analíticos (la construcción *color de violeta*) u optar por un uso adjetivo del propio sustantivo, *violeta*.

Desde el punto de vista documental, la búsqueda restringida en CORDE de *violado* al siglo XVII revela un total de 204 concordancias, si bien tan solo 10

(14 si se tienen en cuenta 4 casos dudosos) son las que realmente documentan el uso de *violado* 'morado' en dicho periodo cronológico[307].

Teniendo en cuenta el número de documentaciones de *violado*, y siempre en el contexto del siglo XVII, podría afirmarse que, frente a *color de violeta*, *violeta* e, incluso, *violáceo*, es *violado* el término preferido para aludir al color de los pétalos de su sugerencia origen. Por otro lado, puede deducirse que la denominación *violeta* —en cualquiera de sus «variantes»— parece no estar muy asentada, a pesar de documentarse con anterioridad al siglo XVII. Este hecho podría explicarse por una posible preferencia por otras denominaciones alusivas a tonalidades bastante similares como son el *morado*[1] o el *púrpura*, especialmente en el caso del primero si, además, se tiene en cuenta que el propio *Diccionario de autoridades* indica en la entrada *violeta* que los pétalos de dicha flor se caracterizan por su color «azul, que tira à roxo obscuro, ù casi morado» (1739: s.v. *violeta*).

Asimismo, resulta curioso el hecho de que el primer diccionario publicado por la Academia incluya en su nomenclatura la entrada *violáceo* si se tiene en cuenta que la búsqueda en los corpus revela algunos ejemplos de *violáceo* y, en todo caso, VIOLACEUS, en el *Universal vocabulario* de Alfonso de Palencia —finales del siglo XV—, no volviendo a documentarse, aparentemente, hasta el siglo XVIII. La autoridad que refrenda la voz es un extracto de *Diálogos de medallas, inscripciones y otras antigüedades* (1580), obra de Antonio Agustín[308].

Eliminada la restricción diacrónica, se obtienen 1901 casos. De las casi 2000 documentaciones de CORDE —teniendo en cuenta, además, las señaladas anteriormente para el siglo XVII—, el número total de casos de *violado* 'morado' asciende a 660 (669 si se tienen en cuenta 9 casos dudosos).

---

307 El *DECH* fija la primera documentación del término en el siglo XV en el *Universal vocabulario* de Alfonso de Palencia (1490); no obstante, la consulta de CORDE y CDH revela un testimonio ligeramente anterior de un lapidario anónimo en el que se emplea *violado* para caracterizar el color de la amatista: «El color de la matista es *uiolado* o de purpura, o assi como suele ser uista la gota del uino o la rosa limpia» [Anónimo (c1420). *Lapidario. Título de las declaraciones de las naturalezas de las piedras*. Extraído de: CORDE, CDH].

308 Tal y como indica Freixas (2003: 342), los *Diálogos* de Agustín se emplearon frecuentemente en *Autoridades* para «para incluir en el Diccionario términos de realidades de la Antigüedad clásica», si bien «también suelen emplearse para ilustrar voces del habla cotidiana».

La consulta de CORDE, además, revela un claro aumento del uso de *violado* como adjetivo cromático a partir del siglo XVIII, siendo el siglo XIX un momento clave, de repunte, del índice de frecuencia del adjetivo —aunque muchas de las documentaciones del término se localizan en una misma obra—. Por otro lado, no obstante, parece que en el último tercio del siglo XX se aprecia un claro descenso en el uso del adjetivo, que se corroborará, posteriormente, en el análisis de las concordancias obtenidas en los corpus sincrónicos.

El análisis diacrónico se completa con la consulta al CDH, que eleva el número de casos —al combinar capas sincrónicas y diacrónicas— a 2273. Además de las documentaciones aludidas, pueden encontrarse 7 ejemplos genuinos que no incluían CORDE ni CREA y que solo se localizan en este corpus en los que *violado* se emplea con el valor propuesto:

> «Para librarse de aquellos amargos pensamientos procuraba separar los ojos del suelo negro, duro y sin lustre, cual hierro dulce, del camino, y los pasaba por cima de las flores o güines color *violado* claro» [Villaverde, C. (1839-1882). *Cecilia Valdés o La loma del ángel*. Extraído de: CDH].
>
> «[…]; sus labios trémulos apenas conservaban ligero tinte de rosa; su nariz apareció perfilada y casi transparente, y una aureola de azul *violado* se señaló con distinción al rededor de sus ojos, […]» [Gómez de Avellaneda, G. (1844). «Espatolino». *Novelas y leyendas*. Extraído de: CDH].
>
> «Eran mariposas pequeñas, de un amaranto profundo, estriadas de *violado*, que se habían levantado por miríadas y miríadas en algún ignoto lugar del continente, detrás de la selva inmensa, […]» [Carpentier, A. (1953). *Los pasos perdidos*. Extraído de: CDH].

En el plano sincrónico, CREA refleja un considerable descenso en la frecuencia de uso de la voz, descenso que ya podía intuirse en CORDE a partir de la segunda mitad del siglo XX. De las 1694 concordancias, tan solo 7 (9 si se tienen en cuenta 2 casos dudosos) documentan el valor cromático del adjetivo, no registrándose ninguna concordancia con dicho valor a partir de 1996.

CORPES XXI, por último, confirma que, en el español actual, *violado* puede considerarse como una voz en claro desuso, ofreciendo 1 único caso (5 si se tienen en cuenta 4 casos dudosos) en el que el adjetivo se emplea para especificar el color del sustantivo al que acompaña:

> «Su cara, casi oculta, los ojos rojos, la piel de *violado* alabastro mandaban, a quien se atreviese a contemplarlo, a un sitio yermo, hórrido, el ser remitía al dolor que cerca, a la desilusión que aniquila» [Abascal Andrade, J.A. (2006). «De cómo un hombre misterioso llegó a aposentarse a Huesca y de lo que trajo consigo y de lo que tiene que ver con las cosas anteriores». *Cuentos de conjuros, amanuenses y demonios*. Extraído de: CORPES XXI].

Este descenso podría responder, casi con total seguridad, a un cambio de preferencia por parte de los hablantes en lo que respecta a la expresión de la tonalidad: el conjunto de hispanohablantes parece haberse decantado o favorecido otras denominaciones a la hora de aludir al color prototípicamente asociado a los pétalos de la violeta, concretamente, por el término *violeta*, lema al que *violado* remite en la última edición del diccionario académico de 2014, dando a entender que el término considerado como general es *violeta*.

En conclusión, *CorLexIn* ofrece hasta tres expresiones distintas para hacer referencia al color de los pétalos de la violeta o viola común, 'morado, azul púrpura'. En el caso concreto de *violado*, puede considerarse como un ejemplo de adjetivo denominal del tipo N+*ado*, siendo la base nominal el sustantivo *viola*. Sin embargo, a pesar de valerse de un patrón lexicogenético esperable y productivo —y de poder considerarlo como la denominación mayoritaria para dicha tonalidad en el siglo XVII—, es un adjetivo con un número de documentaciones bastante limitado —con un cierto repunte en el siglo XIX—, probablemente motivado por la (co)existencia de ítems léxicos que gozaron, y gozan, de una mayor preferencia por parte de la comunidad hispanohablante en distintos momentos: *color de violeta*, *violáceo* y *violeta* y de otros que no comparten la misma raíz como son *morado*[j] o *púrpura*.

VIOLETA

Documentaciones en *CorLexIn*:

- Otro [hábito] de gorguerán pasado, *violeta* y negro, en quinientos reales (Jaén, J-1650)
- Más otro bestido de tafetán negro y *violeta* tasado en trezientos y ochenta reales (Sevilla, S-1650)

Ilustrando un claro ejemplo de la posibilidad de uso como adjetivo de un sustantivo (*NGLE*, 2009: § 13.7l) —que ostentaría la misma referencia cromática que la lexía **color de violeta** y el adjetivo **violado**—, *CorLexIn* documenta una acepción y valor de *violeta* que no figurará en la obra lexicográfica académica hasta la edición de 1970[309].

Tal y como se había indicado en la entrada correspondiente a *color de violeta*, la forma lexicográficamente refrendada a la hora de aludir al color que evoca el de los pétalos de la violeta común es *violado* o *violáceo*, *color de violeta* si se opta por una forma de expresión analítica.

Ni los diccionarios preacadémicos monolingües ni la propia Academia en el *Diccionario de autoridades* ofrecen datos relativos al posible uso adjetivo

---

309   Ya figuraba en el *DMILE* de 1927 y en el diccionario de Pagés (1931).

del sustantivo *violeta* a la hora de aludir a dicha coloración, fenómeno que se produce con abundante frecuencia con sustantivos cuyos referentes poseen un color o tonalidad que los caracteriza, como en el caso de *aguamarina, esmeralda, mostaza, salmón*, etc.

El caso de *violeta* podría equipararse al de **naranja**, esto es, un valor aparentemente tardío que se documenta mucho antes de su registro lexicográfico. En el caso concreto de *naranja*, CORDE y los testimonios de *CorLexIn* permitían fechar esta acepción o uso adjetivo del sustantivo *naranja* ya en el siglo XVII, 3 siglos antes de su aparición en el marco lexicográfico académico.

Curiosamente, dicho valor podría haberse incluido en la primera edición del diccionario usual de 1780, dado que la 4.ª edición del *DAF* de 1762 ya lo recogía en la entrada *violet, violette*:

> **VIOLET, ETTE**. adject. De couleur de la fleur qu'on nomme Violette [...] VIOLET est aussi substantif masculin, & signifie, Couleur violette (*DAF*, 1762: *s.v.*).

Podría haber figurado, incluso, en el *Diccionario de autoridades*, ya que también se registraba con dicha acepción en el *Thresor* de Nicot: «Violet, Amethystinus color, Violaceus, Ianthinus» (*op. cit.*: *s.v. violet*).

La referencia cromática propuesta es, claramente, la misma que *color de violeta* o *violado*, esto es 'azul púrpura, morado', tonalidades que evocan las de los pétalos de la flor de la *Viola odorata* o violeta común.

En el contexto de los corpus académicos, la búsqueda de en CORDE y CDH arroja un número de documentos considerablemente elevado —2474 casos en el primero y 4463 en el segundo—, por lo que se hace necesaria una primera cala que, en este caso concreto, abarque todos los testimonios fechados hasta el siglo XVII.

Esta restricción cronológica permite obtener 616 concordancias en CORDE y 579 en CDH; sin embargo, ninguna de ellas parece reflejar un uso adjetivo de *violeta*, con la excepción de 5 casos en los que podría considerarse que se atestigua dicho valor, el más antiguo de ellos fechado a mediados del siglo XV en una carta de pago:

> «[...] dió et pagó más el dicho thesorero al dicho juan gonçalez, platero, para quatro esmalteges pequeños, azules et *violetas* et verdes, que puso en las orillas del dicho rrelicario, que eran suyos del dicho juan gonzalez [...]» [Anónimo (1431). *Carta de pago*. Extraído de: CORDE, CDH].

La escasez de documentaciones hasta el siglo XVII confiere al ejemplo de *CorLexIn* una importancia considerable, dado que permite aumentar el número de testimonios del uso de *violeta* como adjetivo con el valor cromático 'azul púrpura, morado', amén de documentar una acepción y posibilidad sintáctica para el sustantivo que no se registrará en el contexto lexicográfico hasta el primer tercio del siglo XX.

El uso adjetivo de *violeta* para designar el color semejante al de los pétalos de la *Viola odorata* se irá haciendo más frecuente a partir de los siglos XIX y XX (si bien en múltiples ocasiones alternando con la posibilidad de aparecer como adyacente del sustantivo *color*, esto es, *color violeta*), pudiendo considerarse actualmente como un adjetivo cromático de pleno derecho y con un índice de uso considerablemente amplio, ya sea por sí mismo o a través de construcciones del tipo *color violeta, tono violeta*, etc.

La consulta de corpus sincrónicos en este caso no se considera pertinente, ya que la verdadera importancia que suscita *violeta* en este contexto es su uso como adjetivo cromático en fechas anteriores a la aparición de dicha acepción en el contexto lexicográfico —amén del hecho de que *violeta*, actualmente, se considera como un término cromático ampliamente difundido y con una frecuencia o índice de uso bastante elevados, lo que indica que dicho uso se mantiene «en activo» en la actualidad—.

En conclusión, el color de los pétalos de la violeta común —que puede definirse como 'azul púrpura' o 'morado'— encuentra numerosas vías a la hora de verbalizarse: el hablante puede optar por construcciones analíticas como *color de violeta* o *color violeta*, relativamente abundantes y que podrían considerarse como un primer estadio a la hora de aludir a tonalidades fuera del espectro «clásico» de tonalidades básicas que refleja o persigue una búsqueda y concreción de matices dentro de los colores primarios y secundarios; pero, por otro lado, también puede inclinarse por otras vías de carácter sintético como el adjetivo denominal *violado* (N+*ado*) o derivados de corte diacrónico como el cultismo *violáceo* —de VIOLACEUS—; por último, como es el caso, puede optarse por un uso adjetivo de un sustantivo, *violeta* en este caso, —o por una nominalización de un adjetivo perteneciente a un grupo nominal cuyo núcleo, *color*, se ha elidido—.

La importancia del ejemplo de *CorLexIn* recae en el hecho de aumentar los testimonios de esta última opción, el uso adjetivo del sustantivo, en un periodo considerablemente anterior —tres siglos antes— de su refrendo lexicográfico y académico.

ZAINO

Documentaciones seleccionadas en *CorLexIn* y en fondos documentales inéditos de *CorLexIn*:

- Vn ferreruelo *çayno*, en diez y seis reales (La Roda, Ab-1643)
- Vn cobertor *çayno* con flecos negros, en tres ducados (La Roda, Ab-1643)

- Dos caueçeros de alfonbra çaynos, en veinte reales (La Roda, Ab-1643)
- Vn bestido çayno de raxa de paño aprensado (La Roda, Ab-1643)
- Vn bestido de hombre, balón, ropilla, jubón y medias, en quinçe ducados, de paño çayno (La Roda, Ab-1644)
- Vna basquiña de raxa, de paño, picada, çayna, con su enfalde morado (La Roda, Ab-1642)
- Vn jubón çayno, de raxa, aprensado, con pasamano negro (La Roda, Ab-1642)
- Un bestido de paño negro ... vna saya de paño çayno, aprensada (La Roda, Ab-1642)
- Vna basquiña de raja y jubón de perpetuán çayno con su enfalde (La Roda, Ab-1642)

Aunque en los ejemplos aportados por *CorLexIn* se ofrece una combinatoria distinta, *zaino*, generalmente, es un adjetivo empleado en la referencia a capas cuyo pelaje es únicamente castaño oscuro y que, por tanto, no presentan pelos de otro color.

Los diccionarios monolingües preacadémicos de Covarrubias y Rosal ya recogen el término, si bien solo el *Tesoro* de Covarrubias lo aplica a caballos:

ÇAYNO, nombre Arabigo, dizese del cauallo castaño escuro, que no tiene ninguna señal de otra color [...] (*Tesoro: s.v.*).
Çaínos o çainos. llaman a los puercos de fuera ò pardos, en Castilla, porq. allí son todos blancos. Quiere decir mestizos. y así mesmo llamamos al amulatado, que ni es blanco ni negro [...] (*Rosal: s.v.*).

Si bien parece que Rosal modifica tanto el referente como la tonalidad que proponía Covarrubias para el término, el *Diccionario de autoridades* se decanta por la propuesta de este último:

ZAINO, NA. adj. que se aplica al caballo castaño obscuro, que no tiene otro color (*Autoridades*, 1739: *s.v.*).

Terreros, que en entradas anteriores ha aportado tonalidades alternativas a las consideradas por la Academia, coincide en este caso con la propuesta académica, si bien añade algunas precisiones o acepciones cromáticas:

ZAINO, el caballo castaño obscuro que no tiene otro color. [...] Otros llaman zaino al caballo que no tiene señal alguna blanca, sea en sí el color que fuere. [...] Pero otros llaman zaino al caballo que no es pardo, ni blanco, y que no tiene señal alguna blanca en el cuerpo [...] (Terreros, 1788: *s.v.*).

La primera edición del diccionario usual de 1780 y, por ende, el resto de ediciones del diccionario académico —incluida la actual— ha mantenido la referencia cromática 'castaño oscuro'.

El *Diccionario Akal del Color* describe la tonalidad como «muy oscura, rojo purpúrea e intensa» (*Akal: s.v. caballo, cromatismo del*) en el caso de las capas equinas. En el caso de la ganadería, sin embargo, *zaino* hace referencia a una tonalidad «negruzca, roja y muy débil». No obstante —y tal y como ya se había mencionado para la entrada **cervuno**—, *zaino* abarcaría también tonalidades de color castaño oscuro, amén del hecho de que las capas castañas se incluyen dentro del grupo de las capas rojas, por lo que las referencias cromáticas alternativas que parece proponer *Akal* tampoco desdecirían de la propuesta inicial 'castaño oscuro'.

La búsqueda en el *ALEA* y en el *TLHA* revela algunas propuestas alternativas para *zaino*, tanto desde el punto de vista de la referencia cromática como del animal al que se aplican. El *TLHA* recoge la lexía *negro zaíno* (*s.v. negro*) como «<res vacuna> de pelo negro entrepelado de gris», mientras que el mapa 487 documenta *zahíno* en algunos puntos del área oriental, amén de aplicarse también a ovejas «calzadas» en Al-405. Con el significado de 'animal con las patas negras' se documenta en Gr-503; en Al-301 se emplea para referirse a borregos que tienen 'la cara obscura, pero no negra', y a borregos «pintados» en el mapa 525 en Al-602.

Por otro lado, en el *ALEANR* (579) —en el apartado dedicado a los resultados de «(res) *negra*»— también se localizan algunos resultados de *zaino* en V-101 y Te-100 y Te-101. En Lo-502 también se localiza un *zaino* 'res negra con el morro del mismo color' y en Te-102, curiosamente, un *zaino* 'res de color claro' que, en principio, no acaba de encajar con la tonalidad propuesta para el adjetivo, caracterizada por su matiz oscuro.

En efecto, *zaino* también posee una acepción secundaria aplicada a bóvidos que aparece recogida en el *DRAE* desde la edición de 1925: «En el ganado vacuno, el de color negro que no tiene ningún pelo blanco» (*DRAE*, 1925: *s.v.*). De nuevo, constituye otro ejemplo de término cromático originariamente equino que acaba aplicándose de igual modo al ganado bovino (*vid.*, Torres, *op. cit.: ss.vv. negro, zaino*).

Zaino, por tanto, abarcaría dos referencias cromáticas que variarían en función del referente animal al que se apliquen, si bien ambas se caracterizan por aludir a un tipo de capa de color uniforme que no presenta ningún otro color (*i.e.*, una capa *simple*): una primera referencia, originaria, 'castaño oscuro' referida a équidos y una segunda, 'negro' aplicada a bóvidos.

En lo que respecta a sus documentaciones en corpus de carácter más general, CORDE registra 208 documentaciones para *zaino* y sus variantes, pudiendo considerar como primera aparición del término un ejemplo de mediados del siglo XVI, anterior, por tanto, a la documentación que propone el *DECH* de principios del XVII:

«El italiano. Cavallo *zaino*, o morzillo, o ciego o floxo» [Núñez, H. (c1549). *Refranes o proverbios en romance*. Extraído de: CORDE].

En el contexto del siglo XVII, se obtienen 50 registros, 8 de ellos (13 si se tienen en cuenta 5 casos dudosos) con valor cromático y haciendo referencia a équidos. No obstante, los ejemplos de *CorLexIn* demuestran que su valencia combinatoria también abarcaría el ámbito textil, corroborándose esta posibilidad con una documentación de CORDE que, eso sí, se presenta como dudosa, ya que quizá se esté empleando para denominar a un tipo de tela o tejido:

«"Mírenme –dijo–; hallarán / el ál que tengo debajo, / y si fuere de almofrej, / en los colchones me zampo." / Pero al Anjeo atisbaba / una Bayeta de *zaino*, / por material de jergones / y de camisas de payos» [Quevedo y Villegas, F. de (1597–1645). *Poesías*. Extraído de: CORDE].

Teniendo en cuenta esta concordancia y los ejemplos documentados en Albacete en *CorLexIn* (también se documenta algún caso más en La Mancha), es posible que *zaino* constituya un posible caso de arcaísmo de origen árabe conservado como localismo y que, por el contexto, hiciese referencia a un tipo de paño. A pesar de la posibilidad de que el adjetivo no esté empleado con valor cromático en este caso, los dos testimonios extraídos del *Corpus Léxico de Inventarios* evidencian y atestiguan el posible uso de *zaino* aplicado a tejidos.

Pueden encontrarse, asimismo, ejemplos de *zaino* aplicados a suidos, tal y como establecía la entrada *çaínos* en el diccionario de Rosal:

«Había muchas manadas de puercos *zainos* y pequeños, de buena y sabrosa carne, y muchas dantas ligeras y grandes, muchos pavos y otra diversidad de aves, mucha cantidad de pescado por los ríos; [...]» [Herrera y Tordesillas, A. de (1601). *Historia general de los hechos de los castellanos en las islas y tierra firme. Década primera*. Extraído de: CORDE].

La mayor parte de las documentaciones de «cerdo zaino» que pueden encontrarse en los textos del siglo XVII corresponden a testimonios americanos. Además, el último ejemplo citado permite identificar al cerdo zaino con el *pecarí*, mamífero artiodáctilo perteneciente al suborden de los suidos, similar al jabalí y que posee una glándula dorsal que segrega una sustancia fétida.

Eliminando la restricción cronológica, de los 208 casos anteriormente mencionados, 127 de ellos (132 si se tienen en cuenta los 5 casos considerados como dudosos en el siglo XVII) empleados con el valor analizado. Aunque casi la totalidad de ejemplos hace alusión a équidos —su referente mayoritario como ya ha podido comprobarse—, es posible localizar algunas concordancias con referente distinto, tanto animal (principalmente bóvidos) como algún caso de alusión a seres humanos.

En lo que respecta a CDH, se registra un total de 410 casos para el adjetivo *zaino*, 79 de ellos localizados en el denominado «CDH nuclear». En 58 de esos 79 resultados —seleccionados para evitar solapamientos entre los corpus académicos— se puede atestiguar el valor cromático que presenta el adjetivo, siendo el referente en todos los casos un équido (caballos, yeguas, mulas, etc.).

CREA, por su parte, reduce de manera considerable el total de concordancias ofreciendo 61 ejemplos de *zaino*, muestra de que, al parecer, el término no goza de un índice de uso demasiado elevado a partir de 1975, fecha de inicio de los documentos que posee dicho corpus.

De los 61 ejemplos, 33 (35 con 2 casos dudosos) se corresponden con *zaino* y su acepción cromática. Tal y como se ha indicado en casos anteriores, las documentaciones más recientes presentan una mayor ampliación de la valencia semántica del término y, por ende, su coaparición con referentes de muy diversa índole, si bien el referente mayoritario sigue siendo un animal perteneciente a la familia de los équidos.

Finalmente, CORPES XXI documenta 77 casos para *zaino*, correspondiéndose 51 con su valor de adjetivo cromático y denotando, de nuevo, un relativamente bajo índice de uso. En lo que respecta a los referentes a los que se aplica, siguen siendo mayoritariamente équidos, aunque también pueden encontrarse —al igual que en el caso de CREA— referentes novedosos cuya aparición ha supuesto una ampliación de la valencia semántica del adjetivo. Destacan, especialmente, las referencias al cabello humano.

Gran parte de las concordancias obtenidas en corpus se adscriben al dominio del español americano, por lo que el término, dentro de su moderado índice de uso, parece presentar una mayor vitalidad léxica en el español de América, situación que ya ha podido observarse en otros términos alusivos al cromatismo de las capas animales equinas y bovinas. Boyd-Bowman proporciona una treintena de ejemplos y atestigua la presencia de *zaíno* en el dominio americano desde el primer tercio del XVI, situación totalmente idéntica a los resultados de CORDIAM —el grueso de los testimonios, no obstante, se localiza entre los siglos XIX y XX—.

Zaino, en conclusión, es un adjetivo cromático que presenta la peculiaridad de aludir a dos tonalidades distintas en función de si su referente es equino o bovino: 'marrón oscuro' si el referente es equino y 'negro' si es bovino. No obstante, en ambos casos, la capa se caracteriza por estar compuesta únicamente por pelaje de ese color, esto es, una capa simple y uniforme.

CONCLUSIONES

> *If we knew what we were doing, it wouldn't be called research*
>
> Albert Einstein

El ámbito cromático se presenta como un terreno áspero, inhóspito, sujeto a la «tiranía» de la subjetividad de su propia percepción; una colección de características que no pasan desapercibidas a la hora de plasmarse en el plano lingüístico. En palabras de Hallet y Johnston:

> Los colores, al reflejar estados de ánimo y sentimientos, inspiran la aparición de un lenguaje evocativo o emotivo y de adjetivos descriptivos que nos permiten llegar a identificar o distinguir colores muy específicos. Se ha dado nombre a miles y miles de colores, pero, por lo general, son limitados. El vocabulario básico de los colores es sorprendentemente pequeño, ya que a menudo posee menos de una docena de palabras. El resto de los términos que utilizamos para definir los colores se matizan con la añadidura de claro u oscuro o se identifican con un objeto o material, como el marfil, el limón, el café o la caoba (2010: 51).

La idea de una fachada estática e inamovible se torna inapropiada a la hora de caracterizar el sistema conformado por la nomenclatura cromática, una nomenclatura no solo sujeta a la ya mencionada subjetividad que supone la percepción del color, sino también a la propia voluntad del hablante: sus preferencias o intenciones constituyen gérmenes que pueden propiciar la caída en desgracia de un término que se presuponía totalmente asentado frente a otro que irrumpe de manera abrupta en el caudal léxico y que acaba proclamándose vencedor — como en el caso de *marrón* frente a *cabellado* o *castaño*, o *colorado* y *encarnado*, que destronan a la preferencia medieval *bermejo* y que, posteriormente, se ven relegados a un (aparente) segundo plano con la generalización de *rojo* a la hora de aludir al color de la sangre (aunque para ello ya exista *sanguino*)—.

Y no solo las preferencias o intenciones de la comunidad de habla pueden propiciar el nacimiento de nueva terminología cromática, sino también las propias necesidades del hablante; una motivación que cobra especial relevancia en un contexto como el de la prosa notarial, base sobre la que se asienta el presente análisis. La precisión en la descripción de los bienes exigida por el imperativo de su identificación inequívoca posterior exige al notario o escribano un ejercicio de lexicogénesis en aquellos casos en los que el inventario léxico de adjetivos de color no satisface en modo suficiente dicho fin. En palabras de Berlin y Kay:

> Thus, increase in the number of basic color terms may be seen as part of a general increase in vocabulary, a response to an informationally richer cultural environment about which speakers must communicate effectively (1991 [1969]: 16).

En este sentido, cabe poner de manifiesto, asimismo, la considerable faceta creativa —desde el punto de vista léxico— y la capacidad por parte del hablante de acudir a soluciones diversas ante la inexistencia —real o aparente— de términos cromáticos: desde préstamos de otras lenguas, pasando por mecanismos de derivación, composición o parasíntesis o, incluso, la posibilidad de acudir a referentes extralingüísticos que puedan presentar un color prototípico más o menos reconocible y emplearlos como términos cromáticos —propiciando, en no pocos casos, que se erijan como miembros de pleno derecho de dicho ámbito léxico: *naranja*, *violeta*, *rosa*, etc.—. En unos casos, es posible apuntar a creaciones de carácter idiolectal de aquel que sostiene la pluma, si bien en otros podría apostarse por voces quizá pertenecientes al registro oral —y, por ende, poco documentadas— que se rescatan y se registran escrituralmente, otorgándoles la legitimidad y el reconocimiento que merecen.

Esa serie de mecanismos, descritos —entre otros— por García-Page (1990, 2009), Rello (2008) o la propia *NGLE* (2009: §, 6.2p, 7.6l, 7.12m, 8.3c, 11.6b y 11.7m y 13.7k, entre otros), aparece representada en mayor o menor medida entre los ejemplos analizados. Sin duda, puede comprobarse que el mayor número de adjetivos cromáticos se genera a partir de procesos de derivación sufijal, especialmente con aquellos sufijos que aportan un valor a la base a la que se adjuntan de 'semejanza, parecido o relación', viz. *-oso*, *-ino*, *-eo*, *-ano*, etc., dando lugar así a adjetivos como *blanquinoso* —con cierta filiación catalanoaragonesa—, *barroso*, *columbino*, *sanguino*, *ebáneo* o *victoriano*.

No obstante, tal y como ha podido comprobarse, el sufijo por excelencia especializado en la formación de ítems cromáticos es *-ado*, íntimamente relacionado con el patrón parasintético *a-N-ado*, generando con bastante frecuencia pares adjetivos del tipo *cabellado/acabellado*, *canelado/acanelado*, *nogalado/anogalado*, etc., si bien es cierto que ambos —con la excepción de la primera pareja— tienden a compartir la misma referencia cromática y, por lo general, es el término parasintético el que acaba triunfando —frente al derivado, que suele ser el más frecuente en el contexto del siglo XVII—. A este respecto, Serrano-Dolader (1995: 61) indica que no es infrecuente que algunas formaciones adjetivas parasintéticas con un patrón *a-N-ado* presenten correlato con adjetivos corradicales no parasintéticos. Es más, para otros autores como Lázaro Mora (1986), la parasíntesis no se diferenciaría ni distribucional ni sintagmáticamente, solo desde el punto de vista semántico (suma de significados *vs.* combinación). De todos modos, García-Page (2009: 54) los considera modelos analógicos.

Las formas derivadas y parasintéticas evidencian, además, la búsqueda de una nomenclatura cromática que excede el abanico terminológico tradicional, esto es, el empleo de bases nominales pertenecientes al reino animal, mineral o vegetal —las tantas veces nombradas «sugerencias origen» o «nombres referenciales» (*ibid.*: 52–60)—. Dichos referentes extralingüísticos no poseerían un valor cromático *a priori*, en efecto, pero no habrían sido escogidos al azar: su elección respondería al hecho de poseer o estar asociados a una tonalidad prototípica, como el rojo anaranjado de la carne del salmón (*salmonado*), el pardo oscuro del nogal o noguera (*nogalado, anogalado, noguerado*), el azul oscuro de la turquesa (*turquesado*) o el amarillo anaranjado de la miel (*melado*). Este color prototípicamente asociado sería la base sobre la que descansaría su uso como adjetivo cromático tras la adjunción del sufijo correspondiente.

También se localizan ejemplos de patrones compositivos del tipo A-A (*verdegay*), A-N (*verdemar, pelbarroso* o el curioso *rabalbo*) o el productivo N-*i*-A, especialmente frecuente en aquellos compuestos en los que se pone de manifiesto una cualidad respecto de una parte concreta del cuerpo (*NGLE*: § 11.7h). Ejemplo de esta última posibilidad combinatoria son todos los «*peli*» segovianos o, especialmente, casos como *paniconejo* o *bociblanco*, voces escasamente atestiguadas en ambos planos, documental y lexicográfico.

Por último, en lo que respecta a los mecanismos de tipo sintagmático, se localizan tanto estructuras N+A (*membrillo cocho, rosa seca*) como lexías complejas del tipo N-*de*-N (*flor de romero, pico de perdiz, hoja de olivo*), coordinadas (*azúcar y canela*) o la productiva estructura *color de*, uno de los recursos sintácticos de mayor rendimiento en la formación de nomenclatura cromática secundaria (García-Page, 1990: 323–325) a partir de referentes extralingüísticos de diversa índole. Sirvan como ejemplo de esta estructura —que, dependiendo del grado de lexicalización, tiende a prescindir tanto de la preposición o, incluso, del propio sustantivo *color* (García-Page, 2009: 56)— voces como *color de candilero, color de peña, color de tenca, color de pasa* o el entrañable *color de patito*.

Es importante dejar claro, eso sí, que este tipo de nomenclatura no busca, realmente, «crear» nuevos colores —el espectro cromático es el que es e impone una serie de límites—, sino ofrecer matices o precisiones dentro de las familias cromáticas básicas:

> El vocabulario del color responde a una necesidad expresiva de la lengua, y la gama de los colores que describen matices más allá del abanico de los colores simples es, esencialmente, el resultado de un mundo estructurado en capas, en detalles, en una sobreabundancia de posibilidades (Cotelo, *op. cit.*: 7).

Un universo de posibilidades que, quizá, podría imaginarse o encuadrarse en el momento actual, en el que empresas como *Pantone*' han conquistado la ciudadela cromática y la han inundado de denominaciones imposibles (*living coral, azul serenidad, dólar arenoso, orquídea radiante* o *rojo verdadero*)[310]; pero cuya tradición y orígenes se remontan mucho más atrás, convirtiendo así la realidad del siglo XVII en una explosión de color —que nada tiene que envidiar a la paleta del siglo XXI—, incluso en un género tan desapasionado y gris como puede resultar la prosa notarial.

Los adjetivos —simples, derivados, compuestos, lexías adjetivas, etc.—, en conclusión, se emplearían para expresar tonalidades secundarias dentro de las familias cromáticas de los denominados colores básicos, que podrían equipararse a los *prototipos* dentro del ámbito de la semántica y la lingüística cognitiva. Un estatus que ostentarían miembros más «representativos» como *rojo, amarillo, verde, azul, blanco, negro,* etc.

Los trabajos de Berlin y Kay sobre la categorización mental de los términos de color —base de los primeros estudios sobre la teoría de prototipos, enfrentada al relativismo lingüístico de Sapir-Whorf—, establecían que el español (*op. cit.*: 22–23, 35–36) era una lengua de tipo VII, esto es, aquellas que poseen entre ocho y once términos básicos de color, *viz. blanco, negro, rojo, verde, amarillo, azul, marrón, rosa, naranja, morado* y *gris*. El español —*Mexican Spanish* en el estudio de Berlin y Kay— poseería el juego completo (*ibid.*: 99); sin embargo, Rello (*op. cit.* 108) disiente, indicando que, en realidad, el español dispondría de 10 categorías cromáticas prototípicas al excluir el morado «ya que no hay consenso»:

> [...] dependiendo del hablante, el *morado* se puede identificar con colores de tonalidades diferentes como el *amoratado*, el *borracho*, el *lila*, el *malva*, el *púrpura*, el *cárdeno*, el *solferino*, el *violado* o el *violeta* (Rello, 2008: *loc. cit.*).

A pesar de las críticas al modelo de Berlin y Kay (Corbett y Davies, 1988; Hardin y Maffi, 1997; Saunders, 2000; Levinson, 2000, entre otros)[311] y la posible certeza del descarte de *morado* que defiende Rello (*op. cit.*: 108)[312], podría afirmarse que, en la realidad lingüística del siglo XVII, se ha constatado que dichos

---

310   ¿Significará esto que el resto de rojos son falsos?
311   O, incluso, los propios autores en revisiones posteriores de su trabajo: Kay y Maffi, 1999; Kay y Regier, 2006, etc.
312   El violeta sería el verdadero color espectral, aunque, para muchos hablantes, son términos sinónimos (Lillo y Moreira, 2004; Lillo, González-Perili, Prado-León *et al.*, 2018). Para el caso de *purple* en inglés, *vid.* Jameson y D'Andrade, 1997.

colores básicos o prototípicos se encuentran representados, si bien con algunas precisiones: *blanco* y *negro* se mantienen, mientras que la parcela de 'rojo' estaría ocupada en mayor medida por *colorado* y *encarnado*; *verde, amarillo* y *azul* son adjetivos claramente asentados, mientras que 'marrón' —*café* en el caso mexicano para Berlin y Kay (*op. cit.*: 99)— estaría representado por voces como *(a)cabellado, castaño* (con sus peculiaridades semánticas) o, incluso, *pardo* en algunos contextos. El contenido 'rosa' encontraría su expresión a través del adjetivo denominal *rosado*, al igual que *(a)naranjado* en el caso de 'naranja' —puesto que *rosa* y *naranja* tardarían en generalizarse como formas prototípicas de expresión de dichos colores—.

Por último, la casilla de 'gris' la ocuparía, mayoritariamente, *pardo* —quizá *ceniciento*, no incluido en este estudio, pero documentado en el siglo XVII— y en el caso de *morado* (constituya o no un prototipo semántico), habría que enfrentarse a un abanico conformado, entre otras posibilidades, por *morado*[1], *violeta, color de violeta, violáceo* o *violado* (con los matices y consideraciones que ello conlleva).

En lo que respecta a la relación entre los resultados obtenidos y la tipología del corpus empleado como punto de partida, cabe resaltar algunos de los aspectos que constituyen la razón de ser del *Corpus Léxico de Inventarios* y que han resultado de especial importancia a lo largo del presente estudio. En primer lugar, el carácter novedoso y original —en ocasiones, inédito— de sus materiales y la naturaleza de los mismos. Tal y como indica Morala:

> Los inventarios —entendido el término en su sentido más genérico con el que se conoce este tipo de documentación— son textos de un interés excepcional para la lexicografía histórica desde el momento en que, por razones estrictamente legales, los escribanos actúan de una forma extremadamente puntillosa a la hora de describir dichos bienes, lo que, para nosotros, supone un enorme caudal de información léxica (2010a: 437).

Esa necesidad, constatada en varias ocasiones, del escribano o el notario de describir de manera pormenorizada cada uno de los bienes inventariados ante la imposibilidad de identificarlos inequívocamente de otro modo —un dibujo, una fotografía— convierte a este tipo de textos en una fuente casi inagotable de información léxica, especialmente en lo que respecta al ámbito de los adjetivos —quizá uno de los estratos más olvidados frente a sustantivos y verbos—. De ahí que uno de los objetivos que ha perseguido este trabajo de investigación sea reivindicar la importancia del estudio de dicha categoría gramatical en los estudios léxicos.

Por otro lado, el hecho de que *CorLexIn* posea un perfil más especializado que otros corpus de carácter más general como los académicos —especialmente aquellos focalizados en el estudio diacrónico, CORDE y CDH— también repercute en el desarrollo del análisis. Citando nuevamente a Morala:

> Sin embargo, para la época intermedia, la que aquí denominamos genéricamente los siglos de oro [sic], la información léxica con la que contamos gira principalmente sobre fuentes cultas, obras literarias, tratados técnicos o los propios diccionarios que empiezan ya a aparecer (2010a: 436).

Los corpus generales de la Academia se erigen sobre piedras angulares de carácter literario, periodístico, científico, etc., es decir, sobre géneros textuales con un marcado perfil o registro culto. Es, precisamente, este carácter el que a veces maquilla o desdibuja la realidad, ofreciendo datos que, en ocasiones, no serían totalmente ciertos. De ahí que, por ejemplo, haya podido constatarse que, a pesar de que los corpus académicos den por sentado que en siglo XVII el adjetivo *rojo* ya gozaría de un considerable nivel de generalización, *CorLexIn* demuestra que esta generalización se habría producido en el nivel culto, en un contexto mayoritariamente literario, mientras que el hablante del siglo XVII —en su cotidianeidad— optaría por términos como *colorado* o *encarnado*.

Es decir, el *Corpus Léxico de Inventarios* se constituye como un hito de considerable importancia al reflejar un modelo de lengua mucho más próximo a la realidad lingüística del siglo XVII, rasgo derivado, obviamente, de la tipología textual con la que trabaja: los documentos notariales y, más concretamente, aquellos que han —o hemos— tenido a bien denominar *relaciones de bienes*. Asimismo, esa cercanía vendría dada no solo por el uso de la lengua que hacen los escribanos, sino también porque son ellos mismos quienes se encargan de registrar materialmente lo que declaran, por ejemplo, los tasadores o los inventariadores. Es decir, el acto en sí es la suma de la declaración de las personas que intervienen y la consiguiente consigna por parte del notario, registro que, en ocasiones, puede verse alterado —incluso de manera inconsciente— (Morala, 2015c: 313 y nota 5; Morala, 2019).

No se niegan, por supuesto, ni la importancia ni la necesidad de los corpus académicos —puesto que su vasta representación textual es capital para el conocimiento y estudio histórico de la lengua—, sino que se apuesta por mantener un diálogo entre ambos tipos de corpus (generales y especializados), por establecer una comparativa, un concepto quizá, muy acertado para el contexto del siglo XVII al ser un periodo caracterizado por sus grandes contrastes, un siglo de luz y oscuridad:

> [...] mientras los tercios de nuestra infantería sostenían en toda Europa una lucha desigual y agotadora, la corte de Felipe III y de Felipe IV, ostentosa y frívola, se ocupaba solo de fiestas e intrigas. Las letras llegan a su apogeo y florecen nuestros más

grandes pintores; en cambio, las inquietudes científicas declinan gravemente. Pugnan apariencia y realidad, grandeza y desengaño, [...] (Lapesa, 1981 [1942]: §82).

Esa preferencia por el registro culto —especialmente en un contexto cronológico como el siglo XVII y el XVIII, en el que se confecciona el *Diccionario de autoridades*—, y, por consiguiente, por un léxico más próximo al estándar, también habría propiciado que voces adscritas o restringidas a un ámbito geográfico concreto, esto es, marcadas diatópicamente, o bien no aparezcan representadas en los corpus generales, o bien lo hagan de manera tardía, repercutiendo este hecho en algunos casos en su consideración lexicográfica. O lo que es lo mismo, en su ausencia o consideración imprecisa en la nomenclatura académica y de muchos otros diccionarios que siguen o siguieron el patrón marcado por el *DLE*, antiguo *DRAE*.

Así *aleonado* remite a *leonado*, pero no se refleja la relación entre *piñonado* y *apiñonado* (voz que, por cierto, *CorLexIn* documenta dos siglos antes que CDH y, además, en el dominio europeo), porque el derivado no se registra; o el caso de *picazo*[3], que el *DLE* incluye con el significado 'de color blanco y negro' aplicado a caballos, omitiendo *pigazo*, que no presenta ningún tipo de restricción semántica, solamente geográfica, puesto que puede caracterizarse como una voz de la zona centro-oriental leonesa (caso similar al de *buro* 'res con el hocico negro' en León, voz de la que solo se documenta su valor 'greda' restringido a Aragón). O *lebruno*, del que se indica su valor cromático restringido a Venezuela, pero no se constata la posibilidad 'pardo rojizo' que poseería en el dominio peninsular —quizá propio, eso sí, del área segoviana—.

Voces que, quizá, no corriesen la suerte de verse incluidas en el diccionario de Nebrija y continuar, de este modo, su andadura lexicográfica, tal y como le ocurrió, por ejemplo, a *coruja* (Morala, 2011: 25-26) —aún desprovista, por cierto, de marcación diatópica pese a su clara condición de occidentalismo, caso parejo al de *andorina*—.

CorLexIn, fruto de su marcado carácter diatópico al reunir textos provenientes de ambos dominios hispánicos, americano y europeo —y, una vez más, de su cercanía al lenguaje cotidiano—, provee así de un amplio abanico de formas únicas o escasamente documentadas, contribuyendo de este modo a dar fe de su existencia o a constatar y reafirmar su uso, respectivamente. Adjetivos y lexías adjetivas como *aceitunil*, *color de alcaparra*, *color de tenca*, *empajado*, *molinero* o *cerojado* —que podría suponer, además, el testimonio de un resultado patrimonial de CAERULEUS— pueden alzarse, prácticamente, con el título de hápax documental gracias al *Corpus Léxico de Inventarios*, el único corpus en el que aparecerían documentados. Caso especialmente acusado el de *aceitunil*, presente en la macroestructura académica desde el suplemento a la edición de 1780 —la primera edición del *DRAE*— a pesar de no figurar en ninguno de los corpus académicos.

Por último, dada la confluencia de sustantivos de tan diversa índole temática —bienes semovientes, textiles y prendas de vestir, herramientas, ajuar, etc.—, *CorLexIn* proporciona no solo sustantivos con un marcado carácter diatécnico, esto es, voces de especialidad, sino también adjetivos —y, en ocasiones, verbos— ligados a dichos ámbitos temáticos: viticultura, religión, joyería, medicina, agricultura, ganadería... Dada su acusada propensión a la presencia de adjetivos cromáticos, este último campo, el de la ganadería, ha cobrado especial importancia en el análisis cromático presentado, abasteciendo de un nutrido grupo de adjetivos especializados en la referencia al color del pelaje, la capa, de bóvidos y équidos mayoritariamente, aunque también de suidos, óvidos o ganado caprino en ocasiones —con especial presencia de este último en el caso canario—.

Se localizan así voces como *alazán, bayo, bardino, barroso, bociblanco, conejo, jabonero, loro, overo, sirgo, zaino*, etc., presentes o ausentes en la nomenclatura académica; documentados, en ocasiones, con anterioridad gracias a *CorLexIn*, y en cuya identificación cromática han resultado capitales los datos proporcionados por los diversos atlas lingüísticos peninsulares y obras especializadas, como tratados de veterinaria e hipología. No obstante, también se ha constatado la dificultad que supone esta parcela cromática, puesto que, con no poca frecuencia, se producen solapamientos entre unas voces y otras —*bayo* y *alazán, bayo* y *castaño, colorado* y *alazán, berrendo* y *blanquinegro, bardino* en su conjunto, etc.—, constatable, precisamente, en los mapas dedicados a las coloraciones animales de los atlas.

Asimismo, cuando la diatopía se confabula con la posibilidad de que un término se aplique a más de un referente animal —o humano—, el resultado roza los límites de lo imaginable, tal y como ocurre con el caso de *buro*: 'vaca u oveja con el hocico negro' en León, 'oveja de cara negra' en Cantabria, 'res de color acaramelado' en Colunga, 'res con el hocico rubio' en Sobrescobio, 'persona de pelo negro y cano' en Llanes, etc. Un buey *bragado* es el que tiene la bragadura de un color distinto (más claro, generalmente blanco) que el del resto de la capa, pero una cabra *bragada* en Canarias debe tener la parte central de la barriga y del lomo blancos, y para que un gallo sea *bragado*, el plumaje colorado o melado con manchas redondas blancas.

Esa falta de precisión no solo afecta al plano documental —ligeramente intrincado gracias a la diatopía—, sino que también ha podido constatarse en el contexto lexicográfico. Junto a la ausencia, en ocasiones, de entradas dedicadas a los adjetivos analizados —quizá por su condición de derivados con significado de fácil deducción, quizá por su bajo índice de uso (si bien otros engrosan la nomenclatura sin apenas testimonios)—, las entradas de los diccionarios consultados adolecen de ausencia de información cromática, en especial en aquellas dedicadas a referentes extralingüísticos.

De ahí que, eventualmente, haya sido necesario acudir a otro tipo de textos para encontrar alguna noción: textos de cronistas, tratados cinegéticos, descripciones de plantas y animales —especialmente aquellos alusivos a realidades americanas—, estudios de geología y gemología, manuales heráldicos, etc. Todos ellos cercanos, en la medida de lo posible, al contexto cronológico de los Siglos de Oro, y que han permitido una mayor aproximación a la referencia cromática a pesar de la escasez de datos lexicográficos.

Esta escasez informativa podría achacarse, quizá, al eterno debate sobre si lo enciclopédico debe tener cabida en el contexto lexicográfico o, por el contrario, el diccionario debe atender en exclusiva a lo puramente lingüístico. No obstante, la dicotomía *lingüístico vs. enciclopédico* no tendría sentido en el periodo en el que se centra este estudio, puesto que dicha distinción o separación es bastante posterior[313]. Más aún cuando obras como el *Tesoro* de Covarrubias (que pretendía emular a san Isidoro), el diccionario de Rosal o, quizá en menor medida, el propio *Diccionario de autoridades* responden a ese afán enciclopédico, holístico, tesaurizante, de acumulación de saberes.

Por otro lado, también podría apuntarse al hecho de que tanto Covarrubias como *Autoridades* tienden a dar por compartidas y consabidas determinadas realidades —las famosas definiciones encabezadas por fórmulas como «fruta conocida», «animal conocido», «planta conocida», etc.— que, en el contexto de los siglos XVII y XVIII, muy seguramente, lo fuesen (de ahí la inespecificidad semántica o referencial); pero que no lo son actualmente. Esta condición, asimismo, abriría un nuevo frente de batalla ligado a la subjetividad de la percepción: la concepción del color y su percepción en el siglo XVII no siempre se corresponden con la concepción y percepción actuales, entre otros aspectos porque el desarrollo de tintes sintéticos en centurias posteriores posibilitó la aparición de nuevos colores, más duraderos y, posiblemente, de mayor intensidad frente a una paleta mucho más tenue en el periodo seiscentista. Dicho rasgo

---

313   Quizá más propia del auge de la corriente lexicográfica enciclopédica a partir del siglo XIX (Anaya Revuelta, 1999-2000) o de la concepción de la semántica estructural, gran defensora de la separación tajante entre lo lingüístico y lo enciclopédico en el contexto lexicográfico (Lara, 1990: 213-232) (*vid.* Gutiérrez Cuadrado, 1996).

ha podido apreciarse, entre otros aspectos, en la comparativa con el *Diccionario Akal del Color*, cuya descripción de los matices de las distintas tonalidades es mucho más precisa al contar con un soporte teórico mucho más desarrollado (física, óptica, teoría del color, etc.).

Finalmente, al óbice de la percepción habría que sumarle, asimismo, un problema añadido: su trasvase al plano lexicográfico, es decir, cómo definir un color; cómo escoger el modelo de definición más adecuado que condense la esencia —lingüística, a ser posible— de dicho ítem cromático; cómo seleccionar aquellos referentes ostensivos, en el caso de optar por dicho modelo, que mejor reflejen qué es *amarillo* o *verde* o *carne de doncella* o *azúcar y canela*.

A priori puede resultar sencillo, pero no lo es (las realidades más simples o conocidas tienden a ser las más difíciles de definir). Esta dificultad se constataría, por ejemplo, en la definición de *morado* —*morado*[1]— de *Autoridades*, que parece no corresponderse exactamente con la idea que evoca la tonalidad; en la inclusión e inmediata desaparición del sustantivo *manzana* como referente ostensivo de *verde*, quizá por no presentar un grado lo suficientemente prototípico como para emplearse como tal; en la complicada relación existente entre las distintas tonalidades de rojo, especialmente acusada en los casos de la tríada *encarnado-rojo-colorado* (a la que podrían sumarse otros adjetivos como *bermejo*, *púrpura*, *carmesí*, *carmín*, *grana*, etc.), o, por último, en la —discutida— idoneidad del oro o la yema del huevo como posibles referentes ostensivos del *amarillo*.

Cabe reconocer, eso sí, la progresiva labor de revisión, corrección y normalización que la Academia ha llevado a cabo en materia cromática en las sucesivas ediciones del diccionario académico: sistematización de contornos («dicho de un color»), inclusión de la posición en el espectro en el caso de los colores espectrales desde la edición de 1884, revisión de referentes ostensivos, inclusión de acepciones cromáticas en los lemas alusivos a referentes extralingüísticos (reconociendo, por tanto, las múltiples posibilidades de generar nueva nomenclatura), diversificación de acepciones sustantivo-adjetivas y adjetivas referidas a los valores 'color' y 'de color', etc. Si bien, como ha podido comprobarse, parece que la pintura sigue ligeramente fresca y aún quedan algunos detalles que se podrían retocar.

BIBLIOGRAFÍA

FUENTES PRIMARIAS

AKAL: SANZ, J.C. y GALLEGO, R. (2001). *Diccionario Akal del color*. Madrid, Akal.

AUTORIDADES: REAL ACADEMIA ESPAÑOLA (1726-1739). *Diccionario de Autoridades* (6 vol.). Madrid, Imprenta de Francisco del Hierro. Disponible en: <http://web.frl.es/DA.html>.

BGC: FERNÁNDEZ FLÓREZ, J.A. y SERNA SERNA, S. (2017). *El becerro gótico de Cardeña. El primer gran cartulario hispánico (1086)*. Madrid-Burgos, Real Academia Española e Instituto Castellano y Leonés de la Lengua.

BOYD-BOWMAN, P. (dir.). *Léxico hispanoamericano 1493-1993* (eds. Ray Harris-Northall and John J. Nitti). New York, Hispanic Seminary of Medieval Studies. Disponible en: <http://www.hispanicseminary.org/lha-es.htm>.

CDH: REAL ACADEMIA ESPAÑOLA (2013). *Corpus del Diccionario histórico de la lengua española* (CDH). Disponible en: <https://apps.rae.es/CNDHE/>.

CL: *Colección documental del Archivo de la Catedral de León (775-1230)*. León, Centro de Estudios e Investigación «San Isidoro». Vol. I: ed. Emilio Sáez, 1987. Vol. II: ed. Emilio Sáez y Carlos Sáez, 1990. Vol. III: ed. José M. Ruiz Asencio, 1987. Vol. IV: ed. José M. Ruiz Asencio, 1990. Vol. V: ed. José M. Fernández Catón, 1990. Vol. VI: ed. José M. Fernández Catón, 1991. Vol. VIII: ed. José M. Ruiz Asencio, 1993. Vol. IX: ed. José M. Ruiz Asencio y José Antonio Martín Fuertes, 1994.

CORDE: REAL ACADEMIA ESPAÑOLA (s.f.). *Corpus Diacrónico del Español* (CORDE). Disponible en: <http://corpus.rae.es/cordenet.html>.

CORPES XXI: REAL ACADEMIA ESPAÑOLA (s.f.). *Corpus del Español del Siglo XXI* (CORPES XXI). Disponible en: <https://apps2.rae.es/CORPES/>.

CORLEXIN: MORALA RODRÍGUEZ, J.R. (dir.). *Corpus Léxico de Inventarios (CorLexIn)*. Disponible en: <https://apps2.rae.es/CORLEXIN.html>.

CR: CASADO LOBATO, M.C. (1983). *Colección diplomática del monasterio de Carrizo*, León, Centro de Estudios e Investigación «San Isidoro».

CREA: REAL ACADEMIA ESPAÑOLA (s.f.). *Corpus de Referencia del Español Actual* (CREA). Disponible en: <http://corpus.rae.es/creanet.html>.

REAL ACADEMIA ESPAÑOLA. *Corpus de Referencia del Español Actual* (versión anotada). Disponible en: <https://apps2.rae.es/CREA/>.

ES: Ruiz Asencio, J.M. y Ruiz Albi, I. (2007). *Colección documental del monasterio de San Pedro de Eslonza, vol. I (912–1300)*. León, Centro de Estudios e Investigación «San Isidoro».

Fichero General: Real Academia Española (s.f.). *Fichero general de la lengua española*. Disponible en: <https://apps2.rae.es/fichero.html>.

Gómez Ferrero, M.C. (2012). «El uso de adjetivos para caracterizar al ganado en la documentación leonesa», *Cuadernos del Instituto de Historia de la Lengua*, 7: 223–238. Disponible en: <https://bit.ly/2XKTtkT>.

Ot: Fernández Flórez, J.A. y Herrero de la Fuente, M. (1999–2005). *Colección documental del monasterio de Santa María de Otero de las Dueñas* (2 vol.). León, Centro de Estudios e Investigación «San Isidoro».

Rosal, F. del (1758 [1601–1611]). *Origen y etymología de todos los vocablos originales de la lengua castellana*. *Vid*.: NTLLE.

Sh: *Colección diplomática del monasterio de Sahagún (Siglos IX y X)*. León, Centro de Estudios e Investigación «San Isidoro». Vol. I: ed. José M. Mínguez, 1976. Vol. II y III: ed. Marta Herrero, 1988. Vol. IV: ed. José A. Fernández Flórez, 1991. Vol. V: ed. José A. Fernández Flórez, 1994.

Tesoro: Covarrubias y Orozco, S. de (1611). *Tesoro de la lengua castellana o española*. Madrid, Imprenta de Luis Sánchez. *Vid*.: NTLLE.

Tesoro Suplemento: Covarrubias y Orozco, S. de (1611). *Suplemento al Thesoro de la lengua castellana de Don Sebastian de Covarrubias*. *Vid*.: NTLLE.

DICCIONARIOS E INVENTARIOS LÉXICOS

Academia Mexicana de la Lengua (2016-). *Diccionario de mexicanismos* (2.ª ed.). Disponible en: <https://www.academia.org.mx/index.php/obras/obras-de-consulta-en-linea/diccionario-de-mexicanismos>.

Accademia della Crusca (1612–1923). *Vocabolario degli Accademici della Crusca* (1.ª-5.ª ed.). Disponible en: <http://www.lessicografia.it/>.

Acosta, C. (1578). *Tractado delas drogas, y medicinas de las Indias Orientales*. Burgos, Martin de Victoria, impresor de su Majestad.

Aguirre del Río, L. (2007 [1858]). *Diccionario del dialecto gallego*. Madrid, CSIC.

Albertí, S. (1974). *Diccionari castellà-català i català-castellà* (6.ª ed.). Barcelona, Albertí Editor.

Alcalá, P. de (1505). *Vocabulista arauigo en letra castellana*. Granada, Imprenta de Juan Varela de Salamanca. *Vid*.: NTLE.

Alemany, J. (1915). «Voces de Maragatería y de otra procedencia usadas en *La esfinge maragata*, novela de doña Concha Espina de la Serna», *BRAE*, II: 622-645.

Alemany, J. (1916). «Voces de Maragatería y de otra procedencia usadas en *La esfinge maragata*, novela de doña Concha Espina de la Serna (continuación)», *BRAE*, III: 39-66.

Alemany y Bolufer, J. (1917). *Diccionario de la lengua española*. Barcelona, Ramón Sopena. *Vid.*: NTLLE.

Alfau de Solalinde, J. (1969). *Nomenclatura de los tejidos españoles del siglo XIII. Anejos del BRAE*, XIX. Madrid, Imprenta Aguirre.

Alonso Estravís, I. (1986). *Dicionário da língua galega* (3 vol.). Madrid, Alhena.

Alonso Garrote, S. (1909). *El dialecto vulgar leonés hablado en Maragatería y Tierra de Astorga*. Astorga, Imprenta y librería de P. López.

Alvar, M. (1987). *Léxico del mestizaje en Hispanoamérica*. Madrid, Instituto de Cooperación Iberoamericana.

Alvarado, L. (1929). *Glosario del bajo español en Venezuela*. Caracas, Lito-tip. Mercantil.

Álvarez Vita, J. (2009). *Diccionario de peruanismos: el habla castellana del Perú* (2.ª ed.). Lima, Universidad Alas Peruanas y Academia Peruana de la Lengua.

Andolz, R. (1984). *Diccionario aragonés: aragonés-castellano, castellano-aragonés* (2.ª ed. aumentada). Zaragoza, Librería General.

Anónimo (*c*1845). *Vozes gallegas* [ms. 7208 BN]. *Vid.*: Leite de Vasconcelos, J. (1902).

Armas Chitty, J.A. de (1961-1962). *Vocabulario del hato*. Caracas, Instituto de Antropología e Historia.

Autoridades 1770: Real Academia Española (1770). *Diccionario de la lengua castellana* (*A-B*) (2.ª impr. corregida y aumentada). Madrid, Imprenta de Joaquín Ibarra. *Vid.*: NTLLE.

BDLex: Rafel i Fontanals, R. (dir.). *Base de dades lexicográfica* (*BDLex*). Disponible en: <https://bdlex.iec.cat>.

Borao y Clemente, J. (1850). *Diccionario de voces aragonesas*. Zaragoza, Imprenta y librería de don Calisto Ariño.

Buarque de Holanda Ferreira, A. (1986). *Novo Dicionário da língua portuguesa* (2.ª ed., 34.ª reimpr.). Rio de Janeiro, Editora Nova Fronteira.

CALEPINO: CALEPINO, A. (1682 [1559]). *Dictionarium septem linguarum*. Venetiis, Ioannis Baptistae Brigna.

CARRÉ ALVARELLOS, L. (1928-1931). *Diccionario galego-castelán*. A Coruña, Lar.

CASAS, C. DE LAS (1570). *Vocabulario de las dos lenguas toscana y castellana*. Sevilla, Casa de Francisco Aguilar. *Vid.*: NTLLE.

COLLINS: *Collins English Dictionary and Thesaurus* (2nd edition, 2015). New York, HarperCollins Publishers.

CORREAS, G. (1992 [1627]). *Vocabulario de refranes y frases proverbiales y otras fórmulas comunes de la lengua castellana en que van todos los impresos antes y otra gran copia*. Madrid, Visor Libros.

CORRIENTE, F. (1999). *Diccionario de arabismos y voces afines en iberorromance*. Madrid, Gredos.

CORRIENTE, F. (2008). *Dictionary of Arabic and allied loanwords*. Leiden, Brill.

DAF: ACADÉMIE FRANÇAISE (1992-). *Dictionnaire de l'Académie française* (9ème ed.). Disponible en: <http://atilf.atilf.fr/academie9.htm>.

DAF 1694: ACADÉMIE FRANÇAISE (1694). *Dictionnaire de l'Académie française* (1ère ed.). Disponible en: <https://bit.ly/2XEdDfO>.

DALLA: ACADEMIA DE LA LLINGUA ASTURIANA (2000). *Diccionariu de la Llingua Asturiana*. Uviéu, Academia de la Llingua Asturiana. Disponible en: <http://www.academiadelallingua.com/diccionariu/>.

DAM: ASOCIACIÓN DE ACADEMIAS DE LA LENGUA ESPAÑOLA (2010). *Diccionario de americanismos*. Disponible en: <http://lema.rae.es/damer/>.

DÁVILA CORONA, R.M., DURAN PUJOL, M. Y GARCÍA FERNÁNDEZ, M. (2004). *Diccionario histórico de telas y tejidos castellano-catalán*. Junta de Castilla y León, Consejería de Cultura y Turismo.

DBCan: ACADEMIA CANARIA DE LA LENGUA (2010). *Diccionario básico de canarismos*. Disponible en: <http://www.academiacanarialengua.org/diccionario/>.

DCVB: INSTITUT D'ESTUDIS CATALANS (2002). *Diccionari català-valencià-balear*. Disponible en: <http://dcvb.iec.cat/inici.asp>.

DDEC: CORRALES ZUMBADO, C., CORBELLA DÍAZ, D. Y ÁLVAREZ MARTÍNEZ, M.A. (1996). *Diccionario diferencial del español de Canarias*. Madrid, Arco Libros.

DDLC: INSTITUT D'ESTUDIS CATALANS (2005). *Diccionari descriptiu de la llengua catalana*. Disponible en: <http://dcc.iec.cat/ddlcI/scripts/index1.asp>.

DEA: SECO, M., ANDRÉS, O. Y RAMOS, G. (2011). *Diccionario del Español Actual* (2.ª ed.). Madrid, Aguilar.

DECan: Corrales, C. y Corbella, D. (2009). *Diccionario ejemplificado de canarismos* (2 vol.). La Laguna, Instituto de Estudios Canarios.

DECH: Corominas, J. y Pascual, J.A. (1980–1991). *Diccionario Crítico Etimológico Castellano e Hispánico* (6 vol.). Madrid, Gredos.

DECLC: Coromines, J. (1980–1991). *Diccionari etimològic i complementari de la llengua catalana* (amb la col·laboració de Joseph Gulsoy i Max Cahner; i l'auxili tècnic de Carles Duarte i Àngel Satué) (9 vol.). Barcelona, Curial Edicions Catalanes.

DELLA: García Arias, X.L. (2017–2022). *Diccionariu etimolóxicu de la llingua asturiana*. Oviedo, Universidad de Oviedo y Academia de la Llingua Asturiana.

DEM: Colegio de México. *Diccionario del español de México (DEM)*. Disponible en: <http://dem.colmex.mx>.

DGLA: García Arias, X.L. (2002–2004). *Diccionario General de la Lengua Asturiana*. Disponible en: <http://mas.lne.es/diccionario/>.

DHCan: Corrales, C. y Corbella, D. (2013). *Diccionario Histórico del Español de Canarias* (2.ª ed.). Disponible en: <https://apps2.rae.es/DHECan.html>.

DHLE 1933–1936: Real Academia Española (1933–1936). *Diccionario Histórico de la Lengua Española* (A-Cevilla). Madrid, Imprenta de Librería y Casa Editorial Hernando. Disponible en: <https://apps2.rae.es/DH1936.html>.

DHLE 1960–1996: Real Academia Española (1960–1996). *Diccionario Histórico de la Lengua Española* (A-Apasanca; B-Bajoca). Disponible en: <https://apps2.rae.es/DH.html>.

Díaz-Caneja, O. y Díaz y Díaz-Caneja, J. (2001 [c1941-1959]). *Vocabulario sayambriego*. Lleón, Conceyu de Sayambre.

Diccionari.cat: Grup Enciclopèdia Catalana. *Diccionari.cat*. Disponible en: <http://www.diccionari.cat/>.

DICTER: Mancho Duque, M.J. (dir.). *Diccionario de la ciencia y de la técnica del Renacimiento*. Disponible en: <https://dicter.usal.es/>.

DIEC2: Institut d'Estudis Catalans (2007). *Diccionari de la llengua catalana* (2.ª ed.). Disponible en: <https://mdlc.iec.cat/index.html>.

DLE: Real Academia Española y Asociación de Academias de la Lengua Española (2014). *Diccionario de la Lengua Española* (23.ª ed.). Madrid, Espasa.

DMEU: Zamora Vicente, A. (1975). *Diccionario Moderno del Español Usual*. Madrid, Sader.

DMILE: Real Academia Española (1927, 1950, 1983, 1989). *Diccionario Manual e Ilustrado de la Lengua Española*. Madrid, Espasa Calpe. *Vid.*: NTLLE.

DNV: Acadèmia Valenciana de la Llengua (2016). *Diccionari Normatiu Valencià*. Disponible en: <http://www.avl.gva.es/lexicval/>.

Domínguez: Joaquín Domínguez, R. (1853). *Diccionario Nacional o gran diccionario clásico de la Lengua Española. Suplemento* (5.ª ed.). Madrid-París, Establecimiento de Mellado. Disponible en: *Vid.*: NTLLE.

Domínguez Suplemento: Joaquín Domínguez, R. (1869). *Diccionario Nacional o gran diccionario clásico de la Lengua Española. Suplemento.* Madrid, Imprenta y Librería Universal de los Sres. Crespo, Martín y Comp. *Vid.*: NTLLE.

DRAE 1780: Real Academia Española (1780). *Diccionario de la Lengua Castellana* (1.ª ed.). Madrid, Imprenta de Joaquín Ibarra. *Vid.*: NTLLE.

DRAE 1780 Suplemento: Real Academia Española (1780). *Diccionario de la Lengua Castellana. Suplemento A-B.* Madrid, Imprenta de Joaquín Ibarra. *Vid.*: NTLLE.

DRAE 1791: Real Academia Española (1791). *Diccionario de la Lengua Castellana* (3.ª ed.). Madrid, Imprenta de la Viuda de Joaquín Ibarra. *Vid.*: NTLLE.

DRAE 1803: Real Academia Española (1803). *Diccionario de la Lengua Castellana* (4.ª ed.). Madrid, Imprenta de la Viuda de Joaquín Ibarra. *Vid.*: NTLLE.

DRAE 1817: Real Academia Española (1817). *Diccionario de la Lengua Castellana* (5.ª ed.). Madrid, Imprenta Real. *Vid.*: NTLLE.

DRAE 1822: Real Academia Española (1822). *Diccionario de la Lengua Castellana* (6.ª ed.). Madrid, Imprenta Real. *Vid.*: NTLLE.

DRAE 1832: Real Academia Española (1832). *Diccionario de la Lengua Castellana* (7.ª ed.). Madrid, Imprenta Real. *Vid.*: NTLLE.

DRAE 1837: Real Academia Española (1837). *Diccionario de la Lengua Castellana* (8.ª ed.). Madrid, Imprenta Nacional. *Vid.*: NTLLE.

DRAE 1843: Real Academia Española (1843). *Diccionario de la Lengua Castellana* (9.ª ed.). Madrid, Imprenta de D. Francisco María Fernández. *Vid.*: NTLLE.

DRAE 1869: Real Academia Española (1869). *Diccionario de la Lengua Castellana* (11.ª edición). Madrid, Imprenta de don Manuel Rivadeneyra. *Vid.*: NTLLE.

DRAE 1884: Real Academia Española (1884). *Diccionario de la Lengua Castellana* (12.ª ed.). Madrid, Imprenta de D. Gregorio Hernando. *Vid.*: NTLLE.

DRAE 1899: Real Academia Española (1899). *Diccionario de la Lengua Castellana* (13.ª ed.). Madrid, Imprenta de los señores Hernando y Compañía. *Vid.*: NTLLE.

DRAE 1914: Real Academia Española (1914). *Diccionario de la Lengua Castellana* (14.ª ed.). Madrid, Imprenta de los sucesores de Hernando. *Vid.*: NTLLE.

DRAE 1925: Real Academia Española (1925). *Diccionario de la Lengua Española* (15.ª ed.). Madrid, Espasa Calpe. *Vid.*: NTLLE.

DRAE 1936-1939: Real Academia Española (1936-1939). *Diccionario de la Lengua Española* (16.ª ed.). Madrid, Espasa Calpe. *Vid.*: NTLLE.

DRAE 1970: Real Academia Española (1970). *Diccionario de la Lengua Española* (19.ª ed.). Madrid, Espasa Calpe. *Vid.*: NTLLE.

DRAE 1970 Suplemento: Real Academia Española (1970). *Diccionario de la Lengua Española* (supl. a la 19.ª ed.). Madrid, Espasa Calpe. *Vid.*: NTLLE.

DRAE 1984: Real Academia Española (1984). *Diccionario de la Lengua Española* (20.ª ed.). Madrid, Espasa Calpe. *Vid.*: NTLLE.

DRAE 1992: Real Academia Española (1992). *Diccionario de la Lengua Española* (21.ª ed.). Madrid, Espasa Calpe. *Vid.*: NTLLE.

DRAE 2001: Real Academia Española (2001). *Diccionario de la Lengua Española* (22.ª ed.). Madrid, Espasa Calpe.

DRAG: Real Academia Galega (2012). *Diccionario da Real Academia Galega*. Disponible en: <http://academia.gal/dicionario>.

DUE: Moliner, M. (1970 [1966-1967]). *Diccionario de Uso del Español* (1.ª reimpr). Madrid, Gredos.

Moliner, M. (2012 [1966-1967]). *Diccionario de Uso del Español* (3.ª ed., 3.ª reimpr.). Madrid, Gredos.

Espasa: *Enciclopedia universal ilustrada europeo-americana* (112 vol.). Madrid, Espasa Calpe.

Fabra, P. (1932). *Diccionari general de la lengua catalana*. Barcelona, EDHASA.

Fabra, P. (1981). *Diccionari general de la lengua catalana* (15.ª ed.). Barcelona, EDHASA.

Fappani, A. (1974-2018). *Enciclopedia Bresciana* (22 vol.). Brescia, La voce del Popolo. Disponible en: <http://www.enciclopediabresciana.it>.

FEW: Wartburg, W. von (1928). *Französisches etymologisches Wörterbuch: eine Darstellung des galloromanischen Sprachschatzes* (*FEW*). Disponible en: <https://apps.atilf.fr/lecteurFEW/>.

FRANCIOSINI, L. (1620). *Vocabolario español e italiano*. Roma, Juan Pablo Profilio. *Vid.*: NTLLE.

FUENTE GARCÍA, A.M. DE LA (2000). *El Habla de la Cepeda. I-Léxico*. León, Ediciones de la Universidad de León.

GAFFIOT: GAFFIOT, F. (1934). *Dictionnaire latin-français*. Paris, Hachette. Disponible en: <https://www.lexilogos.com/latin/gaffiot.php>.

GARCÍA GONZÁLEZ, C. (1985). *Glosario de voces galegas de hoxe*. Verba. Anuario Galego de Filoloxía, 27. Santiago de Compostela, Universidade de Santiago de Compostela.

GARCÍA LOMAS, G.A. (1949). *El lenguaje popular de las montañas de Santander*. Santander, Centro de Estudios Montañeses.

GASPAR Y ROIG: *Diccionario enciclopédico de la lengua española: con todas las voces, frases, refranes y locuciones usadas en España y las Américas españolas* (1853, 2 vol.). Madrid, Imprenta y Librería de Gaspar y Roig. Disponible en: *Vid.*: NTLLE.

GÓMEZ BLÁZQUEZ, J. (1989). *Becedas, voces para el recuerdo*. Valencia, Gráficas Rogelio.

GÓMEZ ORTÍN, F. (1991). *Vocabulario del noroeste murciano: contribución lexicográfica al español de Murcia*. Murcia, Consejería de Cultura, Educación y Turismo.

GUAL CAMARENA, M. (2014). *Vocabulario del comercio medieval*. Disponible en: <http://www.um.es/lexico-comercio-medieval>.

GUARNIERI JUAN, C. (1957–1968). *Diccionario del lenguaje campesino rioplatense*. Montevideo, Florensa & Lafón.

GUERRA NAVARRO, F. (1965). *Contribución al léxico popular de Gran Canaria*. Madrid, Ediciones Peña Pancho Guerra.

JORDANA Y MOMPEÓN, J. (1916). *Colección de voces aragonesas*, en Aliaga, J.L. (1999–2000). «Documentos lexicográficos del Estudio de Filología de Aragón (II)», *Archivo de Filología Aragonesa*, LVI (1998): 344–442.

HAENSCH, G. y WERNER, R. (dirs.) (1993). *Nuevo diccionario de americanismos. Tomo II: Nuevo diccionario de argentinismos*. Bogotá-Madrid, Instituto «Caro y Cuervo».

HAENSCH, G. y WERNER, R. (dirs.) (2000). *Diccionario del español de Cuba: español de Cuba, español de España*. Madrid, Gredos.

HAENSCH, G. y WERNER, R. (dirs.) y CHUCHUY, C. (coord.) (2000). *Diccionario del español de Argentina: español de Argentina, español de España*. Madrid, Gredos.

HOWELL, J. (1660). *Lexicon Tettragloton. An English-French-Italian-Spanish dictionary*. London, F.G. for Samuel Thomson.

IBÁÑEZ FERNÁNDEZ, J. (1950). *Diccionario galego da rima e galego-castelán.* Madrid, Edita Marsiega.

IGLESIAS OVEJERO, Á. (1990). *El habla de El Rebollar (Salamanca). Léxico.* Salamanca, Diputación de Salamanca y Centro de Cultura Tradicional.

IRIBARREN, J.M. (1984). *Vocabulario navarro* (2.ª ed.). Navarra, Comunidad Foral de Navarra y Departamento de Educación y Cultura.

LAMANO Y BENEITE, J. DE (1915). *El dialecto vulgar salmantino* (ed. facsímil, 2002). Salamanca, Imprenta de «El Salmantino».

LAPESA MELGAR, R. (2003). *Léxico hispánico primitivo (siglos VIII al XII).* Madrid, Espasa Calpe.

LEITE DE VASCONCELOS, J. (1902). «Vozes gallegas», *Revista Lusitania,* VII: 198-229.

LLA: LE MEN, J. (2002-2012). *Léxico del leonés actual* (6 vol.). León, Centro de Estudios e Investigaciones «San Isidoro», Caja España de Inversiones y Archivo Histórico Diocesano.

LÓPEZ BLANQUET, M. (1992). *Uruguayismos.* Montevideo, Palacio del Libro.

MADROÑAL DURÁN, A. (2007). «Glosario de voces comentadas relacionadas con el vestido, el tocado y el calzado en el teatro español del Siglo de Oro», *El vestuario en el teatro español del Siglo de Oro. Cuadernos de teatro clásico,* 13-14: 229-301.

MALARET, A. (1931). *Diccionario de americanismos.* Venezuela, Imprenta Venezuela.

MARTÍNEZ LÓPEZ, P. (1854). *Novísimo diccionario de la lengua castellana: que comprende la última edición íntegra de la Academia Española y unas ocho mil voces, acepciones, frases y locuciones añadidas.* Paris, A. Lefèvre.

MARTÍNEZ MELÉNDEZ, M.C. (1989). *Los nombres de tejidos en castellano medieval.* Granada, Universidad de Granada.

MATASOVIĆ, R. (2009). *Etymological Dictionary of Proto-Celtic.* Leiden-Boston, Brill.

MIGUEL, R. DE (2000). *Nuevo diccionario latino-español etimológico* (ed. facsímil, 1.ª ed. 1987). Madrid, Visor Libros.

MINSHEU, J. (1617). *Vocabularium Hispanicum Latinum et Anglicum.* Londres, Joanum Browne. *Vid.*: NTLLE.

MOGROBEJO, E., MOGROBEJO-ZABALA, A., MOGROBEJO ZABALA, I. ET AL. (1995). *Diccionario hispanoamericano de heráldica, onomástica y genealogía: adición al "Diccionario heráldico y genealógico de apellidos españoles y americanos", por Alberto y Arturo García Carraffa* (2.ª ed) (43 vol.). Bilbao, Mogrobejo-Zabala.

Morínigo, M.A. (1993). *Diccionario del español de América*. Madrid, Anaya y Mario Muchnik.

Morínigo, M.A. y Morínigo Vázquez-Prego, M.A. (1998). *Nuevo diccionario de americanismos e indigenismos*. Buenos Aires, Claridad.

Murga Bohigas, A. (1979). *Habla popular de Extremadura. Vocabulario*. Madrid, Rafael García-Plata Quirós.

Nascentes, A. (1955). *Dicionário etimológico da lingua portuguêsa*. Rio de Janeiro, Livraria Académica.

Nebrija, E.A. de (1532 [1492]). *Vocabulario latino-romance. Vid.*: NTLLE.

Nebrija, E.A. de (1989 [1495]). *Vocabulario español-latino*. Madrid, Arco Libros.

Neira Martínez, J. (1989). *Diccionario de los bables de Asturias*. Oviedo, Instituto de Estudios Asturianos.

Neves, A. (1973). *Diccionario de americanismos*. Buenos Aires, Sopena.

NTLE: Nieto Jiménez, L. y Alvar Ezquerra, M. (2007). *Nuevo tesoro lexicográfico del español (s. XIV-1726)* (11 vol.). Madrid, Arco Libros.

Núñez de Taboada, M. (1825). *Diccionario de la lengua castellana* (vol. A-G). París, Librería de Seguin. *Vid.*: NTLLE.

OED: *Oxford English Dictionary*. Oxford University Press. Disponible en: <https://www.oed.com/>.

Ortega Cavero, D. (1977). *Diccionario español-portugués y portugués-español*. Madrid, Ramón Sopena.

Ostojska Asensio, M. (ed.) (2001). *Gran diccionario español portugués, português espanhol*. Madrid, Espasa Calpe.

Oudin, C. (1607). *Tesoro de las dos lenguas francesa y española*. Paris, Marc Orry. *Vid.*: NTLLE.

Pagés, A. de y Pérez Hervás, J. (1904–1931). *Gran diccionario de la Lengua Castellana* (5 vol.). Barcelona, Fomento Comercial del Libro. *Vid.*: NTLLE.

Palencia, A. de (1490). *Universal vocabulario en latín y en romance o Universale compendium vocabularum cum vulgari expositione*. Disponible en: <https://bit.ly/3ENYWru>.

Palet, J. (1604). *Diccionario muy copioso de la lengua española y francesa*. Paris, Matthieu Guillemot. *Vid.*: NTLLE.

Pastor Blanco, J.M. (2004). *Tesoro léxico de las hablas riojanas*. La Rioja, Universidad de La Rioja.

Pastoureau, M. (2009). *Diccionario de los colores*. Barcelona, Paidós.

Peralta Horte, M. (1836). *Ensayo de un diccionario aragonés-castellano*. Zaragoza, Imprenta Real.

PERCIVAL. R. (1591). *Bibliotheca Hispanica*. London, John Jackson. *Vid.*: NTLLE.

PHARIES, D. (2002). *Diccionario etimológico de los sufijos españoles*. Madrid, Gredos.

POKORNY, J. (1959-1969). *Indogermanisches etymologisches Wörterbuch*. Bern, Francke.

PRIBERAM: *Dicionário Priberam da Língua Portuguesa*. Disponible en: <https://www.priberam.pt/dlpo/>.

RAMOS Y DUARTE, F. (1898). *Diccionario de mejicanismos*. México, Herrero Hermanos.

REW: MEYER-LÜBKE, W. (1968). *Romanisches etymologisches Wörterbuch*. Heidelberg, Carl Winter Universitätsverlag.

REY, A. (2000 [1992]). *Dictionnaire Historique de la Langue Française* (3.ª ed.) (2 vol.). Paris, Robert.

RIGUTINI, G. Y FANFANI, P. (1875). *Vocabolario italiano della lingua parlata*. Firenze, Tipografia Cenniniana.

RILG: INSTITUTO DA LINGUA GALEGA (2006-2017). *Recursos integrados da lingua galega* (RILG). Disponible en: <https://ilg.usc.es/es/recursos>.

RIVAS QUINTAS, E. (1978). *Frampas, contribución al diccionario gallego*. Salamanca, CEME.

RODRÍGUEZ, F.J. (1863). *Diccionario gallego-castellano*. A Coruña, Imprenta del Hospicio Provincial.

RODRÍGUEZ GONZÁLEZ, E. (1958-1961). *Diccionario enciclopédico gallego-castellano*. Vigo, Galaxia.

RODRÍGUEZ NAVAS, M. (1918). *Diccionario general y técnico hispanoamericano*. Madrid, Cultura Hispanoamericana. *Vid.*: NTLLE.

SALVÁ, V. (1846). *Nuevo diccionario de la lengua castellana*. París, Librería de Don Vicente Salvá. *Vid.*: NTLLE.

SALVÁ, V. (1879). *Suplemento al Nuevo diccionario de la lengua castellana*. París, Librería de Garnier Hermanos. *Vid.*: NTLLE.

SANTAMARÍA, F.J. (1942). *Diccionario general de americanismos*. México, Editorial Pedro Robredo.

SANTOS COCO, F. (1940-1952). «Vocabulario extremeño», *Revista del Centro de Estudios Extremeños* (XIV, 1940: 65-96, 133-166, 261-292; XV, 1941: 69-96; XVI, 1942: 35-48; XVIII, 1944: 243-253; XXVI, 1952: 535-542). Badajoz, Centro de Estudios Extremeños.

SEGOVIA, L. (1911). *Diccionario de argentinismos, neologismos y barbarismos*. Buenos Aires, Imprenta de Coni Hermanos.

Segura Munguía, S. (2001). *Nuevo diccionario etimológico latino-español y de las voces derivadas*. Bilbao, Universidad de Deusto.

Sobrino, F. (1705). *Diccionario nuevo de las lenguas española y francesa*. Bruselas, Francisco Foppens. *Vid.*: NTLLE.

Stevens, J. (1706). *A new Spanish and English dictionary*. London, George Sawbridge. *Vid.*: NTLLE.

Tejeda Fernández, M. (2006). *Glosario de términos de la indumentaria regia y cortesana en España: siglos XVII y XVIII*. Málaga, Servicio de publicaciones de la Universidad de Málaga.

Terrera, G.A. (1948). «Voces y refranero del caballo criollo», *Boletín de la Academia Argentina de Letras*, XVII: 409-470.

Terreros y Pando, E. (1786-1788). *Diccionario castellano con las voces de ciencias y artes y sus correspondientes en las tres lenguas francesa, latina e italiana* (3 vol.). Madrid, Imprenta de la Viuda de Ibarra. *Vid.*: NTLLE.

TLHA: Alvar Ezquerra, M. (2000). *Tesoro léxico de las hablas andaluzas*. Madrid, Arco Libros.

Tobar Donoso, J. (1961). *El lenguaje rural en la región interandina del Ecuador: lo que falta y lo que sobra*. Quito, La unión católica.

Tolhausen, L. (1888-1889). *Nuevo diccionario español-alemán y alemán-español*. Leipzig, Bernhard Tauchnitz.

Tommaseo: Accademia della Crusca (2015). *Dizionario della lingua italiana*. Disponible en: <http://www.tommaseobellini.it/#/>.

Toro y Gómez, M. (1901). *Nuevo diccionario enciclopédico ilustrado de la lengua castellana*. Madrid, Hernando y Compañía. *Vid.*: NTLLE.

Torres, J.C. de (1989). *Léxico español de los toros*. Madrid, Instituto de Filología (CSIC).

Trecanni: Istituto de la Enciclopedia Italiana (2008-2018 [1986-1994]). *Il vocabolario Trecanni* (3.ª ed). Roma, Istituto de la Enciclopedia Italiana.

Trognesius, C.J. (1639). *El grande dictionario y thesoro de las tres lenguas Española, Francesa y Flamenca, con todos los nombres de los Reynos, Ciudades y lugares del Mundo*. Amberes, César Joaquín Trognesius. *Vid.*: NTLE.

Universal: *Dicionário universal da língua portuguesa* (1995). Lisboa, Texto editora.

Valladares Núñez, M. (1884). *Diccionario gallego-castellano*. Santiago de Compostela, Imprenta Seminario Conciliar.

Veneroni, J. V. (1750). *Le nouveau dictionnaire italien et françois*. Basle, Chez Jean Henri Harscher.

VITTORI, G. (1609). *Tesoro de las tres lenguas, española, francesa y italiana*. *Vid.*: NTLLE.

VIUDAS CAMARASA, A. (1980). *Diccionario extremeño*. Extremadura, Servicio de Publicaciones de la Universidad de Extremadura.

ZAMORA VICENTE, A. (1980). *Gran Sopena: diccionario ilustrado de la lengua española*. Barcelona, Ramón Sopena.

ZEROLO, F., ET AL. (1895). *Diccionario enciclopédico de la lengua castellana. Tomo primero (A-G)*. París, Garnier Hermanos. *Vid.*: NTLLE.

ATLAS LINGÜÍSTICOS

ALCYL: ALVAR, M. (1999). *Atlas Lingüístico y Etnográfico de Castilla y León* (3 vol.). Valladolid, Consejería de Educación y Cultura.

ALEA: ALVAR, M. (1991). *Atlas Lingüístico y Etnográfico de Andalucía* (con la col. de A. Llorente y G. Salvador) (ed. facsímil, 3 vol.). Madrid, Arco Libros.

ALEANR: ALVAR, M. (1980-1983). *Atlas Lingüístico y Etnográfico de Aragón, Navarra y Rioja* (con la colaboración de A. Llorente, T. Buesa y E. Alvar) (12 vol.). Zaragoza, Institución «Fernando el Católico» (CSIC).

ALECant: ALVAR, M. (1995). *Atlas Lingüístico y Etnográfico de Cantabria* (2 vol.). Madrid, Arco Libros.

ALECMan: GARCÍA MOUTON, P. Y MORENO FERNÁNDEZ, F. (2003). *Atlas Lingüístico y Etnográfico de Castilla-La Mancha*. Disponible en: <http://www.linguas.net/alecman/>.

ALEICan: ALVAR, M. (1975-1978). *Atlas Lingüístico y Etnográfico de las Islas Canarias* (3 vol.). Las Palmas, Excmo. Cabildo Insular.

ALPI: GARCÍA MOUTÓN, P. (coord.) (2006). *ALPI-CSIC*, edición digital de Navarro Tomás, T. (dir.). *Atlas Lingüístico de la Península Ibérica*. Madrid, CSIC. Disponible en: <http://alpi.csic.es/>.

CLEx: GONZÁLEZ SALGADO, J.A. (2005-2009). *Cartografía Lingüística de Extremadura*. Disponible en: <http://www.geolectos.com/cartografia.htm>.

CORPUS

CHARTA: *Corpus Hispánico y Americano en la Red: Textos Antiguos* (CHARTA). Disponible en: <www.corpuscharta.es>.

CICA: TORRUELLA, J., PÉREZ SALDANYA, M. Y MARTINES, J. (dirs.). *Corpus Informatitzat del Català Antic* (CICA). Disponible en: <http://cica.cat/index.php>.

CORDIAM: Academia Mexicana de la Lengua. *Corpus Diacrónico y Diatópico del Español de América* (CORDIAM). Disponible en: <www.cordiam.org>.

CORGA: Centro Ramón Piñeiro para a Investigación en Humanidades. *Corpus de Referencia do Galego Actual* (CORGA). Disponible en: <http://corpus.cirp.gal/corga/>.

CORHEN: Torrens Álvarez, M.J. (dir. y ed.). *Corpus Histórico del Español Norteño* (CORHEN). Disponible en: <http://corhen.es/>.

COSER: Fernández-Ordóñez, I. (dir.). *Corpus Oral y Sonoro del Español Rural*. Disponible en: <http://www.corpusrural.es/>.

CTILC: Institut d'estudis Catalans. *Corpus Textual Informatitzat de la Llengua Catalana*. Disponible en: <http://ctlc.iec.cat/Estatic/Presentacio>.

Davies, M. (2002). *Corpus del español*. Disponible en: <https://bit.ly/2XN9PJM>.

Davies, M. (2016). *O corpus do português*. Disponible en: <https://bit.ly/3kvpK7T>.

NTLLE: Real Academia Española (2001). *Nuevo Tesoro Lexicográfico de la Lengua Española* (NTLLE). Disponible en: <https://bit.ly/39zsRFH>.

NTLLET: Real Academia Española (2013). *Mapa de diccionarios* (NTLLET). Disponible en: <https://apps2.rae.es/ntllet/>.

ODE: Calderón Campos, M. y García-Godoy, M.T. (dirs.) (2010-2021). *Oralia diacrónica del español* (*ODE*). Disponible en: <http://corpora.ugr.es/ode/>.

TILG: Instituto da Lingua Galega. *Tesouro Informatizado da Lingua Galega*. Disponible en: <http://ilg.usc.es/TILG/>.

TLFi: Centre National de la Recherche Scientifique (CNRS) et Université de Lorraine (2002). *Trésor de la Langue Française Informatisé* (*TLFi*). Disponible en: <http://atilf.atilf.fr/>.

TLIO: Consiglio Nazionale delle Ricerche (CNR)-Opera del Vocabolario Italiano (OVI). *Tesoro della Lingua Italiana delle Origini* (*TLIO*). Disponible en: <http://tlio.ovi.cnr.it/TLIO/>.

Xelmírez: Instituto da Lingua Galega (2006-2016). *Corpus Xelmírez. Corpus lingüístico da Galicia medieval*. Disponible en: <http://sli.uvigo.es/xelmirez/>.

ESTUDIOS

Adanaqué, R. (1999). «Los caciques Chayhuac de Mansiche (Trujillo, Siglos XVI-XVIII)», en *Diálogos en historia*, 1: 57-66.

AEBISCHER, P. (1950). «Les couleurs de la robe des équidés et des bovidés et quelques noms de chevaux, de mules et de vaches d'apres les chartes espagnoles et portugaises du Moyen Âge», *Revista de dialectología y tradiciones populares*, VI: 28-40.

AGAL: ASSOCIAÇOM GALEGA DA LÍNGUA (AGAL) (2014). *Quês e porquês do reintegracionismo*. Santiago de Compostela, Através Editora.

AHUMADA LARA, I. (2009). «Nomenclaturas populares y lexicografía regional», *Archivo de Filología Aragonesa*, 65: 235-248.

ALIAGA JIMÉNEZ, J.L. (1996-1997). «Un fragmento inédito de la lexicografía española del siglo XVIII: el manuscrito 9.423 de la Biblioteca Nacional de Madrid», *ELUA: Estudios de Lingüística. Universidad de Alicante*, 11: 43-78.

ALIAGA JIMÉNEZ, J.L. (2009). «La estela del pionero: el primer diccionario aragonés y su huella en la lexicografía posterior», *Archivo de Filología Aragonesa*, 65: 53-74.

ALLOTT, R.M. (1989). «Some apparent uniformities between languages in colour-naming», *Language and Speech*, 17: 377-402.

ALMEIDA, M. Y DÍAZ ALAYÓN, C. (1988). *El español de Canarias*. Santa Cruz de Tenerife, Litografía A. Romero.

ALONSO-CORTÉS, A. (1978). *Lingüística general*. Madrid, Cátedra.

ÁLVAREZ DE MIRANDA, P. (1984). «Hacia una historia de los diccionarios españoles en la Edad Moderna», *Bulletin Hispanique*, 97: 187-200.

ÁLVAREZ DE MIRANDA, P. (2009). «Neología y pérdida léxica», en Miguel, E. de (ed.) (2009). *Panorama de la lexicología*. Barcelona, Ariel: 133-158.

ANAYA REVUELTA, I. (1999-2000). «Los diccionarios enciclopédicos del español actual», *Revista de Lexicografía*, 6: 7-36.

ANDRÉ, J. (1949). *Étude sur les termes de couleur dans la langue latine*. Paris, Librairie C. Klincksieck.

ANDRINO HERNÁNDEZ, M. (2013). *Victorianos: ¿Denominación jocosa o conventual? Málaga y sus boquerones*. Madrid, De buena tinta.

ANES, G. (1998). «Lo rural en la Castilla de Felipe II», en *La monarquía hispánica. Felipe II, un monarca y su época*. Madrid, Sociedad Estatal para la Conmemoración de los Centenarios de Felipe II y Carlos V: 59-68.

ARIAS GARCÍA, A.M. Y TORRE GARCÍA, M. DE LA (2019). *Ictionimia andaluza: Nombres vernáculos de especies pesqueras del «Mar de Andalucía»*. Madrid, Consejo Superior de Investigaciones Científicas (CSIC).

ARIZA VIGUERA, M. (1999). «Sobre la conservación de sonoras en la provincia de Cáceres», en Ariza Viguera, M. (1999). *Sobre fonética histórica del español*. Madrid, Arco Libros: 179-201.

Azara, F. de (1802). *Apuntamientos para la Historia Natural de los páxaros del Paragüay y Río de la Plata*, II. Madrid, Imprenta de la Viuda de Ibarra.

Azara, F. de (1805). *Apuntamientos para la Historia Natural de los páxaros del Paragüay y Río de la Plata*, III. Madrid, Imprenta de doña Manuela Ibarra.

Ball, P. (2001). *La invención del color*. Madrid, Turner.

Baran, M. (1996). *Estudio semántico-pragmático de los nombres de los colores en las lenguas española y francesa* [tésis doctoral inédita]. Łódź, Uniwersytet Łódzki.

Baras Escolá, F. (2010). «Un romancero desconocido "Flor de varios romances nuevos". Primera, segunda y tercera parte (Lisboa, Manuel de Lyra, 1951)», *BRAE*, XC/CCCI: 5–35.

Barrio Anta, M., Castedo Dorado, F., Hevia Cabal, A. y Majada Guijo, J. (2008). *Manual básico de la poda y formación de los árboles forestales*. Madrid, Mundi-Prensa.

Bartolome, E., Azor, P., Gomez, M., y Peña, F. (2008). *La determinación genética del color de la capa en el caballo: Bases y aplicación al caballo de la raza Pottoka*. Córdoba, Universidad de Córdoba.

Bavera, G.A. (2009). *El pelaje del bovino y su importancia en la producción*. Río Cuarto, Edición del autor.

Bellsolá, J. (1912). *El toro de lidia*. Madrid, Imprenta de Antonio Marzo.

Benítez Marco, M.P. y Latas Alegre, Ó. (2018). «Nuevos datos para el estudio de la vida y obra del lexicógrafo aragonés Joseph Siesso de Bolea», *Archivo de Filología Aragonesa*, 74: 139–166.

Benito García, M.P. (2015). *Paraísos de seda. Tejidos y bordados de las casas del Príncipe en los reales sitios de El Pardo y El Escorial*. València, Universitat de València.

Benson, A.R. (2015). *Wine-dark sheep: ancient color in a modern Greek Odyssey*. Vermont, University of Vermont. Disponible en: <https://bit.ly/3AwN8aG> [Consultado 16/10/2022].

Berlin, B. y Kay, P. (1991 [1969]). *Basic color terms. Their universality and evolution*. Stanford, Center for the Study of Language and Information (CSLI).

Bidu-Vrănceanu, A. (1970). «Esquise de système lexico-sémantique: les noms de couleur dans la langue roumaine contemporaine», *Revue Roumaine de Linguistique*, 15: 129–140; 267–278.

Bidu-Vrănceanu, A. (1976). *Systématique des noms de couleur. Recherche de méthode en sémantique structurale*. Bucarest, Editura Academiei.

Bloemen, J. y Tasmowski, L. (1982–1983). «Les noms de couleur en français: catégories et focus», *Linguistica Antverpiensia*, 16–17: 221–241.

Bonacic, C. e Ibarra, J.T. (2010). *Fauna andina: historia natural y conservación*. Santiago de Chile, Pontificia Universidad Católica de Chile y Laboratorio Fauna Australis.

Bosque I. y Demonte, V. (coords.) (1999). *Gramática descriptiva de la lengua española* (3 vols.). Madrid, Espasa Calpe.

Botelou, C. y Botelou, E. (1804). *Tratado de las flores, en que se explica el metodo de cultivar las que sirven para adorno de los jardines*. Madrid, Imprenta de Villalpando.

Bouba Kidakou, A. (2006). *África negra en los libros de viajes españoles de los siglos XVI y XVII* [tesis doctoral]. Madrid, Universidad Nacional de Educación a Distancia (UNED).

Calderón Campos, M. (2018). «Andalucismos en el corpus del reino de Granada», en Corbella Díaz, M.D., Fajardo Aguirre, A. y Langenbacher-Liebgott, J. (eds.). *Historia del léxico español y humanidades digitales*. Bruselas, Peter Lang: 317–339.

Casas de Mendoza, N. (1866). *Exterior del caballo y de los principales animales domésticos*. Madrid, Imprenta de López.

Castro, A. (1919). «Más sobre "boquirrubio"», *Revista de Filología Española*, VI: 290–298.

Catalán Menéndez-Pidal, D. (1989). *El español: orígenes de su diversidad*. Madrid, Paraninfo.

Cavalli-Sforza, L.L., Menozzi, P. y Piazza, A. (1994). *The History and Geography of human genes*. New Jersey, Cambridge University Press.

Cavanilles, A.J. (1801). *Descripcion de las plantas que D. Antonio Josef Cavanilles demostró en las lecciones públicas del año 1801: precedida de los principios elementales de la botánica*. Madrid, Imprenta Real.

Cifuentes i Comamala, Ll. y Córdoba de la Llave, R. (2011). *Tintorería y medicina en la Valencia del siglo XV: el manual de Joanot Valero*. Madrid, CSIC.

Congosto Martín, Y. (2002). *Aportación a la historia lingüística de las hablas andaluzas (siglo XVII)*. Sevilla, Universidad de Sevilla.

Corbett, G.G. y Davies, R.L. (1988). «Establishing basic color terms: measures and techniques», en Hardin, L. y Maffi, L. (eds.). *Color categories in thought and language*. Cambridge, Cambridge University Press: 197–224.

Corbin, A., Courtine, J.J. y Vigarello, G. (2005a). *Histoire du corps: De la Renaissance aux Lumières* (vol. 1). Paris, Seuil.

Corbin, A., Courtine, J.J. y Vigarello, G. (2005b). *Historia del cuerpo. Del Renacimiento al Siglo de las Luces* (vol. 1) (trad. de Núria Petit y Mónica Rubio). Madrid, Taurus Historia.

Cossío, J.M. de (1943-1996). *Los toros. Tratado técnico e histórico* (12 vol.). Madrid, Espasa Calpe (1995-1997).

Cotelo, R. (2011). «Marrón: formas y matices», *Revista de Lexicografía*, 17: 7-13.

Crespo Villalba, M.B. y Martínez Rodríguez, J. (2013). «*Xipion Mill.*», en Castroviejo, S., Aedo, C., Laínz, M. et al. (eds.). *Flora ibérica*, XX. Madrid, Real Jardín Botánico-CSIC: 431-441.

Curiel, G. (1991). «Glosario de términos de Arte y Legislación de los siglos XVII y XVIII», en Vargas Lugo, E. y Curiel, G. (eds.). *Juan Correa. Su vida y su obra*. México, Universidad Nacional Autónoma de México: 271-302.

Descalzo A. y Llorente, L. (2007). «El color: expresión pictórica de la moda», en *Modachrome. El color en la historia de la moda*. Madrid, Ministerio de Cultura y Museo del Traje: 33-46.

Díaz y Díaz, M.C., Pardo Gómez, M.V. y Villariño Pintos, D. (1990). *Ordoño de Celanova: vida y milagros de San Rosendo*. A Coruña, Fundación Barrié.

Díez, M. (1518-1524). *Libro de albeytería nuevamente corregido y emendado [e] añadidas en el sesente y nueve preguntas*. Zaragoza, Jorge Coci.

Dioscórides, P. (1984 [1555]). *Acerca de la materia medicinal y de los venenos mortíferos* (trad. de Andrés Laguna). Madrid, Ediciones de Arte y Bibliofilia.

Duarte Collazo, S. (2014). «O estándar galego: reintegracionismo vs. autonomismo», *Romanica Olomucensia*, 1: 1-13.

Duncan, R.M. (1968). «Adjetivos de color en el español medieval», *Anuario de Estudios Medievales*, 5: 463-472.

Egido Fernández, M.C. (2013). «Indigenismos en la vida cotidiana de la América colonial (s. XVII-XVIII)», *Signo y seña*, 23: 23-38. Disponible en: <https://bit.ly/39yMqhs> [Consultado 05/03/2021].

Egido Fernández, M.C. (2016). «Joyas femeninas: un aporte sobre léxico del español colonial americano», *Anuario de Letras. Lingüística y Filología*, 4(2): 99-151. Disponible en: <https://bit.ly/2XFePj1> [Consultado 10/11/2022].

Egido Fernández, M.C. (2018). «Léxico cotidiano en la América colonial: vestimenta femenina y joyas que la adornan», en Arnal, M.L, Castañer, R.M., Enguita, J.M. et al. (eds.). *Actas del X Congreso Internacional de Historia de la Lengua Española* (vol. II). Zaragoza, Institución «Fernando el Católico» y Diputación Provincial de Zaragoza: 1929-1948. Disponible en: <http://corlexin.unileon.es/trabajos/Cristina_HLE-Zaragoza.pdf> [Consultado 27/10/2022].

Espejo Muriel, M.M. (1990). *Los nombres de los colores en español. Estudio de lexicología estructural* [memoria de licenciatura]. Granada, Universidad de Granada.

Espejo Muriel, M.M. (1996). *Los nombres de color en la naturaleza*. Granada, Universidad de Granada.

Espinosa, A.M. (1935). *Arcaísmos dialectales. La conservación de «s» y «z» sonoras en Cáceres y Salamanca. Anejos de la Revista de Filología Español, XIX*. Madrid, Imprenta de la Librería y Casa Editorial Hernando.

Espinosa Elorza, R.M. (2009). «El cambio semántico», en Miguel, E. de (ed.). *Panorama de la lexicología*. Barcelona, Ariel: 159–188.

Esuperanzi, R. (2008). *Los fringílidos. Jilgueros, pardillos, verderones y otros pájaros silvestres*. Barcelona, Hispano Europea.

Evans, G. (2019). *Skin Deep: Dispelling the Science of Race*. New York, Simon and Schuster.

Fernández de Andrada, P. (1599). *Libro de la gineta de España* (vol. 1). Sevilla, Imprenta de Alonso de la Barrera.

Fernández González, M. (2022). *Recopilación, edición y estudio léxico de documentación notarial asidonense (1746-1800)* [tesis doctoral]. Cádiz, Universidad de Cádiz.

Fernández Lorences, T. (2001). «Organización semántica del color n'asturianu», *Lletres asturianes*, 76: 7–54.

Fichter, W.L. (1927). «Color symbolism in Lope de Vega», *Romanic Revue*, 18: 220–231.

Fink, O. (1929). *Studien über die Mundarten der Sierra de Gata*. Hamburg, Friederichsen de Gruyter.

Flórez de Ocariz, J. (1676). *Libro segvndo de las geneaologias del Nvevo Reyno de Granada*. Madrid, Imprenta de Ioseph Fernández Buendía.

Franco Grande, X.L. (1972). *Diccionarios e inventarios léxicos*. Santiago de Compostela, Galaxia.

Freixas, M. (2003). *Las autoridades en el primer diccionario de la Real Academia Española* [tesis doctoral]. Barcelona, Universitat Autònoma de Barcelona.

Frost, P. (2006). «European hair and eye color. A case of frequency-dependent sexual selection?», *Evolution and Human Behavior*, 27: 85–103.

Funes y Mendoça, D. (1621). *Historia general de aves y animales de Aristóteles estagerita*. Valencia, Imprenta de Pedro Patricio Mey.

Gallardo, A. (1981). «Gramática de los nombres de colores», *RLA. Revista de lingüística teórica y aplicada*, 19: 25–43.

Gálvez-Bravo, L. (2017). «Conejo–*Oryctolagus cuniculus*», en Salvador, A. y Barja, I. (eds.). *Enciclopedia virtual de los vertebrados españoles*. Disponible en: <https://bit.ly/2XSYmIv> [Consultado 22/01/2022].

García Arias, X.L. (1980). «De toponimia tebergana (IV). Cromotoponimia», *Boletín del Real Instituto de Estudios Asturianos*, 34(101): 645–654.

García de Diego, V. y Menéndez Pidal, R. (1926). *Problemas etimológicos: discurso leído ante la Real Academia Española en el acto de su recepción por D. Vicente García de Diego y contestación de D. Ramón Menéndez Pidal*. Ávila, Tipografía y Encuadernación de Senén Martín.

García-Navas Corrales, V. (2016). «Gorrión molinero–*Passer montanus*», en Salvador, A. y Morales, M.B. (eds.). *Enciclopedia virtual de los vertebrados españoles*. Disponible en: <https://bit.ly/2XK6w5H> [Consultado 01/12/2022].

García-Page Sánchez, M. (1990). «Los nombres de los colores y el sustantivo "color". Morfología y sintaxis», *Thesaurus: Boletín del instituto Caro y Cuervo*, XLV(2): 305–331.

García-Page Sánchez, M. (2005). «Acerca del tratamiento del grupo nominal gris marengo por la RAE», en Mogorrón Huerta, P. y Navarro Domínguez, F. (coords.). *Fraseología, didáctica y traducción*. Berlín, Peter Lang: 83-92.

García-Page Sánchez, M. (2009). «Los nombres de color del español: de su composición y sus propiedades gramaticales», *Revue Romane*, 44(1): 47–66.

García-Page Sánchez, M. (2015). «Acerca del tratamiento del grupo nominal *gris marengo* por la RAE», en Mogorrón Huerta, P. y Navarro Domínguez, F. (coords.). *Fraseología, didáctica y traducción*. Berlín, Peter Lang: 83-92.

García Platero, J.M. (2003). «La lexicografía no académica en los siglos XVIII y XIX», en Medina Guerra, A.M. (coord.). *Lexicografía española*. Barcelona, Ariel: 263–280.

García Turza, C. (2004). «El Códice Emilianense 31 de la Real Academia de la Historia. Presentación de algunas de las voces de interés para el estudio lingüístico del latín medieval y del iberorromance primitivo», *Aemilianense: revista internacional sobre la génesis y los orígenes históricos de las lenguas romances*, 1: 95–170.

Gargallo Gil, J.E. (1987). *Una encrucijada lingüística entre Aragón, Valencia y Castilla: El Rincón de Ademuz* [tesis doctoral]. Barcelona, Universitat de Barcelona.

Geli Aguadé, M.R. (1955). *Las denominaciones de color en iberorrománico y algunas relaciones con las lenguas romances* [memoria de licenciatura]. Barcelona, Universidad de Barcelona.

GILI GAYA, S. (1950). «Siesso de Bolea como lexicógrafo», *Archivo de Filología Aragonesa*, 3: 253-258.

GIMBUTAS, M. (1956). *The prehistory of Eastern Europe. Mesolithic, Neolithic and Copper Age cultures in Russia and the Baltic area. Harvard University Bulletin*, 20. Cambridge, Peabody Museum.

GÓMEZ FERRERO, M.C. (2014). *Estudio del léxico en los protocolos notariales del partido judicial de La Bañeza (ss. XVII-XIX)* [tesis doctoral]. León, Universidad de León.

GONZÁLEZ CALVO, J.M. (1976). «Sobre un tipo de construcción en la adjetivación de color», *Español Actual*, 31: 56-58.

GONZÁLEZ SALGADO, J.A. (2003). «La fonética de las hablas extremeñas», *Revista de Estudios Extremeños*, LIX(2): 589-619.

GORDÓN-PERAL, M.D. (1988). «Aragonesismos y voces de filiación oriental en el léxico andaluz», *Archivo de Filología Aragonesa*, 41: 193-210.

GRANADA, D. (1920). «Sobre los nombres de los colores del caballo en América», *BRAE*, VII: 628-632.

GUTIÉRREZ CUADRADO, J. (1996). «Enciclopedia y diccionario», en Forgas Berdet, E. (coord.). *Léxico y diccionarios*. Tarragona, Universitat Rovira i Virgili: 133-160.

GUTIÉRREZ ROBLEDO, J.L. (2011). «Memoria mudéjar en La Morañala: arquitectura», en Gutiérrez Robledo, J.L. et al. (dirs.). *Memoria mudéjar en La Moraña: Adanero, Albornos, Aldeaseca, Arévalo, Cabizuela, Donvidas, Espinosa de los Caballeros, Horcajo de Las Torres, Langa, Madrigal de las Altas Torres, Narros de Saldueña, Pajares de Adaja, Palacios de Goda, San Esteban de Zapardiel y Sinlabajos*. Ávila, ASODEMA: 7-122.

HALLET, C. Y JONHSTON, A. (2010). *Telas para moda. Guía de fibras naturales*. Barcelona, Art Blume.

HARDIN, C.L. Y MAFFI, L. (1997). *Color categories in thought and language*. Cambridge, Cambridge University Press.

HERNÁNDEZ GARCÍA, I. (2014). *Faisanes del mundo. Guía práctica* (vol. 2). Madrid, Bubok Publishing.

HIDALGO TOGORES, J. E HIDALGO FERNÁNDEZ-CANO, L. (2011). *Tratado de viticultura II*. Madrid, Paraninfo.

HUTCHINS, M. (2003). *Grzimek's Animal Life Encyclopedia. Vol. 10: Birds III* (2.ª ed.). Michigan, Thomson-Gale.

JAMESON, K. Y D'ANDRADE, R.G. (1997). «It's not really red, green, yellow, blue: an inquiriy into perceptual color space», en Hardin, C.L. y Maffi, L. (eds.). *Color categories in thought and language*. Cambridge, Cambridge University Press: 295-320.

Joaquim Nunes, J. (1895). «Phonetica historica portuguesa», *Revista Lusitania*, III: 251-307.

Junquera Martínez, A. (2019). «Coloreando el medievo: adjetivos cromáticos en la documentación medieval leonesa», *Lletres asturianes*, 120: 23-44. Disponible en: <https://bit.ly/3nZFMZM> [Consultado 15/07/2020].

Junquera Martínez, A. (2020a). «No dar puntada sin hilo: bordados y guarniciones del siglo XVII», *Estudios Humanísticos. Filología*, 42: 39-57. Disponible en: <https://bit.ly/3nXLStO> [Consultado 20/11/2020].

Junquera Martínez, A. (2020b). «¿Y si Pantone ya existiese en el Siglo de Oro? La expresión de la tonalidad en la prosa notarial del siglo XVII», *Revista de Historia de la Lengua Española*, 15: 159-193.

Junquera Martínez, A. (2022). *De coloribus. Estudio diacrónico de léxico cromático en un corpus del Siglo de Oro* [tesis doctoral]. León, Universidad de León.

Junquera Martínez, A. y Álvarez García, E. (2020). «De botas, toneles y candiotas: léxico del vino del siglo XVII», en Ibáñez Rodríguez, M. (ed.). *Enotradulengua. Vino, lengua y traducción*. Frankfurt am Main, Peter Lang Edition: 83-108. Disponible en: <https://bit.ly/3zAq89z> [Consultado 22/05/2022].

Junquera Martínez, A. y Morala Rodríguez, J.R. (2019). «Léxico de origen italiano en documentos notariales del Siglo de Oro», en Barrio de la Rosa, F. del (ed.). *Lexicalización, léxico y lexicografía en la historia del español* (Colección VenPalabras. Estudios de lexicología española, 2). Venezia, Edizioni Ca'Foscari: 187-233.

Kac, E. (2010). *Telepresencia y bioarte: interconexión en red de humanos, robots y conejos*. Murcia, Cendeac.

Kay, P. y Maffi, L. (1999). «Color Appearance and the Emergence and Evolution of Basic Color Lexicons», *American Anthropologist*, 101(4): 743-760.

Kay, P. y McDaniel, C.K. (1978). «The linguistic significance of the meaning of basic color terms», *Language*, 54(3): 610-646.

Kay, P. y Regier, T. (2006). «Language, thought and color: recent developments», *Trends in cognitive sciences*, 10(2): 51-54.

Kleiber, G. (2007). «Adjectifs de couleur et gradation: une énigme... très colorée», *Travaux de linguistique*, 55: 259-275.

Kordić Riquelme, R. (2005). *Testamentos coloniales chilenos*. Madrid, Iberoamericana.

Kristol, A.M. (1978). *Color. Les langues romanes devant le phénomène de la couleur*. Zürich, Francke Berne.

KRÜGER, F. (1925). «Mezcla de dialectos», en *Homenaje ofrecido a Menéndez Pidal: Miscelánea de estudios lingüísticos, literarios e históricos*, II, Madrid, Hernando:121–166.

KUHNE BRABANT, R. (1995). «La almendra: un pequeño gran protagonista en la alimentación y en la farmacopea árabes medievales», en Vázquez de Benito, C. y Manzano Rodríguez, M.Á. (eds.). *Actas del XVI Congreso Union Européenne d'Arabisants et d'Islamisants (UEAI)*. Madrid, CSIC: 281–290.

LAMA DE LA CRUZ, V. DE (2012). «En torno al simbolismo de los colores en el *Cancionero general*», en Haro Cortés, M., Beltrán, R., Canet, J.L. y H. Gassó, H. (eds.). *Estudios sobre el* Cancionero general *(Valencia, 1511): Poesía, manuscrito e imprenta*. València, Universitat de València: 265–283.

LAMBEA, M. (2000). *La música y la poesía en cancioneros polifónicos del siglo XVII*. Barcelona, CSIC.

LAPESA MELGAR, R. (1981 [1942]). *Historia de la lengua española* (9.ª ed.). Madrid, Gredos.

LARA, L.F. (1990). *Dimensiones de la lexicografía: a propósito del Diccionario de México*. Ciudad de México, El Colegio de México.

LÁZARO MORA, F.A. (1986). «Sobre la parasíntesis en español», *Dicenta: cuadernos de filología hispánica*, 5: 221–238.

LECEA Y GARCÍA, C. DE (2005 [1893]). *La comunidad y tierra de Segovia*. Segovia, Establecimiento tipográfico de Ondero.

LEVINSON, S. C. (2000). «Yeli Dnye and the Theory of Basic Color Terms», *Journal of Linguistic Anthropology*, 10(1): 3–55.

LILLO, J., GONZÁLEZ-PERILLI, F., PRADO-LEÓN, L., MELNIKOVA, A., ÁLVARO, L., COLLADO, J.A. Y MOREIRA, H. (2018). «Basic color terms (BCTs) and categories (BCCs) in three dialects of the Spanish language: interaction between cultural and universal factors», *Frontiers in Psychology*, 9. Disponible en: <https://bit.ly/3HQnaWh> [Consultado 22/05/2022].

LILLO, J. Y MOREIRA, H. (2004). «Las categorías cromáticas básicas del español: síntesis final», *Óptica pura y aplicada*, 37(1): 125–130.

LLORENTE, L. Y GUTIÉRREZ, J. (2019). *La Vie en Rose* (catálogo de la exposición temporal celebrada en el Museo del Traje de Madrid del 16711/2018 al 19/05/2019). Madrid, Museo del Traje y Ministerio de Cultura y Deporte.

LÓPEZ GONZÁLEZ, G. (2014). «*Carthamus*», en Castroviejo, S., Aedo, C., Laínz, M. *et al.* (eds.). *Flora ibérica*, XVI. Madrid, Real Jardín Botánico-CSIC: 304–313.

MABBERLEY, D.J. (1997). «A classification for edible *Citrus* (Rutaceae)», *Telopea*, 7(2): 167–172.

MALHOTRA, A. Y THORPE R.S. (1999). *Reptiles and Amphibians of the Eastern Caribbean*. London, Macmillan Caribbean.

MALKIEL, Y. (1958). «Los interfijos hispánicos. Problema de lingüística histórica y estructural», en Catalán Menéndez-Pidal, D. (ed.). *Miscelánea-Homenaje a André Martinet*. Tenerife, Biblioteca Filológica de la Univerisdad de La Laguna: 107-199.

MAÑANES PÉREZ, T. Y VALBUENA, F. (1977). «Torres y fortalezas medievales al sur del Duero en la provincia de Valladolid», *Boletín del Seminario de Estudios de Arte y Arqueología*, 43: 111-126.

MARCH, J.M. (1941-1942). *Niñez y juventud de Felipe II: documentos inéditos sobre su educación civil, literaria y religiosa y su iniciación al gobierno (1527-1547)* (2 vol.). Madrid, Ministerio de Asuntos Exteriores.

MARIAT, D., TAOURIT, S., Y GUÉRIN, G. (2003). «A mutation in the MATP gene causes the cream coat colour in the horse», *Genetics Selection Evolution*, 35(1): 119-133.

MARTINELL, E. (1979). «Los nombres de color», *Anuario de Filología*, 5: 267-322.

MARTINELL, E. (1986). «Expresión de los nombres de color en el "Lapidario de Alonso X"», *Cahiers de Linguistique Hispanique Médiévale*, 11: 133-149.

MARTÍNEZ DE ESPINAR, A. (1644). *Arte de ballesteria y monteria: escrita con metodo para escusar la fatiga que ocasiona la ignorancia*. Madrid, Imprenta Real.

MARTÍNEZ DE SÁNCHEZ, A.M. (2011). *Formas de la vida cotidiana en Córdoba (1573-1810). Espacio, tiempo y sociedad*. Córdoba (Argentina), Centro de Investigaciones y Estudios sobre Cultura y Sociedad, CONICET-UNC.

MARTÍNEZ DEL ROMERO, A. (1849). *Catálogo de la Real Armería*. Madrid, Aguado.

MATOS HURTADO, B. (1916). «Pleito célebre», *Boletín de Historia y Antigüedades*, 121(11): 566-576.

MEDINA, P. DE (1595). *Primera y segunda parte de las grandezas y cosas notables de España*. Alcalá de Henares, Casa de Juan Gracián.

MENÉNDEZ PIDAL, R. (1976 [1926]). *Orígenes del español* (8.ª ed.). Madrid, Espasa Calpe.

MENÉNDEZ PIDAL, R. (2005). *Historia de la lengua española* (ed. de Diego Catalán Menéndez-Pidal). Madrid, Real Academia Española y Fundación Ramón Menéndez Pidal.

MENÉNDEZ PIDAL, R. (2018 [1906]). *El dialecto leonés*. León, Cátedra de Estudios Leoneses y El búho viajero.

Michelena, L. (1972). «Color y sonido en la lengua», *Revista Española de Lingüística*, 2: 83–102.

Miguel Borge, M. (2020). *Variación léxica en la Tierra de Campos en el siglo XVII* [tesis doctoral]. León, Universidad de León.

Miguélez, C. (1805). *Arte de curtir ó Instrucción general de curtidos*. Madrid, Imprenta Real.

Miquel i Planas, R. (1916). *Isabel de Villena, Vita Christi*. Barcelona, Biblioteca catalana.

Molinier, Ch. (2001). «Les adjectifs de couleur en français. Éléments pour une classification», *Revue Romane*, 36(2): 193–206.

Molinier, Ch. (2005). «Sur la forme et le statut des adjectifs de couleur formés par dérivation suffixale», *Le Français Moderne*, 73(2): 145–156.

Molinier, Ch. (2006). «Les termes de couleur en français. Essai de classification sémantico-syntaxique», *Cahiers de grammaire*, 30: 259–275.

Montero Curiel, M.L. (1994). «La expresión del color en un bestiario medieval», *Anuario de estudios filológicos*, XVII: 369–384.

Montes Fano, M. (2021). *Estudio léxico-semántico de inventarios de bienes zaragozanos del siglo XV* [tesis doctoral]. Zaragoza, Universidad de Zaragoza.

Mora Monroy, S.C. (1989). «Algunos usos de los términos de color en el español de Colombia», *Thesaurus*, 44: 441–450.

Morala Rodríguez, J.R. (2007). «Léxico de la vida cotidiana. El trabajo en el campo», *Monarquía y sociedad en el Reino de León. De Alfonso III a Alfonso VII*, I. León, Centro de estudios e investigación "San Isidoro": 377–444. Disponible en: <https://bit.ly/39wr3ND> [Consultado 17/09/2022].

Morala Rodríguez, J.R. (2010a). «Inventarios de bienes y lexicografía histórica», en Medina Guerra, A.M. y Alaya Castro, M.C. (ed. y coord.). *Los diccionarios a través de la historia*. Málaga, Universidad de Málaga: 433–454. Disponible en: <http://jrmorala.unileon.es/biblioteca/Malaga.pdf> [Consultado 09/11/2022].

Morala Rodríguez, J.R. (2010b). «Notas de lexicografía histórica leonesa: léxico de la ganadería», en Cano, A.M. (ed). «Homenaxe al Profesor Xosé Lluis García Arias», *Lletres Asturianes* (I), Anexo 1. Oviedo, Academia de la Llingua Asturiana: 257–277. Disponible en: <https://bit.ly/39Bu8vG> [Consultado 28/07/2022].

Morala Rodríguez, J.R. (2010c). «Léxico con *denominaciones de origen* en inventarios del Siglo de Oro», en Rabadán, R., Guzmán, T. y Fernández, M. (eds.). *Lengua, traducción, recepción. En honor de Julio César Santoyo // Language, Translation, Reception. To Honor Julio César Santoyo* (vol. I). León,

Universidad de León: 385–417. Disponible en: <https://bit.ly/3CzQnia> [Consultado 18/02/2022].

Morala Rodríguez, J.R. (2011). «El léxico de Nebrija y la geografía lingüística», en Herreras, J.C. y Hoyos, J.C. de (eds.). *Lexicographie et métalexicographie en Langue espagnole*, 32. Anejo de *Recherches Valenciennois*. Valenciennes, Presses Universitaires de Valenciennes: 15–34. Disponible en: <https://bit.ly/3lV7xQv> [Consultado 17/09/2022].

Morala Rodríguez, J.R. (2012a). «Léxico e inventarios de bienes en los Siglos de Oro», en Clavería, G., Freixas, M., Prat, M. y Torruella, J. (eds.). *Historia del léxico: perspectivas de investigación*. Madrid-Frankfurt, Iberoamericana Vervuert: 199–218. Disponible en: <https://bit.ly/3lPCm9r> [Consultado 22/09/2022].

Morala Rodríguez, J.R. (2012b). «Arabismos en textos del siglo XVII escasamente documentados», *Revista de Investigación Lingüística*, 15: 77–102. Disponible en: <https://revistas.um.es/ril/article/view/164591> [Consultado 04/05/2022].

Morala Rodríguez, J.R. (2012c). «Alternancias en el vocalismo átono en textos notariales del siglo XVII», en Montero Cartelle, E. (ed.). *Actas del VIII Congreso Internacional de Historia de la Lengua Española* (vol. 1). Santiago de Compostela, Meubook: 555–564. Disponible en: <https://bit.ly/3u7AEUD> [Consultado 05/12/2022].

Morala Rodríguez, J.R. (2012d). «Relaciones de bienes y geografía lingüística del siglo XVII», *Cuadernos del Instituto Historia de la Lengua*, 7: 297–328. Disponible en: <http://jrmorala.unileon.es/biblioteca/Cilengua.pdf> [Consultado 20/01/2022].

Morala Rodríguez, J.R. (2012e). «El proyecto *CorLexIn*», en Corbella, D., Dorta, J., Fajardo Aguirre, A. et al. (eds.). *Lexicografía hispánica del siglo XXI: nuevos proyectos y perspectivas. Homenaje al Profesor Cristóbal Corrales Zumbado*. Madrid, Arco/Libros: 421–439. Disponible en: <https://bit.ly/39LY2Oh> [Consultado 05/12/2022].

Morala Rodríguez, J.R. (2014a). «La explotación interdisciplinar del *Corpus Léxico de Inventarios (CorLexIn)*», en García Nistal, J. (coord.). *Imagen y documento: Materiales para conocer y construir una historia cultural*. León, Ediciones «El Forastero»: 249–264: Disponible en: <https://bit.ly/2XEI5Xa> [Consultado 22/09/2022].

Morala Rodríguez, J.R. (2014b). «El *CorLexIn*, un corpus para el estudio del léxico histórico y dialectal del Siglo de Oro», *Scriptum Digital*, 3: 5–28. Disponible en: <https://bit.ly/2XMJE5C> [Consultado 13/11/2022].

Morala Rodríguez, J.R. (2015a). «Derivados en *-dor* en la documentación del Siglo de Oro. Voces escasamente documentadas», en García Martín,

J.M. (dir.), Cos Ruiz, F.J. y Franco Figueroa, M. (coords.). *Actas del IX Congreso Internacional de Historia de la Lengua Española* (vol. II). Madrid, Iberoamericana-Vervuert: 1503–1519. Disponible en: <https://bit.ly/2XEId96> [Consultado 05/03/2022].

MORALA RODRÍGUEZ, J.R. (2015b). «Los inventarios de bienes y el léxico del siglo XVII en el AHP de Cádiz», en Bastardín, T. y Barrientos, M.M. (eds.). *Lengua y cultura en el Archivo Histórico Provincial de Cádiz*. Cádiz, Universidad de Cádiz: 147–174. Disponible en: <https://bit.ly/3o1RhjC> [Consultado 19/07/2022].

MORALA RODRÍGUEZ, J.R. (2015c). «Datos para la historia del *neutro de materia* en castellano», *Revista de Filología Española*, XCV: 307–337.

MORALA RODRÍGUEZ, J.R. (2016a). «Fuentes manuscritas del siglo XVII e Historia de la Lengua», en Fernández Alcaide, M., Leal Abad, E. y Octavio de Toledo y Huerta, Á.S. (eds.). *En la estela del Quijote. Cambio lingüístico, norma y tradiciones discursivas en el siglo XVII*. Frankfurt am Main, Peter Lang Edition: 373–388.

MORALA RODRÍGUEZ, J.R. (2016b). «Lexicografía dialectal histórica y evolución etimológica: el caso de *yugo*», *Revista de Historia de la Lengua Española*, 11: 131–153.

MORALA RODRÍGUEZ, J.R. (2017a). «Algunos derivados en *-il* en un corpus del siglo XVII», en Barrio de la Rosa, F. del (ed.). *Palabras, Vocabulario, Léxico. La lexicología aplicada a la didáctica y a la diacronía*. Venezia, Ca' Foscari: 267–281. Disponible en: < https://bit.ly/3CBZSNZ> [Consultado 18/02/2022].

MORALA RODRÍGUEZ, J.R. (2017b). «Lengua y vida cotidiana en la provincia de Zamora en el siglo XVII», *Anuario del Instituto de Estudios Zamoranos Florián de Ocampo*, 32: 347–374. Disponible en: <https://bit.ly/2XQAgOs> [Consultado 12/06/2022].

MORALA RODRÍGUEZ, J.R. (2018a). «Derivados en *-dero* en documentación del Siglo de Oro. Voces escasamente documentadas», en Garcés, M.P. (ed.). *Perspectivas teóricas y metodológicas en la elaboración de un diccionario histórico* (*Lingüística Iberoamericana, 71*). Madrid-Frankfurt am Main, Iberoamericana-Vervuert: 63–94. Disponible en: <https://bit.ly/3ABTIwJ> [Consultado 04/05/2022].

MORALA RODRÍGUEZ, J.R. (2018b). «Variación diatópica y etimología en léxico del Siglo de Oro», en Arnal, M.L., Castañer, R.M., Enguita, J.M., *et al.* (eds.). *Actas del X Congreso Internacional de Historia de la Lengua Española* (vol. I). Zaragoza, Institución «Fernando el Católico» y Diputación de Zaragoza: 215–238. Disponible en: <https://bit.ly/3zDui0l> [Consultado 29/01/2022].

Morala Rodríguez, J.R. (2019). «Norma leonesa y norma castellana en textos notariales de los siglos XVI-XVII», en Codita, V. (ed.), Sánchez Méndez, J.P. y Bustos Gisbert, E. (coords.). *La configuración histórica de las normas del castellano*. València, Tirant Humanidades: 193-225. Disponible en: <https://bit.ly/2XDyMH0> [Consultado 06/04/2022].

Morala Rodríguez, J.R. (2020). «Relecturas del latín vulgar leonés», en Fernández Ordóñez, I. (ed.). *El legado de Ramón Menéndez Pidal (1869-1968) a principios del siglo XXI* (vol. 1). Anejos de la Revista de Filología Española, CVIII. Madrid, CSIC: 331-353.

Morala, Rodríguez, J.R. y Egido Fernández, M.C. (2010). «Variantes formales en hiatos y diptongos en textos notariales del siglo XVII», en Castañer Martín, R.M. y Langüéns Gracia, V. (eds). *De moneda nunca usada. Estudios dedicados a José M.ª Enguita Utrilla*. Zaragoza, Institución «Fernando el Católico»: 423-435. Disponible en: <https://bit.ly/2W7jtWL> [Consultado 22/09/2022].

Morala, Rodríguez, J.R. y Egido Fernández, M.C. (2018). «El proyecto *CorLexIn* y la variación diatópica en el léxico del Siglo de Oro», en Corbella Díaz, D., Fajardo Aguirre, A. y Langenbacher-Liebgott, J. (eds.). *Historia del léxico español y humanidades digitales*. Bruselas, Peter Lang: 397-417. Disponible en: <http://jrmorala.unileon.es/biblioteca/PeterLang1.pdf> [Consultado 22/09/2021].

Morala Rodríguez, J.R. y Perdiguero Villarreal, H. (2019). «La isoglosa de la aspiración de /f/ en el siglo XVII», en Castillo Lluch, M. y Diez del Corral Areta, E. (eds.). *Reescribiendo la historia de la lengua española a partir de la edición de documentos*. Berna, Peter Lang: 175-199.

Morales Valverde, R. (2010). «*Rosmarinus L.*», en Castroviejo, S., Aedo, C., Laínz et al. (eds.). *Flora ibérica*, XII. Madrid, Real Jardín Botánico-CSIC: 327-331

Moss, A.E. (1989). «Basic Colour Terms: Problems and Hypoteses», *Lingua*, 78: 313-320.

Moyano y Moyano, P. (1918). *Zootecnia general y especial de los équidos e hipología*. Zaragoza, Imprenta del Hospicio provincial.

Muñoz Garmendia, F., Montserrat, P., Laínz, M. y Aldasoro, J.J. (2005). «*Viola odorata*», en Castroviejo, S., Aedo, C., Laínz et al. (eds.). *Flora ibérica*, III. Madrid, Real Jardín Botánico-CSIC: 281-283

Murgui, E. (2016). «Gorrión común–*Passer domesticus*», en Salvador, A. y Morales, M. (eds.). *Enciclopedia virtual de los vertebrados españoles*. Disponible en: <https://bit.ly/2ZpJ5iS> [Consultado 20/05/2022].

Nebot Calpe, N. (1980). «Cambios semánticos en la toponimia y el habla de las comarcas del Alto Mijares y del Alto Palancia (Castellón de la Plana)», *Archivo de Filología Aragonesa*, 26-27: 193-224.

NGLE: Real Academia Española y Asociación de Academias de la Lengua Española (2009). *Nueva gramática de la lengua española* (2 vol.). Madrid, Espasa.

Núñez, J.I., (2008), *Lexicografía hispano-francesa de los siglos XVI y XVII* [tesis doctoral]. Madrid, Universidad Complutense de Madrid.

Obregón, H. (1978). «Las denominaciones de los colores y el enriquecimiento léxico», *Boletín de Filología de la Universidad de Chile*, 29: 201-218.

Odriozola, M. (1951). *A los colores del caballo: guía entre la variedad de ellos y pesquisa de cómo se originan*. Madrid, Sindicato Nacional de Ganadería.

Onís, F. de (1930). «Notas sobre el dialecto de San Martín de Trevejo», en D. Fitz-Gerald, J. y Taylor, P. (eds.). *Todd Memorial Volumenes: Philological Studies*, II. New York, University of Columbia: 63-69.

Ordinas Garau, A. y Binimelis Sebastián, J. (2021). «Sacando los colores al paisaje: la cromotoponimia de las islas Baleares», *Disparidades. Revista de Antropología*, 75(1): 1-16.

Ortiz Blasco, M. y Sotomayor, J.M. (1991). *Tauromaquia* (2 vol.). Madrid, Espasa Calpe.

Palazón, S. (2017). «Comadreja–*Mustela nivalis*», en Salvador, A. y Barja, I. (eds.): *Enciclopedia virtual de los vertebrados españoles*. Disponible en: <https://bit.ly/3zveTiA> [Consultado 28/04/2022].

Pascual Barea, J. (2015). «Los veinte nombres de colores de caballos en Isidoro de Sevilla (*orig. 12, 1, 48–55*)», *Studia Philologica Valentina*, 17: 81-110.

Pastoureau, M. (2008). *Noir: histoire d'une couleur*. Paris, Seuil.

Pastoureau, M. y Simonnet, D. (2006). *Breve historia de los colores*. Barcelona, Paidós.

Penny, R.J. (1978). *Estudio estructural del habla de Tudanca*. Tübingen, Max Niemeyer.

Perdiguero Villarreal, H. (2012). «Palabras en *-ero/-era* en protocolos notariales de Castilla», en Campos Souto, M., Mariño, R., Pérez Pascual, J.I. y Rifón, A. (eds.). *«Assí como es de suso dicho»: Estudios de morfología y léxico en homenaje a Jesús Pena*. San Millán de la Cogolla, Cilengua: 381-392. Disponible en: <https://bit.ly/3CGanzL> [Consultado 21/03/2022].

Perdiguero Villarreal, H. (2014). «Bienes en la recámara: Léxico de guarniciones y otros útiles en un inventario burgalés de 1639», en Garcés Gómez, M.P. (ed.). «Léxico, historia y diccionarios», *Anexos Revista de Lexicografía*,

30. La Coruña, Universidad de La Coruña: 299-308. Disponible en: <http://corlexin.unileon.es/trabajos/Hermo_LHD.pdf> [Consultado 26/03/2022].

Perdiguero Villarreal, H. (2016). «Peculiaridades léxicas en un inventario mirobrigense de 1632», *Scriptum Digital*, 5: 135-145. Disponible en: <https://bit.ly/3zAwypb> [Consultado 20/08/2022].

Peres Gonçalves, T. (2014). *Breve história do reintegracionismo*. Santiago de Compostela, Através Editora.

Pérez Toral, M. (2015a). «El léxico del ganado vacuno en Asturias a partir de textos del siglo XVII y su posible vigencia en la actualidad», *Lletres Asturianes*, 113: 87-109. Disponible en: <http://corlexin.unileon.es/trabajos/Marta_Lletres.pdf> [Consultado 09/11/2022].

Pérez Toral, M. (2017a). «A vueltas con el léxico textil inventariado en el Siglo de Oro», *Anadiss*, numéro hors-série / mai, *In Honorem Doctor Honoris Causa Johannes Kabatek*. Suceava, Universitatea Ștefan cel Mare: 89-108. Disponible en: <https://bit.ly/2XIa5ck> [Consultado 24/10/2022].

Pérez Toral, M. (2017b). «Tejidos y textiles en la vida cotidiana del siglo XVII», *Revista de Investigación Lingüística*, 20: 195-219. Disponible en: <http://revistas.um.es/ril/article/view/316191> [Consultado 24/10/2022].

Pérez Toral, M. (2017c). «¿Escribo como hablo?: variaciones gráficas en el vocalismo tónico en documentos del XVII», *Revista Española de Lingüística*, 47(2): 49-69. Disponible en: <https://bit.ly/39BxdMg> [Consultado 22/09/2022].

Pérez Toral, M. (2020). «Léxico dialectal documentado en textos notariales asturianos del siglo XVII», *Revista de Lexicografía*, XXVI: 85-112. Disponible en: <https://bit.ly/3lVFoJ4> [Consultado 24/10/2017].

Peterson, R.T., Mountfort, G. y Hollom, P.A. (1995). *Guía de campo de las aves de España y de Europa* (4.ª reimpr., 2006). Barcelona, Omega.

Piqueras, J.A. (2012). *La esclavitud en las Españas: Un lazo trasatlántico*. Madrid, Catarata.

Portal, F. (1989). *El simbolismo de los colores*. Palma de Mallorca, Ediciones de la Tradición Unánime.

Rappaport, J. (2018). *El mestizo evanescente: configuración de la diferencia en el Nuevo Reino de Granada*. Bogotá, Editorial Universidad del Rosario.

Reina, F. de la (1623 [1546]). *Libro de Albeyteria* (6.ª ed.). Alcalá de Henares, Casa de Iuan Gracián.

Rello, L. (2008). «Términos de color en español: semántica, morfología y análisis lexicográfico. Definiciones y matices semánticos de sus afijos», *Diálogo de la lengua. Revista de investigación en filología y lingüística*, 1: 89-164.

Restall, M. (2020). *Entre mayas y españoles: Africanos en el Yucatán colonial.* México, Fondo de Cultura Económica.

Robins, A. H. (1991). *Biological perspectives on human pigmentation.* New York, Cambridge University Press.

Roca Garriga, P. (1954). «Los términos de color en la toponimia catalana», *Revista de Filología Española*, 38: 247-261.

Rodrígues Paiva, J.A. y Nogueira, I.M. (2005). «*Gossypinum L.*», en Castroviejo, S., Aedo, C., Laínz, M. et al. (eds.). *Flora ibérica*, III. Madrid, Real Jardín Botánico-CSIC: 191-194.

Rodríguez Cortez, J.J. (2020). «Unión de palabras en documentos novohispanos del siglo XVI: ¿influencias orales o tradiciones escriturales?», *Estudios Humanísticos. Filología*, 42: 107-130.

Rodríguez Fernández, J. (1969). *La judería de la ciudad de León.* León, Centro de Estudios e Investigación «San Isidoro».

Rodríguez Marín, F.J. (2006). «Inicio de la orden de los Mínimos en España. El convento de Nuestra Señora de la Victoria de Málaga», en Sánchez Ramos, V. (coord.). *Los mínimos en Andalucía: IV Centenario de la fundación del Convento de Nuestra Señora de la Victoria de Vera (Almería).* Almería, Instituto de Estudios Almerienses: 411-454.

Rogers, E. (1964). «El color en la poesía del Renacimiento y del Barroco», *Revista de Filología Española*, 47: 247-261.

Rosch, E. (1971). «Color areas and the development of color names», *Development Psychology*, 4: 447-455.

Rosch, E. (1972). «Universals in color naming and memory», *Journal of Experimental Psychology*, 93: 10-20.

Rubio, J. (2004). *El color del plumaje en colombicultura I.* Disponible en: <https://bit.ly/3o0mJP7> [Consultado 01/12/2022].

Sahlins, M. (1976). «Colors and cultures», *Semiótica*, 16(1): 1-22.

Sánchez, C. (2012). *Aves de Tierra de Campos. Palencia.* Medina del Campo, Náyade Editorial.

Sánchez Hernández, G. (2016). «Geología de la turquesa», *Arqueología Mexicana*, 141: 39-43.

Sánchez Sevilla, P. (1928). «El habla de Cespedosa de Tormes», *Revista de Filología Española*, XV: 131-172; 244-282.

Sanz y Chanas, G.M. (1788). *Encyclopedia Metódica. Historia natural de los animales* (vol. 1). Madrid, Imprenta de Antonio de Sancha.

Sañudo Astiz, C. (2017). *La reseña. Bases y procedimiento.* Zaragoza, Prensas de la Universidad de Zaragoza.

SAUNDERS, B. (2000). «Revisiting *Basic color terms*», *Journal of the Royal Anthropological Institute*, 6(1): 81-99.

SAYOL, F. (2004 [1380-1385]). *Libro de Palladio. BNM 10211* (ed. Pedro Sánchez-Prieto Borja). Alcalá de Henares, Universidad de Alcalá.

SCHMITZ, J.R. (1983). «Color words in English and Portuguese: A Contrastive Semantic Analysis», *Papers and Studies in Contrastive Linguistics*, 17: 37-49.

SCHUMANN, W. (1978). *Guía de las piedras preciosas y ornamentales*. Barcelona, Omega.

SECO, M. (1972). *Gramática esencial del español: introducción al estudio de la lengua*. Madrid, Aguilar.

SECO, M. (1978). *Estudios de Lexicografía española*. Madrid, Paraninfo.

SECO, M. (2003). *Estudios de lexicografía española* (2.ª ed.). Madrid, Gredos.

SEGURA RAMOS, B. (2006). «El color de Virgilio», *Cuadernos de Filología Clásica: Estudios latinos*, 26(2): 37-69.

SERRANO-DOLADER, D. (1995). *Las formaciones parasintéticas en español*. Madrid, Arco Libros.

SERRANO PÉREZ, J.J. (2019). «Todo es según el color del cristal con que se mira», *Anales de Química*, 115(5): 414-420.

SERRANO Y SANZ, M. (1915). «Documentos.— Inventarios aragoneses de los siglos XIV y XV», *BRAE*, II: 548-559.

SIDRACH DE CARDONA LÓPEZ, M.Á. (2021). *Léxico de la vida cotidiana en protocolos notariales de la Vega Alta del Segura* [tesis doctoral]. Murcia, Universidad de Murcia.

SILVA, M.J. (1981). *La casa de Silva en Chile*. Santiago de Chile, Alfabeta Impresores.

SILVESTRE, S. Y MONTSERRAT, P. (2001). «*Rosa gallica*», en Castroviejo, S., Aedo, C., Laínz, M. *et al.* (eds.). *Flora ibérica*, VI. Madrid, Real Jardín Botánico-CSIC: 162-163.

SKULTÉTY, J. (1977 [1974]). «Los sustantivos cromáticos en aposición», en *Atti del XIV Congresso internazionale di linguistica e filologia romanza* (vol. 3). Amsterdam, Gaetano Mocchiaroli y John Benjamins: 603-611.

SKULTÉTY, J. (1982). «Los adjetivos castellanos que denominan el color rojo», en Bustos, E. de (coord.). *Actas del cuarto Congreso Internacional de Hispanistas*. Salamanca, Universidad de Salamanca: 665-671.

SPENCER, G.H. (1848). *Commerce de la côte occidentale de l'Amérique du Sud*. Bruxelles, Imprimerie et Lithographie de D. Raes.

STALA, E. (2011). *Los nombres de los colores en español de los siglos XVI-XVII* [tesis doctoral]. Biblioteca Virtual «Miguel de Cervantes». Disponible en: <https://cvc.cervantes.es/literatura/aih/pdf/04/aih_04_2_064.pdf> [Consultado 21/09/2022].

STEIGER, A. (1943). «Zur Sprache der Mozaraber», *Sache Ort and Wort. Jakob Jud zuin sechzigsten Geburtstag,* 12: 624–714.

TARIFA CASTILLA, M.J. (2014). «La Compañía de Jesús en Navarra y las artes. Estado de la cuestión y fuentes para la investigación», en Alvaro Zamora, M.I. e Ibáñez Fernández, J. (coords.). *La Compañía de Jesús y las artes. Nuevas perspectivas de investigación.* Zaragoza, Universidad de Zaragoza: 75–102.

TERRADO PABLO, F.J. (1985). «Los nombres del pelaje de los caballos en un manuscrito turolense del siglo XV», *Archivo de Filología Aragonesa,* XXXVI-XXXVII: 79–100.

TORRES, J.C. DE (1982). «El léxico taurino en España (siglos XVI-XX)», en Bustos Gisbert, E. (dir.). *Actas del Cuarto Congreso de la Asociación Internacional de Hispanistas: celebrado en Salamanca, agosto de 1971.* Salamanca, Universidad de Salamanca: 707–725.

TORRES-CARVAJAL, O. (2007). «A taxonomic revision of South American *Stenocercus* (Squamata: Iguania) lizards», *Herpetological Monographs,* 21: 76–178.

TORRES STINGA, M. (1995). *El español hablado en Lanzarote.* Lanzarote, Servicio de publicaciones del Cabildo Insular de Lanzarote.

TRAPERO, M. (1995). «La estructura semántica de los nombres de color en la toponimia, la cromotoponimia de Gran Canaria», *Revista de dialectología y tradiciones populares,* 50: 93–124.

TRUJILLO, R. (1976). *Elementos de semántica lingüística.* Madrid, Cátedra.

URDIALES, J.M. (1966). *El habla de Villacidayo (León). Anejos del BRAE,* XIII. Madrid, Real Academia Española.

VALERO DE BERNABÉ Y MARTÍN DE EUGENIO, L. (2007). *Análisis de las características generales de la heráldica gentilicia española y de las singularidades heráldicas existentes entre los diversos territorios históricos hispanos* [tesis doctoral]. Madrid, Universidad Complutense de Madrid.

VALMONT DE BOMARE, J.C. (1776). *Dictionnaire raisonné, universel d'histoire naturelle* (vol. VII). Lyon, Jean-Marie Bruyset père et fils.

VARELA ORTEGA, S. (2005). *Morfología léxica: la formación de palabras.* Madrid, Gredos.

VÁZQUEZ BALONGA, D. (2015). *Léxico en la documentación de Toledo y Madrid en los siglos XVI-XVII* [tesis doctoral]. Alcalá de Henares, Universidad de Alcalá.

Velasco Marcos, J.C., Peris Álvarez, S.J., Pollo Mateos, C.J. y González Sánchez, N. (1997). *Los peces de la provincia de Salamanca. Atlas de distribución*. Salamanca, Ediciones de la Universidad de Salamanca.

Verdini, X.C. (1983). «"Os Eoas" à luz de "Os Lusíadas"», *Grial. Revista Galega de Cultura*, 79: 1–22.

Vidal-Luengo, A.R. (2017). «Áreas de distribución geográfica de arabismos atlánticos: aportaciones léxicas dialectales sincrónicas», *Tonos Digital. Revista electrónica de estudios filológicos*, 34. Disponible en: <https://bit.ly/39xvfg6> [Consultado 18/01/2022].

Vidal-Luengo, A.R. y Cáceres-Lorenzo, M.T. (2016). «Portuguesismos léxicos de origen árabe en el contexto comunicativo atlántico», *Estudios Filológicos*, 57: 167–180.

Villa y Martín, S. de la (1881). *Exterior de los principales animales domésticos y particularmente del caballo*. Madrid, Tip. M. Minuesa.

Villar y Macías, M. (1887). *Historia de Salamanca* (vol. 1). Salamanca, Imprenta de Francisco Núñez Izquierdo.

Viudas Camarasa, A. (1976). «El dialecto extremeño», *Boletín de la Asociación Europea de Profesores de Español* (AEPE), 15: 123–131.

Viudas Camarasa, A., Ariza Viguera, M. y Salvador Plans, A. (1987). *El habla en Extremadura*. Junta de Extremadura, Consejería de Educación y Cultura.

Vivancos Mulero, M.E. (2013). *La lengua del repoblador: estudio histórico-lingüístico y tipología documental en el oriente del Reino de Granada. La Tierra de Vera (siglos XVI-XVII)* [tesis doctoral]. Granada, Universidad de Granada.

Zamora Vicente, A. (1974). *Dialectología Española* (2.ª ed.). Madrid, Gredos.

OTROS

Arcos y Moreno, J. (1757). *Real Ordenanza de Cavallería del Reyno*. Madrid, Imprenta de Antonio Marín.

Aveleyra-Sadowska, T. (1981). *Crónica de viaje futuro: carta a mi madre*. México, Editorial Joaquín Mortiz.

Baena, J.A. de (1966 [c1445]). *Cancionero* (ed. José María Azáceta). Madrid, CSIC.

Barca, C. de (2003 [1691]). *Céfalo y Pocris* (ed. Ignacio Arellano). Nueva York, IDEA.

Buczacki, S. (1999). *Rosales*. Madrid, Hermann Blume Ediciones.

Cabrera Silva, S., Lissi Gervasio, E. y Mauro Honeyman, M. (2005). *Radiación ultravioleta y salud*. Santiago de Chile, Editorial Universitaria.

Carrión Gútiez, M. (1992). «Razones de Identidad», *Publicaciones de la Institución Tello Téllez de Meneses*, 63: 41–46.

Camus, A. (1996 [1978]). *Diarios de viaje* (ed. J.M. Guelbenzu). Madrid, Alianza Editorial.

Castellví de Simón, S. (2016). *Cuatro vinos dulces del mundo y cuatro quesos azules: tipologías y maridajes*. Barcelona, AMAT.

Elguero, I. (29/06/2008). «Colorado, eh; no rojo», *El Mundo. Suplemento Crónica*, 663.

Fernández de Alarcón, B. (2016). *Vida cotidiana de la mujer en la burguesía en tiempos de Isabel II y finales del XIX*. Madrid, Dykinson.

Fernández de Madrigal, A. (1613). *Index Rervm Omnivm Praecipvarvm quae commentariis ac operibus omnibus Alphonsi Tostati episcopi abvulensis continentur* (vol. 8). Disponible en: <https://bit.ly/2XSpibm> [Consultado 28/07/2022].

Flores, P. (1614). *Romancero General, en que se contienen todos los romances que andan impressos aora neuvamente añadido, y emendado por Pedro Flores*. Madrid, Juan de la Cuesta.

Fornáris, J. (1847). «A las estrellas», en Estrada y Zenea, I. y Poey, A. (dirs.). *El colibrí*. La Habana, Tipografía de D. Vicente de Torres: 105–107.

García Ortiz, F., García Ortiz, P.P. y Gil Muela, M. (2009). *El vino y su servicio*. Madrid, Paraninfo.

Jiménez Lozano, J. (2001). *Los lobeznos*. Barcelona, Seix Barral.

Lázaro Carreter, F. (1997). *El dardo en la palabra* (1.ª ed.). Barcelona, Galaxia Gutenberg y Círculo de Lectores.

Lázaro Carreter, F. (2003). *El nuevo dardo en la palabra*. Madrid, Aguilar.

Montoya, L. de (1619). *Coronica general de la orden de los minimos de S. Francisco de Paula su fundador. Donde se trata de su vida y milagros, origen de la religion, erection de prouincias y varones insignes della*. Urbino, Libreria impressa dei duchi di Urbino.

Morales, J. de (1619). *Epitome de la fundacion de la prouincia del Andaluzia de la orden de los Minimos del glorioso patriarcha San Francisco de Paula*. Málaga, Ioan Rene.

Mosches, J.C. (1997). *El otoño de los asesinos*. México, Plaza y Valdés.

Pons, L. (2020). *El árbol de la lengua*. Barcelona, Arpa.

Question Professional (2018). *Color book. Coloration: brillo y duración*. Disponible en: <shorturl.at/isHU0> [Consultado 04/08/2022].

Relance (1953). «Marcial Lalanda ganadero», *La fiesta Brava*, 402: 2-3.

Ricón, A. (1971). *Eduardo Pondal. Novos Poemas*. Vigo, Galáxia.

Rubertino, M.L. (1961). *Las señales: novela*. Buenos Aires, Compañía Fabril General Editora.

Sánchez Sorondo, F. (1995). *Sai Baba, un cable al cielo: los milagros que yo vi*. Buenos Aires, Editorial Sudamericana.

Sandoval, A. de (1647). *De instauranda aethiopum salute: Historia de Aethiopia, naturaleça, policia sagrada y profana, costumbres, ritos y cathecismo evangelico de todos los aethiopes* (vol. 1). Madrid, Alonso de Paredes.

Socorro de León, J. (1853). *Flores Silvestres*. La Habana, Imprenta de Barcina.

Yepes, A. de (1615). *Corónica de la Orden de San Benito, patriarca de religiosos* (vol. 5). Disponible en: <https://bit.ly/3HMRNvH> [Consultado 23/08/2022].

WHO: World Health Organization (2010). *Guidelines for the prevention and clinical management of snakebite in Africa*. Brazzaville, WHO Regional Office for Africa. Disponible en: <https://bit.ly/2XLMFmk> [Consultado 22/11/2022].

PÁGINAS WEB

Berlanga, H., Rodríguez-Contreras, V., Oliveras de Ita, A. et al. (2008). *Red de Conocimientos sobre las Aves de México (AVESMX)*. México, Comisión Nacional para el Conocimiento y Uso de la Biodiversidad (CONABIO). Disponible en: <https://bit.ly/2W7d9yt>.

Eguiluz, A. (2004). *Color del plumaje de algunas palomas*. Disponible en: <https://bit.ly/3AE102S> [Consultado 01/12/2022].

Iowa University (s.f.). *DIY History*. Disponible en: <https://bit.ly/3il0tfp> [Consultado 06/12/2022].

Ministerio de Agricultura, Pesca y Alimentación (MAPA) (s.f.). *Sistema Nacional de Información de Razas Ganaderas (ARCA)*. Disponible en: <https://bit.ly/3CHhfNe> [Consultado 04/08/2022].

Rojo Vega: Patrimonio Nacional (s.f.). Real Biblioteca. Espacio dedicado a los investigadores de la RB. Anastasio Rojo Vega. Disponible en: <https://investigadoresrb.patrimonionacional.es/>.

RELACIÓN DE TONALIDADES POR FAMILIA CROMÁTICA

NEGRO

Afoscado	49
Ala de cuervo	51
Alcoholado	63
Azabachado	120
Buro	181
Ebáneo	275
Foscado	294
Fosco	296
Hosco	309
Loro	341
Morado[2]	368
Morcillo	372
Moreno	377
Negro	400
Peliosco	440
Prieto	450
Tapetado	520
Zaino	562

BLANCO

Blanco	160
Blanquinoso	167
Blanquisco	170
Bociblanco	173
Bragado	176

Jabonero 314

Lebruno 330

Melado 347

Paticalzado 431

Rabalbo 456

ROJO

Alazán 56

Almagre 80

Color de teja 246

Colorado 257

Encarnado 279

Jaro 317

Lacre 323

Pico de perdiz 443

Robellado 460

Rojo 464

Rosa seca 474

Sanguino 506

Soro 517

Vinagrado 552

NARANJA*

Aleonado 66

Anaranjado 97

---

* En este grupo se incluyen tanto tonalidades propias de la familia del naranja —y el amarillo anaranjado— como tonalidades de transición entre el rojo y el amarillo difíciles de situar en uno o en otro (como podría ser, por ejemplo, el color dorado, de ahí la inclusión de *(a)leonado*, *rubio*, etc.).

Anteado 102
Arenoso 117
Azafranado 124
Cerojado 203
Color de ámbar 210
Color de candilero 222
Leonado 333
Loro 341
Naranja 391
Naranjado 394
Overo 413
Rubio 490
Salmonado 502
Tenado 522

AMARILLO

Alimonado 68
Almacigado 75
Almendrado 83
Amarillo 88
Bayo 153
Cerojado 203
Color de caña 224
Color de patito 235
Empajado 277
Gualdo 305
Limonado 339
Melado 347

Pajado 418

Pajizo 419

VERDE

Aceitunado 39

Aceituní 44

Aceitunil 47

Allozado 71

Color de alcaparra 215

Color de jaspe 228

Color de tenca 249

Hoja de olivo 307

Lagarteado 326

Verde 538

Verdegay 541

Verdemar 544

AZUL

Añil 107

Azul 131

Cerojado 203

Columbino 267

Flor de romero 290

Pavonado 433

MORADO/VIOLETA

Color de pasa 231

Color de violeta 251

Morado[1] 361

Violado 556

Violeta 560

ROSADO

Azúcar y canela 128

Carne de doncella 190

Rosado 479

Rosillo 486

MARRÓN

Acabellado 31

Acanelado 31

Almendrado 83

Amusco 94

Anogalado 100

Apiñonado 111

Barroso 149

Cabellado 184

Canelado 188

Castaño 193

Cervuno 209

Color de pasa 231

Color del Carmen 254

Garrofado 302

Loro 341

Membrillo cocho 352

Morado[2] 368

Musco 386

Nogalado 407

Noguerado 408

Pardo 424

Pelbarroso 437

Pelicastaño 438

Pelipardo 440

Pelitostado 442

Piñonado 446

Tenado 522

Tostado 527

Victoriano 548

GRIS

Aconejado 49

Aplomado 114

Color de ala de paloma 212

Color de peña 238

Color de perla 240

Color de plomo 243

Columbino 267

Conejo 272

Lebruno 330

Molinero 358

Pardo 424

Plomado 448

TONALIDADES POLICROMÁTICAS

Barcino 136

Bardino 142

Paniconejo 423

RELACIÓN DE TONALIDADES POR FAMILIA CROMÁTICA 619

Pigazo 445
Sirgado 511
Sirgo 514

ÍNDICE DE TABLAS

Tabla 1.	Documentaciones de *anteado* en España y América	106
Tabla 2.	Evolución de la definición de *bardino* en el *DLE*	136
Tabla 3.	Documentaciones de *barcino* en España y América	140
Tabla 4.	Documentaciones de *burroso* en España y América	152
Tabla 5.	Documentaciones de *bayo/vayo* y número de concordancias	160
Tabla 6.	Documentaciones de *cebruno* en España y América	211
Tabla 7.	Documentaciones de *lacre* en España y América	326
Tabla 8.	Documentaciones de *rosillo* en España y América	489
Tabla 9.	Evolución de la definición de *tapetado* en el *DLE*	521

ÍNDICE DE MAPAS

Mapa 1. Provincias en las que se localiza algún resultado de *ala de cuervo* 55
Mapa 2. Provincias españolas en las que se documenta *ante* 105
Mapa 3. Provincias españolas en las que se documenta *anteado* 106
Mapa 4. Distribución del cabello claro en Europa 186
Mapa 5. Distribución *encarnado* por áreas 288
Mapa 6. Distribución de *leonado* 337
Mapa 7. Distribución de *noguera* y *noguerado* por provincias 412
Mapa 8. Distribución de *caparrosa, almacigado* y *acijado* 463

ÍNDICE DE GRÁFICOS

Gráfico 1. Distribución de *alazán* por zonas en corpus generales 63
Gráfico 2. Progresión cromática de capas bovinas 92
Gráfico 3. Documentaciones de *aplomado* en España y América 116
Gráfico 4. Documentaciones de *barcino* por periodos temporales 140
Gráfico 5. Documentaciones de *castaño* 200
Gráfico 6. Documentaciones de *bermejo* y *colorado* por periodos 265
Gráfico 7. Documentaciones de *morado* 367
Gráfico 8. Distribución de *musco* y *musgo* en España y América 390
Gráfico 9. Número de documentaciones de *naranja* en CORDE 393
Gráfico 10. Evolución del índice de uso de *naranjado* y *anaranjado* 399
Gráfico 11. Documentaciones de *colorado, rojo* y *encarnado* en
CorLexIn 472
Gráfico 12. Número de documentaciones de *tostado* por periodos 533
Gráfico 13. Variantes de *verdemar* por periodos temporales 548

STUDIA ROMANICA ET LINGUISTICA

curant Daniel Jacob, Elmar Schafroth, Edeltraud Werner, Araceli López Serena,
André Thibault, Manuela Caterina Moroni et Maria Estellés Arguedas

Band 1 Michael Metzeltin: Die Sprache der ältesten Fassungen des Libre de Amich e Amat. Untersuchungen zur kontrastiven Graphetik, Phonetik und Morphologie des Katalanischen und des Provenzalischen.

Band 2 Paul Miron: Aspekte der lexikalischen Kreativität im Rumänischen.

Band 3 Paul Miron: Der Wortschatz Dimitrie Cantemirs.

Band 4 Peter Wunderli: Valéry saussurien. Zur linguistischen Fragestellung bei Paul Valéry.

Band 5 Ekkehard Zöfgen: Strukturelle Sprachwissenschaft und Semantik. Sprach- und wissenschaftstheoretische Probleme strukturalistisch geprägter Bedeutungsforschung (darge-stellt am Beispiel des Französischen).

Band 6 Marianne Wigger: Tempora in Chrétiens «Yvain». Eine textlinguistische Untersuchung.

Band 7 Christoph Strosetzki: Konversation. Ein Kapitel gesellschaftlicher und literarischer Pragmatik im Frankreich des 17. Jahrhunderts. Vergriffen.

Band 8 Maria Iliescu: Grundwortschatz Rumänisch (Deutsch-Englisch-Französisch).

Band 9 Hartmut Rentsch: Determinatoren für den Modusgebrauch im Neufranzösischen aus gene- rativer Sicht.

Band 10 Alberto Zuluaga: Introducción al estudio de las expresiones fijas.

Band 11 Edeltraud Werner: Die Verbalperiphrase im Mittelfranzösischen.

Band 12 Wolfgang Rettig: Sprachliche Motivation. Zeichenrelationen von Lautform und Bedeutung am Beispiel französischer Lexikoneinheiten.

Band 13 Petra M.E. Braselmann: Konnotation - Verstehen - Stil. Operationalisierung sprachlicher Wirkungsmechanismen dargestellt an Lehnelementen im Werke Maurice Dekobras.

Band 14 Angela Karasch: Passiv und passivische Diathese im Französischen und Deutschen.

Band 15 Peter Wunderli/Wulf Müller (Hrsg.): Romania historica et Romania hodierna. Festschrift für Olaf Deutschmann zum 70. Geburtstag, 14. März 1982.

Band 16 Renate Tretzel: Glauben heißt nicht immer Wissen. Der Konjunktiv in abhängigen Subjekt- und Objektsätzen.

Band 17 Thomas Krefeld: Das französische Gerichtsurteil in linguistischer Sicht. Zwischen Fach- und Standessprache.

Band 18 Gudrun Krassin: Das Wortfeld der Fortbewegungsverben im modernen Französisch.

Band 19 Brigitte Nerlich: La pragmatique. Tradition ou révolution dans l'histoire de la linguistique française?

Band 20 Olaf Deutschmann: Ungeschriebene Dichtung in Spanien.

Band 21 Rudolf Windisch: Zum Sprachwandel. Von den Junggrammatikern zu Labov.

Band 22 Christoph Strosetzki: Konversation und Literatur. Zu Regeln der Rhetorik und Rezeption in Spanien und Frankreich.

Band 23 Gabriele Berardi: Studien zur Saussure-Rezeption in Italien.

Band 24 Peter Wunderli: Principes de diachronie. Contribution à l'exégèse du «Cours de linguistique générale» de Ferdinand de Saussure.

Band 25 Graciela E. Vázquez: Análisis de errores y aprendizaje de español / lengua extranjera. Análisis, explicación y terapia de errores transitorios y fosilizables en el proceso de apren- dizaje de español como lengua extranjera en cursos universitarios para hablantes nativos de alemán.

Band 26 Andreas Gather: Formen referierter Rede. Eine Beschreibung kognitiver, grammatischer, pragmatischer und äußerungslinguistischer Aspekte.

Band 27 Anne-Marie Spanoghe: La syntaxe de l'appartenance inaliénable en français, en espagnol et en portugais.

Band 28 Kerstin Störl-Stroyny: Kausalität. Die Entwicklung des Ausdrucks von Kausalität im Spanischen.

Band 29 Ildikó Koch: Die Metataxe im deutsch-italienischen Sprachvergleich. Eine Studie der verb bedingten Abweichungen im Satzbau.

Band 30 Uta Schmitt: Diskurspragmatik und Syntax. Die Funktionale Satzperspektive in der franzö- sischen und deutschen Tagespresse unter Berücksichtigung einzelsprachlicher, pressetyp- und textklassenabhängiger Spezifika.

Band 31 Gabriele Kaps: Zweisprachigkeit im paraliturgischen Text des Mittelalters.

Band 32 Karin Ewert-Kling: *Left Detachment* und *Right Detachment* im gesprochenen Französischen und Spanischen. Eine formale und funktionale Analyse mit einem Ausblick auf Grammatikalisierungstendenzen.

Band 33 Andreas Dufter / Daniel Jacob: Syntaxe, structure informationnelle et organisation du discours dans les langues romanes.

Band 34 Maria Selig / Gerald Bernhard (Hrsg.): Sprachliche Dynamiken. Das Italienische in Geschichte und Gegenwart.

Band 35 Elmar Schafroth / Maria Selig (Hrsg.): *Testo e ritmi*. Zum Rhythmus in der italienischen Sprache.

Band 36 Valeriano Bellosta von Colbe / Marco García García (eds.): Aspectualidad – Transitividad – Referencialidad. Las lenguas románicas en contraste.

Band 37 Daniel Jacob / Katja Ploog (éds.): Autour de *que* - El entorno de *que*.

Band 38 Ursula Reutner / Elmar Schafroth (eds./cur./éds.): Political Correctness. Aspectos políticos, sociales, literarios y mediáticos de la censura lingüística. Aspetti politici, sociali, letterari e mediatici della censura linguistica. Aspects politiques, sociaux, littéraires et médiatiques de la censure linguistique.

Band 39 Sabine De Knop / Fabio Mollica / Julia Kuhn (Hrsg.): Konstruktionsgrammatik in den roma- nischen Sprachen.

Band 40 Ludwig Fesenmeier / Sabine Heinemann / Federico Vicario (Hrsg./a cura di): Sprachmin- derheiten: gestern, heute, morgen. Minoranze linguistiche: ieri, oggi, domani. 2014.

Band 41 Mathias Arden: Inszenierte und elaborierte Mündlichkeit bei TV Globo. Zur soziostilistischen Modellierung morphosyntaktischer Variablen des brasilianischen Portugiesisch. 2015.

Band 42 Elmar Schafroth / Maria Selig (a cura di/Hrsg.): La lingua italiana dal Risorgimento a oggi. Das Italienische nach 1861. Unità nazionale e storia linguistica. Nationale Einigung und italienische Sprachgeschichte. In collaborazione con/In Zusammenarbeit mit Nora Wirtz. 2014.

Band 43 Romana Castro Zambrano: Diskursanalyse und mentale Prozesse. Sprachliche Strategien zur diskursiven Konstruktion nationaler Identität bei Hugo Chávez und Evo Morales. 2015.

Band	44	Anna-Maria De Cesare / Davide Garassino (eds.): Current Issues in Italian, Romance and Germanic Non-canonical Word Orders. Syntax – Information Structure – Discourse Orga- nization. 2016.
Band	45	Martin Becker / Ludwig Fesenmeier (a cura di): Relazioni linguistiche. Strutture, rapporti, genealogie. 2016.
Band	46	Carlota de Benito Moreno / Álvaro S. Octavio de Toledo y Huerta (eds.): En torno a 'haber'. Construcciones, usos y variación desde el latín hasta la actualidad. 2016.
Band	47	Marta Fernández Alcaide / Elena Leal Abad / Álvaro S. Octavio de Toledo y Huerta (eds.): En la estela del Quijote. Cambio lingüístico, normas y tradiciones discursivas en el siglo XVII. 2016.
Band	48	Vivian Pereira-Koschorreck: Kontaktanzeigen kontrastiv. Französische und deutsche Kon- taktanzeigen im diachronen und synchronen Vergleich. 2016.
Band	49	Ulrike Kolbinger: Indigene Schreiber im kolonialen Peru. Zur juristisch-administrativen Text-produktion im Jauja-Tal (16. und 17. Jahrhundert). 2017.
Band	50	Gabriela Cruz Volio: Actos de habla y modulación discursiva en español medieval. Repre- sentaciones de (des)cortesía verbal histórica. 2017.
Band	51	Daniela Pietrini: Sprache und Gesellschaft im Wandel. Eine diskursiv basierte Semantik der ‚Familie' im Gegenwartsfranzösischen am Beispiel der Presse. 2017.
Band	52	María Teresa Echenique Elizondo / Angela Schrott / Francisco Pedro Pla Colomer (eds.): Cómo se "hacen" las unidades fraseológicas: continuidad y renovación en la diacro- nía del espacio castellano. 2018.
Band	53	Dolores Corbella / Alejandro Fajardo / Jutta Langenbacher-Liebgott (eds.): Historia del léxico español y Humanidades digitales. 2018.
Band	54	Steffen Heidinger: Sekundäre Prädikation und Informationsstruktur. Fokus und Informati- onsstatus bei spanischen Depiktiven. 2018.
Band	55	Elena Carmona Yanes: Tres siglos de cartas de lectores en la prensa española. Estudio discursivo histórico. 2019.
Band	56	Susana Rodríguez Rosique: EL FUTURO EN ESPAÑOL. Tiempo, conocimiento, interact- ción. 2019.
Band	57	Ermenegildo Bidese / Jan Casalicchio / Manuela Caterina Moloni: La linguistica vista dalle Alpi. Linguistic views from the Alps. Teoria, lessicografia e multilinguismo. Language Theory, Lexicography and Multilingualism. 2019.
Band	58	Elton Prifti / Martina Schrader-Kniffki (Hrsg.): Translation und sprachlicher Plurizentrismus in der *Romania „minor"*. 2020.
Band	59	Carolin Patzelt / Elton Prifti (Hrsg.): Diachrone Varietätenlinguistik: Theorie, Methoden, Anwendungen. 2020.
Band	60	Inga Hennecke / Eva Varga (Hrsg.): Sprachliche Unsicherheit in der Romania. 2020.
Band	61	Araceli López Serena / Santiago Del Rey Quesada / Elena Carmona Yanes (eds.): Tradicio- nes discursivas y tradiciones idiomáticas en la historia del español moderno. 2020.
Band	62	Mar Garachana (ed.): La evolución de las perífrasis verbales en español. Una aproximación desde la gramática de construcciones diacrónicas y la gramaticalización. 2020.
Band	63	Erica Autelli: Il Genovese Poetico attraverso i Secoli. 2021.
Band	64	Paula Rebecca Schreiber: Sprachliche Rekontextualisierung in globalen und lokalen Pop- kulturen. Hip Hop Linguistics und „Resistance Vernacular" im italienischsprachigen Rap. 2021.

Band 65 Alexander M. Teixeira Kalkhoff / Maria Selig / Christine Mooshammer (eds.): Prosody and Conceptional Variation. 2021.

Band 66 Santiago Del Rey Quesada: Grupos léxicos paratácticos en la Edad Media romance. Caracterización lingüística, influencia latinizante y tradicionalidad discursiva. 2021.

Band 67 María Méndez Orense: La tradicionalidad discursiva del texto preensayístico en los siglos XVII y XVIII. Caracterización lingüística del discurso sobre economía política de *arbitristas* y *proyectistas*. 2022.

Band 68 M.a Ángeles Blanco Izquierdo / Gloria Clavería Nadal (eds.): El diccionario académico en la segunda mitad del siglo xIx: evolución y revolución. *DRAE* 1869, 1884 y 1899. 2021.

Band 69 Adelaida Hermoso Mellado-Damas: El adverbio francés y sus combinaciones. 2022.

Band 70 Mercedes de la Torre García / Francisco Molina-Díaz (eds.): Paisaje lingüístico: cambio, intercambio y métodos. 2022.

Band 71 Vincenzo Damiazzi: Domande retoriche nel *Bundestag*. Un'analisi prosodica. 2022.

Band 72 Ana I. Codesido García / Carlos Hernández Sacristán / Victoria Marrero-Aguiar (eds.): Lin- güística clínica en el ámbito hispánico: un panorama de estudios. 2023.

Band 73 Forthcoming.

Band 74 Ignacio Satti: Progresividad en la narración colaborativa. Un análisis multimodal. 2023.

Band 75 Alejandro Junquera Martínez: El color del español en el siglo XVII: estudio lexicográfico y documental. 2023.

www.peterlang.com

Milton Keynes UK
Ingram Content Group UK Ltd.
UKHW012157151123
432657UK00003B/38